抗震救灾精神口述史

——汶川特大地震十周年纪念专辑

胡子祥　何云庵　等 ◎ 编著

西南交通大学出版社
·成都·

图书在版编目（CIP）数据

抗震救灾精神口述史：汶川特大地震十周年纪念专辑 / 胡子祥等编著. —成都：西南交通大学出版社，2017.12

ISBN 978-7-5643-6004-7

Ⅰ.①抗… Ⅱ.①胡… Ⅲ.①抗震－救灾－汶川县－2008②民族精神－研究－中国 Ⅳ.①D632.5②C955.2

中国版本图书馆 CIP 数据核字（2017）第 329095 号

Kangzhen Jiuzai Jingshen Koushushi
抗震救灾精神口述史
Wenchuan Teda Dizhen Shi Zhounian Jinian Zhuanji
——汶川特大地震十周年纪念专辑

胡子祥　何云庵　等　编著

出 版 人	阳　晓
责 任 编 辑	罗爱林
特 邀 编 辑	陈亚萍
封 面 设 计	原谋书装
	西南交通大学出版社
出 版 发 行	（四川省成都市二环路北一段 111 号西南交通大学创新大厦 21 楼）
发行部电话	028-87600564　028-87600533
邮 政 编 码	610031
网　　　址	http://www.xnjdcbs.com
印　　　刷	四川玖艺呈现印刷有限公司
成 品 尺 寸	170 mm × 240 mm
印　　　张	31.75
字　　　数	505 千
版　　　次	2017 年 12 月第 1 版
印　　　次	2017 年 12 月第 1 次
书　　　号	ISBN 978-7-5643-6004-7
定　　　价	140.00 元

图书如有印装质量问题　本社负责退换
版权所有　盗版必究　举报电话：028-87600562

序

值此汶川特大地震十周年之际,重温可歌可泣的抗震救灾历程和探讨伟大抗震救灾精神,意义重大而特别。一则是对因灾遇难或失踪的同胞和抗震救灾英雄们表示哀悼和缅怀;二则是为了激励幸存者好好生活、为灾区发展贡献力量。同时,在这一节点上,包括学界在内的社会各界都应该深入思考抗震救灾精神的精神实质、当代价值和世界意义等深层次问题,将抗震救灾精神研究推进到更高境界。

西南交通大学马克思主义学院的青年才俊们在何云庵教授的带领下,成立了抗震救灾精神研究团队,这是一个很有历史担当、充满现实使命感的创举。西南交通大学是一所与地震和抗震有着特殊渊源的大学,它是国内唯一先后经历过唐山大地震和汶川特大地震的国内重点大学。因此,西南交大人对地震和抗震救灾有着"五味杂陈"的特殊情感。近年来,团队多次赴汶川特大地震灾区进行调查研究和口述访谈,《抗震救灾精神口述史——汶川特大地震十周年纪念专辑》和《抗震救灾精神研究——纪念汶川特大地震十周年》既是团队潜心治学、深入研究抗震救灾精神的最新成果,也是对汶川特大地震十周年的最好纪念。这两本书都强调史论结合,只不过前者更加重史,后者更加重论,二者构成相互补充、相得益彰的姊妹篇。在书稿付梓之前,他们让我写个序,我欣然应允。这主要是基于两点考虑:一是对他们的行为表示赞赏和鼓励;二是借机阐述一下我的一点研究想法。

近年来,我也在思考如何深化抗震救灾精神研究的问题。限于篇幅，在此我只谈一下抗震救灾精神的定位问题。我认为，抗震救灾精神是中国共产党革命精神的重要组成部分。中国共产党革命精神是指党在领导人民群众进行革命、建设和改革实践过程中，在特定的历史时期和特殊的历史环境下形成的，集中体现中国共产党人政治觉悟、意志品质、思想道德和工作作风的一系列优良传统和革命风范。中国共产党的历史是中国共产党带领中国人民实现从站起来、富起来到强起来飞跃的历史，也是不断造就各种崇高革命精神的历史。把握这一定位，需要注意以下三点：

首先，从精神主体上要把握好中国共产党与广大人民群众的关系。中国共产党是中国工人阶级的先锋队，也是中国人民和中华民族的先锋队。中国共产党的诞生，使中国人民真正踏上了争取民族独立、人民解放的光明道路，开启了实现国家富强、人民富裕的壮丽征程。90多年来，中国共产党带领全国各族人民前赴后继、顽强拼搏，不断夺取革命、建设、改革的重大胜利。因此，中国共产党革命精神既体现在党的各级组织和每个党员身上，也体现在广大人民群众身上。同样的，抗震救灾精神体现了党性与人民性的统一。没有中国共产党的正确领导就没有抗震救灾精神，没有广大人民群众的万众一心也不会有抗震救灾精神。

其次，从时间范畴上把握好革命与建设、改革的关系。长期以来，提及中国共产党的革命精神，人们更多想到的是红船精神、井冈山精神、长征精神、延安精神等新民主主义革命时期形成的革命精神。其中一个重要原因是受革命精神中"革命"二字的局限，无法断定建设和改革时期形成的精神是否算是"革命精神"。实际上，无论从马克思主义革命理论还是从中国革命实践来看，都可以明确"革命"是对党所领导的新民主主义革命、社会主义革命与建设、改革开放等不同阶段的历史实践的总体概括，而不能将其仅仅局限于新民主主义革命。从此意义上讲，抗震救灾也是一种革命，抗震救灾精神主要属于改革开放时期形成的革命精神。

最后，从宏观上把握好革命精神整体与具体精神形态个体的关系。中国共产党革命精神与各个具体的革命精神形态（红船精神、井冈山精神、长征精神、延安精神、抗震救灾精神等）之间是整体与局部的关系。中国共产党革命精神是一个整体，它由若干具体的革命精神形态组成。每个革命精神形态又自成体系，有自身产生的历史条件、时空背景，有明确的内涵和鲜明的特征。这就要求我们既要充分尊重各个具体的革命精神形态之间的差异，发挥不同革命精神形态在不同时期面向不同群体的激励作用，又要加强整体研究，使多姿多彩的精神形态共同构成中国革命精神的壮丽画卷，丰富中国革命精神的科学内涵。

从目前我所掌握的材料看，国内学术界对于中国共产党革命精神各个具体革命精神形态特征的研究已有不少成果，但从整体上概括包括抗震救灾精神在内的各个具体革命精神的共同特征还有待加强。我认为，各种革命精神作为一个历时长久、不断完善的精神谱系，其区别于其他思想观点和宣传口号的共同特征主要有四个方面。

一是精神内涵具有高度概括性。中国共产党革命精神的任何一种精神形态若独立存在，首先要有明确的、区别于其他精神形态的内涵，而从教育宣传角度考虑，这一内涵还必须具有高度概括性。事实上，每一种精神形态都来源于长期的、复杂的革命实践，都具有丰富的、复杂的思想和精神要素，但这些要素不能全部成为其内涵，必须从中挑选最核心、最重要、最具代表性的要素加以提炼，用简洁的话语进行表述，才能构成其固定内涵。

二是精神主体具有明确标识性。我常讲，有人有事才有精神，见人见事才见精神。如果一种精神只停留在话语或词句表述层面，没有实践中的人或事做支撑，就不能形成具有感染力和影响力的精神形态。例如，"热爱党、热爱祖国、热爱社会主义的崇高理想和坚定信念，服务人民、助人为乐的奉献精神，干一行爱一行、专一行精一行的敬业精神，谦虚谨慎、努力学习的进取精神，艰苦奋斗、勤俭节约的创业精神"包含了爱国主义、奉献精神、敬业精神等多方面的丰富内涵，但这些表述都必须统一于"雷锋"这一人物及其事迹，才会形成雷锋精神。

三是精神形态具有持久稳定性。精神来源于实践，但必须高于实践。精神形态一旦形成，应当是持久稳定的，其基本内涵不能随意变动。也就是说，精神形态在形成自身概念、内涵时，既要立足于时空范围内的实践，又要超越时空的局限，具有一定的提升高度，能够涵盖核心理念和经受时间考验。如果其中的精神要素只是一时的口号，而这种口号只在特定时间和环境下适用，那就不能独立作为一种精神形态。

四是精神效果具有向上引领性。中国共产党革命精神是在长期革命实践中凝练升华而成的，保留的是最能体现精神主体正面形象和优秀品质的方面，因此革命精神必然具有正面向上的特征。从效果和目的来看，学习和研究中国共产党革命精神的根本目的是，激励和引导全国人民奋发图强，为发展中国特色社会主义和建设社会主义现代化强国贡献力量。这彰显的正是革命精神所具有的向上向善的正面引领性。

这四个特点也可以作为衡量一种精神形态能否纳入中国共产党革命精神范畴的重要标准。以上述四个特点为标准来审视抗震救灾精神，我们会得出肯定的结论：抗震救灾精神属于中国共产党革命精神。

最后，期待西南交通大学抗震救灾精神研究团队在这两本书的基础上，再接再厉，不断推出抗震救灾精神口述史系列著述，进一步深化对抗震救灾精神这一中国共产党革命精神的理论研究和实证研究。

以上我的一些想法算是抛砖引玉，供有志于抗震救灾精神研究的同仁们参考和批评！

王炳林

2017 年 12 月

前言

国之殇，不能忘。2008年5月12日汶川特大地震是国人共同的记忆，也是永远的痛。弹指十年，流年或许弥合了曾经的伤口，岁月或许带走了世事的沧桑，但抗震救灾精神，却必将永远铭刻在中华民族岁月的年轮里，历经风雨洗礼不断升华，成为中华民族世世代代的精神力量源泉。

两年来，西南交通大学抗震救灾精神口述史研究团队奔波于昔日的极重灾区，探访废墟上重建的新家园，用口述访谈这种特殊的记录方式，讲述抗震救灾亲历者和参与者的故事。用纵向拉伸的历史镜头再现他们震前、震中、震后以及当下的生活影像，描绘他们的生活变迁和思想变化；挖掘有意义、有温度、有沉淀、有反思、有理性的鲜活史料；探寻"人民是历史创造者"的历史渊源；梳理抗震救灾精神磅礴力量背后的情感脉络；进而回答为什么汶川特大地震灾后重建会取得震撼世界的伟大成就这个命题。

平民化的口述叙事方式、"民间故事汇"的题材风格、平实的语言、生动的案例，是此书的鲜明特色。没有精心的策划和反复的彩排，没有任何的雕琢和伪装，不需要气氛的烘托和艺术的渲染，仅仅是面对面的语言交流和语言交流之外心灵的碰撞与融通。一切都是那么本真和原色。因为每一位访谈对象都是这段历史的亲历者，都是有故事的人。一个个娓娓道来的真实故事，会一次次把我们的思绪拉回到以2008年5月12日为起点的那段慷慨悲壮而又波澜壮阔的历史画面中去。灾难面前人性的真、善、美，故事背后真实可感的细节以及直击心灵、触及灵魂的冲击力，都会让我们再次受到精神的洗礼和久违的感动。无论访谈对象是最基层的干部还是平民百姓，抑或其他身份，聆听他们的故事，都可以让我们看到一个个发光体，引发我们关于爱、关于生命、关于人生、关于国家、关于民族等一系列有价值的思考。

抗震救灾精神作为主线，贯穿这本口述史的始终。它分为"不忘初心""无私奉献""顽强拼搏""大爱无疆"和"感恩奋进"五个篇章，汇集了基层党员干部、普通群众、部队官兵、医务工作者、人民教师、中学生等不同群体的声音。

"不忘初心"篇。"心中装着人民，唯独没有自己。"他们是中国共产党党员，是普普通通的最基层的共产党员。当灾难来临时，他们当中有的身受重伤，依然坚持工作；有的失去亲人，依然选择坚强。他们彰显了共产党人的政治本色和责任担当，冲锋在前，与人民同甘苦、共奋斗。坚定"亦余心之所善兮，虽九死其犹未悔"的崇高信念，谱写出了感天动地、气壮山河的抗震救灾英雄诗篇。

"无私奉献"篇。他们默默无闻，坚守自己的岗位，尽职尽责做好自己的工作，看似寻常，却奉献着大爱。汶川特大地震发生后，繁重的工作任务容不得这些基层工作者有任何的喘息，他们舍小家顾大家，全心付出。有的人累垮了；有的人积劳成疾，落下终身残疾或病患。但正是千千万万这样的基层工作者的无私付出，汇聚成不可战胜的洪涛巨浪，在平凡中彰显出伟大，在黑暗中流溢出光彩。

"顽强拼搏"篇。在生活中，很多人奋斗不息、拼搏不止，只因心中理想的召唤和对美好生活的向往，他们的主要目的是为了实现自我价值。但也有一群人，危难发生时，他们毫不犹豫，挺身而出，奋勇争先救人抢险；危难发生后，他们没被打垮，不服输，不畏艰险、呕心沥血地工作。他们心中完全没有自己，一心只为他人。他们用血性书写下光荣。他们是我们这个时代真正的勇士和可敬的英雄！

"大爱无疆"篇。爱是支撑，给人力量；爱是阳光，给人温暖。"岁寒知松柏，患难见真情"，历经风雨的爱，更显可贵。面对汶川特大地震这突如其来的大灾难，父母保护孩子，教师保护学生，医生救助伤者，党员干部忘我工作，千千万万的人奔赴救灾前线，千千万万的人保障后方……举国上下，患难与共，同心协力，和衷共济，处处涌动的爱心汇聚成如潮大爱，凝聚成抗震救灾的强大合力。

"感恩奋进"篇。石雕上断裂、破碎的痕迹，诉说着这里曾经有过的苦难。今天，整齐的花圃绿地，潺潺的流水，鳞次栉比、规划有序、静谧中透着祥和的崭新民居，宽阔的道路，美丽的校园，设备齐全的标准化医院，以及大街上热闹的场景，构成灾区人们幸福笑脸背后的风景。一面面五星红旗迎风飘扬，"感恩奋进"的标语随处可见。凤凰涅槃、浴火重生的灾区人民正在以昂扬的精神风貌，和全国人民一起创造自己更加美好的明天。

十年，过去的是历史，不灭的是精神。2008年5月12日汶川特大地震发生后震撼世界的不是地震本身，而是中国人民在灾难面前所展现出来的强大的民族精神。当这种民族精神不再只是靠一些英雄人物和典型代表去彰显，而是蕴含在每一位普普通通的中国人民的内心世界，成为14亿中国人民共同的价值取向时，它必然会迸发出无穷无尽、排山倒海般的磅礴力量。面对中华人民共和国成立以来破坏性最强、波及范围最广、救灾难度最大的地震灾害，我们取得了抗震救灾的伟大胜利；面对山河移位、支离破碎、满目疮痍的重灾区，我们取得了恢复重建的伟大胜利；面对经济落后、环境恶劣、次生灾害、教育失衡等原因导致的贫困问题，灾区群众克服重重困难，正取得脱贫攻坚、可持续发展的伟大胜利。

抗震救灾精神，不仅是灾区人民的强大精神支撑，还是全体中国人民的强大精神动力。没有精神支撑的民族，不可能行之久远。历史上，有的国家因灾难而消亡，有的文明因灾难而中断，唯独中华民族五千年的文明血脉一直绵延不绝，这是因为我们有功力巨大、影响久远的民族精神。伟大的抗震救灾精神，体现的不仅是中华民族精神鲜活的时代内涵，更是中华民族精神的又一座丰碑。

今天的中国已经站在了一个新的历史起点上，在新时代开启了实现国家富强、民族振兴、人民幸福的新的伟大征程，正阔步迈向世界舞台的中央。我们相信，伟大的抗震救灾精神必将激励全体中国人民以新的姿态大踏步走向未来，更加自信地在实现中华民族伟大复兴的新征程中奋勇前进。

"创造新陆地的，不是那滚滚的波浪，却是它底下细小的泥沙。"在汶川特大地震十周年之际，首推这部抗震救灾中"普通人"的感人故事，目的就是想通过展现普通中国人民身上所蕴含的巨大正能量，找到中国创造奇迹的起点和基点。同时，我们将再接再厉，陆续推出关于抗震救灾精神的系列口述史，以更完整地保留这段既有悲痛又有荣光的战胜特大自然灾害的人类记忆。

记忆，不仅是为了不忘却。

西南交通大学抗震救灾精神研究团队
2017 年 11 月

目录

不忘初心篇

"所有的党员干部站出来"
　　——访原陈家坝乡党委书记赵海清　//3
因为我是一名共产党员
　　——访原汶川县科协副主席何世国　//28
践行入党的诺言,为党的事业奋斗一辈子
　　——访原汶川县人民检察院检察长孙力　//42
祖国有需要,我必向前!
　　——访中国人民解放军某部连长焦志　//79

无私奉献篇

无私奉献至忘我,男儿有泪亦滂沱
　　——访原绵虒镇卫生院院长张胜　//105
确保大灾之后无大疫,掉皮烂肉也值得
　　——访汶川县疾病预防控制中心主任姚云　//128
服从安排,尽最大职责
　　——访原北川县陈家坝派出所所长段成渝　//140
舍小家为大家
　　——访汶川县地税局冷光香　//153
坚韧有担当,危难显真情
　　——访中国人民解放军某部处长魏杨　//163

顽强拼搏篇

忘我的工作，只为让灾民尽快有个避风港
　　——访汶川县城乡规划服务中心主任汪永峰 //195
生命通道的开拓者
　　——访原北川县交通局局长程波 //211
敢为人先勇于担当
　　——访原曲山镇大水村支部书记唐祖华 //232
一百天干完十年工作，只因职责和义务
　　——访向峨乡东林村村主任苟天志 //262
军人脊梁最坚强，擎起房屋不塌方
　　——访中国人民解放军某部战士罗梁 //280

大爱无疆篇

十年守望相助，打造温馨残联
　　——访原北川县残联副主席、理事长彭长诗 //315
冒着生命危险，为学生打开一条生命通道
　　——访原北川中学付秀银老师 //347
"心理上的支撑"
　　——访原汶川县漩口中学王福春老师 //369
中国版的"地震中的父与子"
　　——访原曲山小学学生任佳凌 //383

感恩奋进篇

没有共产党，就没有今天
　　——访擂鼓社区副书记李代富 //405
"不要惊慌，肯定国家要来救援"
　　——访北川县擂鼓八一中学党支部书记桂正云 //434
感恩社会治家园
　　——访擂鼓镇村民俞太会 //459
信任·满意·感恩·幸福
　　——访都江堰向峨乡村民李贵兴 //472
后　记 //495

不忘初心篇

习近平总书记在中国共产党第十九次全国代表大会上强调："不忘初心，方得始终。中国共产党人的初心和使命，就是为中国人民谋幸福，为中华民族谋复兴。"这个初心和使命是激励中国共产党人不断前进的根本动力，是中国共产党团结和带领中国人民进行革命、建设，以及现代化建设伟大实践取得巨大成就的根本原因。中国共产党人牢记初心、勇挑重担，在革命、建设和改革开放的奋斗历程中铸就和培育出了中国共产党人一代又一代的时代精神的丰碑。这些时代精神的内涵和鲜明特点无一不深刻地体现出中国共产党人的初心和使命，中国共产党人的这份初心和使命不仅是这些时代精神产生和形成的根源，而且从根本上决定着当代中国共产党人前行的精神姿态，攸关中华民族的未来发展。

2008年，汶川爆发了里氏八级的特大地震灾害，灾区呈现山河破碎、满目疮痍的惨烈景象，灾区人民的生命财产、生产生活与经济发展遭受巨大损失。面对这场突如其来的特大地震灾害，中国人民在中国共产党坚强有力的领导下，团结拼搏，同舟共济，奋勇前进，不仅迅速地实现了抗震救灾的初步胜利，而且在灾后的恢复和重建中取得了巨大成就。中国共产党在抗震救灾和灾后重建所发挥的中流砥柱作用，根本在于广大共产党人，无论是来自灾区的广大党员和干部，还是全国其他各地的党员同志，无论是奋战在灾区一线的党员，还是在后方以各种方式、途径帮助和支援灾区的广大党员，都与灾区人民同呼吸、共命运、心连心。全党上下，上至党中央、下至灾区基层党组织的领导干部和普通党员，想灾区人民所想，急灾区人民所急，把灾区人民的生命财产、生活和发展置于首位，把灾区群众的安危冷暖放在心上。

地震发生之后，党中央在第一时间发出"灾区救人是第一要务"的号令，迅速组织全国各地救援力量奔赴灾区，广大党员和干部组成临时突击分队，历经千辛万苦赶到灾区，将党和国家的关怀与温暖在第一时间带给灾区。在抗震抢险中，来自各行业、各领域和各条战线的救灾力量，众志成城，顽强拼搏，不怕牺牲，连续作战，使灾区群众的生命财产和生活得到最大限度的救护和保障，创造了众多举世瞩目的第一。在灾后恢复重建过程中，来自各省份的负责对口支援的党员干部牢记使命，勇挑组织交付的重建重担，坚持以人民为中心的工作导向，大力发扬创新精神，偕同灾区人民科学规划，精心布置，统筹安排，高效地组织和领导灾后重建，使各项工作得以顺利进行，将三年的重建任务在两年内基本完成，灾区经济和社会秩序得到迅速恢复和发展，让灾区人民过上了幸福的生活，这无一不展现了中国共产党全心全意为人民服务的根本宗旨和鲜明立场，无一不彰显了中国共产党立党为公、执政为民的先进执政理念，永远把广大人民群众的根本利益放在首位的先进本质，这些正是中国共产党在建党伊始就立下的为中国人民谋幸福、为中华民族谋复兴的伟大初心和光荣使命的体现。在新时代为实现中华民族伟大复兴的新征程中，在风险与机遇并存的时代条件下，我们依然要坚持和发扬抗震救灾精神，中国共产党人要永远牢记这份初心、铭记这个光荣的使命。

·不忘初心篇·

"所有的党员干部站出来"
——访原陈家坝乡党委书记赵海清

题记：一个基层党组织的战斗堡垒作用，一个共产党员的使命和担当，是陈家坝乡党委和党委书记赵海清留给我最深刻的记忆。

2017年8月15日上午，天空飘着毛毛细雨。我和曹元梅同学一起来到北川羌族自治县经济开发区办公大楼，访谈抗震救灾英雄、现开发区纪工委书记赵海清。我们一进门向他表明我们的采访意图，赵书记就说，在汶川特大地震十周年即将到来之际，自己已经在反思，他拿出了十多页纸的回忆录，说自己也希望在汶川特大地震十周年之际留下一点记忆。采访过程很顺利，赵书记时而激动感叹，时而陷入悲伤，甚至流下伤心的泪水。

他被誉为"感动世界的铁人书记"。在抗震救灾中，他勇于担当、身先士卒、英勇无畏！他的先进事迹感动中国！感动世界！因此他荣获了党中央、国务院、中央军委授予的"全国抗震救灾模范"称号，还获得"中国十大杰出青年""全国五一劳动奖章"等多项荣誉！

采访时间：2017年8月15日
采访地点：北川经济开发区纪工委
受 访 人：赵海清[①]
采 访 人：胡子祥
整 理 人：杨 楠、胡子祥

胡子祥：您是全国抗震救灾模范人物之一，您的事迹非常感人。
赵海清：因为我地震后的那几年跟大家接触很多，谈了不少，你们也

[①] 赵海清，男，羌族，四川北川人，生于1972年3月，大学文化，中共党员。1993年7月参加工作。2006年9月任陈家坝乡党委书记、乡人大主席。（资料来源：北川羌族自治县人民政府.汶川特大地震抗震救灾志[M].北京：方志出版社，2016：750.）

关心北川。最近我刚好在整理一些资料，在写地震当天（到后来）我做了些什么事。

胡子祥：您有一个书面的（稿子）吗？

赵海清：我正在写呢，写了一半，（有）十多页了，没改呢，我必须把我们当时的情形记下来。

胡子祥：您（是否）方便，（让）我来拍一下您这个（记忆），您是写了自己要投稿吗？

赵海清：不投稿。

胡子祥：可不可以拿来给我们参考一下，我来拍一下？

赵海清：太乱了，太乱了。

胡子祥：没关系，这个也是很宝贵的资料。

赵海清：不不不，都是草稿，因为我还没有改好，太乱了。你看我都编了页，"我的'5·12'"，才开始写呢。一直没时间，我想现在快十年了，不想忘掉那些事情，我在回忆我当天，主要是那几天，因为那段时间太忙了，太辛苦了。

胡子祥：是，我们做这个工作，实际上也是觉得（在汶川地震）十周年的时候应该要留下一些记忆，如果再往后面，随着时间流逝的话就不容易记清楚了。您一直是在北川长大的吗？

赵海清：土生土长的北川人，在老县城生活了30年。

胡子祥：哦，读书一直都在那儿读的？

赵海清：没有，中学在北川中学，小学是在老家通口镇。

胡子祥：通口镇也是北川县的？

赵海清：对对，都是北川县的。

胡子祥：然后大学是（哪里读的）？

赵海清：绵阳师专。

胡子祥：挺好啊！很好的大学。

赵海清：但是还是很感激，我觉得在那个学校我学到很多，对我的人生帮助很大。

胡子祥：大学是哪一年毕业的呢？

赵海清：1990年。

胡子祥：那地震的时候您当时就在县城？

赵海清：没在县城，家在县城。（我）早晨从家里出发，到陈家坝乡，地震的时候我在陈家坝乡做党委书记，因为县城离陈家坝乡只有18公里，那天刚好是星期一吧？所以早晨一早就出门到陈家坝上班了。

想起了孩子

胡子祥：当时下午两点多的时候，已经在办公室了？

赵海清：刚到办公室，那天上午我特别忙，因为当时乡里（有的）干部嘛，从来没外出学习考察过，我就叫他们都去了，他们去了一周，我就在家里守了一周。他们回来刚好是周末，我（想）说有很多事，星期一就要开会安排部署一些工作。然后，当时还有一个乡镇的领导，带乡镇干部到我们那儿来考察学习，所以就（一直）开会。我原计划是下午去绵阳，再请一天假。当时（我是）去买那个奥运会的门票，最便宜的50块钱一张，就奥运会闭幕式那个马拉松长跑，最后进场的时候，那（场门票）只要50块钱，因为觉得那最便宜，又买得到。我原来计划是带我儿子去，因为之前给他许诺说带他去看鸟巢，看北京，看奥运会。当时网上订票要在中国银行网下支付，北川没有中国银行，只有绵阳有，我就只有到绵阳去。到下午没去成，就没取（票）。很久之后，奥运会票务中心的人给我打电话说："您还要票吗？"我说："不要票，不想看了。"因为地震我儿子没有了，很遗憾啊，现在回想起来真的是没法说。我记得在三四月份的时候开会，我（那时候）就说8月8号开奥运会，奥运会期间我要去北京看奥运会，带孩子去。我说我一定要去！除非遇到点什么大的事情，去不了。我当时想呢，万一遇到什么洪灾啊，那县里不准假就不去了。哪知道会遇到这么大的灾害，所以有些事情啊，不好说。

胡子祥：是啊。

赵海清：不好说，地震后有很多人问我，包括来自北京的一些人问我："你们北川在地震之前，社会上有没有（流传）什么谣言？传闻？"我说："我还真没听说过。"但是，有些事情你没法解释，当时我儿子才五岁，他经常说："爸爸妈妈我不想长大，我长大你们就老了，我长大你们就死了，我不想长大。"和他一起（玩）的还有一个弟弟，他对弟弟说："你长大了我就死了。"我觉得这个冥冥之中有很多事情说不清楚。

我再给你举个例子，当时我父亲刚退休，整天帮我们带孩子，送孩子上幼儿园，他和我儿子就是下午一起去幼儿园的时候发生了地震，可能刚走到校门口吧……幼儿园五百多师生就出来几十个。我当时有什么事呢？那几天我爸身体不好去输液。有一天我坐在办公室想，老爸他身体不好，万一他死了，我把他埋在哪儿呢？大白天就在办公室（这么想）。下午回去见到老爸，不好意思，很不好意思，这就叫不孝知道吧？我想了这个问题，真的很怪，地震就给了我答案，不用你思考这个问题，不需要你考虑他埋在哪儿，这些真的没法解释，这就是没法解释的东西。唉，所以说，现在已经很多年了嘛，昨天我还在想我儿子，因为现在就经常看着他，他永远都是5岁，其他的孩子马上就要初中毕业，上高中了。当时和他一起玩的伙伴那天不想去上幼儿园，他爸同意了。像我们家，就算他那样说估计当时我是坚决不会同意的，什么不去上学。那现在就不一样了，假如那一天我孩子说今天不想上学，特别不想上学，那我肯定就会说"你不去就不去"。这可能就是区别。

胡子祥：他就很幸运，那个孩子。

赵海清：有些事情不好说，我觉得不能太强加给别人很多的意志。是吧？您孩子多大？

胡子祥：孩子差不多快5岁了，8月份满5岁，还小。

赵海清：我现在又有两个孩子了，大女儿快7岁，小的儿子4岁了。

胡子祥：那挺好，都上小学和幼儿园了。

赵海清：对，地震后生的。

所有的党员干部站出来！

胡子祥：那天下午地震发生之后，您在陈家坝主要是做了哪些事情呢？

赵海清：所以说我为什么要把它记下来呢，因为我现在还很清楚地记得那天下午的事情。地震发生后，我当时觉得我能出来，已经很幸运了，因为我们那个办公楼，是四层楼，一楼是乡镇府办公，二楼以上就是住宿，退休干部住宿。那栋房是坐下去的，一楼没有沉下去，如果它倒了那可能……我当时在办公室里，地震就摇了一下，我本来不想出去的，但是我听到隔壁乡的党政办公室有声音，然后我就说还是出去看一下吧。边走边想,因为以前地震摇一摇很平常,我就边走边说:"刚才地震了你们有感觉吗?摇了一下。"出门就是一个院子,我们那个办公院子旁边靠山,院子上面是条公路,在公路与院子之间我们修了一道围墙,围墙我们就(用来)做政府的公开栏,我刚走到院子里,一下就摇得特别厉害了。

胡子祥:哦,第一下是很轻的?

赵海清:第一下很轻,后来就摇得跟发了疯似的,当时摇的那种感觉我永远记得起。但是我当时就没想到是地震了,我想地震怎么会这么厉害呢?从来没想到。

胡子祥:没经历过。

赵海清:没经历过,也不知道有这么厉害的地震,我就看对面的围墙,就是我们公开栏的那堵围墙,往下倒,倒下来就砸到车,我就往后一退,哇!加上一摇,我这个肩膀使劲一摔就撞在旁边那个坎上(坎指修建的台阶),墙边有一个很高的坎,因为我们办公楼之间挨着一堵墙,那中间有一个通道,我就挨着那道坎。然后我就撞到那儿,我的眼镜不知道摔哪儿去了,痛得很厉害,就蹲下来背对着我们那个办公楼,我很庆幸虽然那办公楼摇摇摇,但是办公楼一楼向前有一个水泥板的遮雨棚,砸下来刚好在我屁股后面,再多砸一点(距离)我也就没命了。

地震不停地摇,感觉摇了很久,我说这是怎么回事啊?我没想到是地震,我以为是什么地球爆炸啊,世界大战啊,平常在电视电影里见到的战争场面多是这种。我想不是地震,地震怎么可能这么厉害。大概过了很久就没摇了,之后有几个同事就叫我赶快上去,不是有个院子嘛?围墙倒下来了,爬上去是公路。爬上去我准备往山边走,我想山边是玉米地,往下走是场镇。因为我们政府在山边一点,我就往那边走,突然一下,一片漆黑,什么也看不见,山垮下来了!同事们刷刷地往下跑,拼命地往下跑,只知道往下跑,然后头上、耳朵里全是沙土。真的是运气好,那个山垮了三百多米远,就刚从我们办公楼后面垮过去,我前面不是说我撞到那个坎了吗?刚好到那个坎上,山没垮下来。然后我们来到场镇边,我们场镇那儿刚新修了一条路,我在那儿碰到了几个干部,我们就聚到一起。我掏出手机,信号是满的,但是我准备打电话,给成都的同学打,怎么打都打不通,我就知道这个通信肯定出问题了,后来才知道这个已经中断了。然后我就把手机关掉了,我想要保存电,晚上还可以当作电筒。然后我就招呼看一下我们干部,我们干部运气好,大家基本都从一楼跑出来了。有一个乡干部是在另外一条街,给砸死了。这些干部里有乡干部,有村干部。(那些)村干部和几个书记说他们要赶着回去,我就让他们回去了,看看村里面的情况。

  我记得有一个老书记吧,那个老书记原来做得不是很好,但那个时候我就握着他的手,就跟他说:"王书记啊,你是老书记,是党员,这个时候我希望你帮着我,我们一起回去把老百姓看住,组织一下。"然后我就把我们的乡干部召集起来,(我们)连夜开展救援。①这时候就有老百姓叫我们。哪里有人,我们就去救援。然后过了一会儿,旁边又有一个干部报告情况,因为我们乡政府有两个办公地点,在另外一个地方,挨着中学那个地方还有一个乡政府的会议室,那个会议室是中学在借用,因为中学当时有一个一级危房拆了,学校装不下,就(借)用我们的会议室。

  胡子祥:当教室?

  赵海清:嗯,(用会议室)做大教室。那个垮了,埋了很多人。有干部就过来跟我说:"哎呀,埋了很多人,赶快去救人!"我已经累得没有一点力气了,我就叫我们乡武装部长和副乡长带一拨人去救,那一阵我没有眼镜都看不清楚,很模糊。所以我也闹了个笑话。我肩痛,站那儿不行,我就想坐,坐不能随便坐地上,我看有一个黑乎乎的、白晃晃的很干净的东西,一屁股就坐了下去,哪晓得那是一堆猪粪。唉,外面是干的,里面(是)湿的,(就沾到)裤子(上)。然后,(我)就爬起来,坐地上用泥啊什么的把它擦掉。然后过了会儿我们几个干部就商量得把人分几个组。我们也有干部说往外面走不通了,鱼塘垮了,街道有些地方电线杆也砸死了不少人。然后,我们就把人组织起来分了几个组:救援组,我叫我们一个刘乡长带头;医疗救护组叫我们一个分管卫生的朱乡长牵头;还有治安维护组,由我们武装部长也是个副乡长牵头;还弄了一个后勤保障组,叫我们那个李书记牵头。我对李书记说:你去把场镇所有的药、所有的食品、超市的全

---

① 地震后 10 分钟,赵海清在清点乡干部职工人数后,立即组织人员就近开展救援,安排乡长、副书记、副乡长、武装部长带人赶到中小学抢救学生,安排其他干部到金鼓、红岩等村查灾,安排人员到县城报告求救。(资料来源:北川羌族自治县人民政府.汶川特大地震抗震救灾志[M].北京:方志出版社,2016:750.)

部物品统一给我征用了，政府征用。①

然后大家说在医院前面有一大片麦地，那个地方空旷一点，人员集中在那儿，我们就过去了。过去后，中学的学生和很多老百姓都暂时待在临时帐篷里，包括受伤的都在一起。医院院长来给我报告，他说我们医院垮了一点，但人员没伤，我们（把）药房的药抢出来了，就地支援，输液嘛。然后我们就和派出所的干部以及其他群众一起组织（救人）。当时我还碰见了我们县教育局的副局长，后来我才知道他当时是在下乡。我看见他，我说："你们怎么这么快就从县里边赶到我们镇里面了？"他说："不是，我是下乡来了。"我说："我还以为你是代表县里面来的呢，我们成立指挥部，那你当指挥长。"他说："不不不，我当副指挥长。"我说："那你就负责中小学校师生的安全。"他后面不是回到县里面组织去了嘛，他见到我说："哎，你把我职务给我撤掉没有？""这是一段历史，也就说在最艰难的时候，你在陈家坝乡还负责一个方面的工作。"我跟他开玩笑。

我不是分了五六个组嘛，然后几个组分头去组织救援。大概过了很久，我们各组反馈说人还是不够，毕竟刚才我说的那些情况都有发生。很多人来到向阳村，大家很惊慌，在那个时候我都觉得……老百姓跑来说："赵书记，赶快去！我们那儿什么地方有事！有人要去救一救！"我们看着救不出来，很恼火，当时我又不知道情况。有的地方着火了，唉（叹气），着火了我能怎么办？我说："吴乡长你带你的人周围看一看还有没有人能救得出来？救一下，如果没人，那火只能等它燃，没办法。"那时候地震引起了火灾。我们几个组分头行动，还是做得比较好。比如说我们那个治安维护组，他们和派出所首先就把信用社、金库啊这些保护起来。

胡子祥：主要的一些部门（都接管了）。

赵海清：对对对，他们之前拉来的宣传，（就）是广告啊、覆盖标语啊那些，十分不巧，把有些地方给埋了。当时有人说（自己）几万元钱不见了嘛，还有就是说有要抢东西的，我就在那儿把大家召集起来，在派出所

---

① 震后1小时，赵海清根据搜集到的信息判断，北川全面受灾，道路中断，陈家坝的救援只能靠自己。他立即成立抗震救灾临时指挥部，下设紧急救援、医疗救护、治安维护、后勤保障、安置联络等5个组，按照分工迅速展开抢险救灾工作。（资料来源：北川羌族自治县人民政府. 汶川特大地震抗震救灾志[M]. 北京：方志出版社，2016：750.）

拿了一个大喇叭，后来拍了照片了。①我就在那儿说："这么大灾难发生了，陈家坝党委政府还在，我们干部还在，请大家相信我们一定组织起来应对这些，但是我们坚决反对任何人趁火打劫，侵吞他人财物，我授权派出所先处理惩治，我承担责任，打死我也承担责任。"那时绝对不能起什么哄乱，然后我又宣布所有的水、食品、药品由政府统一征用。我们当天晚上把矿泉水弄来，我记得还有一些饼干吧，就分给老人和中学的学生，三个学生一瓶矿泉水，一口袋饼干，但我们干部都没有。当时我其实还是不担心，我们没吃的又饿不着，我看那个麦地里（有麦子），我晚上（在）最饿的时候搓一点嚼在嘴里，这可以吃啊。我当时想着红军过草地连树皮都没得吃，我们这点饿不算什么，但我最担心的就是救援问题。医院给救出来的（人）输液，结果一个都没救活，没救了的我们也把他抬到医院来。我从来没见过那么多死人，从来没见过那么悲惨的场面，死人就在你身边，就是你平常见到的人。经历了这个还有什么你看不惯？还有什么你不舒服？

然后我说这不是办法，就叫派出所去探听消息，外面什么情况？派出所说："在哪里搞消息嘛？"我说："你那个汽车的收音机打开听一下。"他们听了说，地震那个汶川方向什么7.8还是6.8我记不得了，当时说温总理已经在赶往灾区的路上了。②然后下午大概四五点钟吧，有人从（北川）县城回陈家坝，县城到陈家坝也就18公里，大概是五六点后回来的。结果说县城还更严重，垮了！整个县政府、老城区都垮了。没看到几个领导，当时我心里就想家里面不知道怎么样了。另外我想县里肯定……领导都没有了！看不见领导，那我们只有靠自己了。然后，我就用那个大喇叭跟老百姓讲："这是一场大地震，据我们了解，震中在汶川，没在我们北川，汶川遭的还要多！"我就按我学的地理常识说："汶川那边很厉害，北川很厉害，安县很厉害。现在这么厉害的话，那可能往东边走要好得多，往江油

---

① 乡卫生院前的麦地里，六七百名群众惊魂未定，赵海清拿起扩音器，发布地震后陈家坝乡党委政府"一号公告"，他告诉群众，党委政府还在，已成立乡抗震救灾指挥部，一定带领大家共渡难关！（资料来源：北川羌族自治县人民政府. 汶川特大地震抗震救灾志[M]. 北京：方志出版社，2016：750.）

② 12日夜晚，赵海清找来一部老旧收音机，了解外面的情况。当听到温家宝总理已经来到灾区指挥抗震救灾的消息后，他再一次拿起扩音器，发布"二号公告"："全国都在行动，明天，我们就向江油、绵阳转移。"群众的情绪开始稳定。（资料来源：北川羌族自治县人民政府. 汶川特大地震抗震救灾志[M]. 北京：方志出版社，2016：750.）

方向走好得多。"县里面回来的人说县城非常糟糕,只有靠我们自己。我就想叫他们出去求救,靠我们自己也不行,我就派了一个武装部副部长,然后他说中学的郑老师主动请缨一起去!我说:"太好了!你们到江油去,我估计江油方向,离震中远可能要好点。你们告诉他们,我们虽然是北川县陈家坝乡的,但是我们受灾很厉害,县里面顾不上我们,我们只有求你们支援,帮忙救援。"然后他们就出去了。

　　看到这么多凄惨的情形,我就要求所有的党员干部,当时的人手不够嘛,我就说:"所有的党员干部站出来!"就看到人群中的干部都站出来,年轻人也都站出来了。我记得有一个电力公司的姑娘,后来她入党写申请书,她说那一刻她最激动。她说:"我不是党员可不可以来参加?"我说:"可以!"因为我们几个组人手不够,救援组人手也不够。后勤保障组的人要去弄些食物人也不够,治安维护组人也不够,医疗救护组人也不够。我说:"每个副组长点人,你们带人去。"我肩膀很痛,就只能在那指挥,但又看不见,我就让中学校长在老师那里给我找了一副眼镜,500度左右,度数有点大,但是勉强能够看得见,看得见就好一点嘛,我看得清楚,叫谁也好叫一点,指挥也好指挥一点。当时等待的过程确实很漫长,我们很希望天上出现一架飞机,如果有的话,我们心里肯定就踏实很多,哪怕这架飞机什么事都不做,只是飞飞,我们也知道外面有人知道我们这受灾了。所以要好好搞通用航空,应该是地震后最大的一个教训之一吧。

赵海清在组织救援①

---

① 图片来源:http://sichuan.scol.com.cn/fffy/20090216/200921601448.htm。

我有我的职责，我是干部

胡子祥： 就是在第一时间不了解灾情？

赵海清： 就是在第一时间不了解灾情，第一时间没有能力获取灾情，所以我们北川现在搞通用产业园，搞航空，不管是飞机、无人机，现在我对这些都有研究，这是非常重要的航空救援，利用飞机获取灾情这个很重要，当时很多部队不知道往哪去，都往都江堰啊这些（地方）去。

胡子祥： 不知道北川这边怎么样？

赵海清： 不知道。到北川救援的人原本是要到汶川县城救援的。

胡子祥： 哦。他们经过这儿了。

赵海清： 对，他们从这边过去走不了了，我说这受灾很严重。你看这个是我们现在搞的通用航空，这个我参加了两届珠海航展。

在漫长的等待中我们就希望有这些，没办法我们就（只有）自我救援，自己救自己。到地震当晚大概十一点吧，人员基本上安顿得差不多了。中学生开始在老城区前面那个卫生院里的麦地里，后来就过河了，到河那边去。因为陈家坝乡的地质条件很奇怪，一条河为界，西边叫阳山，东边叫阴山，东边的地质结构和西边的不一样。西边阳山庄稼多，农户多，滑坡也多，受灾最严重。东边的地质构造不一样，全是山林、树林，挨着山脚下那些路边农户的房屋，有些损伤很小，人户很少。后来我们统计遇难的同志是七百二十八人。

胡子祥： 就是在镇上？

赵海清： 陈家坝的受灾情况，我说比芦山地震、鲁甸地震都还要厉害。

胡子祥： 是是是。

赵海清： 这七百二十八人，可能有五六百人是山体滑坡直接被埋了的，就我们乡镇府那个鼓儿山滑坡，三百多米长，埋了一百多人进去，还有一个大竹坪也埋了一百多人。我们有一个村民在四坪村，因为北川是高山峡谷，他对面是勇敢村，从他那到勇敢村至少要走两个小时，到对面山下山半个多小时，上山一个多小时，地震一摇直接就到对面去了，都不知道怎么就飞到对面去了。地震那时候陈家坝的故事很多，什么一匹马的故事啊，一只鸡的故事啊，一条蛇的故事啊，一只狗的故事啊。什么都有，挺多的，真的很有趣，后来我们还去搜集了些。我们把人员逐一调整疏散，中小学生到对面去相对好一点，因为对面那个山体要平整一些。这边呢余震很多，随时哗哗哗，滑坡。我给你看一些我的资料吧。

胡子祥： 等一会儿您可不可以把您的一些资料拷一点给我们？

赵海清： 嗯，可以。后来我做了一个幻灯片，我有一些图片。这就是陈家坝，这片山垮下来，我们乡政府刚好就在这个地方。

胡子祥： 哦，刚好在山脚下。

赵海清： 嗯，就在这个地方。它这里是垮了很远去了，但是地震过后，我们后来在这个地方，这是卫生院，这是卫生院里面的一个大操场，麦地就在这一片，我们就在这里，我就在这里发布了两次公告。一次整建队伍，一次要求老百姓不能乱来。当天晚上大概十一点的时候，从江油搬救兵的人就回来了，但是他们没带救兵回来，他们找到江油市政府，找到宋市长。我当时估计我们的损失是多少呢？我们一万三千多的百姓，大概有三千人失踪，至少五百人死亡，这是我最开始的一个估计。宋市长跟我们说："不管是解放军、公安干部还是医生，我们都派不出来，我们受灾也很严重，但是我可以给你们一些药。"①

胡子祥： 哦，这很好。

赵海清： 我们开始都还有点不愿意嘛，怎么着你们也给我们派点人是吧，我们这么严重，他说你不要药，过一会儿可能也没有了。好，我们就搬了，弄了几箱药，从江油到陈家坝那（条）路还是通的，有的地方有滚石，但是路还好，摩托车还可以过。然后他们走到桂溪乡，唉，有人也帮我们搬了过来。

（指着一张照片）看！这就是我的办公楼，我当时就在这里，最里面的这个位置，这一楼最里面，这是二楼，最下面最里面那一间是我的。我当时就在这里面，第一时间我走出来后就爬上了公路。这上面本来是一个院子，上面是一个公路，这个长草的地方是一个坎，是很高的。这张照片是12月5号把房子拆掉的时候拍的，这里全都是土，这是当时的那个坎，我

---

① 江油市长给了赵海清派去求助的人十多箱抗生素药，并帮他们送到桂溪，然后通过桂溪中学的老师们打"摩的"的运送方式，在晚上11点多将十多箱药运回了陈家坝。（资料来源：阿建. 在难中——深度访谈北川乡镇书记[M]. 北京：人民文学出版社，2009：47-48.）

一肩膀撞在那坎上，然后我就往下跑。这是办公的地方。

后来晚上他们回来，回来我还是觉得不错，他们做得比较好。至少扛了几箱药回来嘛。然后我想没办法也只有这样子。我们还是等着救援嘛。13号晚上就下雨了，我们也搭了棚子，大家就挤在一起，睡在一起。唉，我痛得很厉害，其实更心痛的是不知道老天能不能站在我这边，因为我的父母我的孩子……

胡子祥： 爱人也在县城？

赵海清： 嗯，都在县城，但是我又不能走，我们乡政府有个开车的司机小陈。他是我们请的一个临时工，他家里边在县城，我就跟他说，这样……

胡子祥： 回去看一下？

赵海清： 他可以走，但我们走不了。我有我的职责，我是干部，我走了陈家坝就没有人了。后来我总结一点，我不说我们共产党有多伟大，但在最艰难的时候必须要有一帮人，要有人撑着，要有个组织，那谁来撑着呢？那当仁不让只有我们来撑着，承担。我们一个基层组织出来承担，肯定也是我们出来组织。我说我的职责所在，我走不了，但是他可以走。他回去，人家有人从县城翻山过来，回去看一下，找一下家人，顺便帮我了解一下我家人的情况。回去给我带个信，说我在陈家坝挺好的。

那天晚上雨滴答滴答响，第二天早晨我肩痛得很厉害，到了五点多的时候，雨还在下，院长就给我输液嘛，然后大概八点多就有人来报告。当天晚上还是什么时候我叫当时的书记李志胜写了一个灾情报告，把灾情送出去。好像当天晚上绵阳市政府派人往平武走，因为往那走要经过我们临近的一个乡，叫桂溪乡，在那个乡（过不去）就被拦住了。我们到江油也要经过桂溪。（他们）在桂溪就听说陈家坝受灾很严重。当天晚上实际上有支部队（遂宁武警支队）就走到桂溪，准备到平武去，去不了。然后那个领导就说，"陈家坝很严重你们去"。所以早晨大概八点多吧……

胡子祥： 他们就到了？

赵海清： 有人报告就带一帮人来了，那个支队带了一百多人找到我们，然后我们就联合救援队分头救人，他们去搜索救援。我的液也不输了，拔掉了，我就过河去。看嘛，这个老城区垮掉了。这座桥断了，第一时间就断了。我5月12号晚上一直在这边。5月13号早晨我和部队交接安排他们救援之后，我就过河去组织向外转移，这是我当时在麦地里开完会，没眼镜。（指着一张照片）这是我，这是李乡长。这些干部，当时我叫所有的共产党员站起来，站一排。这是派出所的，这两个是供电所的，哎呀，真的还是很勇敢的。然后我们就翻过桥，就到河对面去了。我先看到了中小学师生，1700多人。

胡子祥：他们都还是很平安？

赵海清：老师帮着，因为当时中学有十一个孩子在大教室死了，我后来知道遇难了十一个没救出来，那里面其中一个是我侄儿子，我老婆姐姐的儿子。就是因为我在那儿工作，所以他就把孩子转学到那边去，后来我也感到很内疚。然后我就跟他们说你们必须转移，我们老师很称职，除了有些学生已经被家长领走外，一千多个孩子都在，他们说转不走，我说走路出去。他们说路上还有滚石啊什么的，我说你们注意安全，但是你们必须走，5月13号他们整整走了一天，是我下的命令让他们走出去的。①

搬救兵

胡子祥：最后走到哪儿呢？

赵海清：他们走到桂溪，陈家坝到桂溪大概18公里，从桂溪搭车到江油，最后到绵阳，走了一天，后来他们几个月都在绵阳。然后除了他们走，我们需要转移的，最重要的是伤员和一些老人。那时候我看见大货车停在路边，我就叫他们把这些车全部征用了，说找不到司机。我说找不到人就砸车、砸门，砸掉。当时武警呢，他们只进来了两辆卡车，我叫他们用卡车运伤员，开始没有计划好，一辆车只运了6个伤员，因为痛，所以不能装太多。两车装了12个伤员。他们上午8点多出去，下午2点多都还没有回来。然后车不够用，我就把其他本地的车强行征用了。老百姓看见车门开了，全部都爬上去。我跑去说都给我下来，这个车是运伤员的，有的听招呼就下来了，有的打招呼不听，招呼不住。那时天还在下雨，我说这样，来个武警给我守着，等伤员来运伤员走，你们不下来就在上面淋雨吧。看到我态度很坚决，后来他们慢慢就下来了，然后我们就找自己的车子，陆

---

① 13号上午8点多，赵海清下命令转移师生，但学校的校长不愿意走，因为孩子们太小，路上有滚石很危险。但是赵海清坚决让师生转移，告诉他们离开陈家坝才安全，受伤的师生和老师由政府负责，其余人全转移。（资料来源：阿建. 在难中——深度访谈北川乡镇书记[M]. 北京：人民文学出版社，2009：51-52.）

陆续续运送了一些,然后有些村干部,我就跟他们说村上的书记主任,一个留在这里,另外一个带着老百姓出去,往出去走。那是大转移,疏散转移,都是靠我们自己。①

13号那天,后来我才知道我之所以那么出名,就是因为那天下午在等待救援的时候,来了一辆吉普车,吉普车上跳下两个外国人、一个中国人,其中一个外国人扛着摄像机,拿着就拍。我跑过去就问嘛,哎,我说你们哪儿的?他说美国有线电视网的,然后就给我看他们的证件,说有线电视网我还不知道,但他们说CNN(我就知道了)。我说我最讨厌CNN了。很有意思的是外国人听到翻译说我最讨厌CNN了愣了一下,然后回了句说,我们也讨厌。我真的觉得那外国人挺有趣的。当时我心里就想,这不是没干什么嘛?我身边也没干部,怎么突然来个CNN哪?他们来拿着摄像机到处拍摄那些悲惨的场面,他出去岂不是又要污蔑我们,要歪曲报道嘛?哎呀我说这怎么办,他如果不按我说的情况报道,那要怎么办呢?我心里很着急,有个干部嘛还可以证明一下。但转过来一想没关系,如果他歪曲报道,到时候组织问我,我就说我是怎么说的,他是怎么报道的,我以党性来保证。然后他要去拍,我就跟着他,给他介绍一下情况,走到这个断桥边的时候他说我们可不可以过去看看?里面还有没有人没救出来?死的人你们怎么安排处理的?我在想,他说过去看一看里面有没有人没救出来,那肯定有是吧。人家在喊救命,我们又没能力救出来。

然后我就说对面很危险啊,现在还在余震,你不能去。他说,有没有人还没救出来?我说,我们正在救,正在努力地救。但肯定有人没救出来,这是事实。

胡子祥:那是肯定的。

赵海清:他说你们那死了多少人?我说我们死了大概五百人,失踪三千多人,然后他说你们死的人怎么安葬的?其实当天晚上我们除了救出来的人,第二天上午我们还把那些遇难的老百姓拉到一起掩埋。我们就在麦

---

① 5月13日一早,赵海清迅速将车辆集中起来,把老、弱、病、残、伤、幼等受灾群众转移到相对安全的江油、绵阳;同时安排乡、村、组干部带领未受伤的群众向外转移。震后40多个小时里,他组织人员从废墟中救出被埋群众67名,抢救运受伤人员2100余人,疏散转移受灾群众1.2万余人。(资料来源:北川羌族自治县人民政府.汶川特大地震抗震救灾志[M].北京:方志出版社,2016:750.)

地旁边那个下面，就在这一块。

胡子祥：就是刚刚共产党员站成一排的麦地那儿？

赵海清：不是，有个圆形那儿。我们不在这吗？这是医院，我们就在这一片选了个地方，我给大家说虽然没有棺材，但是还是挖平整，不能全部摞着，给大家稍微整排好。后来这个地方堰塞湖泄洪受影响，我们又把他们挖起来，埋在这个地方。现在这有个纪念碑，当时挖出来的，包括十多个孩子。我们都把他们集中做了掩埋，然后他问我："你家里的情况怎么样？"一问到家里的情况我一下就哭了，13号就有人跟我说老县城基本都没有了，说老县城全部被埋了。你看这老县城嘛，这是我们的老县城，我家的房子就挨着这边一点，我家在这个地方，我老婆就在这，所以当时我一下就哭了。我跟他们介绍情况的时候，因为部队当时给我发了对讲机，听见："赵书记！赵书记！你的卡车回来啦！现在很多的伤员真的要走，你快过来处理一下。"当时我转过身说："对不起，我有点事我走了。"我居然还给他们打了招呼，然后转身就跑。跑一截肩很痛，跑不动，当时我穿的衣服是什么呢？当天晚上很冷的时候就把派出所的一个警服大衣裹在身上，衣服小，裤子大一点，穿着不协调，还是那个屎裤子，我穿在身上就跑，他们就拍了一个片子。大概到五月十八九号我才知道网上有很多那个我的视频，CNN报道的感动时代的什么铁人书记的，我觉得他们真的有预见，我现在真的铁……我才做心脏手术，现在是6根钢支缠着我，那才真的是铁，真的是。①

我过去后一看这个部队的车回来了，很多人都想走。其中有一个是我哥，中学的老师，他躺在一个椅子上，我现在真的还是挺……但是我想我不可能让我哥先上去，还有很多人在叫我赵书记啊，"我们先走，我们很痛很痛"。我说这样，院长过来，谁先走，院长决定。但是这次不能只送6个了。开始是武警要送，我说你们不送，这次车上能放多少人就放多少。

---

① 13日被美国CNN报道为"北川铁人书记"的赵海清，在9月中旬病倒。胸闷、胸痛等多种症状出现，诊断书上写着：过度劳累，主要脉窦瘤破裂严重，必须马上住院进行心脏修补手术。赵海清被组织"逼"着进医院。他在手机短信里写了这样一段话："若有意外，家人要坚强。村民同意，我想待在金鼓包，一头能望见北川县城的亲人，一头能看见陈家坝旧貌换新颜。"（资料来源：北川羌族自治县人民政府编.汶川特大地震抗震救灾志[M].北京：方志出版社，2016：750.）

还有这次不能再拉到江油或者绵阳去,就只能转移到前面 18 公里外的桂溪。我在桂溪当过乡长,当时一个干部叫杨振荣,他爱人也在陈家坝遇难了,他本来就是桂溪人。我说:"你去桂溪找当地的干部,叫他们找车转运。"因为 5 月 13 号那条路是通的。然后就转走了很多人,结果我那个哥啊,表面上看没什么伤,其实伤得很严重,伤得非常严重,但他不是那一批走的,所以后来我觉得这样……哎呀(哽咽)。

胡子祥:就当是没有来得及,很抱歉。

赵海清:包括我那个侄儿嘛,在中学上学那个侄儿,中学也只有他们那一个班的人在乡政府会议室没救出来,当时我不知道这个情况。12 号晚上我仿佛还问了一下说没看见,我也就没管。那这个事情到 13 号晚上,我们忙碌了基本疏散了,13 号晚上下雨,CNN 来的时候天已经很晚了,他们什么时候走的我不知道,但我还知道有一辆成都牌照的黑色轿车大概也是晚上八点钟过来的,好像是一个什么自驾游爱好者,他说你这太惨了,然后把他后备厢所有的食物全部给我们了。我们没想到的是,半夜两点多他又来了!又出去拉了满满一车进来,他边出去用无线电边喊(求救),但是所有人都到都江堰救援去了。我真的很想有机会通过媒体(寻找他),我很想知道他们的经历。当天晚上他拉了很多的奶啊、饼干啊,装了满满一车拉回来。晚上又下雨嘛,我们就在那边搭着棚子,东西来了老百姓就想……

胡子祥:每个人都想拿嘛。

赵海清:都想拿,我说排着队分,我想排着队也不是办法,后来我想了一个主意。我说你们所有人全部都回到棚子里面去,在棚子里面等一下,然后我派干部来登记、编号。两个干部分着编,一个从 1 号开始编,一个从 50 号左右开始编,1 号棚里有几个人? 现在棚里有几个人? 指定的人负责。2 号棚,然后统计起来,只有三十多个棚吧,然后我又统计有多少食品、多少水,算一下,平均分。然后我叫他们排队,1 号棚谁来领,2 号棚谁来领,当时他们想抢,我说坚决不可以,谁敢抢? 我说你们都回去! 他们说:"你要是给谁多一点谁少一点?"我说:"这个你放心!"

当天晚上我睡下去,肩痛得很厉害,第二天早上爬不起来,是他们把我抬起来的。14 号上午我就和我们乡长商量,这么等下去不行,县里面两天没人来,就我们撑着,我那时候真的是筋疲力尽了。我说这样:"我们派人出去求救,我们就不找江油市了,找绵阳市,绵阳市总要管我们吧,我们是绵阳市管的,到绵阳去。"我和乡长商量。我本来想让乡长出去,但他不愿意去,他为什么不愿意去呢?因为他的父母在老县城,他的女儿在北川中学,他听说北川中学好多孩子都遇难了,所以他当时的心情很矛盾,又想知道女儿情况又怕知道,想知道女儿怎么样,又怕知道得来的消息是(不幸的),因为北川中学遇难了一千五百多孩子嘛。然后还有他的妹妹、妹夫。后来他的父亲遇难了,他的女儿很俊(运气好),她那个班就活了两三个人,就有他女儿。听说高一几班全埋了,他说他不敢,怕电话打来,不敢出去。因为我们那没信号嘛,然后我叫他出去,顺便把其他的电话打一打。那他不出去,我就出去了,但我说:"不管怎么样,晚上我要回来。"

我怎么出去呢,我就把派出所的车开上,派出所的车前面也被砸烂了,水箱也坏了,然后我们就开着烂车子,走一截倒点矿泉水进去,走到江油的时候我把电话打开就接到电话了,就几个朋友打电话过来,说了家里的情况嘛,父母……因为我老婆已经送到医院去了,父母没了,孩子没了,我弟弟的女儿也没了,还有一个兄弟的老婆也没了,然后我老婆就被送到绵阳医院。我老婆当时没人救,13号下午才救出来送出去的,因为没人管她。然后说住在骨科医院嘛,但第一时间我先赶到的是绵阳市抗震救灾所,走到指挥部我就去找在那里的一个同学,他就把我带到秘书长那儿去。我给秘书长汇报陈家坝的情况,说我们现在最需要医疗队,然后他说,医疗队我可以派,我给你派四军医大的。①但是他们现在还在路上,可能要两个小时之后才能到,然后就有空闲时间嘛。哦,那还有个小插曲,他们就给我一盒饭吃,哎哟,我几天没吃饭了,米饭。然后有个警察跑过来,因为我穿了一身烂警服,衣衫不整。那警察说,你怎么回事啊?我说我不是警察,我是来报告灾情的,然后有点时间我就去骨科医院看我老婆,我老婆那个手啊……我们家在六楼,第一时间垮得一塌糊涂,全垮在街面上了。

胡子祥: 哦哦,就倾倒下来了?

---

① 赵海清到绵阳市抗震救灾指挥部找到秘书长汇报情况,秘书长正在替他办理时被市委书记叫走了,赵海清直接找到绵阳市抗震救灾部医疗救护组的雷局长要医疗队,雷局长为他安排了当时正在成都双流机场的四军医大。(资料来源:阿建. 在难中——深度访谈北川乡镇书记[M]. 北京:人民文学出版社,2009:58.)

赵海清：那房子太差了，这是对面，这是一条街通往十字路口，是老县城最繁华的地方。对面就是工商局，我们家就在工商局附近，垮了就倒在地上，后来我就在这里啊，这个地方捡到我的衣服。我进老县城，一看我的羌族衣服怎么在大街上啊？六楼嘛，就倒在大街上，我老婆就埋在这里被救出来了嘛。

胡子祥：那还是很幸运！

赵海清：但是，她（被）压得太久了，手、右上肢、右下肢被压得太久了。如果她是什么断了啊都还好一点，后来就可以截肢，但是就肌肉全部坏死，到现在她右腿腿部肌肉几乎没有，就干骨头这样子。我老婆到现在除了那次在重庆治疗，后来我们做了四次手术，修补嘛。就现在都还是行走不便。然后呢，我就跑去看我老婆，她说她的手可能要截肢，然后儿子没找到，爸爸妈妈没了。我说，别管，截肢也没关系嘛。我还跟她开玩笑，断臂维纳斯是最美的。然后当时是我老婆的姐姐在照顾她。我老婆的姐姐问我她儿子呢？

胡子祥：哦，那时候你还没顾上。

赵海清：唉，我马上就打电话问校长，校长说可能出事了。11个孩子里面可能就……因为学校统计得很清楚。然后我就觉得……唉……（哽咽）然后我就跟我姐姐说待会我还要回去，今天要回陈家坝。我姐姐就抱着我哭，她就不准我回去，她说："家里面这么恼火你还要回去？"我说："不行，必须回去！"我记得周围还有几个志愿者看到就在劝我，然后我姐抱着我，我的腰又很痛，他们就带我去找医生。医生说还好，没有骨折，但是软组织受伤很厉害，要医治。我说没时间，结果就抱着药跟我老婆说我走了，然后就跟我姐说我回去再找找，再找找孩子。我又回到指挥部等了会，说医疗队还没来，还在路上，我说我等不及了，天快黑了。然后我就跟他们画了陈家坝应该怎么走。我说："你们别想着救援北川就往老县城走，要从江油方向走，因为那是一个曲着的死角，只能从那个方向过去。"我叫他们一定记住路线，然后我就回去了，因为我答应过乡长，我晚上必须赶回去。赶回去之后我就找到卫生院院长，问他中学的十几个娃娃在哪里？他说还没有下葬。然后我就跑去看，翻了他们的书啊，每个人做牌嘛。但是我已经看不出哪一个是我的侄子，认不出来了。但是后来我跟我姐说虽然我没有把他认出来，但是每一个孩子，十一个孩子加三个幼儿园的孩子，十四个孩子，每一个孩子我都亲手……（哭泣）我说每个孩子我都帮他们整理了一下。我是看着他们埋下的。大概是 14 号的晚上吧，在路上碰到一个我们县里面的领导，他是到我们陈家坝做什么事呢？他是搬救兵的。因为 13 号部队来了，昆明派的昆明救援队，他们有专业的救援工具，但是这些救援工具是要拿到老县城的。

救援队伍到了

胡子祥：哦，是经过你们那儿？

赵海清：不是，他们是从江油下火车，看到陈家坝到老县城很近，江油下火车到老北川大概也就是 69 公里吧，他看很近，但是走不通，然后就从绵阳绕了很大一个圈。然后那个领导就说，这些专业救援工具我要弄到老县城去，老县城遇难的人多，受伤的人更多，他们更需要。我说："好吧，你们拿过去吧。"大概是 15 号就来了很多部队，包括十四军，十四军派的大部队，他们应该是 14 号早晨七点多就到了。来了之后我叫李乡长带他们，因为他们是到老县城方向的，我说你熟悉你带他，七百多人的一个部队，由一个熊副军长带队，但是他没过去，进不了老县城，垮得太厉害了，一路就不停地余震啊，不敢过去。然后他们说陈家坝也很严重，选择就地救援。你不知道后来还有一个小插曲，他们要追究熊副军长的责任，说他没有按指定时间到达指定地点，他们应该是到汶川县城去救人的，说要把他撤掉。我后来才知道，有一个和我们联系的张干事悄悄给我说（的）。我说你怎么不跟我说呢，我们地方找部队（解释）啊。他说这是我们部队的事情，但是我们后来把情况说清楚就免了。所以你看这个……14 号我们还在不停地疏散人员。但是救援的部队到了，道路也通了，救援队伍，医疗队伍也来了。到 15 号，15 号我印象也很深刻，什么武警、十四军的来救援，但是我印象最深刻的还是 15 号下午三点多的时候，宁夏消防官兵来到我们这里。

胡子祥：宁夏的？

赵海清：宁夏的，他们是早晨五点钟接到命令，八点钟的飞机，赶到我们那儿下午三点钟，来了一头就扎到那个场子里面去。但他们那天没救多少人出来。武警一百多人来，他们也很认真，但是那些小伙子，十八九岁，没力气，和我们差不多也没工具，他们只能把伤者往出抬，有些想救也救不出来啊。所以我们第一时间应该派专业的消防部队，但是来到我们这儿太晚了，我们有个干部的老婆救出来，就在桥头，他们家就在这个地方，这一片是垮掉的，他老婆5月13号下午掏出来身体还是热的。我们地震后有很多就是这样死去的，救援不及时。所以我说：第一时间还是应该派消防官兵。15号我们还碰见了中国国际救援队的人，他背上不是红色嘛，那大家都抱怨……

胡子祥：太晚了。

赵海清："你们现在才来。"但我觉得这股气不应该撒在他们身上，他们也很委屈，现在我们非常理解，但是当时就非常不理解。15号来了很多部队，那天我们整体比较有序，但是我们……所以我说很多事还是对不住我们干部。对不住我们干部什么呢？我当时给我们乡干部下了命令，我就叫他们每天签到嘛，大家都想走，家在县城的就想去县城看看，然后乡里面也有，我就说每个人都必须坚持，我都坚持下来了，他们也能坚持。我们卫生院院长一直坚持着。我叫他们每天都签到。我说你只要没签到，我现在处分不了你，就叫组织处理你。后来我们很多干部是什么呢，请个假出去，去了解下家里人的情况，把家里人安顿下来又回来。唉，我觉得我自己当时，哎呀，做这些事情，太不人性化了。人呐，还是不能太机械，还是要通点人情。所以我们的干部都非常不错，在最艰难的时候，大家都坚持救援。

到15号以后，因为陈家坝面积123平方公里，18个村，有不少是高山村嘛，山垮了救不下来，村干部、家属带着到山上去救人。我说一只鸡的故事（是听他们说的），一个老大爷地震房子垮下来，把腿砸断了，家里没人，子女都外出打工去了，17号左右才回来。他活下来就是因为他养的一只母鸡，那两天下了两个蛋，他伸手够得着，所以他说全靠这两个鸡蛋活了下来。十七八号家人回来跑到山上去看，老人还在，然后就请部队去抬下来。但是那没有路啊，陈家坝的山垮得太厉害了，你看这陈家坝的山全是滑坡体，大面积的滑坡。有五六百人都是被滑坡埋了的。所以十六七号以后就稍微比较正常一点了，救援力量很多。

"圆梦"

你看，我就按照这上面给你讲吧。这是陈家坝，这是老县城，这我儿子，我儿子才5岁。后来我不是说嘛后来北京问我要不要票，我说还要什么？但2009年1月份我在北京去领奖的时候，就我得那个"全国杰出十大青年"，我把老婆带上，带着孩子照片去鸟巢，就相当于带孩子也去看了嘛，圆孩子一个梦。

赵海清与妻子携儿子遗照在鸟巢前合影①

　　北川遇难的人很多，很多都遇难了。唉，我说到我的爱人被救出来，这个人是我老婆的救命恩人，叫黄晓安。后来我无意中找到了他，他老婆埋在那，我老婆就向他求救，他就叫了几拨人来，把她救出来了。我老婆被送到重庆去医治，重庆对他们很好。后来我就每天开会，部队的很多人每天也和我们在一起开会。要做很多事情，除了人员抢运转移啊，还有什么，那就是防疫！因为我们陈家坝在地震前经济发展还是可以。我提了一个"七头并进"，猪、牛、羊、兔、冷水鱼，还有化石，反正我总结了七头并进嘛，我说按这个比较好。但那个防疫啊压力很大，很大。后来19号左右就是堰塞湖泄洪，我们那是一条支流，要组织疏散。②那老百姓也得自

---

① 图片来源：四川在线 http://news.sohu.com/20090427/n263635798.shtml.
② 为防止灾后疫情，他们提出"消杀、管控、教育、监测、环保"工作思路，建立军地防疫协调机制，做好遇难遗体清理掩埋，牲畜无害化处理，水源保护，定期消杀防疫，开展爱国卫生运动，确保了大灾之后无大疫。勇敢面对唐家山堰塞湖和乡内堰塞湖双重威胁，建立堰塞湖避险撤离预案，设立观测预警站点并实行24小时值班，强化避险宣传动员和演练，果断处置境内3个堰塞湖，转移疏散群众近万人，确保了受灾群众零死亡。（资料来源：共青团北川羌族自治县委. 赵海清同志抗震救灾先进事迹[EB/OL]. http://sc.gqt.org.cn/bcx/youth/200902/t20090218_135527.htm.）

救嘛,我们就守着那个河边不准他们回去。老百姓只有半天才能回去,两三天才能回去。这个做得很多是(叹气),后来我们成立了这个,我们乡政府挂牌就只有挂在树上。这是全国妇联主席到陈家坝来给我们授的旗。然后我们组织了退伍军人党员突击队,因为派出所人很少。

胡子祥:最后统计是死亡七百三十八人?失踪二十六人?

赵海清:死亡是七百三十八人,但家家户户的房屋都没地方修建,很头痛。

重建家园

胡子祥:后来重建是怎么搞的呢?

赵海清:重建很简单。我后来(选择)安置点啊,我就在红岩,双堰那个地方不到1平方公里最高峰住了一万多人,你想我防疫压力有多大?唉,每天他们就打农药啊,灭蚊子。厕所啊什么的,吃喝拉撒都在那儿。我们每天开会就说防疫,有一天开会就说,这蚊子大的已经灭不了了,越来越大,越来越猖狂,我说那怎么办?什么能灭掉?他们说敌敌畏能灭掉,我说那就用敌敌畏啊。他说敌敌畏不行啊,现在敌敌畏是国家防疫所禁止的,不能用。我就拍桌子,用!我负责,出了问题我负责,我承担这个责任!就是用了敌敌畏才把那些苍蝇啊、蚊子啊杀死的。

胡子祥:永久性安置大概什么时候完成的呢?

赵海清:①永久性安置当时是7月份就启动了,我还在陈家坝乡当书记的时候,动员了很多力量。比如说,我一个老师的儿子在华西啊,是一个很牛的医生,他们华西"79级"同学会当时捐了三十多万。他知道我们那儿受灾很严重,就让我找一些孤寡老人、家庭很困难的这种,列个名单发给他。我说这个钱我给你想一个办法,我就选了一个村,二社安置点27户人,家家户户都需要另外的异址重建。我说这样,你给每一户人钱用来

---

① 在永久性住房建设中,面对乡场镇夷为平地、2/3村社毁损,群众思想情绪复杂、重建任务艰巨等问题,他逐村逐户疏导解释,查看选点、勘验规划、协调建材资金,动用私人关系募集农房建设捐赠资金30多万元,目前全乡已启动11个村1200多户群众开展永久性农房建设。会同省市县、对口援建的山东省青岛市领导及专家对毁损的乡场镇进行评估、勘路、选址和规划。目前,选址已定,征地折迁、开工建设准备工作稳步推进。(资料来源:共青团北川羌族自治县委.赵海清同志抗震救灾先进事迹[EB/OL]. http://sc.gqt.org.cn/bcx/youth/200902/t20090218_135527.htm.)

建房，大概每户就是一万多吧，三十多万，27户人家。这一方面可以帮我们让老百姓尽快过渡到永久性重建房屋，另外老百姓他多年后回想，我这个房子当时是华西医生"79级"同学会捐的钱让我们住的。我说如果直接给钱，真的有那种喝酒的，一下就花掉了，印象不深刻，这个意义就不突出。我说，你这么做了又能帮我们政府推动我们的农房重建。我们的农房重建选址费力气，要找个地方很不容易。到9月24号我已经没在陈家坝工作了，因为我当时就住院了，做心脏手术去了。

"受伤的心"

胡子祥：9月份？

赵海清：9月23号晚上，成都、北川下暴雨。后来我查了一下那晚上打了几千个上万个雷。当时我请了假的，但是县里面领导打陈家坝电话都打不通，就只有打我的电话。我又打，领导说哪里有问题我就做中转找哪个地方。我就坐在华西医院那个楼梯间打电话，不停地打，打了一晚上电话，一晚上几乎没睡觉。当时我要做手术。

胡子祥：就您说的那个心脏手术？

赵海清：我是做心脏手术修补，换了瓣膜，一个破裂修补，然后有一个缺缺（缺口）把他补上。原来开胸嘛，25厘米长，我经常讲，见过杀猪没有？杀猪就这样子，开胸，划开，体外循环，心脏停止跳动。当时早上七点进去，下午两点多出来的。我当时实际想，地震后想法不一样了。我做手术的那天晚上，同一个房间旁边有个人啊，很紧张，我一点儿也不紧张，因为想的是明天下不了手术台，就随父母孩子去了，也没关系。当时就觉得经过地震啊，人的生与死可以画等号，当然能够让你生你就好好活着。所以后来我经过这么多年总结了三句话，就是开心的生活，努力地工作，永远的感恩。老天叫你活着，你就活着，认真地活着。对自己亲人都要负责任，工作还是要努力做。地震后组织上要把我调到绵阳，当时我说如果没经过地震你把我调绵阳我肯定想去，但是现在你看我身体不好。当时我确实不想走，我说我的父母孩子都在老县城。抗震救灾，人家说赵海清还是做了点事，灾后重建，如果我身体不行，不说参与嘛，我至少可以看着这些发生变化。组织上给我荣誉很多，人呢，有时候想，塞翁失马焉知非福就这个样子。

高负荷的工作使铁汉赵海清病倒,刚做完心脏修复手术的他在医院仍时刻牵挂着陈家坝的工作[1]

胡子祥: 然后在医院住了多久呢,做手术?

赵海清: 在华西住院你住不了多久的,我27号做的手术,29号重症监护室出来,5号就叫我出院,6号我就出院了。当时不是10月8号嘛,北京组织开会,开那个抗震救灾表彰会,我被评为全国抗震救灾劳模。[2]

我就请了假,我就去。医生说你不要命了,开会你就去啊!然后我10月6号出来就在绵阳修养。还可以,我运气好,遇到一个好医生,我现在跟我那个医生关系挺好,每隔三五个月就检查一次,听一下。他说:"你恢复得很好!我没想到啊,你那个地方我记得清清楚楚,就像鞋帮啊,拉不拢啊,缝不拢啊,现在你这个支架很稳固!"我说"主要是你医术高明",但是我想说还有一个原因是,我心态很好。所以说,现在谁有什么毛病啊,我就说我给你开导一下,都是小问题,别把它看得太严重,人一定要有一

---

[1] 图片来源:青春励志故事,http://qclz.youth.cn/zhhq/wdfd/201211/t20121121_2634962_7.htm.

[2] 2008年10月,赵海清被中共中央、国务院、中央军委授予"全国抗震救灾模范"称号;2009年5月,被中华全国总工会授予"全国五一劳动奖章"。(资料来源:北川羌族自治县人民政府.汶川特大地震抗震救灾志[M].北京:方志出版社,2016:119,751.)

个好的心态，过了这么多年，确实有很多值得我们反思总结，国家层面的，政府层面的，社会层面的，我们个人的，家庭层面的，方方面面都要。2008年那场地震，十周年嘛，我就在想，我一定要把有些事情记下来。当时没时间记下来。我那手机里面有很多短信，我把那手机一直放在那儿，那里面有很多东西，我说那是我一生的财富。大概就这样。

胡子祥：谢谢，讲得特别感人。

赵海清：没有没有，见笑了。

2008年12月，赵海清当选十九届"全国十大杰出青年"①

---

① 图片来源：青春励志故事，http://qclz.youth.cn/zhhq/wdfd/201211/t20121121_2634962_9.htm.

因为我是一名共产党员
——访原汶川县科协副主席何世国

题记： 因为我是一名共产党员，所以大灾大难我理应冲锋在前；因为我是一名共产党员，所以安置灾民我务必考虑周全；因为我是一名共产党员，所以为民服务我不留半丝遗憾。

采访何主席时，他已经退休在家。当我们电话联系他，问他是否愿意接受我们访谈时，他很爽快地接受了。谈及近十年前的那场山河破碎、举国悲恸的大地震，何主席至今仍是记忆深刻、感情复杂。"5·12"汶川大地震发生后，万千群众瞬间失去了家园。作为当时汶川县的科协主席，何世国忍着巨大的悲痛，临危受命，一手肩负起姜维城[①]两万群众的安置工作。在满目疮痍的废墟之中，在余震不断的威胁面前，面对如此艰巨的任务，他没有退缩，也没有埋怨，而是始终冲在最前面。他说："因为我是一名共产党员，在这些危难关头，组织上安排了，我当然义不容辞。"在进行群众安置工作期间，作为一名老干部，他沉着冷静，考虑周全，迅速制定工作策略，组织工作队伍。他一面安抚人心，稳定大局；一面详细布置，科学安排，使失去家园的上万群众，迅速燃起希望，共渡难关。他科学规划，事无巨细，将每一个可能的隐患考虑周全，在安置好群众的同时，尽最大努力做好防火防疫工作，避免二次伤害。

在与何主席交谈的过程中，他说得最多的一句话，就是"我是一名中国共产党员"。是呀，他是一名共产党员，是党在人民中的代表，是党和人民忠诚的服务者。党的优良传统和使命宗旨，他一刻也没有忘记。他的身上始终闪耀着一名优秀共产党员所具有的品质，他的光荣事迹，让人为之动容。

[①] 姜维城遗址是岷江上游一处极具代表性的重要遗址，位于汶川县威州镇的今汶川中学后山上，在汶川县城中地址略高的一处山坡上。

· 不忘初心篇 ·

采访时间：2017 年 7 月 19 日
采访地点：汶川县城某茶楼
受 访 人：何世国
采 访 人：曹元梅
整 理 人：曹元梅

临危受命，组建工作组

曹元梅：何主席，您能简单说一下"5·12"地震发生时您所经历的事情吗？

何世国：好。"5·12"那天天气很好，下午 2 点左右我们都在家里休息，正准备去上班，突然就地震了，思想上没有一点儿准备。当时摇摇晃晃的，感觉是地震，因为我们住六楼，到楼下的距离比较远，我们就躲在饭桌下面。那时不停地摇晃，家里的冰箱、电视甩得像皮球一样，都抛出去了。所以当时我们等地震稍停顿一下以后，就慢慢往外跑。因为地震发生后满天都是乌云，灰尘很多，根本看不清。跑下来后我们就到了那个桥头，刚刚到桥头的时候岷江河还在流，过了一会儿，突然就断流了。当时政府已经叫警察、警车出来，要求全部到姜维城山上。①这时候我们就朝姜维城方向疏散。我们走的时候，有些房子就倒了，到处都是一片瓦砾。我们只要看到人，不论是男女老少，都叫上一起到山上躲避。到了山上之后，当天晚上又下着大雨，大家都没有喝水，饭也没有吃，我们都是人挨人，不分男男女女，因为下雨都比较冷，大家这样挨着身子相互取暖。第二天天亮后，政府组织好部队、民兵巡逻街头，要求注意安全，主要是保证社会稳定。第二天下午一点到两点的时候，县委、县政府成立了指挥部。县委组织部就找我，当初因为电话拨不通，他们就派人到姜维城来找我，要求我负责姜维城这个片区的灾民安置，当天估计有四万余人。

曹元梅：四万余人都在那里？

何世国：对。因为我们县城就两万多三万人，还有一些流动人口，比

---

① 5 月 12 日晚，县抗震救灾指挥部组织群众到姜维城等相对宽阔的地方避险，汶川县近 3 万人被紧急疏散转移到威州镇姜维城和黄岩村。（资料来源：阿坝州地方志办公室. 汶川特大地震阿坝州抗震救灾志[M]. 北京：方志出版社，2013：457.）

如做生意的、旅游的。当时是五月中旬，甜樱桃刚刚成熟，所以也有很多旅游的。还有就是到处都垮了，路中间不能行走了，全部都卡在里面了。所以当初我接到的这个任务还是很艰巨，因为涉及每一个人的生命，生命第一；还有对于我本人来说，因为我是一个共产党员，在危难关头组织上安排了我，我当然义不容辞。所以我接到任务之后，就寻找我了解、熟悉的人，由我牵头组建一个工作组。因为工作组是临时的，在第三天、第四天网络通了之后，我才弄了一个花名册向上面报告这个事。因为这个事情光靠我一个人是不行的，只能由我牵头，工作需要大家来做，这跟平时不一样，平时单位抽多少个工作人员，比如说你们西南交大抽多少学生、多少老师，这个很好办，但是在那时没有这种体制。所以我就说由我来牵头，先组建个机构。县委把这个任务交给我后，我就组织了一些志愿者，建立起一个工作组。组建好了以后，就在姜维城山上召开紧急会议。为了把工作落到实处，我们就做好登记，各种签名，招募志愿者加入我们这个工作组，承担起救灾任务。

当初我们总共组织了45个人，成立了一个庞大的工作组。然后就根据姜维城山上的地形，大致分了7个区。比如说你是小张，你负责第一个区，我们从上到下，分成一区、二区、三区、四区、五区、六区、七区。我们根据行政地域划分，便于明确任务，也便于大家联系，便于开展工作。如果大家就一塌糊涂地乱呼唤，肯定是不行的。因为当时没有手机，有手机也没信号，所以我们就建立了这样一个组织机构。当然这些人都很听指挥，同志也很卖力。我们就组织对老弱病残给予特殊照顾，对于身强力壮的人主要就是给他们宣传县委、县政府的一些大的安排、决定，稳定民心，让他们不要慌张。在这个危难关头，县委县政府、党和人民都很关心我们这个群体，让他们有个方向感。第三天之后，直升机来了，空投了一些医疗物资和一些急需的东西，当时我们大家就感到有方向了，能听到党中央的声音了。因为当初汶川成了一个"孤岛"，外界联系不上，电话没有，交通也是中断的。在急难关头，我们组织的这个团队不是社会一般的团队，我们是以党和政府的名义组织的工作组，这个是有组织机构的，虽然你今天是志愿者，但是你加入了我们这个组织，就要听党和政府的指挥、安排。虽然我们很多老百姓也没用上那些物质，因为它毕竟是有限的，但是我们把政策，把党和政府的温暖宣传到每个灾民那里，民心就比较安稳了。

什么时候都不能忘记自己的身份

何世国：地震过后，县委县政府就把我们县城很多商场征用了。征用以后县城自身的一些问题就可以解决了，比如吃的干粮、喝的水、包扎伤员的物品。当时我们县城自己的医疗队也上来了。经过这样工作一段时间之后，情况就慢慢好转了。一个星期之后，我们县里面自有的救灾帐篷很有限，所以我们把帐篷作为大件救灾物资，并做好登记。我们首先照顾老弱病残、孕妇这些有困难的同志，帐篷先发放给他们。当时也是 8 个人一个帐篷，只能起遮风挡雨的作用，跟我们现在的环境不一样。第三天之后，我们要求凡是共产党员的，要自己到我们工作组来登记，比如说你小张是共产党员，但我们也不清楚你是不是共产党员，因为我们也不是一个单位，我们也不熟悉你。我们要求就是做好宣传，共产党员自己到我们工作组来报道、登记，有任务我们要冲锋在前。所以要做好组织机构的宣传工作、鼓动工作，还有一些物资的发放、分配工作，温暖人心、安抚民心，这个工作做好了，几万人才没有出现混乱。因此，当时我被我们县委县政府评为"抗震救灾先进个人"。我们整个汶川县，就姜维城那个地方比较安全。一周之后，各方面的救灾物资慢慢来了，大部队也进城了。因为当时交通中断，部队全部都是徒步，映秀、马尔康、茂县也是徒步。我们在姜维城山上住了一个多月，在"5·12"地震发生到安置灾民的过程中，很多的共产党员、年轻志愿者，不管男女，大家都很听指挥。所以我体会到，平时可能大家互不相识，可能因为一点小事而斤斤计较，但是在大灾大难面前，我们中华民族还是很团结的。虽然也有一些比较自私的，但是大多数群体还是很好，都没有只顾自己，看到别人遇到困难就会去帮助别人。这种民族精神是我们民族的脊梁啊。

我们后期就搬到七盘沟去了。因为当初专家鉴定，我们县城灾后重建时只能居住八千人，有这样一个论证，所以要求我们从姜维城搬出去。到了后期，过了十天左右，各个单位都慢慢恢复了正常的秩序，有单位的就通过单位把自己的职工、家属、子女都领回去了。按照县里面的安排，比如说你们三个单位在这个地方生活，因为不是生活一天两天，不能解决问题。剩下的就是一部分不能走的、远的、外地的，因为路还没有通，他们还是要在这里居住，还有就是我们城里没有单位的城镇居民，以及一些来自农村的,在这里打工的、做生意的也相当多,这样的个体户、零散人员就一直住在我们那里。后期救灾物资来了,县城要开始重建、规划,灾民基本上就搬迁到清沙坪,当初在那里搭了100多顶帐篷。

当初我们主要是在山上住,这个地方风又大,当时搭建了很多帐篷,所以有很大的火灾隐患。因为水只够饮用,一旦缺水,防火工作就很重要。帐篷全部是化纤的东西,一旦有大的火灾,很容易燃烧。如果我们的灾民在地震中没牺牲、没受伤,却遇到火灾发生了第二次伤害,从责任上来说就是我们的失职,应该加强防范。所以我们对这个问题很重视,因为要煮饭,这里后期有一万多人,让大家统一在食堂吃也不现实,那么各自都要做饭,做饭我们就要注意用火安全。我们给指挥部反应后,县里给我们买了很多石棉瓦。我们要求居民煮饭时要用石棉瓦遮住风,尽最大努力规避那些风险。县城上除了一些值班的民警、民兵外,也有很多灾民陆陆续续地下来,在家里拿点东西,比如穿的、吃的。家里不能拿出来就找亲戚朋友借点,反正想点办法自理。当初我们在姜维城山上的时候,很多领导都到姜维城上去看了,包括我们现在的县委书记张通荣,那是经常要上来的。当初"5·12"地震的时候他是常务副县长,也是很尽力的。有一天他专门到上面来给我说,"有你在这个地方负责我就放心了,心头就踏实了"。当时汶川县委书记是王斌,现在的省委常委(侍俊)当初是我们(阿坝州)州委书记。当时国务院副总理回良玉也到我们这个安置点来视察过,他们都很满意。在关键时刻我们还是要有一种责任感,什么时候都不能忘记自己的身份,努力工作,我认为这个就是好的。

靠自己的双手抗震救灾

何世国: 地震前期我们主要是安置灾民、动员灾民、教育灾民。首先是要靠自己的双手抗震救灾,当然也要依靠组织、依靠部队,但是我们的精神不能垮,要依靠我们自己的双手、依靠我们的双肩。汶川今天的建设还是有了翻天覆地的变化。重建开始之后,我们绝大部分没有家庭特殊困难的灾民都陆陆续续返回自己的工作岗位,即使是没有工作单位的,比如说农民,也回到村上,大家各自为政府排忧解难,担当个人的责任。举个例子,政府每天给每个人发一斤米,一天就要一万多斤。那么余震慢慢地减少了一些之后，在保证自身安全的情况下，我们还是要靠自己勤劳的双手。有三分之一的人不来领政府的大米，也为政府减少了一些负担。因为不能全靠政府，政府要负总的责任，但是我们还是要依靠我们的双手。自立是根本和前提，我们希望有外援，但我们不能只依靠人家。所以后期重建开始以后，很多灾民都回到了各自工作岗位和生活的地方。那么剩下的灾民，有身体残缺的、疾病的，我们通过各种渠道，把他们疏散出去。整个抗震救灾我们从5月一直做到9月份，11月份我们工作组才撤掉。因为后期我们工作组还有很多的事，比如说有些大件救灾物资的移交，还有我们每次发出去的东西，一些需要公示的，这些资料都需要归档。我们整个工作组的工作得到了县委、县政府的肯定，也得到灾民、老百姓的认可。就我本人来说，因为我当时是在科协，所以被省委科协评为"抗震救灾先进个人"。我现在也都退休了，从个人角度来说，任何时候我们要对得起组织的培养，对得起老百姓对我们的希望。做好这些，我就觉得是应该的，没什么可宣传。

事无巨细，做好防疫工作

曹元梅：你们在抗震救灾中发挥了重要的作用，安置这么多灾民也不是一个简单的事情。

何世国：安置灾民也是件头痛的事，因为不像在单位里，大家又不清楚你是什么地方的，是哪个单位的，地域在地震期间就没有了，都是我们国家的公民。你在这个地方受灾了，你的家人或亲人遇难了，我们有责任帮助你解决困难。当初在抗震救灾第一阶段，灾民没有饿死的，没有因伤治不了的。但是我们老百姓第一天晚上没吃东西，挨饿，政府也无能为力。当初我们县城的德惠超市、星星超市，还有其他几个超市，地震之后政府都把它们征用了，征用了以后，第二天就慢慢地有一些干粮、水，我们要先以生命为主。同时在抗震救灾期间，我们县没有发生次生灾害、疫情，但个别感冒的、拉肚子的这也是正常的，群体性事故没有发生过。那样的大热天，几万人在山坡上，当时连上厕所的地方都没有。没有遮挡的地方，女同胞就是大家围着一个圈，上厕所的就在中间。男同胞就排成一排，转过去上厕所。这是现实生活所迫，不是不知廉耻。本来上厕所就是人的一个正常排泄，是很正常的，但是在那个环境下没有办法。第二天我们就在附近老百姓家借了两把刀，老百姓家里有个竹林，我们工作组需要砍十几根竹子，就给他记个账。那时候老百姓还是很通情达理。我们就把竹子围成围栏，找了根铁丝弄了框架，再找点塑料布围着，挖个坑，做个临时的排便地方。当初在那个环境下也没办法，因为人也多，就这样都需要排队。还有如果粪便不掩埋，又害怕出现什么问题，虽然这看着是很正常的事，但是一旦瘟疫、细菌传播了，再加上又是夏天，那就是第二次伤害。所以每天我们要求志愿者在一定的时间清理，比如说每天两次，中午一次、下午一次，我们都要铲土掩埋这些粪便。后期，防疫站的、部队上的、消防的就过来消毒，所以没有发生瘟疫跟这些有很大的关系。

曹元梅：是的，防御工作确实做得挺好的，看起来很小的事情，如果做不好就是大事。

何世国：对。当时人又多，所以不要看到是小问题，比如说火灾、瘟疫，这些都是需要我们特别注意的问题，不然会引发其他不可想象的事情。

公开、公正、透明做好物质发放

曹元梅：当时救灾物资是你们在负责吗？

何世国：嗯，救灾物资我们在负责。县里在德惠超市有个总的物资发放点，我们就到县里来领取。领取回来以后我们都是做好登记，领取要做好登记，发放也要做好登记。然后有些重要的物资发放了，我们还要做好公示。我们要求廉洁、公开、公正、透明，抗震救灾要廉洁，不能在这些问题上出错。

曹元梅：当时汶川有多少物资过来呢？

何世国：我们就是负责姜维城一个点，总共有多少救灾物资就不清楚了。

曹元梅：那你们那个点大概接受了多少物资呢？

何世国：当时一些重要的物资，比如说大米之类的，我们都有发放明细。

曹元梅：大米是每个人都有吗？

何世国：不是，要先照顾老、弱、病、残、孕，比如一人一斤或半斤，像我们身强力壮的人就没有。当时也才6月份，也就是"5·12"地震之后18天左右。两三天之后，飞机才过来，之前基本上都是各自想办法。第二天、第三天政府就把我们县城所有的超市都征用了，征用了之后才有物品。

曹元梅：这些志愿者全都是这里的人吗？有没有外来的？

何世国：前期有外来的临时志愿者，固定的志愿者没有。因为外地的志愿者都是临时的，来了两三天以后，有事就走了。但是我们本地的志愿者，这半年一直都跟着我们工作，比如说一些下岗职工和附近居民。

曹元梅：这些志愿者是有组织的，还是无组织的？

何世国：前期有些是有组织的，也有没组织的，自己一个人来的也有。

曹元梅：在姜维城山上，您觉得当时遇到的最大困难是什么？或者说有没有给您留下印象比较深刻的事情？

何世国：我觉得最大的困难就是人员的往来情况很不容易掌握。

曹元梅：人员的登记吗？

何世国：对。人员的登记和掌握是最大的困难。因为比如说你，我们也不清楚你是哪儿来的，也不知道你是哪个地方的，或者什么单位的，你有没有什么工作，我们也不清楚。再说不论你是哪里人，来了汶川都是灾民，我们都一视同仁。但是因为前期都没有多少重要物资，一般都是生活方面的物资，比如说快餐面，一些干粮、矿泉水，还有一些必需的防毒防病的备用药品。在这段工作期间，一直就觉得这个问题是最大的困难。比如现在有一百盒快餐面，我不清楚要发给哪一个，虽然你人在这里，但你的情况我不了解。但又只有一百盒快餐面，一人一盒又不行。比如在正常情况下，你们在学校，我们就比较了解哪些同学家里面困难，或者哪个同学生病了，他不能来，就打个电话给老师或者叫同学帮忙请个假，因为是有组织、有机构，同学和同学之间、老师和同学之间、老师和老师之间都熟悉这个情况。但是当时对于我们来说，从灾民的角度出发，我们要一视同仁。但很多人也不是正常的住居户，固定不下来，最开始还在这里，有什么事情他就走了。所以我觉得掌握这个情况很难。因为人员的情况掌握不好就会影响工作的开展。就像我前面举的例子，你把那一盒快餐面交给谁，如果交给你了，可能有个八十岁的老大爷两天没吃饭了，按理说应该给他，但是却给了你。他们的情况我也不清楚，所以我觉得最大的困难还是熟悉、掌握人员的流动情况。因为人员的基本情况是第一手资料，没有这个第一手资料很多工作就不好开展。

曹元梅：面临这样的情况，您当时是怎么解决的呢？

何世国： 第一，我们要有一个领导、运作、管理的机构，由我来牵头。第二，我们要建立一些规章制度。第三，我们建立了规章制度后，根据我们安置区、安置点的具体情况分类划分区域。比如根据灾民集中的多少、地理位置、形态等情况，我们划分了七个区。就像我们都是西南交大的，但是我不清楚你的具体身份，你是学生还是老师，更不清楚你是哪个系的，哪个年级的，哪个班的，只知道你是西南交大的学生。分门别类划分区域以后，我们就好安排具体的工作，比如说今天是大一的活动，明天是大二的活动。

曹元梅： 那您当时是根据什么来划分区域的呢？

何世国： 一是根据地形；二是根据灾民数量，大约多少人能够相对稳定下来、固定下来，这样我们就便于开展工作。因为在这种情况下必须分门别类地划分区域。不然的话，你不熟悉情况就不能开展工作。更有可能，你的方法使用不正确，最后好心办坏事。因为你不了解这个情况，这盒快餐面本应该给老大爷，但却让这个女同志吃掉了。所以这里就有个工作方法的问题。因为大家相互不熟悉，你就不好掌握情况。

姜维城，科学方法安抚灾民

曹元梅： 那当时地震发生后灾民的情绪怎么样？

何世国： 当时大家都怕。因为大家没家了，有的亲人遇难了，情绪当然很不稳定。所以说我们就要对灾民进行安抚。

曹元梅： 比如说有些灾民失去了亲人，在这种情况下你们是怎么进行安抚的呢？

何世国： 我们一要鼓励他们正确对待自然灾害，这是我们人类无法抵抗的；二是这种自然灾害具有不可预见性，没有人知道会造成这种现实问题，造成如此大的悲痛。另外我们要做好党和政府的政策宣传工作，要让大家相信政府、相信党不会抛弃你们不管。第三天直升机过来的时候，灾民的心情就好多了，知道那是党中央和国务院来了，我们老百姓在大灾大难面前还是要依靠党和国家，依靠我们这个社会制度，这样大家就有了希望。

曹元梅：一下觉得人生就有希望了。

何世国：当初前三天电话没网络，党中央的声音大家就听不到。第三天，电信就把电话网络联通了，但是不能上网，只能打电话。老百姓的士气慢慢就好起来了。因为很多灾民在地震中遇难以后，政府专门叫民兵、武警部队去安抚、安置。一是对死者进行安葬；二是后期的抚恤。所以灾民们后面看到飞机来了，就觉得有靠山了、有希望了。

曹元梅：那后面在姜维城住了一个月后，为什么就搬到清沙坪去了呢？

何世国：因为当时姜维城山上有一个大的裂缝。像这次茂县一个村不是被掩埋了嘛，当初就害怕发生那样的崩塌事故，所以政府要求我们搬下去。因为后期岷江河已经正常流通了，所以我们就搬到了清沙坪。

曹元梅：当时那么多人是怎么搬过去的呢？

何世国：后期可能只有几千人，大概只有两三千人。

曹元梅：那其他的人呢？

何世国：其他的人都疏散了嘛。比如说有单位的，由单位牵头就慢慢疏散了。后面路通了，我们在姜维城山上有些比较重的伤员、学生都运出去了。

曹元梅：当时你们的安置点有重伤员吗？

何世国：地震发生的前几天有重伤人员，当时我们医护人员采取了一些急救措施，进行了简单的包扎。后期飞机来了以后，就把这些重伤员随飞机送出去了。

曹元梅：当时这些道路也不通，你们怎么把这些人输送出去的呢？

何世国：这不远，这里到飞机场只有两公里路，第三天过后，政府就把这段路抢修通了。

曹元梅：那学生呢？

何世国：有的困难学生也用飞机送出去了。

曹元梅：他们把学生输送到哪里了？

何世国：输送到成都。当初都江堰也是一片瓦砾、一片废墟。送到成都以后，各自的家庭、亲人去联系，到成都去接学生。学生、老人、重伤员、病员，还有孕妇都送出去了。

曹元梅：有困难的都输送出去了？

何世国：是的。还有学生要回汶川，他们就通过马尔康、青川到雅安那个方向；还有的是从绵阳到松潘这样过来的。因为外面都停课放假了，他要回家跟父母、亲人团聚。后期汶川到都江堰的路还没有通，但是汶川到马尔康、理县的路通了，就由政府牵头，请了很多大巴、大客车，政府派专人、工作人员、老师接送学生，从马尔康、青川转移出去。

避免二次伤害，迁移清沙坪

曹元梅： 你们在清沙坪待了多久呢？大概什么时候过去的？

何世国： 可能是七月份过去的，一直住到十一月份。

曹元梅： 都在清沙坪？

何世国： 对。

曹元梅： 那在清沙坪住什么地方呀？也是住帐篷吗？

何世国： 也是住帐篷。当初那里有个村，村里有一个很大的枇杷林，当时就无偿交给政府使用，用来安置灾民。到了清沙坪以后，帐篷能满足了，一般就是一户人发一顶帐篷，生活就方便多了。然后就统一规划好做饭的地方。

曹元梅： 那时候每家每户是自己管自己吗？

何世国： 一般都是自己管自己，当然比山上（姜维城）好得多了。

曹元梅： 那做饭的地方是自己弄，还是你们统一给他们弄？

何世国： 就像现在一样，每家人各自弄。我们拿石棉网把它蒙住，免得风大。石棉瓦有1.8米宽、1.8高就足够避风了。主要是害怕老百姓做饭引起火灾。

曹元梅： 那当时在姜维城、清沙坪有没有电呢？

何世国： 在清沙坪就有电了。

曹元梅： 那在姜维城呢？

何世国： 姜维城那里后期也有电了，前一周蜡烛都没有。后面大批救灾物资来了之后就有蜡烛了，蜡烛使用了一个星期之后，电就通了。但只能用来照明。

曹元梅： 那你们在姜维城山上用什么做饭呢？

何世国： 劈柴。当时做饭都很简单，就煮个面条、稀饭、米饭，还有就是烧点儿开水，当时吃菜也比较简单，就一两个菜。不像现在还要多弄几个菜，馒头、稀饭、油条都有。当时在那种情况下，有吃的就行了。

曹元梅：那在清沙坪生活用电可以了吗？

何世国：可以。下面的电够用，生活用电都可以。

曹元梅：那夏天也需要加强排查？

何世国：是要加强排查。后期上面的（姜维城）生活用电不行，只能用来照明。但是后期政府通过其他单位援助了很多个煤气灶，就给老百姓发放了一些煤气灶。

八方支援，解决基本生活问题

曹元梅：使用煤气灶，是在清沙坪的时候吗？

何世国：山上（姜维城）。

曹元梅：山上（姜维城）就有煤气灶了？

何世国：对，后期交通条件改善了，汶川到马尔康、绵阳到松潘这两条路都通了。

曹元梅：是那种瓦罐煤气吗？

何世国：是的。煤气和煤气灶就集体共用，比如比较邻近的几家人共用一个，我们煮了你们煮。当初灾民也没有什么事情做，一天就煮点饭。但因为煤气罐、煤气灶都有限，所以大家就合伙用。

曹元梅：那在姜维城山上有洗澡的地方吗？

何世国：在姜维城山上没有办法洗澡，只能提一点水来擦擦汗。后面到了清沙坪就可以洗澡了，因为那时部队就来了，他们装的有洗澡的清洁车。

曹元梅：洗澡的车？

何世国：对，就是洗澡的清洁车，它就像一个房车似的，它能够在河里抽水，然后加热。因为清沙坪是在河边上，然后我们就安排灾民陆陆续续洗澡。比如说上午女同志洗澡，假如有 80 个人，每半个小时换 10 个，这样轮换。当然那主要是抹一抹、冲一冲，比较简单。

曹元梅：那在姜维城山上饮用水是怎么解决的呢？

何世国：那里有条沟，地震前山上有水管，有灌溉的水。但是 5·12 地震以后就被砸烂了，砸烂了之后政府就动员民兵把这些饮用水牵出来，因为民兵比较熟悉本地的情况。但是水管没有多大，因为都是临时性的，在姜维城山上只能够饮用水。

曹元梅：夏天洗澡还可以将就一下。但饮用水必须有。

何世国：对。有时候余震来了又把山上摇垮了，石头掉下来就把这些水管砸断了，砸断了就没有水了，政府就用洒水车给我们供水。

曹元梅：那洒水车来了，自己每天就去接水吗？

何世国：对。每家每户各自拿个桶、壶去接水。

曹元梅：在清沙坪时感觉大家的生活就好很多了？

何世国：对，改善很多了。一是物资没那么匮乏了；二是交通也改善了，清沙坪到七盘沟，七盘沟到汶川县城的路都通了。

曹元梅：在清沙坪时，人们会开始做些事情吗？

何世国：会。有些灾民还是比较主动，比如清扫垃圾、打扫卫生。还有救援物资送来了，我们工作人员就会带几个灾民到县里面拿点物资回来，协助我们的工作。因为有些灾民每天没什么事情做。然后有时候我们会开个会，学习县里的新政策，集中对大家做一些辅导的工作，交流一些政策。

做好政策宣传，全力协助灾后重建

曹元梅：何主席，在灾后重建的时候您主要负责一些什么事情呢？

何世国：重建开始以后我就回科协了，我们的工作组就撤掉了。回单位上班后，我们单位对接漩口镇，我们就对接了一个村。我们根据县上安排，根据他们村上、镇上的一些规划，协助他们重建。

曹元梅：那你们协助他们重建主要是做些什么事情呢？

何世国：一是政策宣传；二是在重建选址时给他们做一些参考。他们需要一些材料，那么根据政策我们帮忙出主意、想办法去处理，支持他们这些工作。

曹元梅：那这个工作一直做了多久？现在还有没有其他一些政策上的资助？

何世国：没有了，县上根据中央的指示、省州的要求出台了一些政策，比如说农村重建，每个村都有相应的援建单位。当时县上统一以户口本为依据，以户为单位，最高是两万三一户，要求家里人口要达到5个人以上，3至4个人一户就是一万九，国家财政支持补贴。至于资金是财政拨款，还是对口援建单位或者是社会人士捐献，那我们不是这个环节的工作人员，我们就不管，我们只是给他们宣传政策。比如你们家是4个人就是一万九，然后你就把你们家的户口本拿着到信用社去办理。政府给你们制造个花名册，弄个账号，建个卡，把钱打到信用社的卡上，这就是你的重建资金。但是如果你的房子没有开始重建，这个钱就不能给你，我们要求专款专用。我们主要是做这些指导工作，宣传好政策，然后帮他们解决一些困难。

曹元梅：重建完成后，你们又开始从事自己原来的工作吗？

何世国：嗯，本职工作要做，重建这方面的工作也要做。

曹元梅：农村都是由政府援建的吗？

何世国：农村当初有几个政策。第一种就是政府统一规划、统一重建；第二种就是政府来规划，自建；第三种根据各个地方的地理位置，因为统一规划没有地理优势，根据实际情况自己规划、自己建设。比如说我们一个村，我们就建很多个小点，我们两三户就选在这个位置重建。

曹元梅：那这种有补助吗？

何世国：一样的，有补助，补助的标准都是一样的。

曹元梅：那您大概是多久退休的呢？

何世国：我是2011年退的休。

曹元梅：2011年，那差不多刚好就是重建完了。

何世国：嗯，重建完了。

曹元梅：您当时退休是出于什么原因呢？是觉得年龄到了，还是？

何世国：年龄没到，我到现在都没到。我2011年退的，当时是51岁，现在是57岁，正规年龄退休的话我都还有3年，3年才到60岁。2011年我提前退休，因为我爱人身体不好。当初汶川有个政策，男性到了50岁或者满30年工龄的，满足其中一个条件都可以退休。我两个条件都够，我就提前退了。因为我爱人2008年12月的时候，在成都查出是胃癌，又做了切除手术，所以说有这个政策，我就退了。

曹元梅：那这个政策还是非常好的，耽误何主席那么长的时间，非常感谢您能够接受我们的访谈。

践行入党的诺言，为党的事业奋斗一辈子
——访原汶川县人民检察院检察长孙力

题记：践行党的诺言，我们在入党的时候宣誓要奋斗终生，只要你活起那一天，你身负重任，践行党的诺言，一辈子为党的事业。

我们抱着试探的心情，来到汶川县检察院二楼的一间办公室，一位女工作人员（后来我们才知道她就是检察院政治部主任）热情地接待了我们，在我们课题组介绍了到访目的之后，她将我们打算要在他们单位采访的人员名单看了一遍后，并一一打电话帮我们联络，我们课题组两人在旁边安静地等候结果。让我们感到高兴的是，我们想采访的对象有四位先进人物都同意接受我们的采访。在这位工作人员的热心帮助下，我们拿到了要采访对象的联系方式，我们怀着忐忑的心情逐一联络他们。当我打通孙力同志的电话，他爽快地答应，当晚即可接受访谈，且提出自行到我们驻地的宾馆来。晚上 7:15，按照预约的时间，我正要下楼去接他，他便打电话告诉我他已在宾馆大楼门前了，我立刻下楼将他迎接上楼，并冲好茶，开始了我们的访谈。孙力同志给我的第一印象是，性格开朗，健谈，人如其声。在其后的整个采访中，他将从地震发生到灾后救援的亲身经历，包括灾后重建更长时间内的故事娓娓道来，在讲到兴致处时，他会热血沸腾，不由自主地站立起来；在谈到悲伤的事情时，他又情不自禁地掉下眼泪。整个采访过程流畅，内容丰富，充满感情。在他的回忆和讲述中，既有在突如其来的大灾面前临危受命、勇挑重担的使命担当，带领小分队向漩口镇挺进的长途跋涉中，面对和克服各种艰难困苦的果敢与坚毅；也有一路上鼓舞队友，并肩作战，沿途帮助灾民的感人故事；途中面对突发事件，更展现了他果断决策、处置有方的组织领导能力，尤其是作为被县级党委派到乡镇指导抗震救灾的干部，无论是前期的带领突击分队带着党的关心和温暖向灾区挺进，还是后期灾后重建在乡镇挂职锻炼，无不展现了他作为一名共产党员忠于职责，践行党的宗旨，为灾区人民谋幸福，为灾区求发展的为民情怀。

·不忘初心篇·

采访时间：2017 年 7 月 17 日
采访地点：汶川县御皇宾馆
受 访 人：孙　力①
采 访 人：康厚德
整 理 人：康厚德

2008 年 5 月 15 日汶川县检察院检察长孙力在绵虒镇慰问受灾群众②

康厚德：当时您作为一个地震经历者，又参与了抗震救灾全过程，包括灾后的恢复重建，所以我们的访谈内容主要是抗震救灾相关内容。作为一位比较特殊的英雄人物，请您从个人的角度回忆，从地震发生到后面救灾，乃至包括今天，大概十年当中所参与、所经历、所见，包括重要的细节，个人的所感所想等这些内容。

孙　力：好，我明白了。

---

① 孙力，男，羌族，四川茂县人，生于 1964 年 6 月，现任汶川县人大常委会副主任、党组副书记，2006 年 4 月至 2010 年 8 月任汶川县检察院检察长。2008 年汶川特大地震发生后，由于在抗震救灾中表现突出，被授予"检察机关抗震救灾英模一等功"等荣誉称号。

② 图片来源：https://www.mala.cn/thread-2514295-1-1.html。

康厚德： 就是这个过程，基于个人的回忆与口述。

孙　力： 啊，我父母那些就不介绍了嘛。

康厚德： 嗯，可以不用。

在突如其来的特大地震中临危受命

孙　力： 那我就从地震的时候开始讲起。2008年的5月12号，2：28的时候，我还没有上班，正在家里休息，突然就地震了，首先我把我爱人从家里面弄出去，她出去以后，我第一时间就到县检察院的宿舍。当时去宿舍的半路上，发现第一个被砸死的人，血都还是热的，我就把那个人拖出来，脸上给他盖了一个纸板儿——啤酒箱子的纸板，之后我就到检察院去了。去了检察院以后，干警们的家属都在检察院坝子里面，然后我就安排副检察长——高仁俊负责本单位的抗震救灾，我要到县委去报道。当时我在10分钟之内把院内的事情安排好，就到县委去报道了。

当时，县委大门口已经有很多人。县委书记王斌、组织部部长周全富，就派我到雁门乡①去。去雁门的时候，组织部部长和我一起，那时大约3：20。那个时候，去雁门的路断了，我们就徒步过去，在途中看到有些老百姓受伤了，我就喊人来帮忙，（当时）电话又没有，我就叫了一个人把我们单位的车子开上。因为我们办公大楼当时没搬下来，办公楼就在那上面。②即便离卫校很近，当时也没法包扎，还得到处去找包扎伤口的地方。然后，很快那个地方就有一个临时的包扎所，将伤员送到那儿去包扎。然后我就去雁门，查看灾情。当时也很奇怪，岷江河断流了，断流以后，老百姓一片惊慌，惊慌到哪种程度了呢？他们觉得岷江河断流了，弄不好上游堵到海子③了，那样就要发大水。当时我没想过大水掩埋，也从来没有想到过

---

① 雁门，指汶川县下属的一个雁门乡，处于汶川县城东北方向，距离汶川县城4公里。

② 孙力同志一边说着，一边从我们采访时所在的御皇宾馆六楼房间指向原来的那个位置。

③ 海子，就是指岷江上游阿坝藏族羌族自治州茂县境内的叠溪海子。1933年8月25日15时50分30秒，叠溪发生7.5级地震。叠溪城中心部分在剧震的几分钟内几乎笔直地陷落，呈单条阶梯状地震的下滑距离达500~600米。叠溪城及附近21个羌寨全部覆灭，四周山峰崩塌，堵塞岷江，形成11个堰塞湖。伤亡人数近万人。这就是历史上著名的"中国叠溪大地震"。叠溪海子就是因这次大地震而形成。其最深处达98米，平均深度82米，蓄水量达1.5亿立方米，湖面面积350多万平方米。

自己到山上去避个险，首先动员老百姓疏散，就安排到姜维城①上面。面对危险，我们那批干部根本没有想到过自己要退一步，压根儿就没有想过这个事。后面大家问我们怕不怕，哪个不怕死呢，但你当时在那种大灾大难面前，你不得不去面对。下午，在（接受安排去雁门任务）回到单位的时候就立即投入紧急救灾，县委给我们安排的任务就是负责城市治安的巡逻，我就负责这儿的下片区②。下片区就是以这个威州花园为界的城市下半部分。

康厚德：威州花园。

孙　力：我就负责下片区的所有社会治安综合治理，抗震救灾、抢险救援，我就负责这一块，任务很明确。我当时是带领我们的12个干警，分成三组，每组四个人，轮流值班，每两个小时换一班。当时下片区有哪些重要的部门呢。有保险公司、人民银行。人民银行有金库，还有一些老百姓的居住区。那时候地震好厉害的，那个灰尘，可以这样说，山上下来的飘散在公路上的灰，可以齐到这么高（一边说，一边提起脚，并指脚踝的位置），足够有30公分（厘米）厚。我们就在这里巡逻，无缝隙地巡逻，而且责任很明确，哪个在当班，哪个地方出现了状况哪个负责，任务很明确。那一个通夜我们都在巡逻，地震当晚又下起了雨，雨很大，我们就在余震的摇晃中度过了一夜，巡逻太危险了！你知道我们这儿房子兴修女儿墙，那个女儿墙似垮非垮的，我们经过的地方，前脚踏入，它还没有垮，后脚刚提步便又垮下来。那一夜，在我们前面垮的有很多，所以在尽量保证安全的情况下，全力维护好社会治安。还有就是，人民银行金库的安全维护和看管，我们是怎么安排的？金库由他们的值班人员守护，我当时作为检察长，给他们了个政策。要求把金库保护好，作为国家的金库，在抗震救灾期间，哪个要抢劫金库，你们可以开枪，这个在法律上是行得通的，尽管可能不会出现那样的意外。第二天早晨8点，县委派人来找我，通知我到县委的空坝子里去开会，要组织人员到乡镇上去救灾。

康厚德：就是下乡。

---

① 姜维城遗址是岷江上游一处极具代表性的重要遗址，位于汶川县威州镇的今汶川中学后山上，在汶川县城中地址略高的一处山坡上。
② 汶川县城，在当地被分为两个片区，上片区和下片区。

临行前带了三包沙琪玛，三厅牛奶

孙　力：到乡镇上去。到乡镇上去的任务是什么呢？我是负责到漩口①，带十个人的分队，我们当时称为工作组，实际上就叫工作队，或者叫抢险救援队。汶川地震后，县委县政府对乡镇上老百姓也很关心，乡镇上老百姓怎么样，派我们去，那是代表党和政府的一种信心，给他们一种关怀，要到那里去，带着这种责任感去。当时，我带了十个人，不是我们本单位的人，是其他单位的。

康厚德：其他单位抽调的？

孙　力：抽调的，十个人，我们十个人一行。在这儿跟你讲个小插曲。我们在领物资的时候，就是现在的书记张通荣，当时他是常务副县长，说我们每个工作组，说我们是敢死队啊或者突击队等，这些都不重要，喊什么名字都不重要。我们分队随身带哪些食物？三包沙琪玛、三厅牛奶，你知道，沙琪玛就这么大，这就是我们这个突击队到漩口，六七十公里的干粮，总数就这么多。我还跟他开玩笑，我说县长，再给一厅嘛，再给一点儿吧。他说，不得行，全县有这么多老百姓，我们连多一点的沙琪玛都没有多带。除此之外，他还给我们分配了什么呢？给了个记者，配有摄像机，还有就是一个叫谢旅霜的人，他把身上的雨衣给了我。我就多了这么两样东西，然后我就带着队伍出发了。

康厚德：一件雨衣？

孙　力：一件雨衣，是谢旅霜的，现在他在（汶川县）县文教局当局长。三包沙琪玛，三厅牛奶，就这点小的一厅。

康厚德：大概也就是两公斤装的？

孙　力：没有两公斤，很小的。然后我就领起食物，带起队伍奔向乡镇。当时大家都没有睡觉，也都没有吃早饭，依然干劲十足。

康厚德：就是早上出发？

孙　力：早上出发的，九点过就出发了。

康厚德：大概多少点到达的？

---

① 汶川县下属一个镇，漩口镇位于汶川县东南部，同都江堰市接壤，北距汶川县67公里，地处国道213线。东、北两方与映秀镇连界；西与水磨接壤，西北与卧龙自然保护区的耿达乡毗邻；是进出阿坝州的咽喉要地，辖16个村。

摸黑穿过"117"隧道

孙　力：后面我跟你讲吧。九点后就开始走啊，尽管大家没有吃早饭，也没有睡觉，但是大家的信心很足。我带的那一批人全是党员，可以这样说，全体成员，不管身体怎么样，干劲都很足。我们沿途遇到的都是山上垮塌下来的垮塌物。公路上堆满了，你要翻过去。比如说，走一步，梭一步，我们走了一天，走到"117"①。"117"离这个地方有23公里。"117"，当时走到那儿是下午。

康厚德："117"是？

孙　力："117"是草坡和绵虒之间的一个公路山洞，就是原来的岷江水电的一个电站，叫作草坡电站的那个地方，为什么那个时候还可以通过呢，当时那个隧洞，山上垮塌下来的东西，把那个洞口堆得人只有侧身通过，进入洞里，隧道里面是黑乎乎的一片，当时到达那里已经很晚，天也黑了，就在那个地方"住"下来。住下来以后，隧道下口也没上来的人，上口也没下去的人。带领十个人，要在保证人身安全的情况下，才能够去抗震救灾。可是我带的十个人在临近"117"不远的那个地方，遇到了余震，余震打伤了三个人，这三个人，一个叫何兴平，一个叫曾胜②，还有个叫杨剑。他们有的是腿部受伤，有的是肩膀上挨了石头，尽管他们的骨头都没有问题，但他们三个人只能就地休息，与老百姓待在一起，这三个人便不能跟我们前行了。

在途中的绵虒镇与其他救援分队一同抢救药品和物资

康厚德：只能留下了？

孙　力：对。然后我们又回到绵虒镇③上，那天晚上就在那儿"住"了，你住啥呢？就在地下，坐在地上，弄一个花油绸的花布，用那个防水的黄色和蓝色相间的彩条垫在地上。几个人背靠背，就在那儿过了一夜。

---

① 117，指汶川到映秀之间的213国道"117KM"处。
② 曾胜同志，当时担任汶川县检察院反贪局长，后调入汶川县司法局，目前担任汶川县司法局副局长。
③ 绵虒镇，镇域东部与都江堰市接壤，南与银杏乡交界，西连草坡乡，北靠威州镇，距汶川县城18公里。

第二天早晨我们吃的啥呢？是一老百姓家煮的稀饭，煮的粥。

康厚德： 他们自发的？

孙　力： 自发煮的粥，给我端了一碗过来，也没有菜。你想那个时候好想吃哦！即便当时没有菜。当时就是说，绵虒镇有个药店，还有个仓库，一两个地方还有药品、有粮食，学校还有棕垫。当时我们两个工作组，一个是法院院长邓进安带的一个工作组，他到水磨，我到漩口，各自带的工作组，那晚我们都"住"在那个地方。

康厚德： 在那相会了？

孙　力： 都在那个大范围，等于我们两个队伍的任务都在那一个方向，尽管大家去不同的乡镇，但是我们都"住"在绵虒镇上。第二天早上，我们也是冒着生命危险的。

康厚德： 大概就是地震的第三天？

孙　力： 地震的第三天，第三天9点的时候，我们去"抢"的这个药品、粮食，"抢"棕垫。我可以这样跟你说，我没有让我的一个职工进去，就是我和邓进安两个人去"抢"回来的。因为我在想，去了以后，如果发生余震的时候，死的是我们两个。我们的职工，我们带的队员没有死嘛，然后我们两个在后面把所有的药品和粮食搬了出来。粮食是大袋子的，过去我们是农民，一袋粮食再重也无所谓。我和邓进安将所有的粮食搬到门口上，安全了，才喊自己的队员再搬运走。那个药品呢，用雨衣包，用自己的那个衬衣包，抢救出来又帮老百姓搁到安全的地方。当时药品紧缺到哪种程度呢？治疗老百姓拉肚子的磺胺一颗都找不到！我们把那批药抢救出去了以后，将这些药发给那些稍微懂点医的老百姓。

在罗泉湾隧道洞口偶遇救命的粮——莴笋

孙　力： 之后，已12点了，我们又吃了点老百姓给我们煮的玉米面，又叫作面蒸蒸馍馍。吃了过后，又继续往下走。当时已经是5月14号，那时候，那就必须要走下去。又要穿越那个危险的隧洞，前面穿越洞口的人，就在洞口旁边找个相对安全的地方查看是不是安全并通知后面的人，跟在后面的人听到前面的人说安全，再从洞里出来，这样一个一个地走出洞口。

康厚德：那个洞子就是车道吧？

孙　力：车道的洞子，它已经垮塌了，垮塌的东西已经把它封死了，等于说人只有侧起身子才能通行，当时，站在洞口的垮塌物上，手可以摸到洞口的上端边沿。

康厚德：洞口上端？

孙　力：对，天棚的水泥，然后我们就走出去。走出去以后，当时我们印象最深的是到了一个叫罗泉湾的地方，大家都口渴得很，也没有吃的。三包沙琪玛和三厅牛奶就在从汶川到绵虒的路上吃完了，只能边走边找。走到那个地方大家又饿又渴。在那个隧道洞子的后面有一车莴笋，那车莴笋恰好被堵到洞子里面。我和剩下的七个干警——七个队员就爬到那车上去，把那些莴笋扒下来，撇下来，就嚼着吃，这么长的莴笋，我一次吃了六根。你看，那个莴笋，它有白色的浆。

康厚德：对，莴笋的两头有的。

孙　力：噢，吃了以后，大家走出洞子，到了光线好的地方，相互看到嘴皮上满嘴都是白浆，好像画上了唇线一样。

康厚德：像牛奶一样。

把氟哌酸和剩下的高橙饮料给老婆婆救命

孙　力：大家看到，你笑我，我笑你。在这个地方，刚刚过去的时候，就有一家老百姓。由于我出发前在家里拿了一板氟哌酸，在绵虒镇上走的时候拿了一瓶那个大厅高橙饮料，在路上口渴的时候，偶尔就喝一小口，大家都喝嘛，还剩有这么高一截，可能最多还剩一斤吧。

康厚德：两斤装的？

孙　力：噢，这么高一截。在罗泉湾遇到一户人家，有个老婆婆，她的骨头啊，是从这儿①打下去，被打穿了，伤口已经在发臭了，大腿肿得这么粗，有苍蝇在伤口旁边飞！那个老婆婆，痛得很厉害，她躺在那里，旁边有个女孩子，我也没有问她，估计是她的儿媳妇，把她抱着。那位太婆低声跟我说，你是哪个地方的喔？我说我是县上派下来的，我说明了我的工作任务，我的目的地在漩口。我说："你伤势这么严重，你要坚强，你

---

① 孙力检察长一边说一边指着他的一条腿。

要忍耐,我这儿有个止痛的药,你吃了就不痛了,消炎了就不痛了。"我就把我那板氟哌酸交给她,她接过药,就吃了五颗,我也把剩下的饮料交给她,我说:"婆婆,喝这个饮料把药吃下去,吃了就不痛了。"我跟你说,那阵子,那种感觉,真的太(停下说话,开始呜咽)。她跟我说了一句:"哎呀,我连死的力气都没有了,你要是把我背到河边甩了算了,我硬是痛得没有办法,没有药,没法治疗,白色的骨头都看得到。"最后,我们觉得这也不是办法,这是一个死角,必须要想个什么办法。然后呢,天上就有直升机过,在上空盘旋,因为下面老百姓在呼叫,用衣服挥舞,在呼叫直升机。但是,地震后倒掉的电线杆和高压线到处都是,没有平地,直升机也不能下来。

指挥扫清地面障碍迎接直升机

康厚德:对,电线绞缠上飞机就麻烦了。

孙 力:噢,最后,我喊两个年轻人,其中一个好像是民兵,我让他去把那个高压线给处理了,我说:"你拿起斧头去砍掉。"他问我:"在这个时候,谁负责?"我说:"我负责,你就说我喊砍的。"

康厚德:救人要紧。

孙 力:康厚德老师,我跟你说啊,好惨啊!有些时候不愿意回忆起这些事情,真的。(流泪)

康厚德:嗯。喝一口茶。

孙 力:直升机,因为直升机着陆要有目标,当时又没有空地,在我们后面有一个相对平坦的玉米地,地上的玉米这么高,可能有两尺。在我们这里,那些四五十岁的妇女,过去出嫁都有陪奁,陪奁都有缎子的铺盖面子①。我就喊他们把鲜艳的、有标志的铺盖面子拿出来。等大家把缎子面子拿出来镶接以后铺到玉米地上,那样,直升机才下来的,才把这些老百姓救走。真正的,我跟你说,我在去乡镇的时候,看到一些灾民安埋亲人的场景。其中,看到一个儿子埋他妈,就他一个人,连找个帮忙抬尸体的帮手都找不到,他是将他妈一头一脚挪移到挖的坑里的。先把他妈的头放下去,再把他妈的脚放下去,就那么软埋了,甚至给他妈烧的钱纸都是

---

① 四川方言,指被子的外套。

娃娃的作业本。

康厚德：哎，好悲惨！

孙　力：所以，我们不愿意提起这些事，有时候，一想起这些事，心里好难受。

康厚德：确实！

惊险过索桥，写遗书给家人做最后交代

孙　力：之后，我们就到了一个叫作一碗水①的地方。一碗水有个索坡桥，因为堰塞湖出现了，人是根本过不去的，只有通过索坡才行。地震将索坡桥破坏到什么程度？只剩下几根钢绳，在钢绳上面，有一些零星的没掉下去的木板，我们的队员，只能从它上面通过。当时有老百姓想要通过索桥，我就跟老百姓说，非要过去，可以，但是得两个一行，那样可以相互搀扶和相互帮助，尽管桥面受损坏了，毕竟还有一个承重的量。我们也两个两个地从桥上过。当时，桥下是滔滔的岷江水，脚踩一步，再走一步，手头抓住绳子，风特别大，桥索晃动得很厉害，桥上的木板发出嘎吱嘎吱的声音，稍有不慎，就可能连同桥板掉进河里，我们就胆战心惊地摇摇晃晃地通过索桥了。

过去了以后，就来到了老虎嘴那个地方，路又断了，过去不了。有些队员就想不走了。当时我和县人大的毛健就给大家说了这么一句话："说老实话啊，大家都是党员，入党表忠心的时候怎么说的呢？"原来我觉得电视里看到的入党宣誓很可笑，当时我站在原来的乡镇府对面那个台子上，我就说了这么几句话："我们都是国家公务员，我们都是党员，国家有这么大的灾难的时候，我们党员在入党宣誓是怎么讲的？大家都晓得，你们不走了，我要走。"我还说，电视里有李云龙，我们就是现实版的李云龙，即便我们死，也要死在我们去目的地的路上。然后我就继续前行，往前面走，我走了不到一里路，就是四百米左右嘛，后面的队员就都跟上来了。后来，我了解到他们为什么落下一段距离呢？他们全部在给家里写遗书，遗书是咋写的呢？就是说，如果这次我不在了，家头怎么安排，爸爸妈妈年龄大、

---

① 一碗水，指银杏乡下管辖的一个村，叫一碗水村。

娃娃还小，媳妇儿今后怎么办，还可以找一个对象，免得今后家庭担子重。你说在这个时候我们怎么想呢？不仅仅是要尽快到达目的地，也要保证我们这一队人的安全，责任重大。我跟你说，康厚德老师，我不怕你笑话，一个余震是多么的厉害，余震来了，一下子许多三四立方的石头从很高的山上飞下来，撞击在二道坎上，一路飞滚下来，可以越过岷江，从对面的山上飞到我们这面来。

康厚德：对面，越到对面？

孙　力：可以飞到河对面去。为了确保我们这队人员的安全，我就喊他们走大石头旁边。你晓得，因为山上斜坡上的垮塌物是走抛物线的，它不可能直接下来打死你，不可能像天上下雨一样下来。余震一发生，我就立刻喊大家往大石头下躲，利用时间差，毕竟余震一发生，从山上滚下的石块还有一个时间差。在途中的晚上，我们可以看到滚下的石头与石头摩擦的火花，十分明显。

康厚德：（石头）滚动中的石头相撞的摩擦？

孙　力：啊！相撞的。你说，在那种情况下，我们一路多么危险。

康厚德：真是出生入死！

孙　力：噢。那天我们就走到（这时，电话响起来，接了之后就挂断了）。

艰难地翻越老虎嘴

孙　力：因为那天晚上，山上不断地垮塌，发出哗哗哗哗的声音，老百姓又为争吃的在打架。我还是起来了，起来了以后，我跟老百姓说，这么大的灾难，我们都没有死，是上天对我们的恩赐，要珍惜生命，为一口吃的值得吗？你们大家要相信，我们的国家要管我们的，我们的党要管我们的，过不了多久就有吃的了。这些话一说，老百姓知道了我们，争论就平息下来了。就这样，那天晚上才休息了。第二天早晨，老百姓做的面珍子①给我们吃，后来有腊肉了，就给我们弄了点儿腊肉捏在面团里，一小块小块的，后面又有洋芋②。热天没有地方装啊，就拿在手上，也不敢多

---

① 面珍子，四川方言，就是面粥，很浓的面粥，里面有较小的面团。
② 洋芋，就是指土豆。

吃啊，你不晓得下一顿在哪个地方吃上，所以一路上大家都挨着饿，有时候，实在饿得慌，就吃两口，不敢一下吃完。在这种情况下，我们走到老虎嘴①。你们现在经过老虎嘴那里，还可以看到山上有一个斜的高压线电桩，我们就是从那儿翻过去。那个地方经过时好艰难，那个坡度有70°啊，十分陡峭，若有个闪失，就可能翻滚到河里面，没得救了。在那种情况下，大家硬是一步一步地，一个手一个手地抠着岩石和山路翻过去，走在前面的用手摸索着前进，用手抛开耸动的流沙和细石头，找到一个可以垫脚的位置，如果实在找不到放脚的位置，就顺手用旁边尖利的石头在恰当的位置舂出一个小坑。

康厚德：小坑，垫脚的？

孙　力：一个可以垫脚的小坑。然后沿着开辟的人造小阶梯，双手扣着小坑，一步一步爬上去的，那条路是我们开出来的。我们开辟出来的那条小道，后来成为翻越老虎嘴的必经之路。

康厚德：你们是最先从那里走过去的。

到达映秀遇见抢险部队

孙　力：15号我们走到映秀。映秀当地干部成立了一个指挥部，我们到达时就去那里报了个到。映秀当时就有饼干嘛，也有部队②了。我们在映秀碰到了第一支部队，就在从汶川到映秀的口子上碰到的，是我们遇到的第一支救援部队。

康厚德：15号？

孙　力：15号，有庞大的部队，有零星的部队，前期来侦察的。

康厚德：先遣的侦察部队？

---

① 老虎嘴，位于都汶路汶川至映秀段，距映秀3公里左右，因地形似虎得名。
② 据新华社报道，2008年5月13日12:56，成都军区派出的医疗分队和某集团军1300余名官兵已陆续到达距都江堰市约20公里的震中汶川县映秀镇，冒雨展开营救，清理倒塌房屋，抢救伤员，搜救遇难者。5月15日，来自上海、山东、江西、安徽、海南等5个消防总队的救援力量陆续抵达地震灾情严重的汶川县映秀镇，他们与解放军、武警部队救援官兵协同开展抢修救援工作。

孙　力：喔，先遣的部队①。

孙　力：我们到达映秀，看到那些战士们，每个人要背 50 斤（1 斤 = 0.5 千克）米啊。在那么艰难的路上，每个人要背 50 斤米。哎呀，我说那些战士好遭罪的。15 号到了映秀，我们喝了碗稀饭，继续前进，我们目的地是漩口。

康厚德：还要往前走？

孙　力：还要往前走。

康厚德：过映秀，再往前。

老百姓真正地高兴呀！

孙　力：再往前走，接近十来公里。就遇到了一个湖，有冲锋舟，有船。

康厚德：紫坪湖那里？

孙　力：紫坪湖，就有船，水磨的人就可以坐轮船过去，我们就不行，只能走。走到漩口镇的时候，有多么的艰难，连蹲下去系鞋带这种简单的动作都没有力气了，就痛得好厉害！那个脚啊，我穿那双胶鞋，一路踩在泥石路上，肿得厉害，脚同袜子和鞋都黏在一起了，脱不下来。

康厚德：伤口发炎？

孙　力：T 恤上的汗圈啊，干了又湿，湿了又干，就像木头的年轮一样，结了一层又一层。

康厚德：很厚。

孙　力：即便是那样，我还是强忍着痛把袜子扯了下来，当时我连捡起袜子的力气都没有了，那天晚上是多么的艰难。那晚我们到达瓦窑村的时候，老百姓特别高兴呀。真正的，啊，县上派人来了，县上对我们很关心啊！不管你是党员与否，只要你是县上派来的，能够下到乡镇来，我们百姓在灾难中就有救了，有希望了。这体现了老百姓对县委县政府，对我

---

① 汶川大地震发生后，映秀镇形同孤岛，与外界完全断绝联系。空中路线被暴雨和浓云阻断，直升机 6 次起航，都未能降落。前方道路已完全毁坏，一路火速赶来的救援大军拥堵在都江堰。为了尽快与震中取得联系，第十三集团军军长许勇，决定徒步进入，带领先头部队，冒着瓢泼大雨、余震导致的飞石，水陆并进，经过 3.5 小时奔袭 400 公里，13 日 20 点到达映秀镇，成为首支进驻映秀镇的救援队，并将自己的指挥部安在了那里，他是首位挺进震中映秀镇的共和国将军。

们党和国家的信赖。

　　康厚德：一种渴求，一种需要。

　　孙　力：是一种情感。那天晚上老百姓自发地为我们平了一块地，弄了点地砖铺在地上，给我们搭了个简易帐篷，地震后我们第一次好好地睡了一觉。

　　康厚德：三天没有休息了。

　　孙　力：啊，这一觉，我跟你说，也是在没完没了的。

　　康厚德：那应该是15号晚上？

　　孙　力：15号晚上，准确地说，是15号的5：45，我们赶到了漩口镇。

　　康厚德：5：45？

　　孙　力：下午5：45，当时就有部队来了，我就用部队的海事电话，打给县委书记，给王斌打电话。

　　康厚德：汇报，已到达那个地方。

　　孙　力：噢，我说王书记，我们到漩口的工作组，队员十个，七个到达，向他报到。那时，我们的书记在哪儿，我听到电话那头的声音都变了，一种哭泣的声音。真正的，我老实跟你说，因为人啦，在安全的时候觉得情感很随便的，但是在特殊的环境中，却是非常脆弱的。

　　康厚德：出现了一些情况。

拒绝"小灶"，端起锅巴粥

　　孙　力：我们走到绵虒镇的时候，作为县上派去的一个领导，应该说职务最高的一个，老百姓甚至都把你当成大官了。在绵虒有17个企业，还有游客和当地的老百姓，一共有二万七八千到三万人，待在那里没有吃的。等大家把那米弄来以后，就找了几口大锅煮饭吃。东北人喊粥嘛，我们四川人喊稀饭。煮了以后，如何分配食物呢？我们规定的是什么？老人小孩先吃，妇女先吃，游客先吃，下岗工人、工人们先吃，最后才是镇上的干部吃，最后才是党员吃，最后才是我吃。

　　康厚德：真有牺牲精神！

　　孙　力：我跟你说嘛，我吃饭的时候，有个老婆婆姓李，把做好的稀饭几乎舀完了，锅里就剩下一些锅巴，有点焦味道，她就参了一瓢水在锅里，用锅铲刮了下锅底，就是我的，我都把它吃了。那种艰苦的生活也不长，有三顿，都是我最后一个吃。我那时候身体虚弱得很，身体也很消瘦，走路都没劲，皮带都拴不起了，就找了个铁丝，把裤子上两个扣扣扎起来，就那样子穿着。

康厚德：极度疲劳，又饿。

孙　力：后来，我有一天吃饭，那个老婆婆给我开了个后门，她用那个大碗给我舀了一碗很干的稀粥放在那里，拿一张很大的南瓜叶子罩着，吃饭的时候，我筋疲力尽地走到做饭的那里，老婆婆把那一碗饭给我端出来了，那稀饭里面还有两个鸡蛋，还放有猪油。（哽咽）

康厚德：她很体谅你！

孙　力：你说我吃得下去不？（哭泣）

康厚德：确实体现了群众对我们干部的爱，这个太婆看到您这么辛苦，发自内心在保护我们的党员干部。（哽咽）

孙　力：我真的吃不下去。我把那碗东西倒回锅里，我还是吃了那份焦锅巴。那一天，虽然我很饿，但是我心头很坦然，我没有自私，我们不说党员的党性，就说我们的人性，我没有半点自私，那年我44岁。

康厚德：这确实是终生难忘。

孙　力：我那年44岁！

2008年5月31日汶川县检察院检察长孙力陪四川省检察院检察长邓川视察灾后恢复情况①

①　图片来源：https://www.mala.cn/thread-2514295-1-1.html.

设法为救援的部队筹集生活物资

康厚德：确实展现了我们作为干部、党员这种大公无私、为人民着想的精神。

孙 力：还有，我下去了以后，那天，我就开始安排救援，那阵子就有部队了，有部队来了。当天晚上，路也通了，源源不断地运送物资的车辆就多了。我用啤酒瓶子高头，用毛笔在啤酒瓶包装的纸板盒上写了一个标语——汶川县抗震救灾物资存放处。那天晚上我们就下了25车物资，大米、矿泉水、沙琪玛、饼干，就多得很了。后来我们那个镇上的东西多得都没地方存放了。我就说，赶快往其他地方，往映秀方向拉。所以到了漩口，我们就有吃的了。我跟你讲个小插曲，不晓得这个插曲对你有没有用。当时，我们走到铝厂①的时候，济南军区铁军一师的一个团叫作红二团，也是秋收起义的总指挥团。看到那些战士们，有的嘴上的胡子还是绒毛毛，也就十八九岁，穿着雨衣，倒在那个雨地里。有的手里拿着方便面在吃，有些吃到一半就睡着了。那个政委叫刘长利，我就找到他，我问他部队上是不是给养有问题。他说，没事，能够克服。因为他们一个团有一千多人，人数也有一点多。我就走到瓦窑村去，找到老黄书记。我说，你无论如何，去买、去借、去要，你给我弄两千斤食物，我要用。他给我弄了些啥呢，有苞谷面、有大米、有挂面、有灰面、有土豆，这些给我弄了一大堆，不晓得有没有两千斤。我用装载机的斗装满了两斗，站到装载机驾驶员旁边，然后将它们送到铝厂去。哎呀，感动啊！那些战士全部站得整整齐齐的，我把两台装载机开到他们那边的时候，大家就喊"首长好"。我当时就是以为说，手掌好嘛，就是站好了不要拽下来②嘛。我说："掌好了、掌好了的。"结果其实是"首长好"，人家对你的一种敬意，一种称呼。

康厚德：表达一种谢意。

紧急处理泄露的过氧乙酸，主动接受惩罚

孙 力：最后这两千斤东西是我认了，我还给他们村上了。因为我当

---

① 铝厂，是指四川省阿坝铝厂，位于四川省西部汶川县漩口镇，国道213线从厂前通过。

② 拽下来，四川方言，就是掉下来或滚下来。

时说是借的，我也不是说要。所以生活在这么极端的情况下，只能临时想办法了。我这儿还有个小插曲，这个插曲是过氧乙酸氨事故，有点类似SARS病毒那种东西，我们从重庆一家厂拉过来的，拉了26吨，因为这个能杀虫灭菌。

康厚德：卫生防疫这些。

孙 力：噢，卫生。那天晚上事故发生之后，一桶一桶的泄露了，全镇都是过氧乙酸的味道，当时上海医药有个冷教授，他参加过突击SARS病毒，他说这个过氧乙酸在空气中的浓度大了以后要发生爆炸。这26吨过氧乙酸发生爆炸以后，不亚于一颗小型原子弹。我们开会的时候他这样说，当时部队也听到了。

康厚德：部队听到了？

孙 力：部队都听到了这个事情，可以说，可能毫不夸张地说，部队在二三十分钟内全部撤走。绵虒镇的老百姓，包括部队人员，都担心出现事故。

康厚德：怕更大的牺牲。

孙 力：噢，就走了。撤了以后，绵虒镇的老百姓，那天晚上如果把这个消息公布出去以后，不晓得绵虒镇、漩口镇要产生多大的混乱，那天晚上电话已经通了，我给北京的消防总队、成都消防总队、省消防总队，乃至这个过氧乙酸的厂家的电话都打通了的。我那天晚上电话打了至少三个小时，效果也不是很好。但是我晓得它是酸嘛，这个东西，酸嘛可以稀释嘛，是不是。有个镇长叫王宇，当时还有一个书记叫熊小军，现在农业局当机关党委书记，我们这三个，还有聂召龙，还有（阿坝）州政协主席——杨海青，因为他们老了，不可能喊他们冲到前头去。那天晚上我们要去抢救这个物品的时候，都抱着一种"今晚上我死定了"的心态，我们在前面，尤其是王宇，他比我年轻，他走第一个。过氧乙酸的磨蚀程度好凶哟，你一吹，飘到你脸旁，马上就流泪水。

康厚德：刺眼地流泪。

孙 力：喔，就要来泪水，叫磨蚀性。

康厚德：刺眼有毒。

孙 力：在处理的过程中，镇上的民兵、党员都很勇敢，我说你们不怕死，我们也不怕。那天晚上处理26吨的过氧乙酸，王宇和熊小军，镇上的十三个民兵，还有镇上的几个干部，还有女的呢，我就喊他们去接自来水来稀释，来冲嘛，我喊他们一桶一桶地提到阴凉的地方，不能碰。在那种紧急情况下，我是这样子处置的，当时还有黑龙江消防的。第二天早晨啊，我当时耍了个狡，耍了个狡是啥子呢，我们的对讲机是通的，频率都是一个。我给海清书记报告说："海清书记，26吨过氧乙酸的安全问题已经全部处理完毕，安全警报已经消除。"我是这样给海清书记报告的。实际上那个时候我们还没有消除掉，后来部队又回来了，回来看到这些农民都不怕死，我们都不怕死。好像是哈尔滨消防总队的都来了，他们有防毒面具。毕竟要把26吨拉那么远的距离还是有难度，又莫得车辆，还是要靠双手提啊，要处理妥。我们处置这个事情，我跟你说，在我人生的经历中，（感到）人哪，真的是个信念问题。

还有一个事情是我在汶川抗震救灾的时候。6月1号那天，云南武警总医院和大家在学校里过"六一"儿童节，我还去讲了话。下午的时候，在吃饭的时候，天空是亮的，不像要下雨的样子，部队上一个大校，军衔是大校，好像是（救援）映秀的那个部队里面的，给我送了一份文件，这份文件是啥子呢？就是一份国家卫星，国家地震那个，国土资源局的一个卫星云图的文件，内容就是："绵虒镇党委政府暨抗震救灾指挥部，你镇今晚有大到暴雨，请认真地做好安全防范工作。"签字是哪一个？你根本想都没想到，是温家宝和回良玉签的，尽管我们拿到的是复印件，我就觉得很重大，我原以为，今晚上咋个可能喔，咋个可能下雨嘛。（文件）还点了一些地理位置，还点得很清楚，漩口的小麻、油碾、圣音寺，还有一个沟叫啥子沟喔，原来挖矿挖煤碳那个沟①，就说那个沟有泥石流会出现，要发生泥石流。

康厚德：防止。

孙　力：喔，那个沟叫啥子沟，多熟悉的一下忘了（名字），它那里的那个书记叫赵年旭，我现在都认得。我当时把这个（文件）拿在手里，不敢怠慢，就拿到达州支队去，找达州支队支队长，也姓赵。找到他，我就把这个文件交给他看，部队敏感性之强。他就说，孙力指挥长，这个任务我来完成。就6月1号那天晚上，我给他们部队开会，用了5分钟时间，他们都是团的干部，正营级以上的干部和团级以下的干部，那个会的参加者也不多。我就说，接到（停顿）。

---

① 孙力检察长提到的那个地名实际上是响簧沟，作为漩口镇所辖的16个村之一。

抗震救灾 精神口述史
——汶川特大地震十周年纪念专辑

2008年5月28日孙力检察长来到雁门乡高山村寨鼓励孩子继续完成学业①

康厚德：上级的。

孙　力：接到上级抗震救灾指挥部的一个文件，小麻②、油碾、圣音寺，还有个啥子地方哟，今晚要发生重大泥石流，希望部队认真配合，需要把它处理好。那个赵支队长就说，保证完成任务，这是我们部队的任务，你们的任务就是搭帐篷，地（势）平的地方我们已经挖了出来。然后我在镇上开会，也是不到10分钟，把镇上的人和老百姓动员到帐篷里住。

康厚德：安置点。

孙　力：喔，来避这个险。镇上的老百姓不少，（人很）多的，到处都有。我可以用这样一句简单的话跟你讲，在三个半小时之内，我们打了四百二十六顶帐篷，我现在都记得到。三个小时，在大雨中，在莫得照明的情况下，转移老百姓一千二百多人，三个多小时。我把这个事情处理完以后，跑到水磨，州组织部部长王有穆在那个地方，我跑去跟他报告工作。结果我去报告了以后，被他严厉批评了一番。他说："你莫得党性原则，你的任务来了你就执行了嘛。"我说："报告部长，我已经执行了，现在我已经执行完毕，过来跟您报告一声。"

康厚德：汇报下工作。

---

① 图片来源：https://www.mala.cn/thread-2514295-1-1.html。
② 小麻，指小麻溪村，包括油碾、圣音寺在内，作为漩口镇所辖的16个村之一。

孙　力：结果后面呢，他把我骂了批评了以后又觉得过意不去，然后我就回到我们的漩口，后来他又带了几个人过来了。那天晚上，说实在话，我没有（时间）理他，他主动来找我说："哎，对不起，没想到你处置得这么好，处置完了还来给我报告。"我说："按照组织程序我该给您报告，按照组织程序我该先处置再报告，我汇报都还没完毕，您就给我批评，我还是有点委屈。"我是原话说的，我是少数民族，比较耿直。那天晚上就把这事情处理了。中间还有个故事，还有个小事是啥子呢，我们的援建物资里面，有沙特给我们援建的火腿肠、鸡腿肠，它是回族吃的，又细，但是我们又看不懂包装上面的说明书，原来它要在 18 ℃ 以下保存，还有保质时间期限。漩口当时的气温至少在 25°以上，然后又堆下面。我在镇上安排了几次，我说把那些不能留的先给老百姓发下去，那些保质期长的在后面发。（他）没有发。最后，镇上的一个副书记——管物资的，后来我把他的职务调了。由于他没有按照要求执行任务，当时我的笔记本上安排好了的。每次我安排工作都有记录，最后出了问题。老百姓吃了这个过期的变质的鸡腿肠后拉肚子，还把这事弄到网上去，那天我是发毛[①]了。你想，简直开玩笑哟，地震过后网上的东西好敏感。

康厚德：物资缺乏呀。

孙　力：当时省卫生厅一个姓王的副厅长，管物资的，管防疫啊，就在绵虒、漩口镇，督查物资，当时我怎么处置这个事情的呢？我把部队的阵线（利用起来），团级以上的医院有三家，北京军区总医院、云南军区总医院、济南军区总医院，在我们那个地方都设有点，尽管不是全部的人，但是人也不少。我就跟他们交代，我说这个事情发生以后，首先派部队去把这些火腿肠、鸡腿肠收回来，就地把它埋了。第二个就是，针对吃出问题的病人，派医生到村上去治疗，能够解决的给我解决，不能解决的把他们弄到镇上来，进行住院治疗。然后，再不行的，就往成都送。当时路已经通了，我们那阵子调个车来好方便嘛，一个电话，你一吼[②]，就可以调车来了。

[①] 发毛，四川话，指发火或生气。
[②] 一吼，就是一喊，一呼叫。

孙　力：当时，我是这样处置的，应该说处置得非常科学，但是他（姓王的副厅长）来了以后，兴师问罪，要求处分责任人。我心头在想啊，我死都不怕，我还怕处分啊，只要我活着，更何况我没出现什么严重后果，你处理不到我个啥子。我可以这样跟你说，我当时是这样想的，所以我们就在帐篷里会师了。他们有四五个人坐在上面，我王宇、熊小军，我是指挥长嘛，王宇是镇长嘛，熊小军是镇上的书记嘛。我首先站起来报告王厅长，我作为县上派到这儿的一个指挥长，应该是职务最高的一个领导，出现这个事情我有不可推卸的责任，与他们两个无关，这个事情由我全权负责。熊书记站起来说："孙检察长是九死一生从县里下来的，到现在为止（身体）都还没有恢复过来，他能够下来，命都是丢了几盘①了的，我们怎能够让他有政治污点呢？我来担当责任。"站在一旁的王宇镇长，现在在茂县当政法委书记，他也站起来说："我是搞行政的，这些事情属于行政范畴，和他们两个领导无关，要处分处分我。"见到那样的场景，王厅长很感动，在一些地方出现这些事情都是推责任，但是在我们那个地方，我没有推，大家都没有推责任。这种事情，你说那么大的自然灾害，出不出现问题，难免出现问题，出问题是正常的，关键是看你在第一时间是不是珍惜生命，是不是把老百姓的命看得很重，是不是体现了党和政府在救援方面发挥的最大的效果，以这种工作态度为出发点去处理问题，你莫得错②。

康厚德：尊重生命为本。

孙　力：噢，尊重生命，然后你再按照这种处事原则去处事。我在镇上跟他们开会都说，用再多的钱，有再多的财产损失都无所谓，但是我们不能再让老百姓失去生命，这是我在会上的原话，对不对可能有争议，但这是我的原则。所以，我把这个事情处理完了以后，在一个帐篷里面，跟他们炒了个熬锅肉③，还有一个小点的嫩洋芋，煮的四季豆儿，然后有一点儿咸菜，我给厅长他们办了场"招待"。我可以这样说，在招待那个副厅

---

① 几盘，四川话，就是几次、几回的意思。
② 莫得错，意思是没有错。
③ 熬锅肉，是四川人对回锅肉的别称。

长的时候,帐篷里连一个苍蝇都莫得,(清洁卫生)我做到了这种程度。我说厅长你看,我们这边这个天气,按道理说还是有苍蝇的,我们老百姓说正常的,但是我们的防疫已经做到这个样子。

康厚德:噢,防疫卫生搞得好!

孙　力:他没有喝酒,那天感冒了,他就说:"孙指挥长,我有个小小的请求。"我说:"你千万不要跟我说有啥好吃的,就这些都算是不错的了。"他说:"我要一瓶酒。"我说:"我莫得酒。"后来,我喊了一下。

康厚德:他是想跟你谈心?

孙　力:不是,我喊那个云南后勤部部长,那个部长叫孙力光硕,我们两个是家门儿,我说部长,我这儿来了个客人,需要一点点酒,你那儿给我拿一瓶过来,他只要一瓶。结果拿的是两斤装的,当时,这都是一种特殊情况。

康厚德:我知道。

孙　力:噢,然后他就拿了个纸杯子,满满地倒了一杯酒,他说:"我不喝酒的,你能够这样地担当,你能够处理问题这样地果断,处理的后果又不恶劣,恶果又没发生,我对你表示。"

康厚德:保护了干部。

孙　力:哦。我说:"领导,只要你不给我处分就是给我最大的礼物,酒呢,我也不喝了,原来喝酒,我喝一点点酒脸就红,我下午还有事。"但是最后呢,还是把那杯酒喝了,大家在那个桌子上,真正的是泪流满面,毫不夸张。

康厚德:他也是认真的。

孙　力:他是发自内心的。

康厚德:对。体现了你们对工作的认真负责。

挂着液体在一线做灾民的思想工作

孙　力:他是发自内心对我们的敬意!一种理解,我跟你说,我下去的第二天,也就说16号那天,我病了,病了以后我是咋输液的?北京军区的一个护士给我输了液以后,下面的铝厂、水泥厂,埋在底下的人没挖出来，喊我现场去看。当时一个护士帮我拿着一个竹竿——一个晾衣架杆子，将那个输液瓶给我举起，我在前头走。

康厚德：边走边输液。

孙　力：啊，举起，你说好造孽①。缺钾，由于出了太多的汗，但又不是那种得病的。哎呀，我简直感动得，人家凭啥子帮你举呢，别人是来自部队的。

康厚德：他们也不容易。

孙　力：不容易。我跟你说嘛，人家举杆杆的动作。纯粹是跟到我的手的动作同步的。当时铝厂、水泥厂有六具尸体没瓮②，没有挖出来，又看得到尸体的脑袋，看得到头发，但是就是挖不出来。那是五层楼的房子，第一层已经陷下去了，第二层已塌至第一层，楼上面呢，三层全部压到上面的，那么厚的现浇板，又莫得机械，你喊我上去掏（尸体）啊。

康厚德：你们工具也没有。

孙　力：最后，我就让在那里修路的挖机，我喊挖机去把他们挖出来，还有在赵家坪矿山上有六具尸体，我们挖了两具出来，如果再继续挖下去，就要产生第二次次生灾害。我给家属做工作的时候，给每个家属拿了一床部队上的军用毛毯，我说："我代表我个人，也代表组织，再挖下，我们这儿就要出现第二次（塌方），你们也不愿意看到我的战士，也不愿看到挖掘机驾驶员被砸死嘛，我的意见是不挖了，因为你挖出来他还是入土，我们在这儿给你们弄一个台子，修一个拜台，上面用水泥弄一个墓碑一样的模型，在这儿遇难的那些人，名字给你们刻起，逢年过节的时候，祭奠的时候候有个地方，就可以了。"老百姓全部理解，他（们）也赞同这个想法。

康厚德：他挖出来还是自己要埋。

孙　力：还是自己埋。

康厚德：这个办法处理得好！

---

① 造孽，在这里，意指遭罪，情况很囧。
② 瓮，四川方言，指掩埋尸体。

2008年5月27日孙力检察长向慰问领导汇报抗震救灾情况①

把老百姓当成亲人，老百姓都是很感恩的！

孙　力：所以在这种情况下呢，我在漩口镇抗震救灾一百天。

康厚德：一百天？

孙　力：一百天，我在那个地方抗震救灾一百天，经历了非常多的这种事情。我在百天期之内呢，去了一趟北京，做了一次报告。在这一百天，漩口镇的 17②个村、一个居委会，我是全部走到了的，现在漩口镇的老百姓、村干部，都认得到我。

康厚德：这个关键时刻，你的到来给他们带来希望。

孙　力：喔，因为你去了那儿以后，你尽管不能为他们做些什么，就是给他们一句问候：家里有莫得啥子嘛？你们的生活困难不？还有吃没有？注意安全喔！把你们的身体保重好，有啥子困难到镇上去找我。只要你去重复这么几句话，老百姓家头再好的东西都要拿给你吃，老百姓就是以前对政府、对党委，对镇党委、政府，再有意见，他都莫得了。

康厚德：这也是（灾害悲痛心情的）化解。

孙　力：这就是一种工作方式，所以在地震过后，我在镇上开过会。

---

① 图片来源：https://www.mala.cn/thread-2514295-1-1.html。
② 实际上全镇现辖水田坪、核桃坪、群益、安子坪、红福山、赵家坪、集中、古溪、油碾、小麻溪、瓦窑、八角庙、宇宫、圣音寺、响簧沟、蔡家杠16个村，包括一个居民点。

首先一个，老百姓有什么诉求，有什么事要办，你办得好与办不好，你的权力有莫那么大，或者政策有没有，态度首先要端正，首先要把老百姓当成亲人（关系），当成一种自己硬是①他的亲人，你再跟他说话，莫得办不好的事，莫得哪个老百姓跟你两个顶起②，跟你肘起③，莫得一个老百姓要那样做。所以我就觉得，在地震过后，我跟老百姓的亲身经历，只要你能够代表党委和政府，能够把党委和政府对老百姓的牵挂，给老百姓的关怀，通过你给老百姓传达到，老百姓是很感恩的。我们老百姓也是很可爱的，所以这就是抗震救灾，这就是我在漩口的一段经历。后来，我在漩口回来的时候，经历也比较多，就在雁门那里当了三天的副指挥长。

康厚德： 雁门是？

孙　力： 雁门④是上边一个乡，当了三天副指挥长。后面又出现一个问题，当时，路已经通了，刘奇葆已经来到汶川，老百姓为两袋奶粉把刘奇葆巡察灾区的车队拦到了（电话铃声响中断采访）。

康厚德： 在雁门？

孙　力： 在银杏乡。

与县里其他领导干部经历九死一生

康厚德： 银杏乡？

孙　力： 银杏乡，因为是当时唯一的一个死角，所以在这个地方，我最大的一个感觉是啥子呢，当时就是现在的县委书记张通荣，是指挥长，还有就是现在在州委当副秘书长的郭雄，包括我，我是副指挥长。我们在那儿的时候，当时的群众工作很难做，老百姓不愿意回来。然后老百姓和政府、县委对着干，等于说思想上对着，有点儿抵触呀。

康厚德： 抵触情绪。

孙　力： 噢，我们天天晚上开会啊。开会是一个常态化，开会第一个就是说你的工作，头天的工作是怎么做的，做的什么事，做汇报，你工作

---

① 硬是，真真切切地是。
② 顶起，就是对着干，或者反对。
③ 肘起，掣肘，搞对抗。
④ 雁门乡，在汶川县城东北方向，距汶川县城4公里，乡境东连茂县南新乡，南以光光山为界与彭州市相连，西邻威州镇和西北的克枯乡。

组还有啥子困难、问题，我们来解决，第二天工作要做些什么。

康厚德：要安排。

孙　力：每天开会。我这儿跟你摆①一个，私下跟你摆一个故事，也就是我们在开会的时候，我们通荣书记，他出去接了个电话，他过来以后，哎呀，我看他哭过，我就谙②他有啥子事情，咋了？结果他金川的一个二爸，得（停止）……

康厚德：金川？

孙　力：啊，他的老家——金川，他和他二爸感情很好，他经常到他们家里面去。他二爸得了胃癌，给他打电话来说，他跟我说这个事情，但是第二天我们又下（乡）去。第三天，他突然没在那儿，我给他打电话，我问书记你在哪个地方呢，那阵子他还是书记，他就在电话里哭撒。他说："我二爸那里给我打电话，我回去看一下"我就跟他说："你回去吧，我在这儿你请放心。"我说："你在这儿或我在这儿都一样，反正你晓得我工作上有啥子都跟你汇报的。"因为他是指挥长，我们还是要有这个概念的。喔，有这个概念。这个指挥长，他电话里头哭得很厉害，他说："哎，我真正地对不起他，我原来答应了，我要回去看他，你看嘛，昨天晚上就死了。"我跟你说，真正地，张通荣书记这个人，在电视里头我看到的焦裕禄，在现实生活中，他就是这种干部，勤快，对党对人民很忠诚。我不是唱他的赞歌，我就是说个老实话。

康厚德：实事求是。

孙　力：真正地，无论是他的人品、官品还是他的能力，到现在为止，我比他大接近十岁，他都是我的一个标杆，我人生的一个标杆，就通过那次那个事件。有一天晚上，2：40了，要开始走，他的车子在前面，陈小平在给他开车，突然，这么大的石头，叮叮咚咚地滚起下来，那个垮下来的声音大家都听得到。

康厚德：巨响。

孙　力：当时，我的车子在后面，瞬间车就倒回来。他那个车子的顶子给打飞了，你说危不危险？你说我们在抗震救灾中多艰难。

---

① 摆，就是讲的意思，四川有摆龙门阵，也就是聊天。
② 谙，四川话就是推测、猜测的意思。

康厚德： 那真是，生死危险。他当时没问题吧？

孙　力： 打飞了以后，人莫得问题嘛，车子肯定烂了撒。

康厚德： 车子肯定毁了。

孙　力： 这下莫事，我说没得个车子简直麻烦，随后，他去借了个车，反正上上下下。这就是我在地震过后的情况。后来，我又在威州镇搞拆迁。

依法治县——设法提高机关干部人员的法治素养

康厚德： 威州？

孙　力： 从银杏回来以后，我又回到威州搞重建拆迁工作，拆迁危房。后来，我综合运用法律和行政手段，耐心细致地做群众工作，先后拆迁了四家"钉子户"，包括雁门的沙场、思茗斋茶房、一个藏餐，还有一个印象咖啡。在灾后重建中，我是利用了检察机关的这种法律的职责与手段，利用了自己的这种职能。

康厚德： 工作灵活性。

孙　力： 噢，最大限度地利用工作职能，完成了我该完成的工作。这不仅仅是一个党员的党性，更主要的是我们作为一个中国男人，在大灾大难面前，我们该怎么做，我们该怎么办的问题。这是我最大的一个感受，到今天尽管我已经离岗了，但是这种信心还在。在这儿之后，我去（县）人大，人大的角色就转变了。为了推进人大的依法治县工作，我主持了汶川县人大的司法考试，国家机构任命的国家机关工作人员法律知识考试。我还组织编写了一本——《汶川县任免的国家机关工作人员法律基础知识读本》。还编了本书，因为你依法治县嘛，必须要，一个国家任命的公务员，有点儿权力的公务员，你不懂法律咋行？其中，我选了15部最常用的法律，包括行政诉讼法这些，我全部把他列在书后面，这个法律我又不是原文照搬，我是按照一种比专科生还要低一点的难度来编这本书的。该书主要讲知识要点，讲怎么运用，书中还有习题，共出了30套题。我出了以后，大家抽题来做和测试嘛。

康厚德： 题库。

孙　力： 噢，题库嘛，我出的这些题都是在每章后面的作业出现过的。应该说，这是全州搞的第一本干部法律素养教育的实用手册，也是我们县上的第一本。这是我在灾后重建中依法治县的一个最大的贡献。

康厚德：干部教育开展。

绵虒镇挂练——破解一桩司法案件

孙　力：在人大工作期间，我还在绵虒镇挂职锻炼了三年，还在绵虒镇兼了一年多的第一书记。在绵虒镇，其中有一个全户拆迁的案子，政府由于没搞证据的保全，已经被起诉了496万，到中院去，中院已经要立案开庭了。我出面来协调这个事情，最后我是多少钱搞定的？60万搞定的。60万搞定有两个理由：第一个是，确实给你拆了；第二个是，政府有过错，在拆的时候没有搞证据保全，有错误。但是实际上这个案子向法院提供的所有证据都是假的，我为了搞清楚这个事，假证据纰漏在哪里，我就在反复琢磨那么厚的证据资料。

康厚德：如何推翻。

孙　力：我眼睛不好，我是拿了两个放大镜，两个放大镜，一个散光的嘛，一个放大的嘛，看了一个星期，我把这个材料看完了，我始终觉得它是假的，但是始终找不出来它是咋个假的，我通夜没有睡觉就在想这个问题。我们建委有一个搞工程的造价师，第二天早晨，我就把这个单子交给他，将那个信访材料的证据交给他，因为谁主张谁举证，我说："你给看下吧，我始终觉得是假的，就是看不出来咋个是假的。"哦，他后来跟我说，2004年，他这个厂才修起的，然后它是2008年过后才用国家建设部的一个公章，盖在2004年的资料上去，你说是不是假呢？

康厚德：在时间上不对。

孙　力：噢，时间上就是假的，还有，它是上海援建搞的，他是找上海一家援建单位的一个装建公司做的。我发了个协查函到这个装建公司去，哎，我就给他们说实在话，如果是你们弄虚作假，做了假证据，我让建设部把你们这家公司挂入黑名单，我是做得到的。

康厚德：有信誉问题。

孙　力：喔。我是做得到的。然后，对方出了，结果它是假的，所以，在假的基础上，我就跟他说，你要上法庭，我陪你，我让你一分儿都得不到。

康厚德：对，他输了理。

孙 力：喔，你输定了的，最后给了他60万。你说这个事情，我既尊重了法律，又有一种人本的心。

康厚德：对，还是。

孙 力：我没有整他，我也没有害他。

康厚德：对，合情合理。

上访了13年的老大难终于解决了

孙 力：在绵虒，我还做了啥呢，一个叫格子岩村，就叫魋山村格子岩组，13年的信访——集体信访，到省上去信访，信访的时候就说村上修福堂电站①的时候把他们的土地占了，占了之后没给他们赔偿到位，现在把他们安置到危险的地方，地震时候房子又垮了，他们就一直上访，而且在（地震）以前就上访，这个问题很棘手。

康厚德：是个麻烦事。

孙 力：上访了13年，莫得哪个解决得了。在那儿当第一书记的时候，我就问究竟是咋回事？老百姓呢，就是想多得钱，福堂坝是大电站，他们想多得钱。我当时单独在涂禹山挂职锻炼，也就是组，然后我利用了国家的扶贫政策，就可以介入这个事情。我又是绵虒的第一书记，通过县委组织，把福堂坝电站的村作为帮扶村。一是我挂职锻炼这个村；二是富堂坝又作为扶贫的对接村，我便给福堂坝电站做工作，工作做了以后，现在福堂坝电站，每年给涂禹山老百姓12万，而且这12万他们该用来干什么就干什么，支配权是他们自己的，但是账目要清楚，不能搞独吞，即便你是直接发钱，如果村民不同意或者怎么样，都不能动。所以后来他们也写了承诺书，然后村民不再上访了，福堂坝电站也很高兴。

康厚德：解决他们的问题。

肩负灾后重建重任——汶川土壤改良

孙 力：所以当时的张书记在大会上经常表扬我，至少表扬了我两次

---

① 福堂坝水电站，位于四川省阿坝州藏族羌族自治州汶川县境内的岷江干流上，总装机容量360Mw，属大型水利工程，施工时间为2001年4月至2004年2月。

嘛！那一次，我还带过大红花。哎，这些对我们来说都无所谓，倒是在乎在人大这个岗位上，你是同样要有所作为。在前几年，汶川有个特殊情况，地震过后，很多土壤肥的地方老百姓的土地已没得生①了，然后"7·10"泥石流来，又把那些有点儿肥的土面子表面上的东西冲走了，老百姓的致富增收，现在尽管说靠打工，可是老年人莫得打工的地方。

康厚德：老年人没有，对。

孙　力：四川师范大学有个教授叫周杰明呢，你肯定查得到，现在退了，我们还是有点联系。地震过后他来过汶川，我跟他说，老百姓很恼火，现在这个扶贫增收啊，因为汶川的土地，原来汶川是成都市的蔬菜供应基地、淡季蔬菜供应基地，蔬菜的质量非常好。地震后，现在汶川的土壤肥力不到位，第二个是过度地使用了化肥，使用了锄草剂，使用了农药，土地板结。想利用微生物的方式来改变土壤。

康厚德：土壤质量不行。

孙　力：颗粒无收，我们成立一个土壤改良领导小组。

康厚德：土壤改良的。

孙　力：土壤改良的领导小组，当时我是执行组长。今年我们种了两千亩二荆条，效果非常不错。这就是我们改变出来的，土壤改良后种的那个品种。

康厚德：喔，就是辣椒。

孙　力：喔，辣椒，这在过去是种不出来的。

康厚德：20厘米，这很长了。

孙　力：啊，二荆条它本身很长，原来我们老百姓两季种都种不出来的莲花白，我们利用生物技术把它种出来了。这个土壤改良现在已经成功了。

康厚德：成功了！

孙　力：已经成功了，现在这个县委县政府也配套了一点儿项目资金，今年秋季蔬菜可能就要用进去。

康厚德：这个应该是属于灾后的。

孙　力：应该说十周年，灾后重建十周年，老百姓的土壤流失，肥土较少，县委政府针对这个问题提出的对策，应该说地震过后，我们怎样关

---

① 没得生，四川方言，就是指不能播种，不能种庄稼了。播的种子不能发芽生长。

注农村老百姓,实现致富增收是县委县政府的一个承诺。我认为这是一个承诺。因为通荣书记对这个很重视,我经常单独给他汇报工作,他也很支持。我们这个成本很高,因为我当时跟他们下达这个科研任务时就说,要有可操作性,要有实效性,还要有经济性,市场认可,政府认可,老百姓认可。

康厚德:要老百姓喜欢。

孙　力:喔,老百姓认可是指你的效果;市场认可是你的品质;政府认可是指你这个东西确实有效,能够致富增收。

康厚德:对。体现政府的政策。

孙　力:喔,这么三个,这个称得上,后来我把这件事情做好了。尽管现在有的人说,哟,孙大爷你看嘛,退休了又马上卖有机肥了,我说我不卖我不卖,还有人说,你上①了,你对这个东西太执着了。比如说康厚德老师,我今天来了,你请我去喝酒,你这么无缘无故地请我去喝酒是有啥子企图,一些老百姓就按照这种思维看你这个问题。他没有把你这种勤奋,把你这种高尚的品质往关注民生上想。从这样的角度来看问题,我家庭是农民,我八姊妹就我一个人有工作。

康厚德:八姊妹!

孙　力:我对农村这个土地,老百姓对土地的渴求,是非常理解的。

康厚德:非常理解老百姓。

孙　力:所以,我可以这样说,我得了八个三等功,得了一个一等功,得了一个抗震救灾的功,那是省部级嘛,也算很高的了。

康厚德:很高的!

孙　力:很高的荣誉,都要涨工资的嘛。我这么多荣誉,但是都莫得我做土壤改良这个有这种强烈的自豪感。

康厚德:这个自己最有成就感。

孙　力:不是,这个成就感是在乎啥子呢,在乎我不仅仅为我们这个技术,或者是这个市场应用得很广,我是对这个市场、老百姓的安全食品,做了贡献。

---

① 上,指老百姓对职务和官衔升一级的说法。

康厚德：这个是改善民生。

孙　力：喔，改善民生，让汶川县为成都市场提供好的农副产品。因为这个距离比较近。

康厚德：方便运输。

孙　力：我还在想，我们打算利用草坡改良的土壤种植的与成都高校伙食团合作，提供蔬菜，比如与川师大的伙食团、西南民大伙食后勤集团，将我们利用改良的土壤种植的蔬菜与它们建立合作模式，打开销售市场。目前，我们在做这么样一个事，这个事情做完了以后，我应该说为汶川县做了一个贡献。

康厚德：这是一个很大的贡献。

孙　力：农村上的工作。

康厚德：对。因为是地方致富。就是包括老百姓增收，地方上的经济发展。

孙　力：喔，经济发展，而且我跟通荣书记汇报时，也在强调，一再强调，要廉洁，我保证在里面一分钱都不沾，我搞了四年多的土壤改良，没有在单位上报过一杯茶钱，没有在单位上报过一分饭钱，没有报过一次出差费。

康厚德：这个项目是政府提出的？

孙　力：不是，这个项目是我提出来的。我提出来，然后县委县政府通过，通荣书记很重视。

康厚德：他也支持这个。

孙　力：政策也支持，我跟你说。

康厚德：自己在搞。

孙　力：啊，自己在搞，你不信的话可以在网上去查，有这个搞土壤改良的，但是我们走在最前面，我们改良技术是最好的。

康厚德：就是做的成果最好的那种，效果也好。

孙　力：最好的。为啥子呢？因为我们这儿今年搞了 700 亩（1 亩 ≈ 666.67 平方米）的车厘子。

康厚德：700 亩。

孙　力：700 亩的车厘子大丰收，丰收不说，土壤改良后的车厘子比几年前我们卖的车厘子好多了，最低 30 元钱 1 斤，不讲价。

康厚德：产品质量好。

孙　力：啊，产品质量好，那个快递——顺丰快递的单，订了七千多单，莫得一单退货，莫得一单差评。

康厚德：那这个就不容易。

孙　力：有个特点就是啥子呢？改良土壤，我们现在的水果吃起那么夹、那么涩，有土壤的问题。这个你们做学问的懂得，就是有机生物碳太少。

康厚德：生物碳？

孙　力：喔，生物碳，不是一般的碳，是生物碳，那个碳少，如果这个足够了以后，它的品质就不一样了。我们水果的甜份要达到18。一般来说，14~15就算高的了，我们要达到18。

康厚德：对，口感就不同。

孙　力：喔，一亩地的投入可能还投不到700钱。

康厚德：成本？

孙　力：一亩地等于是说投入的这个成本，700元钱，老百姓自己去运输，运费除完，700元钱，所以我说经济性，你要考虑的。

康厚德：对，经济效应，成本。

孙　力：经济你要低，老百姓才承受得起。

康厚德：对。

孙　力：喔，所以这件事情我是真正地花了功夫。我跟你说，康厚德老师，我在这儿再跟你多讲点。实质上，我们土壤的板结是过多地使用了化肥，造成土壤板结。土壤板结了以后，我们老百姓那个耕作方式是用旋耕机来旋耕，耕种厚度不到15公分（1公分＝1厘米），也就是一拳头——15公分，在菜苗子栽种下去了以后，小的时候它能够活，长高以后它就要长疙瘩，就死了。这原因是啥子，原因就是植物它在土壤里面也需要氧气，在小苗子的时候氧气是够的。

康厚德：可以够。

孙　力：然后苗子长大的时候，它的养分不够了，所以会造成那个坨坨①，会造成作物死掉，可是深耕了以后，它的那个氧气更高，透气更高。第二个用微生物的方式把土壤进行了发酵，发酵就好像我们发面，不晓得你是单位上的还是农村上的？

---

① 坨坨，四川方言，指小块，这里指蔬菜生产中缺乏营养和养分茎结成疙瘩。

康厚德：我知道这个。

孙　力：发面。就用微生物的方式把土壤像发面一样，把它发发酵，发了以后它就蓬松了，孔隙就大了，大了以后它的氧气就够了，我们下的这个东西又有肥效，它的肥效也就够了。

康厚德：有空隙和肥效。

孙　力：喔，能够有空隙，再加之我们又做了一种生物叶面——浓缩性生物叶面，然后通过光合作用，蔬菜的口感好，吃到纯正的蔬菜味道。不像那个大棚蔬菜，不像打了920膨大剂的蔬菜，你吃不到那个蔬菜的本味，所以现在我们在堰江区搞了100亩地的水稻，在青川搞了50亩的茶园。

康厚德：广元的青川。

孙　力：喔，效果都还很不错。在草原上还搞了30亩的草原，提高草原的承载率——草原生草的量嘛，提高草的生效的承载力嘛。还有个草地沙化，明年的一个课题，就是治理草地沙化的问题，给他们下达了任务，他们在研究。因为他们有实验室，他们要模拟沙化的那种空气环境，植物生长环境，把它模拟出来以后，再用微生物来弄，还要经过很多次失败。

康厚德：有个过程。

康厚德：你说草原在哪？

孙　力：草原是红原。

康厚德：红原那边。

孙　力：雅克会场的那个草原都是我们整的。雅克音乐节那个会场，那个草原的绿化都是，我们是免费提供给他们的。

孙　力：这就是我们草原上。（孙力同志一边说着，一边拿出手机翻阅他手机里存储的关于雅克会场的照片。）你看。

康厚德：对，看得出来，它的颜色更鲜艳。

孙　力：颜色都要绿一些。

康厚德：包括下面的土也要黑一点。

孙　力：对，要黑一些。

康厚德：不像其他那个沙。

孙　力：这就是，我现在要把这个科研项目做出来，然后今年年底，土壤的改革领导小组联合农业局给县委政府写一个汶川县土壤改变成果情况报告。

康厚德：一个报告。

孙　力：喔，报告写给他们。然后我们的产品，所有的东西都要经过第三方检测机构检测，最后给他们一个报告。再由政府决定是否推广。

康厚德：他通过评估看到这个实际效果，肯定要想方设法。

孙　力：这件事情，它应该上升到关系我们国家灾区的耕地食品安全的一个战略。

康厚德：对，改善土壤质量，提高农作物的品质。

孙　力：喔，还有，我们一亩地要一百公斤石灰，就那个石灰你晓得嘛。

康厚德：我知道，用来粉墙的。

孙　力：喔，撒到那个地里，它的作用是啥子呢？因为这种土地的酸性太高。石灰是碱性，酸碱度要中和，它还有个杀菌的作用。所以说，石灰拿来用作消毒。

康厚德：土壤里撒石灰。

孙　力：你要土壤检测，它的酸度碱度怎么样，适不适合农作物的生长。

康厚德：碱性的。

孙　力：到目前为止，我都在做这件事。

康厚德：这是个惠民工程。

孙　力：我有一天跟书记汇报的时候，用艾青的一句诗结的尾，我说："我为什么眼睛里面总含着泪水，因为我深爱着这片土地！"

康厚德：这句话很有哲理，也很有诗意。

孙　力：这是跟通荣书记汇报的时候的最后一句话，他说好："我支持你！""我也是农民，我也晓得这个怎么样。"因为我提出的这个观念，我是学法律的，那些教授说我能够提出这种观念，相当不错，那证明你在思考。因为我们中国的污染是水污染、大气污染、土地污染。

康厚德：三大污染。

孙　力：三大污染。汶川的空气是干净的。

康厚德：空气没问题。

孙　力：水是干净的。

康厚德：对。

孙　力：就是土壤受了一些污染，都不严重。在全国来看，我们的土壤污染不算严重，都在安全范围。如果我再加以改良，那么我们提供优质的农副产品给市场，那是莫得问题的。今后，我们所有产品都要进行第三方检测，不是说说而已。

康厚德：经过实际检测。

孙　力：喔，检测包括它含啥子①成分，包括它的残留物。

康厚德：现在科学也很发达。

作为名副其实的党员，就要践行入党的誓言

孙　力：在结尾的时候我也很感谢，康厚德老师能够让我在十年以后，再一次回忆起。

康厚德：对我来说，特别是作为一个聆听者，一个采访者来说，也很感谢你。真的，每一次采访不同对象，都是一种新的洗礼。尽管当年我们在电视上看到地震，因为我当时在成都，还在读书，电视上看到的场景，已经够悲惨了。但是通过您一个亲历者，把抗震救灾这个过程，这个亲身经历的故事讲述给我，这个又不一样。确实，故事既生动又真实，而且也感动人心，让我深受启发和感动。

孙　力：我跟你说说嘛，关于我们国家，我已经思考了很久，世界上莫得哪个国家，哪个党，这么关爱老百姓的生活，世界上没有任何一个国家，在大灾发生了以后，能够那么快。我们的部队赶到，充分地体现了我们综合国力的增强，更体现了我们党关爱老百姓，关注生命，尊重生命的一种职责、一种理念。

康厚德：理念。

孙　力：回归到毛主席说的话——全心全意为人民服务这个观念上来。

康厚德：人民服务！对。

孙　力：噢，这是我一个老共产党员的亲身感慨。我们生活在我们中国这么伟大的国度，我们应该觉得光荣与自豪，我们生活在这么伟大的国家，应该感到幸福和安康。因为你看到那些外国打仗啊，这样那样，恐怖分子啊，老百姓造不造孽。

康厚德：社会不稳定，老百姓流离失所。

孙　力：（我们）莫得嘛，所以，我在任何时候，只要哪个说共产党不

---

① 啥子，四川方言，指什么。

对,我是要冒火①。

康厚德:对,你是一个名副其实的党员,在党爱党,确实这样。

孙 力:践行党的诺言,我们在入党的时候是奋斗终生,只要你活起那一天,你身负重任,践行党的诺言,一辈子为党的事业。

康厚德:这是一种身份,也是一种职责。

孙 力:这是对我们党:我们在抗震救灾过程中,第一个是以尊重生命为第一要务,在地震发生、灾难发生后,最大限度地利用好当地的设备,当地的民兵应急分队;第二个就是,对自然灾害,我们不能抗拒,但是我们可以预防。比如说泥石流,我们汶川县七盘沟那次泥石流死了十来个人嘛,那都是政府把他们转移出来以后,他们在刚过一点的时候,又回到自己的老房子里面去,死了的。真正的汶川县在抗震救灾抢险这些上,在防灾减灾这种方面做得很不错。如果七盘沟(泥石流)②,要不是政府提前转移了老百姓,要死上千人。

康厚德:防灾做得好。

孙 力:在绵虒镇那个地方,牛圈沟那个地方,我去看那个地震的,最先看那个地震的地方,石头是喷出来,那个岩层与岩层之碰撞形成压力以后,在向外喷出的时候,地震裂口向外喷射物相互摩擦,石头都有一个火的味道,是黑色的,石头的碎块喷出来以后,撞击在岩上,打到树,树木打得光光的。所以我觉得我们汶川县在抗震救灾啊,自然灾害的应急方面,工作做得很不错。因为首先你要预告,你要晓得,可不可能发生,现在这个新 AB 班子,乡镇上这些 AB 班子,都必须要值班,老百姓的短信平台都是开通的。

康厚德:随时可以接受政府预报的信息。

孙 力:喔,康厚德老师,我们口述访谈就到这儿嘛。

康厚德:非常好,非常丰富,感谢!感谢孙力老师讲了这么多生动的故事。那些我们在书上看到的,没有像你作为灾害的亲历者,讲得这么细致。

---

① 冒火,四川方言,指发火,发怒。
② 七盘沟泥石流,是指 2013 年 7 月 10 日晚至 11 日 8 时,汶川县境内连续遭受强降雨,威州镇七盘沟受灾严重,约 8 万方泥石流以 5 公里/小时的速度向岷江滑行。据初步统计,截至 7 月 11 日 8 时,暴雨已造成该县 3 人死亡,12 人失踪,冲毁房屋 350 户,被淹 2000 余户,2000 余人转移至安全地带。

·不忘初心篇·

祖国有需要，我必向前！
——访中国人民解放军某部连长焦志

  题记："作为中国人都能感受到当时灾区地震的情形。在我的印象中，由于部队的组织纪律，调动兵员，需要集团军和上级组织的批复，我们的首长当机立断，带着小分队，在我们营区周围进行了救灾，以尽绵薄之力，因为当时驻地周围就属于灾区。但是在接到命令之后，我们可以去更远一点的地方，去更困难、更艰苦的地方（参加营救）。大概是在第三天①吧，我们就去了都江堰市区，我们是驾驶车队一行到那里的。"

  "父母就讲，今天你能够大学毕业，我们的家庭之所以能够走到今天，实事求是（地）讲，和组织分不开，和党分不开！你还是应该知恩图报。滴水之恩，涌泉相报，去部队吧！"

  2008年汶川特大地震发生后，驻扎在四川崇州的第十三集团军下属的电子对抗团积极参加了驻地和都江堰的抗震救灾工作。团党委主动请缨，349名官兵紧急驰援重灾区都江堰市、崇州市。5月14日全团官兵火速奔赴都江堰市区，紧急开展救援。在没有专业工具的情况下，全团官兵靠手刨、背扛、肩拉，经过三天三夜的连续奋战，在都江堰共营救出9名幸存者，清理遇难遗体27具，转移受灾群众89人，在废墟中挖出14万余元。5月19日，根据胡锦涛总书记"进村入户"的重要指示，全团官兵深入都江堰市大观镇、崇州市崇阳镇、街子古镇、隆兴镇等30余个受灾点，帮助灾民重建家园，历时70余个日夜，先后帮助23个村进行灾后重建，共拆除危房627间，疏通道路28公里，清理废墟7322立方米，转移物资616吨，抢收抢种128亩，搭建临时帐篷173顶，活动板房340套，医治灾民326人次，并为都江堰市档案局抢救档案3万余份，为普照寺抢救国宝《大

---
① 2008年5月12日四川汶川发生里氏8.0级特大地震，地震无情撕毁中国大地，"灾情就是命令，时间就是生命。"驻扎在四川崇州的第十三集团军下属的电子对抗团团党委主动请缨，349名官兵紧急驰援重灾区都江堰市、崇州市。5月14日全团官兵火速奔赴都江堰市区，紧急开展救援。

藏经》等经书 1000 余份，转移佛像 20 余尊及各类文物 100 余件。直至 7 月 25 日，救援主力撤离都江堰大观镇，一部分官兵仍留守在大观镇帮助灾民进行灾后重建。焦志作为一名连长，先后参加了都江堰市区救援，在"进村入户"阶段，又参加了都江堰市大观镇的救灾，在大部队撤离大观镇后，仍继续奋战在灾区，帮助灾民灾后重建。因此，他是电子对抗团参与抗震救灾和灾后重建的一名典型官兵代表。有鉴于此，我采访了他。透过他对十年前参加抗震救灾的亲身经历的回忆和讲述，他们主动请缨上灾区前线，在地震灾区艰苦奋战，军民团结联姻一家亲的生动故事，一一在我们眼前浮现。他们听从指挥，纪律严密，吃苦耐劳，知恩图报，报效国家，生动地诠释了军人的核心价值观，彰显了我军一贯的优良作风与光荣传统。

采访时间：2017 年 2 月 22 日
采访地点：该部队驻地
受 访 人：焦　志
采 访 人：康厚德
整 理 人：康厚德

刚维稳回来地震就发生了

康厚德：地震发生那一刻，您在哪里？在做什么事？是如何得知地震发生这一信息的？

焦　志："5·12"（地震）之前，我们刚刚从四川藏区维稳回来。因为任务的转移我们就回来了，4 月中旬我们回到营地。"5·12"当天中午，我和战士都在寝室睡午觉，由于天气比较炎热，睡得昏昏沉沉的。在睡梦中，我模糊听到有人在敲门，由于宿舍门是铁的，敲了一下，两下，呃，我以为哪个小伙子有什么情绪呀，剧烈地声响，很剧烈的，在碰撞的敲门声（中）我被惊醒了，我一起来发现，咦，有什么不对，我看到（室内）那个饮水机，立式的饮水机，也不对（劲），摇摇晃晃，怎么回事？看到衣柜也是不对（劲），然后听到楼道里嘈杂声很大，我们连队的值班员又在吹哨，紧急集合，大家都往外跑，意识到有什么不对，有什么大事情发生了。因为我是土生土长的四川人，从来没有经历过大的地震，我估计整栋楼要坍塌了。当时，由于在午休，上身穿的是 T 恤，下身穿的是体能训练短裤，一下就往外跑，我和战友一起跑到操场，来到我们的营区。我们营区的房子，（你）现在看到的是（地震后）被整治以后的（模样），整治以前是很危险的，紧接着一线，特别是那个水塔，我们单位最高的建筑物，在使劲地晃呀晃，摇晃的幅度特别大，要是再剧烈一点，水塔就要掉下来了，直到那个时候大家才意识到，地震了。因为有云南籍的兄弟讲，这是地震，哦，这就是地震，在四川突然发生的地震，居然有这么激烈！紧接着，我们就给家里人打电话。那个时候通信已经中断了，打不通，大家还是很担心家里。因为我们当时也不知道震源中心在哪里。我们崇州离都江堰、汶川相对近一点，感受到的震动还是蛮大的。然后，单位领导就陆陆续续把我们所有的人召集在一起。当时我们所有人就在这个校场中央，也就是我们操场。担心余震和次生（灾害）发生，大家就聚集在一起。下午 6 点开会，那时，我们这边的余震已经较小了，就逐步安营扎寨，都没有回宿舍的楼房，由于房子很多都是（20 世纪）80 年代和 90 年代修的，所以只能在外搭帐篷，就像我们作战行军那样；第二就是睡货车，住里面；第三就是住车库，我们车库是钢架结构的，钢架结构还是很安全的，当时我们住这三个地方。（地震）当天晚上看新闻，我们（才）知道一些具体情况，一些伤亡情况。呃，从单位战士情况来讲，大家的情绪都很激动，都主动请缨参加抗震救灾。哎！（双眼湿润，情不自禁地流泪……双手擦泪……）

康厚德：现在回忆起那段历史确实比较难。当时我们在电视上看到这种场景确实比较悲痛，四川整个重灾区的场景，山河一片哭泣。

焦　　志：（抑制住悲伤的情感，稍后，镇定下来）对，不好意思！

康厚德：请喝点水。

焦　　志：电视上看到的那种场景。

康厚德：电视上看的情景跟现场可能还不一样。成都离震源中心稍微远一点。

如果我们能够挖到生命是最好的

焦　　志：因为我们的大部队还在藏区继续维稳。由于维稳，战士留在（营区）家里的人不多，大家的心情，呃！还是比较激烈，争取能够到一线，尽自己的一分力量吧。作为中国人都能感受到当时地震灾区的情形。在我的印象中，由于部队的组织纪律，调动兵员，需要集团军和上级组织的批复。我们的首长当机立断，带着小分队，在我们营区周围进行了救灾，以尽绵薄之力。因为当时驻地周围属于灾区，但是在接到命令之后，我们可以去更远一点的地方，去更困难、更艰苦的地方（参加营救）。大概是在第三天吧，我们就去了都江堰市区，我们是驾驶车队到那里的。

康厚德：你们是怎么去的？

焦　志：我们也是在等待了两三天之后，才去的。我们是单位的车送过去的，是在已经得到上级的批复之后。救灾人员是运进灾区的，因为大量社会人员、部队，还有党政团队都在前往都江堰灾区，引发了当地交通阻塞，带来一些不利影响。车队刚驶入都江堰城区边缘，我们就闻到了一种很强烈的味道，估计是消毒水散发出来的吧。同时，也混合着另外一种刺鼻的味道，可能是福尔马林的味道。当时整个城区都弥漫着这种味道。本来我们觉得有这个机会来参与营救，心情很激动，一闻到这种气味，心情就很沉重，如果我们能够挖到、找到生命是最好的，即使不是这样，能够给老百姓挖找些财产也是很好的。呃，都江堰的街道我们都去寻、去看，提供一些力所能及的帮助。呃！在这个过程当中啦，我们看到好几栋楼房，估计七八层高的楼房全部都垮塌完了，我们经过一个地方，在工商局房屋的对面有一对老夫妇，一直在哭，也在刨废墟，因为他们的父母亲压在废墟里，一直没有抢救出来。由于前面（营救）部队带着探测仪已经探测了，没有（生命）迹象了，大家就没有在那块地（营救）。

康厚德：当时主要在营救活人！

焦　志：对，从情感上讲，我们还是很理解他们，尽量帮助他们。在尽力帮他们找父母的尸体，但是，由于我们的工具有限，我们没有找到。

康厚德：当时你们带了哪些工具？

焦　志：因为受部队性质的限制，我们使用的工具主要是钢撬。

康厚德：四川喊钢钎，很粗，一米五六的样子。

焦　志：对，还有二锤、铲子，是用了这些工具，我们主要用人力去挖。我记得那个小区，整了好几块预制板，那对夫妇看我们解放军确实也很辛苦。最后，他们主动放弃了（挖找掩埋在废墟下他们父母亲的尸体），我们只挖找到一些衣服，可能是他们父母的吧。他们也觉我们用心用力了，由于（地震）坍塌，要找到（他们父母亲的尸体）确实也不容易，就放弃了。让他们父母和这个家（待）在一起吧，常存在这里，所以最后也就是挖了一些遗留品。

康厚德：当作纪念物！

焦　志：对，对，也就是衣冠冢的东西，应该是这样吧。后来，我们还去过向峨乡，向峨乡的一个学校①。

康厚德：那个学校是全部（倒）塌了？

焦　志：对，是全部塌了的。

康厚德：你们在都江堰（救灾），当时待了多久？

焦　志：在都江堰有三天时间，其间我们去了向峨乡一次。

康厚德：中途去的？

焦　志：对，中途去的向峨乡。向峨乡当时的灾情，有一个学校坍塌了。灾情也是很重的，死去的生命我就不讲了，需要医治的（受灾学生）人很多，包括很多家长的情绪（当时）都很激动。我们去的目的，一个是去安抚（他们）；一个是竭力去找到幸存下来的（生命）。我们当时去的一个分队，就找到了一个活人，被救的这个人现在和我们单位一直还有联系。由于这个分队我没有参加，对当时这段情况还不是很清楚，就不能给你叙述了。这个事情还是很振奋的，因为我们单位出来还是干出了一点成绩，给老百姓出了一点力，是吧。（大致）是这样的（情况）。还有就是吃（的方面），最初我们在都江堰的吃饭问题，是自己带干粮，当初我们的炊食车去也不是很方便，救灾战士自带干粮各自解决！

将剩下的饭菜用塑料袋系好，放在挎包里

康厚德：带了哪些干粮？

焦　志：单兵食品，压缩饼干，一些泡菜，一些牛肉，都是套装的，都是干的，这些叫作即食行，撕开（包装）就可以吃的。不过，都江堰的市民、老百姓，都十分热情，他们主动给我们送饭吃，给我们鸡蛋，都是煮好了的，他们使劲往我们衣包（衣兜）里装，使力地往包里塞。我们当时看到一个人好像是老板，看他的长相，估计是经商的，做大生意的，发了

---

① 2008年汶川特大地震后，都江堰向峨乡成为受灾严重的乡镇，乡政府所在地的房屋约90%倒塌，几近被夷为平地。死亡最为严重的向峨乡中学，在地震中教学楼完全倒塌，全校学生420人，地震中327名学生遇难，教职工30多人，死亡16人。

财的，拉了一车东西，一看到解放军，就使劲给我们发东西，发一些食品。

康厚德：给居民也发（食品）吗？

焦　志：对，对，给居民也发。关键时刻，还是人心所向，还是同舟共济，共渡难关，令我们也很感动！当时，老百姓给我们做饭菜吃，打的菜根本吃不完，倒了吧。当时在那个场景，说把这些剩菜剩饭倒掉，根本就没有这个概念！

康厚德：当时怎么处理的？

焦　志：都留着呢！当时就把那些（剩下的饭菜）用塑料袋系好，放在挎包里，因为我们每个人都有那种小挎包，放挎包里，可能就是当天中午吃了，晚上在哪里吃都不知道，就留着供下一餐用。有时候老百姓担心我们没有吃饱，就使劲地给我们塞鸡蛋啊、大馒头呀，我们也很感动！在这期间，我们的伙食有保障。当地居民楼房已经震塌了，他们也都没有（条件）解决吃饭问题，为了不给老百姓添麻烦，后面几天我们就派了炊事班，去了两个炊事班，现场制炊，只要有需要吃饭的人来了，就打（饭菜）给大家。

康厚德：包括（解放军）官兵和灾民在内？

焦　志：对！一个是要保证官兵有饭吃，不能给老百姓添麻烦，同时，也不给地方老百姓添麻烦，是吧！第二个也给当地老百姓提供一些热食，这是部队做的一些工作。然后，紧接着几天呢，就是转入后期的救灾！

康厚德：主要是在清理废墟、抢救或者转移财产？

焦　志：对！这个这部分就叫"进村入户"①。抗震救灾包括三个阶段，第一个是生命搜救。对！第一阶段实际上主要是抢救生命。第二个阶段，我记不清楚名字了。我们也去了，当时，主要帮老百姓抢救一些物资，包括负责城市卫生和一些危险物品、危险建筑排危呀。是吧，第二个阶段就在干这个事情，因为这个阶段相对要平稳一点，也没有很精彩的故事。第三阶段，就是叫"进村入户"。当时我们在这个街，我们单位附近的大观镇，进村入户的工作，主要是给别人搭板房。

---

① 2008年5月17日，在成都召开的抗震救灾工作会议上，胡锦涛主席发出了"进村入户"的命令，要求充分发挥人民解放军、武警部队和公安消防特警突击队作用，在救援队伍进入所有乡镇的基础上，尽快进入所有村庄，排查每一处倒塌房屋，竭尽全力搜救被困群众。（资料来源：http://www.ce.cn/xwzx/gnsz/szyw/200807/29/t20080729_16328572.shtm.）

康厚德：搭板房是什么时候？

焦　志：你说搭板房有多久呀？主要有一两个月的时间，六月份到八月份，这个时间段，肯定是在大观镇进村入户。

康厚德：到乡镇上去了？

焦　志：对，（那个时候）肯定是到乡镇上去了。也就是五月底，我们进行了第一个阶段和第二阶段的任务，直到六月份的时候，（开始）搭板房。因为（那个时候）受伤的群众都已经得到治疗，人员已经得到疏散，我们的主要工作就是进入那些危险房屋里，（帮老百姓）拿一些物品出来，然后再把这些（危险的）房子拆除。

康厚德：也包括打扫（地震倒塌房屋的）瓦砾工作？

没有办法，他们就往我们火车厢里使劲扔

焦　志：对，也都有。你说瓦砾，我们在救灾过程中，也有官兵受伤，被瓦砾砸在头上的。（当时）在清理街子古镇后面的一条街，叫青城后山。在大观镇（救灾）的，也有被砸伤的，但一般都是皮外伤。我们搭活动板房，与这个村庄的政府也好，居民也好，都建立了很好的关系。我们离开大观镇的时候，都是居民举牌自发地欢送我们！那个时候正值八月份，夏天很热，水果很丰富的，鸡蛋、水果、肉呀。（这些）我们是不能要的，毕竟我们有自己的纪律。老百姓也没有办法，就往我们火车厢里使劲扔，使劲扔呐！可见当地居民很感激我们的。2008年以来，这么些年来，我们（与当地居民）还保持着联系。当时一个乡长，两河乡的乡长，邹乡长，因为当时是我和他在负责（部队的）对接。这些年来我们都一直保持联系，他的女婿就是我介绍的。在部队离开前，当时他给我讲："焦连长，感谢你们的帮助、救援，地震已经过去了，尽管也给我造成了一些经济上的损失，包括房屋垮塌了，但是你们来帮助和救援，结成的这种友谊是凝聚人心的，我的女儿已经差不多到了出嫁的年龄了，也想在你们部队找个对象，帮介绍介绍吧。"

康厚德：他们也是出于对你们感激、崇敬之情，才做出这样的请求！

焦　志：对，（微笑声）（后来经过我做媒）这门婚事成了，他们也结婚了，已经怀上小宝宝了，继续延续着这种军民鱼水之情。当时我介绍的

那个小伙子也是参加过抗震救灾的，当时也是下到那个乡的。没有想到八年以后，又回来了，（在那里）安家了。这也是一种缘分吧！在（进村入户）期间，我们基本上还是没遇到什么危险，因为我们是集体出发，集体去完成任务的。我觉得最主要的还是我们去都江堰现场的道路上闻到的气味，给我们的震撼，给人的感觉完全是不同的。

康厚德：电视上看到的与现场看到的确实会不一样！

焦　志：（20）16年夏天，我和岳父岳母一家人还去汶川遗址看了，看到那个中学遗址，看到那个地震遗址，看到那个中学，还是忍不住掉眼泪。

康厚德：是那样的，我们第一次去（参观）的时候，也掉了眼泪。（校舍）只剩下一个篮板和旗杆在那里。

哪怕用我们的手，我们也要为老百姓干点事

焦　志：触景生情吧，嗯，是这样的。这就是我经历的抗震救灾的一些大致情况。整体上来讲，我们官兵参与救灾的这种热情或者叫作热血吧，是很高的，大家都想尽自己的绵薄之力，我们没大型挖掘机，没有探测仪，哪怕用我们的手，我们也要为老百姓干点事。越是在艰苦的时候，越是（在）苦难的时候，越能体现一个军人的血性与气质，越能凝聚人心，越能激发斗志。

康厚德：危难时刻最能体现军人的气质！我想当时你们热血沸腾，有很多官兵主动请缨，由于受道路的限制，组织纪律的要求，不是所有的人能去（救灾）？

焦　志：对，因为我们部队当时的司令员是连指的，当时我们成都军分区的司令员李世明他是连指的。去那个（救灾）地方的人，全国各地的救援者、志愿者，都往那个地方去。

康厚德：都涌向灾区。

焦　志：对，我们去的那个（地震灾区）地方有二十多个车队，这难免不给地震灾区带来交通阻塞，因为我们一个货车一般情况下能装三十几个人，但是，那个时候，五十个人也能挤上去，就是要用最少的车带尽量多的人和物过去。即便是那样，大家也都没有什么怨言，因为我们年轻人

睡一觉，第二天精力便恢复了。去了，（大家）看到了灾区的困难，也都想多做一些力所能及的事，而且，大家都是自发的，没有说哪一个要动员啦，不需要，这就是一种活生生的、现场的动员呀！

白色衬衫上的汗圈，一层一层的汗圈都看得到

康厚德：看到灾区，都有那种想为灾区出力的激情与力量？

焦　志：对，对，是这样的。

康厚德：你们（部队）在去大观或者都江堰的时候，与其他的（救援）部队和其他的志愿者之间，有没有开展一些救灾的协调工作？

焦　志：有的，一般情况下，还是有的，主要还是讲片区。也就是说，一般一个单位负责一街，或者这个区域或街以东或者以西（的区域）。因为（我们）与当地的区县或街道的工作人员也是有联系的，哪一部分区域是已经搜救过的，哪一部分区域是没有搜救过的，你们今天可以去哪里。他也不会强制性要求我们去，这部分没有去过，你们也可以去，其实就是通过分块，一块一块地解决的。也不是说大家是无头苍蝇，去分头找，工作讲究统一性。当时我们也分了组，十人一小组，然后从不同方向、不同区域继续搜救，还要讲究工作效率。如果大家都去找，到底听谁的？说这个地方有问题，那个地方有问题。那段时间，我记得，天气很热，我们自己身上都是发酸发臭的。啊，你别说我们，当地老百姓也都是如此，对吧，包括那些志愿者，我看别人骑着自行车来，他们的衣服，已经完全是里三层、外三层的汗圈，白色衬衫上的一层一层的汗圈都看得到！

康厚德：主要就是余震的灰尘与汗水的混合和浸透，在救灾过程中，他们都顾不得（自己的）衣服的。

焦　志：对，当时应该说没有哪个说去参观，没有这个词，都是想为灾区尽自己的一份力。

确实也挖不到最下面了

康厚德：都是发现有生命迹象就使劲地挖掘，看到有危险的地方就主动去救。还有就是，你们当时救灾过程中，除了你刚才讲过的那对老夫妇的事，是否还遇到那种类似当地灾民或百姓为抢救或者挖掘亲人、为抢救

财产让你们印象深刻的事？无论是在都江堰城区，还是在大观镇灾区？包括灾民的言行给你留下了深刻印象的？

焦　志：（思忖半刻）其他的印象都不是很深了。

康厚德：由于时间比较久远了。

焦　志：对，我昨天晚上得到（接受采访）任务后，也在使劲地回想，其实印象最深的就是我们看到那对老夫妇，那对夫妻，他们的手已经完全地、绝对地血肉模糊了，我用这个词绝对正确。

康厚德：用这个词也一定不为过！？

焦　志：对，当时他们哭着来请求支援，说能不能再看看，说不定，（他们的）老人还有生命迹象，对吧！

康厚德：但是，其实，你们到达那里之前，已经有部队用生命探测仪探测过了，没有（生命迹象）了。

焦　志：对，当时有一个随行记者，来自哪个单位，我们就不清楚了，他是随机采访的。当时他就说，这个地方已经搜救过了，你们就不要浪费兵力，再来这个地方了，当时就说了这么一句话。当然，我们能够理解他的话，其实记者也是想让解放军兵力投入到更需要的地方去。

康厚德：去挽救更多的人！

焦　志：是这个意思，对！其实我们也能够理解这对夫妻的心情。

康厚德：失去亲人的悲痛的心情和情感，就帮了他们？

焦　志：当时就显得稍许有些尴尬，后面我们还是去抬了几块（预制板）。那个预制板，可能平时四个战士很轻松地就能把它抬起来，那个时候抬呀，十个人都不好抬，上面有东西压着的，不是说抬就能抬起来的。

康厚德：因为你们抬的其实是一整块的，还有其他附近的塌下去的也压在上面的，还有危险的位置，姿势也不好掌握。

焦　志：本来就是废墟上的，一抬下面又镂空了，可能又会造成新的塌陷，极有可能是！在这个过程中，我们也抬了一两块走，然后就找到他们自己的衣服，他[①]家是住在六楼，父母一般情况都是住在底楼——一楼，方便在楼下乘凉，打打麻将呀。他自己估摸着，当时地震后，楼上面垮塌也都压在底楼的。他们说："当时我们是住在六楼，现在看到的衣柜里的衣

---

① 他这里指那对求救的夫妇。

服哈，就是六楼的。我们站的地方，可能就是原来一楼二楼的那个位置，现在废墟上头，全部被压在下面。"

康厚德：那真不容易了，挖到底也不可能。

焦　志：确实也挖不到最下面了。

康厚德：那只有清理到底楼才可能（找到），最后他们也理解，只好放弃了。

焦　志：他们卷着拿回去的（停顿半刻），把他们的衣服放在兜尸布里。当时，他们一直想把老人的尸体掏出来，最后没有发现。所以，最后只能是用这种方式，用兜尸布把（他们的）衣服拿回去埋了。他们很感激我们，给我们跪拜，哎哟，我们受不了，很遗憾没有能帮他们找到亲人的遗体！

康厚德：难度太大了！

焦　志：这是印象比较深的一对夫妻啦！是我面对面的。其他的，也还好，后面就是刚才我讲的，我介绍对象的那个父亲。在他（女儿）结婚的祝酒词里，都非常感谢我们。

康厚德：他们的地方建设，灾难的度过，肯定都离不开你们的支持。

焦　志："有了5·12地震，有了我们这段姻缘，今天，解放军又回到咱们乡里了，当年也是这支部队搭建板房的。"当时，我也是证婚人嘛，他父亲也就说了感谢话，说解放军又回来了，回到了当年（解放军）"进村入户"搭建板房的地方。抗震救灾，大概就是这么一个情况。

我父亲还是很伟大的

康厚德：嗯（点头）。后面关于你的一些个人情况，我想再做些了解，（关于）你的出生地，估计也是四川吧，您（老家）是哪个地方？

焦　志：我的老家在自贡，四川自贡。

康厚德：哦，我们也有同学在那里，是个好地方，环境也好！

焦　志：盐都、恐龙，千年盐都，南国灯城，自贡是个盐业城市，吃的也挺好！我对我的父亲，最深的场景还是工作的背影，因为我父亲是位盐业工人，20世纪90年代后期我们国家的国企改革，父母他们就下岗了。

康厚德：你母亲也是一名工人？

焦　志：我母亲当时是街道合作社的一个厂子的工人，我父亲是位盐厂工人。我对父亲有一种特别强烈的感情，他的背影，与朱自清写的《背影》中的背影比较起来，让我觉得，父亲是很伟大的。当时他是一个盐业工人，主要从事烧盐，自贡叫井研嘛。盐卤水提上来以后，要进行蒸发、结晶，才会成为成品盐，是吧，盐的烧制过程中需要不停地翻，我父亲就拿着大约两米长的耙子，他们称之为锅，就是叫平锅制盐。

  康厚德：水平的平？

  焦　志：锅是平的，要不停地劳作，翻滚，他是在一个很大的房间，不能叫地窖，应该叫作加工坊，里面充满了蒸汽、瘴气、热气。父亲不允许我上那个灶台，为什么不允许我上那个灶台呢？因为他旁边就有一个更深的锅，里面滚烫，要是人掉下去，就捡不起来。父亲对我说，你不允许上来，你要看就在下面（看）。

  康厚德：也就是你小时候，去参观他的厂地？

  焦　志：对，那个时候，从小嘛，没事儿就去玩，跟父亲一起去，去看劳动，这就是我父亲的背影吧！

  康厚德：劳动的背影。

  焦　志：对！我父亲的个子不高，一米五八吧！现在他的背呀，有点儿驼，由于长年弓着腰耗盐，这是我对父亲最深的一个印象，肯定永远在我心中，占据多么重要的地位。我母亲一直体弱多病，由于5岁得过肺炎，没有根治，落下了重病。现在我母亲的肺，去年我带她到华西去做检查，华西医生一看片子，就问，做过手术的吗？我们（回答）说："没有呢。"包括几个实习的医生就都说，（她照的片子显示）整个左肺完全没有了，都看不到，只有右肺在，右肺也在逐步塌陷了，左肺完全就没有了。这是她长年劳累积下来的结果。我母亲当年在衬衫厂（工作），相当于纺织厂的那种吧，衣服的纤维对人体的伤害蛮大的。所以，（左边的）那个肺基本上没有了。这就是我母亲，她也是个勤劳质朴的（人）呀！

  康厚德：也很贤惠！

也就是这么一句话，我就来到部队了

  焦　志：对，大家的父母都是那样！你看我，像我参军入伍，我是2004年大学毕业，成都理工大学毕业的，当时成都理工大学也从部队招（聘）

地方大学毕业生，一般情况用人单位都是去了"211""985"大学这种学校，成都理工大学不属于这种级别的。

康厚德：理工大还是蛮好的。

焦　志：当然，我为什么来了部队呢，因为当时我的专业特别好，还有，当时有一个叫作"全国大学生挑战杯电子设计竞赛"这么一个活动，我是全国二等奖获得者。

康厚德：那挺不容易的。

焦　志：当时，深圳的好多（公司）都要我，是谁呢？是创维的那个领导，也就是创维的一个工程师，也就是他们的总监嘛。（当时，这位总监说：）"创维的第一台电视机，黑白电视机，就是我组装起来的。"当时他面试我的时候就说："这个小伙子相当不错，职高考入大学的不容易，你到我们单位来。"好几个单位，包括现在成都的迈普、华为，好几个单位都要我去，我都没有去，最后还是到了部队。就是我父母经常给我讲些话呀，我家里还有一个妹妹，我妹妹呀，她不是（我父母）亲生的。我奶奶以前在菜市场卖菜，（在卖菜的时候）一个女同志就抱着一个小孩，她说需要上厕所，让我奶奶帮她抱一下小孩。（当时）我奶奶就想，一个女娃娃想上厕所，给她抱了下（娃娃）也很正常，可是那个女孩把娃娃交给奶奶之后，就再也没回来了。最后，奶奶只好把那个小孩抱回家去，回去一打开棉被看，喔，这（个娃娃）出生才第二天，就这样，从此我就有了一个妹妹。一直到现在，我们关系都很好。

康厚德：奶奶是个善良的人。

焦　志：也就是说，父母下岗，家里面也有两个小孩。特别是我母亲身体又不好，家里一直吃低保，当时叫低保户嘛。一直到2005年、2006年嘛，我到了部队以后，就说不要了，不吃低保了，现在我们基本上可以了。

康厚德：这样，（家庭）好转了些。

焦　志：对，基本上好转了。当时，我父母就讲，你还是去部队吧，不要去企业、工厂，像我们家这么多年吃低保呀，你读书呀，得到了好多救助、捐款，也是不容易的。

康厚德：也就是在你读中学、读职业高中时社会或者国家对你们家的资助吧？

焦　志：对！我读高中的时候，那时候，我们学校职高组织实习，我和同学去深圳实习打工，相当于劳务输出！去了以后呢，在那个地方，工资待遇还相当不错，我印象特别深，那个时候，我父母的工资加起来340块钱。1998年的时候，我在那个地方一个月的工资是2400块钱。

康厚德：当时那个沿海的工资要高，确实是。

焦　志：第一个是沿海的要高点，第二个是我们去的那三个兄弟哈，在职高里都是动手能力特别强的。

康厚德：属于技能型的！

焦　志：对，当时我们去的时候，他们有一个库房的电源，叫台式机理的开关电源，生产那个坏了就解决不了，堆了一库房。我们三个兄弟就去给他们修吧，因为我们有课本知识，就逐步地给解决了。这是个台资企业的老板，高兴得不得了。后来，当我们要返校读书，别人就不放，打算给我们加薪，再加薪，设法让我们留下工作。然后，我们有个师兄，比我们大五届的师兄，也在那个厂，他在那个厂属管理整个厂区吧，他就给他们讲："还是放他们回去吧，回去如果考上大学，就让他们去读，如果没考上大学，再回来也行，考上了大学呢，就再给他们一点学费吧！"我当时确实好感动哟！当时不仅给我三个月的工资，大概六千多块钱，还送给我了5000的路费。1998年的时候，你想想看，那个时候加起来基本上有一万多元，我就这样回来了。后来，过年期间，我那个师兄还来找我玩，所以我们关系一直很好。进入大学以后，也是借钱读书，那个时候一年或一学期学费四五千吧，加上生活费，第一年差不多就这样应付过去了哈，钱是够的啊，后来，勤工俭学，还有学校助学金、贷款！父母就讲，今天你能够大学毕业，我们的家庭之所以能够走到今天，实事求是讲，和组织分不开，和党分不开！你还是应该知恩图报，滴水之恩，涌泉相报，去部队吧！

康厚德：父母也懂得感恩！

焦　志：那个时候，也就是这么一句话，我就来到部队了。正儿八经地，当时摆在我面前的最急迫的就是成都郫县的迈普想我与他们签约，我没有签，创维也让我签，我也没有签，就（这样）来到部队了。

康厚德：当时部队到大学招（大学）毕业生。

焦　志：对，因为我是属于专业特别看好、特招的那种，比如人家看上你了，不管你是哪个学校，来来来，正好来部队了。

康厚德：你刚才说一般都是"211"那种（学校）。

焦　　志：对，所以这样来到了部队。其实我来到部队以后，在工作上应该说，还是一种标杆、一种旗帜，从来就没有松懈过。

康厚德：对，自己本身做得好。

焦　　志：我个人还是这么想的，即便是累，我无所谓。我是1981年（出生）的，今年三十六七岁了，这个年龄也不算大，累一点算个啥，睡一觉，体力很快就恢复了，精力充沛，无所谓嘛，还没有到干什么干一点，就腰酸背痛什么的。不存在的，我的理念是，干一行爱一行，你把这行干精了，别人自然而然看在眼里，领导舒心，下面的战士们服气，这样很多工作越干越顺的。

康厚德：是个正效应！

焦　　志：对，就这么一种情况。

不行，要按照我们部队惯例来搭建

康厚德：关于你们的（救灾）工具，除了钢钎、自己的干粮，还有哪些？比如一些医疗卫生设施？

焦　　志：当时的医疗设施，我们救援分队有自己带的，医师他们也是去了的。

康厚德：包括有心理救助的？

焦　　志：有，有的！包括我们的部队，战士们的谈心交心，也有的。和当地的老百姓也是一样，多多少少和他们摆摆龙门阵吧，拉家常呀，可以缓解他们悲愤的心情。

康厚德：搭建帐篷的时候，在都江堰搭了吗？

焦　　志：搭了！

康厚德：主要是给居民，还是机关或事业单位（搭建的）？在城区吗？

焦　　志：我看，（稍许停顿）大观镇最大的一个帐篷安置点，就是我们连队搭建的。搭完这个帐篷以后，我们进入后续的进村入户（工作），我们搭建帐篷，其实就是说，很大一块空地，它是属于整个一块，好像原来就是一片苗圃，很大一片都是我们搭建的。包括大观当地的一些安置点，除此之外，都江堰一些安置点，通过调集帐篷和搭建，先把人安置下来。

康厚德：你知道（帐篷）是哪里捐赠的？

焦 志：我们搭建的帐篷有白色的，应该是来自红十字会，民政局的主要是蓝色的，上面有字。

康厚德：你们搭建的帐篷（当时）主要用来睡觉、居住的，包括吃饭、上厕所的那些场地和设施呢？

焦 志：有，有的。因为我们去的那边，不只是搭帐篷的问题，搭好帐篷以后还有很多后续问题。我们部队经常出去野外住训，很有一套（搭建）方式方法，在帐篷搭好之后，怎么给别人挖排水沟，排水沟的出处在哪里？在末端，区域的末端在哪里？厕所在哪里？房子的侧边可能就是厕所，好多农村以前都是这样的。我记得，按我们的搭建规矩，厕所必须在我们这个帐篷区域50米外，灾区安置区域里的厕所应该在哪个地方？当时是我们去指导的（搭建帐篷和厕所的）。当时，政府就说，不用，就在旁边搭个厕所就行了。我们说，不行，得按照我们部队惯例来搭建。

康厚德：应该有个卫生意识和健康习惯！

焦 志：对，因为我那个连，基本上都懂电，牵灯线呀，都是我们在做，走零线呀，都没有发生短路。可以说，能够达到拎包入住，一个帐篷一张床，是当地政府已经配好的。

康厚德：他们用的床是哪一种？是钢丝的？

焦 志：不是钢丝的，是硬板的。

康厚德：硬板的？

焦 志：对，硬板的。一个（是）重，二个是睡久了，会感到不舒服的。

康厚德：是木制的？

焦 志：应该是钢板做的硬板床。因为一张床一个人是拉不动的，也有木头的，锯子面①压的，那种聚合板的也有，这种床我们也搭过，一旦挪一下的话，可能就坏了。为了便于后期回收，就全部换成折叠的，就像我们部队用的行军床。

康厚德：大概也就是一米多宽？

焦 志：一米二宽，一米二乘以一米八一米九，都是这种规格，比较方便吧。因为地铺也是铺好的，从天气来讲，睡地下还是可以短期将就一下。有条路，就是从崇州开车到都江堰，现在必经这个地方，这个地方修

---

① 锯子面，指锯子锯木头留下的小颗粒，四川话又叫作锯木面。

成了当地一个政府机构,估计是村委会之类的建筑。每次我跟我爱人,跟我岳父岳母搭车(经过这个地方的时候),我就告诉他们说,当年我们就在这个地方工作过,搭建了板房。

康厚德:你爱人也是四川人?

焦　志:嗯,我爱人也是四川的,家在华阳。我们去过青城后山,大观镇的青城后山有个两河乡,我也带家人去玩过,那个乡里面开有农家乐,他们太热情了,每次都必须得喝酒,不喝不行!否则,(当地老百姓就认为)你就是看不起他!

康厚德:一般中国都有这个风俗。

焦　志:对!

康厚德:就是好客,一般都讲究饭菜吃饱、酒要喝足!

修复道路、搭建、清除废墟,这些都干

康厚德:(查看访谈提纲)当时,你们在都江堰(救灾过程中),有在废墟里挖的活的、还有生命的?或者受过伤,还存活的?

焦　志:呃,有,有的!在我的印象当中,主要是其他单位挖出的要多点,我们单位挖出的活的,好像就一两个。主要是受工具的限制,比如说,工兵单位,或者是步兵单位,他们都有吊车,你看我们这种兵种,就是搞通信干扰的,比如你手机通信我们也可以干扰,这些都是无形的电子对剑哈,看不到消焰的战场,我们是搞的这块,没有像那种工程类的有更好的工具。所以,要更深入地去挖掘,不是很现实,对吧!

康厚德:当时除了你们自带干粮和一些(救灾)工具,你们睡觉和休息是如何解决的?

焦　志:我们在前期的话,晚上采取的是值班分队,就是一个分队留在这个地方,然后其他的人回到营地,因为我们从这个地方过去,开车大概就40分钟,不算很远,大概每天晚上回来都是10点钟以后。早上,就是夏天,我们起床的时间是6:20,7点钟就出发。

康厚德:7:30左右就可以到达(救灾区)?

焦　志:对。晚上留了一个分队在那边值班,也就是说如果有什么需要,我们可以马上去处理,或者说,遇到一种申请——需要我们帮助的,

马上与我们大部队联系,第二天一返回灾区,就可以很明确地接到任务,到哪里去做什么。

康厚德:相当于一种接函!?你在那里值过(夜)班没有?

焦　志:也参加过一次,轮过一次。最开始,(我们)几个经验不足,睡在楼房屋的檐下,店面铺面的屋檐下,印象很深,上面就是一个发射塔,就是基站的发射塔。余震来了,发出哐哐哐(拟声词)的声音,响得很,大家就往马路(略停顿)中间冲,然后换个地方。一会儿,又是哗哗声,发现这个地方也不对,不应该在这个地方住。最后,我们还是找了块空地,毕竟那个时候天气还是比较热,我们出去,其实更多的还是轻装。后期,我们进村入户的时候,自己带着一个背囊,褥子啊、被子啊、换洗的衣服啊(都装在里),行走方便,说走就走;吃的都是我们炊事班买的菜自己做的,那个时候住的,有一部分住的是板房,就是先搭建的板房,我们自己先去住着,进入7月份的时候,老百姓的一些房子空着没人(住)了,我们也进去住,要相对凉快一点,板房里面太热了!是闷热,板房外层是一个铁皮,中间是白色泡沫,"保温"效果很好的(笑声)!在里面太热了。于是,也(给)他们想想办法吧,在搭完房子之后,给它罩上黑色遮阳瓦。我们爬上树,用我们自己的背负线,就是通讯背负线,很经扯①的那种,给他们搭起,一下就凉快了!(我们)都是干过这种的。总得给大家想想办法吧,(总不能)搭起不管嘛!不行。

康厚德:尽量让他们(住得)舒适点?

焦　志:对!修复道路、搭建、清除废墟,这些都干。凡是当地社区、居委会、乡村有什么请求,每天晚上都有个汇报,明天有什么任务,后天有什么任务,我们都会说明汇报。

康厚德:第二天都可以接到任务?

焦　志:对!因为当时我们整个团的单位队伍都在大观镇的两河乡,整个部队都在那里,分了五个点,分散在五个村。比如我们这个村接到任务了,比较重了,或者是工作量大了,我们会给单位申请,我们这边的任务比较重,需要支援一下。第二天,(人员)一下就来了,都是很快的,我们干事干工作的效率还是蛮高的。当时我们的任务都是提前干完了的。

---

① 经扯,四川方言,也就是耐扯、耐用的意思。

康厚德：在大观也主要就是清理这些（废墟）？

焦　志：对，我们也修房子，修房子不属于我们的事情，修砖房嘛，我们以为大概没事儿嘛，搭棚、板房，还有这个清除废墟，就是我们排危，还进行一系列基础设施修复，我们都以为完成了，都以为完成了（任务）。

康厚德：8月？

焦　志：8月，肯定是8月1号以后的事情，我记得八月二十几号，八月二十几号回来的，这个时间确实记不上了。8月1号我们就在那边过的建军节，我记得是八月二十几号回来的。就是有墙基的，（条件）好一点的，房子垮了，就直接推了，直接盖砖房，我们也帮别人一起盖过。

康厚德：帮他们设计过（房屋建设）没有？

焦　志：没有。

康厚德：主要是出力运材料，码砖？

焦　志：码砖、和水泥，这种活都干，包括修房子挖地基。

康厚德：当时挖地基也比较艰苦吧？

焦　志：还好。

康厚德：是靠人力还是挖掘机？

焦　志：人力嘛，就是自己的房子自己建。

康厚德：当时主要是给居民挖，不是给单位的？

焦　志：不是，不是！都是面向居民。

康厚德：当时就是在"进村入户"？

焦　志：我们当时就叫"进村入户"嘛！

康厚德：那就是差不多一家一户都不漏？

焦　志：一有需求，一有呼叫，不管啥事，都去帮忙，因为解放军本身人数多，都是小伙子，干工作效率快嘛，几下就给别人办好了，而且质量还高！

这个任务能不能够交给我，让我们去承担

康厚德：还有一些补充的问题。你们是以电子对抗干扰作为专业特色，这方面，你们在灾区，比如说给都江堰和大观有提供这种专业上的帮助吗？

焦　志：没有，我们单位这种电子对抗方面对他们没有什么帮助。给

他修修车，修修家电，搞电缆的铺设，这些是有的，也就是专业技能的转化嘛！我还是修这种（东西）的连长！路上坏了的车，我们汽车班的班长去看看，给他们修一修，一下就修好了，这只是很简单的事情，别人哪个家的房屋裂了很危险呀，电这个走向有什么问题，是不是要看一看，我们去承担，这个我们不怕，因为都是专业性的，你说搞电子对抗，与他们的关系不大，没有！

康厚德：另外，像5月份的油菜、小麦的收获，抢收的这种参加了吗？

焦　志：这个，我没有去，我们单位有（去的）。当时还上了中央电视台、四川电视台的，有的去抢（收）小麦，去抢（收）水稻。电视台进行了专题报道。

康厚德：另外，在抢救的过程中，你们有政治动员吗？或者教导员或辅导员？比如开展了哪些相关的工作？从你们所了解的？

焦　志：要说声势浩大的那种动员呀，是没有的，大家都是属于自发性质的，更多的是要求我们讲一讲这个军民关系、官兵关系，还有就是告诫不要和大家发生什么纠纷。只要一安排工作，不需要安排叫谁去，马上就有人说，连长，这个任务能不能够交给我，让我们去承担，都是很主动的！

康厚德：都主动抢工作，不是惧怕或者排斥工作？

焦　志：对！这不需要更多的语言上的动员大家今天要做什么，没有！大家自觉性都很高。那个时候，我们一个班的一个骨干可以带点儿人，给他就说有什么任务去干。干得很漂亮，干得出来的连，倒是也多！

康厚德：这也就是说，参与救灾的士兵也基本上没有那种懈怠，都是很积极主动地参加？（甚至）受点小伤，也都会坚持的？

焦　志：没有，没有说能不能不去呀！不是的，都很自觉，明天我们还要去，不去他不高兴哈，都是这样的。

康厚德：都很热情积极的！

焦　志：对！在那样的大环境下就是。

康厚德：另外，你们在抢救或抗震救灾过程中包括重建，你们部队与当地政府或地方的群众怎么协调工作的？

焦　志：协调会我也去参加过的，就是分工会。大观镇的政府就经常叫我们去，有什么大型任务啦，就让我们去协商一下，怎么解决。就是说，现场分工这个任务呢，有多大，存在哪些困难，需要解放军你们来帮忙的，我们收到任务以后，领导就给我们具体布置，你们负责哪一部分，哪一部分。有一个很好的协调机制，有一个联络，有互动的。有的时候我们在任务提前完成的情况下，还会主动去问，还有没有任务让我们干一点的？心情是急迫的，就是希望能够更快让大家恢复生活生产秩序，让大家尽快从悲痛中缓解过来。当时我们连还有水车，给大家送水。

康厚德：是从部队营地送去的？

焦　志：我们是在崇州和大关的交界处装水再送过去的。由于怕水源受到污染，我们就从崇州拉水过去，来来回回地送。在取水处，最初来取水的人不多，后来陆陆续续地就多起来了。我们也帮很多家庭抬水、送水，并形成每天接水和送水的固定时间和轮班人员的固定机制。

还有没有可以干的，还有没有需要帮忙的？

康厚德：很好！在救灾期间，据你的经历和了解，灾区老百姓除了对你们很感激之外，是否也存在一些等靠要的现象，或者其他印象十分深刻的事？包括当地政府和党委发挥的作用如何？在你的眼里？

焦　志：当时在当地基层老百姓身上，我们只看到一起打麻将的事情，是我们在给老百姓送水的路途中遇到的。一个老太太取水拿不动的时候，我们就帮她接满水并送到家，快到老太太的家时，看到四个人在打麻将，当时我们也没有说什么。那四个居民还是很自觉，看到我们解放军在帮老太太送水，马上就停下了，也过来帮我们提水。这个事，让我们也感到欣慰！实事求是地讲，通过我们的行动来带动他们。他们也意识到了（我们在竭力帮他们）这种情况，还是挺好的。

焦　志：至于政府这方面，实事求是讲，都是在尽心尽责。他们是地方老百姓的"父母官"。我们部队去了当地以后，都是主动请缨，主动帮他们解决困难，去干工作，地方老百姓也是这样。在那个时期，当地党委对班子建设也好，对人员管理也好，应该都是很重要的，我觉得确实没有那种偷奸耍滑的（现象和人物）。大家都积极地工作，这个我们还是能够感受到的！

康厚德：整个抗震救灾持续的时间比较久吧？

焦　志：对，整个从5月到8月下旬。

康厚德：这期间你们最大的难关是什么？

焦　志：还是有三个时期。地震刚发生的时候，我们很迫切地希望能够到一线救灾，等这个命令，我们的心情很焦急。我们什么时候能够有用武之地，这是一个时期。第二个时期就是到达灾区现场以后，看到这个（地震）场面，感受到那种悲痛的氛围，又希望有所作为，希望马上能找到幸存的生命，急迫的心情也是一样的。第二个时期是最难的，你说干点成绩嘛，这个词也不对，力所能及的，能多干一点嘛！第三个时期是"进村入户"的时候，也是一样的。最怕老百姓不让我们干了，我们主动去找工作，问还有没有可以干的，还有没有需要帮忙的？不管什么工作都可以。这个心情都是很急迫的，就是想多出力！

都是在积极地干，抢着干，卖命地干！

康厚德：这三个阶段或时期，哪个让你觉得工作很难开展？

焦　志：非要分的话，我觉得第二个时期，由于工具不足，使力有限。当时我们也想更进一步去挖，由于没有工具，这个阶段工作最难。

康厚德：在救灾期间，你与家里有联系吗？

焦　志：有，地震刚发生时，5月12号和13号期间不能打电话，之后在与家里取得联系后，确定父母都是平安的，家里没有什么操心的了，更多的是主动向组织请缨到灾区嘛！后期，就是家里打电话关心我们，打电话叮嘱我们在外要注意安全！

康厚德：后面还有一些反思的问题。一个就是"5·12"抗震救灾取得了重大成就，你认为取得成功的主要原因是什么？

焦　志：毫无疑问，我觉得国家的领导层面、党的领导方面是最有力的。就是一个省、一个直辖市负责一个灾区的救灾或灾后重建，定点帮扶、帮带、修建、重建，这个是前所未有的。这方面我知道的不是很多，但我觉得这个支援的方式方法是很好的。大家修建房屋、修建学校、修建公路都是比着干的，生怕质量差了，都是以高标准去完成的。一个是国家的组织统筹能力，一个是大家在大灾面前见真爱，从骨子里涌现出一些中国人的东西，有了困难都要去克服，相互去解决。在困难的时候，不是说，你的房子倒了，就是你的问题，自己解决，不是那样想的。大家跟着一起来帮忙，都是些正能量的东西，老百姓都很积极向上，都很团结。

康厚德：在抗震救灾过程中，你们部队的党员、干部表现如何？

焦　志：（表现）都是不错的！党员确实起着模范带头作用，不是党员也在积极表现自己。大家也没党员与非党员之分，在救灾的工作中，都是在积极地干，抢着干，卖命地干！

康厚德：在救灾中，部队的作风如何？是否也把部队的作风带到了灾区？

焦　志：军民鱼水情嘛！水能养鱼，鱼离不开水，老百姓能养活我们。老百姓有困难的时候，我们也要支援他们，这是毫无疑问的。

越是祖国需要，我们越是能够站得出来

康厚德：（部队的）组织纪律在灾区发挥得怎样？

焦　志：在部队坚持的组织纪律和在救灾过程中都是一致的，没有区别！保持威武之师、文明之师的作风，不存在某个时期好一点，某个时期差一点，确实都这样做的！

康厚德：救灾之后，灾区百姓如何感激你们的？

焦　志：灾区后续建设，开设了一些农家乐呀，邀请我们去做客！叫去做一些回访，等等。我们不能去给别人添麻烦！就是个人顺便到灾民家里玩还可以，参观一下还可以，但是，消费还是会付给他们钱的！

康厚德：你觉得灾民自身在抗震救灾中表现怎样？

焦　志：还是很好的。在地震发生后，他们先自救，也没有你刚才说的那种等靠要的这种事情，没有的，都是同舟共济的，邻居与邻居之间都是相互帮助的。越是在困难时期，越能体现民族的精神品质，对吧！

康厚德：作为一个军人，在参加抗震救灾之后，你对自己的军人身份认知是否有所变化？

焦　志：最初我在电视上看过1998年的抗洪救灾，读大学的时候，经历过（抗击）SARS病毒，大致都是解放军涌现在类似的场所。"5·12"也是一样的，在这种情况下，对我们军人来讲，越是祖国需要，我们越是能够站得出来。毫无疑问，绝对是挺身而出的。包括"5·12"对我们的影响，老一点，曾经经历过该事件的人在逐渐减少，但是它的精神还是在传承。前段时间，我们还在（给我们的士兵）讲，我们大食堂旁边有一片危墙，地震后我们单位的情况，当时住在哪里，是如何经历的，是如何走过来的，多少也是从语言上、思想上与士兵进行一些交流，通过自己的亲身经历告诉年轻的战士。只有亲身经历才能对抗震救灾感受更深，才能更有力地引导年轻的一代。我现在也在管支部，也给大家讲，要吃苦，要拼搏，要团结，要和谐。同时，自己要有目标，不要一天到头碌碌无为，要给自己定个目标，一年看多少书，训练达到什么样的标准，一年的存款达到多少，是否能支付购房的首付，都得有个目标，碌碌无为是不行的！我们带

连队也是这样在带的。也就是说,抗震救灾精神会在你的骨子里、思想里无形地流淌,影响自己。这些就是我对抗震救灾的点滴体会!

康厚德:作为军人参加抗震救灾和灾后恢复重建,你对自己参与其中的工作满意吗?

焦　志:还凑合吧!怎么说凑合呢?一个就是没有在第一时间赶到灾区救援。当然,这个也与上级安排有关,部队的组织纪律就是服从安排,听从指挥。这也算是一种作为军人血气方刚的体现吧!祖国有需要,我必向前!毫不退缩!

康厚德:在你经历了5·12抗震救灾之后,你觉得参与此次抗震救灾对你人生、对你未来的工作和打算是否有影响?你是否对未来充满希望?

焦　志:现在民间流传得的是"似乎人们更加懂得如何生活了!有钱就吃,该吃就吃,该玩就玩,也不要存钱了,否则一个地震就没有了!"我父母经常给我们讲,包括我自身,还是要做些有意义的事情。我们单位前段时期,在为精准扶贫捐款,毫不犹豫,一下就捐出了1000元,把钱捐给那些贫苦的子女。这点钱对我们自身不算什么,但对别人的影响却很深远,对被捐赠的那位学生来说,曾经有一位解放军叔叔为我读书捐了1000块钱,能够激励他。

康厚德:让他存有感恩之心?

焦　志:对,能永远激励别人,好好读书。我们救灾去帮别人,别人也会认为,在最艰苦的时候,是解放军在帮我们,这种方式会得到传承,这是一种正能量,一种正能量的传播方式。虽然说,我们不是很富有,要想我们一定拿出多少钱来捐赠,也不一定要这样。能够感动一个人,能够传播一个人,能够把这种正能量扩大一点,社会需要的也是这些,我是这样想的!

康厚德:你的爱人在哪里工作?

焦　志:我的爱人在成都天府新区工作。

康厚德:很好的!你们有小孩了吗?

焦　志:有,4岁了。在上幼儿园了。

康厚德:家庭也很美满!感谢您耐心细致地回忆,并提供这么多素材,十分感谢您能牺牲宝贵时间专门接受采访!祝愿焦志主任工作顺利!全家幸福!

焦　志:也祝愿你们的课题圆满完成!

无私奉献篇

与动物相比，人有一个最大的特点，那就是人活着需要追寻。没有意义的人生是不值得一过的。但人生的意义不是上天赋予的，而是人通过自我的行动而自致的。人要靠自己创造性的活动、服务社会的行动等来获得社会的认可和自我确证。这样，在实现社会价值和自我价值的过程中，人才能赋予生命以意义。特别是在一些伟大的历史事件中，人能够超越自我利益的狭隘局限，在精神层面获得升华，体现出高贵的道德品质和超然的人生境界。

抗震救灾是人面对自然的破坏性力量而展示出的一种建构性力量，它也是投身抗震救灾的人民群众通过帮扶弱者、无私奉献来实现自我的过程。万众一心、众志成城，不畏艰险、百折不挠，以人为本、尊重科学的抗震救灾精神中蕴涵着无私奉献精神。奉献就是付出，包括付出自己的体力、脑力、精力，甚至生命健康。无私就是超越经济利益考量（等价交换、赚钱盈利）和利己主义考量（只追求自己利益最大化，不考虑甚至危害他人利益的实现）。无私奉献体现在许多方面：舍小家，为大家；忘我的人生境界；超越自我的局限性，不计个人得失；默默奉献，低调不张扬，甘当幕后英雄，等等。可见，无私奉献是以义制利，核心是把社会利益看得重于个人利益，同时认为维护好社会利益才能实现好自我价值。

下文呈现给大家的是在汶川抗震救灾中将无私奉献精神进行完美诠释的先进人物及其典型事迹。这些先进人物中既有无私忘我、默默奉献的卫生系统、疾控中心的领导和工作人员，也有服从组织安排、舍小家为大家的公安、税务系统的公职人员，还有在特殊时期"能打胜仗、作风优良"的人民子弟兵。

无私奉献至忘我，男儿有泪亦滂沱
——访原绵虒镇卫生院院长张胜

题记：爝火燃回春浩浩，洪炉照破夜沉沉。即使是颗小星星，也要努力驱散黑暗，光洒人间。

访谈张胜，是在他的办公室。一会儿电话铃响起，一会儿有人敲门向他汇报工作或咨询问题。我能感觉到，他目前工作的忙碌与繁杂。每当我的提问把他带回十年前的地震现场，这位激情四射、精力充沛的汶川县卫计委办公室主任，又一下子转换了角色。他非常支持和配合我的访谈。

但地震当时的某些片段还是让记忆力超好、思维非常清晰的张胜主任在语言描述方面出现了不连贯。我记得非常清楚，在整个访谈过程中，他有两次眼睛湿润、声音哽咽，难以自控。一次是回忆起主管他们的、在地震中不幸遇难的副镇长，他说："有时做梦的时候，都还会想起当时我们每个人是怎么站的，我们工作是怎么安排的。"一次是回忆起地震发生十多天后，与一直孤零零待在幼儿园的两岁半儿子相见时的情景，"开完会以后，我到那个地方去找孩子的时候，当时幼儿园老师和我说，'我还以为你们父母都不在了'。因为那个学校所有的孩子，全部都被父母接走了，只有我孩子一个人在那儿……当时山崩地裂的时候，很多灰尘，我孩子两只眼睛都得了结膜炎，两只眼睛都感染很严重……我孩子的衣服，我说实话，简直就跟乞丐的衣服一样的，当时我看见孩子的时候，我们父子俩抱在一起使劲地哭……我看完孩子以后，就跟幼儿园老师说，'老师，干脆这样，你把你的电话号码留给我，你帮我把孩子带回遂宁'。当时如果我把孩子接上，带回绵虒镇，我也根本没有时间照顾孩子……孩子就拉着我，使劲不让我走，但是没办法，真的就跟电视里面演的一样，我使劲一推，就跟我们单位那个人，头也不回就走了，冲出去，当时眼泪唰唰唰流，坐上车，我就回绵虒镇了。"

地震带来的创痛是张胜心底永远的疤痕，但地震发生后的历炼也给了他更多的"财富"。爱岗敬业、无私奉献、乐观阳光、积极向上、感恩怀德等，都是我在整个访谈过程中能切切实实感受到的、从他身上散发出的光芒。为了忘却的记忆，他坦诚无私地分享，带给我及更多人的，绝对是满满的正能量。

采访时间：2017年7月17日
采访地点：汶川县卫计委办公室
受 访 人：张　胜[①]
采 访 人：张利民
整 理 人：张利民

清点人数——一个没有少

张　胜：地震的时候，我在绵虒镇[②]上班。我们家里面有三个人，我、我爱人和我孩子，我在绵虒镇中心卫生院，我爱人在龙溪[③]，一个乡镇上，我孩子当时在县城读幼儿园。我是外地人，不是阿坝州的，当时只是来这儿工作。

张利民：当时您是志愿者还是工作人员呢？

张　胜：我是工作人员，当时我在汶川上班，上班就在这儿。

张利民：就在这个单位吗？

---

① 张胜，男，37岁，藏族，本科，中共党员，地震发生时任绵虒镇卫生院院长，现任汶川县卫计委办公室主任。汶川地震时，张胜院长组织全院职工在村民和当地职工的协助下，从医院库房中抢出仅有的药品，开展伤员的临时包扎、止血等抢救工作。（资料来源：汶川县史志编纂委员会办公室."5·12"汶川特大地震汶川县抗震救灾志[M].北京：中国文史出版社，2013：121.）

② 绵虒镇隶属汶川县，距汶川县城18公里。2008年汶川特大地震时，绵虒镇境内2106人遇难。直接经济损失95 840万元。在灾后重建过程中，珠海市对口援建绵虒镇，投入援建资金总量34 112.60万元，其中珠海出资29 558万元，广东省级统筹资金4554.60元。援建项目共99个，分27个大项组织实施。做到一房一景、一村一色、一线一特，一村一业，建设羌藏特色的魅力民居。（资料来源：汶川县史志编纂委员会办公室."5·12"汶川特大地震汶川县抗震救灾志[M].北京：中国文史出版社，2013：79，304，305.）

③ 龙溪即汶川县龙溪乡，距离汶川县城10公里。2008年汶川特大地震，龙溪乡境内遇难250人，直接经济损失58 554万元。（资料来源：汶川县史志编纂委员会办公室."5·12"汶川特大地震汶川县抗震救灾志[M].北京：中国文史出版社，2013：82.）

张　胜：在绵虒镇的卫生院。当时我是医生，在卫生院工作。地震发生的时候，5·12那天，本来我们医院是准备，5月12号不是护士节嘛，就准备跟单位的护士一起，给她们庆祝一下。我当时在绵虒镇当院长，我跟我们单位（职工）一起，和她们（护士）一起，我们所有的工作都准备好了，准备要进会场，正要开始的时候，地震就来了。当时我们坐在办公室里边的，坐都没法坐，地动山摇。绵虒镇它是，整个阿坝州都是这个地形，两条沟，夹一山谷，我们绵虒镇也是这样的。当时我们距离山边有两三百米远吧，或者四五百米远，反正还是很近的。（地震）发生以后，那个山石全部都垮下来了，山上的灰石全部松动了，石头滚下来，山上的灰（弥漫的）到处都是。当时我在办公室，办公室是两层楼，行政办公在二楼。医院的医疗在前面一幢楼房那边。我的行政办公室在二楼，很快灰就（弥漫的使）我们什么都看不见，根本就看不着，我跟我们单位还有一个人在一起的，我们毕竟对路线比较熟悉嘛，很快地就冲出来了。我直接从二楼跳到一楼平地上来，我们（一楼）平地是绿化带，我跳下来以后，当时没事，我们那个职工也跳下来了。跳下来以后，我就在医院的院子里面，叫大家赶快跑出来。我们职工也都反应过来，虽然我们没有经历过地震啊，但是都很快地反应过来是地震。最后，能够跑出来的都跑出来了，没能够跑出来的都全部钻到桌子底下去了。比较幸运的是，我们医院的房屋都比较好，除了有些地方墙体有了缝口，整体框架的结构是没问题的。我们当时在那个房间里面，感觉不安全，但是现在想起来，还是很安全的。当时可能有一两分钟吧，我们到院子里面，所有的人抱成一团，因为一个人根本没办法站住。我们医院里面有一棵，大概这么粗的一棵桂花树，当时我们全部都抱在一起，中间的就抱着树，外面的就抱着里面的人，就这样抱成一团。即使是这样，都还有一些靠外面的，一摇一甩，摔在地上，然后大家把他拉起来，又抱成一团。大概两分钟吧，完了以后，我就叫在房间里面的、在办公室里面的赶快出来。当时余震没有那么厉害了，大家就赶快冲出来。冲出来以后，我赶快清点了一下我们单位的职工，有没有受伤的，（有没有）不在（现场）的。万幸的是，因为那天搞活动，我们全部职工都没有离开医院，因为当时我们通知的是全体职工都必须参加。我们乡卫生院有十多二十个人，虽然说是护士的节，但是大家都一起庆祝，是吧。所以，全部职工都在，也没有人离开医院。只有一个职工，是因为我们县里面搞的一个"百名干部下基层",从我们医院抽了一个职工到一个村里面去担任村主任助理,当时只有他没在。但是,当时电话又联系不上。我们当时也不知道地震中心在哪里,什么情况也不清楚。说实话,现在想起来啊,不知道怎么回事,可能我们作为医护人员吧,当时第一反应就是,真的,没有一个职工会想到自己家里面的人,在干什么,他们怎么怎么样。我把我们医生全部召集在一起,护士、医生全部召集在一起,后勤全部召集在一起,把中层干部召集在一起。每个医生带一个护士,分组。当时余震还是很厉害的。我叫他们首先注意安全,然后到街上去。我们医院没有一个医生受伤,即使擦伤都没有,我们医生很快从倒塌的围墙那儿冲出去。因为我们医院的门是这样的(有倾斜和垮塌),有道门从中间出去,当时很危险,我们也不敢走,万一那个房子塌了怎么办。所以我们就从围墙边出去。出去以后,一个医生带一个护士,带一个后勤人员,或者是有些刚刚参加工作的,在业务方面不是那么精通的,就协助他们一起。当时分了三个组还是四个组,我记不住了。我们药房的墙体垮塌下来了,但是没办法,我们组织了几个年轻人,就是年轻的男同志,全部冲进药房,把包扎需要的绷带、酒精、棉签,这些治疗外伤的东西,赶快拿出来,她们女同志就在外面等着。拿出来我们就这样分组,以前还有急救箱,当时根本就没有急救箱,拿着这些东西就到街上去。

决战绵虒中学①

张　胜:出去就碰到我们乡镇上的党委书记,他跟我说,要赶快急救绵虒中学。当时绵虒镇中学有四百左右的中学生。绵虒中学靠山比较近,

---

① 汶川县绵虒中学创办于1973年,是一所以寄宿制管理为特色的阿坝州农村寄宿制管理示范校。2008年汶川特大地震发生时,有一巨石从山上滚落绵虒中学校园内,有10人当场遇难、5人受伤严重。(资料来源:汶川县史志编纂委员会办公室."5·12"汶川特大地震汶川县抗震救灾志[M].北京:中国文史出版社,2013:121.)

　　汶川县绵虒中学在成都市天回镇经过一年的过渡生活,再转战汶川一中经过近一年的过渡。2010年5月6日,绵虒中学600多名师生回到了真正属于自己的新校园。载着全国人民的关怀,凝聚着珠海人民的无私大爱,记录着雅居乐、大亚湾经济开发区等爱心企事业的支援与帮助,2010年4月30日,一座规模空前的绵虒中学新校园在广东珠海市和雅居乐集团的无私援建下顺利通过验收并交付使用。(资料来源:中国·汶川网,http: //www.wenchuan.gov.cn/.)

当时可能有一个一吨多重的石头,从山上滚下来,直接砸穿学校的围墙,冲过来了,它砸下来的时候成一个弧形的角度,一般石头是直冲冲地下来的,但是那个石头是不规则的,它冲进校园就成一个弧形的角度。我们汶川的房屋修建哈,除了映秀地震中心,太厉害了,没办法。当时我们其他乡镇的房屋都还是比较好的。当时绵虒中学的学生,在教室里面的还没事儿,但是当时地震过后,老师很快就把学生组织到操场里面,在操场里面学生比较集中,恰巧那块石头滚落下来,呈一个弧形的角度,当时就碾压了11个还是13个学生。①我们党委书记找到我以后,我们所有医护人员,几个组全部都一起到绵虒中学。当时听说绵虒小学没问题,我们就赶快到绵虒中学。操场全部都躺着被砸伤的学生,情况是很糟糕的。医院受灾了以后,很多东西都没法拿出来。本来我们少数民族地区啊,医疗条件相对外面就要差一些。我们到了以后,首先是转移病人,把学生转移到相对安全的地方。我们医院隔壁就有一个电信局,电信局那里的房屋没受损,它那里有一个很大的平坝,当时我们就叫医生和老师一起,叫镇上的干部也跟我们一起,先(把学生)转移到那个电信局的平坝里面。因为它那边很宽阔,除了两边山……当时我们没办法,只有那个地方相对最安全,当时就把学生赶快转移过来,我们当时只能做简单的处理。

驻扎三官庙村②

张 胜:当时政府很快就找我们当地的,比较有经验的,比如说对周围环境比较了解的,资深的老年人出来,问他们哪里相对最安全。当时就说,绵虒镇三官庙村。我们绵虒镇在绵锋村,对面就是三官庙村。三官庙村,(有经验的老年人)就说那个地方比较安全,即使有再大一点儿(的地震),除非山崩地裂,那里相对是最安全的。政府就赶快给我联系,我们书记,当时都没办法通信嘛,就找到我,就叫我们把所有病人转移到三官庙村。它

---

① 据《"5·12"汶川特大地震——汶川县抗震救灾志》考证,应该是10人遇难、5人严重受伤。
② 三官庙村位于汶川县城西南,镇城东部与都江堰市接壤,南部与银杏乡交界,西连草坡乡,北靠威州镇,距汶川县城18公里,距省会成都130公里。九寨旅游环线贯穿全镇,是一个以羌民族为主的少数民族聚居镇。三官庙村地处岷江上游干旱河谷地带,紧邻国道与岷江,具有地理位置上得天独厚的优势。(资料来源:中国阿坝州门户网站,http://www.abazhou.gov.cn.)

那个村委会里面,那个平坝很大,我们当时就把所有的人都转移到那里。

张利民:怎么转移过去的呢?

张　胜:我们全部都是用人抬的。所以我说我们中国人在面对灾难的时候,在世界面前来讲,真的是不可战胜的!我们根本就没有人说(要他们帮我们抬伤员),当时周围的人,都全部过来帮我们抬学生和周围受伤的人啊,全部都帮我们(抬)。我跟他们说地点在哪里,全部都跟我们一起。当时,我们的救护车,也是被砸坏了的,根本就没法转运病人。我们感到最惊喜的是,有部队进来,恰好就在我们绵虒镇。地震发生之后,我们觉得很惊喜,怎么这么快我们国家就派部队来了?部队反应很迅速,当时他们在高店村那边吃午饭。但是发生地震后,他们饭都没吃,很快就到镇上,服从我们当地党委和政府的安排。就帮我们一起,转移病人;帮我们一起,冲进去拿药品,当时部队给我们很多帮助。说实话,还有我们当地的老百姓,也给了我们很多帮助。我们医生当然应该在这种时候冲锋在前的。我记得我们医院当时只有5个医生还是4个医生,50多个还是70多个(伤员),全是骨折的,平时情况下,这种病人肯定要很快往上级医院转移,但是当时没办法,交通全部中断,我们就全部都集中在那里。我们能够做的就是些最简单的处理,我们能够做的我们全部都做好。但是很快的,晚上8点还是9点以后,就有从山上转下来的(伤员)。当时到三官庙村的那些病人都是我们卫生院附近的,我们城镇周边的。到8点以后,我们村四位(领导),他们组织人员,就把我们山上的病人(伤员),说实话,当时冒着生命危险,把所有的病人(伤员)都转移到我们这里。

张利民:是各个村的?

张　胜:各个村的村干部。

张利民:把那些村里边的伤员转移到你们所在的相应安全的地方?

张　胜:啊,相应的安全的地方,他们全部都转移过来了。转移当天晚上还在下雨,又没有电。但是我们三官庙村,有一个餐饮店的老板,他有一台发电机,当时我们政府指挥部都没有发电机的,当时就把那台唯一的发电机,提供到我们医疗点。周围的群众把自己家里的彩条布,当时还在下雨,用彩条布把棚子搭上,我们当时就成立了一个临时安置点,棚子搭上,把灯给我们接通,我们医生就只管处理病人。晚上11点以后吧,天上还在下雨,也没吃的,最后我们周围的老百姓,把他们自己地里面,当时地里面有土豆，当时能吃的就只有土豆，就把自己家地里面的土豆挖出来，煮好以后，给我们医疗点送过来。说实话当时没法吃，也没时间吃，当时送过来以后，我们医生就主动把所有吃的都给了病人，病人没法吃的，就给我们病人的家属，给他们剥了，当时唯一能吃的就是土豆。到凌晨一点过还是两点过以后，我们街上有小卖部，政府统一调配后，他们把大米拿出来，老百姓煮好以后，给我们拿来吃。当时首先是先满足病人，吃了以后还剩下的，我们后勤加上我们自己还有职工家属，总共就这么一碗，一碗稀饭。这碗稀饭呢，我们职工都不愿意吃，因为当时十多个人，怎么吃啊，我们就先给孩子吃，当时我尝了一口，吃进去了，全是泥沙，在嘴里面滋滋的响，因为当时没有干净的水，是接的雨水。你想嘛，当时发生地震后，山崩地裂，天空全是灰，下来的雨，接的水，煮的稀饭，那肯定是有很多灰的。那个稀饭嚼起滋滋的响，但是没有办法。我们所有的医生，没有吃一口，除了我尝了一口以外。

张利民：当天晚上？

张　胜：当天晚上。就只有我们家属的孩子吃。有些职工本来就住在医院，他孩子也在他身边，就吃几口。

根本没有时间去想自己家里面的人怎么样了

张　胜：到凌晨一点过还是两点过的时候，病人都处理得差不多了，相对安静的时候，我们职工才说："张院长，你家里面情况怎么样？"当时说实话，我脑袋里面嗡的一声。有些没有经历过的人就说，你们肯定是在吹牛，怎么可能不想到自己家里面的人？说实话，当时真的是，看到周围陆陆续续的人，你根本就没有时间去思考，去想自己家里面的人怎么样了。他们问了我以后，我才反应过来，但是也没办法联系。当时我孩子，就在这儿，纪念塔那边读幼儿园，才两岁多。我父母在我们老家。这边就我们夫妻两个人照看孩子，我爱人在一个乡镇，那边太远了，也没法出来，当时根本就没法联系。我们卫生局的领导，跟我们下面的职工都比较好。我的领导知道我的孩子在那边读幼儿园，很快就安排人到幼儿园那边去，把我的孩子找到了，孩子是安全的，但当时也没法告诉我。当时有些人在汶川，冒着"枪林弹雨"，冲回绵虒镇的时候，他们跟我们说的是，汶川县城比我们绵虒镇还要惨，听到这种情况以后，就真的，当时就感觉我们家里面只剩我一个了，当时的感觉就是这样。但是也没法去悲痛，也没法去思考，当时病人很多。那天晚上下雨，你知道夏天，都穿一条裤子，一件短袖，当天晚上下雨，虽然是5月份，还是很冷的，我们全部职工都挤在一起，大家相互取暖。我们从周围老百姓家里面找了一些棉絮，先给病人用上，我们所有职工抱在一起取暖。当天晚上，我们在两条沟的中间，下面是条河，唰唰唰唰……哐，石头砸在河里面的声音。水的声音完全能听到，这边山上，哗哗哗，有石头滚下来。那天晚上，说实话，一夜没法入睡。当时我们的上游有一个水库，发电站，政府又担心万一发生堰塞湖怎么办，又组织民兵，组织村上干部一起，去那边勘察。当天晚上，大家抱在一起，虽然很累，也没法睡觉，说实话，当时思想也是高度紧张的。

县委和政府派人来了　我眼泪唰唰唰止不住地流

张　胜：第二天早上天亮以后，就感觉有直升机进来了，我们当时还不知道要拉红色的（标识），就是感觉我们有希望了。但是因为天气的原因，大家都知道，没法降落。怎么办呢，我们都很兴奋，但是也没办法。

张利民：第二天凌晨就有飞机了吗？

张　胜：天亮以后能够看见，有直升机在上面飞了。说实话，我们当时感觉我们国家至少在想办法，在关心我们。感觉很有希望了，很有希望，但是又没办法。

张利民：很兴奋，但是又有一点失落。

张　胜：又有一点小失落，没办法。但是，第二天中午，我们县委县政府就组织我们全县城内的所有机关干部，年轻的男同志，还有些稍微年轻的女同志，分组，分任务，到乡镇。他们冒着"枪林弹雨"，说实话，当时真的可以用"枪林弹雨"来形容。我们卫生局有一个职工，还有其他部门的职工，就从县城走路，冲到我们绵虒镇。当时看到他们以后，说实话我眼泪唰唰唰止不住地流。我们县委县政府派人来了！①当时我们是孤独

---

① 13日晨，由117名党员干部组成的13支抢险突击队，冒着生命危险，分别徒步奔赴全县13个乡镇组织抗震救灾。（资料来源：汶川县史志编纂委员会办公室."5·12"汶川特大地震汶川县抗震救灾志[M]. 北京：中国文史出版社，2013：8.）

的，没办法。来了以后，他们就帮我们一起协调各方面。你想，我们的储备药品是有限的，他们很快就帮我们联系药品，帮我们协调物资那些。说实话，在地震发生的时候，我们党委和政府，我们老百姓，我们所有的干部职工，我们军民，还有党政这些，很团结，说实话。平时我们没怎么感觉到有那么拼，有那么团结，但是真正发生那个（灾难的）时候，我们感觉所有的（党政机关和个人都是那么拼，那么团结）。其实说实话，我们真实地亲历一线的才知道，我们政府是很作为的，很关心我们底下所有的人。所以地震以后，现在哈，为什么我们工作很有激情，我们愿意工作，因为什么？当时在我们最困难的时候，在我们最无助的时候，党和政府对我们那么关心。

张利民： 就是第二天县委县政府就……

张　胜： 啊，第二天，我们县委就派人来了。

张利民： 但是你们最对口的就是卫生局的相关领导。

张　胜： 不只是卫生，全县召开誓师大会，把所有机关的人员、青壮年，全部集中在一起，分配这几个到这个乡镇，那几个到那个乡镇，就分任务。具体记不清了，好像是第二天中午，他们那些人，全部就到我们这儿了。看到他们，我们真的是看到希望了。他们带来了希望，也带回了我孩子安全（的消息），当时我感觉孩子至少安全了，但是我爱人的消息还是不知道。

张利民： 当时您是住在汶川县城吗？

张　胜： 我家是在汶川县城，但是我工作是在绵虒镇，没办法。

张利民： 您爱人也没在县城工作？

张　胜： 没在县城工作。也在乡镇，在另外一个乡镇。当时我们一家三口是一人一个地方。他们下来给我带来消息，至少孩子是安全的，我爱人的消息也不知道。第二天，有极少的受伤的病人转下来，那个时候对于我们来说，就相当于是常规了。但是当时药品也很短缺，我们看到有些受伤的病人，在生死线上挣扎的时候，我们真的也很痛苦。我们感觉，生命真的很脆弱。条件就那样，道路不通，我们的干部都是冒着生命危险来的，当时也没法把病人转移出去。好像是第五天还是第六天了，我们政府把绵虒镇到县城的道路抢通了。后来我们才知道，政府调了我们县城所有的大型机械，把能够抢通的全部抢通了。绵虒镇到县城的道路抢通了，我们医院的救护车也修好了，我们能够转移病人了。不是有部队官兵在这儿嘛，当时部队官兵就用他们的大车，把我们特别危重的病人往县里的医院转，后来不是县里到外面的道路也通了吗，我们通过这样一种方式（把伤病员又转移到外面的大医院）。

张利民： 通过你们绵虒镇转移的病人大概有多少？伤病员。

张　胜： 当时我们的病人好像有五六十个，当时转移的有四十多个还是好多个，都是比较危险的。有转移到华西的，当时华西和省医院也接收不了的十多二十个病人，好像还转移到外省了。我们国家不是精准扶贫嘛，我（后来）到村上去当了第一书记，我们村上的支部书记告诉我，我到的那个村有一个学生，就是地震以后转移到县城，后来转移到山东还是哪里啊，转移到外省去了，后来治疗好才回来的。

来我们绵虒镇的医疗队就有六支

张　胜： 大概是一个星期左右，支援我们的医疗队就全部进来了，来我们绵虒镇的医疗队就有六支。我现在都知道，有北京空军总医院，有福建卫生监督医疗大队，有甘孜芦河的医疗队，有阿坝州的若尔盖医疗队，有广东佛山医疗队，还有就是武警三十八师，就是他们六支。现在我们都还有联系。好像是一个星期左右还是什么时候，他们这六支医疗队，就陆陆续续到我们绵虒镇了。

张利民： 喔，一个绵虒镇，国家派了六支队伍？

张　胜： 六支队伍。说实话，他们当时来的时候，我们医生已经筋疲力尽了，有时候说话的力气都没有了，他们来了后给我们解决了很大的问题。既帮我们分担了医疗上的任务，同时呢，我们也从他们身上学到了很多关于医疗方面的知识，毕竟他们都是大医院来的。他们帮我们减轻了很大的负担，当时就是这样。政府机关也有，第二天我们每一个乡镇都有我们县级领导干部。当时我们绵虒镇是我们县上的一个领导，这个县上的领导是一个副县级领导，他们一起到我们绵虒镇，任我们绵虒镇的总指挥，协调我们绵虒镇地震的所有相关工作。

张利民： 咱们绵虒镇的整个伤亡情况？

张　胜： 具体数据我记不清了。我记得我们绵虒镇的受伤群众总共是一百一十几人，好像是。财产损失很严重，地震以后，灾后重建嘛，专家建议，我们有些山上就没法再住。说实话，财产损失当时是没法估计的。

张利民：当时有没有夷为平地？

张　胜：我们绵虒镇还没有夷为平地，老百姓靠山的房子被砸了。比较悲惨的事情，就是分管我们卫生的副镇长，当时在地震的时候牺牲了。那个副镇长当时是去工作还是怎么回事，他的孩子还很小，他们夫妻两个，当时就不在了。说实话，你在准备找我访谈的时候，我心里面还是不愿意的，不愿意回想当时这样一些事情。我现在跟你讲这些，当时我们每个人怎么站的位置我现在都记得清楚。有些事，这可能是地震的后遗症哈，我们经常在一起的时候，时不时回想起当时的有些事情。做梦的时候都还会想起当时我们每个人是怎么站的，我们工作是怎么安排的。

父子相见

张　胜：大概十天左右吧，我们县卫生局召集我们，能够到县城的就到县里去开会，我当时就到县委。开完会以后，我才去看一下我的儿子，当时我儿子……

张利民：十多天以后才看到孩子，那您什么时候才见到您爱人？

张　胜：大概是……知道安全是在第七天还是第八天。我们政府派人到各乡镇去了嘛，我们卫生执法监督所，他们也有（派人到乡镇），恰好他们知道我爱人是在那个乡镇上班，他们知道我爱人在那里，我爱人就给他写了张条子，请他带到卫生局里面，后面交通就通了，我们局里面就把那张条子带给我。是第十天还是什么时候，我才看到那张条子，当时我就知道，他们都是安全的。开完会以后，我去到那个地方找孩子的时候，当时幼儿园老师和我说：“我还以为你们父母都不在了。”因为他那个学校的所有孩子，全部都被父母接走了，只有我孩子一个人在那儿，在幼儿园老师那里。

张利民：十来天的时间？

张　胜：啊，十来天的时间。山崩地裂的时候有很多灰尘，我孩子两只眼睛都得了结膜炎，两只眼睛感染很严重。

张利民：灰尘太大了。

张　胜：对，灰尘太多了，孩子两只眼睛都感染了。我看见我孩子的衣服，因为当时老师那里也没有能够给孩子换的，孩子全部都接走了。我孩子的衣服，我说实话，简直就跟乞丐的衣服一样，当时我看见我孩子的时候，我们父子两个抱在一起，使劲地哭。说实话，幼儿园老师对我们还是比较好的，当时我们县城不是所有物资全部集中在一起吗，都是先保证我孩子吃了以后，人家幼儿园老师才吃，当时就是这样的。所以到现在我们跟那个幼儿园老师都还有联系。在这种时候，人家能够帮我们这样做，到现在我们都很感激他们。幼儿园老师是遂宁人，后来交通通了以后，我们汶川县城属于外地的人，能够转移出去就转移出去。（当时）他们就说，万一我还不来的时候，他们就准备把我孩子先带回遂宁，以后再联系。当时实在没办法，我看完孩子以后，就跟那个幼儿园老师说："老师干脆这样，你把你的电话号码留给我，你帮我把孩子带回遂宁。"当时如果我把孩子接着，带回绵虒镇，也根本没有时间照顾孩子。当时真的是根本没有一刻的闲暇，当时我把孩子带回去，也没时间照顾他。我就说，老师干脆你帮我把孩子带回遂宁。当时我父母那边也联系不上。后来，老师也没办法，就说好吧。我当时要走，孩子就拉着我，使劲不让我走，但是没办法。真的就跟电视里面演的一样，我使劲一推，就跟我们单位那个（同事），当时头也不回就走了，冲出，跑出去。当时眼泪唰唰唰流，跑出去，坐上车我就回绵虒镇了。第二天还是第三天又上来。（来汶川县城）

张利民： 孩子几岁？

张 胜： 两岁，两岁半的样子。当时一些救灾物资到了，到了以后，我上来（汶川县城）领物资。当时，我们的汶川县城有那个座机电话，好像是通过卫星，我去拨电话，当时人家全县的群众都排队，排了很长的队，但是听说我是医生，所有的老百姓都给我让，全部都让我必须先打，想我打了电话赶快又去救病人。我给家里面拨通电话以后，我父母不相信我们还活着。我孩子当时被吓着了，（父母）叫我孩子接电话，我孩子不敢说，也不说，当时只知道哭。我父母接电话，他们那边，也是在哭，就问我爱人，当时我就跟我父母说，我爱人也是安全的，我父母根本就不相信。

张利民： 这么多天！

张 胜： 我父母就说，叫我爱人接电话，我说没办法，她在另一个乡，电话没办法打通，我说只是知道她是活着的，到底有没有受伤我都不知道。

张利民：（爱人）没回过县城吗？

张　　胜：没回过县城，在汶川县，但是在另一个乡镇。

张利民：她也是工作人员？

张　　胜：她是公务员。当时她是从四楼上冲下来，脚扭了，脚肿，也没法出来。作为国家工作人员，那种时候，肯定不可能说，我想我家的人怎么怎么样。我爱人是公务员，在龙溪乡政府，她当时也没办法出来，她们乡镇受灾也很严重。

张利民：她也有自己的工作。

张　　胜：都有自己的工作，也没法出来。我跟我父母说，你们相信我，真的她还活着。只是后来我才知道，她脚扭了，没大的问题。我父母觉得真的是奇迹，我们家里，你想，一家三口，三个地方，孩子还（那么）小，十多天过去了，居然我们三个人都还活着。我们所有的亲戚，都觉得是奇迹。（地震）第二天我父母准备跟我一个堂哥，准备跟他们一起进来找我，当时亲戚都把他们拦住了。当时什么情况不清楚，万一进来以后发生什么，把他们砸到怎么办，万一我们是安全的，是吧？这些都是后来他们告诉我的。我父母也没来，他们知道我们的消息以后，也就放心了。后面就进入常态化了。我们在帐篷里面，都工作了很久吧。除了医疗点的工作外，我们还要指导乡镇内的医疗工作，因为地震有人员死亡的，也有动物（死亡的），指导他们对尸体的处理。

感恩·知足

张利民：您是什么时候来县城工作的？

张　　胜：我是2014年，2014年就调到卫生局来了。2014年到卫生局以后，又到村上去挂第一书记，挂了一两年，才刚回来两个月。

张利民：喔，在外面挂职？

张　　胜：在村上，我们习主席提的"精准扶贫"，我们四川省不是每个贫困村都有一个第一书记吗，我就被组织部抽到村上当第一书记去了，才回来。按照省里的文件，我们单位又另外派了一名第一书记下去。

张利民：那您是2014年来县城工作。工作一年就被抽调下去了？

张　　胜：是的。

张利民：2015年就抽调下去了？

张　　胜：对，2015年吧，就是2015年抽调下去了。

张利民：两年时间。

张　　胜：对对，今年才回来，5月份才回来。

张利民：5月份才回来。辛苦吗？

张　　胜：还行。但村上呢，做事情比较具体，很多事情都必须要自己亲手去做，还有村上的工作跟我们机关工作是不一样的，需要跟老百姓交朋友，要不然，你工作不好开展，就很麻烦。我们下去以后，说实话，我们少数民族地区的老百姓非常淳朴，特别是地震过后。现在，我们县委就在提倡文明四风，其中一个就是我们民风要淳朴。地震以后，全国各地都对我们灾区进行支援，应该说是全世界都关注我们，都在支援我们，都在帮助我们。所以我们县委县政府就提出，要求所有的老百姓，都要有个感恩的心。上个月吧，我们县委书记亲自到一个村里面去，跟老百姓讲课，讲什么？讲感恩。你们进来就会看到，我们汶川县如春一般的家风，民风，政风，校风，这是我们县委书记提倡的，都是基于地震以后，我们得到世界各地，全国各地的关心。前段时间茂县不是那个山体垮坡吗？我们汶川也是很快就派出医疗队出去了。大家需要我们的时候，我们也很快去（帮助大家）。其他能够回报社会的，我们认为就是做好自己的本职工作，建设好（我们的家园），让我们老百姓过得更好。当国家需要我们汶川的时候，我们一定会毫不犹豫。

张利民：非常好！我们来到汶川以后，首先感受到震区百姓的那种淳朴、感恩之心。他们对外面来的人，不管遇到什么事情，哪怕是问路，都很热情。他们非常热情，非常朴实。你们这些在机关工作的人员，我们在访谈的时候，因为总感觉你们公务繁忙，会不会给个冷脸，或者是找个借口让我们吃闭门羹，还是有很多顾虑的。但是我发现，我们今天上午访谈那位曾姐，包括我们昨天去县委宣传部，做一些沟通和交流，大家都是肺腑之言，没有把我们当成外人，大家交流起来非常顺畅，很舒心。

张　　胜：我们亲历了地震，比较了解。

张利民：到现在还是非常感恩。

张　　胜：是。灾后重建我说实话，我们汶川地震后，最安全的是学校，最现代的是医院，还有最漂亮的是民居。在灾后重建中，全国对我们灾后捐赠的这些资金我们都用于灾后房屋重建，我们汶川的每一个村上，真的，老百姓的房屋真的很漂亮。并且，地震过后，很多援建的进来以后，对我们思想上的一个冲击，说实话，我们经常说的一句话就是，灾后重建让我们的硬件设施，提高了二三十年，我们思想上的冲击，起码也是提高了几十年。因为他们带进来了很多先进的理念，很多想法，因为需要我们学习的东西太多了。跟他们交流思想上的，他们的工作作风，他们工作的那些模式，他们工作的那些思维，对我们的冲击很大。他们给我们留下的财富不只是表面上给我们修房屋，给我们老百姓做了什么事情，其实从精神层面来说，给我们灾区留下了很多宝贵的东西。

张利民：您能切实地感受到？

张　胜：真的，真的能感受到。说实话，我这人，不是自己亲身经历的，我也不会那么爱说的。但是真的，自己感受到才会说得出这些。

张利民：不仅是物质上的，而且包括思想上的。

张　胜：对，精神上的很多东西。在灾后重建的过程中，再加上我们习主席提出"精准扶贫"，到目前为止，我们汶川县没有说哪一个干部职工，或者哪个领导克扣我们老百姓的资金啊什么，没有发生过。我们所有的资金，应该说是，取之于民，用之于民，真的全部都用在老百姓身上。所以包括精准扶贫，很多老百姓，真正体会到现在国家的好。前年我们县上搞了一个活动，要求我们所有的机关干部，到村上去跟老百姓一起，打成一片嘛，跟他们一起交流，做朋友。从老百姓他们的言谈中，都能感受到，他们现在对我们国家的一些政策……真的是非常受益，他们真的是切切实实感觉到国家、感觉到党这些政策的实惠。我们经常开玩笑说，我们工作人员，只是把这些国家政策传达下去，但是真正得到实惠的是老百姓，他们自己能够切身体会到。

张利民：老百姓基于国家这种政策的扶持，他们是切切实实地得到利益了，老百姓也是非常认可的。

张　胜：老百姓很满意这个，真的是。前期他们做了一个调查，我们老百姓对"精准扶贫"的政策满意度，不是满意，是非常满意。这些政策我们真的是落实下去，不是说浮在面上，是真真实实地落实下去。并且我们所有的干部，包括我们汶川有一个"六个一帮扶"。"六个一帮扶"又是哪六个呢？每一个村有一个县级领导帮扶，每一个村有一个驻村工作组帮扶，每一个村有一个第一书记，每一个村有一个什么？哎，农机专家，还有一个是，每一个村有一个驻村先进帮扶单位，为什么我们卫生局帮扶的是一个通山村，每一个部门都要对应一个村，还有一个是……哎，还有一个哪儿呢？想不起来了。

张利民：六个一，也就是说我们用六个方面的力量去帮扶一个村。

震后挂职扶贫

张利民：那您挂职这两年帮扶的这个村，现在已经脱贫了吗？

张　胜：我们那个村地震过后，又经历了2013年的"7·10"泥石流，2013年发生在7月10日的泥石流。

张利民：是什么村？

张　胜：沙排村，在草坡乡镇。那个村是我们汶川县距离乡镇人民政府最远的一个村，距离乡镇政府是三十多公里。

张利民：您就在那儿，很偏远了？

张　胜：啊，是，这个村是汶川县最远的一个村，距离县城是五十多公里。

张利民：地势很险恶吗？

张　胜：进村道路大概只能够一辆面包车。不过全乡的路都是。

张利民：有泥石流吗？山很高？

张　胜：山很高，经常有石头滚下来。按照我们的脱贫计划，在2016年脱贫了3户，我们村一共有15户贫困户，脱贫了3户。今年有1户脱贫。而且今年我们单位下去了丁书记，他接了我的工作，我们移交了工作。2016年有3户，按照我们的计划，我们村上是2018年脱贫。

张利民：计划是2018年，现在已经有4户脱贫了。

张　胜：有4户。但是有3户今年准备脱贫，他们家的收入情况我都背得出来，他们的收入完全高于我们国家3300元的平均水平，早都已经高于了。通过帮扶的政策，我们帮他们找一些致富的门路。应该说2018年，我们整个沙排村脱贫是没有问题的，肯定是没有问题的。15户肯定没问题，那个村是贫困村，那个村脱贫也没问题。

张利民：脱贫不脱贫，是有标准吗？

张　胜：脱贫是这样的，户脱贫是人均纯收入高于3300。

张利民：一年？

张　胜：今年，年人均纯收入高于3300。

张利民：人均3300？有个未成年人，这个也要算人均吗？

张　胜：也算。比如说他家里面，假如他收入一万五，一万五除以他家里三个人，不只是他们两个大人，要按三个人来摊。

张利民：也就是一个家庭，人均要达到3300才算脱贫。年收入要超过3300。

张　胜：今年的标准，是。还有个就是，两不愁，三保障。不愁吃不愁穿；住房有保障，医疗有保障，教育有保障，叫两不愁，三保障。

张利民：两不愁，三保障。

张　胜：还有个就是我们村脱贫就是我们现在整个村的人均纯收入今年是四千，还是三千多少，整个村的人均纯收入。每个村必须有集体经济，有村卫生室，有安全的用水，还有电信，能够看电视。

张利民：通信？

张　胜：通信。喔，还有文化活动室。我们老百姓不仅要经济上富有，我们精神上还要富有。

张利民：像这个标准是国家定的还是你们县定的？

张　胜：国家有标准，省里面有标准，我们县里面也有标准。

张利民：哪个标准最高？

张　胜：肯定县里面的标准比较低一点，国家标准还要高一些。

张利民：喔，这样。

张　胜：因为国家标准针对的是全国，只有越到下面越低。汶川县是今年全县脱贫，不是说我们沙排村脱贫就可以了，我们县里面，它是按照一个……

张利民：也是一个平均比例？

张　胜：啊，比例，具体的比例。县里的比例回来之后就不太清楚了，具体记不清楚了。

张利民：那我问一下张主任，有没有那种，脱贫了以后又返贫的？

张　胜：目前我了解到的没有。因为我们帮所有贫困户制定他们的脱贫计划，都是可持续的，不是说我们今年脱贫我们明年就没有了，它是可持续的。我就跟你说一下我们那个村上哈，我们那个村上，去年脱贫了三户,有一户是养猪,现在猪肉价格又比较好,并且我们四川省非博(非物质文化遗产博物馆),正在对口支援我们那个村上,他们经常跟我们有一些业务上的,比如说他们单位需要什么,说出来(我们给他们供应)。县里要求,我们老百姓养的猪,种的菜,必须是安全的,不是说像以前饲料喂出来的,农药打出来的,我们是绝对安全的。有机还是无机,具体说法我不是很清楚啊。

张利民:有机蔬菜?

张　胜:啊,有机蔬菜,绝对是安全的。

张利民:他们要把这些采购过去,定点采购?

张　胜:他们也喜欢我们的,毕竟外面生产的有那些他们不喜欢,他们在我们这边(采购),他们就放心。他们来的时候,到那个家里面去看过,养猪那些,真的全部是粮食为主的,绝对不是那些啥子饲料啊。有户老百姓养猪,有户老百姓养蜂,有户老百姓种青脆李。我们汶川有三宝,就是香杏子,脆李子和我们的车厘子。他们三户,有一户是养猪,有一户是养蜂,有一户种脆李子,他们这些都是可持续的,每年都有的。

张利民:销售也不愁?

张　胜:销售也不愁。

张利民:他们是对口的?

张　胜:啊,对口。

张利民:专门买我们的。

张　胜:即使他们销售不了,市场上也有很多,你看我们县城不是有一个三宝市场吗?我们所有老百姓的蔬菜瓜果全部都在那个市场统一销售。我们本地的都在那里,政府给他们提供场所。前期我们汶川的水果,还在重庆火了一把,不知道你们在网上看了没有,好像是脆李子吧,我都是听他们说的。

张利民:车厘子,汶川车厘子很有名。

张　胜:啊,是。

张利民:前段时间就有上市。

张　胜:现在几乎都没啦,现在都已经下市了。我们老百姓他们那个产业都是可持续的,我们帮他们找的项目都是可持续的。

张利民:那您觉得扶贫这一块儿,建立联系单位,对口的这个扶贫单位，是上面统一安排好的，还是我们自己去找，自己去联络？

张　胜：这个是这样的，比如说帮扶部门，帮扶领导，就是我们县里面统一安排的。

张利民：四川省妇幼保健院那个，是省里边安排的？

张　胜：妇幼保健院好像是我们省卫计委安排的。具体我也不太清楚。我上次跟那个妇幼保健院的科长一起，他说好像我们汶川另外还有两个村也是他们省妇幼保健院在帮扶的，好像省妇幼保健院除对口的汶川县外，还有其他一些对口的。

张利民：所以说国家对咱们老百姓这种关心，那可不是一个口头上的关心，已经切切实实的落实到具体的（措施）。

张　胜：能够看得见摸得着的。

张利民：说到2020年实现小康。

张　胜：反正我是觉得没有问题，我也很有信心，真的是。因为我亲身经历过，"5·12"地震和这个精准扶贫，我都是亲身经历过的，所以我真的深刻感受得到。

张利民：那您觉得地震之后，就您扶贫的那个村，那个房屋建筑是重新规划好的呢，还是以前原有的房屋？那个村仍是一个村落，还是变成一个小区了？是不是实行的城乡统筹，城乡一体化？

张　胜：我们那个村是这样，不是我们那个村，我们那个乡，草坡乡，我不是说2013年"7·10"泥石流嘛，当时专家建议就是说，我们那个村不再适合居住了。所以整个乡镇，整个草坡乡都撤了，整个草坡乡的老百姓全部搬到水磨镇，葛家坝，全部集中安置，全部是小区，住房方面是安全的。

张利民：喔，那您（当时）住在那儿？

张　胜：我没住在那儿，但是我们开展工作。

张利民：您现在扶贫那个村，没有在山上住了？

张　胜：有一些。现在是这样，我们那个村上呢，有些老百姓他有些土地在那儿，有些时候他回去种一些蔬菜啊那些，居住全部在安全的地方。

张利民：就是已经在集中居住点？

张　胜：啊，集中居住点。

张利民：集中安置点吗？草坡乡？

张　胜：那里是叫吉祥小区吗？什么小区，全部在一个小区里面。整个草坡乡的老百姓，全部集中安置在那儿，没有落下一户，每户都在那里。

张利民：整个草坡乡的，那么多，多少个村大概？

张　胜：嗯，八个村。

张利民：整个草坡乡，八个村，老百姓没有落下一户，全部安置在那个叫什么小区？

张　胜：叫吉祥小区还是叫什么小区，反正就是在水磨镇，葛家坝村那边。

张利民：等于现在他们就不叫农民了，现在叫社区成员？

张　胜：啊，相当于是这样。

张利民：已经城镇户口了？

张　胜：不是城镇户口，他们还是农村户口，只是住房全部修在那里了。享受的是我们小区式的管理，小区式的服务，是这样。

张利民：住的这个房子完全是援建的？

张　胜：嗯，这个房屋是怎么建的我不清楚，反正老百姓没怎么花钱。所以说，我们老百姓真的能感受到国家的实惠。住房是安全的，是吧，村里面很危险的，是吧。我跟你说我们那个村上，只要到11月份左右，你进村是很危险的。因为刚只通了一条微型的公路，下大雪以后，路面上有很多暗冰，稍有不慎，就掉到山崖下面去了。所以他们现在搬出来以后，真的安全很多。

张利民：那个小区住的是我们草坡乡八个村的村民？

张　胜：八个村的村民。

张利民：都集中在那一块儿了？

张　胜：啊，对。

张利民：非常安全，又漂亮？

张　胜：啊，非常安全，又漂亮。

张利民：老百姓他们，居住肯定是没有问题啦，大也好，小也好，是漂亮的、安全的，和以前的居住条件相比发生了很大的改变。这是肯定的。但是你觉得他们现在之所以贫困的一个原因，最主要的是……

张　胜：因病啊，什么。最主要是因病，反正我们那个村最主要是因病。我跟你说，我们村上有一户，家里面只有母子两人。我们这边老百姓有些人都说，很多人都愿意当贫困户，有这个说法。但是我们那个村上，老百姓是不愿意当贫困户的。他能够自己脱贫，能够自己致富，绝对不愿意当贫困户。他说我能够自力更生，我绝对不给政府添加一分麻烦。那户是评为贫困户，全村老百姓集体投票，推他，觉得他的确贫困，为什么贫困呢，他是在2015年的8月份还是9月份，那个户主哈，她72岁，她到成都肿瘤医院，查出了是宫颈癌。查出以后，她住院就花了十一万多，这种对一个农村家庭来说，肯定会因病致贫。全村老百姓就投票，一致通过，我们总共是154户，除了她本人没给自己投票外，153户全部给她投票，所以她当了贫困户。并且我们镇里面，我们县上对贫困户的帮扶，每一户都有一个帮扶责任人，就是"六个一"。帮扶责任人是什么，就是我们县里面的县级领导干部，我们各部门的局长、副局长，还有我们各乡镇的党政班子一把手。这都是能够在帮扶上面起到很大作用的。

张利民：喔，这个，就是具体到每一户……

张　胜："六个一"，就刚才说的，还有一个就是每一户都有一个帮扶责任人。

张利民：帮扶责任人？

张　胜：帮扶责任人，就是这样。

张利民：比如作为一个县的领导，他作为一个责任人，他肯定不会局限于一户，也有可能是很多户，他都是一责任人。

张　胜：啊，对。我们有"六个一"的力量，我们很有信心到2018年全部脱贫。因为六个力量全部加起来，还有社会力量，我们有企业，协助我们搞精准扶贫。每一个贫困村都有一个帮扶企业。我们提的"六个一"，其实应该是七个一，每一个村都有一个帮扶企业。

张利民：一个企业？是民营企业？有民营企业吗？

张　胜：有民营企业。

张利民：民营企业都不会拒绝？

张　胜：嗯，没有。地震灾区经历过这种地震，都觉得，我们能够回报社会的时候，绝对不会吝啬，尽最大的努力，绝对会帮助大家。

张利民：包括企业、个人，包括整个的……？

张　胜：是。我们汶川真的是。

张利民：就是灾后大家一条心。

张　胜：喔，一条心，一条心，真的是一条心。所以我们现在干什么，真的是干劲儿十足嘛。你看我们每个人都很忙很忙，因为我们都觉得，我们地震的时候那么多困难都经历过来了，是吧，我们现在唯一能做的就是努力工作，回报社会，真的就是这样。

张利民：我觉得您说的真的全是肺腑之言，非常好，非常好。我再问一下，我再多问一下，那您觉得，尤其是我们扶贫这一块儿，刚才您说了，这一户人家她是因病，因病贫困。那她没有买医疗保险吗？

张　胜：嗯，她有医疗保险，她有新农合，毕竟新农合保险，按照我们国家规定，是有一定比例的，是吧。比如说十一万，她可以报六七万，还有四五万，并且她有后续的，癌症病人他长期的放疗化疗，她每年都有花费，报销的这个是有限的。但是有精准扶贫以后，她是贫困户，我们不是出台很多，大病保险很多保险就进来了，很多救助基金全部进来以后，几乎就不掏钱，尤其是那种大病的病人，不只是大病，凡是在我们县内住院的，或者是在县外住院的，大病那些的，比如贫困户在我们汶川县里面的医院，自己支付的费用不超过10%。

张利民：喔，完全能够做到这一点？

张　胜：啊，完全能够做到这一点。

张利民：不管什么病，自己支付的，最多不超过10%？

张　胜：啊，不管什么病，最多不超过10%，全部控制在10%以内。

张利民：在医疗保障这一块非常到位！

张　胜：啊，医疗保障这一块，就已经全部到位了。

张利民：那您觉得，还有些贫困户，主要是经济相对比较落后，就业机会比较少？

张　胜：像我们村，它相对偏远一点，做生意，区位条件也不行，所以现在整个草坡搬迁出去了，基本上就解决了。我们帮扶的这些，他们能够可持续的，至少我们那个村我看得到，其他村我不了解。我们那个村，即使我们国家以后那些帮扶政策撤了，它也能够可持续的，它也不会再返贫。至少我们那个村我知道是绝对不可能的，但其他村上我就不怎么了解，不了解就不多说。

张利民：在这方面，我们有没有大量的国家资金的投入？

张　胜：肯定的，很多。我们国家资金投入很多，前面我听到我们县里面他们说是上亿的资金吧，咱们汶川县。

张利民：国家财政投入的？

张　胜：不是，反正是用于精准扶贫，我们汶川县的就有上亿的资金，好像是。所以你想，上亿的资金在我们汶川县，我们全县的贫困人口是两千多人还是好多人，我不太清楚，这样的资金投入进来，这个力度很大了。

张利民：别说是得到切身利益的这些老百姓，心怀感恩，很认可，很满意我们的国家我们的党，就是您，作为从事这个工作的相关工作人员，您也能感受到这种力量的强大。

张　胜：是，真的是！后来我们在开玩笑，不是美国也发生地震了、海啸了，是吧，他们的灾后重建一年两年三年四年，我们两年完成，是吧，这个不是全国的力量吗？如果没有党和国家的支持，没有全国人民的支持，没有世界人民的帮助，我们汶川光靠我们汶川县，光靠我们四川省，行吗？那肯定不行啊，所以我们真的是感同身受。

张利民：我们看到映秀那个小镇，建得比我们县城还漂亮。

张　胜：他们那个小镇是？

张利民：三个区域，做得非常漂亮，那是广东……

张　胜：佛山？啊，不是……

张利民：是广东省援建我们汶川的？

张　胜：嗯，广东省援建的。

张利民：但是我看到我们汶川县城，我不知道援建多不多哈，没像映秀那么整齐划一。

张　胜：映秀它当时地震过后整个几乎是夷为平地了，所以它那个房屋全部都是……

张利民：都是新的。

张　胜：全部都是新的，全部都是重建的。

张利民：我们这边，因为房屋受损情况比较轻？

张　胜：县城是比较轻。

张利民：外墙看着不是很（整齐划一），那几幢是？

张　胜：这些都不是（重建的）。县城我就不是很清楚。学校是，我们县的医院是。所以为什么说，我们汶川，最漂亮的是民居，最安全的是学校，最现代的是医院。（这些）全部都是灾后重建的，就是这样。

张利民：非常好。谢谢您！

确保大灾之后无大疫,掉皮烂肉也值得
——访汶川县疾病预防控制中心①主任姚云

题记:身穿大白褂,背负喷雾器,忙碌在墟间,不为常人知,防患亦救灾。

谈到"疾病预防控制中心"(简称"疾控中心")的工作,许多人可能都会感到既熟悉又陌生。熟悉是因为看到"疾病预防控制中心"这几个字,我们大致可以推测出这一机构是干什么的;陌生是因为这一机构到底做哪些具体工作,在它身上发生过哪些故事,这些往往是我们所不清楚的。2017年7月18日上午9:30左右,在汶川县疾病预防控制中心的办公室内,我采访了汶川疾病控制中心主任姚云。姚云是汶川地震后防疫工作的积极参与者、大健康理念的积极践行者,其讲述的故事既形象反映了极易被人忽视的防疫工作人员艰辛付出的一面,也折射出了我国健康观念的重大时代变迁。

采访时间:2017 年 7 月 18 日
采访地点:汶川县疾病预防控制中心
受 访 人:姚 云
采 访 人:郭海龙
整 理 人:郭海龙

郭海龙:2008 年地震的时候,我们疾控中心做了哪些工作?应急和重建的时候,有没有人参与?灾后重建有哪些比较典型的事情?您能谈谈地

---

① 汶川县疾病预防控制中心主要承担疾病预防与控制、突发公共卫生事件应急处置、疫情报告及健康相关因素信息管理、健康危害因素监测与干预、实验室监测分析与评价、健康教育与健康促进、技术管理与应用研究指导及城区儿童预防接种等工作。疾控中心所在地址是汶川县威州镇东街 19 号。

震中涌现出的一些比较先进的事迹，包括您个人参与救灾中的所见所闻吗？当然，能够细化地讲一些具体的时间地点、典型事件更好一点，特别是这里面体现的抗震救灾精神。

姚　云：你们交大①来调查这个呀？

郭海龙：我们有一个这方面的课题②，您可以聊一下具体情况。

第一时间开展防疫工作

姚　云：灾后肯定是救人第一嘛！我们医疗（部门）肯定要跟上，我们肯定第一时间（参与救灾），肯定是，绝对是。你都晓得，如果没得政府的组织、单位上领导的组织，肯定是办不成事的。首先是县上重视。当时这里有个学校，就是现在的威师校③，一个相对安全的地点，就是在这个地方办公，也没有什么东西，就是弄个牌牌，上面写着"疾控中心"。我们要现场了解灾情，了解疫情。了解疫情的一个重要方面就是传染病的检测，看有没有传染病，以及对水质进行检测。

参与抗震的都晓得：在当时那种情况下，除了医疗，我们这边肯定要牵涉。传染病检测的一个重要方面是症状检测，症状检测是传染病检测的一个前期调查。因为本来也没出现疫情，因此，我们的工作主要是预防性的，就是做一些检测，营造一个好环境。所以，处理的都是小事情，可以派防务来，进行一些预防性的喷洒消毒。时间的话，（这种常规性工作）可能还是持续了一段时间。

郭海龙：大概具体时间是多长？

姚　云：地震当天肯定就开始了，开始了以后好像持续了几个月哦，记不清楚了，后面不是有那个④，反正开始时我们自己坚持了几天。开始时，道路不是都断了吗？全靠我们自己，开始是这样子的。后来，道路通了，包括外援到了，就有很多全国各地的人在帮助我们嘛。特别是，中央指示广东支援我们。

---

① 笔者是西南交通大学马克思主义学院教师。
② 四川省社会科学规划重大项目"抗震救灾精神口述史料挖掘、整理和应用研究"（项目编号：SC16ZD09）。
③ 四川威州民族师范学校。
④ 这里指外援或志愿者。

兄弟省份的援建与友谊的延续

郭海龙：广东援建？

姚　云：广东有大批专家、技术人员到了我们这边，包括我刚才说的所有的疾病监测、疾病预防、环境监测。后期，时间具体整了好久，我记不到了。应该说这时针对的就不是疫情了，而是常规工作了。在广东的援建下，我们的一些硬件设施（有了改善），新建了实验大楼。

郭海龙：这个大楼①是新建的？

姚　云：不，对面那个实验大楼。新建一方面包括一些硬件设施的建设；另一方面就是软件的建设，包括人员素质的提高、培训。新建要求这两个方面的建设同时提上去。应该说，地震期间全国各地来的很多专家教授，对整个中心的硬件设施、软件包括人员的素质提高起了非常大的作用。他们对我们是一种支持。包括国家级专家、省里面的专家，包括广东的专家，对我们来说，直到现在，它都是一个长效的持续的支持。因为地震期间建立了一种友谊。②所以，到现在也是，我们有什么问题，咨询也好，进修培训也好，他们都是非常支持的。

郭海龙：还同广东的相关部门有联系？

姚　云：都有联系，包括国家级的专家。国家还是派来了几批人才，很多批次。当时你晓得，那个时候支援灾区。全国人民是无私支援我们，给你说点儿什么、做点儿什么，都是毫无保留的。他们③也不会因为自己是专家就有所保留，所以我们现在也保持了很好的联系，这个就是后期的一个情况。我看整个的话，应该都有所提高。现在疾控中心不是以前了。不晓得你现在清不清楚，现在疾控中心工作很多，不只是看个传染病、打个疫苗、处理个突发公卫（公共卫生）事件、处理个重度事件。外行不是很了解，就认为我们只做这些，其实错了，我们做很多事情，包括我刚刚说的慢病综合防治示范区（的工作），慢病非传病，就是慢性非传染疾病。

郭海龙：这个你们都要管？

姚　云：对，现在国家认为这一点很重要。为什么重要呢？因为80%以上的死亡都是因为慢性病。所以，从2012年起我们就开始着手创建慢病

---

① 指采访所在的汶川疾控中心大楼。
② 姚云解释说，这种友谊不论是从个人层面来看，还是从国家层面来看都非常好。
③ 这里指这些专家。

示范区。这项工作，我们先后通过了省级和国家级的验收。我们是全省少数民族县里第一。这个健康啊，不只是狭义的健康，是大健康。你们大学应该很清楚。《"健康中国 2030"规划纲要》指出，现在的健康是一个大健康。我们县在国家提出这个之前，就创建了示范区，打造了全国第一个健康示范县。所以在这方面，我们是走在前头的。我们很多东西都走在前头的，关键是领导的理念。因为我们得到了专家的指导，领导层的思维就不可能再局限在角角头头里。我们提的大健康范围，大健康不只包括我们卫生系统，还包括工业、农业、旅游……，它涉及很多方面。比如说采矿，对环境有破坏，对健康有没有影响，肯定有，对不对？我就是举这么一个小例子，包括工业，它有污染，那对我们的健康又会造成什么影响？我们现在就是一个大健康，可以毫不夸张地说，我们县是全国第一个健康示范县，包括慢病示范区的创建。现在，大健康这一类的工作，应该说都在有序地推进。我们现在专门成立了一个健康办，这个健康办就是专门管大健康的，协调各部门、各单位，专门成立的协调各方的单位，而且好像是一个副县级的领导在牵头做这个事情。因为部门之间的协调不是某一级随便能够搞定的，肯定得有一个县上的领导牵头做这个事情或者具体负责这个事情。下面的话，有健康办主任啊这些人在跟着做这个事情。整个情况的话，就是这个样子。还有什么问题？

郭海龙：刚才您主要是讲灾后，特别是近些年我们疾控的转型，大健康理念这方面的转型，应该是新时代精神对你们新的要求，我觉得这个真的是我没有想到的。

姚　云：我刚才其实应该这么说，不知道这个提法对不对？国家提出这个理念，但是我们确实是走在国家提出这个理念之前。而且，可以这样说，我们打造的这个示范区，完全是因为我们县对卫生系统的重视。开展健康示范县、慢病示范区的工作，对整个城市的建设，对人民健康意识和水平，都是一个大的提升。

郭海龙：我就是想理解，我感觉这个是不是跟抗震有很大的关系？

姚　云：对，就是。生命是很重要的，对不对？但生命要保持一个良好的质量，就要保证健康。没有健康，什么都扛不住。我们刚刚说了嘛，慢性病死亡人数，包括我们县和国家都是一样的，占所有死亡的 80%。那怎样才能够降低这个比例，提高老百姓的生活质量？你看，包括因病致贫、因病致残等，它都会影响整个经济的发展。所以说，就像你刚才说的，地震过后，我们就想到生命在自然面前确实是很脆弱的。我也是经历过地震的，我当时就在县里头。所以说，我们现在通过国家的大力扶持，改变老百姓的住宿、环境条件，到处都是新建的。所以我们要转变理念，那我们怎么做呢？健康，县上也是抓住了这个。我们怎么发展？条件在这里摆着的，我们怎么样让老百姓的生活质量提高？GDP照样抓，那是首要的。但同时我们也要抓健康，大健康。

地震发生时印象最深的事

郭海龙：刚才您主要讲的是从地震后到现在的巨大变迁，我还是想回到地震发生的那段时间。5月12号那天或者之后，您印象深刻的有哪些场景？刚才是一个大镜头、宏观的镜头，现在聚焦一些比较有特点的小的场景，您能不能回忆一下？

姚　云：工作上一些比较细节的事？

郭海龙：对。两个镜头的切换嘛，采访也是这样。

姚　云：细节其实也有很多，怎么说呢？

郭海龙：对您触动最深的。

姚　云：初期，外面还没人进来的时候，确实我们也付出了很多。男男女女，老老少少，只要你在这儿工作，包括退休了的职工，一喊，他不会讲价钱。比如说，他被安排到了某一个现场，那他都会去，不会说自己退休了或是年龄大了怎样的，（都会）竭尽所能。在这么恼火的情况下，我们生命能够延续下去，而且想到会有人来帮助我们，内心的工作热情就比较大。印象最深的就是外面的人还没进来的那段时间，确实是非常艰难。

郭海龙：这种艰难的时候大概有几天呢？

姚　云：这个不是很清楚，因为进来是陆陆续续的，有第二天进来的，也有第三天进来的，人员进来带不了设备，也带不了药，那么就派专业人员来指导。具体第几天进来的，我就不清楚了。因为后面通了路就有大部队进来，所以前头两三天我印象是比较深刻的。工作的话，条件确实是比较艰苦的，因为人员需要安置到安全地带。我们的工作都被安排到一个坝子——球场。

郭海龙：你们原来的办公楼都塌了？

姚　云：没有。因为害怕再来一次余震，余震造成的人员死亡有时比地震还大。因为第一波完了之后，房屋已经差不多了。再来一次余震，那就很危险了。为人员安全考虑，就把我们集中到一个地方。当然，我们集中，老百姓同样也要集中到安全的地方。

郭海龙：您能不能聊下细节，12号下午的时候，当时您在什么地方？

姚　云：发生地震的时候，第一时间的话，2：28，当时还差几分钟上班。有些职工，可能走在半路上看到发生地震就转头回去了，看下屋头的情况。我和陈书记来的要早一点，因为我在办公室上班，就要提前来啊，我们也是到了之后发现这个问题，然后跑出去。当时就我和他晓得职工住宿的地方，就去走了一遍，了解下有没有职工及其家属伤亡。我和书记当时把能够找到的职工都找了一遍。发现没有问题后，我们疾控中心的人员第一时间把工作重心放在协助医疗救治以及物资搬运上，这个是很重要的。第一晚上就需要搭帐篷，需要医疗救治。我们做疾控的人很大一部分（原来）是从事临床的，包括我也是从临床转过来的，所以我们就协助医疗部门参与病人的救援。第一天，从两点过到晚上，这十多个小时主要是参与救援和物资的搬运。

郭海龙：就是把我们所有的物资搬到空旷的地带？

姚　云：对，因为那个物资当天晚上要用。当天晚上下雨的嘛，要用帐篷。以前的红十字会是在卫生局，不在县，没有单独分开，所以我们的人员就要协助把这些物资、帐篷、吃的以及一些急救物资搬到高处去。搬到高处去后，人员就相对集中了。第二天，我们就把人员召集起来，就开始从事我们的事情了，就刚才说的，开展监测、防疫这一块工作。前期，从关心职工这一角度上讲的话，有一点是比较感人的。当时我们隔壁有个小赵，她当时的娃儿好像还没有一岁，她老公公安，而公安第一时间要参与救灾，就管不到她家里头。而她家里头还有老年人，六七十岁了。我和陈书记就帮她把家小（有娃儿有老年人）转移，把被盖等东西以及一些值钱的东西往高处搬。应该说，我觉得这个还是比较感人的。你想当时地震刚刚发生，转移的话，我们要经过一条狭窄的巷道，往那山上搬，我和陈书记两个当时就协助她把东西往上头搬。因为我们去看了，其他职工至少有1/3的职工是没有问题的，所以就这点儿事情。我现在有时都在跟陈书记说，我们当时那个情况下，还帮着小赵把家小转移到了多么高一个山上。你想嘛，地震的时候，余震不断，经过一个狭窄的巷道，是不是东西有可能会坠下来？当时绝对要有巨大的心理承受力才行，要是一摇就慌，一慌就跑，一跑就要发生踩踏啊，是不是很危险嘛？当时有很多学生同时通过那个巷道，很挤。我们要经过那个小路，爬到山上去。所以我们当时一是协助我们自己的职工；二是在发生余震时，在有些老百姓有点儿惊慌的情况下，就把他们吼到起①。确实吼还是起很大的作用。不要慌，你跑也没得多大作用，你不可能从人家身上踩过去嚯。我印象比较深的就是这个。

平凡中见伟大

姚 云：就我们本职工作这一块来说的话，前头几天还是很艰辛的。你想嘛，我们所用的药物都是腐蚀性比较强、对皮肤有刺激的，比如说含酸的一些消毒液嘛，对皮肤的刺激很大。当时没得办法，没有那么多手套，你又要用那些药，84消毒液、消毒粉，还有乙酸。所有这些东西，我们都要去操作，口罩也没有，严重缺乏物资，所以我们的人员只要经过半天，手全部就起那种皮子，然后烂。前头确实很苦，因为物资没进来嘛，进来了后当然就好多了。这是一个问题。然后就是你要打药，要预防，就需要水嚯！没有水，很恼火的啊！到处去找，连老百姓吃的水都没得的嘛。我们咋个办？我们就到处去找那些小水沟，自己去背。很辛苦，真的很辛苦。前年退休的一个老刘，背着那个喷雾器，就你现在穿的这个灰色的衣服②，全部被84消毒液泡白了。脚③呢，从屁股后面下来这一片，全部都是烂的。所以说，当时确实是辛苦，主要是地震发生后一个星期。后面，有外援进来过后，我们也确实轻松了。

郭海龙：做好多平凡中见伟大的事情，这真的是平凡中见伟大。

姚 云：工作是一个方面，我们总得吃嚯，吃怎么办？最早的时候街上没的，吃的是屋里剩的一点儿粮。我记得印象深刻的一件事，与我们现在的一个科长有关。我记得很清楚，当天晚上安置，没吃的嚯，他家又有

---

① 四川话，大致相当于大声提醒的意思。
② 采访时，笔者恰好穿一件灰色的上衣。
③ 四川话中的脚常泛指整个腿。

一个老人。他家头有一个昨天中午吃饭剩的蛋，就弄成了一个蛋团，带到山上去。大家都是同事嘛，就一个人分了一点儿。手上全是脏的，没经历过的人就绝对感受不到。因为地震过后垮塌形成的灰尘，就像是雾那样子的，伸手不见五指。只有经历过的人才对这种雾很清楚，那个雾真的是伸手不见五指，至少持续了有半个小时。整个县城被灰尘笼罩，你如果去博物馆①看了就会知道，有一些照片，当时人的耳朵鼻子里灌满了灰，所以行人一般都是捂起鼻子走的，那确实是很恼火的。你晓得相片上矿工那个样子嚜，就跟那个差不多。灰尘真的是持续了有半个多小时，你想嘛，四周都在垮塌，灰尘就在县城弥漫了。当时，交通基本靠走，通信基本靠吼，很原始的，就回到了那种状态，很恼火的。其他的，包括我们吃的，肯定是跟不上的。后来好一点儿，因为物资能够拉进来。但有资源过后，你也知道，优先保障的都是老百姓，不会先保障我们工作人员。任何地方都是这个样子，老百姓先有吃的，后头才会考虑我们的机关工作人员。我当时印象比较深，第一天，因为当时没有吃的嘛，政府就协调了一些超市、小卖部。饼干、水这些就要统一管理了，不能够无序地购买或者是抢购，不能有饿死的，对不对？那么，就要发下来。至于我们的话，一个人就小方块那么大的饼干，每个出门的人就有一个小长条大的饼干作为一天的伙食。一天就一个小方块以及小长条，可能有二三十片的那种饼干，然后就是发一瓶水，这就是一天的。生活条件的话根本就不用说了，只是后来要好些，都是快餐面。我刚才也说了嘛，先保证老百姓的米，我们都是顿顿稀饭。我们后勤有一个老婆婆，当时我是行办（行政办公）嘛，要现场去做一些事情，她就分管后勤，就是找几个平时年纪稍微大些的大妈们嘛，留下来做后勤保障，煮稀饭。我印象最深的就是吃那个快餐面，我吃的现在都不想吃了。

郭海龙： 吃伤了？

姚　云： 顿顿都是那个东西，你说偶尔吃一顿还是可以，第一顿能够吃上两包。

郭海龙： 那就是方便面的意思？

姚　云： 对，你能够听懂四川话不？

郭海龙： 能听懂。

---

① 博物馆指汶川博物馆。

姚　云：方便面开始那一到两天可以吃上两包，后头半包都不想吃了，那个东西你也晓得味精重，确实不好吃，现在再也不想吃了，除非是很饿。那会儿的条件确实是很艰苦的。其他的话，我看看，生活上那种苦的话，只有吃过的人才晓得，说起来达不到那个效果，只有做了才能感觉到。然后住宿的话，当时不是红十字会搬得的那些东西嘛，搭帐篷，一个帐篷睡几十个人，有被子的盖被子，没被子的也就没得盖的，就只有这样子。滴水下来，你晓得的噻，油布一铺，油布就是那种踩脚布，不是车子上的那种帆布，就是踩脚布，说的是防潮，其实一点儿也不防潮。那时候条件真的是很艰苦，包括后来来得比较早的来支援我们疾控中心的（工作人员），那也是很辛苦的，他们也是踩脚布嘛，只是他们带的有被子，下面就用那种纸壳壳铺着，一天就湿了。你想嘛，5月份，有时候天还要下点儿雨，地上是很潮湿的，所以说睡在那上面是很恼火的，那日子确实是回到了原始社会的那种感觉，没经历过的真的感受不到。北川、汶川的灾民都是集中到一起住，应该是这两个县的灾情最重。当时不是说汶川房子都快没得了吗？你能够想象有好苦啊？就吃的穿的住的，一身衣服，你看我们还要背喷雾器，那会儿只有我们自己去做嘛，喷雾器的那个药水成天就在你皮肤上沾着，所以说皮肤能不化脓吗？从背部到臀部的皮肤整个都硬化了，就那样。

郭海龙：这真的是一种奉献啊！

姚　云：确实是，我是这么认为，你说在这个大灾大难面前，绝大部分人，99%的，都能够履行自己的职责。也有不履行的，这也是有的。当时流传的"范跑跑"，这种人肯定也是有的，但绝对是非常少的。现在咱们不说敬不敬业，那都是大口号，但人最基本的东西是善良的一面嘛。再一个，从咱们的角度上说，因为我们单位一个都没有①，后来想我们也是挺幸运的嘛。全单位，当时二十多号人，没有一个人受伤，家属都没有一个人受伤，也是挺幸运的。后来我们说，从迷信的说法，咱们是从事救命工作的，老天爷保佑嘛。总的说来，后来老百姓评价嘛，疾控的工作他们都能看见。最早期没有防护的情况下，咱们怎么做的，包括领导他们也看在眼里，只是说咱们防疫这块嘛，除了疫苗，就是防疫，医疗针对个人，防

---

① 这里指遇难或受伤。

疫针对人群。因为我以前是从事医疗的,我是临床主治医师,调到疾控以后,从事的是防疫。我对这两块工作理解最深,如果有人采访我对"医"和"防"的理解,我会有很多东西跟他交流。

郭海龙:您可以讲讲这个。

防的本质是奉献

姚 云:我是这么理解啊,一个从医的,一个从防的。你知道,从医针对的是个人,一个人我给你看好,那就是挺好的医生。但是我从防的,我得预防,你没感受到,但是你按照我的想法做了,你没病了,但是你不会感谢我。

郭海龙:这是默默无闻的奉献。你们这个工作就像给人提供空气一样,吸了好像不觉得有啥好处一样,不吸就是要命。

姚 云:我也四十多岁了,以前嘛,对有些部门的事就觉得很轻松。我现在不这么想了,因为要深入下去,包括你们嘛,你们的工作我不了解,但是我觉得也不轻松,我能够理解。我四十多岁,不像那些一二十岁的小青年,有些事的理解不是很透彻,对各行各业,包括你从事的,我不会轻率评价别人的工作是忙还是闲。只有做了的人才知道,真的只有做了的人才知道那个事是怎么回事,各有各的难处嘛。

郭海龙:就像幕后英雄一样。

姚 云:你说我们从事这份工作,有多高的境界的话,那也谈不上。就是从事自己的工作,事业嘛,要干好。你不干这份工作,你没有(收入)来源嘛,就是这个意思。生活怎么生活?说白了就是人最基本的道德底线逼迫督促你完成该完成的工作,另外就是你从事的行业应该做的。你自己的事自己不做别人怎么帮你,那怎么可能?所以自己要先把能做好的先做好,别人帮助指导你,你才能够提高。你自己不做,别人帮你做,你以为你是谁啊?我的理解就是这样。

郭海龙:您讲的这个,朴实无华,但是有很多深刻道理。

姚 云:我四十多岁的人,也没什么高姿态,表什么高态度,我是说得比较实在的。你要干这份工作,道德是基础,保证自己的底线,然后你从事的这份职业也促使你要去做这件事。我现在就有那种冲动,我从医到从防,也算医疗卫生行业,我有一次去旅游的时候看见一个老太太,她坐在那个地方一下就倒了,我就有一种帮助她的冲动,就是从道德的方面,以及从职业的方面,自己都会去做。

郭海龙:就化为本能了?

姚　云:对,就化为本能了,任何人都能够做到,我相信绝大部分的都能做到。但他不会考虑这个事为什么是这样,帮助别人是个好事嘛,我觉得这是最基本的事情。所有你说的多高(觉悟)的那些都没意思,我就觉得都是人自己的本能去做的这个事情。真的,我不会唱那些高调的,那些都是写书的、秘书从事的事,不是我们做的,我们都是去从事业务工作,那些大话没必要,你从事这个你照样会做这些事,"范跑跑"毕竟是少数嘛,不顾家人,不顾朋友,自己先跑,保命嘛,当然他说的也有他的一套理论嘛,但是他那个与社会道德的碰撞,肯定是不正确的。人与人之间,咱们是一个社会,不是个人,对吧?没有相互的帮助,哪来现在的文明,那不可能的!

郭海龙:您讲得还挺深刻的。

姚　云:我是这么想的,不会说别的。

郭海龙:总结一下吧,通过参与抗震救灾,您觉得我们在防疫中能体现哪些可贵的精神?

姚　云:道德是底线,职业是你最基本的职责,这应该是最基本的两点。有了这作为支撑的话,啥事都好干,啥事都可以去干,不折不扣地执行,这应该是最基本的东西。道德是底线,职业道德里也有道德嘛,我觉得就是这样。

组织的力量

郭海龙:您感觉在抗震救灾的过程当中,我们党和政府发挥的作用怎样?

姚　云:那是绝对的。没有这个,你绝对办不到。我也不说那些大话,我真的是能够感觉到:如果没有政府的组织领导,或者是单位里面嘛,没有中央到地方这一条线的话,你办不了,也办不好,那绝对是一盘散沙嘛。咱们就有一个组织的,领导牵头的,有组织,有领导,该做啥,不能做啥,那就能把这个事做好。如果没有那些领头的，这个作用不用说，那绝对是少不了。你说那个灾区以前也发生过地震嘛，以前是什么朝代嘛，发生过地震，包括清朝嘛，再腐败还是需要政府救灾，没有政府的领导，没有政府的组织，老百姓能好好过吗？过不了！很多社会问题就会出来，资本主义也好，社会主义也好，都得有一个组织嘛，没有组织，那就散了，肯定搞不好。特别是咱们社会主义国家嘛，从上到下，都很重视。没有组织，肯定不行，那是绝对的。无论个人有多大的能耐，只能对付这一片、这一个。但是在政府组织的情况下，形成的力量和你个人形成的力量是不一样的，那肯定是没得说的。从地方到中央，没有组织，做事情肯定做不好。

服从安排，尽最大职责
——访原北川县陈家坝①派出所所长段成渝②

题记：天摇地撼多伤痛，一寸丹心护安宁。熠熠警徽如徐徐晨曦，温润万物，将和平降临人间。

2017年8月15日，我有幸在北川县公安局采访了"全国公安系统抗震救灾先进个人"——原北川县陈家坝乡派出所所长段成渝。初次见面，他身上所散发出的沉着严肃、成熟而稳重的气息深深吸引了我，我想这必定是一个有故事、内心情感丰富的人。他深锁的眉头，有些黝黑且消瘦的面颊，还有那弥漫着的淡淡香烟味，似乎让我想到了在那些失望与希望交织的日子里，他怀着失去亲人的深深隐痛，不动声色地一遍遍穿梭于危楼与人群之中。

他寡言少语，似乎有些不太愿意谈起昔日的伤痛，我万分理解，刻意留些时间停顿，任由他自己去思索和回应。慢慢地，他似乎对我逐渐敞开心扉，愿意与我讲述曾经的点点滴滴，情绪也逐渐由悲伤低落转换为饱含激情。在谈到陈家坝乡和老北川县城当时的伤亡情况时，他多次哽咽，眼眶湿润。在讲述过程中，他时刻不忘作为人民警察所担负的职责，"穿上制服，我就得服从安排，尽到责任"。"你穿着制服，但你看看你像不像个当兵的？"他虽不善言辞，但那颗心怀人民的心却展露无遗。他对自己的评

---

① 原陈家坝乡位于北川县境东部，灾前全乡有13 046人，幅员面积135平方公里。在"5·12"特大地震灾害中，陈家坝是除北川县城之外受灾最为严重的乡镇。地震灾害使陈家坝城镇和农村地区所有房屋全部毁损，毁损率达100%，水、电、气、通信、道路交通等基础设施和社会事业等遭受毁灭性破坏。全乡形成7处堰塞湖。地震造成人员遇难928人，失踪1200人，受伤5877人。损毁房屋35万平方米，3万余间。全乡14个村69个社8000余人，完全无法原地居住。经济损失30.69亿元。{资料来源：中共北川羌族自治县委党史研究室、北川羌族自治县地方志办公室. 北川"5·12"大地震抗震救灾纪实（上）[M]. 北京：中共党史出版社，2009：37.}

② 段成渝，男，羌族，四川北川人，生于1972年9月，中共党员，大学毕业，1996年8月参加工作。2008年1月任陈家坝派出所副所长。2008年7月，被公安部授予"全国公安系统抗震救灾先进个人"称号。(资料来源：北川羌族自治县人民政府. 汶川特大地震抗震救灾志[M]. 北京：方志出版社，2016：771.)

价是"老实"。我想这种"老实"是无私的,也是智慧的,如同和平的使者,尽心尽力守护一方安宁。

作为一个经历过"5·12"地震的人来说,对于采访过程中陈所长无意间流露出来的情感,我感同身受,却又十分愧疚和感慨。一方面,采访让他重忆过去,揭露伤疤,难免伤感;另一方面,感慨自己十足渺小,不能像他那样胸怀宽广、救民于苦难,只能以记录的方式来聆听,去铭记。感念今生能与心怀众生且内心温厚之人交流,这十足是一种幸福!

采访时间:2017年8月15日
采访地点:北川县公安局
受 访 人:段成渝
采 访 人:赵　淋
整 理 人:赵　淋

团结互助保证救援有序开展

段成渝：我是2006年1月份到的陈家坝。就整个北川来说,擂鼓镇、曲山镇、老县城和陈家坝是重灾区,当时除了老县城,陈家坝受灾很严重,死的人数比其他乡镇都多。我们当时有4个干警,旁边是一个幼儿园,我们就把人员疏散开。当时主要是山体滑坡,我们那边也是一样的。地震的时候,除了菜市场的房子倒得比较严重,其他地方都不是很严重。当时山体滑坡,我们就跟政府一起把人员疏散到双堰村。双堰村相对来说比较平稳,就是现在陈家坝重建的那个地方。我们单位的同事都表现得比较优秀,当时我们派出所只有4个干警,就是"老中青三结合",一个五十多岁的,一个四十多岁的,当时我三十多岁,还有个小女孩,也是很优秀的,公安省厅都表彰过,才二十多岁,都义无反顾。当时想到的是遇到这种灾难我们必须面对,而且这是我们必须要做的,我们是坚持到最后和党委、政府把人员全部转移完了的。

赵　淋：当时地震发生的时候您在哪里呢?

段成渝：我在派出所。

赵　淋：能不能说一下当时的情况?

段成渝：我们也没有经历过那么大的地震,真是昏天黑地的,什么都看不到,我当时趴在地上,不知道是怎么了,因为从来没有经历过。当时很多人都是抱着树的,稍不注意根本站不稳,我们乡长抱着树都差点被摇倒了。具体救助了多少伤员,这我不是很清楚,我们派出所是跟着党委、政府一起的。那时候给我的感觉就是大家还是比较团结,地震的那一瞬间大家都知道相互帮助,相互救助,真的体现了人的本性,大家都还是比较齐心协力,比较配合,整个转移还是比较顺利。当时南充一个武警支队①走路走错了,听到这边受灾比较重,12号还是13号就过来了,当时他们来的目的就是帮着处理尸体,他们当时在老街处理的尸体大概有50多具。

赵 淋:那地震的时候陈家坝的状况是怎样的呢?

段成渝:当时是赵海清在当书记,组织还是比较有序,大家都给他建议,怎么处置以及人员怎么转移,整个还是很有序的。首先是把人员转移到很开阔的地方,当时那个桥已经断了,我们就弄了个便道,把人员往河对岸疏散。当时伤员比较多,地上基本是摆满了,有几个人还是当着我的面死了的,慢慢地就没有气了。我们能够处理的就处理,确实没办法的就往外面抬,往外面转移。老百姓也还是比较齐心。那时候叫的"街娃儿"(混混)把他们自己的货车弄过来,做那种很简易的担架把人拖到车上去,往桂溪方向拉,在桂溪转车。地震过后我还希望请县上来支援我们,12号下午两点多就安排人员过去,那个小伙子回来的时候差不多六七点钟,我们就问他情况。当时就知道我们那个地方损害的比较严重,不知道其他地方的情况,他回来后告诉我们整个老县城都没有了。他的这个话对赵书记还有我们其他人的打击还是挺大的。但是我们都是男的,当着其他人我们不能哭,都是躲在角落里哭。

赵 淋:在唐山地震之后,很多年都没有遇到像汶川、北川这么大的灾难。那当时您家里面的情况怎么样呢?

段成渝:当时我们家是住在老北川县公安局的,当时我爱人在开会,我在陈家坝,我女儿在读书,我岳母在家里,还有我表姐专门过来照顾我娃儿,本来是星期二,都在上班。

---

① 2008年5月12日晚10时,支援北川县抗震救灾的南充消防支队一行14人在支队参谋长陈彬的带领下,奉命星夜兼程一路奔袭,于13日5时赶到北川中学。随后,宜宾、泸州等消防支队也相继赶到北川设立指挥部并及时投入救灾现场。{资料来源:中共北川羌族自治县委党史研究室,北川羌族自治县地方志办公室.北川"5·12"大地震抗震救灾纪实(上)[M].北京:中共党史出版社,2009:392.}

赵　淋： 都是在陈家坝吗？

段成渝： 不，他们在老县城，我爱人在绵阳，我在陈家坝，她在那边开会，我老婆的幺嬢都在老县城，埋在下面都没有挖出来。12号那天早上，我把我的女儿送去了学校。我那天实在经历了很多很多，所以我不愿意回忆这些。另外我女儿也走了，岳父岳母也走了，当时还有一个帮忙看孩子的表姐也都埋在里面了，所以我的心很痛，我不想说这些事情。

赵　淋： 理解，能理解。

必须尽职尽责，坚决违法必究

段成渝： 老实说，我觉得我们毕竟穿着制服，我们应该做这些事情。我大概是16号、17号回了一趟老县城。我们当时还是比较团结，尽职尽责，上面怎么安排我们就怎么办，我就觉得我们能做的就是尽职尽责了。

赵　淋： 当时陈家坝在发生地震的时候，大概也是断水断电？

段成渝： 当时什么都没有了。有一个村全部垮了，人员基本上被埋了。当时我们把人员全部转移到绵阳去了后，陈家坝基本上是一个空城，人员很少。后来，市上又让把人员接回来，当时接回来的时候确实遇到了很多麻烦事情。很多人家里有人受了伤，又没有任何事情做，每天还有10块钱生活补助，所以就有人喝酒、打架。赵书记要求我们必须要保证辖区稳定，只要是违法的就要坚决查处。当时江油市公安局副局长张德浦大概是8月份调到北川来的，他来到陈家坝说，如果我们在江油的话，我们肯定都是英模。其实那些都是次要的，关键是我们要尽职尽责。

5月12号晚上，我安排史海燕坐摩托车跟着一个老兵到江油去报灾情，而且当时我们那边最恼火的就是，陈家坝到老县城的联系完全断了，桂溪那边有座桥，但是是一座危桥，所有后面的救灾物资基本上不往我们这边走。我们知道桂溪那边灾不是很重，我们就跑到那边去拦、去要，当时的情况还是很凄惨。

大概六月十几号，我们就撑起帐篷，给老百姓办户籍。我们觉得老百姓是灾民，我们也是灾民，大家都是灾民，我们能够帮着处理就帮着处理。陈家坝是北川县第一个搭起帐篷给老百姓办户口的乡镇。因为当时整个县城已经毁了，政府机关全部搬到安昌了，就是现在安昌，就在那边办公，如果老百姓要去那里办事情，就要走江油、绵阳，然后绕去安昌，而且路又不好走，这样就要花上一两天时间在路上。所以我们就跟电信部门衔接好，把电话搬出来，先帮老百姓把户口办了。办户口的同时有些老百姓要闹事，有很多年轻人酒喝多了就喜欢闹事。当时我们坚持一个原则，只要违法了，构成治安管理处罚的，在当地影响比较大的，我们是坚决立即处理，送到绵阳去。因为当时街道的拘留所都没有了，只有绵阳才有，所以说那段时间很艰辛。当时只有我们4个人，后来局里看我们人少，慢慢给我们补充人员，10月份就安排了一个泸州军校的学员过来支援我们，后来慢慢地安排了有30个，队伍就慢慢壮大了。

  赵　淋：为什么想要帮老百姓办户口呢？

  段成渝：因为当时每个遇难的人有5000块钱补助，但是房子都垮了，户口本找不到，老百姓要去领钱要拿凭证，我当时就是从这个角度来做事的。要让老百姓知道派出所在帮他们。

  赵　淋：在10月份之前派出所只有你们4个人吗？

  段成渝：对，我们4个。在六七月份的时候，我们一个政委第一个到我们辖区来看我们的情况，他说："你们这个地方确实有点恼火。"就给我们安排了3个刑警过来。我就觉得领导把我安排在什么位置，我就按照上面的要求，把本职工作做好就行了，其他没有什么要求。当时我们那个乡镇总共有一万多人，从"5·12"过后，光是行政处罚，我们拘留的人数就是全公安局其他派出所累积起来都比不了的。我记得我们一个派出所就拘留了七八十个，这个数据公安局能查得到，其他地方都没有这么多，因为我们陈家坝那强调"灌子铺"，就说一般的干部到这儿来，就会把你"煮了""蒸了"。

  赵　淋：就是说当时的情况比较乱。

  段成渝：因为前面几任所长跟我关系比较好，他们都告诉我，这个地方的人，就是要依法严肃处理，不能手软，不能留其后路。所以我当时大概在春节前，就处理了3个酗酒滋事的"街娃儿"，敢打老百姓，以为自己很不得了。当时有领导还跟我说能不能从轻处罚，我当时说了一句话："各位领导，我刚刚到这个地方来，如果我把这件事情从轻处理了，我后面工作该怎么开展呢？"然后他们就没说话了。

  赵　淋：这些闹事的，他们年龄多是多大呢？

  段成渝：基本上三四十岁。当时没有房子，全部搭的帐篷，他们就聚在一起喝酒，喝了酒就无事生非、打架斗殴，救灾物资来了一起哄抢救灾物资。这些人要是不处理是不行的，特别是哄抢救灾物资，如果不处理，大家就都会去哄抢。

  赵 淋：当时有救灾物资的时候你们也要一起去维护吗？

  段成渝：肯定要维护。首先我们还是要维护秩序，救灾物资主要是政府来分发，我们维护秩序，谁违法了我们就处理谁，肯定要保证救灾物资顺利发放。我记得当时有个老县城的人，老百姓都知道他偷救灾物资，这个事情我是必须要处理的。

  赵 淋：那有没有出现什么事故呢？群体性事件？

  段成渝：群体性事件也有。

  赵 淋：能不能说一下具体的情况呢？

  段成渝：当时我记得有这么一个事情，赵书记的孩子跟我女儿差不多都在幼儿园读书，就被埋了，他爱人也被砸到了，受伤比较重，被送到重庆去治病。6月份的时候，他就去重庆看他老婆，这下子就有人煽动了，说赵海清跑了，不管老百姓死活了。当时这些老百姓不像我们现在这么冷静，只要谁一煽动，就容易冲动。就只有慢慢来，首先控制现场，然后再慢慢劝，慢慢疏导。2009年的时候，在地震灾害较重的那一块，有些项目是直接安排公司来做，跟地方接触很少。来了以后就跟当地发生了一些矛盾。

  赵 淋：那种情况下大家肯定都不是很冷静，特别是老百姓做了一些激动的事情。

  段成渝：一般来说，违法的人会怕我们。老百姓尊重我们，就尽量帮他们解决些问题，他们也不会给我们找麻烦，违法的毕竟是少数。五月十四五号，有几个不懂法的人到街上去偷别人门面里的东西，包括摩托车也拉走。当时我也没办法了，就跟派出所将人抓起来，领导也赞成这种行为。大概从6月份开始，凡是违法的，我们就当天处理，把整个材料弄完，证据整理完，就把人送到绵阳去依法关着。

  赵 淋：当时就送到绵阳去关，就送到市里面去。

  段成渝：经常都是。如果我们在凌晨一两点把人押到绵阳看守所，他们（绵阳看守所）都是要抱怨的。

  赵 淋：因为你们那边事情也比较多。

  段成渝：不是，因为每次我们都去的很晚，从灾区过去路不好走，还要办一些手续，把人关进去都是凌晨一两点了，然后第二天又要回来。

用心沟通，守护一方安宁

赵　淋：当时陈家坝村在地震中大概去世了多少人呢？

段成渝：我记得是 730 多还是 740 多，应该相对来说是比较准确的。除了老县城，就是陈家坝和擂鼓镇，但擂鼓镇的伤亡没有我们多，因为我们那个位置，山体滑坡比较严重。

赵　淋：那现在陈家坝那边还有没有人居住？

段成渝：还有。现在就是把山上老百姓全部集中在一个地方，选一些平坦的地方集中安置，陈家坝的安置点就有十几个。

赵　淋：那后来这个地方重建是哪个地方援建的呢？

段成渝：是青岛。

赵　淋：您到陈家坝担任副书记时，那里的情况怎么样？

段成渝：当时让我当副书记，就是让我把稳定搞好。

赵　淋：主要就是维稳。

段成渝：对。

赵　淋：那你任乡党委副书记的时候也还是派出所的所长吧？

段成渝：对，主要是稳定。从地震发生后到目前为止，陈家坝维稳这块相对来说还是做得比较好，我是当时北川第一个所长兼副书记，领导来看我们陈家坝的秩序，各方面感觉还是很不错。你看接近一万多人口住到这里，平时看着还是很有序的，当时来了几十个学员后，开始巡逻和办入户，老百姓很接受。

赵　淋：说明工作比较到位就比较信服。

段成渝：把事情做到前面，毕竟管人不是件容易的事情，把老百姓劝在屋头，少点事。

赵　淋：我觉得在那种情况下还是比较能够理解大家的心情。

段成渝：都是灾民，其实有时候遇到不讲道理违法的，我也很厉害。

赵　淋：当时你们公安局主要是从事哪方面的协助工作呢？

段成渝：维护社会治安，维护稳定，主要是这两块。稳定那块是很麻烦的，地震后的一两个月就反映出一些问题。北川中学的遇难学生家长反映说学校房屋建设有问题。北川中学是死了 1000 多人，具体数目我不是很清楚，但是我们这边都有 70 多个。

赵　淋：除了闹事这些问题，还有没有遇到其他的一些社会上的问题？

段成渝： 后面公安局安排了 30 个学员过来，我觉得那 30 个学员是第一批到我们这边来的，而且也比较优秀，所以应该是把他们用好了的。当时人员安置相对来说比较集中，就在双堰村①，基本上把整个陈家坝村的灾民全部安置在那里，都是搭的帐篷。我们把这批学员利用得很好，分成几个组，一组负责巡逻，二组负责跟老百姓聊天，缓解他们的心情，这点还是做得不错。人员多了后这一块工作做得还比较扎实。比如两个干警巡逻了一圈再换另外两个干警去巡逻，其他的就到老百姓家里去，跟老百姓聊天，跟老百姓拉近关系，至少我们做任何事情他们不抵触。

赵　淋： 当时跟老百姓的接触还是比较多是吧？

段成渝： 确实比较多。其实我们也担心，当时人员很集中，如果工作不做好，领导检查的时候老百姓情绪不稳定，那就不好了。如果工作做好了，平时我们有交情，相对来说我们去劝他们还是会听的，因为当时他们反应的问题我们该处理的都处理。我记得有个陈家坝北一中遇难学生的家长，她孩子遇难了，老公是村干部也遇难了。当时有些钱没有给她发完，我就让她把手续拿来给我看一下，确定有这个事情后，我就帮她跟书记乡长商量了确实应该给她解决了。解决后她觉得我办事实在，后面她有事来上访，我就劝她，能够帮你做的帮你做好，符合政策的我们帮你争取，但是上访就不要去了，我们慢慢解决问题。她就听了我的劝告。所以要用情感跟他们做工作，否则后面的事情真的很不好办。

赵　淋： 那你们是青岛援建②的，过来的是部队吗，还是？

段成渝： 我感觉他们相当于办事处，青岛安排工作人员过来，大部分

---

① 原陈家坝乡场镇在地震中毁坏，不宜原址重建，经市、县民政部门批准，迁陈家坝乡至双堰村新建，2009 年 1 月始建，2010 年 12 月建成。重建项目包括应急配套基础设施、村通道路、风貌改造、环境整治等 11 个项目，投资 10 855 亿元。(资料来源：北川羌族自治县人民政府. 汶川特大地震抗震救灾志[M]. 北京：方志出版社，2016.)

② "5·12" 地震发生后，按照党中央、国务院和中共山东省委、山东省人民政府的决策部署，中共青岛市委、青岛市人民政府高度重视援建工作。成立由副市长胡绍军为组长的对口援建北川陈家坝乡板房建设领导小组，5 月 22 日青岛市援川板房建设领导小组抵达陈家坝，5 月 26 日板房建设开工。到 7 月 31 日，青岛市承建的陈家坝 1802 套板房在双埝村、红岩村全部完成并交付使用，出色地完成了板房搭建任务。{资料来源：中共北川羌族自治县委党史研究室，北川羌族自治县地方志办公室. 北川 "5·12" 大地震抗震救灾纪实（上）[M]. 北京：中共党史出版社，2009：517.}

援建工作我不是很清楚。但是青岛那边需要我们干什么，单位上安排我们去，我们去就是了。比如当时修小学的时候，有什么矛盾有什么纠纷需要我们去化解，我们去化解就是了，现场有什么问题我们就去处理。我们不介入重建那块，他们会直接跟党委政府在现场衔接完。

赵　淋： 那他们在援建的时候有没有发生一些治安上的矛盾或问题需要你们去化解的？

段成渝： 有。因为当时援建的时候，青岛过来的都是一些管理人员，就会请本地的或者四川其他地方的工人来施工，老百姓打工挣钱会发生冲突。地震发生后，唐家山堰塞湖就慢慢形成了，当时就是排洪，陈家坝在下游，洪水很可能溃到我们这里来，我们就安排人员、安全干警每天去清，后来就有部队，不允许老百姓进去。

赵　淋： 唐家山堰塞湖离你们那儿近不近呢？

段成渝： 比较远，但是专家说的溃坝有可能水会灌到我们这里来，我们按照上面的要求来疏散人员。

开展自救，用团结筑起生命桥梁

赵　淋： 当时陈家坝常住人口有多少呢？

段成渝： 11 000多。我感觉北川人民真的很坚强，当时全靠自救，整个老县城基本上也都是自救，没有任何人来支援你。5月中旬的时候，当时部队已经到了北川，因为领导没有发话，所以不能进城，后来是温家宝来了以后才进的城。

赵　淋： 温家宝他是到了你们镇上吗？

段成渝： 没有到我们镇上，他到的是老县城。

赵　淋： 陈家坝是不是在河边上的？

段成渝： 是的。

赵　淋： 地震后肯定断水断电，你们的消息也没有办法让上级政府知道，而且北川县城情况也不太好。

段成渝： 当时，我们先把老街也就是派出所驻的那个地方周围的人员安置好。整个老街大概有几百人，处理完了后安排了史海燕和另一个人到江油去报灾。

赵　淋：到江油去报的灾？那你们当时那种情况，有没有跟北川县上的公安局有联系呢？

段成渝：没有任何联系。当时赵书记安排了个年轻人到县上去报灾，想着县上来人支持，去了以后发现县上什么都没有了，那就只有靠自己了。

赵　淋：那你们就是从刚开始就一直是自救了。

段成渝：一直是自救啊。

赵　淋：你们派出所有没有跟其他部门一起来救灾？

段成渝：当天信用社找我们，他们有好多金库、票据现金，因为派出所的房子相对来说比较安全，我们就一起把东西转移到派出所去，凡是需要我们的，我们就一起配合。说老实话，其实我还是很佩服电视台，凤凰卫视也来了的，当时还跟我们住了一周。当时宣传我们灾区的都是很正面的。我记得很清楚，当时我们派出所有个警车，前面引擎盖被砸了，我们就一起把车子拖出来，把引擎盖绑好，当时政府垮得比较厉害，我就给赵书记找了一件制服，然后就到市上去拿救灾物资。

赵　淋：你之前说救灾物资运不过来，那后面怎么运送过来的呢？

段成渝：当时是这么一个情况，那个桥是小车限行。我们用水泥铺好，因为一定要把物资运过来，我们那边什么都没有。

赵　淋：陈家坝有没有人现在到新北川县城去的呢？

段成渝：有的，包括我说的赵海清书记，现在也在新县城。当时供电所、工商所都在，党委和政府的整个组织是很有序的，各部门都是很支持的，大家团结，不然一个地方不团结那还真的是不好弄。

国家的支持是灾区强大的支柱

赵　淋：青岛援建是什么时候回去的呢？

段成渝：具体时间记不清楚了。他们重点是把学校、医院等基础设施建起后就回去了。

赵　淋：那现在陈家坝上学的孩子多不多呢？

段成渝：多，陈家坝虽然只有一万多人，但在北川还算是一个比较大的乡镇，人员还是比较多。地震过后，学校、卫生院确实修得比较好。

赵　　淋：地震的时候您清不清楚国家、政府有没有给这些老百姓一些资金上或者是精神上的资助？

段成渝：地震后，每个人每天 10 块钱，还有粮食，房屋重建也有补助。具体多少我不是很清楚。

赵　　淋：他们现在的生活条件怎么样呢？

段成渝：地震对老百姓影响还是很大。比如说我们那边都是集中安置，他住在山下，但他的土地在山上，他每天早上一早要上山，干完活要下山，这对他们来说也确实不方便。

赵　　淋：现在县上对受灾的地方有没有一些持续性的援助工作呢？

段成渝：县上现在基本上就是按这种管理体制运作了。

赵　　淋：也就是说，比如说地震过后他们没有土地了，那现在土地呢？

段成渝：比如当时我们那边的土地，虽然是垮了，但是大概位置还是在那儿，这块地是你的，那还是你的，所以现在还是那里种。

赵　　淋：那有没有一些方式来解决他们就业方面的问题呢？

段成渝：北川解决就业确实恼火，因为北川企业确实不景气，招商引资引不过来，这个地方又没有任何优势，怎么招呢。都说北川靠的是上级的补助，转移支付，要不然根本没有办法运作。要怎么去解决就业呢？现在北川很多老百姓都外出务工，重点是外出务工，因为外出务工有现钱拿回来，如果在家里干事情，比如种树，还是干别的都是一个长远的过程。

赵　　淋：新北川现在怎么样呢？

段成渝：新北川的建设应该是比较好的，当时整个设计、施工在全国都是最先进的。

赵　　淋：是不是也是青岛援建的？

段成渝：是的。

赵　　淋：这边的房子都很有民族特色。

段成渝：这个地方地质结构要求不能建高层。

赵　　淋：所以说这边都是这种比较矮的。

段成渝：基本上都是六七层。

赵　　淋：那现在北川这边的人口大概有多少呢，就是新县城？

段成渝：两三万，安县那边划过来了几个村，有几千到一万人，所以新县城总共可能就两三万人。

赵　　淋：老北川以前的那些居民和现在安县的居民之前有没有什么矛盾呢？

段成渝：还是有，这个磨合肯定是一个长期的过程，短时间内不可能消化。

赵　　淋：那老北川那边应该还是有警力在那边维持治安吧？

段成渝：现在人员已经撤完了，只是有一个，我们专门成立了老县城管委会维护那边的社会秩序。游客去游玩都是他们在统一安排。

赵　　淋：您想想有没有什么感悟能说一下吗？或者说在地震后有没有哪个地方就是说政府在哪方面需要加强一下，或者是您自己的一些感悟，对生活、个人、职业的认同这些。

段成渝：其实这么大的灾，肯定要依靠国家才有办法。其他我觉得没有什么，反正凡事只要尽心我就觉得没有什么拿不下来的。包括当时遇难学生家长那一块，他遇到一个小的事情，你帮他处理好，他什么都听你的，人都是讲感情的对不对，你对我好，我对你好，都是相互的。我觉得就是尽心尽职尽责，这是我自己的感觉感悟，其他的我觉得没有什么。

赵　　淋：很实在的。

段成渝：人实在点好些。

赵　　淋：比较尽心尽责做事情。你们经历过地震，而且能够积极地工作生活下去让人很敬佩。

段成渝：我觉得应该是一个人的本性，我觉得大家都是那样的，说老实话，当时地震过后，我们在救灾的时候，好多老百姓很值得我们敬佩，而且我觉得我们跟老百姓比确实有差别。比如那些伤员，农民就能直接把他们背起，我们就需要两三个人抬，而且他们跑得还很快。我觉得当时大家真的很团结，特别是地震发生的当时，大家都很团结，后面可能是过了几天之后开始躁动了。

赵　　淋：可能是慢慢平息了之后会有点浮动。那当时在地震的时候有没有发生一些瘟疫或者大病呢？

段成渝：没有，防疫那块搞得比较好，我们这边灾情比较重，就安排了防疫队伍过来，因为当时虽然我们老县城那边过不来，但是我们从江油到桂溪、到陈家坝的路相对来说损失不是很大。过了几天防疫队伍就过来了，当时部队过来的时候就把现场那些尸体都处理了的，当时埋了几十个。

赵　淋：之前跟你一起共事的那三个警员他们现在是在哪里呢？

段成渝：目前有一个在曲山派出所，就是老县城那儿的党校教导员，她也是我们北川公安局唯一一个女所长，就是跟我搭档的。这个女所长真的很不错，很优秀。当时她妹妹也是在北中读书，脚被砸残了，一样的坚守阵地，既然把我们放到这里来，我们就要把本职工作做好。12号那天晚上她晓得她妹妹受伤了，而且很严重，然后我也晓得我娃儿遇难了，当时她跟我一样一起坚守。她还是很勇敢地站起来，很欣赏这个女同志，说老实话很优秀。

舍小家为大家
——访汶川县地税局冷光香[①]

题记：奉献既是对他人的关爱，也是对自我身心极限的挑战和超越，冷光香书记完美诠释了这一真谛。

雷锋同志有句名言：一个人的生命是有限的，可是为人民服务是无限的。冷光香同志的事迹表明：一个人的精力和体力是有限的，可是在危难时候全心全意为灾民服务的精神是无限的。

2017年7月17日下午4点钟左右，在汶川县地税局大楼办公室内，我采访了抗震救灾模范冷光香。汶川地震时，冷光香是派驻映秀镇中滩堡村的党支部副书记。一个小时的访谈，她给我的最大印象是：冷光香虽然姓冷，但人一点都不"冷"，而是个热情友善、积极乐观、魅力四射的好大姐、好干部。她有四点深深地打动了我：一是舍小家、为大家；二是不怕疲劳、连续作战的精神；三是将心比心地做思想工作；四是积极乐观的人生态度。

采访时间：2017年7月17日
采访地点：汶川县地税局
受 访 人：冷光香
采 访 人：郭海龙
整 理 人：郭海龙

郭海龙：冷书记好，我想深层次地跟您聊一下抗震救灾，包括抗震救灾的过程，地震发生后的应急处理，后来的重建等，以及这些不同阶段您的所见所闻所想。

[①] 汶川县地税局稽查局干部，汶川地震时是派驻映秀镇中滩堡村的党支部副书记。

地震逃生

冷光香：我当时在映秀做村委书记嘛，地震的时候我们正在映秀宾馆筹备会议，地震就发生了。开头是左右摇，我们看到柜柜啊那些东西都在摇。我当时有地震意识，马上跑到卫生间，因为卫生间有承重墙。后头就摇到钢筋被拉开。我说："遭了遭了，肯定遭了，楼肯定就要坐下去了。"哦哟，结果后头就"轰轰轰"下去了，从三楼就坐拢一楼。一楼坐拢过后，我们所在的三楼还好，二楼全部就垮完了，简直不得了。这时，陈局长就把门打开，扯开，那个门扯紧了，就坐下去了。当时我们已经预料到了，就说把门起开跑出去。因为三楼没垮，一楼二楼垮了，一楼嘛全部是框架式的，还在撑起。门被使劲扯开后，全部是灰尘，人看不到前面就落下去了，就从楼梯道落下去了。我高跟儿鞋落下去，落下去的地方全部是废墟。我在黑暗当中摸到了鞋子，穿起。那个时候，我感觉到一片黑暗。因为看不到，但能猜得到是从我们经常走的楼梯的缝隙中钻出来的，出来后全部都打抖。出来的人中有哭有闹的，有喊救命的。我们当时那个心跳啊，跳得"咚咚咚咚咚"的。

逃出来就救人

冷光香：逃出来后坐了一会儿，坐了一会儿又起来了，马上找水给受伤的人、弄出来的人洗。只有用冷水洗，没有办法啊。医院虽然挨着很近，但全部坐成负一楼了，就没有药品，我们就是拿个冷矿泉水来洗。后头，可能有十来分钟后，那个灰尘，已经看不到了，就慢慢慢慢散开了，散开了过后，我们就开始组织救援。听得到处喊救命啊之类的，有老的，有小的，小的在哭，老的也在哭，受伤的在叫。这时候，我们把受伤的用水洗了后包起，包起后就进行转移。因为在房子周围肯定是很危险的，余震不断，又在摇。于是，我们几个就组织起，进行转移。我们要求把老的小的都转移到坝子①里面去。这下子，有些棉絮啊，铺盖啊，就被抱起走，抱一些该抱的。小孩儿、老人，弄起就走。

我记得我当时还抱了一床棉絮，就抱起走。我说能够给小娃娃盖一下，

---

① 坝子，就是平地。

还是不错。结果哪晓得,有个妇女在田坎上冷得受不了,又冷又哭,这下子我就马上把那个棉絮拿给她裹起,那床棉絮就给她了。可能有两个多月后,她碰到我了。碰到我时,她说:"哎呀,冷书记,你晓得不,你给我棉絮把我救了啊!要不,我肯定要冷死啊,要吓死啊!"我说:"其实没有什么,碰到这种情况,我能够救肯定就要救。"

后来,我们有几个人又跑到漩口中学去救学生。当时,漩口中学是新修的房子。说实话,那儿死的人呢,并不是很多。由于一楼下坐成负一楼。学生、老师死了几十个。我们就跑起去救,去找一些失散的人。那些没跑出来的娃娃啊,当时就被找出来十几个,可惜都已经死了。

郭海龙:这些都是"5·12"当天的事吗?

冷光香:嗯,当天。地震是2:28发生的嘛。我们可能就是三点过点儿。三点过我们就跑到学校去了,跑去救人。还好,钢筋混凝土没把我们划伤。一天到晚,救的救,弄的弄,我在驻村嘛,几个村的老百姓都要去管,不分彼此。

建立救助站

冷光香:在第二天,我们就开始建救助站,负责救助灾民。那时候什么都没有。因为没有路,路是堵死的,灾民们下来不到,又没有吃的。这时我就跟杨维兵两个人给他们弄了一个救助站,杨维兵是漩口镇的妇女主任。就一个帐篷,搭了一个救助站。在纸壳壳、啤酒壳壳上写了三个字:救助站。救助站搭起来后,我们就到处找吃的。后头就找锅,用石头撑起,找柴,熬稀饭。盛稀饭就是用纸杯杯,没有碗,那儿没有碗。灾民来了,就给他们舀点,来了就给他们舀点。早晨、白天、晚上,一直在熬。

熬了过后是第三天,飞机来了,飞机来救援了。因为第二天来不到,下雨,到处下雨。飞机在高处旋啊旋,就是看不到底下是什么情况。老百姓看到飞机啊,就高兴得很啊,因为毕竟大家觉得党中央来了,安排人来了。飞机来了,但由于看不到底下,降落不下来。老百姓就哭啊,就那种哭啊。哎,好那个哦。我看是13号早晨,特警还是武警,一大早就来了,还是通过徒步来的,因为路垮完了。那两天下大雨,他们睡觉时就盘脚睡。哎,我看到他们好那个哦!真的,我很感谢他们。很感动人的,他们实实在在是冒死来救我们的。哎呀，我看到解放军就觉得有一种幸福感，党中央来支持、来救灾民了。所以说，我们汶川人，真的很骄傲！还有，让我们很骄傲的是我们伟大的祖国。说，说，实话，我一说就有点儿激动。①看到解放军来了，老百姓就高兴得不得了，就欢呼，就那种多激动的感觉。因为当时地震的情况是什么呢？地裂开了，人就落下去了，就活埋了。扯开，裂开，落下去，就看到那样子。

郭海龙： 就是汶川县城？

冷光香： 映秀，我当时在那儿。那儿是千名干部下基层的地方呢。2007年10月份开始，千名干部下基层。我当时就被派到映秀（中滩堡村），当党委书记，那会儿就是书记嘛。大家就是扶贫啊，帮困啊，就是这些嘛，大家为老百姓服务啊。哎，（地震）那两天就熬夜，因为毕竟大家需要，需要物资啊，需要什么东西要去找，老百姓各方面要去安抚。我们住在中滩堡杨元清他们家里头，杨元清三弟兄，总共死了11个人，妻子儿子都死完了。地震后只剩三弟兄。那三弟兄就开挖挖机②去救人，救小学的学生娃娃啊。救灾的那种精神，我觉得还是值得佩服的。虽然我一家人死了，但是我还要救人，还要救那些没死的人。

第二天、第三天，政府又安排我们去收物资。那两天就熬夜，因为熬夜没睡好觉，人倒到哪儿就（在哪儿）睡着了。但飞机一来，就把我们喊醒，醒了后就马上接手物资。物资入手了，就分给组上、队上安排。等安排好了，飞机走了，这下子精神又不够了，又倒下了。倒下了后，飞机一来，又开始接收物资。后头，有几天时间，物资送拢了过后，就给老百姓分发啊。又过了有一段时间，又在救灾，又在救助站。我们既要管救助站这边，又要跑到两三公里以外去找干净点儿的水，因为地震过后的水又不能用。我们就一手拿桶桶，一只手拿碗之类杂七杂八要洗的。哎，那会儿，是那个精神理念：只要能够做，觉得有使不完的劲儿。但是呢，精力还是有限。

第三天，武警部队来了，就喊我给他们带路，我还是接下了任务。穿半高跟的鞋子，就带着我们武警部队一起走老鹰嘴。多吓人，高头飞石不断，雨水不断，就看嘛，看山上的石头没飞的时候就冲嘛，又跑，这下子

---

① 当时冷光香激动得热泪盈眶。
② 挖挖机指挖掘机。

把他们带到老鹰嘴，到银杏①那儿去救人，就把银杏的老百姓通过渡船等形式接下来。救下来后，那天晚上下暴雨。晚上两点过的时候，把灾民安顿好后，我发现尸体很多，一坝一坝的，一坝坝的，好吓人哦。我开始看尸体都害怕，后头看到一坝一坝的尸体排得一堆一堆的，死的是哪些人还认得到。后头雨又下，那个帐篷就要吹垮了。我就记得我们四个人，我、汪姐、董靖宇，还有杨兵儿，我们四个人就把四个角角一个人撑了一支，那些灾民就躲到那儿过的。我们就撑了一晚上，就撑起了。哎呀，我觉得，他们只要住好了，大家心头②都舒服。

舍小家为大家

冷光香： 跟你说嘛，那段时间，我一下就瘦了十几二十斤。我和老公见面都是一个月后的事，他没有把我认到，都是有病了，拖病了。我呛肺了，灰尘呛肺了，就这样我咳了半年。那段时间身体就是差。有个大足的张医生，60多岁了，是来支援我们的志愿者。他来了后呢，我就病倒了。病倒了后，晚上两点钟的时候我就输液。输液时他说："哎呀，冷书记，你太劳累了，你不应该这样子，你应该好好休息。"我说："你看，看到这样子，大家都在支援我们，我们还能够休息吗？"这下子，他就说："也是。你这种精神真是太值得学习了。"一会儿起来，一会儿起来，大家就一起只睡两三个小时。可能就是接着输了那几天液，后来刘局长上来看到了。他说："不行，你一定要休息，咋个都要休息！"

这下子，六月十几号，刘局长硬是把我们换下来。那时候，我娃娃都没管，纯粹是全力救灾。娃娃一个小学四年级，一个高一，两个女儿。我们老公是学校老师，他要管学生娃娃，管不到我们娃娃。这下子，我们二哥就跑来找我们女儿。我们小女儿后头被刘老师救起走了。因为不晓得我死没死，她们就哭啊哭，哭啊哭，就在屋头哭，她们爸又没法管她们，要管学生娃娃。我也没法管，我就只能管底下。大概半年以后，我才回汶川。

---

① 汶川县银杏乡。
② 心头指心里。

回达州①，我老公没把我认出来，因为我又瘦又黑又病了。回去了两天，这边又通知我回来。一个救助的地方是在映秀电厂，那儿有个平台，那是个坡坡上，很多人在那儿。因为没有药品，全部埋到底下去了。只能是自己能够救的就去救，能够挖的，大家都在地底下去挖点药品出来，就这样子去救。

有个付红，现在都已经死了，他是得的心脏病嘛还是高血压，当时也在一起救助，一起跑，当时给他改的名"尸长"。"尸长"的"尸"是尸体的尸，他专门负责挖尸体、抬尸体。成都指挥学院的那些娃娃来了后，抬尸体，那些娃娃抬得啊，硬是多悲惨的。我们都看得到，一只手吊起的，肠子挂起的，那些什么，都断手断脚的啊，都多得很。但是有些时候就没有办法，没办法，活人都要去救嘛，死人哪里管得到嘛。

一听到喊救命的，又要去救，往屋子里面去找。那会儿余震不断，摇摇摆摆的，都还是要去弄。那会儿，我觉得是没有管生死，真的是冒着生命危险的。那些伤员没有盖的，我晓得映秀宾馆有盖的嘛，我们就跑起去。杨帮群，也是我们单位上的，我们两个就一路，晚上找到几个电筒，然后上去，上去了过后，就爬上去。我们晓得那个路是垮的，那个梯步都是垮的，我们两个就手拉手上去，要去给他们找点儿盖的。找点儿吃的，没有吃的嘛，我们就跑上去。一会儿又"轰轰"②的来了，我说又来了，咋办呢，我们就躲到边边上。然后，不震了，又去给他们找铺的，找毛毯，找来什么，给弄点儿下来，然后就给伤员盖起，然后给他们找吃的，弄下来又是一两点钟，晚上一两点钟。那些没有运起走的伤员呢，飞机一下子运不完，这下子就给他们找点儿吃的。能够给他们弄点儿吃的，增加点儿营养都好一些。

后头，解放军是13号早晨嘛还是14号早晨来的，我记不清楚了。当时还在下雨。因为雨还有点儿大，晚上的时候我才看到他们那样子，好艰苦啊！解放军，真的是，那个是太艰苦了。到处是，也没得住的，到处没得住的，就盘脚，雨衣一披，这样子盘起就睡了。后头我们又找矿泉水啊，给他们送点儿啊。第三天嘛，飞机才来嘛，我们接受物资啊，有组织地安

---

① 冷书记丈夫的家在四川达州。
② 这里指余震。

排我们救灾嘛。救灾了之后就是灾后重建啊，还是很有组织的，因为有党中央统一领导。有党中央领导，就都不是问题了。

以心换心做思想工作

冷光香：还有，国家的国力强大，哈哈哈哈，说实话，真的，我们中国国力还是很强大的。你看一个小小的县，一个省来这儿支援，一个省支援一个县，一下子就把大家都建得很好，很美，哪个县都很漂亮的。灾后重建是各方面的工作。但是呢，还是遇到一些问题，就是娃娃死啊。有些家庭死两个，有些家庭死一个，还是有点儿悲惨。悲惨呢，有些时候就有情绪，就安排我们一对一做思想工作。哎，真的要做思想工作，你不做他不得行，他想不开。虽然是天灾，但是他要找你政府，要闹，那会儿是一对一地做思想工作。我们当时做一个妇女的思想工作，她的娃娃死了，儿子9岁，死了可惜了。我们就去做工作，还陪她喝酒，然后谈心。我们做那些村上的事，必须去跟她喝点点酒。只有那样，你才能进入老百姓的心中去。你如果坐得远的话，老百姓都不理你。一个中午，我就喝了两三杯，虽然不多，但是你每家每户吃中午饭嘛。他喊你，你必须要去，你不去的话，他就认为你瞧不起他。就这样，我们就每家都要吃点，吃了谈会儿心。然后重点那家呢，我又去，就挨着谈心。真的是谈心，硬是以心换心、以心交心的那种。后头，她还确实没闹，还成了养猪专业户。

地震是检验爱情的唯一标准

冷光香：一直在映秀，因为我都是半年以后才回的汶川，娃娃我都没管过，真的没管过。嗯……我老公知道我的音信都是一个月后的事了，一个月后才晓得。他没有我音信的时候，晚上就哭，就哭。我跟他开玩笑说："地震是检验爱情的唯一标准。"他说："哎呀，你还开玩笑，当时生死都不晓得，你还开玩笑。"我老公是个很负责任的老师，对娃娃很好，那些娃娃都跟他很亲，都喊他父亲。他对娃娃很慈爱，从来不对娃娃发脾气啊。

身体累垮了

郭海龙：重建的时候，您也是驻村的吗？

冷光香：对，驻村，有两年时间。啊，说到这个事情，差点又死。是为什么呢？因为累，一直累。有一天，李书记①找到我。他说："冷书记，我们村跳舞跳得很好，你要开展活动。军人来了，你要慰问。"因为我们有个"感恩的心"嘛，就组织活动。跳舞比赛，我们村就得了第一名。得了第一名后，我们就要去川大参加世界赈灾义演。世界赈灾义演第一年就是2009年5·12，就是一年了嘛。这下子，李书记就喊我，他说："哎呀，冷书记，你那么累，看到你也累瘦了，你干脆带队去，带队去嘛也好休息下。"我就带队去了。有一百多个国家的代表参加演出，我们演出很成功，大家很高兴。

那时候带了12个人，就是中滩堡村的。演出成功后，心头想大家都是辛苦，就带起到蜀海去。因为水土不服，就过敏，休克了。我们那个村的王建军就把我背起，另外一个人喊"救命"，我什么都不晓得，就硬是不晓得。后头，那儿大医院的人来，就给我做人工呼吸，按哦，我什么都不晓得。后头就，就，晓得好久哦，这下子我呻唤了一声，他们把我弄醒了。他们说："终于呻唤了，你差点儿死。"马上，救护车把我弄到大影医院去。到了大影医院，医生找血管儿，找不到，血管儿从哪儿去找呢，全身都乌②完了，乌完了，什么都衰竭了，全身都乌的。最后在脚尖上，找到了一点儿血管，就才输液，才把我救过来。

后来，我老公打电话过来说："要把我吓死，地震那会儿把我吓一下，你这儿又要把我吓一下。"真的说实话，我说我地震还不怕，我最多就是吓了下，抖了下嘛，我神志是清醒的嘛。那儿去，我是神志不清醒的，救了我几个小时才把我救醒的。后头，我老公从龙泉③赶到大理，大理赶到石林，赶到时5：30。老公到了后，医生就不准我走。我说："没关系，医生，我老公签字。"因为我这儿毕竟还有二十多个人，我一定要送他们回映秀，安全送回家。

---

① 中滩堡村党支部书记。
② 四川话，乌即淤青的意思。
③ 因为当时冷书记丈夫任教的威州中学是转到成都龙泉驿区阳光体育城复课的，在那儿过渡了一年。

把二十几个人送回家后，我就转回到四川省人民医院，在省医院医了半个月时间，才恢复。那个昏迷就是过度虚弱、过度劳累造成的。我现在都过敏，冷水过敏，现在冷水冷到都过敏。就是由于人体过度虚弱了、肌体虚弱了。夏天头还可以摸一下，冬天头根本不敢摸，一摸就过敏，一摸就过敏，过敏就起包，就是荨麻疹。我原来身体那么棒，后头瘦到了一百零几斤。我原来都是一百二十多斤，后来就瘦到只有一百零二斤那样子，瘦下来二十多斤。一下就变形，又黑又瘦。太劳累了，劳累，真的是太劳累了。

精神动力之源

郭海龙：您觉得当时是什么力量支撑着您在如此疲惫的情况下还能去救人？

冷光香：因为地震后那么多人来支援我们，我觉得我们是很幸福的。国家那么关心我们，我就觉得这点儿是支撑我们（的动力），我就觉得不应该休息，应该努力去做，只要活着的人，都应该是这样子。就没有什么条件可讲，不是吗？不管是哪里，四面八方的，都来支援我们，是不是嘛？我们还有什么理由去说休息。人，只要你休息下，就恢复过来了，那点的劳累都不算什么劳累哦。所以说，一直支撑我的就是那种感恩的精神。

郭海龙：你们驻村驻完是哪一年？

冷光香：2009年10月份。2007年10月7号我们下去的，2009年10月份回来的。足足两年，当时那儿的重建也差不多弄完了。

郭海龙：现在那个村庄的发展怎样？

冷光香：发展得很好，嗯，很漂亮，映秀，你没有去过？

郭海龙：哦，我没有。

冷光香：映秀镇。我驻的是中滩堡村。现在整个是一个镇子，那个村和另外几个村合并在一起的。这些村的农民几乎都是无地农民，没有地了，他们的地都毁了，全部修房子了。

郭海龙：那您跟那个村现在还有联系吗？

冷光香：有联系。哦，村民还经常喊我下去耍，都经常给我发微信联系。我虽然驻的是中滩堡村，但是其他的村我一样要照顾，一样要救他们，各个方面我都要照顾到,因为政府的人当时死了11个,剩下的只有几个人。你要安排、要统筹,大家就要跑。哎,脚板儿都要打平,真的是,脚杆都跑断。说实话,因为居住的地方又不一样,要去跑,要去慰问啊,你不管是精神资助还是物质资助也好,就是物资方面要去给予,你要去跑,要去给嘛,要去弄嘛。就这样,现在老百姓都会给我们打电话,喊我们下去耍啊之类的。我说好,我有空就下来耍。主要是因为大家呢,心在一起,就不愁什么。

郭海龙:在救援过程中或是在重建过程中,你们当时做工作遇到的最大困难是什么?

冷光香:当时最大的困难是没有设备、机器。看到有人喊救援,无能为力。真的是,看到人在喊救命啊,预制板压到,没法救啊,你人手去弄呢,又害怕垮下去,又没有机器。那个是最大的问题。

郭海龙:您所经历的抗震救灾,对您现在的工作、生活有什么影响?

冷光香:我很乐观,真的很乐观,我心态很好,经过了两次死嘛,活生生的,两次死亡,都是我心态好。人,就是这样子,你不晓得要经过一场大地震。你心态一定要好,不要什么都斤斤计较,不要过分地去计较。我经常跟他们说,要好好过,什么事情都不要计较。心态一定要好。人只有几十年嘛,大家就是那样子,友情、爱情、亲情,这些关系一定要处理好。大家相识是一种缘分,真的,是一种缘分。说不定都可能是千年修来的缘分(大笑)。不是这些原因,我们咋能认识嘛?这也是缘分。

郭海龙:是。刚才您所讲的,我觉得有四点特别打动我。一个是舍小家为大家,这个真的是让人非常感动。

冷光香:说到这个呢,有点儿……①不好意思,又流点儿眼泪,真的不好意思。

郭海龙:这太让我们感动了,真的。您的人生境界非常高。

冷光香:我想到,作为一个共产党员,哪个都会做的。

郭海龙:您真的是做出了表率。此外,您让我感动的还有三点:第二就是不怕疲劳、连续作战的精神;第三是将心比心地做思想工作;第四是积极乐观的人生态度。我觉得在您身上,这些都表现得特别突出。

---

① 冷书记又流泪了。

·无私奉献篇·

坚韧有担当,危难显真情
——访中国人民解放军某部处长魏杨

题记:天塌了,地陷了,人民解放军走在前面,为百姓撑起一片天,开辟一条路。这是真情,是责任,是担当,更是信念。

在与魏处长的访谈过程中,体会最深刻的是他作为军人、作为党员在危难时刻的坚韧担当,也正如他所说的"党员更多的是肩负""要走在前面,要干在前面,要多承担责任"。危难面前,想到的"第一个是救人",没有器械的情况下,他们凭感觉四处营救,哪儿有呼救声,就去哪儿挖,他们抬着救出来的老百姓跑了三个小时送上救护车,终于完成生死接力;"三天,只吃了一碗盒饭,两个鸡蛋,喝了四瓶水,睡了四个小时"……正如魏处长所说,他们不是不知道疲惫,而是靠顽强的意志力支撑着,因为他们穿着这身军装,面对的是人民的生命,国家的使命。这份责任让他们义无反顾,不知疲惫。

这种深切的责任感和担当意识来源于军人世家的代代传承,来源于军旅生涯"自然而然"的教育养成。正是这种责任感让老百姓把他们当成救星、希望、依靠。他说当老百姓都冲过来说"救救我的家人"时,感到自己有那种作为军人的荣耀、自豪感,更感到沉沉的责任;当老百姓自发地送来饭菜、鸡蛋,他们一再拒绝,但"刚刚第一波送走了,第二波又来了"。他说那种情感的冲击最为深刻,他在内心里坚定"穿这身军装值得"。我想这就是危难面前几乎用生命诠释的鱼水深情吧。

采访时间:2017年2月22日
采访地点:崇州某部队
受访人:魏　杨
采访人:雷　芳
整理人:雷　芳

党员更多的是肩负责任

雷　芳：魏处长，首先我会简单了解一下您的生活史，您的人生经历，因为你在抗震救灾中会做出一些很英勇的表现，可能和您整个人生的经历还是有关的。所以我们就是想简单了解一下你的生活史。您可以看着上边（访谈提纲），简单的介绍都可以。您以前家就是龙泉那边的吗？

魏　杨：没有，我老家是内江那边的。我家是内江，内江市威远县，我父亲、我都是从小在威远长大。我父亲母亲呢，都是普通工人，我是应届毕业生，高中应届毕业入伍，我当时是1998年入伍的，1998年入伍过后，我是在重庆参军。实际上，当时参军过后，是在解放军大院，后来考军校，考上了军校，就读于昆明陆军学院，毕业分配过后，就到我们单位。从小的教育，因为我父亲当过兵，我家里面，就我父亲那个家庭，我是第八个参军者，所以说家庭对我的影响比较大。我爷爷也是军人，包括大叔，还有其他几个姑父，都是军人，所以说从小可能接受军人这方面的教育多一些。包括我父亲对我影响也很大。我父亲的这个性格啊，工作作风啊，包括一些日常的生活习惯，体现出的一些品质啊，这些对我的影响是比较大的。我母亲呢，就是一个一般的工人嘛，就这种家庭接受的教育更多的是来自父亲。

读书啊，就老师而言对我影响最大的就是我高中的语文老师，陈绍兵（音），现在是我们县里面一所中学的校长。他是语文老师，确实，当然对我的影响很大，对人生观啊、价值观的树立（影响较大）。因为他是把我从一个学生转变成一个对社会、对人生真正形成最基础的看法的一个老师，对我这方面的影响比较大。他所传授的一些知识啊，不管是文言文，还是一些文章啊，比如说鲁迅的一些文章，以前我们更多的是看到字面的意思，这个老师讲到了更深层的意思，文章的一些背景，社会状况等。这些对自己的影响很大。所以这方面最主要就是老师对我的影响。

当时参军，说实话，根本就没有想到自己会参军，当时我们比较要好的几个同学，就是说一起去参军。我打内心来说，最初是准备考大学，没有想过参军，到后来体检也过了，就想到，参军就参军嘛，反正父亲也说了，他说当兵也好。那个时候，军队的一些政策和现在军队的政策不一样，城镇户口当了兵以后，是可以安置工作的。所以当时父亲的意思，哎呀，反正就是考个大学，找个工作，那还是当兵嘛，就锻炼一下也好。当时就出于锻炼自己，去感受一下父辈和祖辈走过的路。到了部队过后第一感觉就是很庄严，对自己的冲击还是很大。因为从小就没有离开过父母，所接受的一些部队的教育影响还是很大的，包括叫的班长、排长、连长。因为对于我来说，没有进入过社会，就是在学校里，学校转入军队，所以说在部队养成一些好的习性、品性，就比较容易，自己在里面的接收应该说就比较快。再加上父亲教出来一些部队上的规矩吧，还有些传统，所接触的（事物），融入部队还是比较快。

一般来说，就觉得自己进入社会过后，在部队里面接受的东西和在地方上它毕竟不一样。因为那个时候，通信还不是很发达，传呼机都不是很普遍，跟家里的联系啊、沟通啊，更多是基于传统的书信，电话都是过年过节才给家里面打，跟外界接触的不多。可能接触的不多过后，对自己的品性啊，还有性格方面塑造还是有些影响。现在我家属都在说我，火烧屁股都不得挪一下。性格反正还是比较那个（慢一点）。跟地方接触，都是当了干部军官过后接触比较多。以前，确实说实话，接触更多的是亲戚朋友、同学，通过他们这些途径，对外界啊、对当前社会有一些了解，毕竟这个部队啊，它还是属于那种消息比较闭塞的地方，所以性格塑造方面，就像我父母说的，感觉什么都不愁，就是那种。可能对压力的感悟还是比较迟钝。工作、生活和学习，最主要影响大概就这方面：对外界的接触比较少，接触的信息比较少，对社会的一些潮流啊，敏感度，就是社会的感知性比较差一些。比方说，我当时休假探亲回家，我老家，一个县城，威远县嘛，有好多地方我都找不到，修变了，地方的变化确实很大。现在我有些时候回家，我父母跟我说哪些地方，到哪儿，在哪儿吃，或者到哪儿去，我都不知道，都只有打车，明明走路都可以到的，只有打车。所以这方面，唉，要差一些。

业余时间，对我来说，我个人而言，就是踢踢足球，有些时候就看看电影嘛，听听音乐，大部分就是这些。其他时间嘛，更多地就是在家，你看我周末休假，星期五回家，就在家煮饭嘛，陪陪老婆，然后星期六啊就是陪妻子或者父母逛逛街，就我的岳父岳母嘛，逛逛街，买买菜，煮饭嘛，我那儿有些朋友聚会，就在外面聚一聚嘛，星期天吃个午饭就归队，就大部分的生活节奏就这样。

我是 2002 年入的党，入党时间还是比较早。作为党员，作为一个从战士出来的干部来说，当时对入党是看得比较重的。相对于我这种在部队工作了 19 年这么久的，地方军校毕业的，没有当过兵而成为干部的，对于这个党员的认知度没得我们那么高，重视程度相对来说要弱一点。对他们来说，党员更多的是一个身份。我们从战士起来的，相对他们来说，对党员重视认知程度要高一些，包括现在也是这样。当过兵，是从底层起来，对党员的认知程度要高一些。对我们来说哈，党员更多的是肩负。我们从开始当兵一直到现在接受的教育，接受的部队宣传和教育，更多的是党员要走在前面，要干在前面，要多承担责任，我们所接受的教育就是。所以说现在就是，有什么大的任务，有什么极险重的任务都是党员走在前面。我当过连长，也当过指导员，我当这些主管的时候，对下边的战士也是这么要求，比如说有什么大型的任务，党员出来先干，把标准干够，然后再带领其他的战士去干，这样子来的晓得不。

我的生活史，大致上就这些，也是比较简单，比较单一，出了学校，就进入部队，考军校，然后一步一步走到现在。

父亲教会我宽容与坚韧

雷　芳：您现在家是在成都这边，还是在？

魏　杨：我家还是在龙泉。

雷　芳：平时周末就回去？

魏　杨：我们是这样的，一个月有四个周末，交叉，比如说第一周周末我回家，第二周周末我就要值班，第三周我再回去，第四周周末我值班。

雷　芳：哦，轮流。

魏　杨：我们叫轮休，不叫双休，轮流休息，周末是这样子的。

雷　芳：比如说，有时候回去，会不会突然把你叫回来。

魏　杨：有，你休假的时候突然打电话被召回。我有一年是，大年二十九那天晚上，接到个通知，要求我大年初一回来值班，然后过了大年三十，大年初一早上六点过，从老家威远就开车回来值班，值初一、初二，初三早上再离队回家休息两天。有这种情况，反正就任务来了嘛。因为部队，你毕竟穿着军装嘛，虽然说心里面不情愿，家人都有些意见嘛，但是都能理解，毕竟我现在是军人嘛，穿着这身军装，都还是没得问题。

雷　芳：刚您谈到说您父亲从小到大对您的影响还是比较大，您能不能具体举个例子，就说您爸爸对您的某些影响，有些和他发生的故事这些。

魏　杨：我父亲他下过乡，也参过军。从小到大我父亲没打过我，我母亲爱打我，我母亲所接受的教育就是棍棒下面出孝子，但我父亲更多的是给我讲道理，讲对一些事情的看法。比如说我考高中的时候，参加了这个中考，考取了中等师范院校，收到了录取通知书，也收到了高中录取通知书。当时我母亲更多的意愿是让我走中师，从事教师行业，因为当时中师包分配，但我父亲就要求我读高中，我父母产生了一些分歧。我父亲就说，以后这个社会，对于学历的要求会更高的，你如果是个中专，去当个老师，你就只能教小学，只能够在这个社会层次徘徊，进步的空间（很小），以后社会发展，你是要脱节的，你是不适应这个社会的需求的，你就是在个小县城，当个小老百姓，不能见世面，要走得更高更远。我父亲就是跟母亲产生了些分歧，但是后头我最终是听了我父亲的，到目前来看，选择还是比较正确的。

我父亲对我影响最大的就是两点，一个是作为一个男人的宽容，一个是作为一个男人的一种坚韧。这么多年，我父亲母亲，虽然说有时会有分歧，但是从来没吵过架。我父亲就说对于我母亲有些时候，在我看来，我当时还在家的时候，就中学的时候，我看到我母亲有点无理取闹的时候，我父亲都能够容忍。我父亲做生意也好，工作也好，经历过一些劫难，遇到过很多困难，但是我父亲都能把它处理好。我父亲是搞煤炭经营的，当时叫煤建公司，他们公司有十几个煤转站，哪一个煤转站没做好，都把我爸弄过去当组长，都能把这个站的工作成绩干上来，所以说年年评先进个人。所以说我父亲对我来说就是一个坚韧、忍让，这方面对我来说影响很大。当然说实话，包括现在，我家里面买啥子都是我老汉①的事，洗衣服这些都是我老汉的事。当然我妈也是一个很幸福的女人，我妈也很能干，把一个家操持得还是井井有条。

而我现在也是学我父亲一样，买菜啊、煮饭啊这些，就说更多的还是像我父亲一样的性格，我父亲对我影响真的很大。我父亲曾经说过一句话，

---

① 四川方言，老汉是爸爸的意思。

也就是我读高一时，那个时候我15岁，他说你把高中念完，考不考得上大学，都不得管你了。他说不管其他的中国父母怎么管，怎么带娃娃，我不一样，我要像美国像外国那种培养娃娃的独立自主性，就是说高中毕业后，你自己出去闯，读大学也好，参加工作也好，学手艺也好，你自己出去闯，需要父母支持的，作为父亲，我支持你，但是路怎么选，你自己走。所以说后来参军，我父亲也说，参军是你选择的路，你一定把它走好，至于我能不能帮上忙，那是我作为父亲的能力问题，但是路以后怎么走，以后几十年日子怎么过，是你自己选择的问题。所以说一直到现在，我都坚持这条路，走了19年，中间有几次机会选择退伍，或者转业都放弃了，所以说我父亲对我的影响相对来说要大一些。

雷　芳：您父亲是哪种学历呢？

魏　杨：我父亲应该是七几年的高中生，那个时候是高学历。

雷　芳：那个时候是高学历，难怪有一些见识，还是不一样。

魏　杨：他下过乡，也参过军，而且当时在我们县里面，本来是准备提升到商业局当副局长，但是因为经历了一些挫折，他就受到打击嘛，我父亲就没有去。我父亲的性格比较坚韧嘛，在这方面我就很佩服我父亲。

雷　芳：就是五几年的高中生？

魏　杨：嗯，七几年，七几年的高中生，因为那个时候我父亲也经历了"文化大革命"，三年大灾都经历过。他当过知青下过乡，在云南当兵，当了兵过后安置工作，安置在我们县里面，那个煤建公司就是这样的，而我母亲，她就是一个普通的工人。我们老家，属于半通路的那个小镇，有一条路通入那个小镇，但是那个路基本上不走，那个路很烂，都是弯道，更多的是靠水路运输，靠船，在干路镇（音），那是个比较偏僻的小山村。父亲，祖辈，他们都是船上人家，就以前的纤夫，我父亲拉过船，水上人家嘛，打鱼啊那些。所以说到现在，我们老家都还看得到，就说赶集都是一家一户划个打鱼船出来，在水上交割（交易）现在都还看得到。父亲也是从小山村走出来的，因为那个时候，在老一辈的观念当中，读书才能出来，读书才能增长你的这个能力，就是父亲有这种思想，对我也造成了些影响。

雷　芳：您当时说您父亲经历打击的时候，您是看到他过来的吗？

魏　杨：对，我父亲在1985年的时候，那个时候我只有几岁。本来准备把他调到县里面商业局当副局长，就是因为我父亲他们公司有些人告发了我父亲的一些实际上说大不大、说小也小的事情。那时候是八几年，在计划经济的情况下，做出了一些超出计划经济外的个人生活和生意，他们就去告发我父亲，当时我父亲没有到商业局去当副局长。我们一家人，就我父亲母亲加上我，我们三个人，就这么一个大房间，生活就只有这么个大房间，我记得是有两个衣柜，两张床，一个写字台，就这么简单，厨房都还是在走廊上那种，几家几户在走廊上，厕所都是公用的，就生活在那种地方。后来条件逐步好了过后，然后才有了这个自己的商品房嘛，那个时候还不叫商品房，就是公司的家属房，家属房就你可以叫集资房嘛，你可以买嘛，买了过后，才有自己的第一套房子。然后父亲就一直努力嘛，后来就停薪留级，买断工龄。父母同时都买断工龄过后，父亲就自己出来创业，开个煤矿，经济条件就好一些了，现在基本上父母都退休了，父亲生意也没做了，天天就在家养老嘛，就是这样的。

雷　芳：嗯，年龄大了。

魏　杨：对，我要求我父亲母亲，我说没得事就出去旅游啊，出去耍，不要在家待到，老年了，年轻的时候辛苦了，这个时候出去走一走看一看，我母亲现在爱出去耍，而我父亲就不爱出去耍，因为老年人，他的生活习惯和节奏一旦打乱了，他的这个生理啊就会出现一些毛病。比如我父亲，他到我们龙泉家里面耍了一个月，他回去都不习惯，就容易感冒啊，生病啊，总觉得哪儿没对。所以我父亲就常年保持着这种习惯。我父亲还练了20多年的武术，因为我们家也是武术世家，我妈他们家是川剧世家，我外公就是现在川剧变脸大师彭登华的师傅。

雷　芳：哦，还有这层。

魏　杨：对对对。我母亲就是搞文化活动，现在在老家大学跳操嘛、跳舞啊那些，还是四川省去年老年舞蹈大赛第一名，性格比较外向，我们老汉呢，要内向一些，我妈她们是六姊妹，那个时候嘛，家里都是姊妹多。

雷　芳：您家里面只有你一个？

魏　杨：嗯，对，我独生子女，1986年出生的，1986年初，都基本上是独生子女，所以我老婆也是独生子女，我老婆和我是高中同学。反正说起来也很奇怪，我老婆她妈妈跟我大舅舅是同学，她们四姨妈跟我的四姨妈同学，我老婆的外婆是我妈妈的老师，我老婆属于书香门第。

雷　芳：也是，文艺活动方面。

魏　杨：对对，我家里就是我母亲要外向一些，父亲要内向一些。

雷　芳：好，您当时参军过后，您说在部队上又考了军校？

魏　杨：嗯。

雷　芳：当时是为什么想起考军校呢？

魏　杨：说实话，我从来就没有想过要在部队上干那么长。考军校是咋的呢，我当兵的时候，我们有个排长，他可能性格方面啊，咋说呢，有点恃才傲物的那种，总觉得他很有文化，是个干部。他是岳池的人，遂宁那边，总感觉有点恃才傲物，有点看不起当兵的啊。总感觉有时候我当班长，我当骨干，当副班长，跟他老是产生一些矛盾，本来像我们在部队上刚经历的一些战士啊，对这些刚下来的学员是有些排斥的，这个是部队上的通病。因为他毕竟不了解基层，不了解战士。我们对那些刚刚下来，又不跟我们打成一片多沟通多交流，一来就指手画脚的，有些排斥。他总觉得我们这些当兵的咋子咋子（瞧不起当兵的），所以说后来啊就产生了一些矛盾，产生矛盾。当时完全是出于赌气，晓得不嘛，我不认为你是个干部，我要当干部很容易。他说你当给我看看，好，我就报考了军校，我说就要当个干部给你看看，好，后头就去考了。

其实这个是玩笑话，也是一个原因嘛，但更重要的原因是父亲，还包括母亲，就希望我在部队上长期干。因为当时一个是下岗的热潮，还有就是国家经济体制改革，那时吃大锅饭嘛，更多的就是在经济体制改革了过后，下岗的热潮，地方上未就业的人口较多，下海的也比较多。我父亲就说经济压力比较大，找工作比较困难，而自己确实也想在部队上，也适应嘛，想在部队上长期干，就报了名考试嘛。再加上自己本来也是高中应届生，把这些文化丢了也不到两年，还有些基础，然后就去考军校，当时分数线是425，我考了419，就刚好够，哦不，分数线是425，我考了429，多了四分考起的，考了昆明陆军学校，就这样子当的干部。更多的呢，可能就是地方就业压力大，再加上自己也比较适应部队的生活，就选择的这个考军校，就这样子的。

雷　芳：您在军校读了多少年呢？

魏　杨：我在军校读了3年，然后实习了1年。

雷　芳：就读军校那几年对您的成长影响大不大？

魏　杨：军校里面，我们更多的，换句话来说，当兵你明白的是干什么，干部更多的是了解为什么这么干。包括现在我们部队就是，当兵的部队领导喊你干啥你就干啥，而做连长呢，你就要指导干什么标准，为什么要这么干，可能在这方面就是说，更多的是为什么。讲的是政治，讲的是一些事物的原理，去明白这些道理，相当于是指挥层面。不管大还是小，他始终是个指挥层面，晓得去怎么带领自己手下的人，晓得为什么去做这件事。去明白一些道理，要完成一些什么任务，要做到什么标准，就干这些去了。军校对我个人而言，对我最大的培养，就是形成一些个人（特点）啊。每个人他都有一些自己的特点，指挥带兵的一些特色，更多地就是这方面。对我个人而言，更多的就是培养了我一些性格方面的特点，形成了一些个性，比如说果敢，做啥子事不拖泥带水，更多的是培养这方面。

现在虽然说我已经几年没带兵了，但是我前几年带的兵，我原先带的两个连，现在看到我都很尊敬，我以前带过的兵退伍都还在和我联系。我更多的是，第一个，我首先是你们的兄弟，第二个，才是你们的上司，首先把他们当兄弟看，再把他们当下属看，工作大家都在干，但是干得更多的是他们。像我们当兵出来的，就更能够感受到这一层。所以和他们接触呢，更多的感觉是和兄弟在一起，坐在桌子上，我是你的领导，我是你的上司，但是下面私交很深，还是比较厚，关系还是很融洽。军校对我影响很大的呢，感觉就是当兵的性格和特点，性格更加果敢，不拖泥带水。包括专业，专业也是一样的，在军校学的专业好，在部队上来用，估计不到一半。更多的是嘛，你明白一个干部该干什么，你会什么，我觉得军校，包括我上地方大学，更多的是塑造学生，包括军校学员，到了社会，到了部队，应该怎么更快地去适应这个环境，进入这个角色，而不是你的专业到底有多强，专业这个东西，真正用到以后实际工作当中的其实不多，有个基础就行了。过来后，根据实际的工作环境和工作岗位，加上自己的基础，然后再来出自己的成绩。

部队"习惯成自然"的教育养成

雷　芳：部队上有些很日常化的训练，你们是怎么样去接受这样的训练的，就是平时，比如会不会觉得很枯燥啊这些，比如包括新兵和您自己，会不会有这种感觉呢？您是怎么克服的呢？

魏　杨：这个其实一句话很简单，叫习惯成自然。它始终是那个意识，部队每个时间节点，我们有个计划叫"一日生活制度"，早上什么时间起床，什么时间洗漱，什么时间吃饭，什么时候训练，包括点名、休息，都有时间规定，叫"一日生活制度"。从新兵开始，第一天开始就接受这个教育，不管后面是当几年兵，当一年兵，当两年兵，当干部，都要去尊重这个"一日生活制度"，那就习惯成自然。两年三年，你当了老兵过后，看下时间，该开饭了，看下时间，该熄灯了，自己都有生活节奏，你的生物钟就已经形成了。像我们国家休假啊，应该说不受"一日生活制度"的约束，但是总觉得，12点钟了该开饭了，就是赶到做菜啊啥子，要赶紧赶紧，12点钟开饭了，已经形成了这种意识。很简单，比如我们团长，政委或者哪个领导喊我名字，我马上"到"，一下都站起来了，已经习惯了，它是一种纪律性，也就是一种生活规律性。并不说最早开始规定的这样，你就必须这样，到了最后，形成的是规定这样，你就去这样，后面都没得强制性了，已经是习惯成自然了。到了早上，差不多我们是6：50起床，到了6：40的时候，自己就醒了，该出操了，像我们机关干部，更多的是靠自觉，到了8点钟该开饭了，到了8：30，该上班了，也没人来约束你。

雷　芳：您刚说1998年就开始参军了？1998年到现在都好多年了？

魏　杨：19年。

雷　芳：就是。

魏　杨：我是中国人民解放军第一批两年制义务兵，之前都是三年，1998年开始我们是两年。

雷　芳：当时，是在重庆待了两年，我也在重庆待过。

魏　杨：我在重庆鹅岭，待了两年半，后来又在歌乐山待了一年半，歌乐山那边林园旁边。先开始在歌乐山旁边，在那儿待了一年半，单位编制体制调整，然后我们单位，从重庆歌乐山搬到这边，2004年搬过来的，一直到现在，我在这儿待了13年了。感觉现在有些时候回地方都不适应，说话啊，接触的方式方法啊，在地方上结交的方式方法，跟我们单位上结交的方式方法，都有些区别。

雷　芳：您在重庆当兵开始到现在，您觉得这个过程，有没有遇到您觉得比较有成就感的事情，您自己做的。

魏　杨：我自己做的有成就感的事情，我觉得有几件事吧。第一个就是，我当了连长指导员，我先当连长，后当指导员，我带了两个连的兵，我带了很多交心的兄弟，交心的朋友。还有就是自己学会了很多，不管是就自己的能力素质而言，还是怎么样，自己获得了很多，荣誉、酸甜苦辣都有。就我现在这种性格、习性，都是因为过去一些经历慢慢形成的。反正，跟我接触的人，包括我家人，我那些朋友，都觉得我性格很好，就是因为部队长期形成的，那种性格，就说哪个惹你不生气，随时都是笑嘻嘻的，包括现在也比较健谈，能聊天，你喜欢啥子，我都能陪你聊啥子，性格是属于多样性的，也不孤僻，比较善于结交朋友。成就呢，我觉得就是交那些朋友、那些兄弟，还有就是性格塑造，增加了我的经历，走了很多地方。第三个呢，就是自己学会了很多技能，也获得了些荣誉吧。我曾经，包括现在都是自己写相声小品，就自己原创。

雷　芳： 哦，您还有这个爱好。

魏　杨： 对，每年我们团的春晚，包括参加一些集团军的比赛，我写的那个小品，我们成都军区，20年嘛，都自创，都自己写，包括相声也是自己写，结合官兵一些实际嘛。反正搞这些，搞起耍嘛，也是为自己。唉，总有天你要脱下那身军装到地方，慢慢到地方工作，在工作当中，你难免会遇到些这方面的事情，别个问你行不行，你说你不行，那肯定不好，丰富一下自己，也为以后打下基础。书到用时方恨少，技能多了，真的对自己还是有很大的帮助。我们团，就我们这个单位，包括集团军也好，歌咏比赛的排练和指挥也好，我在我们单位，我敢说第二，没得哪个敢说第一。

雷　芳： 您在这方面还是有些擅长。

魏　杨： 可能有些母亲的因素在里面。成就呢，我觉得更大的收获啊就是能有今天的这种心态和性格，我心态很好，反正都说我不愁。像我妻子有些时候就哎呀，因为我们家里面嘛，就是她要愁，以后娃娃读书啊、房子啊，那些房贷啊、车贷啊。我说你根本不要愁，你愁它也在那儿摆起，你不愁它也在那儿摆起，不愁呢，我们就想办法把它解决了就行了。所以有些时候我觉得最大的收获就是这个，性格啊，心态很好。对父母啊，也是一样的，亲戚朋友也是这样的。一个人活着呢，活的是一种心态，你心态不好呢，就觉得这个日子很难过，这样不行，那样不行，吃不到好的，喝不到甜的，开车又开的撒（差），别个开好车，我为啥开撒车，别个住大房子，我为啥要住小房子。你一辈子就愁这些，根本就是可望而不可即的东西，遥远的东西，你自己陷进了无法解决的东西。愁这些，而不是想怎么样的办法,走什么样的路,那你这辈子就过得很恼火。所以曾经,我就跟我的战士,跟我的朋友,包括我老婆,我跟他们讲什么是幸福,幸福反正就是一个点,一种心态,就说你现实和你期望值,中间那个平衡点,现实我很满足。每个人都有遥远伟大的理想,那个遥远的理想,我也有啊,但是我天天都想理想,我觉得我过得不幸福,我天天看到我的现实,我也不幸福,我就找到平衡点,那种平衡的心态,然后你就觉得很幸福了。所以你说中国,有个远大的理想是实现共产主义,有这个期望值,但是回想我们现在走的路,现在的这个生活,包括这个生活水平,工业,等等,生产力水平,还是觉得可以,就感觉到幸福。所以我说,更多的是一种心态。

雷　芳：对对,那这个过程会不会让你有很挫败的时候。

魏　杨：有挫败的时候,最大的挫败就是,我当中队的时候,副连调正连。我是副连干了五年半,相当于我的同期来说比较慢的,按正常的程序,就是三年调一次,我在副连干了五年半,才调了一次,当然有一些个人原因,有一些是单位原因,更多的呢,可能就是自己在能力素质上,机遇上,可能确实(差一点)……因为那两年部队也在体制改革,晋升名额少,加上我们每年转业嘛,那两年转业的很少,腾出来的位置比较少,所以说位置比较少,晋升的名额就比较少。晋升的名额比较少以后,我那几年心情比较浮躁,能力素质可能有些还达不到那个要求,能力素质可能在首长的心目中啊还不够出彩,不够出色,所以说在这个调制方面受了一些打击。当时自己都想放弃了,真的说实话,自己都想放弃了,不想再去调了,不想再去争了,不想再努力了。但是心里面,始终是一种,第一个是心不甘,觉得为什么别人能当,我不能当,我并不比他差,这是第一种叫不甘。第二种呢,觉得不服,为什么调他不调我,我真的就比他差吗?想一想我又不比他差啊,不管是基础也好,还是自己干出来的成绩也好,我并不比他差,为什么他能调,我不能调,那就是自己的问题了。再回过头来看,自己到底有哪些地方做得不好,哪些地方有错,再去改进,一年不行两年,两年不行三年,后头就这样子,五年半过后,我终于调了,调了过后,按正常的是三年调一次,我正连调副营,又只用了两年半的时间,提前了。

所以说,可能是自己的思想观念变了。就说对自己,其实说白了,男人的成熟与不成熟,就那么一两件事情的转化,更多的就是心态和思想的转变,成熟与不成熟,其实差别并不大,就说看你的经历,能不能让你醒悟过来，感悟过来，感悟了，醒悟了，可能你就更多地倾向于成熟了。如果没有体会到，没有感悟到，你还是不成熟，个人觉得，个人看法啊。

军人最重要的品质就是"听党指挥""有担当"

雷　芳：嗯，还是一个心路历程。就前面谈到这些，现在您觉得作为一个军人的话，最重要的品质是哪一方面？

魏　杨：最重要的品质第一个就是听党指挥嘛，这是作为一个军人的基本，听党指挥，服从命令，不仅是军人的天职，还是军人最重要的品质。我虽然说当过兵，也当过干部，19年以来，第一个就是要有担当。你作为一个军人没得担当，喊你上前线，你要往后退，喊你做一件事，你要缩边边（退缩），找这样那样的理由，那么部队培养你就是白养了，白培养了。所以军人最重要的品质就是担当，我敢冲，我敢走在第一个，上面喊我干什么就干什么，听党指挥，服从命令。

雷　芳：那当时，汶川地震的时候，马上调动这边的军队了吗？当时您是属于哪个部门的呢？

魏　杨：我当时是司令部管理员，我是负责这个协调的，当时是负责协调地方和一些事务，当时也带了些兵。当时我们有个特殊情况，我们单位还有一大部分人在维稳。当时我还在下面，我在带一些兵，接到通知过后……其实说实话，第一时间，我觉得它不是地震，因为我们隔壁单位是个地炮旅，我以为他们在开炮，他们一开炮，我们这边窗户玻璃都要响，想着地炮旅中午打什么炮嘛，后头觉得没对，整个房子都在摇，我才感觉到是地震，就晓得了。我以前经历过，以前小时候在我们老家，经历过地震，我有一定的经验，就冲到宽阔的地带，看到当时这个地面，成波浪形的那种。当时那种心情啊，咋说呢，第一个想到的就是家人嘛，我给我父母打电话，打不通嘛，然后又给妻子打电话，也打不通，后头打通了电话，最后平安，只要接到电话了，平安了，心里头就踏实了。然后上级就要求通知，人员收拢，注意安全，清点受伤人员的情况，房屋损坏情况，然后问题都不大，不大了过后，就是组织过来开会，要求我们把这个帐篷拿出来，住到草坪上，大操场上面。然后就搭帐篷，等待消息嘛，等到汇报情况，接到通知过后，整理个人物资，等待出发的命令，当时第一时间就是这样。心里面的想法更多的就是家人平安，没啥问题就行了，因为那个时候网络也不通，电话也不通，就只有等待消息，等待消息，大家都在那儿猜测嘛，谈论嘛，到底是哪儿地震，到底是多少级的地震，就谈论这些，当时心情也不恐慌，也不"爪"（音，四川话：有不知所措的意思）。作为军人嘛，自己当时想的，等到嘛，等待消息嘛，啥子时候出去嘛，经历这种大灾大难，也没得啥子好说的，这个时候军人不出去，什么时候出去。像抗洪啊，我们也参加过抗洪，当兵的时候我参加过抗洪，也参加过这个重庆的，森林公园，歌乐山森林公园抗火，发生火灾，我也参加过，都经历过这些。所以说，当时作为带兵的人嘛，没得啥子也正常，更大的还是安抚下面的人，让他们也不着急，然后想办法和家里人联系，了解情况。所以说当时也觉得没得什么，就觉得反正很正常，等待嘛，等待出动命令嘛，没得啥。

那个时候那种荣誉、那种责任更大

雷　芳：当时是什么时候接到的命令呢？

魏　杨：我们是 13 号，13 号上午接到的命令。①13 号接到命令，然后清点人员，准备装备器材，14 号就出发了，上午出发的，14 号中午一点过到，走了接近三个小时。那个时候路不通嘛，我们这儿到都江堰，当时是走的，走的都汶高速嘛，走得很慢，走了三个小时，将近四个小时才到，说实话，当时对我的冲击还是比较大的。②因为当时我是坐车前的，车头

---

① 2008 年 5 月 12 日 15 时 40 分，总参谋部发出第一道命令，要求组建国家地震灾害紧急救援队，开赴灾区投入救援。22 时 34 分，经胡锦涛批准，总参谋部向济南军区、成都军区、空军、总后勤部下达参加抗震救灾的命令，首批调动 3.4 万名官兵参加抗震救灾。在抢救生命的关键时刻，共有 14.6 万名解放军、武警部队官兵，2.8 万名消防队员、公安民警和各类专业救援队员，7.5 万余名民兵预备役人员，14 万名医疗卫生人员，20 多万名志愿者以及其他救援力量奋战在抢险救灾第一线。(资料来源：北川羌族自治县人民政府. 汶川特大地震抗震救灾志[M]. 北京：方志出版社，2016：21.)

② 2008 年 5 月 12 日 20 时 26 分，正在川西某地进行野外训练的成都军区某部抵达都江堰；2008 年 5 月 13 凌晨，济南军区先头部队抵达都江堰市，旋即开展救援。(资料来源：成都市地方志编撰委员会. 汶川特大地震成都抗震救灾志[M]. 北京：方志出版社，2013：247-249.)

- 176 -

上就坐了六七个人，一路上大家都感到很震惊，很惊讶，还说点话，你看那儿震得好凶啊，你看那儿垮得好厉害，但是一进都江堰城里面就没得哪个说话了，大家基本上都面无表情，更多的是一种震撼。哭声，闹声，当时一进城，很多老乡、老百姓都冲过来，就说救救我的家人啊，哪儿埋到有人啊，都冲过来了，冲过来就说。当时，有种，这个啥呢，感觉自己有种那个荣耀，我穿着这身军装，老百姓在这种危难时刻有求于自己的时候，那种自豪感就体现出来了，像平时老百姓看到个军人，没得啥子稀奇的，到那个时候那种自豪感就不一样了，那个时候那种荣誉，那种责任更大，是老百姓的依靠、后盾。那个时候，那种荣誉感就出来了，后来进了那个文川城（音）后，我们就等待命令，当时抗震救灾指挥部，有些联系人就过来联系我们，分为几个组，你带好多人，你带好多人，而首先第一个是救人，因为那个时候那些大型的器械都没有进来，包括生命探测仪那些都没进来，就只凭感觉，哪儿有喊声，哪儿有呼救声，就去哪儿救，就去哪儿挖。三天两夜，我在都江堰待了三天两夜，就只睡了四个小时，只睡了四个小时，我们救了两个人，挖了两个人出来，然后就回来休整嘛，休整了第二批人员又去。休整了三天，然后我们又进去了，更多进去的就是清理了，不管是清理尸体也好，还是清理这些建渣也好，第二次进去是清理了。

雷　芳：当时第一次进去救出来的两个人是生还了吗？

魏　杨：生还，生还了的，中央台不是报道了的吗，中央当时报道了的，是当时我们那个一营的营长，他已经转业了，已经离开部队了，他当时还在北京参加了抗震救灾先进个人嘛，当时我们不可能一个部队都评，就评的是他，先进个人。

雷　芳：当时救那两个人的情景您还记得不？

魏　杨：当时垮下来了过后，两块预制板搭起，中间堆了很多砖，那时工程器械没有进来，就把那个砖往外掏，然后找了两个小个子，小个子才进得去，钻进去看那两个人在不在里头，看到在里头，当时还有余震，很恼火，当时就害怕我们的战士出现生命危险。然后又冲进去，找了两个小个子，然后慢慢往外掏，把里头砖，大的那些，包括他们那些家具啊，慢慢往外头挪，第一个我印象是，将近四个半小时，才把那些（搬走），才看到人，等把他救出来的时候，已经接近六个小时了，而且那天那个女的刚好过生，当时把她救出来，她说那天刚好她生日，中午两点正在家里面洗澡。把她掏出来过后，那个女的意识还是比较清醒。第二个是，当时我没在场，他们另外一个组救的，救的是一个中年男的。当时，救人的时候，大家很激动，但是当时救护车进不来，可能有将近三公里的样子，我们是八个人抬到那个女的一直跑，跑了接近三个小时，抬到救护车上，救护车送走了。那个女的反正有意识，但全是灰，我们用水把她脸冲了，把她鼻孔掏了，然后有点意识，我们喊她不要睁眼睛嘛，等她清醒了过后，还是很激动，当时觉得自己能挽救一个生命，还是很激动，真的很激动。反正当时我印象最深的，一个就是救人，第二个就是灾区人民啊。都江堰，他们当时有很多乡镇，他们乡镇过来给我们送饭，我印象很深，很热情，端的盒饭还有菜，还有这个鸡蛋，我们不要。比如说刚刚第一波送走了，第二波又来了，根本不要，当时我们觉得灾区人民都已经这么恼火了，他还是，鸡蛋啊盒饭啊，送到我们手上。确实，那种冲击很大，自己在受灾的情况下，没有救自己家里人，照顾自己家里面，主动地过来，而且他们都是自发的，还不说哪个组织的，都是乡镇那种自发的。

那个印象很深，对我冲击最大的，应该是在进入都江堰的第二天下午，第二天下午也就是 15 号，那天下午我们到都江堰那个镇，叫啥子镇我想不起来了，就是往山区走，一个镇，整个镇上 300 多个房子，只有两栋房子没垮，有个学校，两百多个师生一个都没跑出来，整个房子全垮了。当时我们很沉闷，看到那个场景心头还是很震撼，那个时候在大灾面前，人的生命是很渺小的。真的是，见到一些因为受灾死去的老百姓，死去的老乡还是很惨，我见过脑壳有这么长的，一个大石头压到，整个脑壳压扁了，有这么长，这么宽，那么长，一个男的脑壳。其实刚开始还是比较震撼，见多了，后头觉得很麻木，真的还是很麻木。所以经历过这些东西后呢，对人的心态还是很有影响。当时，我已经结婚了嘛，救灾过后，我跟我老婆说该吃吃，该买买。对人的生活理念有很大冲击，根本觉得，无所谓了，人命都没了，你把这些东西留到有啥用，所以那段时间，积蓄还是有一些嘛，就带老婆出去旅游嘛。就 2009 年了，带老婆出去旅游，我说你要穿啥子，买，房子，买，车子，买，因为当时住到我们岳母家，房子当时我就说不慌买，我就想节约点钱下来，把钱存够了，一次性付清也行。后头经历过后，房子，按揭买，车子，按揭买，我说你要穿啥子买，对人的心态影响还是很大。你说有后遗症呢，其实后遗症没得啥子，更多的是心态影响很大。我老婆说的："你什么时候想通了，以前买个衣服抠梭梭（抠门）的，现在随便买。"我说该享受享受，跟我父母也是，包括我岳父岳母，我说你们想要，耍，你们想买，买，该吃，吃，钱没有了就没有了，再挣嘛，留到有啥用？地震一来什么都没有了，所以对心态影响很大。

前期一个月在这个抢救嘛，前一个星期在抢救，过后就属于灾后重建了。灾后重建，当时我是带的连队，就现在的街子古镇，我主要是负责街子古镇那边，帮他们抢收小麦，抢收水稻。第二个就是排危，就是那些危房，就跟他们排危，把那些危房推了，把建渣给他们清了，清了过后，给他们搭移动板房，最后就是从事这些工作。搭移动板房在大观镇，就青城后山那边，给他们搭移动板房，跟当地的这个乡政府啊，还有老乡啊都处得很好，现在都还是有联系。那时候关系还是很好，给他们搭移动板房，然后还资助，捐款嘛，然后还资助了几个贫困学生嘛。

雷　芳：您自己私人资助的吗？

魏　杨：我私人没有，我们单位，我们连队当时在资助。当时我们连队资助了一个，他当时是大二的学生，资助他把大三大四念完。毕业了，现在在青白江啥子地方上班，青白江凤凰湖那边企业里面上班，还是中层，还是比较可以那个娃儿，时不时还在微信聊天，都在联系。大致就是这样的。

印象好深呢，对我个人冲击最大的就是当时我们的教导员，他姐姐就住在汶川，姐姐、姐夫，地震去世了，他老家是映秀的，他父亲在5月12号地震过后，翻山越岭，走到都江堰，当时他们姐姐住在都江堰的，他父亲走路走到都江堰，去看他姐姐、姐夫，他父亲到的时候，她姐姐、姐夫已经去世了，他父亲翻山越岭走了两天才走到。然后后头我们教导员，就收养了他姐姐的女儿，现在都还在。现在在什邡当任务部政委，就我们以前老教导员，他就是映秀人，他父亲走出来的时候，我们都见到了的，两个脚，已经全部变形了，全部是那种山石刮伤了的，鞋子已经烂了，他说的光爬都爬了半天，光爬山都爬了半天，爬上来的，自己带了点水，带了点饼干走出来的，确实对我冲击还是比较大。包括当时，我们二营那个营长，他家就在都江堰，他家住三楼，总共是五层楼，五层楼的房子直接变成了三层楼，一、二楼都已经没得了，家里面受灾，他都没回去看一眼，都在组织我们抢险救灾，我们是 14 号到的，15 号、16 号我们快撤离的时候，他才回家去看了一眼。家里面受灾，还是比较严重，但是家人都没得事，所以他也没回去，看了一眼就走了。所以在大灾大难面前，作为军人，首先想到的就是先把任务完成了，再考虑个人。我都是回来了过后，16 号回来了，17 号中午请了一个小时的假，就回去看了一眼。当时我住在大邑的，比较近嘛，20 分钟，回去看了一眼就回来了，看了下老婆，岳父岳母，他们住在体育中心这个操场上，住的帐篷，看了一眼就回来了，首先还是把任务完成了。

雷　芳：然后你们去街子古镇那边搭板房，大概是什么时间？

魏　杨：搭板房是在 7 月份，7 月直接搭到 9 月底才回来，直接搭了两个多月。

雷　芳：您带着您自己带的那个连队，去古镇就是 7 月份？

魏　杨：排危是在 6 月中下旬，因为我们这单位到街子比较近，就说早上吃了早饭出发，把人一清点，扛撬，扛钢筋，扛十字镐，扛这么大的那种柱子，扛起就去走街串巷，看哪儿有危房。老百姓说我这围墙有点恼火，好，推，轰轰轰给他推了，把建渣弄到一堆，专门有人清理嘛，来收建渣，就收走了，我们就干这个。在街子古镇干了将近一个星期，然后就到大观镇，在大观镇排危，排了危就在大观镇。所以现在街子古镇那个老街上的十字路口，不是有个餐馆吗，就是戏台旁边那个餐馆老板都认得到我，因为当时他的房子就是我去排的危。

雷　芳：因为这个事情认识，是感情。

魏　杨：嗯。大观镇这个普照寺，你应该知道嘛，普照寺还是比较出名，当时我们去挽救了他们很多文物，而且国家级的文物他们有好几个，全部给他们搬出来，要不然要垮，所以说普照寺跟我们单位关系还是比较好。因为当时我们就住在普照寺下面，住了几天，过去帮他们搬文物，清理房子，排危，都去干过，关系很好。当然他们是和尚、尼姑，吃素，我们又不能在里面吃，所以都是在下面，买点水啊，买点水果啊送给我们。因为现在换了很多人嘛，熟人已经不多了。

雷　芳：是那边的群众？

魏　杨：嗯，群众，印象最深的是那张照片，我还经常给我老婆看，我说你看到没有,"吃菜要吃白菜心,嫁人要嫁解放军",(笑)老百姓拉的横幅。

雷　芳:哦,就当地的老百姓自己拉的横幅。

魏　杨:对,"吃菜要吃白菜心,嫁人要嫁解放军"。

雷　芳:您有那个照片吗?

魏　杨:那张照片,我在网上看到我们团里有,团里面的人有。

雷　芳:就说网上也看得到。

魏　杨:嗯,网上也看得到,新闻上都看得到,还有那些小娃儿举的牌牌。

雷　芳:这些都是老百姓自发的。

魏　杨:对对对,当时我们团里面有个资料,就是2008年抗震救灾的视频都有,团里面刻盘都有,包括我们团从受灾,到组织,到出发,到救人,包括一些四川电视台,成都电视台,中央电视台来采访,都在那张盘里头,有张盘,他们宣传那个内容。

雷　芳:都在那个盘里头。

魏　杨:对对,如果需要的话,你们可以看一下。

雷　芳:要得。

魏　杨:有很多资料。

雷　芳:我晚点的时候看,这边能不能给我们看一下。

魏　杨:有很多资料都在里面,视频,图片,资料都有。

进村入户排危

雷　芳:当时,比如说你们,进村入户就是去搜救。要求你们是要做到不漏一屋,不漏一人,是不是这样的?

魏　杨:我们叫地毯式。

雷　芳:你们是怎么做的?

魏　杨:地毯式地查,当然像我们单位没得生命探测仪嘛,就是靠当地居委会、街道办,还有就是抗震救灾指挥所联系人直接给我们领导联系,领导要安排。比如说,哪儿有个人,当时还不能用锹,不能用十字镐,全部是在手刨,用手掏。地毯式搜索不是救人,是在排危,走村入户当时是胡主席提出来的①，一家一家地问，一家一户地过，就说老乡你们家有没有什么危房，有没有什么需要帮助的，就挨家挨户地问，挨家挨户地排，就这样子过的。当时还出了点问题，闹了个笑话，把别个不是危房的墙，一下推了，当然他们的围墙是，老百姓这一堵墙，两户人，这有排危墙，两个门，一家一户，一个门，我们要推这家，结果这边一倒，把这边连到的一下倒下去了。然后那老百姓说，嘿，你们咋把我们的推了。我们说："那个是连到一堆的，不是我们要推的。"老百姓还是能理解，都说推就推嘛，反正要重新修。还是能够接受。

  雷　芳：那当时就你们一个连在那边，还是有很多人在那边？

  魏　杨：我们是分点分片。

  雷　芳：一个连一片？

  魏　杨：嗯，比如说我们连队负责这条街，你们连队负责那条街。比如说一个营分一个镇，我们营当时是在街子古镇，另外一个营在大观镇，有的在元通镇，有好几家，有好几个镇的好几个营，都分开了，兵力不能太集中，毕竟有那么多镇，那么多点，所以说就开始分散。因为时间，嗯，规定的时间点要完成那么多任务，那么你就去这个。就比如这片啊，就整个这几个镇都给了我们团，那么你要在规定的时间完成，那只有把这个任务具体地分配下去，要求是团到营，营到连，连到班，连到排，就是这样分下去，挨家挨户地排查，走村入户。

  雷　芳：你们那时候去排危的时候，路通了，交通没得问题嘛？

  魏　杨：交通那些莫得问题，因为最主要的问题是都江堰到汶川那条路，到汶川，都江堰到汶川到映秀，我们这边路受灾的情况不是很严重，也不严重，我们到怀远，到街子，到大观，这些路都是通的。问题都不大，最多有点裂缝。

  雷　芳：就是说，这边老百姓啊，供电啊供水啊，基本上是什么时候能够保证的？

------

① 2008年5月17日，在四川成都召开的抗震救灾工作会议上，胡主席发出了"进村入户"的号召，只要有一线希望，只要有一点生还的可能，我们就要做出百倍努力。要充分发挥人民解放军、武警部队和公安消防特警突击队作用，在救援队伍进入所有乡镇的基础上，尽快进入所有村庄，排查每一处倒塌房屋，竭尽全力搜救被困群众。{资料来源：胡锦涛. 在四川召开的抗震救灾工作会议上的讲话[N]. 人民日报，2008-05-17（2）.}

魏　杨：我们去排危的时候，都已经跟平常生活一样了，送水我们也送了，都是在六月初，到了六月十几号，六月下旬，我们排危的时候自来水供电那些都通了。只有前期五月底到六月初的时候电是通的，水我们在送，还有消防的，我们那还有送水车嘛，都给他们送，老百姓就提起桶桶，排队过来提水。因为我们单位用的地下水，就不存在停水的问题，只要有电，都可以抽起来，每天就拉几车水，拉到这个村，下午又是那几个村，就拉过去送水。到了过后，老百姓都晓得时间点，比如说拉拢几点，你们过来提水，接一桶，有些拿一个桶，有些拿两个桶，那个娃儿拿个盆盆，然后一家人都过来提，就保证他们用水嘛，当然我们有要求也是这样的。

雷　芳：送水主要是为了防疫工作吗？

魏　杨：一个是防疫，还有个就是说保证他们最基本的生活用水。

雷　芳：他们当地的水是不能用的？

魏　杨：当地的水，当时我们用的部队上我们拉过来的水，我们保障老百姓的生活用水，其他的用水他们自己弄，他们还有井水嘛，自来水当时还没通。

雷　芳：哦，就是没得自来水。

魏　杨：自来水还没通。我们在老百姓家里面坐着休息的时候，有一家人说的，拉那个水先洗脸，洗了脸就洗脚，洗了脚就用来冲厕所，打扫卫生，冲家里面，冲一下。因为他们家有一个院坝，就把院坝冲一下，用水冲，然后吃饭那个水就拿来淘米，淘了米洗菜，洗菜就放到旁边不倒，吃了饭，就拿洗了菜淘了米的水，清洗一遍，再拿那个水冲洗一下，他们都是尽量地节约用水。像洗澡啊，他们可能更多的就是擦一下，因为那个水，当时确实也是比较紧张。每家每户一天可能就只有那么点点水，所以说擦一下身体啊，那个时候洗澡还是比较困难。

雷　芳：当时我们部队上，负责防疫工作不呢？

魏　杨：部队防疫工作，我们自身的防疫就是我们卫生队在负责，但是确实像我们帮助他们防疫还是比较少，因为确实我们卫生队，他那个人员还是比较少，更多的是地方防疫，打药啊，喷啊，地方在负责，我们毕竟卫生队只有那么十来个人，你也负责那么一片。防疫的第一个是我们自身，我们本单位内部，是我们本单位的人员，还有就是我们走村入户的时候，农家户有些老百姓啊，老乡啊，就说身体有些不舒服啊，我们卫生队义诊嘛，免费给他看，就送点药，就这些。在防疫方面，确实我们单位卫生编制还是比较恼火。

雷　芳：可能要专门的做这方面的。

魏　杨：对对，主要地方上专门在搞，医院在负责。

老百姓的精神状态逐步恢复

雷　芳：像你们当时去，就是说刚刚发生地震，一直到后来，你们整个过程看到那些老百姓，他们的状态是怎么样一个情况？

魏　杨：其实刚开始抗震救灾，进入都江堰的时候，老百姓确实就过来找部队嘛，哭的比较多，还有个就是比较急嘛，体现的那种状态好像叫万念俱灰，房子也没了，啥子都没得了。过后呢，第二次进入都江堰的时候，我们是第一批去，第一批是头三天，中间休息个两天，第二次又去了，过后就很有秩序了，也不是说就看到之前，刚13号去的那种状态，然后后来就弄得有秩序了，反正也比较乐观了。就说周边碰到那些老百姓，有些自己回家啊，在收拾自己东西的时候，也不是那种边哭边找，什么都不想动的那种了。在那儿翻翻，翻到啥子有用的自己捡回去，然后就给我们说解放军辛苦咯，就跟我们聊几句天。感觉就是逐步从那个灾难面前缓过来了。到了我们排危的时候就觉得很好了，好像没得啥子思想负担了，就比较高兴了，后头有国家，有政府，都在帮助大家，也不会不管他嘛。后来搭板房的时候，老百姓都很高兴了。因为他们房子损失了过后，没得地方住，没得地方生活，娃娃没得地方上学，搭了这个板房过后，板房小学，板房中学啊，老百姓心头很高兴了，自己的生活啊、饮食起居啊，都能够保证了。说白了老百姓就是吃穿住行嘛，我们这个旁边给他们搭帐篷，还有志愿者也在那儿住，地方上的（人员），板房区开超市的，他们都在那儿，生活起居都没得问题。经历了这个灾难过后，缓过来了，给我们的感觉精神状态在逐步地恢复，再往后，就感觉一切很平常，就跟平时生活没得啥子区别了。

雷　芳：当时看到当地的志愿者多吗？

魏　杨：多，我们13号上午，往都江堰出发的时候，就看到很多志愿者。有这个背包的，有骑自行车的，有开车自己去的，当然开车自己去的，很多都被拦下来了,因为他要堵塞我们这个部队进去的交通,有很多就是步行,大学生居多,还有很多当地的青年嘛,还有些家在都江堰的啊,还有些汶川里面的嘛,大部分是步行,车子停在旁边,那些挂起旗子的,挂起横幅的,地方上企业的也比较多,支援灾区嘛,那些送水送吃的,面包那些,往里头送,都比较多。但是十五六号,大批的志愿队伍和地方上老百姓才驾车过来的。因为那个时候交通还没抢修,通了过后大部分的志愿者队伍才进来,15号,16号,才开路允许进来。真正让人感动的就是那些志愿者开车过来抢救,志愿者很让人感动啊,又没得哪个给他报油费、过路费,当然不收过路费嘛,又不报油费,自己掏钱,过来拉伤者,真的很让人感动。当时因为消防车,救护车有限,这些还是很感动。有些志愿者,送水的,到这个灾民安置点去发粮发水的,搬东西的,这个很多都是很让人感动的。

我看到很多都是我们所谓的年轻人,就是大学生嘛。当时说的是"90后""00后",在中国看不到希望,实际不是这样的,真不是这样的。地震中,那些学生,"00后"的那些娃娃只有五六岁,很乐观,不哭不闹,有些小朋友被困的时候都还在组织活动,安抚大家。当时我们感觉像中国的这个,像我们的下一代,那些娃娃心理素质、承受能力是很强的,他的意识、他的思维跟我们当娃娃的时候完全不一样,包括现在初中生、高中生,像我们当时看到的那些受灾的,父母在旁边哭,他作为一个初中生,十五六岁,十三四岁的娃儿,主动地劝父母,这种思维还是不一样。像我们那时候当娃儿,爸妈哭,我们可能跟到哭,父母还来哄我们。所以说当时我感觉最深的就是,中国孩子还是很有希望的。就当时网上在说,"00后""90后"就是温室中的玫瑰,出来过后接受不了社会,但是在大灾大难面前,真的才感觉得到,这些下一代,我们中国的娃娃些,还是很有希望的。那个时候才感觉,冲击很强烈,并不是说的他们经受不了挑战,经受不了刺激,实际上他们是能够撑起大局的。

雷 芳: 嗯,现在我们部队上进来的有很多当兵的可能都是90后。

魏 杨: 对,当然他们有一些心理问题,还有些行为问题,你比如说,手机控、网络控,有网瘾的,没得网就受不了。但是进了部队过后,他们有一些在这些方面没得问题,但是部队都能通过这个疏导,调节,现在一样的,都能变好,也有些手机控,一天就耍手机,每天不耍手机,像过不得一样，但是真正进了部队过后，不能要就是不能要，在规定的时间你是可以要，但是在规定时间以外就不能要，那么他还是能够适应。所以他们适应这个社会，适应这个生活环境，适应性还是很强的，现在的一些新兵都是这样。

轻伤不下火线

雷　芳：嗯，当时你们组织救援的时候有没有同志受伤？

魏　杨：有，重伤没有，有些轻伤擦伤啊，还有刮伤啊，还有砸伤。但是部队上有句话就说"轻伤不下火线"，男人嘛，受点伤很正常。有些指头被砸到的，贴个创可贴，用水冲一下，再拿酒精消下毒，擦一下，就没当回事。重伤还是没有，因为我们在预防这方面还是采取了一些措施，就比如说跟大家提醒，有余震的时候尽量到空旷地带。其实很多人地震的时候垮了被埋下来，余震的时候再压一下，就糟了，所以很多其实死于余震，并不是当时就砸死了，所以我们当时在做这个预防的时候就跟他们说了的。给战士提些要求，余震的时候尽量躲起来。像有次，当时是15号中午，我们在路边上吃盒饭，余震就来了，盒饭往那旁边一扔就跑了，跑到街中间就站着，站着看到没事了就又坐到那儿去吃。

当时喊我们要有警觉性嘛，采取预防措施，还是有一些效果。包括我们进场的时候，每个人发了一个军用口罩，每个人发了一瓶二锅头，就拿二锅头洒到口罩上面，再戴上，或者遇到啥子事的时候，拿二锅头消毒，因为当时5月份嘛，还是比较热，又过了几天过后，害怕引起一些这个疾病嘛，就每个人发了一瓶二锅头带在身上消毒，都是采取了一些措施。虽然说这是一些土措施，但是能预防到尽量预防嘛，第一步先采取一些有力的措施，下一步有啥子问题我们就好处理，你不能说第一步都不处理不预防，那么你下一步处理起来就更麻烦，当时还是采取了一些措施。

当时没有休息这个概念，脑袋当中就是救人

雷　芳：当时是第三天，你们的工作节奏是怎么样呢？三天就只休息了四个小时。

魏　杨：那个时候节奏简直（太快）。当时我们去的时候，突然面对这

项紧急任务简直（太突然）……因为我们在处理这方面，没得啥子经验，第一次经历那么大的地震。当时虽然说我们还是有预案，但是在这么大的灾难面前，那个预案还是显得有点单薄，后来及时地调整嘛。到了现场根据现场的情况，我们才能做出具体的任务、措施，采取针对性的措施，然后就分了组，分了组过后就轮换。当然你作为一个指挥员，作为一个干部，作为指挥员，你一休息下面就乱了，你只能尽量去减少（混乱），比如说遇到这组战士在休息，另一组就在干，到了时间看那些战士，确实坚持不下来了，就喊他们休息，轮班换。但是当时我们去的第一天，我们是13号、14号去的，第一天没得时间休息，大家都着急，大家心里都乱，老百姓也急，老乡冲到你面前，"嘭"的一声给你跪倒，"解放军啊，救救我"，你咋办？你说不不不，我休息下？不可能。那有几个人，问清楚了，马上就去了。（老百姓）跑起过来喊到我，"领导啊救救我家人"。我说："你在哪儿，在哪个位置。"他说："就前头两百多米。"我说在哪，他说在那儿，我说你带路。马上跟到去，"你们三个跟到去"，喊了个老兵，带三个跟到去。我去看在哪个地方，你们三个负责这儿，我说慢点，一定要注意安全，轻一点，用手，需要啥子，赶紧过来喊，需要人支援，马上过来叫我，然后"嘣嘣嘣"跑回去。像这种情况一天要发生十几二十次，一直没休息，没法休息，我的战士怎么休息？也没办法休息，因为大家脑袋当中已经没有休息这个概念，脑袋当中就是救人，先把老百姓安抚了，然后救人。

换句话来说，我没有穿这身衣服，我的家里面受到这么大的灾难，家人埋在下面，看到解放军来了，我去不去，我也要去，他心态也是很着急的，都想去把自己的家人救出来，我也能够体会。所以换个角度来说，我也能够体会，我也有这种心情，那么作为军人，又换回来说，换到我，我去把他的家人给救出来，我尽我最大的能力，反正我能够完成，我尽量去完成，所以我根本就没有想过去休息。三天，只吃了一碗盒饭，两个鸡蛋，喝了四瓶水，睡了四个小时。我的战士也是这样的，能够休息的时候，饭都还没吃，有些直接扛到撬就睡着了，都有。不是前段时间抗洪，有个满身泥巴的兵嘛，那首歌不晓得你听过没有，其实我们当时抗震救灾的时候，经历的这种事也很多，就靠到路边上就睡着了，马上有任务，轰的一下，吹个哨，就起来了，一样的，都是这样的。

雷　芳：就是高强度的。

魏　杨：嗯，就是高强度。但是那个时候，精神还是很亢奋，因为也不是说不知道疲惫，不是那个意思，那完全是靠一种意志力在支撑。等到我们三天两夜，首长晓得我们确实到了底线，再继续在那的话，人就垮了。然后就把我们抽回来，换第二批上，轮换。回来过后，洗个澡，躺上去，那个才知道什么叫累，真的是睡了一天，睡了一天，第二天再休整一下，第三天又去。就这样，很累，当时真的才知道，什么叫累。

雷　芳：当时一个连队的有没有说什么，讨论啊这些？

魏　杨：其实说实话，我们战士啊，真的，心情是很复杂的。我跟我们战士在那聊天，他们心情很复杂，第一个，他在救援的同时，他自己也是受灾的人，然后这个角色他是没法转变的，他虽然在救，他自己也是受灾的人，他怎么办？那么他只能说，首先他把自己是个受灾的这个事忘了，再去救，你说他们静下来，休息的时候不想家吗？不想跟家里联系吗？但没办法，穿的是军装，也没办法。所以说回来了过后，我们头三天结束了过后，回来了以后，很多人就是拿起电话，给家里人联系，有些才知道自己家里面是个什么情况，有些回来了之后，联系不上，他就没法知道家里面是个什么情况，所以我说我们战士的心态是很复杂的。当然也有一些偷偷地（哭），不想让别人看到，作为一个男人嘛，偷偷地跑到墙边去哭的嘛，也有。像我们当时有一个，我们连队的，他家里是绵阳安县的，家里面也受灾，没跟我说，母亲去世了，母亲被地震剥夺了生命，没跟我说过，还是在救灾，救完灾。回来以后，他跟家里面联系，我问他情况怎么样，他没开腔，闷起，就哭，我说你咋呢？家里面哪个，哪个遭了？他说妈妈去世了，我说你要不要回家看看，他说不用，过后再说。第二批去了过后，后来就跟着过了将近半个月才回家，所以说我们战士，他当时心态（很复杂），这对他们来说也是一个成长。

那个时候，看到我们一些战士有些甩脚甩手的，可能给人的印象就是那种恍恍惚惚的，但真正在面临这些东西的时候，他是不一样的。地方上很多质疑中国军队能不能打胜仗，只有打起来了才知道，中国人还愿不愿意去牺牲，还有没得抗日战争时候的那个共产党的信念，那个打起来了才知道，真的要经受住了考验才知道。其实我觉得当时我们（去抗震救灾），对现在解放军是一种改变，因为中国几十年没有打仗，抗震救灾才让老百姓转变对军人的一些看法，包括抗洪等。"哪有灾难，哪儿就有解放军"，是这么说的，实际也是如此，第一个去的都是部队。之前八一制片场，有个《惊涛三部曲》嘛，第一个《惊涛骇浪》，第二个《惊天动地》嘛，拍的就是抗震救灾嘛。①当时有个镜头让我印象很深刻，说实话，看到我都哭了，就是地震过后，当老百姓看到这个军队红旗竖起了过后，喊了一句"解放军来了"。哗，那个时候，场景真的很感人，作为我们部队，人民是靠山，我们又何尝不是人民群众的靠山呢，对吧。所以说，有些东西还是对这种军人的身份的理解更深入了，看得更透一些。

雷　芳：当时，第二次过去，就是你们第一次从这边撤离，是哪个时候？

魏　杨：16号下午，16号下午，我们第二批人员到了过后，我们才撤回来的。有个交接嘛，不是说我们走了，他们才去，是他们到了，我们才走。

"真的是军民一家亲，真的是一家人"

雷　芳：你们撤回的时候，那些老百姓有没有去送你们？

魏　杨：有啊，有些不让我们走啊，有些送鸡蛋的，送水果的。确实，那种场景还是很感人的，以前在电影电视中才会出现这种场面，但是当时也体会到，那种对心里、心灵的冲击是比较大的，真的是军民一家亲，真的是一家人，才体会得到。

雷　芳：当时是在什么地方，就是你们走，他们送你们的时候？

魏　杨：就是都江堰进城的雕塑旁边，就那个地方，我们在那儿交接嘛，因为当时那有个比较大的广场，在那个地方交接的。他们车队到了，我们车队就出发了，然后老百姓过来，说解放军辛苦了，谢谢你们，感谢了，当时还有些老年人给我们跪下了。然后我们就把他们扶起来说，老乡，受不起，受不起，我们应该的，这些都跟他们说。他们有些送水果，把家里面的，当然自己都是受灾群众，还给我们送鸡蛋啊，送水果啊这些，包括一些慰问给他们的东西，发的一些方便面啊，面包啊，水啊，往我们车上甩，我们不要，他往我们车上丢。唉，真的是，那种场景还是很感人的，说实话。后头排危到后来搭活动板房，跟他们一起生活了两个多月，回想

---

① 八一制片厂重大现实题材"三惊"系列《惊涛骇浪》《惊心动魄》《惊天动地》，《惊天动地》是汶川地震后，首部全景展现抗震救灾的影片。

起来还是比较自豪的，毕竟我穿这身军装，值得。就这种感受，并不是说当了两年兵，碌碌无为，当了三年兵走了，经历过，才正二八经感觉得到"这身军装值得"。你当一个兵，当两年，当五年，搞个训练，打扫打扫卫生，走过一趟军营，就完了，就回家了。但是你没有经历过这种大的灾难，大的任务，你是体会不到军人对于人民群众的重要性和军人的荣誉。

雷　芳： 嗯。当时你们去当地的时候，当地的这些地方政府啊，你们跟他们是如何协调的？

魏　杨： 当时他们有一个抗震救灾指挥部嘛。他们就说，每一个镇或者是村，他都有联络人，那联络人就给我们带队的领导，就当时对接，然后分任务，你比如说需要我们部队做什么，有什么困难，先联系。需要我们排危就排危，需要我们救困难群众我们就救，需要我们帮助我们就帮助，分组、分人，定负责人、联络人，就是这样。他们都有着具体的联络人的，村、镇都有他们的联络人，我们就这么对接。包括大观镇那边，抢收水稻，出去了两个营，我们副团长带队，就帮他们收嘛，因为确实没有人。当时那个视频都有，当时是成都，成都一台嘛，四川五台来采访的时候，正好我们在抢收，他们走这过，看到我们在收水稻，就过来现场采访的，采访了就走了。

雷　芳： 嗯，最后再问您几个问题，您觉得这次，我们这次抗震救灾，做得比较好的，取得好的成就的主要原因有哪些，您自己的一个分析，您觉得是怎么样的？

魏　杨： 其实从部队的角度来出发的话，就是有组织，如果没得组织，都是乱的。就像地方上的这个志愿者也好，地方的救援队伍也好，执法的也好，你没一个组织，始终是乱的，所以说就是组织得好。包括我们部队体系，国家公务系统，首先就是组织，没得组织你始终是乱的，所以这方面，首先就是组织得好，调配、对接的好，谁负责哪一片，谁负责什么，谁组织，谁负责，这个是组织的最好的。如果没有这些组织，啊，过来"轰"冲几个老百姓，我这儿家里面怎么样，怎么样，然后你去，这又过来几个人，然后你去，没得组织，都是乱的。所以应该来说就是组织是最好的。其次，就说合理性，重型机械主要保障到哪儿，救援队伍保障到哪儿，因为我们带的工具是有限的，跟一些专业救援队伍，是有区别的，他们专业的救援，重型机械组救什么，我们部队的做啥，分工很合理，最主要就是这两方面。

雷　芳：当时除了我们自己的救援，您觉得我们当地的，群众，他们的表现怎么样？

魏　杨：当地群众一个是根据自己能力的多少，就进行自救嘛，就清理自己家里面，清理自己家里面的剩余财务，还有就是跟地方政府联系，汇报家里面的受灾情况。根据任务的轻重缓急嘛，受灾的这个严重程度，然后进行分工，哪些就说需要什么队伍，需要什么救援队伍，需要些什么这个专业队伍去救，肯定根据个人的实际情况。当然，家里面有死伤人员，老百姓在自己没办法的时候，就汇报，就上级来分配，组织来分配。没有受灾，就收集一些自救的材料，还有些就主动地帮助嘛，主动联系，主动为部队和救援队伍服务，比如说送水啊、送粮啊。这些主要是地方一些居委会、街道办、政府在组织。反正吃完饭，他们就用那种货车，小货车，双排的那种，或者单排的，趁热装两桶菜，一个桶装汤，一个桶装鸡蛋，一个桶装米饭，就一直在城里面转，看到解放军。"解放军吃饭没有？""吃了吃了""再吃两个鸡蛋"，就是这种很热情，也是自发的，街道办啊，居委会，就组织干这些。明明吃了饭，他说再吃两个鸡蛋。我不要，他喊你装到。还有的就是说，明明吃过了，他还给你装碗盒饭在这儿，喊你再吃一碗，真不吃了。确实也让人很感动啊。

雷　芳：最后请总结一下，您如何评价您自己，您自己的这些品质，是怎么磨砺出来的？

魏　杨：怎么评价自己啊，反正就是也不叫碌碌无为，有自己的特长，有自己的性格特点，也有自己的缺陷，人无完人。对我而言，我觉得自己是个合格的军人，不说优秀嘛，我说我是个合格的军人，我也是一个合格的共产党员。就说在孝方面，还有待改进，因为毕竟回家陪父母的时间比较少。对于家庭的照顾还是不够周全。总的来说啊，自己对自己的评价，不是坏人，每个人都有缺点嘛，我也不能自己评价自己是个很优秀的人，只能说不是个坏人，是个合格的军人，是个合格的党员，就算是对自己的一个评价。

然后自己的品质是怎么磨砺出来的，一个是家庭的传承，父亲，母亲，包括我的家庭，有那么多军人出来，对我所接触的一些环境，所接受的一些教育，有一些影响。然后更多的是到了部队过后，经历过很多大小任务，经历过一些这个演习，在部队待了这么多年，经历了部队的几个时期，包括部队的一些转变，传统的教育，然后再加上自己的性格，工作的实际，包括军校等。所以主要觉得现在的品质磨砺出来，应该说作用最大的就是大小的任务，参加抢险救灾的任务。我参加了这个抗洪，在重庆参加了森林救火，参加了抗震救灾，参加了藏区维稳，参加了乐山地震，包括这个最近几年的大小任务，等等，对自己性格品质，都有磨砺。其实更多的还是跟部队这么多年，这方面的传统教育，包括一些行为习惯，一路坚持，真的是密不可分的。如果没有部队的传统教育，没有这么多年，19年，一日生活制度的坚持，服从命令，听从指挥，没有这么多大小任务的点缀和经历，也没有今天的任务性格和品质，也就是至少不会变为坏人，只能这么评价了。

顽强拼搏篇

中国是历经太多磨难的国家，但"历经磨难而巍然屹立，千锤百炼而更加坚强"，是中国的精神，是中国人的品格。

2008年的"5·12"汶川特大地震，虽然给中国造成了巨大的人员伤亡和财产损失，但也给我们留下了弥足珍贵的精神财富。汶川特大地震十周年之际，我们对部分抗震救灾勇士进行了访谈。通过他们的描述，我们又一次回到了那段特殊的历史。他们战斗在抗震救灾第一线，他们是开路先锋，冒着山体崩塌、滚石飞落的危险，夜以继日为灾区打通生命通道；他们是设计师，谋篇布局，忘我工作，只为让灾民尽快有个避风港；他们是受灾群众的主心骨，跋山涉水探路，一百天干完十年工作，只因肩上的责任与担当；他们是庇护神，身上的一抹绿色，是生命的颜色，看到他们，人们便看到了生机和希望……他们是生力军，他们是突击队，他们把老百姓的利益放在首位，不惜一切代价拯救生命，克服重重困难恢复生产，排除千难万险重建家园。面对灾难，他们展现出中国人特有的坚韧与顽强，与灾区人民一道，和全国各族人民一起，众志成城，擦干眼泪，挺起脊梁，化悲痛为力量；他们迎难而上，勇往直前，与地震搏斗，与灾难抗争，为中国赢得了世界的敬意和赞扬。

记录这些在大地震中不知名的、默默奉献的，但又冲锋在前的一线基层干部和士兵的故事,是对我们精神的一次洗礼。他们当中有不少人不善表达,甚至有些口拙,我们眼中的英雄壮举,在他们口中也变为极平常的事情。但正如冰心所言:"创造新陆地的,不是那滚滚的波浪,却是它底下细小的泥沙。"从他们身上,我们感受到了中国创造无限可能的力量源泉。通过采访他们,我们找到了中国创造奇迹的起点。"困难与折磨对于人来说,是一把打向坯料的锤,打掉的应是脆弱的铁屑,锻成的将是锋利的钢刀。"灾难已成过去,精神铸就永恒。我们把他们的事迹资料,整理成册,目的就是让这种顽强拼搏的精神能够代代传承。

今天的中国,已经站在一个新的历史起点上,我们从来没有像今天这样接近世界舞台的中央;今天的中国,也比历史上任何时期都更接近、更有信心和能力实现中华民族伟大复兴的目标。"空谈误国,实干兴邦。"新的起点需要新的使命,伟大梦想需要伟大斗争。全体中华儿女,只有一如既往发扬艰苦奋斗、顽强不屈、拼搏向上、奋发有为的精神,撸起袖子加油干,才能实现中华民族伟大复兴的宏伟梦想,谱写出中华民族气吞山河的壮丽篇章。

忘我的工作，只为让灾民尽快有个避风港
——访汶川县城乡规划服务中心主任汪永峰

题记：恪尽职守，兢兢业业，舍小我为大家，建造一方家园。

我们的谈话是从 2017 年 7 月 18 日下午 5 点开始的，访谈地点就在汪主任的办公室，全程接近 1 个小时。虽然采访的时间并不长，但是汪主任讲得却很精彩。访谈过程中，一会儿有人来向汪主任汇报工作，一会儿又有人打电话来咨询汪主任问题。短短 1 个小时的时间，却能看出汪主任平日公务的繁忙。处理完工作问题，汪主任的思绪又立刻回到当年的地震现场，访谈虽然时不时地被工作问题打断，但汪主任依然全程满怀激情，思路特别清晰。

访谈过程中，有两段话让我印象很深，他说："人在那种背景下一心只有工作，整个人瘦了 20 斤，那时的状态就是白天工作晚上开会。五加二，白加黑。"为了尽快完成灾后重建，他们没日没夜地工作，没有丝毫抱怨。不怕苦，不怕累，一直埋头苦干，勇往直前。最让我感动的是汪主任说的这段话："你想我又是个高级工程师，我凭我的专业随便去哪儿都不会才挣这点儿工资，但是我为啥没有离开，就是因为想到汶川这场灾难发生过后更需要我们这种专业的人才，全国各地那么多专业的人才来帮我们，汶川建筑这个类别的高级工程师我不是排在第一就是排在第二的，我都走了我觉得我这辈子良心会不安，所以基于这个原因，我留下了。在我们的努力下看到我们的家乡一天天有了变化，慢慢地觉得我们之前的选择是正确的，还是很欣慰。"作为一个异乡人，地震后凭他的能力和专业水平，他本来可以选择离开汶川，去更好的地方，但是汪主任却选择了留下来，和当地百姓一起同甘共苦，用自己的专业能力造福一方百姓。汪主任选择留下来，一是因为作为一个共产党员崇高的责任感和使命感；二是因为他对汶川这片土地爱得深沉，心中装满这片土地的人民。

正是地震后，有很多和汪主任一样有责任感的基层干部，他们不计较

个人得失，千方百计与人民群众共患难，始终心系群众，始终牢记并践行全心全意为人民服务的宗旨，灾区才能在三年之内建设得那么好，所有人都应该向这些基层干部致敬，他们都是伟大的。

采 访 时 间：2017 年 7 月 18 日
采 访 地 点：汶川规划建设局
受 访 人：汪永锋
采 访 人：王　雪
整 理 人：王　雪

遇到这么大的灾难我们唯一能做的就只有保持冷静

王　雪： 您先从您个人的生活史谈起，就是读书、工作的经历，然后再谈一下地震的情况。

汪永锋： 我本人是外地人，雅安的。毕业后当时响应国家的号召支援三州建设，我是 1989 年分到汶川的，至今一直在汶川工作，没有离开过汶川。由于我的专业是土木工程，学建筑的，就分到建设局了，主要从事设计工作。汶川县的很多房子都是我亲自画的图，包括县委县政府这一路都是，因为我们学建筑本身就要学抗震设计规划，所以对地震、抗震我是具备专业知识的。1989 年到汶川工作就一直在设计室，说实话真没有想到汶川发生这么大的地震。2008 年 5 月份发生地震的时候我的第一反应应该是松潘大地震。因为我的专业告诉我那边有一条断裂带，加上地震烈度的划分，松潘的 9 级，比较高，当时汶川只有 7 级，所以我当时的本能反应是松潘地震。

5·12 那天中午我们下乡去开展工作了，吃了午饭后就回来了。当时还有点事情没有做完，我回来没有回家就在办公室加班，然后有点疲倦就在沙发上休息，当时还睡着了，是地震把我摇醒了的。我醒后的第一反应是地震，就开始往外面跑，我跑的时候旁边办公室他们还不晓得，我就边跑边喊"地震了"，他们就跟着我跑出来。那时候我们是在一楼，那个房子是比较破旧的砖木结构的房子，当时就开始垮，房顶上的瓦就往下面掉。我们一楼的坝子比较高，我当时跳下去还是受伤了，膝盖这里摔了，摔了

（的地方）后有树，我就把那个树抱到，当时映入眼帘的感觉就是世界末日，天崩地裂。那天我对"天崩地裂"这个词感触颇深，小学时候学这个词没有啥感受，那天真是体会到了。当时明显听到那个山裂开过后"咔咔"的声音，裂开又合上，裂开又合上，灰尘非常明显往山下滑，那个灰尘冲上去，整个天空全是灰尘。当时的地震是来了两波，第一波地震跑出来过后，待了一会第二波地震又来了，更厉害，整个房子、山都在摇晃，人根本就站不稳，就把那个树抱着。因为当时跑出来没有穿鞋子，眼镜也没有戴，等我发现地震要完了，我又跑回去把眼镜戴起，把鞋子穿起，但是进去的时候发现已经是废墟了，当时瓦掉下来把桌子都砸坏了。我印象特别深的是我进去还本能地去拔了电脑的插座，其实当时都已经没有电了，然后出来后第一反应是找家人。那种时候的第一反应是找自己的亲人，因为我们家是在县城的东部方向，我要走回去就要经过学校，我娃儿在那儿读书。我就到门卫那儿问，他说学生没有人受伤的。但是我们沿县城走的时候余震特别多，就只能走街道的正中间，因为当时房子没有塌，往往屋顶上的瓦这些东西会掉下来，所以街面上就有很多石块、瓦块。当时人是很惊慌的，很多人看上去都灰头土脸的，还有人受伤的。我找到小孩儿，他说他没事我就没有管他了。我又去找我爱人了，她在家。走到家门口，我在外面都看得到我们家的床、厨房，当时我们家房子的墙已经不在了，但是没有倒，框架的嘛，柱子还在。

王　雪：你们当时的房子在哪儿呢？

汪永锋：就是在岷江大桥那儿，原来的车管所。当时我还是很紧张，我就跑过去看到我爱人在大门后，一个人吓得在发抖，我把她牵起来。当时我们家外面是个绿化草坪，地震后水管爆了还有点水，她就把脸洗了。她是警察，但是当时她在家里头是没有出来的，是楼上的另一个警察把她救出来的。遇到这么大的灾难，唯一我们能做的，专业知识告诉我就只有保持冷静。然后我们就在那儿等，就在讨论，警醒中我当时就发现岷江的水降了，那个水位线就下降了，我当时的反应就是形成堰塞湖了，就召集我们那儿的人往山上跑，就跑山上去了。后来果不其然，上面发通知上面形成了堰塞湖，后来没好久它自己又冲开了，要不然就很严重，所以当天晚上就在山上，那个日子此生难忘。

王　雪：当时你们就住在山上？

汪永锋： 嗯，就住在山上，又下雨。没电看不到就喊嘛，把自己屋头的人找到，安顿下来后就开始打听自己的同事、亲人。当时我是单位的负责人，就开始去找单位的人，当天晚上就在山上。我们小孩儿把他弄上山了，当天晚上又跑下来了，他又跑下去找他们班上的同学去了。我们小孩儿当时读初中嘛，比较大了，还比较懂事。后来我们就去找他，那晚上的经历就不想再说了，反正就是一个词：恐慌。

逐步地就走上了抗震救灾这条路

汪永锋： 因为我毕竟是国家干部是领导，第二天我就到了县上，当时就成立了个临时指挥部，整个政府机构就开始运转了。[①]根据领导的安排，我们把自己的职工找到然后就分成好多小组，救灾的那会儿就开始自救了，那时什么消息都没有，电话又打不通，唯一能做的就是把车子打开听收音机。我们第二天才知道都江堰也受灾了，我们家老人还在都江堰，这个大地震它的波及范围之广之大，所以那几天我们基本上都在自救状态。就开始去搭帐篷，搭偏偏房，房子没有垮的就自己给自己壮胆，跑回家去拿东西，就干这些事，整个过程就开始逐步逐步地从那种惊慌中慢慢地平静下来了，逐步地就走上了抗震救灾的这条路。后来我们单位成立了伙食团，就开始分配任务，给那些灾民搭安置点，发米，发油。当时是第六天还是第五天，张县长就通知我去雁门报道，成立救灾基础设施保障指挥部。因为我是专业的，所以我就在那儿开始工作。到了雁门我们就开始做规划、搭板房、平整场地。雁门是一个大的板房区，从那会儿开始，整整待了三个月，每天早晨就到工地上去，吃也在板房里吃，伙食就相当于共产主义社会。其实那时候人的善良、人的本性全部展现出来了，那会儿没有桌子、凳子，端起碗就在地下坐到吃了，吃完了碗自己洗了就又开始工作。那个板房下面全是老百姓的耕地啊，全征收。征收后我们就开始做规划，做排水沟，平整场地，就干这些事。

[①] 2008 年 5 月 12 日 14 时 35 分，汶川县抗震救灾指挥部成立，紧急启动一级应急预案。组织驻军和干部职工将县城威州镇所有街道、社区、学校 4 万余人紧急疏散、转移到青土山、姜维城、州农后山等安全地带避险。（资料来源：汶川县史志编纂委员会办公室."5·12"汶川特大地震汶川县抗震救灾志[M]. 北京：中国文史出版社，2013：5，86，88.）

王　雪：当时您是具体负责板房搭建？

汪永锋：对，所以我觉得我当时搭的板房是最牛的，搭板房这套系统我完全熟悉，包括画草图到施工质量的管理等我都熟悉。板房从外边运过来，我们就接收，然后就开始搭建。那会儿上中央电视台，每天喊我报告今天运到好多套板房，正在搭建好多套板房，已经搭建完成好多套板房，每天都有报告的，那三个月我就主要干这个事。我们小孩儿在读书就转移到外地去了，我爱人是马尔康的，所以就到马尔康去了，汶川就我一个人，就每天工作。这里头的故事，三天三夜都摆不完。

那会儿就觉得很欣慰，祖国和人民没有忘记汶川

王　雪：那您就挑两三个印象深刻的、感触很深的讲一下嘛。

汪永锋：我跟您说我印象特别深的一件事情。第一就是人在那种背景下一心只有工作，整个人瘦了20斤，然后晒黑，把头发都剃了，因为那儿没法洗头，用自来水冲一下就可以了。给我们运板房的货车驾驶员都没有吃的，没有人管他，我们让他吃碗方便面就走了，他们也不计较。那些志愿者也是我们说把板房下在哪儿，他们就帮我们下在哪儿，一点也不计较。在那时候就是一种爱，这种爱的形式太多了。包括我亲身看到的两兄弟，他们家是茂县的，地震发生后他们从都江堰走路回来，翻山，走到汶川的时候，打的光脚板，鞋子都走坏了。碰到我了，就向我打听路的事情，我就给他们解释了，外面有矿泉水我就给了他们两瓶，然后他们就走了。他们走后，我转过去才发现他们走的每一步都是血印，当时看到真的都受不了了。

王　雪：当时茂县也受灾了哈？

汪永锋：嗯嗯，那个时候就感受到亲人的那种牵挂，那个时候哪个知道痛呢，都不知道。其实地震我没有掉眼泪，我从发生地震到去救灾都没有掉眼泪，我知道这种东西遇到了就只有去承受。我真正掉眼泪应该是第四天的晚上，因为我们当时是搭的棚子，整个镇子一到晚上一片漆黑，很痛苦啊，晚上就一片恐惧感，那种漆黑和恐惧加上整个县城当时又没有通信，又不知道自己亲人的情况。那天晚上我们刚好在外头坐着休息，忽然发现一束光就来了，然后就听到那个车的轰鸣声。我们就全部跑出来看，是当时理县方向的水电部队，他们打通了汶川的道路，到汶川县城，那个

挖挖机轮胎大得很，全部绑的链条，插的我们国旗，那些水电部队的军人就站在车子上，打着灯光，当时就流泪了。①

王　雪： 因为太兴奋了。

汪永锋： 是很兴奋。觉得得救了，有人来，有解放军来忍不住了，我真的那是第一次流泪。前几天没有信息，发现有人来救我们了，在那几天之内第一次看到光明，加上前几天确实很疲劳，那会儿就觉得很欣慰，祖国和人民没有忘记汶川，就是看到亲人的那种感受，永生难忘。

灾后重建是一段不朽的历史

汪永锋： 我们经历过地震的，每个人都有一个故事，这个"5·12"虽然写不出来，但是可以口述，我现在的想法就是我啥时候工作不忙了，闲下来我也要写些东西，我觉得很有意思。在那个阶段就体现出各种爱，有人与人之间无私的爱，有祖国对我们人民的爱，有父母对儿女的爱，有儿女对父母的爱，这种爱是各种爱交织在一起的，全是交织在一起的。说实话，我们在板房里开头几天吃的是最好的，那时候家家户户冰箱里还有食物。喝的也是最好的，家家户户都把东西拿出来了，唯一的一瓶五粮液拿出来喝了，抽烟也是最好的。在那种状态下，人真的是有一种涅槃重生的喜悦感，我们在工作中看到的这些太多太多了，所以灾后重建是一段不朽的历史。然后三个月完了，板房基本上搭完了后，我就到映秀去了，在映秀成立了抗震救灾指挥部。在映秀一直搞到了2009年的2月份，又回县城，回去加固、维修这些房子。然后就成立了规划局，是阿坝州的第一个规划局，汶川因为特殊情况才成立了一个规划局，我是第一任局长，干到现在都还在当局长，没换过。所以汶川的整个灾后重建，从外面的选址到修的每一栋房子，这个过程我是全部参与了的。我们书记总结的好，那时候的工作就是五加二，白+黑，真的就是忘我的工作，这不是表扬自己，真的就是这样。因为每个指挥部我都是成员，今天这个指挥部开会还没有完，

---

① 汶川特大地震发生两小时后，武警水电三总队总工程师陶然率150名官兵携带22台（套）大型机械设备从驻地理县狮子坪电站营区开始抢修道路，15日21时40分，打通了从理县进入汶川县城道路。（资料来源：汶川县史志编纂委员会办公室."5·12"汶川特大地震汶川县抗震救灾志[M].北京：中国文史出版社，2013：9，110.）

那儿就通知了，好多点钟在水磨开会，好多点钟在映秀开会，每天都在到处跑，我还遇到过余震后山上的石头垮下来把车子打烂完的情况。

王　雪： 就是你们的车？

汪永锋： 就是我们的车在路上遇到余震，山上垮石头把车子打烂了。车子玻璃打烂了，我还受了伤，余震完了我们看没有大事，又开起跑了。当时的这种工作就是一种动力，既是主动的又是被动的，推动着我们不断地前进，不断地去完成每一项工作任务，当时就是这种状况。

慢慢地觉得我们之前的选择是正确的

汪永锋： 其实5·12地震五周年的时候，南方周末在做一个选题。他们的选题就是5·12地震改变了我们什么，我觉得这个选题非常好。当时他们提出一个观点，就是汶川本地的干部和我们的群众，5·12地震发生过后有能力离开汶川而没有选择离开汶川的人，他们认为这都是优秀的。我完全赞成他的这个观点，前提是他有能力离开而没有离开，他们都是英雄。说实话我曾经都动摇过，我都想离开。第一，知道工作那么忙，而且是个漫长的过程。第二，山河破碎，空气整天都是灰暗的，那个山、树啊这些全是灰，鼻子、嘴巴、耳朵里头全是灰，余震不断，你说哪个想在这儿待嘛。你想我又是个高级工程师，我凭我的专业随便去哪儿都不会才挣这点儿工资，但是我为啥没有离开，就是因为想到汶川这场灾难发生过后更需要我们这种专业的人才，全国各地那么多专业的人才来帮我们，汶川建筑这个类别的高级工程师我不是排在第一就是排在第二的，我都走了我觉得我这辈子良心会不安，所以基于这个原因我留下了。在我们的努力下看到我们的家乡一天天有了变化，慢慢地觉得我们之前的选择是正确的，还是很欣慰。现在我们汶川说实话还是很漂亮，这些安居房还是很漂亮，我觉得我们的努力还是有意义的。

我全程参与灾后重建

王　雪： 不管是基础设施还是房子，大多数都是你们规划的哈？

汪永锋： 对，当时规划呢，说实话是5·12地震给了我们这个机会，我们县城的规划是清华来做的，映秀是同济大学来做的，水磨是北京大学做的，这些单位都无私的支援我们，也给我本人和我们这个团队提供了一个学习的机会，我们就跟他们一起参与到这个规划中，也学到了很多东西。所有的项目设计完了我们要申报，由规划委批。所以我们的博物馆都把这些英雄留下来了，这些我们觉得很有意思。

王　雪：清华、北大、同济大学他们是设计好，征求你们的意见？

汪永锋：不是，他们是过来设计的。

王　雪：那您说一下清华、北大和你们是怎么协调的？

汪永锋：实际上是这样，一方面他们来援建我们嘛，他们在规划的过程中我们这边规划的团队就和他们对接，就全部融入进去了。他要收集资料，比如他说这个地方要做什么东西，我们就提供数据，这是一种高度的融合，我们就参与到这个过程中。

王　雪：相当于合作嘛。

汪永锋：对对，只是我们的水准要低点，但是在这个过程中我们也学到了很多，而且像清华这些规划完了他还留了个人在这儿，在我们这儿挂职，挂的我们的副局长，跟我们一起来落实规划和后面的管理情况。

王　雪：那包括映秀那些房子都是他们设计的？

汪永锋：不是，规划是解决空间布局，这个地方修住宅，这个地方修宾馆、修道路，解决大方面。然后这个体育馆怎么设计，业主又通过招投标把设计单位找来，他再来做具体的建筑设计，建筑设计做完了他又报给我们，我们要审查，审查后再走程序给批，然后才是修。我们就是管理，设计还是专业设计，要通过招标来，但设计的东西要通过我们审查，符合我们的要求。比如说，规划只准修20米高，你修成21米了那就不行，我们都是做管理层的事情。

王　雪：整个县包括各个镇的都是？

汪永锋：就是，每个乡镇都成立了指挥部。我本人主要就是干这个项目的，这里头的东西就是太多太多了。有欢乐，有苦恼，也有遗憾和自己的骄傲。

王　雪：那您具体讲讲您说的这些方面，稍微说细一点可以吗？

汪永锋：我就简单讲一些经历嘛。比如一个体育馆，他们那个设计方案出来过后，设计单位给我们提出了很多个设计方案。每一个设计方案都有优点和缺点，不同人有不同人的美学观念，怎么办呢。这个领导说红色好，那个领导说蓝色好，后头我觉得我们政府是非常开放的、开明的一个政府。我们把方案编好号，把图案打上，到街上去公示，让群众来参与投票。最后我们参考专家的意见，政府的意见，再结合老百姓的意见，最终来决定采取哪个方案。很多方案都是要走这条程序，吸收老百姓的意见。该公示的要公示，该征求意见的要征求意见。但是有些时候受条件的局限，时间紧，任务重，有些特殊性。

王　雪：那些重建的房子，也是征求了老百姓的意见吗？

汪永锋：是要征求意见，我们建的那个高层，那四栋高层房子我们怎么做的，那个房子拆出来了，修房子，修啥子样，我们直接找一家公司做，不满意呢，我们开始采用挂网，网上公开征集，然后很多知名的单位就过来给我们做设计，做很多个方案给我们。然后我们再来选，当评审来选，选上了就是这个方案。然后里面的户型，客厅卧室怎么摆，符合百姓的需求。我们把老百姓召集起来开会，给他们讲，让他们自己去选嘛，不合适就调整嘛。有些老百姓站在自己的角度来看，并不专业，我们就给他讲，多沟通嘛，最终形成比较好的方案。

王　雪：这种事情想做到十全十美还是很难，之前去采访映秀的老百姓，他们感觉房子过于窄了，有的不满意。

汪永锋：正常，因为映秀土地只有这么多，要是想每个人都满意，确实不现实，但是整体还是不错。灾后重建这块我整得还是特别多，我不仅参与，还全程参与。当时我们把最安全的地方规划来修学校。

王　雪：学校肯定是优先考虑最安全的地方。

汪永锋：是啊，你看我们县委县政府的房子，到现在都还是地震时候的房子。严格意义上来说，它还不是很安全的房子，但是当时我们提出来了民生优先，首先解决民生的问题。

最终时间才是最好的药

汪永锋：地震到现在有9年了，实话实说，现在我们在淡忘，地震过后我接待了很多客人，要去解说，要去陪。到了映秀，我一般把他们带到遗址中心，中学遗址，他们进去，我就不进去，就在那里等。说实话，我真不想进去。进去过后，一看到这种氛围，让我想起我的同事，我的亲人，想起那种场景，就会不舒服。所以我们现在都在逐步逐步地淡化地震，最终时间才是最好的药。

说到中间感人的事迹，我给你举一个例子。地震过后，2008年9月份我下乡，到了映秀镇，我在负责老街的灾后重建工作。老街他们的书记姓曾，曾强，我们就在一起干，开始不知道他，后来工作工作见他不在了。找他找不到，后面他们跟我说他在哪，他们家住在老虎嘴，河对面就是他的家。悲伤的时候，他就一个人跑到那边去，去做啥子呢，过又过去不到，中间有条河，河边边有个大石头，他就坐在那儿，他家就在对岸。5·12地震，他家就失去了7个亲人，但是他是村上的干部啊，还要带领这些人搞灾后重建，很不容易啊。他的爱人去世了，买了保险嘛，赔了钱，他去买了个车，我说你买个车干啥子嘛。他给我这么说的，他开着这个车就感觉他的爱人还是和他在一起的。你说没经历过这些，哪个会遇到这些情况。有些人说80后、90后这些都是垮掉的一代，但在那种大灾面前，这代人了不起。

灾后重建"女人当男人用，男人当畜生用"

王　雪：可否把你们当时在映秀的生活工作情况再聊细一点呢？

汪永锋：在映秀的时候，天天住板房，吃伙食团。

王　雪：哦，那里有伙食团啊？

汪永锋：有伙食团嘛，就是自己要交钱，买票。指挥部在那个河边上，对面就是映秀小学。因为映秀小学伤亡比较严重，我们那个厕所呢，修在那个河边上的，每天晚上上厕所，真的还是怕。然后我们板房那里一直都有苍蝇，又没得电视看。工作完了，就拿那个苍蝇拍子打苍蝇，板房边上全是苍蝇。当时虽然消过毒，但是苍蝇还是多，这些哪个经历过嘛。总部天天开会，开会完了，就跑去工作。我们那个时候基本上是几个月见不到自己的家人，多正常啊，都是这个样子的。有领导到下面，都是这个样子。那些女同志更辛苦啊，那时我们开了一个玩笑，灾后重建，女人当男人用，男人当畜生用。有啥办法呢。所以说我们现在也经常给自己说，工作难，有多难，5·12都经历过了，有多难呢。就是自己勇往直前，无私去做就对了，有啥问题呢。

王　雪：灾后国家不是出台了很多政策来支援当地嘛，您具体聊下您知道的那些政策？

汪永锋：有，这个清楚得很。首先最直接也最值得我们总结和推广的就是中央出台的对口援建政策，这个是个创举。对口援建体现了我们是社会主义国家，兄弟要帮兄弟这个概念。比如广东省对口援建我们汶川县，然后分了广州市援建我们县城，东莞对口援建映秀，它不仅体现出了社会主义制度的优越性，它也是一种体制。另外这种体制决定了这种模式，便于开展工作。所以广州跟我们就像亲人一样啊，长期以来建立了这种感情。然后他们的资金都是正规的，那是非常严格的。那是他们财政收入的百分之好多拿过来，然后这边的具体项目要和我们商量，一起来决定。[①]我们指挥部，都是双方共同成立的指挥部。比如我们县城成立了一个重建指挥部，就是我们县上的人和广州的对口援建队伍一起，成立一个指挥部，共同开展工作。然后我们城乡住房建设，国家出台了相关政策，鉴定你的房子是严重破坏的，可以维修的，不同房子，依据一定的标准给你好多钱，这都是国家给我们的优惠政策啊。

王　雪：那个时候是你们具体在实施这些政策吗？

汪永锋：啊，我们加固的具体措施三，比如鉴定出来中等破坏，国家的政策是八千块钱，你们这个业主承认了，签了字过后就补给他们。那些房子垮了重建的，又没有其他住房的，当时应该是二万五。当时城乡住房都是有政策的。过渡期间，一天10块钱，一斤粮，都是领了的啊。[②]这些政策多得很哦，各种渠道来的，民政系统、医疗系统，各个系统都有，这个是我们体制的优越性。

王　雪：像您刚才说的房子补助，有几个标准呢？

---

① 各支援省市每年对口支援实物工作量按不低于本省市上年地方财政收入的 1% 考虑。具体内容和方式与受援方充分协商后确定。（资料来源：国务院办公厅关于印发汶川地震灾后恢复重建对口支援方案的通知，国办发〔2008〕53号，二〇〇八年六月十一日.）

② 口粮和补助金发放对象和标准。1. 临时生活救助包括补助金和救济粮，救助对象为因灾无房可住、无生产资料、无生活来源的困难群众（农民、学生、个体工商户、城镇低保人员、职工无收入家属，暂住 1 个月以上的人口、城镇无收入人员、县境内企业职工和下岗职工等）。2. 补助标准为每人每天 10 元补助金和 1 斤成品粮，补助期限 3 个月。（资料来源：汶川县人民政府印发《汶川县关于落实"5·12"受灾困难群众"三项"政策的实施方案》的通知.）

汪永锋： 毕竟时间太长了，不一定记得完哈。反正维修加固的当时应该是三千、五千、八千。轻微的三千，中度的是五千，严重的是八千。①基本上都是根据房子来看的，不是根据人，重建的有一万六，有二万五，根据家庭人口数，比如你的房子垮了，人口少点钱就少点，人口多点钱就多一些。反正我记得好像有一万六、二万五，具体记不清楚了哈。②这些都是严格按照政策来的，国家制定的灾后重建政策嘛。

王　雪： 不是你们当地制定的嘛？

汪永锋： 哦哦哦，不是当地哦，这个是严格按照国家的政策来的，都是非常清楚的。

干部的先进性就是要在那个时候体现

王　雪： 那您当时遇到的最大的困难是什么？

汪永锋： 最大的困难就是累！没得时间，累！每天回去，回到家里倒床就想睡觉。精力有限，事情又那么多嘛，每天都做这么多事情嘛。天天晚上开会，开完会就已经12点钟了，你靠白天那点时间怎么够呢，经常指

---

① 第十八条　受损住房加固补助标准根据受损住房受损程度分为轻微损坏、中等破坏、严重破坏（可修复加固的）三种补助类型。凡符合受损住房加固补助条件的受灾家庭，每户在县内只能享受一次受损住房加固资金补助。属轻微损坏中不需加固修复即可使用的住房，可不予补助；轻微损坏中需加固修复的住房给予 0.1~0.3 万元/户的住房加固补助。属中等破坏的住房给予 0.4~0.5 万元/户的住房加固补助。属严重破坏经加固可以修复的住房给予 0.6~0.8 万元/户的住房加固补助。（资料来源：汶川县人民政府关于印发《汶川县灾后城镇住房重建实施细则》的通知.）

② 第十四条　毁损住房资金补助的发放，根据城镇受灾家庭收入状况和家庭人数，对最低收入家庭、低收入家庭、一般收入家庭按户均 2.5 万元标准予以补助，重点照顾最低收入家庭，另外对高收入家庭适当予以补助。
第十六条　毁损住房资金补助标准：属最低收入家庭，每户人口为1至2人的，享受 2.9 万元补助；每户人口为 3 人的，享受 3.2 万元补助；每户人口为 4 人及 4 人以上的，享受 3.5 万元补助。属低收入家庭，每户人口为1至2人的，享受 2.6 万元补助；每户人口为 3 人的，享受 2.9 万元补助；每户人口为 4 人及 4 人以上的，享受 3.2 万元补助。属一般收入家庭，每户人口为1至2人的，享受 2.3 万元补助；每户人口为 3 人的，享受 2.6 万元补助；每户人口为 4 人及 4 人以上的，享受 2.9 万元补助。属高收入家庭，每户人口为1至2人的，享受 0.5 万元补助；每户人口为 3 人的，享受 0.8 万元补助；每户人口为 4 人及 4 人以上的，享受 1.0 万元补助。（资料来源：汶川县人民政府关于印发《汶川县灾后城镇住房重建实施细则》的通知.）

挥部都是白天工作晚上就开会，五加二，白加黑呢，就这样来的。我们现在能够正常的周末休息已经很幸福了，真的是很幸福了。那个时候哪来星期六、星期天哦，没得这个概念。

王　雪：你们当时工作那么累，那么辛苦，那国家在你们的薪资报酬方面有没有特殊照顾呢？

汪永锋：没得哦，我是共产党员，我还捐了一个月工资呢。

王　雪：是您自愿捐的还是？

汪永锋：肯定是自愿，同时也是要求，上面有这个倡导。我们干部还不能去领救灾物资，干部的先进性就是要在那个时候体现，党员干部要做好表率。其实在那个时候，钱对我们来说，没用！我告诉你，地震发生过后，大家在一起，别个都会说，你还没有死啊！是这种语言，就是说活着就已经阿弥陀佛了，能活下来都是老天对我们的眷顾了。你还去想啥子钱不钱的哦，没得那种想法，能活下来就已经很高兴了。

王　雪：映秀的居民当时是转移出去了的哈？

汪永锋：啊，转移了几次哦。

王　雪：转移到都江堰那些地方安置哈？

汪永锋：嗯，它没法啊，只有那块地，当时搭建了板房，我们要搞建设，它不转移走没办法，只有想办法把他们转移，先把人转移走，专心搞建设，建设好了再把他们请回来。

王　雪：老百姓住板房住了多久就搬进新房了？

汪永锋：板房搭到一定规模的时候，我们就总结嘛，觉得不能再搭建了。一个是成本太高，我们还是要结合实际情况。从雅安拉过来，成本太高了，投一千到两千了，自己的建材，废砖搭的不多。第二个，我们建设场地有限。还有一个搭板房过后我们还要搞建设，所以我们就鼓励老百姓投亲靠友，就搭那种叉叉房，就是简易房子，搭个叉叉，盖起就在里面住。后来就启动了维修加固嘛，老百姓疑虑少了点嘛，有些人就回到家里来住，但是有的还是住了大半年了。

王　雪：就是有些地方修好新房的时候，有些板房就被拆了对吧？

汪永锋：嗯，就拆了撒。板房本来就是属于一个临时过渡嘛，先是应急，然后临时过渡，后头才是灾后重建。

王　雪：灾后重建阶段您具体是做什么呢？

汪永锋：还是干规划，我们是2009年就成立规划局嘛，那个时候就正儿八经开始启动灾后重建了。之前都是过渡时期，属于过渡安置阶段，后头就属于灾后重建了。

王　雪：其他县都没有规划局吗？

汪永锋：阿坝州其他县都没得规划局，其他的地方都是建设局下面的一个部门，我们这儿因为当时任务重嘛。现在都改了，改成规划服务中心了。

王　雪：重建完成后，你们有没有收到老百姓的一些抱怨啊之类的？

汪永锋：当时还是有嘛，信访的也有嘛，这种事情它不可能十全十美，难免有些照顾不到的，但总的还是良好。

现在简单就是一种福气　一切简单就好

王　雪：那您在灾后重建中收获最大的是什么呢？

汪永锋：最大的收获，首先是地震改变了我对人生的看法。还有一个从专业的这个角度来说，我也从这几年的工作中积累了很多经验，积累了很多专业知识。另外就是觉得生命的可贵，对生命的理解、对人生价值的理解深化了，应该大部分人都是我这种感受。

王　雪：地震前后您对自己工作的认同感有没有什么变化？

汪永锋：因为我一参加工作就在搞这一行，我原来是做设计的，一直在做这个，我也很爱这个专业，特别是通过我自己的努力，让我的规划，让我的想法得到实现，还是觉得很自豪。总不能自己都不认可自己的工作嘛。我也是高级工程师，都工作很多年了，在汶川这边，属于一名老同志了。

王　雪：那作为一个基层领导干部，您对自己在灾后重建中的工作满意不？

汪永锋：总体还是满意，但还有些不满意。因为自己专业能力有限嘛，还有毕竟没有经历过这些东西，还有一些东西不是那么圆满嘛。要说遗憾呢，也不算，只是有了这些经历呢，让自己在以后的工作当中能做得更好。

王　雪：地震发生之后，你们做了那么多工作，群众对你们的认可程度，或者信任程度增加了吗？

汪永锋：增加了，我了解的情况应该是群众更加认可我们，增加了对政府的认可，更加感恩政府了。没的政府，无政府状态了，那我们灾后重建怎么搞的成呢。当时我们汶川，在没有外援的情况下，没有我们政府强有力的组织管控，那不是乱套了啊。我给你讲，当时我们张县长，现在是张书记，那很了不起的啊，他当时在县城当指挥长，决定把我们的超市、商店，政府给他们接管了，接管了过后，里头的牛奶、面包等食物就用来保证学生和老年人的生活。①说实话，在这些面前，哪个经历过嘛，能够做出这样的决策，汶川没发生一起打砸抢，那是了不起的啊，整个汶川县秩序也是非常好的。

王　雪：地震期间，社会治安都是比较好哈。小偷那些少哈？

汪永锋：没得这些，那个社会秩序是非常好的。大家都是在政府的领导下，从基层乡镇，一级一级的，我们整个政府机构是完全正常运转的啊。地震发生过后，县委县政府马上成立临时指挥部，在那个坝子就开始开会。然后其实我们真的该大说特说的是地震过后那一天，就是5月13号，安排每一个副县长带一批工作人员，徒步到每一个乡镇，这些同志都是冒着生命危险，写了遗书的啊。②

王　雪：因为那个时候还是余震不断哈？

汪永锋：啊，路又不通，就走啊，全靠走啊，三五个人背个包包就开始走，到乡镇了解灾情。通信靠吼，交通全靠走，那不简单，真的不简单。

王　雪：那您对现在的工作是不是更充满信心了呢？

汪永锋：对工作肯定是充满信心的，反正现在领导把我放在这个位置，肯定认真工作啊，把自己所学的专业知识，尽可能地发挥出来，就是这些想法。

王　雪：接下来在工作方面有没有什么规划，或者打算呢？

---

① 2008年5月12日16时，汶川县抗震救灾指挥部派出公安干警、机关工作人员全面接管德惠超市、鑫兴超市、威州粮站、雁门加油站、郭竹铺加油站、威州液化气站等粮油、食品物资、燃油、燃料重要物资部门，实行战时管理，配供物资。同时派出武警、公安干警对银行、信用社、储蓄所等金融机构、粮库、油库等部门实行重点保卫。各乡镇也全面接管辖区内的粮油、燃料、燃油、食品等重要物资供应部门。全县车辆、物资、人员实行统一调配，食品、药品、油料等紧缺物资实行统一征用，确保了抗震救灾应急物资供应。（资料来源：汶川县史志编纂委员会办公室."5·12"汶川特大地震汶川县抗震救灾志[M].北京：中国文史出版社，2013：5.）

② 2008年5月13日晨，由117名党员干部组成的13支抢险突击队，冒着生命危险，分别徒步奔赴全县13个乡镇组织抗震救灾。（资料来源：汶川县史志编纂委员会办公室."5·12"汶川特大地震汶川县抗震救灾志[M].北京：中国文史出版社，2013：8，86.）

汪永锋： 工作上的规划肯定有，有远的也有近的。一是自己的日常工作把它做好，做得更完美。二是我想培养一下这些年轻的同志，把他们带一带，然后我自己嘛，组织喊我做啥子，我就做啥子。

王　雪： 现在有没有想回到您的家乡，或者离开这个地方呢？

汪永锋： 不可能，这都要退休了，咋可能嘛。

王　雪： 都没有想过离开这里哈？

汪永锋： 嗯，不可能离开了。都50岁了，好好生生①地工作嘛，就完了。自己小孩也大了，也没得啥子了。就是工作，生活，每天认真工作，下了班，自己把自己调理好，就对了。简单一点，我觉得现在简单就是一种福气，一切简单就好，就不会去想那么多东西。

王　雪： 像你们这些在地震当中做出了突出贡献的领导干部哈，在地震之后，上面对你们有没有特殊的嘉奖或者是在工作上有提拔呢？

汪永锋： 有啊，像工作做得好的，好多同志都提拔了，都是往上提了。工作做得好嘛，组织就要认可人家。

王　雪： 都是地震发生之后？

汪永锋： 这个干部的成长肯定是有一个正常的途径撒，有个组织考察。

王　雪： 因为你们在地震中做出了突出贡献，物质上有没有奖励呢？

汪永锋： 物质上没得啥子，我们又不需要那些东西，好好生生工作就对了。自己把事情做了就对了，又不需要向组织要什么东西。

王　雪： 那今天就这样了，谢谢！

---

① 好好生生，是四川方言，是好好的意思。

生命通道的开拓者
——访原北川县交通局局长程波

题记： 五千公里的疮痍大地，他用双脚一步步去丈量；艰苦奋斗的传统精神，他用赤足一步步去践行。他踏出的串串脚印，化为通向希望的万里公路；他做出的件件丰绩，凝成传承后世的不朽精神。

很难想象，在地震后满目疮痍的北川山区中，有人仅在短短一个月内就往返奔袭了近五千公里，这就是原北川县交通局局长程波。"5·12"特大地震突袭北川，全县交通全部中断，救援力量与物资无法输送进来，伤员也无法输送出去，生命通道严重受阻。作为北川县交通局局长，程波在忍饥挨饿步行两天回到县城后，来不及寻找逝去的亲人，义不容辞地肩负起抢通保通的重任。没有勘测设备和时间，他就亲自组织人员翻山越岭，凭经验在林木丛中砍出路线；缺乏施工机械和物资，他就靠人力去开山凿石，修出一条毛路。他背着馒头一头扎进山里，靠着双脚，每天在满目疮痍的大地上艰难前行。正如他说："我们交通局抢修道路是最艰辛的，地震后我是背着馒头，步行走完北川所有的公路。因为当时没有仪器（测试），所以我带了三个职工和几个二炮部队的人就靠步行，看是否走得通。"他每天天不亮就起床赶往工地，深夜才回到家里，累到洗脚的间隙都能在沙发上睡着。面对所有的艰辛与劳累，他没有半点怨言，只为救助更多的生命。

在与程局长访谈的过程中，虽然他对于自己的事迹总是轻描淡写，但是从一言一语之中，我能深深地感受到他身上那种不怕苦、不怕累，不畏艰辛的精神。他没有刻意强调自己的贡献，在评选先进个人时也一次次把机会让给了别人，但他身上始终闪烁着一个共产党员艰苦奋斗的品质和为人民服务的先进模范形象。

抗震救灾 精神口述史
——汶川特大地震十周年纪念专辑

采访时间：2017 年 8 月 16 日
采访地点：北川县新北川宾馆
受 访 人：程　波
采 访 人：曹元梅
整 理 人：曹元梅

突破重重艰险，翻山越岭赶回北川县城

曹元梅：程主任，很高兴您能接受我们的访谈，您能简单谈一下地震发生时和发生后的一些事情吗？

程　波：地震发生当天，我带我们县交通局的部分人，陪市交通局到一些比较偏远的乡镇（小坝、开坪、漩口等），这些乡镇有一条主公路叫北松公路，当时北松公路在改建时期，一行大概十多人，我们来检查这条路改建情况。①中午在北川简单就餐后，大概在（下午）1：30（从北川）出发，在 2：28 的时候，走到距小坝镇还有一公里的地方就发生了地震。我们一行四辆车，我和市局的董局长（现任绵阳市人大副主任）、建管科的副局长坐的第三辆车。地震来的时候，前几秒没有什么反应，驾驶员说可能地震了，瞬间就看到两面山上在滚石头。随后，驾驶员就把车停下来了，我们就跳下车自己找避难场所，有藏在山崖边上的，有躲在其他地方的。我们当时有人受伤，有两个人出来以后被石头砸到河里去了，但是没有死亡，大家都是平安出来了。地震结束时车子已经被砸烂了。当时我就喊大家跑到小坝场镇上去，差不多一公里路，几分钟就跑到了。我们走进小坝一看，房屋都倒塌了，街上的老百姓很惊慌失措。当时还不知道地震有多大，也不知道地震死亡的人数。到了小坝以后，我们发现这一行人少了两个人，我就赶快组织民工回去找，结果他们是被石头打到河里去了，只是受了点伤，没有伤到骨头，当时就弄到小坝卫生院去就医了。

当时工地上施工器械较多，死了好几个人。我作为交通局局长听到有死亡人数时是非常着急的，因为平时出现这样的安全事故要费大量的人力

---

① 2008 年 5 月 12 日，分管交通工作的副县长雷建新带领县交通局局长程波等同志，陪同绵阳市交通局局长董晓彬等一行共 13 人检查指导北松公路建设工作。{资料来源：中共北川羌族自治县委党史研究室，北川羌族自治县地方志办公室. 北川"5·12"大地震抗震救灾纪实（上）[M]. 北京：中共党史出版社，2009：194.}

物力进行善后处理。之后，我们就看了小坝的党委政府、学校、街道、医院，检查完这些地方后就接近晚上了。那时老百姓不敢在家里住，小坝这边有一个农贸市场（农贸市场是钢架的），晚上老百姓就在那个地方。我在小坝的亲戚比较多，我们就在那里准备了一些饭，边吃边讨论这个事，并安排了第二天的事情。当时我们也都不敢在家里住，我们就在他们车上休息下。当时手机没有信号，也没有电，对外失去了联系。当时施工工地战线较长，老板也比较多，我们就在施工队找了一个发电机，然后就在菜市场这边理发店门口发了电。农村没有有线电视，都是用卫星电视接收天线，当时老百姓有看热闹的、也有想了解情况的，当时我也在那里看（电视），大概在晚上 10 点就报道汶川大地震死亡 9000 多人，其中北川死亡 7000 多人，只有语言文字，没有图像。你们可能不了解，北川很小，总人数大概 16 万人，一个小的乡镇可能也就 2000 多人，最大的地方也就 10 000 多人，比如小坝以及其他几个大一点的镇，一般只是几千人。我估计可能是北川县城死了 7000 多人，因为我们县城的地质条件，原来就听说北川如果有地震，县城要被"包饺子"。我过去在部队当了 20 多年兵才转回的地方。所以我就把董局长、雷县长叫起来开了一个会，简单说明一下情况，我说我看到报道汶川大地震死亡 9000 多人，其中北川死亡 7000 多人，北川地震可能是最严重的。他们说分析得很有道理，我们就安排了第二天的事情。因为当时塌方比较小，那段路我们也正在改造，机械、人员也多，于是由我来牵头，组织施工企业把施工器械集中在小坝方向来抢通。天不亮机械全部到位后，因为作业面只有那么大，一个地方施工区间也要不了几台机械，第一个点一个小时推了没有多少，我们就放弃了，就让施工队伍就地抢通。我们就组织人员从小坝向北川方向突破。当时还下着毛毛细雨，也没有电话，我们就开始返回老县城。当时北川方向的情况也比较严重，从小坝到开坪沿路就有一些垮塌房子。当时我们三个人一组，董局长和雷县长在前，我断后，反正我们就相互照应着。因为山上随时都在滚石头，到了开坪和禹里这一段路就不行了，原来的公路就没有办法行人了。你们可能对这个不是很清楚。

曹元梅：就是老县城那边吗？

程　波：离那里可能还有 50 公里。

曹元梅：那肯定没去过。

程　波：（开坪到禹里那一段路）垮了之后，人根本就没有办法过，我们就翻山，这一路就比较艰辛。因为下了雨，以前修的公路也毁坏了，就靠我们自己走，泥沙钻到鞋子里面，把脚都磨烂了。途中留下了3个人，（因为）确实是走不动了，我们北川县交通局有一个留下来的，（我们）就在开坪山上找了一家农户（把他）安顿下来，他现在都已经退休了。从开坪下山还没有到禹里的时候，市局有两个（一个是监管科副科长，一个是董局长的驾驶员）也确实是走不动了，就找了一个农户安顿他们休息一天，第二天再走，他们比我们晚走一天。我们晚上走到禹里的时候，天已经黑了。原来的党委书记（现在在老县城，当时是副县级）给我们一人煮了一碗粥。当时禹里场镇已经乱套了，地下堰塞湖已经形成，水位在上涨，人山人海，到处都是死的、受伤的人。晚上没有电，我们身上也比较湿，当时正好有个老板在那卖衣服，我就安排我的办公室主任给每个人买一套衣服，那个衣服不分男女，大概70元一套，我们每人就换了一套。晚上我们就在乡政府过道里睡觉，晚上也没有怎么睡觉，刚睡下余震就来了，然后就跑出来，跑出来一会儿又进去，还没有睡着余震就又来了，折腾了一晚上基本没有休息。

第二天，天不亮，我们也没有给乡镇府打招呼就走了。因为他们也还有很多事情要做，受灾的老百姓如何安置、公路上如何处理等问题，当时他们也没有机械。然后，我们又继续从禹里往北川方向走，早上没有吃早餐，也没有办法吃，因为灾民太多，没有地方弄，不仅我们（吃不了早餐），灾民也吃不了早餐。我们走到堰塞湖水位线已经上涨到公路上了，我们就开始上山。当时有一户老百姓房子也已经垮了，她们婆孙三个（老婆婆、媳妇、孙子）在路边架了个锅下面条。当时5月份刚出土豆，我们太饿了，就请她们煮点土豆（给我们）吃，她们还是很乐意。我说我们没有吃早餐，她说那还有点面条，然后就给我们煮了点面条。当时也没有油，就只有辣椒，当时那么多人就只有一斤面，我们每个人就只吃了一点。我就问她家里的情况，她说家里的男同志都打工去了。我了解到这个情况之后自己拿了200块钱给他们，让她们灾后自己买点东西，那小女娃娃可能五六岁。然后我们又走，当时我们是三个人一组，我和我的办公室主任、受伤的驾驶员一组，我断后。当时有一个市交通局的人也受了伤，我就地把他安置在沿途老百姓家里。我安置的人员里除了老陈是年龄偏大之外，另外安置的绵阳市交通局这几个人。(我的)驾驶员他们家在老县城,都急着想回去看看,所以还是坚持和我继续走。当时没有公路和其他小路,因为唐家山堰塞湖①已经把公路淹完了。我们就从山上翻山,翻山也找不到路,就问当地老百姓,老百姓说只要沿着高压线就能找到路,高压线的终点就是擂鼓镇。我们就沿着高压线,一座山一座山地翻。第二天又出太阳,一整天又没有吃饭,路上就吃桑葚、豌豆,喝点山边的泉水。我们路上唯一一顿吃的就是遇到一家人正在做什么事,正好我办公室主任的学生认识他,就跑到他家里面去,当时他们给我们每个人端了一碗凉粉,我们就用塑料袋拿着。

地震第三天的时候,从关内到外面找亲人的老百姓就比较多了,但是路上熟人还是少。我们在路上又走了一天,晚上天已经黑了,我是最后一个到的擂鼓,当时走到擂鼓的时候就有电话了,绵阳好像也已经派了大巴来回地拉灾民,我就坐了一个大巴车。当时交通局也在找我,接了电话后他们就在那里接我,当时一双脚也走烂了。我就问当时(北川)的情况,他们说北川已经不存在了。当时天已经黑了,他们就把我拉到绵阳一个朋友家,洗漱完、吃了晚饭就休息了。当然,回来之后还是打听自己的家人,我的老婆、孩子很安全,之后问了单位的情况,但也就只报了一个大概情况,(单位)有死亡的,也有受伤的。第二天天不亮,我就跑到县上成立的指挥部报道,交通系统在局里面是一个稍微大一点的部门,救灾没有公路是不行的。当时我对处理大的自然灾害没有经验,像现在玉树、芦山地震之后都有经验可循了。

曹元梅:对,包括这次九寨沟地震也是有经验可寻了。

建立临时交通指挥部,抢修道路

程 波:对的。有经验可寻了。当时我们脑子也是乱的,只是说走一步算一步,尽量做得最好,就没有长远的考虑,最后才逐步总结了一些经

---

① 唐家山堰塞湖,长约803米,横河最大宽度约611米。5·12特大地震发生后,右岸约2037万立方米的山体塌下,把河床挤压到左岸半山腰上,导致河流全部断流,截至5月22日上游蓄水已超过1亿立方米。{资料来源:中共北川羌族自治县县委党史研究室,北川羌族自治县地方志办公室.北川"5·12"大地震抗震救灾纪实(上)[M].北京:中共党史出版社,2009:381.}

验。当时我的第一要务就是修公路,到老县城的公路垮完了。当时二炮部队也过来帮助抢修道路了,我过去当兵就是在二炮部队,我就跟他们衔接了一下。当天我就召集了能够见到的所有交通系统的同志,把他们召集到一起,对当前情况进行了简单的了解,同时对下一步的工作做了进一步的安排。当时我们汶川县交通局领导班子成员是五个人,一正三副和一个纪检组长。一个副局长一家人遇难,一个副局长老婆孩子遇难,一个副局长女儿的腿受伤已经送往医院,纪检组长老婆也遇难了。每个人都有自己的事情,有的人没有了子女,也是很让人理解。后来我就把家庭比较健全的人召集在一起,绵阳公路局路侦大队给我们搭了10个帐篷,做一个临时的指挥部,对外宣称北川县交通局临时设在那里。后来我们单位的职工都在那里来报道,后面人越来越多都住不了。当时我就去报告给省厅的高厅长,后面就在交通局那里修的板房,就把大家召集在一起。

当时全局皆兵,交通局不分男女,每一个工地都必须去送东西。当时抢险队伍很多,有二炮部队的[①],有武警部队的,有志愿者,不到一周山东援建的也陆陆续续到了。四川省、绵阳市为了做好抢险保通工作,又陆陆续续派了8个助手来北川报道,因为当时(北川县)交通系统这个班子已经瘫痪。当时就是一个班子负责一条路,快的就很快抢通了,比较艰险的,比如都开路、马桃路基本上要经过两三个月,因为好多都是新建的。[②]所以修这个路,当然一方面有援建的一部分支持,另一方面交通局还是做出了艰辛的努力。我们交通局抢修道路是最艰辛的,地震后我是背着馒头,步行走完北川所有的公路。因为当时没有仪器(测试),所以我带了三个职工和几个二炮部队的人就靠步行,看是否走得通。从擂鼓向禹里乡走了不到两天就走到禹里,禹里就两头有点路,中间原始森林没路。从开坪到都坝走了3天,马克路走了1天,剩下的其他路就很轻松了。有时候老百

---

① 5月14日,接到中央军委命令后,第二炮兵司令员靖志远、政委彭小枫亲自指挥,调兵遣将,经过4个多小时应急准备,政委马力带领107团、252团、通信站和538医院700多名官兵的数十辆重型机械、1000多件小型机工具紧急出动,5月14晚全部抵达北川重灾区。{资料来源:中共北川羌族自治县委党史研究室、北川羌族自治县地方志办公室.北川"5·12"大地震抗震救灾纪实(上)[M].北京:中共党史出版社,2009:375.}

② 2008年7月14日,打通马(槽)桃(龙)路,21日打通都(坝)开(坪)路。{资料来源:中共北川羌族自治县委党史研究室、北川羌族自治县地方志办公室.北川"5·12"大地震抗震救灾纪实(上)[M].北京:中共党史出版社,2009:195.}

姓有摩托，区间内有一段好路就可以坐摩托。抢修道路一个是依靠部队、援建省份，另一个是我们组织当地老百姓共同努力。地震后，北川公路的布局、等级都有所提高、提升，对以后发展还是有很大的帮助。

曹元梅：北川现在还是挺漂亮的。

程　波：原来的北川非常贫穷、非常落后，没有一条像样的公路。地震前，北川的财政收入没有1个亿。当时（北川县）交通投资一年也非常有限，公路也比较滞后。现在国力强盛了，对这个地方的投入加大，特别是对地震灾区。如果没有地震，我们哪里住得了这么好的地方。你们应该看到过，北川老县城很小并且四面都是山，我们经常去散步的公园，我们称之为"珍宝岛"，也就是一个袖珍公园，一个很小的地方。（现在）北川县城常住人口可能还是有3万人左右，环境比较舒适，但是说难听点也是北川几万人用生命换来的。北川据统计，失踪加死亡近一万九千人，实际不止那么多，（因为）统计的时候是按照"属地原则"，当时在北川出差的、做生意的、探亲访友的都是回到原籍的。

曹元梅：那算上这些，死亡人数应该还要多一些。

程　波：北川的伤亡比较重，对很多家庭也确实造成了巨大的伤害，对有些人的创伤可能一辈子都没有办法抚平。如果直系亲属都算上，北川几乎找不到完整的家。我的三口之家虽然比较完整，但是直系亲属遇难的还是比较多（我岳父母那边遇难的还是比较多）。整个地震发生前后就是这些情况。

曹元梅：您当时主要负责打通哪一条路呢？

程　波：全县所有道路我都要负责，其他的协调工作也全是我们做。比如二炮部队是从擂鼓向冒火山方向抢修，另一边武警部队从禹里向冒火山方向抢修道路，最后两边要汇合。在这期间，我们的技术人员就要跟上，要派我们的人员送燃油、设备，他们的燃油都是我们地方提供。此外，我们还要随时协调老百姓的事，当然那边老百姓也好协调。虽然他们带了几台机械来，但我们还是要提供机械，他们人员多就帮我们组织人员。都开路从两头往都坝方向有山东援建的。当时漫山遍野都是人，为了抢通路，当时我们这些女同志也要送油上工地，买钢钎、二锤，特别是在都开路，因为那一段路两头比较狭窄，从开坪方向进不了机械，都坝这边虽然进得了机械，但是机械作业慢，因为北川这边的公路面只有六七米宽，一台、两台机械就摆满了。当时民工比较便宜（50元一天），我就组织了大量的民工，用钢钎、二锤（凿点），打点放炮，采用人海战术先修通一条土路。我们修公路时余震就小了，主要是刚地震那几天余震比较多，后面根本就不在乎这回事了，三四级的余震对我们来说已经麻木了。

曹元梅：那路大概修了多久呢？

程　波：你要看是哪种修法，9月份全县的道路基本抢修完，就可以开始通车，擂鼓最后一条路通应该是在国庆节（2008年）。后面只是加宽、路面修理的问题。现在北川的公路还没有修完，因为公路永远修不完，它有一个工期，公路等级、路面都在不断地提高。比如，地震后碎石路改为水泥路，我们（以前）修通时完全是毛路（土路），后面防护工程、排水系统、桥涵等都逐步开始按照永久性规划。就路面来说，现在的水泥路面要求改成沥青路面，交通局还在不断地修整，只是档次越来越高。地震后，最开始通车时可以跑小车，大车、拉货都不行，因为那个路挖出来的是黄泥路，山的海拔很高、垂直落差大，当时要用货车拉货非常艰难。但随着路面的不断修补，当年冬天就可以通货车了。原来这个地方叫安县，当时我们主要从绵阳、江油购买物资，然后从平武、松潘到茂县，再进到禹里。我们修内路，有几座桥涵有几个大深沟必须架拱桥，这就需要水泥。还有唐家山堰塞湖通了之后，禹里钢架桥鉴定为危桥，要修钢面桥，需要弄桥墩，当时也需要水泥。我们在这边买水泥450元/吨，但运费就要600元/吨，就绕这么一圈送过去，那时候水泥很珍贵，我们交通局的职工专门去查看、登记，跟平常完全不一样。因为600元/吨的运费拉过去，一吨水泥就要1050元，还要算人员押车之类的费用，成本很高。

曹元梅：那时原材料比较珍贵。

程　波：缺！那时稀缺的很，水泥很珍贵，跟平时完全不一样。

曹元梅：因为平时水泥多而且路好，所以成本就没有那么高。

程　波：地震后水泥涨价，用量大了，400多一吨算下来要1000多一吨，就几袋水泥。现在一袋水泥才10多元。

曹元梅：那时候路也不太好。

程　波：那时候主要是不计成本，只要能第一时间全部抢通，不计任何人力、物力。

曹元梅：这些购买水泥的钱都是国家财政拨款吗？

程　波：后面是按照公里补足。你们可能不了解这方面，原来地震前不分山区、不分贫穷，我们主公路，也就是北松公路是 40 万一公里，不足部分是地方自筹，现在涨到 200 万一公里。原来我们北川县交通局是负债大户，修一条公路就要负债，因为地方财政补不起，只有靠每年上面的拨款还去年的账，这样恶性循环，感觉就像滚雪球，越滚越大。

曹元梅：现在应该好点儿了。

程　波：现在交通局没有一点负债，现在就是要抓好质量和进度，尽快把项目资金拨出去，这是交通局局长需要做的事。现在钱先来了，你先把事情做完，验收了就给你钱，过去我们是先做事后出钱。

曹元梅：程波主任，刚才您说自己以前当过兵？

程　波：是的，我在湖南二炮部队当了 17 年的兵。

曹元梅：好厉害，那您是什么时候入伍的？

程　波：我是 1981 年当的兵，后面在部队提的干。当时在部队我是工程兵，学的是土建，后来进交通局也有这个原因。

曹元梅：当时因为您家在北川，所以就安置在北川了吗？

程　波：部队安置是这样的，现在的政策放宽了一些，可以自主转业，以前干部必须转业，师级以上的叫高干才能离休，师级以下的（包括副师）都必须回地方工作。回地方工作有几种途径：一是回你户籍所在地，原籍；二是回你爱人工作所在地，比如干部可以在外边成家，也可以选择回外地；三是如果这两个不成立，就可以回父母所在地。我既是原籍、父母所在地，也是爱人所在地，就回了北川，我是土生土长的北川人。

不畏艰辛，科学指导工作

曹元梅：程主任，在整个抗震救灾的过程中，您能够举一两件印象比较深刻的事吗？

程　波：印象深刻的事是指哪方面的，悲伤的还是高兴的？

曹元梅：都可以，因为我们也看到很多关于您的报道，觉得您当时工作非常辛苦，觉得很感动。

程　波：工作还是很辛苦。当时我们的工作是最紧要的，也是啃硬骨头的一个局，像其他民政、保障就是多跑点路。我们在大山里面，很多同事都在一线做出了成绩。当时我派出去的一个同事，我们绵阳市交通局的领导来检查工作，那个同事蹲在路边，（领导）以为他是一个乞丐，因为他有2个月没有出山，头发也长，衣服穿的也差。我的穿着也差，因为当时我的房子倒在河里面了，我也没有拿出一根丝线，也没有去买，基本就是选捐赠的比较合身的穿。那时候条件确实也是艰苦，现在看起来根本觉得没有办法过，晚上睡帐篷男男女女几十个，夏天那么热，衣服都不脱，像我们一个单位，大一点的帐篷睡10多个人，男男女女都横躺着。

曹元梅：那时应该也不能洗澡吧？

程　波：后面条件改善了，我去绵阳花了几万元给他们接了天然气，又给他们安了两个洗澡的东西。但是像我们很多人过来后都住在工地，就不像他们那样忙得再晚都可以回去住。我们住工地，出来一趟很艰难，从禹里到绵阳需要两天，当时车又少，没那么多精力在路上跑。我们一般是在平武住一晚再回北川，所以我们在关内做一线的同事很难回来一次。我们后来一般派年轻一点的，家里事少一点的，但是家庭问题比较多的就住县城，家里随时有点事情就可以回来。像我那几个副职，福建均（谐音）当时很悲观、失落。我当时专门喊人看住他，晚上给他买够酒，让他喝醉，醉了就不乱想，就安心休息。之后，我们在羌寨那里修桥，就把他安排到那里，那时我们住在安昌，离北川比较近，也派了一个助手去把他看住，主要是怕他寻短见。因为他家里遇难的比较多，他的老婆、孩子、侄儿、岳父都遇难了。现在好了，比较乐观了，他后面又找了一个老婆，生了一个小孩。我们当时死了400多个干部，确实人手也少，特别是像我们这样大一点的部门，人员真的不够用。当时我就把我们下属单位的人员全部统一在一起，我来指挥。我们交通局的下属单位比较多，比如路政大队、公管所、运管所、养护公司等，还有一个运输企业，都是统一调配。

曹元梅：当时听说程主任累晕倒了很多次，您真的是很辛苦。

程　波：有一晚上在我亲戚家吃完饭，太累了坐在沙发上洗脚时就睡着了。如果是在关外，每天晚上回去已经是十一二点了，早上四五点要从绵阳坐车上来，就只有几个小时休息。如果在关内就一周回来一次。那时电话通了，可以在电话里指挥一下。如果那个工地有什么需要解决的事就及时过去。每天早上要早一点来，把工作派出去，把这么多人派出去。晚上回去再晚也要把今天工作情况梳理一下，明天做些什么，哪些工地需要什么，需要把基本情况了解清楚，需要几顿油、几根钢钎、几吨炸药，明天就送过去，晚上要安排完了才能休息。

曹元梅：当时有没有派人协助您？

程　波：有，因为他们不是北川人，所以不了解这里的情况。他们住到工地上，给我打电话说工地需要什么，我就派人送过去。明天哪个车到哪个工地，各个点有什么需要报告的，我就协调我们北川职工。

曹元梅：这个工作还好做？

程　波：当时矛盾比较多。唐家山堰塞湖形成以后，为了保证里面的出行，四川省交通厅在航行上支持，北川原来从没有开过船，就请船员培训。因为当时老百姓去坐船不要钱，外地看热闹的人也去坐船，真正的灾民有时又坐不上船，晚上也不敢开船，因为地震后树枝、电线比较多。堰塞湖形成以前，我们北川的电线都是沿公路走的，电线螺旋在外又怕出安全问题，老百姓安全意识又差，你让他穿一个救生衣很难，很多人不愿穿救生衣，反正事情很多。

曹元梅：唐家山堰塞湖是你们去泄的吗？

程　波：不是，是武警水电部去泄的[①]，我们没有设备，他们当时都是坐直升机上去的。

曹元梅：听说有几架直升机。

程　波：当时从俄罗斯来的直升机吊起几架小挖机，一台一台从擂鼓镇吊在堰塞湖的坝子上，武警部队的人员才坐直升机过去，温总理都去那里了。我们北川那里肯定没法，机械上不行就不能去。

曹元梅：现在北川的路还是挺好的。

程　波：现在你们到禹里去，走隧道那条路是很好的，过去全是沿着河边的山走，那条三级公路当时是沥青表层，现在的沥青表层不适用了，过去在北川还是比较先进的工艺。现在到关内的路都还是可以，主要是地质灾害多。我也离开这个局好多年了，我 2009 年离开的，走了之后现在下乡的时间也少了。

[①] 2008 年 5 月 24 日，武警水电一总队三支队副参谋长任大军带领 12 名重型机械操作手为成员的先遣队，突破重重艰险于当天 22 时 30 分到达堰塞湖。{资料来源：中共北川羌族自治县委党史研究室、北川羌族自治县地方志办公室. 北川"5·12"大地震抗震救灾纪实（上）[M]. 北京：中共党史出版社，2009：382.}

灾后重建，科学分房

曹元梅：主要看到也会想起很多事情。

程　波：这个倒是无所谓，因为工作原因，偶尔跑一下还是可以。后来修房子，在房管局待了三年。

曹元梅：那您能否讲一下灾后重建，房管局分房子的事情呢？

程　波：原来没有房管局，只有一个房管所。2009年7月现场成立了一个房管局。后来老实说我也是身心疲惫，在2009年初派了一个局长到北川交通局，我只是担任党组书记。2009年7月份成立了房管局，就让我去担任房管局局长。因为是新成立的单位，房管局的职责当时也是没有的，一切从头开始。当时房管局的主要职责就是把援建的、自建的房子统一接过来，然后分出去。但是分房还是有很大的难度，房屋需要认定，一个人分多少、如何分，那是从早忙到晚。

曹元梅：分房子过程中有没有出现纠纷？

程　波：我们挨骂的时候很多。房屋认定以户均90平方米、人均30平方米为基数。然后就是人口认定，成立组织审查，北川要分有房有户的，有房无户的，有户无房的，这个类型很多。有没有户口好处理，因为公安局那里有登记，关键是房子的问题。地震后，房管所的人员全部遇难了，只有一个退休的人，我们就把他请回来帮忙。最后制定了一个协议，左右邻居签字认可，但也出现了一些造假的现象。

曹元梅：这个现象肯定也是有的，因为房子毁了，在哪里都不知道。

程　波：2011年12月房子才分完。房管局是北川县单设的一个部门，上面没有批，后面房管局就撤销，让我重选单位。当时公积金管理中心没有单设出来，归财政局管，我就去了公积金，后来公积金单设出来以后，我又在公积金部门工作了5年。

曹元梅：一直做到现在吗？

程　波：现在我是主任，3月份就退居二线了。

曹元梅：当时您在房管局，遇到一些纠纷问题是怎么处理的呢？

程　波：县上专门成立了组织，我们也成立了联合审查组，对于比较有争议的问题，比如某社区某家庭原来有3口人，房子坐落在哪里，公安局、房管局、社区都要参加鉴定。有争议的就复核，最后审核下来没有争议的我们要公示7天，有人举报就把你撤下了，根据举报证据由纪委成立的调查组来调查。调查核实如果有误，就放在下一批，如果举报属实就把你撤下来。分房子在这方面我们也没有经验可循，虽然在都江堰学过，但是各自的情况不一样，它（都江堰）是局部分房。

曹元梅：都江堰和北川不一样。

程　波：他们那里是房子摇碎了、摇垮了，但是原来的房子还在那里，只是成了危房，不管是C级还是D级危房。当时都江堰为了把这一块腾出来，就绕过老城区，在新城区以外修好房子，再跟老百姓商量怎么来分，看是根据1∶1.2来分房，还是根据1∶1.1来分房。他是有据可查，我们这是无据可查，原来的屋坏都没有了。因为当时无章可循，所以当时不是我们一个部门，而是由我们部门牵头，请相关的部门如公安、人大代表坐在一起讨论。

曹元梅：当时你们是不是制定了一个协议？

程　波：是的，制定了协议。通过初审、二审、三审来征求大家的意见，完了才出正式文件，这要绝大多数群体认可才行，不能闭门造车，不然制定出来就施行不了。所以分房就要坚持公开、公平、公正，不然老百姓会骂你。当时我们请绵阳公证处、北川公证处、社区代表、人大代表、政协委员，几十个现场监督公开摇号，分房这方面还是没有多大问题。

曹元梅：那当时一个人是赔偿多少？

程　波：按照人口的多少，其他地方是按照2.5万、2.9万、3.2万的标准。我们北川提高了点标准，最低标准一人户是两万九，2人户是三万二，3人或3人以上是三万五，不管房子大小，因为现在没有办法说你这是豪宅还是普通的房子。过去有的是自建的，有的是单位集资建的，有的是单位福利房分的，最小30或50平方（米），最大的几百个平方（米）。现在就不依据房子的结构，也不依据房子的大小，只要有房就按照这个标准，因为那时已经没有办法鉴定了。

曹元梅：当时有房产证的，可以以房产证鉴定，但是也拿不出来了。

程　波：一是拿不出来，二是不好分。那时候企业的房子成栋的垮，但企业的房子一概不赔。

曹元梅：那企业会不会觉得不公平？

程　波：很多企业都觉得不公平，每天来政府闹事。北川地震后，从去年（2016）开始政府的纠纷事件才逐步减少，以前政府每天都是围满了人，遇难学生家长要找政府，这些企业也要去找政府。

曹元梅：遇到这种情况，你们如何处理呢？

程　波：这个不属于我们管，他们专门成立一个信访组，专门负责接待。

曹元梅：最终还是没有给企业赔偿吧。

程　波：没有，赔不起。那时候买房子还是便宜，有房有户600元（每平方米），比如我的户口在北川，房子也在北川就是每平方米600元。有房无户就是每平方米800元。过去没办证，没有土地出转证，小产权房是每平方米1000。有几个群体单位集资和有房有户的，就是每平方米2300元，还是分了几个档次。

曹元梅：那这种户口在北川人没有在北川的呢？

程　波：每平方米2300，这种人还是赚了很多，当时我是不同意这种分房方式。北川很多空寡户，北川是个少数民族地方，只要在这里读书满几年（这个记不太清楚了），考学校就可以加分。现在北川为了增加人气，在北川买房子户口就可以上在这里。很多成都人都在安昌买一套小户型的房子，安昌那里的二手房一般就是5万元左右，买个50或60平方米，这个房子他自己不住，凭房产证孩子户口可以上在北川，只要在北川读书满几年，高考就要加分。孩子把大学考完，他就损失一两万元把房子卖了。

曹元梅：还有这种呀。

程　波：外地的在这读几年（这个记不太清楚了），高考就可以加分，户口在这里的直接加。一般的大学是加20分，普通大学加50分，北大、清华就加不了，比如川大就可以加20分。北川为了增加人气，出台了这些政策。很多成都人在安昌买房，他们也不买新修的房子，买新修房子不好卖，他们就买普通老百姓那种几万的房子，在这边租出去一个月也收入一千多元。但是卖的时候就折价卖，2万或者3万就卖了，成都就没有两三万的房子。

曹元梅：程波主任，当时地震时，您的家人都在家里吗？

程　波：我的儿子在北一中（北川中学）读书，那里死的人最多，我儿子高二那个年级死得最多。我儿子在二楼，他跑出来了，我侄儿比我儿子大半岁，他就没有跑出来。我儿子在高二年级里算是比较高的，他坐在最后一排靠门那边。地震摇起来之后，他就站起来把着门往外看，他一看山都垮了，老师还喊他坐下，但是摇晃得越来越厉害，瞬间一楼就陷进地下，二楼就变成一楼，他在那一瞬间从二楼跳了下来，然后才幸存下来。我家侄儿在另一个教室，他们就去走楼梯，楼梯一塌都埋在里面了。二楼跳楼的全部活了，走楼梯的全部死了。我爱人吃完饭去上班，刚走到菜市场那里就地震了，所以也活下来了。

曹元梅：幸运，真的幸运。

程　波：我父母就是住在电信那一端，保留最好的那个房子后面没垮的那一栋楼，我给我父母买的二楼。

曹元梅：刚开始我们以为是新修的，那个房子比较新。

程　波：我妈他们的房子就买在我们的正对面，我们从这里下去，他们在左手边，那里没垮，父母就出来了。但是我父亲去世了，也是83岁了，因病去世。我母亲还健在，已经88岁了。现在谈起来要好一点，过去谈着谈着就流泪，很多人就不愿意说。

曹元梅：有些人觉得不能接受，觉得家里只剩自己一人，我们有时候就不忍心采访他。

程　波：我觉得争先进没有意义，只要人活着。你看那么多死去的人，当时我们身边的亲人、同事，一个个地都死了，想一想争先进就没有意思了。今天还活着，明天是不是还活着都不知道。所以受自然灾害的影响，北川人的观念隐形地改变了，现在就想好好活好每一天。那时候死了太多人，我们交通局死了多少人，我现在也记不起了，我走了后听说要建一个碑，但是后来也没有落实。

曹元梅：你们交通局的房子呢？

程　波：也塌陷了，前面的那栋由三楼变成了一楼。我们住的那栋住宿楼靠近河边，是在乱石上打的桩，地震时瞬间就栽到河里了。现在从湖边修了一条路，路就在原来的地基上。我回来时，我的那栋房子已经看不见了，已经栽到河里去了，我还是去看了一下当时我那些职工在哪里。特别是5·12刚发生的前几天人山人海，现在有的分清明、父母的诞辰、春节前去悼念，好得多了。刚开始有的家里一个人遇难了，要来六七个人，比如孩子遇难了，父母、爷爷奶奶、外公外婆、姨舅等都要去，开车就比较拥挤。我们的车子开到检查站那里就开不动了，一般车都要停在下面，步行往里面走。我们北川的人就提前回去，或者一大早，天没亮之前就开进去了。我姨妹子一家一个没出来，岳父母、伯伯、小舅子父子俩、伯伯的孙女，作为直系亲属一共8个人都没出来。

曹元梅： 您妻子有没有埋怨您？

程　波： 她到现在还怨我，没有第一时间去找她父母。因为回来第二天我就上工地了。

曹元梅： 你们这种舍小家为大家的精神还是挺令人敬佩的。

程　波： 我和我儿子都是一个礼拜后才见面，开始只通了个电话。

曹元梅： 知道他平安了，然后就继续在工地上。

程　波： 那时候车就只剩下一辆，一个吉普车，其他车全部损失了，后来在市局弄了一个金杯车，就两辆车。最后山东来的时候捐了两辆车，其他地方又捐赠一些车，后面车才逐步多起来的。

曹元梅： 当时毛路（土路）也刚修起？

程　波： 就是，原来北川有路的，路也很差。地震后，路上面很多石子，道路都不怎么好。

曹元梅： 当时大概基本能通行。

程　波： 原来有公路的地方就到处布点，先推通为止，再慢慢来完善。

曹元梅： 当时机械也是你们从外面弄进来的吗？

程　波： 都是我们租的。原来北川交通局没有机械，都是找租赁公司租机械。

曹元梅： 当时租用的价格会不会比较高？

程　波： 那时还是统一价，他们不敢乱要价，还是按照平时的标准，我们只要安全的机械，不安全的机械我们不要。

曹元梅： 当时你们租了多少（机械）？

程　波： 我记不清楚了，最后山东带来了十多台机械，二炮部队也带来了一些机械，整个工地到处都有机械，有路的地方就有机械。

曹元梅： 有了机械操作起来是不是要简单一些？

程　波： 简单得多，不管老公路还是新公路，没有机械是不行的，过去没有机械就用时间来耗。

曹元梅： 当时要抓紧时间抢通。

程　波： 当时自然灾害特别严重，内路是修通了又垮，垮了又修，洪水一来，整个路基都冲没了，又得重新修。

曹元梅："5·12"之后还发生过洪灾？

程　波：发生过几次洪灾，路被冲得一塌糊涂。有一次还把部队困在里面了。那天晚上涨洪水，把周围的路都淹完了，只剩一个过道，我们又去请当地老百姓去找他们，因为他们熟悉山路，当时部队是从山路被带回来的。

曹元梅：是9月份那次洪灾吗？

程　波：就是9月份那次。

曹元梅：把路冲毁了，你们又得重新去弄？

程　波：要重新去弄，整个北川都存在这个问题，主要是北川的山比较陡，呈鸡爪型，和丘陵地带不一样，山水涨起来沿着一条沟冲下来，冲力非常大，丘陵地带的水是满山遍野地涌下去，北川是集成一股冲下来。地震后山里面就摇松了，遇洪水就成泥石流。所以我们的河床越来越高，老县城的河道清理了很多次了，也挖了不少，国家的资金也用了不少，填一次清一次，河堤加高一次又一次。交通局最怕下雨，一下雨北川就要跨路，交通局昼夜都必须去，要保证把有些游客、老百姓疏散出来，我们经常打起手电筒干通夜。假如有几十个人没有疏散出来，哪怕抢不通，也必须要动起来，干部都必须熬通宵。

曹元梅：当时您应该瘦了不少吧？

程　波：这几年涨几十斤了，原来120多斤，现在140多斤。那时很瘦，吃的差，下乡查看一般早上买几个馒头、咸鸭蛋、涪陵榨菜、一瓶矿泉水，背多了重，喝完就喝山边比较清澈的泉水，每次一下乡就是两三天，每天都是吃这个。当时走到山上没有人就睡帐篷，6月份山上很冷还要生火。

一个月跑完18个县

曹元梅：那时你们确实很辛苦，一个月内跑完了18个县，是吧？

程　波：全部都是跑完了的，每个乡镇都是走到了的。我们要去与乡政府协商，小事情请乡政府协调一下，因为我们的人员不够，不能每个点都照顾到。还有关内的公路不通，根本进不去，就要依靠当地政府帮我们组织一部分老百姓、企业、机械，我们给钱让他们帮忙组织，每个乡都要走到。乡政府他们有他们的职责，公款是交通局负责的，但必须依靠他们帮忙，因为北川乡镇很多，当时又不通车，每一个乡镇都只能走路去。

曹元梅：有没有一天走不到的？

程　波：只有内路，山上没有人烟，在山上露宿一晚上，其他的路都有住家户，可以在老百姓家借宿。当时老百姓也欢迎，吃住都不要钱。修路是做好事，听到交通局要来修路，大家都很高兴。以前就是两座山，没有路，两边的人过不去。从堰塞湖出来，都坝的路就修到那个小地方（记不起地名了），还要从那里转过来，再从贵溪到北川。现在把两座山打通，从这边可以出来，从那边也可以出来，走陈家坝这条路也可以出来，就形成网络了，所以老百姓非常高兴。当时我去给村上说我们没法规划，先凭你们的经验，我给你们尽量派个技术员先砍线路，把这些树枝先砍出来给我们看看修路能不能行。

曹元梅：原来都是坡。

程　波：这里原来都是老百姓种的树，我们当时没法测绘，只能凭经验，比如站在这个点是否可以通视，北川不是平坝，这里有很多山，万一是个悬崖就不能修，所以我先让老百姓砍一条路出来，看可不可行，可行就修，不可行就再修理。那时候老百姓很积极，他们无偿地帮我们砍线路。当时就是这些土办法，没法测绘，毛路挖开的时候，哪里高一点就挖下去一点，哪里弯了就改一下，没用过一个仪器。一方面是没有人，另一方面也没有设备。如果要测绘，要先把图纸做出来，那样要弄到猴年马月[①]。

曹元梅：那应该不行，很多东西运不进去。

程　波：那只有现场办公。

曹元梅：其他的乡镇受灾严重不？

程　波：受灾比较严重的就是陈家坝、禹里、曲山镇。最严重的是曲山镇，其次就是陈家坝，再者就是擂鼓和禹里。地震后第三天唐家山堰塞湖就把禹里淹了，禹里只剩一个烈士陵园，下面的全部淹完了。

曹元梅：当时禹里被淹之前，所有人员都撤出来了吗？

程　波：都撤出来了。人员撤出的及时，因为它不是瞬间就把禹里淹

---

① 这里指不知什么时候。

了。唐家山堰塞湖是山体垮了形成一个坝，水慢慢积起来的。

曹元梅：人已经全部转移走了。

程　波：只不过漩坪老百姓的房屋全部损坏了。如果他们在家里，前一天就把家里值钱的东西搬走了，比如电视、冰箱等。

安抚受难同事

曹元梅：您说当时您的驾驶员受伤了，严重不严重？

程　波：受伤就让他住院，我重新找的驾驶员。当时那个驾驶员受伤不是很严重，只是被石头打到胸口，倒在河里去了，有点皮外伤，走路有点喘。当天晚上就把他送到了医院，但第二天他一定要出院，现在他还在交通局开车。

曹元梅：他估计是想回来看一下亲人。

程　波：他的老婆孩子都没有受伤。

曹元梅：大地震活下来，确实还是幸运。

程　波：你们今天是不是联系公积金的吴主任了，他是比较凄惨的。"5·12"地震发生时，他的儿子刚去派出所上两天班，女儿在北川中学读书，两个都遇难了。他和我同一年生的，老婆现在无法怀孕，就没有孩子，从他舅子那里抱养了一个女儿，所以在他面前还是不要提这个。

曹元梅：就是，那天听赵海清书记讲地震的事，感觉他还是很难过。

程　波：赵海清当时在陈家坝当书记，地震后他还在那里当了一段时间书记，他可能受了点内伤，做了手术。我们当时评定优秀的时候，也不说我资格高，两次（让我）到北京去做报告，因为走不掉，我都没有去。我派了两个人，一个是赵海波（谐音），一个是伍先兵（谐音），前两次评选优秀我都让给了别人，第一次评选的是路侦大队大队长，第二次评的是我们纪检组长，他们的家庭确实比较凄惨。我根本没想过去评选优秀，后来四川省组织部给我报了一个，没有通过我本人，原来通过我本人的，我都让给下面的人了。路政大队长现在孤身一人，地震发生时，他老婆抱着她女儿在前面跑，他和他妈在后面，楼倒下来把老婆女儿砸到了，等他掏出来，老婆女儿已经没气了。他亲眼看到妈、老婆、女儿全部被砸死，很可怜，他爹是一个后爹，地震时掉到河里被救起来了。

程　波：说实话，在大灾难时北川干部职工都还是以工作为重。我觉得在那种困难中，很多人都不愿工作，有些还是忍住悲痛奋斗在一线。我们还是做很多事情。

曹元梅：那段时间您应该很少回家吧？

程　波：我们两夫妻没有见到面，她是物价局的副局长，也在当领导，我也在当领导，大家都忙。当时我们也没有家，她睡他们单位的帐篷，我睡我们单位的大宿舍。

曹元梅：当时您的儿子怎么安排的呢？

程　波：我儿子转到绵阳读书去了，长虹电子有个厂区，整个北川中学都安置在绵阳电子厂区那边，他们都住在那里。

曹元梅：您岳母都是在北川遇难的吗？

程　波：我伯伯也就是我岳父的哥哥过70岁生日。本来是周一的生日，为了不占用大家的时间，周日大家在一起吃了饭，岳父母当天没有走，第二天就地震了。我舅子原来在电子公司当老总，他爱人在绵阳上班。他是独生子，他妈就去帮忙收拾家里，就在那里留了一天，然后就永远留在那里了。如果那天不过来参加生日，我岳父岳母就没有事，他们老两口一直在绵阳，但是我姨妹子一家……，他们是一直在北川。

曹元梅：过了这么多年了，您妻子现在应该看得要开一些了吧？

程　波：没事了，过都过了，人要往前看。

曹元梅：大灾难也没法预料。

程　波：嗯，地震前我们的房子确实还是很大，那个房子是我们自己修的，有200多个平方米，房子是错层的。那时候集资修的500元一平方米，一共花了12万元左右。当时房子是和办公区修到一起的，一共修了四栋家属楼，当时基础设施、配套设施都还是很完善。

曹元梅：地震后，你们的房子也是自己拿钱买的吗？

程　波：房子都一样，不分领导和普通老百姓。原来房子是30个平方米的分90平方米，50平方米也只分90平方米。就是我开始说的户均90平方米，人均30平方米，一家三口正好分90平方米，比如原来是三口之家或者两口之家，另一半去世了，也要分90平方米。因为人家以后要再婚、再生育，也可能就是3个人，只要是一个户头首先保证90个平方米，然后才是3个人分90平方米，4个人分120平方米，5个人以上就分2套房子了。

曹元梅：这个政策还是比较好。

程　波：三个人的可能稍微吃一点亏，90平方米一户。你现在是一个人，今后要结婚生子，不可能按30平方米给你。很多没有结婚的人，户口上只有一个人也要分90。有些房子超了两三平方米的，按照每平方米2300元计算，超3平方米左右的还是多。但有些老百姓觉得90平方米太大了，就可以申请70平方米，要求面积小一点可以，要求大一点就不行。

曹元梅：应该没有人要求面积小一点吧？

程　波：还是有，像有些子女在外工作的老太太，这边就是老两口养老的，要一室一厅50平方米的也有。除了打工的，儿女在外工作，家庭条件一般不会差。地震之前，北川以前的经济收入还是比较滞后，财政收入没有1个亿。震后，现在我们的待遇还是比较好了，奖金还是比较多。地震前各单位是根据自己的实力发奖金，有些单位发三五千，有些发几百元。地震后，每年都有奖金了，2015年就有两三万元的奖金。地震后工资也提高了，地震前我的工资才1000多元，现在都是7000多元。我现在50多岁都当爷爷了，(孙子)刚刚满月。我们老两口一年有三四十万。我一年加奖金、住房公积金、车补就有10多万元。我就没要求工作了，退休就休息了。

曹元梅：那你们现在的生活还是比较可以。耽误程主任这么长的时间，谢谢您能够接受我们的采访。

敢为人先勇于担当
——访原曲山镇大水村支部书记唐祖华[①]

题记：他是一个老兵，他是一位村主任和村支书！在危难时刻，他勇敢坚强，无所畏惧，敢为人先，冲锋在前！在重建安置时，他周到细致，兢兢业业，无私奉献！

2017 年 8 月 15 日上午，我冒雨来到北川羌族自治县县城的一个景点——巴拿恰，也是北川县投资促进局的所在地。来到局办公室，唐祖华局长正在开会，等了大约一个小时左右，会议才结束。初次见到唐局长，就感到他是一位热情、好客、干练、有闯劲的年轻领导。我们提前约好了采访时间。当天下午 3 点钟，他在办公室接受了我的采访。唐局长真的非常忙，在采访中接了几个电话，不断有工作人员找他签字、做决策或者商量会见客商事宜。尽管如此，唐局长还是认真地接受了采访，时间长达两个小时，足见他对这次口述采访工作的重视。

采访时间：2017 年 8 月 16 日下午
采访地点：北川县投资促进局
受 访 人：唐祖华
采 访 人：胡子祥
整 理 人：胡月波、胡子祥

胡子祥：非常感谢唐局长[②]能够接受我们的采访。上一次，我们在擂鼓镇采访的时候，梁辉明[③]书记就推荐采访您，但那时候，一是我们觉得

[①] 唐祖华，男，汉族，四川北川人，生于 1978 年 11 月，中共党员。1996 年 12 月参军。2001 年 12 月，任曲山镇大水湾村党支部书记。2008 年 7 月，被中共四川省委授予"全省抗震救灾优秀共产党员"称号；8 月，被中共四川省委、四川省人民政府授予"四川省抗震救灾模范"。(资料来源：北川羌族自治县人民政府.汶川特大地震抗震救灾志[M].北京：方志出版社，2016：810.)
[②] 唐祖华时任北川县投资促进局局长。
[③] 梁辉明，中共北川县擂鼓镇党委书记。原中共北川县委办公室副主任，2008 年 8 月，被中共四川省委办公厅授予"全省党委系统抗震救灾先进个人"。{资料来源：中共北川羌族自治县委党史研究室，北川羌族自治县地方志办公室.北川"5·12"大地震抗震救灾纪实（下）[M].北京：中共党史出版社，2009：823.}

比较冒昧,二是觉得时间不足,所以当时就没有到(县)城里面来。这一次来(北川),(中共北川县委)宣传部也推荐采访您。我在网上也看了很多您的事迹,非常地敬佩您。请问您本来就是曲山人吗?

唐祖华[①]

一个退伍军人该做的事情

唐祖华: 对,我是土生土长的曲山人。

胡子祥: 您是哪一年参军的?

唐祖华: 我是1996年从长虹配套企业参军的。我把我个人的一些情况给你介绍一下吧。

胡子祥: 嗯,好,谢谢!

唐祖华: 非常感谢老师过来我们北川弄这个事儿,这个事儿确实是好事。在中国共产党的领导下,我们以最短的时间、最快的速度、最大的力量来干这个事儿,这体现了我们社会主义制度的优越性,也是共产党执政能力的体现,这种精神确实需要弘扬。当然我们还有很多无名英雄,对我个人来说,我不认为我是英雄,因为作为一个党员、一个基层干部、一个退伍军人,这是我该做的事情。我家在曲山镇大嘴村,那时山上没有路,条件很差,但我父母他们很勤劳,他们是我的好榜样。他们受环境的影响,

---

① 图片出处:https://baike.baidu.com/item/%E5%94%90%E7%A5%96%E5%8D%8E/8495789?fr=aladdin。

起早贪黑，但是这个生活条件也只能糊嘴①，即使这样，还是供我们两兄弟从小学读到高中。我们没有上幼儿园，因为山上没有幼儿园。我们的小学就是我们曲山镇的大嘴村小学。

胡子祥：距离远不远？

唐祖华：距离很远，上学要走一个多小时。那时候条件很差，我那时候都没有桌子。因为年龄不够，学校就不收我们，我们几个就自家做张课桌，做条板凳，把它带到学校去。然后小学毕业后，我们就在茅坝中学上初中，三年初中上完之后，就到职业中学上高中。那时候为了一毕业就能就业，所以就上的职业中学。我学的水泥专业，也就是建材专业。当时我上完高中就就业了，到绵阳长虹下面的一个配套企业，那个农村电子公司去上班了。在那里当工人，就是给长虹彩电的那个红太阳牌的电视机做串网。其实工人这个环节对我有很大的启发，因为工人的上道工序和下道工序它是很严谨的，上道工序和下道工序是用户和被用户的一个关系。我们就从这个钢板到冲压，到洗油，到喷漆，到镀锌，然后再出来，出来之后又镀锌，喷漆，检查，检查后就送到周转箱，再送到绵阳长虹基地厂去组装彩电。当时我在那里主要是镀锌，我也改装。镀锌就是进行表面的处理，这个处理我学得很快。这个环节对我很重要，这个（工厂）里面对工人的要求很严格，每道工序都很严格，它的质量、流程，每一个环节，你上道工序做不好，下道工序就做不了，做不了就影响你这个半成品，出不了厂，出不了就影响长虹所有的彩电，红太阳、24英寸、30英寸、32英寸（的彩电）都出不了厂，所以这个是很重要的。我1996年在厂里面工作，那时候只有17岁，后来就因为小时候还是比较崇拜军人，那时候又没有电视，没办法看（有关军人的）电视，就去参军去。从1996年12月份到新疆的部队，当时部队就在吐鲁番，因为我们那部队前身是习仲勋、刘志丹、谢子长那支部队，所以去了就对我们进行教育，说这个（部队）当时是陕甘宁根据地的陕北红军，当时叫红一连。你看我微信上那个头像，那个头像就是我们团部的图片。在部队的时候，我们北川去了100个人，我在部队训练还是比较刻苦的，我们那时候部队还是讲实干，说实话。我到部队的第一年就当副班长了，然后就入党，第三年就获得三等功，同时又提干。

---

① 糊嘴，即解决温饱问题。

1998年进行军改,要裁兵,所以我们整个步兵团每天都要走一个人,走了1/2,(剩下的)全是小伙子,没有一个女兵。第五年,跟我们四川巴中的一个老乡(进行PK),我又没走掉。老兵退伍的惯例是(每年的)12月1号,(因为要进行PK,所以)我又没走掉,就一直把我留下。

胡子祥:那您是哪一年才退伍的?

唐祖华:2001年,每年的12月都是老兵退伍嘛。11月24号的晚上,咱们指导员回来找我,找我就想跟我说个事儿。他愣了半天,不说。他怕我还想不通,后面他说,团党委让我回家。我当时想,全场就留了我一个,不保送我,还让我回家?最后知道,是一个老乡把我卡①了。我当时就去找了那个首长,这个也很正常嘛。当时好像就派人把我看着,我就跟连长指导员说:"你不用看着我,放心,但是我每天晚上必须要出去。"因为我在我们团里面当了四年班长,四年排长(还是懂得纪律的)。他说:"你出去干嘛呢?"我说:"到那个团机关去。"他问:"到团机关干嘛呢?"当时我们的宣传部有个数码摄像机,在搞这个红星演播室,那时我们团里面就有红星演播室了,就是内部的电视台。我当时看这个还挺先进,回去就干这个事儿。新疆天黑的比较晚,我每天晚上吃完晚饭后就是半夜了,到宣传部去学习数码摄影。因为我们以前经常拍电影,在吐鲁番火焰山都拍过电影,所以我爱好这个。我就去让他们教我怎么摄影,怎么取景,怎么剪照片。学了回来之后,我在家里就待了一个礼拜,我弟弟接我班也当兵走了。我就到成都川大②(去学习摄影),川大在磨子桥的成都电脑城旁边有一个配音中心,我在那里学了一两个多月就回来了。12月1号去的,春节前就学会了。就把整个编辑、飞线编、摄影、PS基本学会了,能独立操作了。当时学这个专业的(北川县)就只有我一个,当时数码产品在县里面都很先进,都还没概念。当时我把它学会了,就在县里面开了一个广告、婚庆公司,当时我们县里面电视台都还是飞线编。我把这个掌握了之后,就自己回来创业。当时我们回来的战友有100个,有三十多个士官,当时他们退伍费都是一两百万,他们都出去打工去了。我没出去,我在家里面,我说出去迟早要回来,所以我在北川县里面干。回来生意没干多久,镇里就任命我为村上的民兵连连长、团支部书记。

---

① 卡了指替代。

② 四川大学。

胡子祥：那时候您多少岁了？

唐祖华：我也没在意，那时我才 24 岁，24 岁还很年轻嘛，我主要在我的公司里面耗着，（村里）搞宣传这一块一般我都没有收钱。我记得我们县里面的生意基本上我揽完了，当时街道办用花，还有礼仪这些基本上都是我弄。当时，兰辉①当街道办主任。所以说这个经历都很重要，我又经商。回来的时候，让我当村支部书记、村干部，老百姓不选我，因为老百姓也不知道我，他们好像不信任我。第四年，在 2004 年的时候又换届，他们让我当村干部，我当时生意还不错，手底下有 20 多人，做旅游、婚庆、公告这块，店里差人，我说我精力顾不过来，当时也没在意这个事情，然后我也没有报名，老百姓也没有选我。然后，2007 年的时候就是现在环保局的局长，他当时当我们（镇）的党委书记，2007 年的时候当时提出来"两强型"村干部，（即）带头致富强、治理能力强，（要求）带头能力强。因为当时我在我们北川县里面已经很有名气了，然后又让我报这个村支部书记。我们村上书记是我的亲戚，主任也是我们隔房的嫂子做了。但我看他们的思路跟我们当时的发展不符，我说再这样下去的话，这个村就（不好发展），没有路，什么都没有。然后要致富脱穷，我当时喊他们搞产业。我想那行嘛，（就去）报名了。当时那个巡查组组长董文德给我做工作，他是副书记。报名之后，就开始选举，我们候选人有两个，就我和那个老书记。当时我选那个老书记，他也选他，我们村上党员很少，十几个人选，第一轮都（得了）7 票，当时我们一个领导就说，是怎么回事儿。我说，我又没找人，我就靠我自己的实力。他是老书记，拥护他那部分人（也很多）。当然我这边就是说，我平时有些观念比较影响人，他们就投我。然后我又

---

① 兰辉（1965.4—2013.5.23），男，回族，四川北川人，1992 年 10 月加入中国共产党。生前曾任四川省北川县团委副书记、书记，北川县通口镇党委副书记、镇长等职务。2013 年 5 月 23 日下午，兰辉同志在下乡检查道路交通和安全生产工作途中，于北川县漩坪乡不慎坠崖，因公殉职。2013 年 9 月 22 日，中共中央总书记、国家主席、中央军委主席习近平号召广大党员干部向践行党的群众路线的好干部兰辉同志学习。2013 年 9 月下旬，中央组织部决定，追授兰辉同志"全国优秀共产党员"称号。2013 年 10 月，中央组织部、人力资源和社会保障部、国家公务员局决定，追授兰辉同志"人民满意的公务员"荣誉称号。2013 年 10 月 15 日，中华全国总工会决定，追授兰辉同志"全国五一劳动奖章"。2013 年 11 月 29 日，四川省人民政府决定，追授兰辉同志为全省民族团结进步模范个人。（资料来源：http://baike.sogou.com/v101268527.htm?fromTitle=兰辉.）

投了老书记，所以都是7票。又开始第二轮，第二轮的时候领导就（给我）做工作，他说："哪有不投自己的嘛。"然后，镇里的领导就跟我说，他话一开始我就明白了，我说："哪有投自己的？"他说："你都不相信自己，怎么能行？"我就醒悟过来了，我说："好吧，那我就投我自己。"当时还有电话投票，当时电话投票老百姓也投的我，所以我就把村书记当下来了。当下来之后，村支部书记要组织村委会换届选举，村支部书记也是选委会的主任。当时我就想，我们村很小，就几百人，一百四十多户。我说，这个村这么小，就把主任也当了，所以我就报名了。

胡子祥：嗯，对。

唐祖华：所以说我当时就提出了（这个想法），我就报名，报名之后海选，我跟老百姓提出了在任期三年内十项要达到的指标，全是经济指标。什么种植猕猴桃啊、产业、道路、饮水、用电，包括基础设施，包括老百姓贷款农具，那时候都搞这些了。老百姓听了之后，我得了97%的票。所以我就把书记、主任一肩挑了，就履任这个村的书记、主任。当时（上任后的）第一个春节，2007年底2008年春节，就是大年三十，老百姓冬天山上那水要断流。当时我们在部队都知道这些东西，我就叫我们每个生产队的队长，我当时把队长都换了，换成做实事的，换了之后我就叫他们提前把水管子、龙头这些接头埋上，老百姓知道我们有工具，老百姓哪里缺水，我们马上就给他接（水管）。就是大年三十，都要去接水（管），（所以这个）群众基础很不错的。我当村干部的时候就坚持开会，因为那个时候群众思想很乱，所以我们五个村有五个小组，就分期分批地开会。第一次开会的时候，那就听他（们）说，（他们）从来没有开过思想会，就是针对思想的思想会，老百姓就觉得很新鲜，当时最开始时就听他们说。（你们先）说嘛，反正说到半夜就听我说。第一次我就没怎么说话，说完之后大家就交流了一下。第二次大家态度就都不错了，就听我说了。这样就把思想统一了，五个小组思想都统一了。因为我白天要做生意，老百姓白天也不空，所以都是晚上开会。我住在老县城里面，村的公路在上面，要爬上去，当时车子只能停到公路边上。我就跟队长说，你把他们组织好，我来的时候给大家买两包烟，买点口香糖，有困难的、有想法的，你把它摸准。摸准之后，再根据各组的情况，因地制宜来制定产业方向，后面大家终于找到了这个大概方向。我记得开了十几次会吧，第三次会的时候那就全听我讲了,那些老百姓就把茶水端上听我讲,老头儿、老太婆、中年人这些都听我说。因为我从部队回来后一直做生意,思想就比较活了,然后加上部队里的锻炼,政治理论还是没有问题的。最终确定了种植猕猴桃,那时候我们那还没有猕猴桃,我们种了十万株,每株一块钱,那时老百姓每株出 5 毛钱,我们公司出 5 毛钱。全村在两个月之内全部统一思想,老百姓把所有的土地全部拿出来,公司就跟支部干。

这个种植之后,2008 年 3 月 9 号我就去上党校。当时是绵阳市委党校搞的,第一期是全市的 60 个支部书记上党校,我们是第一批。第一批上党校的这 60 个基本上全是老板,村干部做生意的,所以就是这两个月时间对我个人的这种行政能力的提升(有很大的帮助)。市委党校,那个时候村干部上过镇里面的培训,上过县里面的党校就不得了了,第一批上市委党校,所以对我能力素质的提升很大。所以这两个月学了很多东西,专业知识、基本理论、党的理论知识,还有当时叫作小县城城镇化、土地流转等知识,我都学了,4 月 30 号我们结业。30 号结业之后,当时五四青年节团委要搞个表彰会,定到 5 月 4 号没搞成,又定到 5 月 9 号,又没搞成,因为领导都不齐,最后定到 5 月 12 号。5 月 12 号那天上午我们村在修路,修路有个矛盾,我们这个(路)拉得很长,老百姓说你的生产队有了,我的生产队还没有,怎么弄。因为我们四公里路中有三公里多修了三个组,比较集中,还剩 800 米没修。然后我老家的一个组和另外一个组距离就有点儿远,当然我不可能把我老家那个组先弄,这样他们要骂我。所以为了平衡关系,我就弄了 800 米,加 400 米,5 月 13 号开工。5 月 12 号上午在村里开完会,到那边去检查工作,我就把我们镇长带上,那个镇长(在地震中)遇难了。老百姓在另外一个村委书记那里打工,当时为了做好老百姓的工作,开会的时候我就把镇长请上,驾驶员请上,然后一块到村上找村委书记,给那个人做工作。然后到了十一点多钟的时候,我们团委打电话过来说今天下午两点多要彩排,县长、组织部部长、团委书记要彩排,要戴红花。我要领两个奖,一个是时代杰出青年;一个是我(负责的)猕猴桃基地在绵阳市获得二等奖,北川县创业是三等奖。因为在绵阳市党校我(发表)关于那个项目创业的演讲时得了二等奖,一等奖是绵阳市安州区的政协主席,第二名是我,因为我基本是脱稿(演讲)。镇长就问我:"什么事儿?"我说:"今天下午团委开会,我得去彩排。"他说:"你马上回去,你不能(拖后腿)啊。"然后我们车子就返回来,沿着堰塞湖下面一条公路,从阿坝那个路返回来。返回来之后,我们在交通局对面那个地方吃了三碗肥肠面。我当时条件还不错(自己有车),放在政府里面,坐的他的越野车去的那个村,驾驶员就把镇长送到他的家属楼,然后把我送到政府,我就开自己的车去开会。(后来)他们两个都不在了,镇长回了家过后可能就去找熟人,出来做事、喝点茶,不知道(具体干什么),反正人没找到。

第一时间用摄像机记录了北川灾情

胡子祥:您说人没找到是指地震之后(遇难了)?

唐祖华:没有找到。然后那个师傅,因为他小孩的事情,在北川中学给他办停学,一家人全部没有了,就是驾驶员的老婆、他、他儿子全没了。然后我还好,我算我们三个中的幸存者,我去开会了。开会那时候,我们还是万幸中的万幸,当时有个同志就说我们10个人,县委县政府要接见、座谈、交流,因为我们的项目是创业大会,创业大会的话我也是受奖之一,要跟他们交流座谈。后来哪个领导说,先开会后座谈,座谈就在县委那个楼的二楼会议室里面座谈,如果在那里面的话就都没有了。不知道是哪个(人)提出的,就说先开会,因为开会的话大家都通知了,其他部门的,包括文艺中队的都来了,已经坐在会议室等我们了,座谈的话肯定要一个多小时,就按照这个计划进行,先开会后座谈就把我们这一批人救了。我们开会的时候我坐的第一排,后面还有个位置空着的。当时刚刚开始,那个主持人还没说几句话,就开始晃起来了,因为我坐第一排,说实话我跑得比较快,那个时候第一时间往外跑。那个会议室四周的梁都是柱头的,上面那是彩钢,是钢构,钢构的话它要好一点。我第一个跑出去时它还没倒,穿了一双夏天的凉皮鞋,哪个把我鞋子都踩掉了我也不知道,我就跑,跑到外面县委常委楼的旁边50米的地方,我就趴在地上了。趴在地上的时候,就类似于跳街舞一样,抖得很高,脚和手在地上就抖得很高。地震最厉害的时候根本不知道(什么),只知道在抖。然后稍微抖过的时候,一看,旁边的房子全垮完了,县委楼也垮了,常委楼也垮了。这个时候还好一点,我往右边看倒完了,又往左边看,县委旁边那栋楼现在还在,六层楼的房子就这样45°的倒,45°摇摆,看这个房子就这样摆。我说这个不得了,那个时候心里就稍微有点儿清醒了,地震最严重的已经过了,房子还在这样摆。我说这个要是倒了就不得了,跑都没地方跑,后面就慢慢停了。

停了之后,礼堂里面的人全部往外撤离。当时的武警中队在里面参加这个会,因为青年会他们也参加,他们有士兵、指导员要参加(这个会),那个指导员在里面,他们战士(在)第一时间和我们那些党员干部参与救援。我返回来之后,看到他们已经在救援,因为我也是当兵出来的,也是一个党员、一个基层干部,我想我也该过去救人。我还没有过去,刚刚进到后门,礼堂有个前门和后门,进到后门的时候就发现一个摄像机①,因为我以前是搞这个的,所以对这个就很熟练,我把这个摄像机打开一看,190的机子还是新的,190的机子当时还是很吃香的。没电池,我看那个电池在旁边5米处,又不敢去捡,那个房子在晃,我就叫那个武警战士,我说:"兄弟,帮我看着。"我就叫他帮我看,我去把电池捡了之后又把它安上,一看电是满的。然后我就说把这个东西记录出来,因为我搞这个的,我又参加过很多电影拍摄,所以我很专业的。(我想)第一时间记录下来这个,今后可能是很珍贵的影像视频。救人我可以去救一个、救两个、救五个,但这个东西如果我不去记录它,那就是个遗憾,不可能再有了,绝对不可能。当时我捡了之后,我边拍边掉眼泪,因为你知道搞摄影这个东西,在现场看不觉得,但在镜头里面看,心是静的,但镜头里面是动的,那个东西不一样。当时县委那个坝子还在,县委坝子里面有县上领导和那些党员干部在组织救人,我就把这个过程记录下来。当时那个摄像机电池没问题,(可以用)960分钟,但是带子就只有一盘,我要考虑时间,我还要考虑带子怎么充分利用,要关机、待机,我的电又不够用,所以我就只把很多重要镜头拍了下来。包括我们的武警战士和党员干部救人,当时我们这个北川的武装部在搞训练,幸存的军官和民兵也参与救援,当然还包括群众自救互救,这些东西全部记录下来了。

下午要撤离,我们当时都懵了,不知道外面怎么回事儿。当时有一个人从北川中学下来,说北川中学受灾严重,学校垮了,学生伤亡也很多,

---

① 地震发生时,唐祖华正在县委礼堂参加青年创业表彰大会。他后来看到一台摄像机掉在地上,便迅速找到电池装上,含着泪把最真实的画面记录下来。13日晚上,中央电视台新闻采用唐祖华拍摄的部分视频,使全世界知道了北川的灾情。(资料来源:北川羌族自治县人民政府. 汶川特大地震抗震救灾志[M]. 北京:方志出版社,2016:810.)

北川中学还是比较平的。我想，那里也垮了，那怎么办，不知道怎么弄了。然后到5点多的时候，县里面的领导就说我们分批撤离，因为当时还在余震，余震不断，我们就10个人分一组。当时房子也倒了，路上没法走，全是废墟。就10个人一组撤到北川中学去，（那里）稍微要平坦一点嘛，但学校受灾也很严重。然后在大路上，我们看见了很多往外转移的人，像打仗一样，有的没有穿衣服，身上受伤的，披着毯子、披着被盖、披着床单，还有血，头包着的，腿绑着的，拄着棒的。当时我记得组织部有个干部姓何，外地人，（通过公务员招考）考过来的，当时他腿断了。（他的腿）断了之后我们用一个油漆桶把他扛上，用一个门板抬，我们八个人抬都抬不动，因为当时人已经没劲了。当时我把这个资料也拍了，那个人当时应该是昏迷了吧，当时我们抬到了北川中学，送到那个地方，后来那个人就没见了，死掉了。当天下午市里面那个左代富①就过来了，在北川中学那个地方成立了一个临时指挥部。那天下午我一直在北川中学救那些娃娃，不管是部队过来也好，还是地方救援也好，我都把它拍下来了。那天晚上大家在北川中学坝子里面坐了一晚上。一直在余震，一直在救人，我待会儿就去看，待会儿就去看，把视频都拍下来。第二天早上，大概在八点多，绵阳很多医院的长货箱、长班车过来了，拉病员。我当时就想，我必须要把这个资料送出去，当时那个医生他们不让我上（车），那个两米高的货箱板对我来说太简单了，部队那个2米多高的板我都能飞上去。我说我不占病号的位置，但是我必须得出去。那时候下雨了，整个往外转移的群众就像难民一样，身上披的被子，下雨就越披越重，然后就用那个纸壳子（来遮雨），全部往外转移，这个场景还是很惨烈的。我到绵阳的时候，遇到一个银行的负责人，他身上没有钱，我身上也只有200块钱，我也没有带多些钱那时候。然后他说他没钱，我就给他100块钱。后来（他）还了，2013年还给我的，（后来）他调省上去了。

胡子祥：那您过去是怎么过去的呢？

唐祖华：送到那边的时候，我打出租车过去的，第一个出租车驾驶员收了我40块钱，第二个出租车就免费了。第一个出租车司机就像九寨沟这次一个车子一样，因为他的车没油了，他就得多挣点钱嘛。第二个出租车就不一样了，他免费把我送到了电视台。当时他们都在外面办公，我当时

---

① 左代富，男，汉族，1952年10月生，四川绵阳人，时任绵阳市委常委、副市长。

身上全是灰，也没有洗脸、没有刷牙，然后我说把这个北川的资料拿过来给你们看一下，看你们有没有用。看了之后，他们才知道北川这么严重，然后他们马上就把这个视频从里面导出来，之后就传到央视。13号晚上（中央电视台新闻联播）就播出来了，然后才知道北川这么严重。当时下午他们又给我活干（让我继续拍摄），当时我说要带子、电池。当时（拍摄那段视频的）带子唯一的缺陷，就是没声音，之前摔的时候把话筒摔坏了。所以说"5·12"地震没声音的视频就是我的，第一手资料就是我的，没有声音，这个事情很遗憾。他们看话筒坏了没声音，然后就给我找了个话筒，190 当时在绵阳电视台也才刚刚开始用，他们就找了个麦克风话筒，然后给我一个电池，又给我5盒带子，我就回去了。然后看我没钱，那个办公室主任好像给我拿了 1500 块钱还是几百块钱，然后回去参与救灾，那时（候）钱用不上。因为当时我在当村委书记、村主任，很担心我们的村民，所以想要返回到（村上），但那时候没法走。13号的下午从绵阳电视台回来之后，现在的县长①，当时地震的时候是副县长，他之前是我们镇的党委书记，所以他知道我对这个地形很熟悉，他就让我带武警专家去查看险情。因为当时那个湔江断流了，老百姓出来就说那个上游整体垮塌了，我当时还不相信。当天晚上就让我连夜带武警水利专家，武警部队一个排，我还带了一个老乡，一边去查看灾情、险情，一边去搜救群众。第二天上午我们走到山顶的时候，我们村里的老百姓有十几个幸存的吧，就从山梁子上走过来，那个时候（他们）没水喝，就12号晚上（到）13号还一直下雨，（他们就）在泥塘里面灌的水，把水带上，老百姓全都在山梁上。因为我是党支部书记，他们看到我之后，等于是看到了希望，然后我就跟他们讲外面情况怎么样，你们下午怎么办、怎么走、怎么运送伤员、怎么分组。然后我说："你们在这边等着，我要带他们下山去看那个堰塞湖的湖口。然后回来之后，我们就把这个老百姓从山上转移出来，山上全是很宽的裂口。"有个胖的人根本没法转移，背不动，他老爹把他背不动，用个背篓把他背上，有个很宽的口子过不去，就像一个大坑一样。

---

① 瞿永安，男，羌族，1964年6月出生，四川北川人。现任四川省北川羌族自治县委副书记、县长。2008年5月22日，被中共中央组织部授予"抗震救灾优秀共产党员"称号。

胡子祥：那后面是怎么过去的呢？

唐祖华：然后就一个人下去，用肩膀撑着，前面一个人，后边一个人拉着一步跨过去，踩在中间那个人的肩膀上抬过去的。下去的时候没水喝，山上没水喝，很艰难，到擂鼓的时候应该是凌晨了。15号的晚上10点多了，当时看到擂鼓镇过去的救护车，当时全是救护车，还有消防队的救护车，我看路上全是车，那个时候就知道这个（党和人民的）力量有多大。山顶上看山下全是车灯，又是救护车又是消防车又是警车，老百姓看了心里面踏实多了。这个时候我的父母不知道在哪里，因为当时我父母在山里面喂猪，在家里面吃了午饭之后，准备去山里面干活。

胡子祥：您的父母在哪里，在唐家山上吗？

唐祖华：在唐家山山顶上。那个时候我不知道父母在哪里，因为那山也垮了，我父母亲都不知道（怎么样了）。当时我也没管那么多，因为这个时候没有办法，一是没有时间，二是要面对现实。那个东西像打仗一样，战场上不知道谁死谁活，这个就没有顾及我父母亲。因为我父母亲在老家，整个村都垮完了的，就唐家山堰塞湖①那个村垮完了。然后到14号，我把这些人接下来之后，15号那天又参加了一天（救援）。15号的上午，我们这里不是有一辆镇长那个车，放在北川中学的，我把窗户打开，打开之后我没有钥匙，我就把它接上，接上之后就可以用了，点燃就可以开了。然后一个老乡跟我说，他说我妈在擂鼓我的亲戚家。我找到妈妈之后，就往市医院送。当时我妈跟我讲，她跟着地震一块滑，跟着山一起滑下来的，滑下来之后她就剩了一个头、一个手（露在外边），她掏了一天一夜把自己掏出来。上面唐家山（还在垮），边掏边垮，她掏出来之后凭着剩下的一点力气走到那个山上，当时有幸存的群众搭了个锅，煮了点不生不熟的饭给她吃了点，维持了生命，然后慢慢走下来。我还没把我妈送到，到永新高速路口那个地方时，这边县里面就打电话让我回去，去给部队带路。当时我妈问我爸（在哪里），我那个时候也不知道，我说我不知道。我把我妈送

---

① 唐家山堰塞湖是汶川大地震后形成的最大堰塞湖，地震后山体滑坡，阻塞河道形成的唐家坝堰塞湖位于湔河上游距北川县城约6公里处，是北川灾区面积最大、危险最大的一个堰塞湖。库容为1.45亿立方米。坝体顺河长约803米，横河最大宽约611米，顶部面积约30万平方米，由石头和山坡风化土组成，湖上游集雨面积3550平方公里。

到市医院，那时有志愿者，我就跟他说你把我妈看着。我说了之后留了个电话，当时电话都是棒棒机，还没有这个智能手机。那个人我也认识，我说我回去有事，帮我照顾一下，那时候医院还是挺好的，来了人就治疗。医院里面躺的全是病人，全部在救治，有外伤、内伤的，走廊里面、坝子里面也躺的全是（伤员）。然后我回去了之后，又带部队去爬山。第三天之后了，在老县城里面我陪镇长王英的老公，他是电视台的，就去找镇长，在路上的时候我碰见了我老爸。

胡子祥：那（您的父亲）很幸运，他当时也是在山上吗？

唐祖华：他也在山上。我妈在家里喂猪，就跟着老家房子一块垮（下来的）。而我老爸提前上坡了，地震滑的时候他就顺着往山梁子①上面跑，他跟着一对夫妻，他们三个人就抱着一棵树，跟着那个树滑到堰塞湖口，应该有一公里多吧，皮肤都没有刮伤一点。

胡子祥：那个场景非常恐怖吧，整座山往下滑。我看网上写的就是山顶变成山脚了，是吗？

唐祖华：对。整个山它是分两次（往下滑），第一次滑一点，第二次滑的时候就全没了。我们在山上，山上老百姓有部分幸存的，而我爸爸妈妈就是幸存者。

胡子祥：山脚下（的人）就糟了。

唐祖华：全部都埋了。山底下还有两个队，其中一个生产队比较密集，全部都没有了，一个都没有了。就是堰塞湖大坝下面有一个生产队，还有我们村的一个队的人全部在下面，都没了。

胡子祥：（他们）都被垮下去的山埋了？

唐祖华：嗯，垮下去埋了。然后我爸就往湖对面走，他也不知道我妈哪里去了，我妈也不知道他哪里去了。然后就往对面走，爬到对面山顶，就是老县城对面的那个山顶，又从山顶爬下来。那时候到处都在垮，（他们就）从相对安全的地方走下来，他往下走的时候就看到我。所以说母亲、父亲幸存，是两个字，万幸。那时候老县城路上全是尸体，比抗震救灾那个时候还惨，全是尸体。见到（我爸）之后，我就把我爸送到医院，因为我爸没受伤，就可以照顾我妈，（他们）几天之后就被拉到重庆去了，病号

---

① 山梁子指山顶。

就分解、分散了,到全国各地去(就)医去了。所以说这种力量很大,你靠这里自身的医院是不行的,(他们分散)到重庆、外地去后,就医都是一对一,那个时候这种体制还是(好)。当初帮助我们那个(志愿者),现在是重庆市法制办秘书处的处长,我在网上找到了他,我名字记不到,那时候也没有留(他的)电话。我妈妈说了(他的情况)后,我在网上找到他的。那时候我基本上就没有回家,就每天听县里面安排。有时候电视台的记者受伤了,我也算临时的编外记者。14号还是15号时温家宝过来了,温家宝过来之后到北川中学时我不知道,我进去的时候都不知道,我进去是搬东西,他们说温家宝过来了。我说,哪里啊?那时候的北川中学,有条水泥路,水泥路里面有台阶,左边是乒乓台,右边是坝子,也就是水泥操场。他有警卫、领导跟着一路的。温家宝我还是认识的嘛,在电视里看到过。温家宝就说:"同志们好,同志们辛苦了!"我那个时候也不敢往前走,(因为)有警卫,(他又是)那么大一(位)首长。他走到我跟前的时候,他说:"同志们好!"我说:"首长好!"然后温家宝把手伸过来就跟我握了下手,还是有好几秒钟。当时心里还是很感动。这种东西咋说呢,其实当时我们不管他来能不能做些什么,至少在这个(大灾)面前,他代表的是我们党中央和政府……(唐局长在这里忍不住凝噎了)

胡子祥:他是代表党中央和国务院对灾区的这种关心。

唐祖华:不好意思(唐祖华流出了激动的泪水)。

八上唐家山堰塞湖大坝

胡子祥:没事,非常抱歉让您回忆起这些事情。

唐祖华:然后,他们跟我开玩笑说,你今天都没有洗手。当时我并不是说他是多大的官,其实并不是这样。我们当时就是说,其实他去了,代表的是国家。因为以前咱们看他们都是在电视里面,当身临其境的时候还是很感动的。这么大的灾难,这么大的困难,他代表国家亲自过来。

胡子祥:(当时应该)是14号吧?

唐祖华:对,是14号,16号胡锦涛同志过来的。胡锦涛过来的时候,警卫就严多了,因为他毕竟是总书记嘛。温家宝14号过来的时候,大家都还没有反应过来,而16号胡锦涛过来的时候,警卫就很严了(抗震救灾)。

这期间我上唐家山堰塞湖一共8次,就是上下8次。第一次去的时候我带的是十四军,当时也是瞿县长①安排我回来,叫我去见绵阳市的市领导和这个军长,他们当时在指挥部。让我去干嘛?让我去带路,给部队带路,一千多人,一个旅。我到了就去找军长,找部队首长,就是刁国新②,刁国新(当时)是主任,现在是政委,(我们到)现在都还比较熟。去了之后战士不让我进,我说:"我找军长、政委。"他说:"你找军长、政委干啥子嘛?"然后他们那个秘书就过来了,我跟秘书说了之后(他)就把我带过去了。(刁国新)就说:"小伙子,你把我们部队安全带过去,然后再带回来,我给你请功。"我说:"请什么功,带就带嘛,反正我这个也没事儿。"那个时候想的是这么大灾难,(我应该)做一个人该做的事情。那天下午在现在北川纪念馆安置的地方,武警部队一千个战士红旗招展,列队出征了,要背10吨炸药,去炸堰塞湖。我就让他们听我安排,我是野战部队出来的(知道怎么来安排这个部队)。(我把他们)分成三个梯队:第一个梯队10个人,尖兵班,(他们就)拿撬到前面去排路;100个人为突击队,去把路踩出来;后面约900人的大部队就跟在后面。当时军长在前面,政委在后面。那时候没手机,就用那个海事电话来对接。当时背炸药的时候,还有段小故事。武警部队和解放军争背炸药,那个时候部队他们各认各的首长,武警部队认他们的首长,解放军认他们的首长,这个事情(最后)通过总参谋协调过来的,最后就三七开,解放军人多,给他们背了7吨,武警部队人少背了3吨。我们就按照部队的编制行走,然后5米一个,或者3米一个,一个连给一个手电筒。我在山上看,1000个人就是3000多米,犹如一条蜿蜒的长龙。走到山顶都一点多了,就是从纪念馆走到山顶都是一点多了。上山容易下山难,我跟范旅长下山的时候,那个竹林里面很滑,我就把他扶着,扶着下山后就把炸药放到大坝上。当时想到就是让他们赶快撤离,我们要保证人员没有伤亡。当时把炸药挡到大坝上,我们头里的战士都回来了,上面战士还在往下走。

胡子祥:是,因为总长有3000米。

唐祖华:对,3000多米。到半山腰的时候,有家老百姓的房子垮了,

---

① 瞿永安,时任北川羌族自治县副县长。
② 时任陆军第十四集团军政治委员。

有个院坝在里面，那个时候大概四点多。大家就在那（里）整顿休息，那个时候大家都很困了，那个范旅长他很胖，他肚皮很厚，我就把他肚皮当枕头。这个就是军民故事啊，他是军，我是民，大家都是很融洽的。第二天早上把一千多个战士，一个旅的战士安全地带去，把炸药送到堰塞湖后再带回来了。回来那天下午他们十四军军党委就给我写了个请功函，就让（他们）宣传处的处长，就是现在这个楚雄军分区的政委叫我过去。他们把那个函送到了县委，当时还给我三千块钱。我说，钱我不要。后面没推脱掉，我说，那就交党费吧。交组织部，后来交了几个月没交掉，就说拿去加油吧，那个时候有公车，就说给公车加油。因为那个钱没法处理，又转给我，那个时候救灾，（公车）没钱加油，加油还要从外面绕过去，因为老县城没路了。半个月以后，也就是第八次去带队，去了之后（我的脚）就没法了。在第八次带队去堰塞湖时，我那脚趾头就严重感染了，（但是）感染了之后还得去爬山。下山之后堰塞湖的口已经开了，就过不了河。对面有直升机，我们这边过不了河。当时堰塞湖已经扒开一个口子了，大概有二三十米宽吧，就过不去了，当时我就想办法，就让部队甩绳索过去。

胡子祥：（那个口子就是）泄洪槽吧？

唐祖华：嗯，泄洪槽。我就叫他们甩个绳子过来，因为我们经常锻炼这种东西嘛，绳子过来之后就把它绑在这边树上。我和另外两个人我们都不会游泳，救生衣就划过来，划过来之后我们就把救生衣穿上，（我们抓着）绳索就一点一点移过去的，下面就是水，就在水里面移过去。那堰塞湖里有尸体，我们就都被那个湖里的水淋了一下。当时我脚被湖里的水淋了，脚（感染处）就变得更严重了。当时就给部队那个副参谋长讲，我说，我是这个村的村委书记、村主任，我就跟他说我们的经历，他听了之后就听上瘾了，他就听我讲。我说我们肚子饿了，没饭吃。然后那个机长过来就给我们盒饭。我说，我们确实走不回去了，（最后我们）坐最后一班送饭的飞机（回去的），他们把我们送到机场。回去后，第二天我就进医院了。医生跟我说，我要是再晚半天过去，我那（感染的）脚就要截肢。因为开始时我没有办法管它，也没觉得怎么样，所以人们在那个时候他的痛是感觉不到的。但是你闲下来之后它就是病了，就好比你打仗的时候，肠子都掉出来的时候没觉得痛，他一闲下来的时候那就是病了。去了医院之后，（医院的）同志对我也很关心，因为那时候电视上经常报道我，都知道我，就给我提供单间,然后上周星期六我才把那医生的电话要到。我就说马上(地震过去)十年了,人家又没有收钱,然后又很关心你,就想什么时候请他吃个饭。当时2008年5月30日,县委常委就宣布了(让我当曲山镇的副镇长)。那个时候我还在山上,就是在我第六次带专家(去大坝)的时候,在山顶上住了一晚上,我在山上的时候就跟我说,让我当曲山镇的副镇长,我当时就没在意这事儿。当时县里面有个领导给我打电话过来,他说组织上同意让你当这个副镇长。我当时没管它,因为到时候还有公示,公示了之后,6月4号后我又住了7天院,到17号才去曲山镇报到,我当时还没到出院(的时间),脚趾头还包着的。但是还包着时就去上岗了,上岗第二天就把我分到邓家,就是老县城那个地方,把我一个人分到那边,给我配了一个干部。

负责临时安置工作

胡子祥:(到那边后)主要是做什么工作呢?

唐祖华:主要是邓家那边十个村的抗震救灾、临时安置,难度很大。我是17号报到,18号上班,当时24号的时候央视让我到那里去做客,机票都买好了,(但是)去不了。那个难度很大,老百姓这边你把米、粮发给他,让他们从江油那边运过来,他们又把粮再背回去。我们这边要搭帐篷,搞临时安置,搞吃的、住的,我们当时还是想了很多办法。第一,把部队抓住,村里有个连,把连队抓住,那时没手机,什么都没有,就用对讲机。第二,把部分党员和骨干抓住。我第一次上班的时候,一个村支书很牛的感觉,他说我才当村支书记半年,就当副镇长,他当了十几二十年官,你还管我。当时在六盘水小学里面办公,我回来的时候,他过来往我桌子上一坐。我这个人是很要强的,你凭什么坐我桌子。我一把就把他扯下来,我说:"我是代表党组织过来履行工作,如果你不服从安排,我有权马上把你这个村支部书记免掉。"当时特殊时期嘛,我说免掉之后,他们党委书记或者其他的不敢保他的,如果他们要保的话,就他们来组织。所以通过这样一下,就把他们这个士气给镇住了。我以前也不是这里的,村支书记就只是当了半年,跟他们都不是很熟。并且我那个时候还小,才二十多岁,比较年轻,资历也不是很强。但是管理这些我都没问题的。当时就自己带头干,和我们的党员干部群众,很多青年一块,还有志愿者、突击队,大家一块装车、下粮、下帐篷、搭帐篷,当然我主要还是组织。那么大的地方,就派了我们两个人。另外一个人,也是个老同志,你知道老同志的,平时都是他管我,现在我管他,他有很多怨言也很正常。比如说,以前你管我,现在我突然管你,那你心里面还是有些(不舒服),你虽然不会抵触,但还是不好安排。所以当时我就动用很多当地的一些组织,建立了一些临时的组织,成立了临时指挥部。这个组织机构就是我们的一个机构,靠这个机构来运行。我们党员和有志青年组合起来,这个力量很大,那个时候大家一腔热血、一腔热情,我就抓住这个一腔热血和一腔热情(让他们)跟着我干。那时候粮、油这些都保障了,经费这些也是保障的,就是起早贪黑地听从指挥,做事情。这样经过了三个多月的临时安置,老百姓基本上都安顿下来了,安顿下来之后就面临着过冬。(当时过冬时有"三个不能"),就是不能冻死一个,不能烧死一个,不能饿死一个,三个不能中的任何一个不能都要做到。我们这个组织在这里面还是下了功夫的,这个组织也是依托基层组织的。那个时候老百姓最怕我们村干部,最怕我。因为每一天很多事情,都是临时安排(任务),这个(任务)没弄完又要安排下一个。因为我要听上面安排,上面安排了就马上落实下去。所以随时要开会,这些基层干部的素质还是挺不错的,这种特殊时期他们这种党员的素质确实还不错。我觉得还是他们前期的基础打得比较好,没有基础是不可能的,党几十年的培养和教育,基础是没有问题的。紧接下来就是过冬,这里面还有很多很多的细节。要买彩条布、木头、领钩、地板胶给老百姓过冬、过年。这些都是没有花钱的,都是发动群众,当时我们这个地方成本最少,因为没有钱,完全不像乡镇。没有钱就干没有钱的事儿,就发动群众、发动组织。我们政府这边就给你提供这个原材料、材料,自己动手,这个就是有钱也不一定能干好。

胡子祥:给钱就是多少的问题了,大家就不一定那么积极了。

唐祖华:对,他就有惰性了。受灾后,我们政府这边,(因为)自然灾害就给你这个材料,之后你就自己动手,丰衣足食,这是你劳动所得,你该做、该干。你如果开工钱的话,三五十块钱一天,那弄不下来。住了三个月之后又开始搬,(因为)这里要拆迁。我们第一个搞安置。又把这么多人,那么多村,一大片全部又搬走,搞拆迁。这个时候我们就三个(村)

一栋。当时分了四个村过来，那时候那个老同志已经走了，提拔当副乡长去了，给我分了四五个"村官"过来。每天都是，拆迁，一个礼拜内就通过这个村级组织，全部转移。

胡子祥： 往哪儿转移呢？

唐祖华： 往另外一个平地河坝边转移，要把现在的这个地腾出来搞安置房，当然还有老百姓的房子在里面，当地居民的房子要拆迁，要把它全部拆平。当时就一个会，在一个礼拜就搞定了，（我们实行的政策是）先搬走先安置，后搬走后安置，不搬走最后安置，当然我们没说不安置。大家都想尽快住上好房子。因为我们平时宣传是宣传到了的，就是尽快住上好房子，过上好日子。

胡子祥： 这个应该是2009年过年时吧？

唐祖华： 没有。这个是在2009年的3月份，我们最早开始搞，那时很多地方都还在住板房。那时候我们抓住的宣传（渠道）就是广播，我每天专门在广播室写稿，每天宣传党员干部中的好人好事，宣传这些典型事迹，宣传一些防火、防灾常识。老百姓把广播当成了一种必听的东西了，哪个点听不到再加一个广播。我基本上靠广播来宣传我们的思想，我们声音靠什么传出去，没电视，那时候没有微信、QQ，什么都没有，实际上就靠广播把我们党的声音、政策，还有一些工作做法，把它传出去，深入人心。党员干部要知道，群众要知道，这才显得同心。所以说我们一个礼拜全部搬完，我们只出车子，当时用三轮车（帮老百姓运）那些东西，其他的都自己弄，搬过去后老百姓很快就搭起来了。所以这种力量我觉得（还是很强大的）。

胡子祥： 自己动手来搭？

唐祖华： 对。自己拆，自己搭，自己又拆，自己又搭，说实话全靠组织发动群众力量。你花钱的话，几百万几下就没了，绝对没了，那好大的群体，六个村在一块，给钱给不了。老百姓把沙子、水泥弄来，又自己把灶台打上，那段时间（大家）像难民一样，但比难民好多了。所以说宣传过程中，我们把基层组织好，来发动群众、拜访群众、引领群众，我觉得在这个地方还是把这个用好了，你如果不靠这个东西，还有自己不模范带头是不行的。第二个，不发动组织力量不行。第三个，没有群众支持不行。所以说这几个是连贯起来的，我们也是用了毛泽东思想的。我当时是学了毛泽东军事思想的，就说群众的力量很大，但是靠什么组织起来，力量要统一，如果这个力量分散了，一个去打牌、一个去走亲戚朋友，那不行。所以说，宣传和组织群众（是很重要的）。搬的时候里面有当地的老百姓和外地人员，两种人员的安置又不一样。当地的人搞拆迁，2月16号开始，4月11号开工，三十多天时间全部拆完，那我们要想办法的，从易到难，从简到繁。因为当时我们什么都没有，只有这么大一张白纸，有铅笔，我就用铅笔在这个图上画出来，就是把地形图描出来。描出来之后，我就叫"村官"去买一张红纸，因为"村官"还是比较听招呼的。我说你拆一户，就给我贴一个红旗，拆两户贴两个红旗，往这个图上一贴的话，大家有信心。这个开会一看，就好比过去中国共产党打仗一样，一幅图画一看就清楚。

胡子祥：这样就很清晰。

唐祖华：有一天我们签了13户合同，一晚上我就让那个"村官"把红旗剪好。因为那时候晚上要总结，要做工作都是12点以后，全是半夜以后，安排工作，第二天早上6点起床，只有6个小时。一个晚上贴了13个红旗，那些"村官"、那些干部一下振奋了。因为一开始动不了啊，一开始我也没有经验啊，因为当时我也没搞过拆迁。当时我们的党委书记和我们的国土所长，就他们几个电话里跟我说怎么弄，开始我一点儿经验都不懂，后来就成专家了。这边边拆，那边边搬，村干部就开始帮这些拆迁户搬东西，搬了过后挖掘机就开始进场，一条龙整起走。搞前期的，搞搬迁的，全部弄完，一条龙，一个月。4月11号山东援建过来，准时给我们开工，就用了一个多月时间，几个"村官"加村干部就把它拆完了。当然最后有两户人，除了这两户人，说实话老百姓很支持的，当然绝大多数老百姓都很支持的，有的房子很好，他说我地震前才刚修好，花了几万块钱，十几万块钱，你给我 360（元）一平方就拆掉了，他根本就修不起房子。你又没办法给他想办法，不像现在搞房地产开发，批发多一点。那时候平房360（元/平方米），小青瓦的280（元/平方米），这个他根本就修不了，我们就做工作。改善生活环境，你看我们其他的受灾了，你没有受灾，我们还是要顾全大局，就给他们思想开导，这些老百姓后面都采纳了。有一个老百姓，叫牟什么的，他拆的时候，因为他家房子才刚修好，他家里条件很不好，他说我这辈子就修了这么一个平房，还不是楼房，他说你给我拆掉的话我怎么修啊，我修不起，我要支持你拆，但是你拆了我修不了，后来他就边拆边哭。

胡子祥：嗯，是他一辈子的心血。

唐祖华：然后我就让他赶快拆、赶快建。我说你拆完老百姓要租你房子。我就跟他说你赶紧修，赶紧建，你先建好之后，这些搞重建的还没有房子住的啊，他听了我的话之后，后来果然房子款就赚回来了。有工地过来的要租他房子啊，民工要住啊，还有后面搞施工的要住啊。他几年时间就把房子费赚回来了。当时房价很高，房价我管不了，那是市场价格。后面他对我们也很感激，我现在过去都是叫我们吃饭，很感恩。因为我们给他指路子，当时也遇到两户钉子户。钉子户这个事情就不好做了，很难解决，后面还是动用很多办法才把它拆掉了。这个是我们的征地拆迁，最难的是安置。因为这么多群众，我们是十个村集中安置。

统筹十个村的集中安置

胡子祥：十个村（的安置）？

唐祖华：嗯，这个怎么安置，怎么建，怎么规划，怎么布局，怎么设计，怎么弄，还有大小，人多人少。当时我们制定了统一规划、统一征地、统一拆迁、统一设计、统一施工、统一分配，这几个统一我都记得很清楚。然后分宅基地，村与村之间你有宅基地啊，我们就抓阄决定哪个村在哪个基地。当时我们基本上划了区域的，划区域是根据村的户数和人数来排顺序，这个还搞出了很多经验出来。比如说你这个村，肯定有条件好的条件差的。通过这个抓阄的方式，这些村干部就没有意见了。这么多要统一重建，统一招施工队，统一价格。这里面太心酸了，老百姓把钱收起来，从谋划重建款，到国家补助，贷款收起来之后统一建房，这个很困难的。还有他要服从你的规划，服从你楼盘的这个面积。他要把钱交到你村上，他不相信你，交到村上怎么办，还有你凭什么弄呢？他要服你这个模式。我下来之后开了五百多次会，开了哪些会，村干部会、主干部会、党员会、群众代表会、社员大会、全村大会，最大的一个会是一个村，有七百多号人。我们没有会议室，因为开会是在晚上，白天开不了，就在教室里面开会，教室、走廊里面全部坐满了。这个会要开成功，因为会前做了很多系统的工作。课桌上有一溜纸（协议），要签字画押，群众（若）不画押，你怎么敢弄。你说950（元）一个平方（米），他凭什么认你950（元）啊。

这叫一事一议，前面工作做好了，党员、干部做好工作之后需要开群众大会，村越大，思想越乱，工作就越难。因为我们会议室一般都没有要话筒，我提前做了很多准备工作。每个队的队长把（村民的）名字打出来，哪一户对哪一户，手印要盖好。

胡子祥：还盖手印吗？

唐祖华：盖手印啊，这个不盖，他告你说你贪（污）掉了。一事一议上面要签字，每户的面积要签字。家里1至3人是75平方（米），4到5人是90多平方（米），五六人以上是110多平方（米），这个都是有规定的。那个村开会又乱，因为地震前这个村也是比较富裕的。开那个会，前半个小时全是他们讲，当然他们也知道开会的目的是什么，我是副镇长，肯定要讲事情。你们先说嘛，先说完嘛。我说，今天晚上开会要发言的、要表达的，你们先说，但是要一个个地说。因为（之前弄这个）也有经验了，就提前买了四五条烟，10块钱一包的娇子。男同志抽烟，女同志吃口香糖，口香糖叫妇女干部买上，再让她们发下去。小孩抱好，不能叫，有小孩要叫的你出去带。第一个人上来之后，就很能说，说了5分钟。我说，今天晚上请群众先讲，群众讲到不讲为止，群众不讲我就讲，群众讲我不讲，看见群众讲我绝对不吭声，但是你们不讲了我讲时你们绝对也不能吭声，这就是纪律。你讲到12点钟，放心，我不吭声，我录音做好记录，你们讲的时候我绝对不吭声，我首先带头，但是我讲的时候你们也不能吭声。第一个讲了五分钟，第二个讲了三分钟，第三个他讲了几句话。平时老百姓（很能说），但他真上台讲就讲不出来了，他说不出来东西，理由说不出来，就下去了，又来了几个人，我就一直鞭策、鼓动大家，大家还有没有讲的，想表达的我们都听，我们党的原则就是倾听群众意见。就等这个意见表达完了，没表达完，我们就继续让你表达，表达完了，我才来说我的事情。等一点声音都没有了，我说："你们都不说了那我说了，我说的时候你们就不要说了，我说你也说，那听谁说的。"我说，听我做决策了。我就先做思想工作，我们是怎么来处理这件事儿的，我们党和政府是怎么来抓的，这个灾害不是党和政府造成的，不是国家造成的，只能怪我们祖先把我们带到这个地方，不把我们带到这个地方我们就不会遇到这个灾害了。但是我们要面对现实，面对这个灾害，我们应该感恩奋进。感恩奋进的第一个，就是我们用自己的双手建设自己的家园，同不同意？大家就回答，同意！

因为我们提前还是做了很多工作的。好,第一个事情同意了。第二个,大家想不想尽快住进新房子啊?同意!有没有不同意的请举手。没人举手。如果有谁不同意的话我就抓着他,你不同意那你就先回去睡觉,我们后面再说。大家都想住新房子,因为帐篷住怕了,板房住怕了,都想住进新房子。第三个,我们政府指定的这个土地就只有这么宽,我们怎么建,不可能每户都建,我们只有统规统建,我们政府征地、拆迁,然后统规统建,大家同不同意?同意!这三个手一举,我还要站起来看,我看哪个手举得低。这几个群众思想的发动,统一了思想。然后大家按照我们国家规定的住房补贴,一万六、一万九、二万二(来进行),临时安置的三千块钱。根据你家庭的实力,贷多少钱,我们把房子修好,但是我们不能说为了节约成本,修豆腐渣工程出来,再修个房屋质量不好的过来。就说房子要修好,但是价格我们也给你保证好,所以地震后这个房子质量还是很好的。弄完之后,就问,今晚上大家也辛苦,想不想早点回去睡觉?想的再举手。那个时候很困了。想!你不想的我们再说。整到12点,跟大家一块交流,大家都觉得可以了。今晚上咱们最后一件事情是要完成一件任务,就是对我们今天说的事情,群众一事一议,大家签字画押认可,不签字的我不认可,签字的我就认可。然后教室里有课桌,一个小组长一个溜子①。从后面开始,一个个倒着往前走,签字,盖手印。就把这个事情干下来了。

胡子祥:一下子就敲定了,那么多人?

唐祖华:对,前面做了很多工作。同样的事情,前面开了很多会,包括规划设计这些东西。这个案例(给我的经验是),还是要做群众工作。为什么我们现在有些地方矛盾这么突出,是因为我们干部脱离群众,他不敢跟群众见面,还有他有私心,私心重,群众就不信任你。不信任你,你再不跟他(交流),有些东西肯定是群众冤枉你的,有些是事实,冤枉你也好,不冤枉你也好,你一定要跟老百姓面对面(交流),证实出来。就好比我们村老百姓5月19号的时候,那时候刚刚发生地震,老百姓头几天还可以,后面方便面有康师傅、统一的品牌,(大家分到的品牌)不对了,这个水也不对了,开始攀比。5月19号的时候,我在永安田坝临时的帐篷里面开夜会,必须统一思想。5月19号已经出现攀比了,那时候我有信心、有

---

① 一个溜子指一竖排。

能力把（他们从攀比中）带出来。

胡子祥：您说的是 2008 年 5 月 19 号？

唐祖华：对，2008 年。

唐祖华：我不知道我说得怎么样？

胡子祥：说得非常好。我觉得您把当时承建这一（方面）讲得特别清晰，这是我们这个研究里面特别想听到的。就您刚刚谈的这些，我觉得非常的典型，您接着还有没有时间（继续讲）？

唐祖华：因为我是从村干部出来的，基层组织是我们最基层这个政权，为什么有人上访呢，为什么有那么多的矛盾呢？这个跟我们基层组织干部的业务水平和思想素质是有关系的。

胡子祥：对，就是得把群众工作做通。

唐祖华：对呀，我跟你分享这个事情，就是想更多的这个基层干部，在灾害来了之后，在急难险情的时候，在组织需要的时候，能够站出来。这里面，重建这个事情，我们经历了太多的波折，我们下面的村干部现在关系都很好。我昨天下村去，路过那个村，他们那个村上开了一个农家乐小饭馆，我给现在的新书记打电话，就请他们在农家乐吃饭，结果他们把饭做好了请我吃。这些村干部，这些基层的干部素质还是不错的，就看你怎么去引导他。当时村干部最怕我开会，其实我们开会不是坏事，现在的基层一定要开会，尤其是我们这些大的社区，一定要开会，当然现在开会不一定要坐在这儿开会，他可以用这个互联网、微信。

胡子祥：就是要把信息充分地沟通好。

唐祖华：对，就是这个事情。我在当镇长的时候，当时微信刚出来，不是很普及，在 2014 年的时候，我给每个村建一个微信群，这在全国应该说是率先的。

胡子祥：嗯，是。

唐祖华：每个群里面都有我。因为我知道，村里有贪官，镇里有贪官，如果村干部觉得群众是刁民，（干部与群众）之间的矛盾会越深越冲突，我们党的路线方针政策，群众就越不知道，群众的思想我们干部也不知道，所以我们通过"互联网＋"行政，问题全部解决了。干部在群里面要正确引导群众，群众在里面冒泡，说明他还看得起你，他泡都不冒了，说明你就危险了。我走了之后，还在这个镇的微信群里面，老百姓在里面，就感觉他们是你的小朋友,十几二十年没见面了,在群里面被发现了,他们真的很激动,热泪盈眶了。见到三娃子、李娃子的,就叫他们小名,(他们就感到很亲切),这样就把他们全拿下来了,这就给村干部、镇干部在群里面传播我们党的路线方针政策、我们的主张、想法提供了机会。当时我要是不走,我还有很多创新的想法。

胡子祥: 是,您现在也是一样的,在这个岗位上一样有很多的贡献。

唐祖华: 比如说我们要商量一个事儿,在外面打工的、上学的,我们都可以征求意见。因为都在这个群里面,可以打字,打不了字可以发声音,我们可以整理出来,这个整理出来的东西,就是我们的决策,你有几个人不愿意,不愿意的人抵不了我们大多数,少数服从多数。所以你看很多地方修路,群众不同意,有意见,有意见(干部就要)主攻,就(解决)矛盾。在群里面讨论,现在很方便了,要集中去解决有意见的人的思想,就把照片一照再发到群里面。老百姓知道了,是你不对,大家都议论了。

胡子祥: 我还想问两个问题,第一个问题,后面在安置房分配的时候,有没有一些问题?

唐祖华: 有,这个有问题。

胡子祥: 当时您是怎么解决这些问题的?

唐祖华: 刚开始时,(给群众)分到哪里,(分)多少面积,有个游戏规则。你说,3人70个平方(米),4至5人90多个平方(米),6人以上110平方(米),这个人数和面积要基本锁定。确实老百姓110的给不起给97的也可以。这里面有一个动态调配,这个基本要锁定,个别的要经过我们会议来调配。那么分配的时候,谁在一楼,谁在二楼,谁在三楼,谁在四楼,这个就是要我们定一个规则了。这个里面有的群众想住四楼、有的想住一楼,但这个恰恰不能如你所愿。怎么办,又开群众会。首先,按村把三种类型的面积搞出来,这是97平方(米)的,这是110平方(米)的,这是70多平方(米)的,先把房子楼栋号、门牌号编好,公开,透明。一栋,两栋,三栋,大家看到了,我是70多平方(米)的房子,我的就在这几栋里面了,这几栋里面至少有一套是我的。那究竟哪一套是谁的,怎么办。我们就采取了一线城市的摇号,当时我们老百姓不接受(摇号),县城接受,乡镇不接受,我们采取了少数服从多数的组织原则,也要通过老百姓签字画押,一事一议。那么这一事一议签了的话,我们就不必再开大会了。有些老百姓在外地的，就通过电话，但要做好电话录音，这些是很细节的东西。大家都说同意，但有些就说，我们家有残疾的，我们要住一楼。让残疾人住一楼，但我们老百姓说，我们统一，一个残疾人可以单独调配。所以不可能违这个民意，就全线拉通。一事一议签了之后，有些人不签，他说你这个规则我不要，我要抓阄。摇号这个事情还是很公平的，不动程序，就很公平的了。他说我不同意，我要抓阄，抓阄要怎么抓，抓一天都抓不下来。所以说，我们又通过村上的干部给他做工作，这个必须要签字画押呀，不签字画押我们不敢动，他就要告你，他说你这个不公平、作弊。我们又通过他的亲戚朋友、子女给他做工作。我们至少要找一个家里面的明白人，就是家里面有些父母他不同意，有些子女不同意。我们做工作后，要保证你家里面有一个人要在这个上面签字画押，有一个人认同这个事情，认可这个规则。因为这个东西不认可的话，太麻烦了。这一块签了之后，找了很多代表，我们把这个不愿意签的，对这个规则不认同的，我们就邀请他做代表监督，因为他说你这个不公平嘛，镇上也邀请一些，我们也邀请一部分人①，给不支持的人一些监督。让他们看到，这就是非常公平的，还要给他们发挂牌，让他坐主席台，给他很多的荣誉，让他去监督。摇号全程录像，全程监督，这套资料全部都是齐的。所以弄下来之后，想住二楼的，可能住一楼了，想住一楼的，可能住三楼了。摇号有几套程序，编辑了几套程序，最后他选择一套。

胡子祥：不是只摇一套，是摇三套，可以在三个里面自己选？这个想法好。

唐祖华：现在城市是摇六套，我们没有摇那么多，我们摇的四套。四套，有可能一套是二楼，如你所愿了，二套是四楼，三套是一楼，四套可能还是二楼，最后一次，你就得决定哪一套方案。摇了之后，最后这个结果出来之后，三个方案，全贴出来了，每一套都贴出来。你最后决定哪一套方案，你对哪套方案满意，把家庭住址、姓名和楼道都录进去，就跟炒菜样，要哪道菜你就选。有的人摇了之后就开心，就说整对了的。有些人脸一下就不好了，就说我这个不好。有喜有苦有乐，但大多数群众还是觉得公平的，当然还是有几个不服，有十几个妇女不服，她来找我。我就说，

---

① 一部分人这里指民众。

找我也没办法，你看哪个愿意跟你调，你找他，不愿意调，我也没有办法。你自己调，调好了，我们会备案。但是我们在分配的时候，只能这样，这里面还有很多的麻烦问题。像这个村的这栋房子插了其他村的，这个房子有二十四户，（有的村）只有二十户，（有的村）有十七户，这样有的单元要插其他村的，这个里面才麻烦，不好分号，就全部拉通一起摇号。我们这个方向是明确的，地点是明确的，只是把房子摇出来，这里面比县城摇号还多了很多细节。这栋房子，八十一号人，它还剩一套房子出来，就要调给别的村去。总不能空出来，因为那房子总量是一定的。但是这个村剩一套房子出来，这个调给谁，你还得给其他村，那其他村谁愿意来，都愿意一个村的住到一块，谁愿意来。这里面还有很多细节，这个是值得去研究，值得去分享的。说实话，我们村，我都愿意住一块，谁愿意在其他村住，但那个村那套房子又是96平方（米）的房子，那肯定要调一套出来，你这个村差那一套房子，那肯定要补到另一个地方去呀。这个里面有很多很多事是需要在基层的实践中才能摸索出来，还有就是楼顶的储藏室有四个，有四个怎么办，有大有小，有一、二、三、四的面积，那我们想办法，一楼吃亏，上面最大（就给一楼最大的）；四楼差一点嘛，给第二大；二楼就第三大；三楼楼层最好，就给最小的。

胡子祥：这样子相对就更公平。

唐祖华：这样楼层和这个储藏室就相对公平了，作为一个心理上的补偿，这样子就完了。

胡子祥：考虑得还是非常周到了。

唐祖华：这些东西都是我们在分配房屋中的很多细节，这个有成功的一面，也有失误的一面。就是在我们以后的灾后重建中，建议不要搞这种集中安置，集中安置如果没有丰富的基层经验和足够的耐心，是要给当地政府带来很多麻烦的，这是我说的实在话。他自己修的房子，房间里面有裂缝他没关系。因为建设过程中，当时为了抢进度，冬天施工难免，有些常规的瑕疵，（老百姓）这个房子我不要，房子有问题。房子施工过程中有问题是难免，这个房子也便宜，才900多块钱一平方（米），修建这些房子的老板全部亏。到现在为止，都还有一小部分人的钱还没有交齐。国家的深化农村改革，要求办房产证、土地使用证。我们就在这个时候出击，（房款）全部交齐了的这个房子就是你的，但是（房产）证还不一定给你，通过这个手段,还收了一部分钱起来。(有的说这个房子有问题,我们就检测)检测出来没问题他也不认可。他说,我那房子是危房。县长、县委书记,他们能说那个地方不是危房,都不敢保证嘛。你只能通过第三方检测,检测完了之后,打桩也好,测试也好,没问题,他还是不认账。他说我那房子有问题,那今后垮了找谁,这个谁敢保证。所以说在这个灾后重建过程中,能不集中安置就不集中安置,我们这个安置点是整个汶川地震中最大的安置点。十个村在一块,现在还有一些个别矛盾还没有解决,都很正常,我不可能把这么多矛盾都解决完的。

胡子祥:因为每家每户都有不同的情况。

唐祖华:对。有些是施工中有瑕疵,但人家不是故意的,但确实有瑕疵怎么弄。这个事,有心酸,有欣慰。

胡子祥:对,付出了非常大的努力,但是最终你怎么可能(做到百分之百),世界上就没有事情可以做到百分之百。

唐祖华:对,但是有一点,我们现在那个地方的群众基础(很好)。虽然我现在出来当副镇长,后来当副书记,再当镇长,但是那里有一两个人他要告我,那两个人在地震前就是上访户了。

胡子祥:除了您刚刚总结了这个经验,还有没有其他的总结性的话?

唐祖华:这里面的一些经验对于我们基层建设还是有一些借鉴。就咱们的精准扶贫和脱贫攻坚,其实我们基层有一些在执行这个政策的时候,还是没有把这个政策执行好,但不是我们北川,整个(全国范围内)可能有一些人为了执行而落实。建议执行政策要因地制宜,不要一刀切。比如说这个招商扶贫,我当村干部的时候就要抓产业,我们这地方都只是穷人。政府帮扶他,给他点儿猪肉、鸡肉吃,他今天吃了明天就没有了。所以,今年这一次,我们县委书记给我们的指示就是说,三句话,招商引资、助力产业扶贫、产业扶贫助力精准扶贫。关于助力这个词,我当时说了几句话,当时我们书记还表扬了这几句话。当时我觉得,三个助力就是招商引资助力产业扶贫,产业扶贫助力脱贫攻坚,脱贫攻坚助力全民小康。就是说村上要有长远的脱贫攻坚的产业。我们今年就兜底,那么明年、后年还要兜底么,这样是不行的。所以,必须发展产业,发展集体产业,因地制宜地发展村上产业，我觉得我们村干部还要向产业扶贫的典型事迹学习。我们国家以前这种是为了解决温饱的问题，现在我们要转型，其实我们国家搞这个新农村、小集镇，都是一个转型升级。你看，加拿大、新加坡，这些地方以前还不如我们，我们通过这种新农村建设一步一步向中国的"一千个小三亚建设，特色小三亚建设"的目标迈进。村、镇基础好了，我们整个基础就好了，然后我们这些产业起来了，有社会资本注入了，这个地方也就起来了。你看外国那些地方好得很，以前还不如我们，所以我们发展速度很快。所以在产业发展这方面还是要因地制宜，做深做透。有的基层干部的思想政治觉悟还有待提高，这是很关键的问题，因为站在我的角度，对中央关于基层的决定，我都很支持。

胡子祥：因为您是在基层，对这个非常了解，经历了这么多事情之后，您对这其中的规律就把握得比较透。

唐祖华：不这样干不行呀，为什么前面提新农村，现在不提新农村了。我就说个题外话，这段时间他们有些环保的不理解，我就跟他们讲，你不要不理解，以前我们机关干部、党内干部吃饭喝酒，一张（发）票报（销）了，八项规定出来，规范了我们干部行为，对不对，大家按规矩办事。第二个军改，军队这块，七大军区变五个军区，军队他习惯，对不对，以前那是七大军区嘛。现在改革开放三十年，我们这个区域发展，也要规范，对不对，那个时候不规范，你赚了钱了。现在通过这个环保治理让你规范起来，让你转移政绩，让你提早升级，对不对，转移这种不必要的产能过剩，提高效率，这个时候你必须痛。然后进行产业布局，今后，成都市、绵阳市、北川县，这些产业就集中了，就不再是产业乱象了，所以我跟他们说了之后。他们说，今天终于懂了。我们原来村干部搞定，我说，我们镇干部也要搞定，他（村名）说我原来这个地，跟村干部就说好了，跟市干部也说好了。我说现在不一样，你必须要适应这个环境，不然你就会被淘汰。抗震救灾、灾后重建，有很多灾区的干部不容易，我们国家的力量还真的是强大。你看我们国家的这个应急体系越来越健全了，地震以后的舟曲泥石流、舟山地震、玉树地震，近期的九寨沟地震，包括叠溪滑坡。中国的应急体系都是通过5·12汶川地震以后慢慢积累起来的，国家在这方面积累了很多经验，也有很多教训，咱们把这种经验和教训整合起来，让这些专家、院校、政府部门，经过研究形成理论，理论形成之后，体制就越来越健全了。所以这样咱们国家今后的治理的整个体系、结构、制度就逐步健全了，公务员这方面就规范了，在公务接待期间就不能喝酒。以前报账的话，单子一千多，局长一句话就给报销，那时候局长好风光，现在这个局长就没有以前风光了，反而做的事比别人多，这才是我们的责任。所以我觉得，其实还有很多要交流的，我们后面还可以多交流。

胡子祥：以后我们再多交流，向您学习。

一百天干完十年工作，只因职责和义务
——访向峨乡东林村村主任苟天志

题记：人在最悲戚的时候是没有声音和眼泪的。缄默者只能望向黎明，以血化泪，以肉成墙，哪怕躯体残破，哪怕黑夜颠倒。

向峨乡属于汶川地震特重灾区，死伤巨大，特别是向峨乡中学的师生生还者很少，由此导致当地抗震救灾任务艰巨。

身为幸存的共产党员，苟天志第一时间想到了救援。从小学到政府再到中学，他马不停蹄地参与救援，用手刨、用肩扛、钻下废墟掏，眼见这些亲朋好友孩子的尸体被泡得发黑发胀，即使七尺男儿也无法忍住眼泪。进入重建后，物资发放、伤残统计、房屋重建等无数工作等着他去做，一百天干完十年的工作，"对于我们共产党员来说，我觉得那就是我的责任和义务"。

2017年6月25日，我们驱车来到向峨乡，初步了解后，发现这里不仅山清水秀，而且村民幸福感明显较强，为此，我们特地找到向峨乡东林村村主任苟天志，希望了解他们这种基层干部在地震后的所作所为、所思所想。6月25日下午2：30，我们来到受访者家中。刚开始，受访者不太愿意接受我们的访谈，但我们详细说明来意后，他解释说当年的回忆仍然有些痛苦。后来他开始为我们娓娓道来，特别详细地描述了地震发生那一瞬间到后来应急救援的结束，以及后期超高强度的重建工作让他濒临崩溃的边缘。如今，看到住宿、交通、教育、医疗、卫生、应急等条件都远远超出临近乡镇，他感到无比骄傲与自豪。

采访时间：2017年6月25日
采访地点：都江堰市向峨乡东林村
受 访 人：苟天志
采 访 人：曹　燕
整 理 人：曹　燕

曹　燕：请问您地震前做什么工作呢？

苟天志：东林村三组的组长。

曹　燕：从什么时候开始当组长的？

苟天志：2003年3月。

曹　燕：为什么决定当组长呢？

苟天志：老百姓选的嘛。现在基层都是投票决定的，不是你想当就当，不想当就不当。

曹　燕：地震前当组长的话忙吗？

苟天志：地震前不忙，相对来说事情比较少。

曹　燕：那时候在生活和工作上有没有什么困难？

苟天志：当时都是散居，各顾各的。就是经济条件不是很好，人都比较单纯，单家独户的相对来说自由些，但也有很多缺陷。

曹　燕：您觉得你们这个向峨乡总体来说怎么样？

苟天志：总体从住宿、交通、教育、医疗、卫生、应急等条件来看，这些应该都已经达到了新农村的标准，超出了很多地方，不说特别偏远，应该说（超出）附近很多地方，管理的理念这些，都是比较好的方面。①

曹　燕：什么时候达到这个水平的呢？

苟天志：应该是地震后最近几年。以前我们这儿还没有天然气，现在天然气也通了。以前我们向峨乡只有一条路，现在有三条公路。每家每户有自来水，交通、气、电、路这些设施还是比较完善，和以前相比，先进了很多。而且现在社会在发展，每家的网络基本上进户了，地震前根本都达不到这个水平，我们农村都是3G、4G了，地震前是没有的。

地震的亲历者、见证者

曹　燕：对，那个时候连网都没有。当时地震的时候是什么样的情况呢？您在什么地方？

---

① 向峨乡位于都江堰市东北部龙门山川西旅游环线，距成都市主城区70公里、都江堰市区15公里。全乡幅员面积59.1平方公里，辖12个农村社区和1个场镇社区，108个村民小组，总人口1.49万人，城乡居民集中居住率达98%。近年来，向峨乡先后被评为国家级、省级生态乡镇，全国楹联文化之乡、四川省生态文明建设示范乡镇、四川省乡村旅游示范乡镇、成都市统筹城乡综合改革示范镇、成都市低碳示范乡镇。（资料来源：成都市基层公开综合服务监管平台：都江堰向峨乡.）

抗震救灾 精神口述史
——汶川特大地震十周年纪念专辑

荀天志：我们是地震的亲历者、见证者，我当时在做绿化生意，那天在挖树，从都江堰走得比较迟，在我们一个朋友家吃饭。他是农村里面小青瓦的那种开放式厨房，很大，当时有七八个人在那里吃饭，吃午饭的时候比较迟，2：28 的时候还在吃。我是第一个发现地震的，好像小时候唐山地震的时候大人喊我们跑过，从心理上和精神上就有一种感觉，我坐在门跟前，第一个发现。因为我们那儿有几个矿山，2008 年及以前经常有放炮的声音，特别强烈，有些人感觉不到地震来了。我坐在门口，他们以为附近的矿山在放炮，我跟他们说地震了快跑，我是第一个喊他们跑的。刚刚说完跑这个字，我跑到朋友那种农村里的院坝里面，我估计跑的时间不超过 30 秒，所有的房子全部塌下来了。就是在你们上午看到爱莲社区的上面，当时地动山摇的，连我们这些年轻小伙子都站不住，四周的山都在崩裂，山塌、垮，山上就呈现黄色的烟雾状，像大型的高位解体的山塌方那种，出来黄色的烟雾，那个方向的一片天全部都是黄的。在当时看到的四周，有些开裂的有这么宽，一会儿开裂一会儿合拢，就是那种感觉。人还是很害怕，生怕地一下裂宽了，陷下去，就是那种感觉。所以一般我们都不去回忆地震，回忆起来很痛苦。我给你摆的时间就相对长点，当时实际上就是一瞬间的事情。周围朋友的门口有几户人，我看到的，有一个女同志就在那里哭，披头散发的，穿了一个睡衣，她小孩在屋里，她就在喊救命，她的房子塌了一部分。对面也有一个房子塌了，一个中年人头上全是血，全身都是灰尘。当时四周看到的景象，我怀疑地球会不会要毁灭了，我们这儿也算震中，后面了解到那个裂度可能达到 9，震中是 10，我们这儿应该已经达到 9 了。在这个反应之中，几个人觉得一是比较冷静，二是害怕，该趴着得趴着，该蹲着的还是蹲着，观察四周的反应，但我说的这个反应时间只有 1 分钟。完了以后第一个反应（找孩子），当时我们娃娃在读向峨小学的五年级，第一个反应就是往学校走。我就走爱莲社区的上面，还经过一栋医院，医院是楼房的，还要经过几栋住宿房，当时是坍塌了一半。当时是很快很快地跑，又在余震，一会儿要垮一会儿要垮的，刚刚余震一停，就跑过那个医院和几套住宿房，就是今天上午你们到的爱莲社区。然后就一直跑，中途有一个朋友，他骑了一个摩托车，也往学校去，看到我以后就把我带起，我们到了向峨的街上，首先到了中学。到了中学以后，正街上的房子还有一部分没倒，还有一部分倒成这样（斜塌），就要瞬间从这个缝隙里面跑过去，跑到了中学。

情况严峻

苟天志：当时看到中学以后，现在就不敢回想那个场面①。整个初中被夷为平地，我们是全乡的家长里面前几名到达初中的，我们那个朋友当时纯粹脸青了，最悲戚的时候就没有声音了。他就是气，不哭，那时候只掉眼泪。我当时也无法安慰他，就说了句："哥，对不起，我先到小学看一下，看下啥情况，你在这儿坚持一下。"他只说了句："完都完了。"因为整个初中都塌成那个样子。我又以很快的速度跑到小学，因为初中到小学的距离很近，可能只有300米的样子。走政府后面过，从那儿过的时候，可能也是一种爱娃娃和一种私心的表现，同时，可能当时大脑也不是特别清醒，组织救援也是第二步，但是这个反应的时间也是比较快的。我走到政府后面，遇到政府驻村的一个领导，我问他的情况，也给他说我们从上面下来的情况。他说政府全部塌完了，我说我们爱莲社区需要救援，有人在喊我，因为我不晓得下面的情况，也想给政府报告。然后我给他说初中也塌完了，他给我说小学也塌得比较严重，我问他朝哪里走，他说他要看他女儿，也要找领导，不晓得现在哪里能找到领导。因为政府、小学、初中都倒塌了。他三个娃娃，一个在企业上班，一个在政府上班，他当时就很难受，因为政府已经全部倒塌了，还有一个在读书，等于全部都失联，当时的通信网络全部中断。

我跟他也是短暂的交谈，可能就是一二十秒的时间，然后就跑到小学，小学里面很慌乱，我娃娃所在的那栋教学楼是没有倒塌的。我第一眼看到操场里面蹲着很多很多娃娃，也看到他了（儿子）。我喊他就待在操场里面不动，有老师就在组织学生疏散，把学生从教学楼疏散出来，待在坝子里面，等待救援的和没受伤的学生的家长来领。我一看到他了以后，就比较放心了，然后我就碰到一些学生的家长和周边的老百姓，就带着一起到小学的后面，是一栋跳舞的楼，也是坍塌了，当时老师就在组织受伤和没受伤的学生在一起，有的在安排，有的在接，或者是社会车辆往各大医院送，老师的职责基本上就是这样的。至于附近的家长和人参与的救援应该也很

---

① 向峨乡是都江堰所属乡镇中受灾最重的乡镇之一，向峨中学教学楼垮塌，从废墟中救出75名学生，挖出学生遗体340具、教职工遗体17具。（资料来源：北川羌族自治县人民政府. 汶川特大地震抗震救灾志[M]. 北京：方志出版社，2016：260.）

快。因为当时我们在小学的时候，就成立了可能将近有八到十人左右（救援小队），很短时间内就把比较年轻的壮的喊在一起。有一个老师跑出来就说后面倒得比较严重，我们就去徒手刨。当时跳舞的那栋楼是两层的预制板结构。房子里面是准备六一儿童节跳舞的这些（孩子），有一二十个娃娃在里面，我们跑到那个地方，底下还有小娃娃在叫喊救命，没有任何工具，也没有任何时间去找工具，大家就围成圈，上面还有些没有塌完，还有预制板这样斜着的，在这个下面，就徒手刨，抬板子，抬木块，抬那些垮下来的预制板、掏。时间我不知道（确切）用了多久，但我估计应该有十来分钟，但还是比较快，掏了十几个娃娃，活了多少个我也不记得，反正我知道我亲手掏的和抱的应该还是有七八个是活的。我们小学和政府的房子是挨着的，当时掏出来那时候的过程就比较清醒，所以现在回忆起来还是很痛苦。当时去抱的时候，死亡的、断手的，还有断头的，小学生很多受不起惊吓，本来地震就已经很吓人了，我们第一个反应就是把死亡的和因失去肢体死亡的就放到旁边，不要摆到大操场去，害怕给这些小娃娃造成二次伤害，以后心理上精神上怕出现什么问题。就把这些（死亡的）放在后面，有来找的家长就让他们慢慢找，虽然这样不太仁义，但对大多数学生来说是一种好处。因为我做这个事情，后面还带来一定误解，有些学生的家长后来就说我们，或者说我带的头不去救导致他们死亡，（实际上）我判断已经死亡，或者有些头都没有了，或者有些手脚都没有了，或者没有呼吸了，喊都喊不应了（才判断死亡），活着的在流血的才往下抱，那么短时间，第二个是害怕刺激小学里面上百个小娃娃。后来我们感到很遗憾，因为当时那种抉择不好做，后来引起了不理解，（家长）就觉得你们只救活的，当时你在救人的情况下，根本都想不到那些。唐山地震后来拍的那部电影，自己的娃娃只能救一个，喊你做选择，反正往里面撬，看到这里我就哭了，我可以理解，我觉得当时多痛苦啊，两个都是自己的娃娃，怎么选择，没法选。

对生命的渴望

苟天志：我们把小学做完（救完），幼儿园垮塌不严重，就在前面救援，只埋了两三个人。我们小学后面那个政府与它只有一墙之隔，都坍塌了。

走的时候我说我们往中学走，小学的救援时间是比较短的，因为它的主教学楼没有塌，塌的是副教学楼。开始走我就说一起走，我们就全部往初中走。我走的过程中就喊了三次"还有没有人请回答一声"。两次都没人答，第三次就有人答了。就是在政府的楼梯下面，到处都塌平了，你看不到下面的建筑物倒塌了，我当时以为是我们的一个妹妹，听到声音，我就问她叫什么名字，她就说了，她的意识还很清醒，就是政府里我们驻村领导的女儿。问了以后，她就跟我们亲家挨着一起的，我们亲家在她上面，房子的横梁打在他的腰上，正中，被打死了。这个女娃娃就在亲家的下面蹲着的，这两个人都在楼梯间里面。我们还是慢慢地刨，用小学房子塌了的木棒，慢慢抬，在上面把我们亲家刨到了。她在里面刨不出来，上面一个死人，我们亲家鼻子已经不出气了，也掏不出来，水泥结构的梁很重嘛，那是上千斤的，砸到人的腰上，没有办法，要掏他，我们把他掏出来以后。人在危难时候对生命是特别渴望的，我们掏出来以后，我们八个人拿着木棒穿过预制板把它撬起，她人在下面，派个人下去徒手刨。一直都有余震，在掏的过程中内心还是很害怕，如果说不害怕那是虚伪。慢慢观察着，看到确实震得严重，就退出来，因为人要头朝下去（上半身趴下去）掏，要救人，必须冒这个险。最后把活着的这个妹妹的上半身掏出来以后，我们去抱她，抱不出来，她有一只脚跟下面的梁侧起的，穿的鞋子就像你穿的这种被勾着的，去不掉，这只脚抱不出来，上半身这样抱出来，然后我又去拉她的下半身，我们还钻进去拉她，然后她给我说："二哥，你扯吧，拉。"当时我就害怕把她脚拉断了，我说脚拉断了，她又很年轻，还没结婚，这辈子不就报废了。她说："你拉嘛，拉断了我就住医院。"你看当时她对生命的这种渴望，可以放弃一只脚，她都觉得不怕，也可以忍受那种痛苦，但我们就不行，也不敢。我就说你再坚持一会儿，不要怕，反正我们这么多人在这儿陪着你。又找了木棒从下面穿，又掏，掏了以后又把她穿下去了。七八个男同志全部钻进去把里面的板子扛起，靠人的肩膀支起，然后我钻进去手伸进去都摸到她的那只脚了，使劲拉她的脚踝，上面那根棒拿来支起，没办法，掏不动了，这下扯得话也要受伤，但不会严重，现在她这个脚踝上面恢复以后都有这么长的一根伤口，人弄出来以后，她就站起，她说没有骨折，只是把皮肉拉掉了。当时没有办法了，她又想出来，把她送到成都去，她住院都住了起码一二十天。

曹　燕：你们救她还是花了很长的时间。

苟天志：也不算很长，因为我摆的这个时间相对长一点，救她总共可能有十几分钟，包括挖和抬，大概十几分钟。从小学出来把这个妹妹救了以后，走到正面看到就没什么问题了，外面就组织了这些（救援力量）。因为很多人参与，不管是党员干部，或者是地方的老百姓，很多都在学校的周围，把外面的民用车辆拦住全部用来拉受伤的人员，见一个拦一个，往都江堰各大医院送。

残忍的救援过程

苟天志：我们当时就往初中走，不管伤员和输送，专门有一批人指挥他们拦汽车来拉。我们走小学后面，帮着抬过几个伤员，有老年人、中年人这些，记不清楚了，反正抬起，抱着，弄完就走，最后就走到向峨的初中。向峨的初中（救援）是徒手刨的，当晚没有机械，又下大雨。初中的楼房要高点，是四层楼，整体塌成一座小山，里面有求救的也有喊的声音，家长的情绪也很激动，很多家长都很无助，没有办法，想不到办法，有些就在上面踩。所以最后大脑比较清醒的就组织力量，把周围围起来，不准这些人上去。第一个办法就是徒手刨，听，喊，哪里回答了传出了声音，就首先去刨那些地方，就喊这些人用木棒、锹去撬，不要去乱踩乱塌，有些地方踩垮了，活的有可能被压死，当时来的人太多。就这样徒手刨，表面刨出来的就有一部分是活的，我有个侄女就是他父亲把她刨出来的，就相互喊，有几个都是这样刨出来的。徒手确实不好，但也没有办法，又没有专业的救援队，2008年（地震）以后才组织了专业的地震救援队。当时我们这儿有一个木匠，当时还把装载机改成吊车，吊这些预制板、水泥块，这样来救人，啥办法都想了的，就是我们本地人。因为部队是5月12号晚上才到的，而且交通（不好）只有一条路，路很烂很烂，部队也算来的比较快了，因为从汶川过来这条线路全部都是灾区嘛。晚上部队来也没有办法，还是只有徒手，也没有机械。下午到晚上比较迟了，才从都江堰调了一个还是两个车上来，当时我们这儿一个遇难的初中娃娃的家属和我们的一个村干部，给那个吊车师傅跪着，才把车弄回来。那个吊车（师傅）怎么说，他说："我也没有办法选择，你们那个地方塌了，（其他地方也塌了）。"

因为我们都江堰塌了太多太多，不是针对一个地方，市政府和领导都在安排，最后给他跪着硬弄了一辆来。第二天在温江，我们一个学生娃娃在学开吊车，他从温江把吊车开过来了。附近的吊车、机械设备全部都用上了，我们企业的装载机全部都开出来到救援现场上。家长也多，从第二天开始，部队进入，部分家长还有这些党员干部，才开始大面积地做（施救）。因为统一指挥和统一安排，这个过程就很残忍。初中（救援）过程我是参与了的，我是到第四天下午走的。因为我朋友的娃娃开吊车，两天两夜没睡觉，我记不到他的名字，我现在还很感激他，我现在还记得到他的吊车叫作优平吊车，是温江优平吊车的一个师傅，当时现场指挥吊车的小伙子声音沙哑，纯粹说不出来话。吊车师傅也坚持不住，要走，我就给他拿瓶饮料过去，给他点了一支烟，我说："师傅，你再坚持一天，看在死去的娃娃和大灾大难上，还有这么多救援的人员。"没有人跟他换班，两天两夜没合眼，他说："我害怕再出安全事故啊。"我说："我专门喊一个人在吊车上看着指挥，看着你。"前面的人指挥不动，我就去指挥。给了我一双白手套，我站在废墟上面，我学这个吊车的知识学了一分钟，他教了我几个姿势，出臂、收臂、上升、下降、左、右、暂停，教了我一分钟，台子上那个小伙子实在声音沙哑没办法指挥了。然后那一整天我就在那里指挥吊车，我给开吊车的人找了个人陪他摆龙门阵，给他点烟，第二天弄来的我们剩的罐装的八宝粥，就给他留着，拿给他吃，其他人都不给。这个吊车师傅，我很感激他，因为在这个大灾大难的时候，他没有收一分钱，也耽误了他的时间，而且最后也没有给他点奖励。我们都在救人，做这些事情，毕竟人家是外地人，他的付出是很多的，所以后来我给政府反映，应该去找人家、感谢人家，人家来参与、经历，做了这么多事情。在那个救援的现场，后来三四天，就不要这些家长参与了，我们本地的救援队只要焊工，还有几个身体好的工人打钢筋，打开了以后，焊工就来割，部队就来挖取，有专业的人员来指挥。我就在指挥吊车，剩下我们本地有一些干部参与的就在做这些，和军队协调来做，做了四五天。当天晚上下大雨，做到后期，挖出来的全部都是死的，没有活的，教室里面全部都是几十名几十名的死，那个是不堪回想的。很多是我们兄弟姐妹的儿女，在学校里面的学生的家长很多都是亲朋好友，已经不能用语言去安慰谁，相互看到以后只能点头，表示一种招呼，不能安慰，安慰的语言都没有了。所以到三四天以后，挖起来的尸体发黑，水浸泡了，人体发泡发臭，那批年轻的士兵很多都呕吐受不了，场面很悲惨。然后学生的爷爷奶奶、外公外婆、父母亲在那个环境中看到以后又伤心，所以我说内心不愿意回忆那段历史的，看到是很痛苦很纠结的。我又是亲身的亲历者、见证者、参与者，所以一般是不会过多地回忆"5·12"地震的。

做的事情就太多太多

苟天志： 我们说的这个片段，整了几天，回来以后，这只是学校的一个片段。完了以后，我们当时的党员干部，头一百天，可能干完了我们以前十年工作的总和。一百天干完十年工作的总和，所以到现在，如果认认真真地回忆，心理应该说都有一点的阴影。当年就觉得是我的责任是我的义务，应该去做，就到了心理崩溃、心理都要出问题的这个地步，参与的这些工作人员去做这个工作都已经达到了心理的一种极限了。因为后期去做的事情就太多太多了。这个做完了以后，涉及每天救灾物资的接送发放、统计死亡人员、受伤人员住在哪里、失踪人员，还要安抚死亡人员的家属、统计受灾的情况，就是在你这个辖区里面，房屋倒塌多少，公路山体断塌多少，应该说各个方面的情况全部都要收集、统计，（还要统计）活下来的还剩多少人。每天必须完成的就是上午到救助站帮助下救灾物资，然后下午领回来按比例分配。这是每天必须完成的事情，领物资、分物资，然后再把这个时间除了才去统计其他方面的。两三个月后，相对的基本上统计完了，然后统计土地、统计老百姓的意愿，住房子是愿意自建，还是小集中居住、大集中居住，或者在城镇周边居住，家里面有多少人口，慢慢地就统计这些数据上报。以它当时的要求，中央政府想的是要尽快解决老百姓安居的问题。所以这个政策下来，在给我们一级一级地传达以后，要求时间短平快，要以很快很快的速度完成，有时候可能晚上8点接到通知，需要统计一个什么东西，就喊晚上10点或者明天早上交这些表格。但这些表格填起来后，还必须要求辖区内的老百姓全部都要签字，又要的很急，我们就只有熬夜。挨家挨户登记，弄完以后让老百姓签字，就已经养成一种常态了，头三个月的工作量，没有休息，没有节假日，没有周末，每天加班到两三点很正常，早上5点起床很正常，就是天天这样干活，周而复始地做。通过这种频率很高效率很高的工作，把救灾物资发放完了，几个月以后，后期做的工作主要是修房子这个事情。因为修房子涉及很多老百姓要出土地，规划在一起，屋里有几个人，要住哪种户型，都要报告给国土部，它才能修好分配，做这个事情花的时间比较长。

做完了以后，遇难者（学生）家属后期发生了几起这种事情（闹事），就维护了一段时间的稳定，同时，在做这些工作的时候，还做了一段时间的稳定工作。就耐心地给学生的家长解释，地震是大自然的灾害，不可能把全部责任推卸给政府和国家。像这次茂县的泥石流（6·24 茂县山体滑坡），高位山体（滑坡），有些自然灾害你不可能去怪谁，这是老天的事情，我们也没办法。当时都江堰有几个学校，遇难者家属闹事情也闹得比较严重，所以处理这些事情也费了很多精力。

曹　燕：他们就上访吗？

苟天志：嗯，上访嘛，闹嘛，要求赔偿嘛之类的，所以做这个工作也做了一段时间，跟其他的工作是配在一起做的。2008年下半年春节到2009年之间，我们这儿的学校也修起了，公家配套的公路修起了，天然气接上来，配套的房子也陆陆续续修好，老百姓全部都分到新房子，水电修通，到2010年的时候（接电话打断）。

曹　燕：当时的住房具体是怎么分配的？

苟天志：住房是按照户籍人口分配，每个人是35平方（米），像我们家户籍人口是4个人，我们房子就是140平方（米）的，这样子来分的。你的户籍要在这个地方，这是农村，因为农村有宅基地，它是用宅基地置换的土地指标，就换在这个集中居住小区。家里面户籍有几个人，就按几个人来，有些分两套房子的，一个人40（应该是35）平方（米），四个人就140，我们村上最大的就是140，有五六个人的话就分两套，当时就是那样分房子的。房子分了以后，基础设施就跟着不断完善。所以就像现在，后面又出来一个村公资金，小区分了，当时国家很多小区基础设施是没有完善的，成都市政府搞了一个村公资金，每年给每个村多少钱，就用于社区里面老百姓享受的公益事业。比如我们要安路灯、搞绿化，修两个亭子，修两个健身器材，打扫卫生等之类的，老百姓觉得是好的，大家来提（建议），我们就弄。（例如）大家做酒席，需要一个场所、需要一个停车场，我们就用国家给的村公资金，每年成都市要给几十万。我们一个社区是三个点（安置点），东林社区住的人也比较多，全乡属于长镇（街道）社区，全乡选长镇的就有十个社区，他们都住在这个点里面，这个钱就拿来做公益。所以现在做起来相对来说还不是很难，现在宣传精神文明的比较多，国家的法治法规、党规党纪这些方面比较多了，以前散居的时候，宣传力度就没有这个大。

曹　燕：现在集中居住宣传效果也比较好。你们灾后对农村种植、养殖这些有没有什么政策？

苟天志：这个是有一定的规模性的。从个人来说，国家有退耕还林、粮补、油补，这些补贴，惠农政策一直都有。现在惠农的要申报，就必须达到一定规模，比如种植、养殖，在农林部门要达到这种规范，也就是农林合作社，或者某个农林公司达到这种标准，根据标准做到什么水平以后，他来验收合格，就给你一定补贴。我们村上就申请农林局给了我们两百亩蚕织林改造，我们就种小香蜡树，买回来的苗子就这么高，老百姓不出钱，给老百姓栽，每家人栽多少，栽了以后，农林局分三年给老百姓补贴400块钱，像这些也是农业方面的惠农嘛。这种类似的比较多，有扶贫的呀，政府每年都来调查需要扶贫的，种植养殖，还有种养殖企业，还有农业合作社，现在种猕猴桃之类的，达到合作社了，就要给几万块运行资金，每年的肥料都要给你多少优惠，这种不能单独举例，因为国家在这上面包括的范围比较广泛。

曹　燕：对灾区有没有什么特殊的优惠呢？

苟天志：在农林这块我觉得好像没有特殊优惠。长期的优惠可能只有成都市的村公资金。因为我到外地学习的时候问，他们一个村给老百姓的开支，作为老百姓的公益事业这块，只有三四万块，只有我们成都市的每个社区是几十万。这个应该是最大的优惠了。然后还有一个耕保积金，拿四川省来说，这个应该也只有成都市有。这就是成都市的特殊优惠政策，有了这两个政策，一般老百姓（种植等）不会出钱。

老百姓和官方政府的团结

曹　燕：地震之后，向峨乡好像恢复得特别快，2009年春节就搬到新房了？

苟天志：2009年有一部分搬了。

曹　燕：为什么你们这里速度这么快呢？

苟天志：因为在都江堰我们算是重灾区，这个也离不开当时从上一级政府到各级政府的关心，包括都江堰政府对我们的关心。但同时也体现了我们这个地方政府说过的一句话"我们几百个党员，就是几百个基层战斗堡垒"，这是当时我们的书记罗鸿亮①到中央去巡回演讲说的一句话，这充分体现了当时老百姓和政府的团结，才会有这么快的速度和意识的转变，大家的协调配合。离不开党和政府这么好的政策，高层领导的关心支持，然后下面大家的积极配合，努力地工作。我在这儿不是自己表现自己的功劳，为什么这么快的速度，这都跟所有的工作量是分不开的，一百天的时间做了地震前十年的工作的总和，所以才在短短的几个月到一年有了质的变化，整个向峨乡经济增长翻了几番。现在的老年人回忆地震前的环境，最少最少的表达大概是前进了二十年（和地震前相比），我们乡的整个基础设施和老百姓所享受的，以及这种意识的变化，短短一年时间就追进了二十年，有些地方发展就要稍微慢些。

曹　燕：确实，我们采访的有些地方是过了两三年才搬的。

苟天志：我们是2009年搬了一部分，2010年全部搬完了，2008年年底搬了两个区。

曹　燕：真的非常快。你们在重建过程中有没有遇到什么问题呢？

苟天志：基本上没有啥问题，当时只要和老百姓把土地协调好了，把这些手续办完了以后，国家还有一个互助补偿，这些搞好以后，重建中基本没有啥问题。像我们社区，我了解的一直还是比较顺利的，老百姓也没有啥阻挡，施工的时候也没有出现啥安全事故，还是比较顺利，速度比较快。

曹　燕：当时除了学校伤亡比较大以外，其他地区成年人有没有伤亡的？

苟天志：我们全乡学生死了330多名，教师死了19名，我们这个镇上，街道、家里、公路上这些还有一两百人死亡。

曹　燕：那死亡人数还是比较多？

苟天志：是比较多嘛。

---

① 地震后，向峨乡党委书记罗鸿亮沉着应对、统筹组织，经过连夜奋战救出了68名学生，在灾后重建中保民生、促发展，2008年10月8日被评为"全国抗震救灾模范"。（资料来源：成都市地方志编纂委员会. 汶川特大地震成都抗震救灾志[M]. 北京：方志出版社，2013：844.）

曹　燕： 那这种伤残人士你们是怎么照顾的呢？

苟天志： 学校的有教育部、民政部，现在都由民政部牵头，比如说安假肢的，学生这块不说，是全免费的，直到现在，包括安假肢呀、轮椅，还有以后的读书这些全免费。成年人死亡的包括在家里面死亡的，国家是给了五千元钱，说的是给的安慰费，这笔资金是比较大的，整个灾区死亡多少人呀。当时受伤人的医疗全免费不给钱，包括成年人，只要地震中受伤的送进医院，一分钱都不收，汽车接送。很多老年人和小娃娃受到捐献，因为当时很多人进不了重灾区，在外面医院，就有人来捐钱捐物。我们这个社区里面就有几个在成都，还有两个在江苏（住院），老年人和小娃娃，他们回家后不但不给医疗费和所有的费用，爱心人士还倒捐钱给他们。

曹　燕： 有爱心人士到你们这个地方吗？

苟天志： 有有有，这个我也见得多，给这些儿童、老年人，有些送吃送穿，有些几百几百地给老年人钱，我都看到了很多次。不光是军队，各方面的都有，有心理辅导的，有送实惠的来关心。

曹　燕： 确实很感激外面来援助的人。应该专门有人来对你们这些干部做心理辅导吧？

苟天志： 来过，做心理辅导的来开过会，也请了一些心理辅导的专家，他又不是逐步逐步地做，他觉得你当时心理压力受不了，自身觉得要出问题，你就直接去心理专家队喊就行了，他就来帮你扶助和医疗，不收钱的。但是到最后多数说是达到极限，但还是没有崩溃。

曹　燕： 您去接受过咨询吗？

苟天志： 我是谈过一次，我觉得虽然达到极限，因为工作量太大了，加上前期地震的影响，就达到极限，但慢慢一段时间的缓和，压力慢慢释放后，自然就好了，这个是一段时期的。

曹　燕： 主要是时间的问题。

苟天志： 对。

曹　燕： 这里是哪个地方对口支援的？

苟天志： 上海，都江堰是上海援建的。①

---

① 2008年6月8日，温家宝签署第526号国务院令，公布《汶川地震灾后恢复重建条例》，灾后重建依法科学进行，6月11日，国务院办公厅印发《汶川地震灾后恢复重建对口支援方案》，举全国之力，加快灾区恢复重建，其中上海市对口援建都江堰市。

（突然有事打断）

当时每一个县每一个市都由外省来援建。

曹　燕：当时有那么多人参与灾后重建，协调工作很难做吧？

苟天志：实际上也好做。一个辖区，一个辖区的，每个辖区把人分开就好做工作了。虽然说累，事情多。

曹　燕：你们在灾后重建过程中会不会需要筹集资金做一些事情？

苟天志：不出钱，我们这儿老百姓整个都不出钱。就算这个房子都不出钱。

曹　燕：到各家各户的公路都不出钱吗？

苟天志：都是国家出钱修。整个公益设施和房子，老百姓都不掏钱的。

曹　燕：到村上的道路呢？

苟天志：都是由集体出钱，由交通部门，或者哪个扶贫部门全额出资，现在都不会给老百姓摊派一分钱。整个公益设施和基础设施全部由集体出钱。

曹　燕：现在你们村上每家每户都是通了公路的吗？

苟天志：其他村上我不敢说，我们村上包括散居户我们都是通了水泥路，我们村上散居的只有几户人，我们都给他们修通了的。

曹　燕：你们做得真的很好，这个是你们自己争取的，还是上面给的政策？

苟天志：散居户是这样的，比如我们几十万的村公资金，他们在社区里面享受社区里面的服务，（散居户）他没有享受到，但他作为你的村民，他也应该享受这笔资金配套的公益设施，我们就给他一部分，把他院坝或者出路这部分打成水泥（路），如果资金涉及的比较高的这部分，我们就出大头，他就出小的。我们这儿有家人，我们给他修了几百米的路，只有一家人散居，总共花了三万多块钱，我们村上给他出了两万多。

曹　燕：还有一万需要他自己出，他自己愿不愿意呢？

苟天志：他怎么不愿意呢，因为他只有一家人，集体就给他出了那么多钱，上边还有几家人是没有出钱的，因为他们的路修的比较近，集体就一起出了。

曹　燕：你们这个地方真的做得非常好。你们这种小区是谁设计的呢？

苟天志：这个是成都市国土局喊的人，负责这个项目。

曹　燕：哪家人住在哪个位置，这个是怎么解决的呢？

苟天志：这个是抽号，抽两次，第一个是序列号，第二个是房号。第一个抽序列号，比如说，你抽到第50号，你就第50个抽房号，序列号抽到第一名，你就第一个抽房号，是这样抽号的。

曹　燕：有没有人抽了之后不满意的？

苟天志：当时肯定有啊，比如你喜欢住上面，结果抽到下面了，当时觉得不接受，住久了就一样了，那个又不影响什么。

曹　燕：不满意的话你们要去做工作吗？

苟天志：那个肯定只能解释嘛，这个是开过会的，这个要达到公平公正，所有抽到的人又不能反悔。如果这家反悔、那家反悔，这个房子就没法分配了。这就是凭天意、凭运气，抽到哪里，只要平方是够的，那就不能退房子，退了也不会再分房子给你，因为基层工作人员也想到这样不公平。

曹　燕：你们抽号的话，例如原来三组的就和四组的可能住在一起了？

苟天志：混到一起的，这个不影响。

曹　燕：每个组还是属于原来的组管吗？

苟天志：对对对，还是归原来的组管嘛。但这儿小区里面又产生了一个小区的管委会，我们还有一个管委会的主任，就一起把小区管了。如果属于村上范畴的事情，各个组分开自己办。

曹　燕：在受灾群众的精神方面有没有做工作？

苟天志：现在已经不需要做了。

曹　燕：以前刚地震之后呢？

苟天志：那时候肯定需要长期做工作嘛，要引导。

曹　燕：这个是怎么做呢？

苟天志：一个是宣传国家的政策，第二个是心理辅导，要举一些实际的例子，还有慰问等之类的。我说我们做的事情太多了，你现在喊回忆也没法回忆起来，肯定是做了的。

曹　燕：这些都是政府人员在做吗？

苟天志：不，我们要参与，政府人员也有，心理专家也有，大学生也有，各个方面的人都有，搞这些援建的呀，也有民政部门。

曹　燕：都是同步在做这些工作？

苟天志：对，都是以前，现在都不需要做这种了，现在都淡忘了，现在去做这些就相当于去揭伤疤，没有意义。你们做这种调查，调查到我还好些，如果是接触到遇难者家属的，可能你们都很难受，我说实话。有些遇难者家属又死了两个娃娃，是不愿意接受这样采访的。这个是要勾起别人的伤心往事。

曹　燕：我们刚刚在上面那家河鲜店吃饭的时候，也确实遇到这个情况。你们这里灾区农民的养老是怎么解决的？

苟天志：只对学校的遇难者有特殊，遇难者的父母是由国家买。还有遇难者的父母分三十五平方（米）的房子，还有几万块的现金买父母的保险。

养老难

曹　燕：您觉得你们现在经过近十年的灾后建设，灾区老百姓是不是基本上实现了"学有所教，劳有所得，病有所医，住有所居，老有所养"的这种情况？

苟天志：我作为一名共产党员，实事求是地说，是达不到的，不能完全达到。

曹　燕：为什么呢？

苟天志：这个不管谁问，不管你们测不测评、打不打分，这是另外一回事。读书没有问题，医疗买了保险的也没有问题。老有所养？拿啥来养呢？

曹　燕：对，养老现在是自己的事。社保呢？

（苟天志妻子：我们是农村的嘛，哪来的社保。）

苟天志：农村我说了养老保险一年交两三千，拿工资每个月四五百，要怎么样呢？那个肯定是达不到的，你说的这几项不能完全达到，但百分之八九十是没有问题的。

曹　燕：主要是养老解决不了。

苟天志：现在不说这块，我们把话说大点，整个中国面临的问题：学生读书、普通人的医疗，还有养老，这是全国都面对的问题，你要问我，我要说达不到。假如说你的子女不太成才，不是说违法乱纪，或者说你一家人收入很低，情况不太好，养老的事本身就很难，如果一个月只有四五百块钱，加上一点疾病或者农村里面走亲戚，这点收入肯定是不够，你想安心地养老，那个要收入比较高的才可以。

曹　燕： 你们有没有买养老保险呢？

苟天志： 我自己买的社保。

（苟天志妻子：我们只敢买一个人的，没有买两个人的，因为经济达不到，我就没买。）

曹　燕： 你们不用担心吧，儿子肯定能成才养你们。

（有事打断，与其家人聊了一些题外话）

曹　燕： 你们这儿现在只有幼儿园，小学吗？

苟天志： 对，幼儿园和小学，初中在濮院镇，但也近，只有几公里。

曹　燕： 为什么初中就没有修了呢？

苟天志： 地震后就没修了，当时断代了嘛，一个是人口少，初中倒塌了以后，我们初中生从初一到初三基本上被打死完了，基本上断代了，人又少，又断代，所以全部弄到濮阳去了。

变　化

曹　燕： 也是。您觉得自己在灾后救援和重建过程中，最大的收获是什么？

苟天志： 变化，从看到的、经历的，就是用变化这个词来形容，因为这个词包含的内容特别丰富，也特别多。我说的是整体二十年的前进，包括老百姓的交通、出行、生活这些都是，前进了二十年时间。

曹　燕： 对于您个人而言呢？

苟天志： 这个方面也是有很大的感触，我所说的这个变化。因为我们和城市的接轨已经接近了很多，现在成都的周边，很多农村里是不通天然气的，还不说其他城市的农村，多数都不通天然气。我们一个乡有三条路，我也觉得很巴适。很多乡镇是达不到三条的。所以首先从交通改善、住宿全部改善、通信网络这些改善，移动通信网络基本上全部覆盖。我就觉得这个变化是特别之大的，前进了很多年。

曹　燕： 您对自己的工作认识有没有什么变化？

苟天志：还是有变化，以前第一个是知识面不够，根据国家政策的不断调整，作为我们来说，也要不断学习，根据中央的形式，给老百姓、底下党员干部开会，我们也要不断学习上面的政治风向，给下面老百姓灌输引导。实际上，说白了，我们的学习实际上就是跟着中央的形势和政策在走，一级一级地传达下来。

曹　燕：您觉得您对自己在重建过程中的表现满意吗？

苟天志：我觉得我给自己打个80分绝对没有问题。人嘛，还是要低调谦虚嘛，像我刚刚说的，那几个词语要达到100分太虚伪太假了。反正我自己摸着良心，给自己打80分是绝对没有问题的。

曹　燕：那还有20分的余地，您觉得自己哪方面还做得不到位？

苟天志：首先说我们的知识，肯定是比较低的，对国家宏观政策的把握和远见性还达不到，我们有自己的短板，相当于扣自己的分嘛。

曹　燕：你们在向峨乡的发展过程中已经做得很不错了。现在您觉得群众对你们的工作信任程度如何？

苟天志：我觉得对我们的工作总体来说还是比较信任比较支持的。

曹　燕：比较一下地震之前呢？

苟天志：好像地震之前和政府的接触稍微少一些。

曹　燕：现在是接触得比较多，更能理解你们。那我最后问一个问题，您对您未来的工作和生活是怎么安排的呢？

苟天志：长远的规划没有，我说实话，因为年龄结构造成的。我觉得有长远规划的都说的是比较有能力有激情的年轻人，对目标有向往。你说我要把人生的几十年用来做什么东西，我还没有那种具体的规划。只能说，从我们来说，第一个就是遵纪守法，做什么事都要遵纪守法，合情合理地做，这是生活上面。然后家人平安，达到一个比较平稳不高不低，不要有很大的波折，你要去爬上坡这样不好，比较平平稳稳地走。这就是我们对生活的规划，没有特殊要求，也不说要去挣多少钱，当多大的官，也不希望家里有什么问题，平淡地走是对的，不要有大风大浪就对了。

曹　燕：好的，谢谢您接受我的访谈，真的非常感谢！

军人脊梁最坚强,擎起房屋不塌方
——访中国人民解放军某部战士罗梁①

题记:有一种人,叫作勇士;有一种气质,叫作军魂;有一种责任,叫作担当。明知困难重重,我们愿迎难而上!

罗梁,出身军人世家,对军人职业有着不同常人的理解。汶川地震时这位只有19岁的小战士,面对黑漆漆的洞口和随时有可能掉落的砖头,一句"我不上谁上!"他和另外一位小战士义无反顾地爬进去。狭小的黑洞里,当天就满18周岁的周娜,痛苦地躺在那里,她被垮塌的房屋压住,动弹不得。狭小的空间只能允许罗梁和他的战友以扎马步的姿态进行施救,他们用前倾的身体,为女孩支撑起了一片希望的天空。砖块、碎石板、渣灰,不时地掉落在两位小战士身上;脚,早就麻木了;腿,一直在打颤……等他们配合外面的医生给女孩输上液体,再慢慢把女孩挪出洞口,半个小时已经过去了。两人用10多秒的时间,深深喘了几口气,然而,在走出洞口没多远的地方,另外一位小战士还是一下子晕倒在地上……

采访罗梁,是对我内心的一次洗礼。虽然他不善言谈,但他对军营的一腔挚爱,对职业的高度认同,对使命的勇敢担当,是我时时都能感受到的。我想起了不知是谁说过的一句话:你所谓的岁月静好,不过是有人在替你负重前行。感谢"最可爱的人"!让我们感受到了什么是和平、幸福和安康。

采访时间:2017年2月22日
采访地点:崇州某部队
受 访 人:罗 梁
采 访 人:张利民
整 理 人:张利民

---

① 罗梁,男,1988年出生,汉,党员,大专学历,崇州某部队台长。

我们写了请愿书：说不出的感觉，就是想去

张利民：怎么称呼您呢？称小罗？

罗　梁：对对，小罗就行。

张利民：我们先从生活史开始，然后再讲一下地震时抗震救灾的细节，后面还有一个反思部分，我根据情况再向您提问，好不好？

罗　梁：好的。

张利民：您刚才说是重庆的，是吧？

罗　梁：我是重庆巫溪的，在重庆的边上，靠近湖南那边了，有点偏。

张利民：农村的吗？

罗　梁：对。

张利民：您家有几个兄弟姐妹？

罗　梁：我还有个哥哥。他也在部队，在西藏那边。

张利民：现在还在部队里生活吗？

罗　梁：对。我是士兵，他是干部。我外公之前是当兵的，我舅之前也是当兵的，然后到我们（哥俩），家里也让我们来当兵了。

张利民：那你们就是军人世家了哈。您是考的军校吗？

罗　梁：没有，我是直接从地方入伍的。

张利民：从地方入伍？然后一步步提升？

罗　梁：士兵的话，以前一般都是地方入伍，现在很多都是从学校入伍。因为现在毕竟要求高素质人才，一般都是大学生。像以前的话，读到高中毕业就出来当兵了。

张利民：高中毕业就出来当兵，一直在这边？您是哪年入伍的？

罗　梁：2006年。

张利民：哦，2006年。2008年正好赶上了抗震救灾。

罗　梁：干了两年了。

张利民：刚才您说您已经建立了一个小家庭，您是什么时候结婚的？

罗　梁：前年。前年5月12号领的证，10月1号办的酒席。

张利民：您爱人在成都？

罗　梁：嗯，在成都上班。

张利民：那你们一个月可以见面两次？

罗　梁：嗯，差不多。

张利民：您的爱人她做什么的呀？

罗　　梁：教育方面的。

张利民：对您的工作还是很理解和支持的吧？

罗　　梁：嗯，很支持。我们自由恋爱嘛。

张利民：自由恋爱。部队里怎么自由恋爱啊？

罗　　梁：就是自己认识的，以前我们主要是在网上聊嘛，后来见面次数多了，觉得合适，然后双方父母就见面了。

张利民：挺好的。那您父母都是农民？

罗　　梁：嗯，务农，在老家。

张利民：您大哥他也是军人，然后您又参军。

罗　　梁：我比他先进部队。

张利民：（您比哥哥）先进部队？

罗　　梁：他读大学，就相当于国防生那种，就是在大学里面读四年，然后回到部队。

张利民：我们学校也有很多国防生。

罗　　梁：他以前就是在川大和西南交大两个大学里面选，他选择了去川大读的。

张利民：真好！您也可以向您的哥哥学习，在部队里再进修一下，也提升一个高度。

罗　　梁：提升一个高度，士兵嘛，再变的话就是卫士长嘛。当干部的话，没什么太大的希望了。

张利民：那怎么行呢？

罗　　梁：主要是小时候太调皮了，读书不好。

张利民：现在没有这方面的想法了吗？

罗　　梁：想法，没有什么。反正尽职尽责嘛。

张利民：那目前您的军衔、职务？

罗　　梁：是上士、排长。相当于一个班长。

张利民：您入党了吗？

罗　　梁：2010年3月份入的。

张利民：入了党，您肯定属于积极分子了哈？在抗震救灾的时候还立过那么大的功。

罗　　梁：没立过功。反正那是应该的嘛。

张利民：基于那个事件（救人事件）有没有受过表彰？

罗　梁：有啊，就是有专项的，部队有专项的表彰。然后年底了还有一部分亲戚要到这边来，那年表彰强度还是比较大的。

张利民：不仅有荣誉上的，还有经济上的？

罗　梁：对对对，都有。

张利民：不方便说吗？徐连长他好像是荣誉上的三等功。那您呢？

罗　梁：没有，没有。不可能每个人都有吧。

张利民：那个三等功是全军范围内的，还是国家级别的一个奖项呢？

罗　梁：那个应该是专项的。抗震救灾这个专项的。

张利民：那您参与抗震救灾，是一个什么样的奖项？

罗　梁：没奖。

张利民：哦，就像您刚才说的，（只是）到年底有一个物质上的奖励？

罗　梁：到年底有个优秀士兵。

张利民：就是优秀士兵奖？

罗　梁：嗯，对，那时候还是很不容易的，就是义务兵嘛，才第二年，一般那个时候，我们相当于新兵，听指挥的，看班长、连长怎么安排的嘛。

张利民：得到这样一个荣誉，得到这样一个奖项，那您觉得还是很满意、很高兴的？

罗　梁：还挺高兴的。

张利民：能讲一下当时地震发生的时候，那些经历吗？当时地震的时候你们在部队，是吧？这边的房屋没有损坏吧，还是比较安全的吧？

罗　梁：部队的房子还是比较结实的。那时 2：28，都在睡午觉，突然（开始）摇，摇了十几秒，最强烈的时候。刚开始都没反应过来是地震了，都以为是在摇床，还是怎么回事，就左看右看，发现房子在动，然后就直接跑出去了，衣服都没穿。出去之后就坐在草坪上，当时马上把手机拿出来，当时上网是可以上的，刚开始看到通报，通报上是 7.8 级，后来才改成 8 级。其他的没什么吧，应该是。然后一直在部队待命，等上级的命令下来。

张利民：大概是什么时候下达命令，让你们赶赴灾区呢？是当天吗？

罗　梁：当天没有。是第三天早上我们才走的，因为部队内部还得上传下达嘛，上面说有什么动员誓师大会。刚开始一地震我们就知道，地震这么强嘛，大概就知道一定是在这附近，应该不是很远。地震当天就开始准备东西，心里就有这个想法了。我们那时候还写了请愿书，是自愿的。我们班长带着我们写的，每个人都签字，按手印的，然后交上去，交给徐连长嘛，不知道（后来）交上去了没有。

张利民：第一时间想到的，就是我要去前线！

罗　梁：反正就是想到应该不远，肯定会有损失，应该要去，每个人都有这个想法。

张利民：这个想法是个别人的想法，是班长的想法，还是大家都有这个想法？

罗　梁：普遍的呀。

张利民：哦，都愿意去帮助灾区！

罗　梁：对，那个时候，怎么说呢。

张利民：就是觉得我是一名军人？

罗　梁：一个是，自身职责在这个地方嘛；第二个是，反正就是心里说不出的感觉，就是想去，就是想去。都知道震感这么强，肯定有些地方有点恼火，7.8级啊，当时都可以看到那个地方，因为很快就定位了。

张利民：当时你们写了请愿书交给连里？

罗　梁：对，班长带着我们写的，那时候我是两年兵嘛。第三天早上我们直接坐团里面的车，拉过去的。

张利民：你们一行大概多少人？

罗　梁：团里面多少，我不知道，一个车队。我们连里是都去了的。

张利民：你们连里大概是有几十号人吗？

罗　梁：几十号人。

张利民：不管写请愿的还是没写请愿的，都去了吗？

罗　梁：嗯，全都去了。

张利民：当时你们准备得充分吗？包括吃的用的？

罗　梁：作为我们这一批的，作为基层士兵，准备也就是准备我们个人的，其实也没什么，背包、水壶啊，简单的工具。

张利民：吃的都没带？

罗　梁：吃的东西都没带，自己没带，团里应该说带了，因为我们过去以后，团里面要发的嘛。

张利民：后面就是给你们下达指令，指定你们去都江堰？

罗　梁：对，先去了都江堰嘛，有一个叫石油小区的，那还是很惨的。

张利民：当时你们写请愿书、请战书之前，可能没想到灾区是如此惨烈的场景。

罗　梁：没有。房子到处都塌了，又停电停水，交通也比较困难，挺惨的。

张利民：那您能把沿途看到的这些景象和到了灾区之后看到的景象，跟我们简单描述一下吗？

罗　梁：我们是坐团里的运输车，一个连队装了两个车，一个车上有三四十个人，很挤的，不敢开更多的车，开更多的车怕造成更大的交通压力吧。沿途有很多过去的车，出来的很少，那些地方车很自觉地往两边站，让军车先通过，过去以后进入都江堰，也是个重灾区嘛。看见房子这个地方塌了，那个地方垮了，（灾区人们）灰头土脸的嘛，就是很惨很乱，给我影响最深的就是石油小区有一栋六层高的房子塌下来就剩下一层楼那么高了，反正就是挺惨的。

张利民：那里老百姓看到你们军队过去了，有什么样的表现呢？

罗　梁：看到我们车队，目送过去嘛，感觉那个眼神挺……

张利民：挺期待的？

罗　梁：嗯，嗯。

张利民：感觉就是终于来救星了。

罗　梁：唉，想到那个……就是很惨的。

张利民：那你们到达现场之后就开始救援吗？

罗　梁：到达现场之后，我们好像有几百人吧，就是分几个方向，不可能所有人都在一起，有几个领导带队，去比较严重的地方去救灾。我们是去石油小区那里。

张利民：到了那个小区之后，你们是怎样开展救援的？

罗　梁：那个时候，那个地方已经有很多人了，地方上的，还有武警啊那些人。然后我们去了之后，因为我们没有专业的、非常专业的设备，只有锹啊、镐啊。

张利民：自己没有工具？

罗　梁：就是很简单的那种。

张利民：当时你们去的时候，现场已经有武警官兵在那儿了？

罗　梁：嗯，已经有了。

张利民：（也）已经有消防队员在那儿了，包括当地的政府官员？

罗　梁：对，对。因为他们本地的就在那个地方，都江堰也是个城市嘛，那个地方有武警驻扎。

张利民：已经在救援了？

罗　梁：已经在救援了。

张利民：你们去了之后和他们联合起来一起救援？

罗　梁：交接，轮换，让他们也休息一下嘛。有工具就很简单，我们一般都是靠体力去挖去刨，这种。

要砸也先砸到我们嘛，不能砸到她啊

张利民：那能不能把您救灾过程中，印象最深刻的一些情节跟我们介绍一下？

罗　梁：印象最深的……

张利民：就像连长说的，挖掘机挖出一个洞口，您和另外一个战士亲自下去救出一个小女孩，是吧？

罗　梁：周娜①。

---

① 18岁生日对于普通人来说，代表着成熟自立，但对于周娜来说，当这天自由的光线透过重重的钢筋和水泥照进了差点活埋她的废墟时，更代表着重生。在董婉霞和她的朋友被救出之前，差不多同一地方周娜就被战士们救出，她还向现场的朋友和战士们微笑着表谢意，记者当时就在现场目睹着她的"重生"的过程。

5月12日地震发生前，周娜与几名朋友一起，来到了都江堰玩，他们当天还高高兴兴地入住了石油街的一家旅馆里。可入住没多久，他们所住的六层高的楼房便在地震中轰然倒塌。一块倾斜的水泥板恰好保护住了周娜的身体，使她在废墟的夹缝中生存了下来。

在经过74个小时黑暗中的等待后，16日下午4时45分，成都军区某部官兵终于发现了周娜："发现有生命迹象，快拿电筒来！"官兵们匆忙跑过去，看到了周娜还在不停挪动的脚，于是开始小心翼翼地用手将废墟上的砖块和水泥块移走。不久，周娜的头部便出现在大伙眼前。虽然她的长发和面部都积满了灰尘，但明亮的眼神却有力地往外望，显示出她的顽强。

下午5时40分，周娜终于被顺利救出，她不但能自己喝水，还认得在一旁苦苦守候的朋友夏先生。"周娜是我的朋友，她刚好是5月16日生日，5月10日来的时候还吵着要我给她买生日礼物！我太高兴了，希望其他的朋友也能够安然无恙。"夏先生高兴地告诉记者。这时虚弱的周娜好像还听懂了夏先生的话，以微笑向身边拯救她的人致以无言的谢意。（资料来源：大洋网-广州日报，2008-05-17.）

张利民：您能把这过程和我们说一下吗？

罗　梁：当时那栋楼垮了，我们在那儿挖着挖着，突然发现那个地方有个洞，里面空间还是有那么一点点大，比这个房间（我们访谈的房间）小一点点，然后那个挖掘机在洞口顶着不让上面塌下来，周娜在那个里面被埋着。然后呢，医生要先用点滴在脚上给她扎上，点滴给她打上，就需要一个人进去嘛。我和另外一个战友就爬到那个里面去，里面还是有点阴森恐怖，光线很暗，然后就去找那个女孩子嘛，（找到后）就先把她身上的砖头、灰尘、废渣弄开，慢慢慢慢地弄开了以后，动作也不敢太大，反正还得把那个小女孩护住，整个人几乎就要这样竖着（上身直起，头向前倾，展示当时的动作），她在底下躺着，我们就要这样竖着，怕上面掉什么东西下来砸到她，（我们）在上面帮她挡一下，要砸也先砸到我们嘛，不能砸到她啊，她都受伤了。然后把她身上清理干净之后就慢慢慢慢把她抬出去。整个过程持续了半个小时吧，二三十分钟，一直是像扎马步那种动作，知道吗？

张利民：哦，扎马步，一直是保持这种动作？！

罗　梁：嗯，不敢动。

张利民：空间比较小？

罗　梁：就是。手在动，扎马步，身体伏下去，就这样（展示当时的动作），用手和身体把她盖住，不能让东西伤到她。那个脚就这样哆哆哆哆……

张利民：站得时间太久了，体力不支。

罗　梁：啊。把她送到洞口以后，我就和那个战友在里面喘了一口气，终于弄出去一个。然后在里面十几秒钟，喘了几口气，就出去了。

张利民：在那个过程中恐惧吗？

罗　梁：恐惧应该是没有吧。

张利民：在进去之前恐惧吗？

罗　梁：不是恐惧。

张利民：是安排您下去的还是主动请缨要下去的？

罗　梁：主动的。因为我离那个洞口是最近的嘛，然后我们营长说："进去两个！"然后（我）直接就跑进去了。

张利民：您当时也没观察周围的地势，有没有危险，还是已经管不到了？

罗　梁：刚开始想着……就是想着尽快把她弄出来。

张利民：因为已经救援半天了，终于看到希望了，终于看到这个人了。

罗　梁：我还记得这个女孩，她叫周娜，第二天刚好满18岁。①

张利民：你们两个离洞口最近，当时营长说下去两个，然后你们两个就下去了，根本没有任何的徘徊犹豫？

罗　梁：不能犹豫了。

张利民：就直接下去了，也不管危险不危险？

罗　梁：对对对。（当时）围着有一圈人吧，有地方的。我们当兵的，穿着这身衣服的嘛，你不能让人家下啊。第一只能我们下；第二我们必须下，第三不管怎么样，我觉得对我们来说，有这样一个经历嘛，救人一命胜造七级浮屠吧。

张利民：那您觉得这身军装……穿上军装和不穿军装是完全不一样的，有这种感觉吗？

罗　梁：相对还是有那么一点感觉，主要是心里面没有斗争。

张利民：没有斗争，毫不犹豫？

罗　梁：没有斗争，直接进去，就是这个意思。

张利民：想都不想，因为我是当兵的。就像您刚说的不能让地方的老百姓下去，因为我是当兵的，总不能我在边上站着，让老百姓下去。是这个意思吗？

罗　梁：对对对，就是这个意思。

张利民：我不下谁下？！真是非常伟大！

罗　梁：救出来以后，另一个战友……唉！

张利民：另一个战友他叫什么名字呢？

罗　梁：陈峻峰，没走多远，坐在那个地方就晕倒了，体力不支吧，应该是。挺恼火的。那个地方，还是印象很深刻的，一辈子都忘不了。

张利民：您刚才说的陈峻峰，他救完女孩之后出来就晕倒了。什么原因呢？

---

① 此处日期有误。据前面所注广州日报的报道，罗梁营救周娜的当天，即2008年5月16日，是周娜的生日。

罗　梁：体力不支吧，应该是。

张利民：是什么（原因）导致的呢？在里面待的时间也不是很长，主要是……

罗　梁：注意力太集中。因为在里面只能想着把她怎样弄出去，注意力必须集中，还要担心上面会不会掉（东西），担心她躺在下面会不会很难受，你站的方位对不对，这些都要考虑进去。那个砖一会儿就掉一块，一会儿就掉一块。那种板砖。

张利民：哦，就是你们在里面的时候，还不时地往下掉砖？

罗　梁：掉渣渣嘛，因为外面还有一点震动嘛。

张利民：那时候就谈不上害怕了？

罗　梁：嗯，没想过。就是想赶快把她弄出去，赶快把她弄出去。

张利民：那您觉得陈峻峰那位士兵他肯定也是那样。他有没有恐惧的表情出现？

罗　梁：没有没有，我们那个时候……

张利民：就是两个人齐心协力就商量着怎样把她弄出去？

罗　梁：嗯，就是怎样以最快速度，安全地把她送出去，这个才是最重要的。

张利民：你们是怎样把她弄出来的呀？抬出来？

罗　梁：抬住她，一个在前面，一个在后面。我在前面，他（陈峻峰）在后面，就这样慢慢移、慢慢移，把她移出去，动作不能太大，站不起来，你知道吗？只能弯着腰，后面还好，然后我们（都）出来了嘛。我们去之前很多已经救出来了，后面就是有个挖掘机（在工作），看看还有没有在里面没出来的。现场还是很惨，我们刚去的时候有个十字街，十字街大部分都已经塌下来，就是路边放了很多尸体。没想过怎么害怕不害怕，然后我们是轮班上，比如说你前面几个几点上去，看几个小时，然后下来休息，换另外一班。反正每个班下来，就几班嘛，就这样（轮流）休息。

我们是去救人，不是为了出名

张利民：吃的喝的有保障吗？

罗　梁：因为那个时候去的急嘛，灾区交通也不畅通，很多车进不去，就是一两瓶矿泉水。面包，小面包，发一袋就这样一天就完了。

张利民：怪不得陈峻峰当时晕倒了，可能是跟当时吃的喝的没有供应得太充足有关联，是吧？加上劳累再加上紧张。

罗　梁：紧张，劳累，然后吃的喝的有一点供应不上，再就是睡得太少了，每天就睡两三个小时。

张利民：没办法睡觉？

罗　梁：睡不了。

张利民：是安排的还是形势所迫？

罗　梁：形势所迫。你必须去干，你不去谁去啊？只有我们去啊。地方上也在救，但是，我们觉得自己吧，因为我们是军人嘛，我们就应该比他们更加地往前面走。

张利民：所以哪里有灾情你们就出现在哪里？

罗　梁：差不多是这样。

张利民：总共在那儿待了几天？

罗　梁：待到5月19号应该是。后面就到街子（街子古镇①）那边去了，大观镇②，街子古镇那边。进村入户嘛，进村入户之后，就是灾后重建，就是这个过程。

张利民：那刚才您说救出这个女孩叫……？

罗　梁：周娜。

张利民：那现在和她还有联系吗？

罗　梁：没有。出来以后就……不能留联系（方式）的。我们只负责救她，不负责和她联系。

张利民：那您是怎么知道这个女孩叫周娜呢？

罗　梁：上电视啊，中央电视台嘛。

张利民：上中央电视台。就没有您的报道吗？

罗　梁：没有啊，我只知道她的名字叫周娜。

---

① 街子古镇，位于四川省成都市崇州，在崇州城西北25公里的凤栖山下，东北毗邻世界自然文化遗产都江堰，北临青城后山。距成都市57公里，距青城山8公里，4A级旅游景区。

② 大观镇隶属都江堰市，地处世界文化遗产青城山南侧，幅员面积18平方公里。距成都60公里，距都江堰19公里，距青城山3公里，与街子古镇相邻。

张利民：有她的一个报道，搜救她、营救她的事迹的一个报道，但是没有您和陈峻峰两位战士把她抬出来的报道。那您觉得自己的名字没有报道出来，您觉得委屈吗？

罗　梁：没有没有没有。这样更好。

张利民：哦，不觉得委屈？

罗　梁：毕竟我们是去救人嘛，不是为了出名嘛。不报道还好一点，报道了还不好。

张利民：到现在那小女孩还不知道是谁把她抬出来的？

罗　梁：不晓得她知不知道，我也不知道。我只知道救出第二天是她18岁生日。①她还有两个姐姐，她那两个姐姐都以为她不在了，救出来之后抬到救护车那儿就走了。

张利民：救出她的那一瞬间，她的那些亲人对您有什么表现？

罗　梁：先感谢一下嘛，然后抽出担架就走了，去医院了嘛。

张利民：真是挺不容易的，小小年纪，那么英勇。

罗　梁：19岁。

张利民：哦，那时候您19岁，好小啊！刚入伍的一个小战士就已经有这么伟大的事件，然后还没被报道，成为一名无名英雄。

罗　梁：没有没有，任何一个人都是一样的，觉得没什么。那时候我们救灾还是比较好，都没想过我回来之后邀一个什么功，得一个什么奖。别人不知道，反正我们班要总结的嘛，还是做了一点贡献嘛，这个兵没有白当嘛。

张利民：大家这样说？

罗　梁：其实大家都没有这种立个什么样的功、得个什么样的奖的想法。

张利民：都好淳朴啊！所以我说怪不得你们是最可爱的人！真不愧这个称号。在整个救灾过程中还有没有其他的，您印象最深刻的一些事情，再给我们谈一谈？

罗　梁：也是救一个人，后来他还到我们团里面来过的，名字我不记得了。当时也是一栋居民楼，四、五层坍塌，把这个人抬出来以后，顺带还带出来十多万块钱出来。

---

① 日期错误。救出当天是她18岁生日。

张利民：哦，就是把他救出来以后，他身上还带着十来万块钱？

罗　梁：十来万块钱也救出来了。

张利民：他说他兜里还有十万块钱？

罗　梁：把钱救出来了也还给他了的，他后面还到我们团里面来过的，专门过来看一下救他的人，以前还有一个展板，上面有他的照片，宣传部那边。

张利民：是您亲自参与的？能不能把那过程简单描述一下？

罗　梁：当时，地方上有人跑过来（给我们副团长）说，他们那边还有一个人，在里面压着，在下面还没出来，然后我们副团长带着我们一部分人去。过去之后就用锹啊、镐啊，（还有）用手把那些大石块搬开，慢慢挖开以后，进去两个人用担架慢慢（把那人）抬出来。抬到（洞）口的时候，他说："里面还有十万块钱。"然后我们副主任跑进去把钱帮他拿出来了，然后放在担架旁边，他就安心了，就抬走了。

张利民：当时救这个人、取这个钱的时候有没有危险？

罗　梁：当时房子是斜着的，但还是没倒，看着有点悬。

张利民：看着还是有点害怕，但还是把人和钱都救出来了。

罗　梁：要拿出来的嘛，不能让他埋在里面的嘛，就这样。

张利民：刚才您说路边也有很多尸体，都江堰也那么惨吗，那么厉害？

罗　梁：就是有的地方，中间的地方已经垮了。他们那是分片的，不是所有的都垮了。这个小区不知什么原因，房子垮了一片，但有的地方就没垮，就是垮的比较分散。

张利民：路边上还是有些尸体。当兵之前和来到部队之后，面对尸体，看到这样的场景，应该是第一次吧？以前从来没经历过这些吧？

罗　梁：是没有经历过这种。毕竟他们都死得很惨。那个时候，好不容易休息两个小时，把头摆向这边是尸体，把头摆向那边也是尸体，先不管了，休息一会儿吧。反正救人救出来的活人是少数，大部分就是把那些尸体挖出来、刨出来。

张利民：你们还要去负责去刨那些尸体，明明知道里面的人肯定是不行了，但还是要把他刨出来？

罗　梁：对。已经没有活人了，只有尸体，还是要把他们挖出来。相对来说我们去的还是比较晚，第三天去的，那时候5月份有点潮湿，有点下雨，很多尸体都起尸斑了，已经有尸臭了，但还是要把他们挖出来。

张利民：那你们有没有畏难情绪啊？或者是恐惧心理？

罗　梁：刚开始看见尸体的时候心里还是有些小害怕，后面太多了，真的太多了！都麻木了。看到了就赶紧抬出来，赶紧抬出来，就是这样。抬出来以后，有的家人，在地方的，就自己把他认领走了；没认领走的就统一的把他埋了。

张利民：事后的处理就是地方上来处理了？

罗　梁：是。那些尸体还是挺惨的。

张利民：都有味道了，很大味道，你们都戴着那些防护的设备吗？

罗　梁：有味道！就一个口罩，医用口罩，就是那种简单的口罩。

张利民：管用吗？可能在那种情况下只能起一点点作用。

罗　梁：一点点作用。（挡住些）灰尘吧，味道还是有的。

张利民：那时候肯定觉得很惨烈，这是肯定的。除此以外呢，还有没有觉得？

罗　梁：给我最大的触动就是活着真好！经历过后你才知道，这个真的是和天斗不赢和地斗不赢。

张利民：生命是如此脆弱！

罗　梁：很渺小。（生活中）再怎么怎么，活着还是最好的！

张利民：那也就是说，经过这次抗震救灾，目睹这些场景，这些惨烈的场面，对您整个的生命价值观……

罗　梁：感觉有影响，影响很大。反正就是对生命更加看重了，更加尊重生命敬畏生命，就是这样。

现在？还是要上！我家里是两个的嘛，我还有个哥

张利民：那您第二阶段应该是？

罗　梁：进村入户，就是要去排除……刚开始在城市里面嘛，农村还没有去，后来到农村去进村入户，像危房排除啊，看看还有没有遗漏的灾情啊，不要有次生灾害发生，这些。

张利民：后来进村入户，你们是去的哪儿啊？

罗　梁：大观镇，还有街子古镇。街子古镇，就是到古镇看一下有没

有什么损伤，再维护一下，再排除一下难度比较大的那些灾情，防止余震的时候（灾害发生）。还有余震，虽然很细微，但还是能感觉到。

张利民：进村入户这个阶段已经相对有规律了一点，对吧？吃的喝的用的应该是有保障吧？

罗　梁：嗯，都已经很有规律了。

张利民：大概从什么时候开始的？

罗　梁：十八九号吧。

张利民：刚才您说救灾阶段进行到19号，对吧？

罗　梁：在城区救灾待到18号还是19号，应该是。

张利民：那你们是14号去的19号撤的。（在都江堰救灾）

罗　梁：直接转移到大观镇，就是在都江堰旁边没多远。

张利民：那就是说14号至19号这段时间是最艰难、最难熬的时候，包括吃的、喝的、用的？

罗　梁：都有点跟不上。

张利民：都有点跟不上？睡的地方，有地方睡吗？

罗　梁：没地方睡。

张利民：就在？

罗　梁：路边。

张利民：路边？也没帐篷？

罗　梁：没有。运气好的，就是带了个雨衣，把雨衣放到地上，倒在上面睡。主要就是因为每个人都睡不了多久，睡两三个小时就是算多的了，就随便找个地方，看哪个地方有草皮呀、草丛呀、水泥路啊，就睡过去了。

张利民：你们就那样连着干，昼夜干，一天就睡两三个小时，那体力能跟得上吗？

罗　梁：没办法呀！

张利民：士兵里有没有畏难情绪的？

罗　梁：新兵稍微弱一点，因为新兵刚来嘛，什么也不懂，有点害怕，刚开始头一天吧。后边就没什么了。

张利民：从脸上还是能看出来相对坚定的表情，是吧？没有说是觉得……

罗　梁：好像是睡之前还看一眼挖的那个地方。

张利民：没有什么抱怨？

罗　梁：没有。

张利民：所有的士兵里，没有一个人抱怨？

罗　梁：我们就是。反正我没看到过。

张利民：都是该怎么着怎么着。

罗　梁：就是。比如还有一栋（楼房）也是塌下来了，下面埋了一桌人，听说是在打麻将，一桌打麻将的人埋在下面了，喊下去几个，然后下去一大群，多了，又回来几个，因为盛不下了。

张利民：大家还是那么积极，在那种情况下那么积极！

罗　梁：还是要去，又是半夜。

张利民：又是半夜，又是体力透支的情况下，又是吃不饱睡不好的情况下！这种情况下还是去救，只要一声令下！

罗　梁：关于睡，睡两三小时还是可以的，吃的那个小面包。运气好，偶尔有热心老乡推着饭过来，这个还是很感动的。就是干着干着，（老乡）看到我们一群人身上又脏，脸上又脏，到处都是脏的，到处都是破的坏的，有的老乡就很自觉地拿东西过来让我们吃。当时心里想，还是很值得的。

张利民：你们很感动——老百姓给我们送东西了。但是站在老百姓这个角度，他更应该感恩，更应该感动，对吧？更应该感动的是他们。在这么惨重的灾难中，当兵的不怕累冲锋在前，给我们这么大的帮助，这么大的援助。我感觉更应该感动的是老百姓。这些老百姓给你们吃的用的，他们是自发的还是地方组织的？

罗　梁：自发的。老婆婆也（给我们）发（吃的）了，就是50岁左右的老婆婆几个人推个小车就推过来了。

张利民：那样的情况多不多？

罗　梁：刚开始头一天没有，后面差不多每天都有那么一次两次，后面好一点点。

张利民：那你们就是能吃饱了？

罗　梁：嗯，基本上能吃饱。头一两天就是两瓶矿泉水一袋小面包。

张利民：这个是部队发的吗？

罗　梁：对。

张利民：部队就发了这些东西？

罗　梁：送不进去呀，刚开始。

张利民：哦，送不进去。

罗　梁：后面进村入户就好多了，因为那个时候炊事班已经比较正规了，人和车流量不是很多，炊事班也可以过去了，就好多了。

张利民：但是很苦吧？

罗　梁：苦肯定是的！累也是有一点点。心里面还是比较有成就感的，所以说我们那一批兵的感情是最好的，因为经历的事情多嘛。

张利民：就是因为这次事件，在一起经历了很多？

罗　梁：这是其中的一个。

张利民：还有其他的？

罗　梁：对，前面的，不是这个事。

张利民：因为你们是一个班。

罗　梁：啊，我们整个连队嘛。

张利民：就是你们这个连，感情特别好？

罗　梁：我感觉我们这个连的感情是最好的，因为一起经历的特别多，经历的多，感情自然也就深厚了，一起从那个地方，一步步大家慢慢一起走过来。

张利民：经历的多，感触多，感情很深厚！

罗　梁：对。

张利民：那现在你们连队留在这儿的兵？

罗　梁：我们连队的只有我一个了。

张利民：只有你一个？

罗　梁：连队只有我一个人了，其他的单位还有。

张利民：现在你们还有联系吧？

罗　梁：有，都有。

张利民：所以说还是有很多感慨。

罗　梁：啊，是的，因为很不容易啊。

张利民：那除了这个不容易，还有什么不容易？

罗　梁：现在想想那个阶段，还是很累，不知道自己怎么就挺过来了。

张利民：这样一种感慨！那种艰苦程度，这么年轻的小伙子竟是如此感慨。

·顽强拼搏篇·

罗　梁：现在想想我来的时候 20 岁，这么瘦，一天这么劳苦地"蛮干"，都不知道自己是怎么过来的。现在想想还是很不错的，居然可以走过来。

张利民：由此可见当时任务之重！

罗　梁：重是一方面，还危险，很危险的地方。就像我们在大观镇时候，他们都江堰的档案馆就过来喊我们过去帮他们抢救档案，房子从外面看还是比较好的，但内部楼梯全部塌完了，然后从外面爬进去，房子有很多裂缝，看着都有点心虚。要把档案拿出来，他们就向我们求助嘛，我们连长带着七八个人，比较瘦小精干的、轻的，身体比较轻的人，就过去把那个（档案）弄出来，因为太重的人害怕把房子压垮了。

张利民：害怕把房子压垮了？当时您在其中？

罗　梁：嗯。

张利民：搬那些很重的东西？

罗　梁：现在不知道……有个照片，抗震救灾突击队嘛，我们十几个人，就是比较重比较艰巨的任务让这些人去。

张利民：其中有您吗？你们连里成立了一个突击队，您是其中之一？

罗　梁：嗯。

张利民：挺不容易！

罗　梁：身体瘦小的精干的。

张利民：身体瘦小又比较精干，又吃苦耐劳的！当时觉得是一种荣誉感呢？还是"哎呀，怎么找到我呀？"

罗　梁：肯定不会那样想的！肯定想着，这是个好事情，又可以体验一下。

张利民：那时候您年轻，但过了这么多年，您还是这样的想法吗？比如现在又一个突发事件，让您冲锋在前，您还愿意吗？

罗　梁：现在还是要去的！

张利民：那您还会不会像九年前那样年轻气盛？

罗　梁：还是要上的，还是要上！

张利民：还是要上？什么原因呢？还是穿上军装这一个原因？

罗　梁：第一个，就是穿上这身军装嘛；第二个，毕竟我是经历过"5·12"的，经历过，也亲身体验过，很多方式方法比现在的同事有经验一些嘛；再说我家里是两个的嘛，我还有个哥。

张利民：哦，还会有这种想法？！

罗　梁：现在独生子（女）很多嘛，现在家里一般都是只有一个，家里有两个的很少。

张利民：您这种境界太高了！还会有这种想法！

罗　梁：没有……

张利民：不管怎样，我家有两个！

罗　梁：不会绝嘛。

张利民：太伟大了！真的是！

罗　梁：很多人都是这种想法。

张利民：在灾区里面，有没有让您觉得很不可思议的事情？和你们这种崇高的思想，英勇的作为形成对比和反差的，那种让您觉得很不齿的行为？

罗　梁：就是我们在石油小区的时候，他们抓到一个小偷。因为有很多房子没有塌完，有些房子还能进去，但是里面没有人，因为大家害怕有余震都出来了。就是有个小偷嘛，就去没有人的房子里去偷东西，被警察抓住了。引起民愤，一群人围过去。

张利民：对这种行为？

罗　梁：有点痛恨。

张利民：是吧，怎么能这样呢？在大难面前！

罗　梁：还有一次是，饿的坚持不住了，你知道吗，吃饭要钱，身上还是有那么一两百块钱，去买泡面，他们发国难财，一碗泡面收了我们20块钱。

张利民：是吗？你们拿着钱去买泡面，一桶方便面要20块钱。对这种行为？

罗　梁：没办法啊，饿的嘛，还是要买。

张利民：你们没有和他进行交涉吗？

罗　梁：你不能和他交涉，我们不允许和他交涉，没办法。但是这是少数，更多的是自发地来到这里，有人送烟，你知道我们部队有很多人抽烟。有一个当地人，他开着车，后备厢里全是烟，然后跑过来说："解放军，这里有烟，随便拿，随便拿。"

张利民：但是不能拿？

罗　梁：不能拿，他就塞，一个一个的塞。我们不能自己拿。反正挺热情的，挺感动的，就是因为太累了，可以抽根烟缓解一下。

张利民：所以，在整个过程还是见识了很多。

罗　梁：啊。

张利民：形形色色的人，是吧？但是总体的感觉还是心往一处想，劲往一处使。像小偷那样的，只是个案。

罗　梁：对，个案。大家都唾弃，只要有一点良知和品质的人都不会去干那种事。

张利民：还有那种在灾区里面卖东西，还要高价，这真的是不可思议的事情，大家能捐的捐，大家都齐心协力地共渡难关。

罗　梁：但那毕竟是少数嘛。确实是抗不住嘛，自己掏钱去买。

给老百姓搭建板房，我们睡帐篷

张利民：5月19号就到了进村入户的阶段。

罗　梁：嗯，对。

张利民：这个时候你们主要是做一些什么工作啊？

罗　梁：进村入户就是，因为农村它的范围比较广，我们连队里每一组就七八个人、十来个人，就分组进去。每一个村每一个村，每一组每一组去排查，那些危险的房子或者是坍塌的、需要帮助的，把危险的地方排除掉，主要是这些。

张利民：在这个阶段，吃的用的有保障了。后勤保障是有了，但还是很累，是吧？

罗　梁：那个范围很大，必须每一家都要走到位，一天就是弄完这家弄下家，不停地弄，不停地弄。

张利民：做体力活？

罗　梁：啊。

张利民：那晚上睡哪儿啊？

罗　梁：睡车上，运输车。

张利民：有篷子的那种？就是在车上？那还好在五六月份。

罗　　梁：不敢睡房子，怕有余震。睡车上，大家全是睡车上。

张利民：大家都睡车上，那时候能睡八个小时吗？

罗　　梁：那个时候可以，因为进村入户之后就简单多了。刚开始我们在都江堰的时候，一直就（待）在那个地方。之后进村入户，我们早上过去，晚上天黑了，九点多开车回来，就在部队。早上吃得很好。早上一上车就开始躺（在车里），下车后就干活，然后晚上一上车又躺（在车里），到部队，起来、集合、回去。

张利民：没有住村？

罗　　梁：住村是后面修建板房的时候，我们才住到地方去的。刚开始就是部队里边。

张利民：就是来回跑。

罗　　梁：来回跑。

张利民：从这儿到大观镇，走多长时间呢？

罗　　梁：一个多小时吧。

张利民：早上去，晚上回，白天干活。持续多长时间？搭建板房呢？

罗　　梁：10天以内吧。只是后边搭建板房用的时间长，大概两三个月吧。

张利民：搭建板房的时候是不是住在那儿？

罗　　梁：在哪个地方搭，就住哪个地方。搭帐篷，那时候有很多点吧，在那个山区里，你不可能成片成片地搭，大概七八间啊、十间啊那种，去不了多少人，就是点位分得很散。

张利民：你们还是都去了的，只是工作点分散得比较远，在哪儿搭就住哪儿。

罗　　梁：我们在青城后山。从青城山那条路进去，走到路的尽头没有路了，就在那个地方。

张利民：在那儿搭建的板房，你们就住在那儿？

罗　　梁：把帐篷搭在那儿。搭完了（板房）以后我们才回来。

张利民：那你们每个点都有自己的炊事员，都自己做饭？

罗　　梁：有的点是送饭，有的点是自己做饭。

张利民：总的来说还是蛮艰苦的？

罗　　梁：很不容易的，因为任务比较重嘛，时间又比较紧。

张利民：搭建板房全是士兵搭的，地方老百姓有没有参与？

罗　梁：地方的负责技术性的，我们主要还是体力方面的，就是搬东西啊、抬东西啊，把这个东西搬到那个地方（把那个东西搬到这个地方）。他们就是技术性，我们就是体力。

张利民：不是我们领导他们了，是他们领导我们了？

罗　梁：对，对。因为我们在部队当兵。（他们）谁会搭板房啊？

张利民：我们提供劳力，当小工。那你们住在板房里？

罗　梁：没有，我们住帐篷，我们搭的帐篷。

张利民：哦，给他们搭的板房，你们却住帐篷？

罗　梁：对。

张利民：那肯定板房比帐篷条件要好啊。

罗　梁：对。

张利民：但自己不住。

罗　梁：那是给老百姓的，我们不能住，我们团里自己带的有帐篷。

张利民：哦，这样的！一个帐篷里住几个人啊？

罗　梁：八个。因为一个帐篷有十个铺，有两个铺空出来放东西。

张利民：那所谓"铺"就是地面吗？有床吗？

罗　梁：帆布。

张利民：帆布是铺在地上？

罗　梁：没铺地上，帐篷有钢架的，是上下铺。

张利民：哦，它和那个帐篷是一体的。

罗　梁：对对，一体的。

张利民：那还不怎么潮湿。

罗　梁：还好。

张利民：我对你们部队里面的一切都觉得很新鲜，就想做一个了解。那你们没有参与一些抢修公路，恢复交通？这些有没有参与？

罗　梁：没有，没有。

张利民：你们主要是没有这些大型工具？

罗　梁：对，我们没有大型工具。

张利民：主要是提供一些劳力、体力。

罗　梁：对，最主要是体力方面的。

张利民： 所以对你们年轻小伙子都是一个考验啊！

罗　梁： 就是。

张利民： 最艰苦的应该是救人的那段时间，最艰苦。

罗　梁： 对对对。

张利民： 体力是极其透支的。

罗　梁： 反正吧，每天感觉浑身是酸痛，但是私下又不能放松，要想着哪个人有没有挖出来啊，哪个地方还有没有人啊。整天就想着这些。

张利民： 搭建板房确实也是很费体力。

罗　梁： 但那个相对单纯一点吧。

张利民： 搭建学校啊，或者是防疫啊，这些都不是我们的工作范畴？

罗　梁： 我们主要是进村，看每个村有多少棵树要栽的，要搭建多少板房，这些。

军民鱼水情深

张利民： 你们和当地的老百姓相处得怎么样？

罗　梁： 挺好的。

张利民： 当地老百姓挺感恩的吧？

罗　梁： 嗯。我们去的时候，老百姓还是提供很多帮助，你知道不？去的时候什么都没有，只有帐篷。电啊，水啊，这些都没有，都是在老乡那里搭电，接水的时候也是去老乡那里去接。老百姓很开心的，你知道吗？"哎，哎，就在我这儿。"

张利民： 是当地政府的工作人员和你们进行沟通和交流？

罗　梁： 地方政府是一方面，更多的是我们自己。到了哪里，讲明原因，老百姓还是很理解，很支持。

张利民： 你们到哪个地方，不是当地政府给你们进行沟通和交流吗？都是你们自己干自己的？

罗　梁： 地方政府沟通的是上级吧，他们把任务分配下来以后，我们的领导去和他们负责人沟通。下面呢，就是我们和技术工人啊、老百姓啊，打交道。

张利民： 你们打交道的就是老百姓？

罗　梁：老百姓是最尊重的！

张利民：搭建板房，您刚说用了两三个月的时间？

罗　梁：对。

张利民：你们一直在那儿住了两三个月？

罗　梁：嗯，住到7月份才回来。①

张利民：住到7月份才回来，那帐篷里好闷热。

罗　梁：还好吧，睡晚点就不热了。

张利民：哦对，山区里边应该还是比较凉快的哈。

罗　梁：对。

张利民：协助抢收粮食、恢复生产等这些事情也做了一些吧？

罗　梁：抢收粮食有，恢复生产……因为那个时候好像小麦熟了，小麦还是稻子啊，反正是熟了，然后大家就割，割了就给老乡拿回去。

张利民：哦，这样的，那老乡肯定感动得不得了。

罗　梁：很大一块地，我们一群人一块儿上，没一会儿就割完了，很快的。

张利民：人多力量大！整个抗震救灾，咱们士兵里有没有受伤的啊？

罗　梁：这个没听说过。

张利民：有没有因为太过劳累生病的，体力不支的？大家都是坚持到了最后？

罗　梁：差不多都是到最后，因为我们身体还是有那么一点底子的吧。

张利民：还是很厉害的，你们平时的训练还是很重要的。

罗　梁：对啊，天天跑，天天练。

张利民：刚才采访连长的时候他说，有一次自己都不知道也没意识到，高烧烧到40 ℃。

罗　梁：那时候很正常的，那时候思想状态不一样啊。

张利民：他说他自己还没觉得什么，后来医生给他一量40 ℃。还是

---

① 按照四川省人民政府地震救灾安置通知的要求，都江堰市各安置点原则按每1000户、约4000人为一个临时居住单位，标准间面积为20平方米，每个标准间安置3~5人。截至7月6日，都江堰市城乡共建活动板房2.7万余间，累计入住5万余人。（资料来源：成都市地方志编纂委员会. 汶川特大地震成都抗震救灾志[M]. 北京：方志出版社，2013：760.）

说你们身体的底子在这儿，一般人早就瘫软了，受不了，对吧？在整个抗震救灾过程中，像咱们士兵都是给别人进行心理疏导，有没有人反过来给我们士兵进行心理疏导？

罗　梁：这个很少吧。（笑）

张利民：部队里有没有上一级领导关心新入伍的士兵？

罗　梁：一般都是一级对一级嘛。

张利民：一级对一级？

罗　梁：部队嘛，像我们班长都是下来之后说："嗯，感觉不错，大家要努力！"反正就是进行鼓劲嘛，加油嘛。心理上，一般都是没有什么问题的。一级对一级的谈心啊，有问题的就谈一下问题啊，什么的。心理素质还是比较过硬！

张利民：咱们的组织，像您说的一级对一级，这样就分工很明确。

罗　梁：可以全覆盖嘛。

张利民：在咱们这个兵营里面，小士兵也没有说因为这次抗震救灾导致心理……

罗　梁：没有没有，这个没有。

张利民：感觉经受了锻炼，反而更加坚强了？

罗　梁：就感觉自己，反正长大了嘛，经历得多，因为来的时候都比较小，十八九岁，就感觉自己，哎，突然就不一样了。

张利民：由此可见，这次经历对于您，促进您成熟、长大，心理变得坚强。感觉一下子长大了很多，领悟了很多，是不是啊？

罗　梁：是，确实是领悟了很多东西。对事的态度啊，对自己军人的职责啊，这些。

张利民：所以我觉得你们的伟大之处是，从来不谈自己多苦多累，而是谈我收获了什么。有些人在这样的灾难面前会觉得我失去了很多，而你们却觉得我经历了很多，我收获了很多。

罗　梁：对！对人生还是有帮助，帮助很大。

张利民：搭完板房之后，你们就回到了部队？

罗　梁：对。

张利民： 老百姓对你们的工作是非常认可的吧？

罗　梁： 我们回来的时候是在大观镇撤回的嘛，面对老百姓，真是……到处都是举着那些牌子啊、横幅啊，反正围满了。然后一说登车，哇，一群人围过来就开始塞东西，不停地塞东西，一直塞，吃的、喝的、水果，连腊肉都拿过来了。走的时候车队在前面走，凳子在两边，围满了。一直挥手，说拜拜、拜拜，那时候就想，辛苦这么久，还是很值得的。好多人，估计那个镇的人百分之九十的人来送我们。

张利民： 你们那个车队大概有多少辆车？

罗　梁： 几十个吧，还是有点长。

张利民： 全都是你们这个营？

罗　梁： 整个团嘛。反正那时候，觉得很有成就感，很自豪，所做的一切都是值得的！

张利民： 但老百姓觉得，多亏人民解放军帮我们渡过了难关！

我不冲锋在前，谁冲锋在前？

张利民： 抗震救灾咱们取得了很大的成就，这里面肯定有我们的一份功劳，对吧？根据您的经历，您觉得除此以外，还有哪些是我们取得胜利非常重要的因素？

罗　梁： 第一个，怎么说呢，往高的说吧，在领导方面做出的反应比较迅速，因为后面我们也看到过国外发生过很多灾害啊，军队都是不闻不顾的……反正就是什么都不管不顾的。但是对我们国家来说，在自然灾害方面，我们国家反应的速度还是很快的，从我们当兵的经历来看的话，自从 2008 年以后，只要是什么灾难啊，反正部队反应是非常快的，接受命令啊这些，都是很快的。第二个就是有大灾大难的时候，全国人民的心都能拧到一起去，不管是地方上还是部队里面，都是想着怎么帮助灾区啊，这些。

张利民： 万众一心，众志成城，这是一个很重要的因素。中央领导、从中央到地方反应都非常迅速。其他国家的什么事情呢？大概是什么事情呢？是地震呢，还是其他灾害？

罗　梁：我也忘记了，以前在新闻上看到的，就是那些地方发生灾害，部队都是不去管的，是我以前看的新闻。

张利民：我们国家的制度还是很好的。

罗　梁：对，一方有难八方支援。

张利民：但是更主要的功劳还是你们哦。您看一些地方上，只是提供一些物资上的援助，财力上的支持，但是真正冲锋在前的是你们，任何灾难都需要人去救啊，所以我觉得你们是最辛苦的。

罗　梁：还是全国各族人民吧。

张利民：嗯，大家齐心协力是非常感人的，这也是我们取得胜利的一个很重要的因素。每次在大灾大难面前，军人是第一时间冲锋在前，您对这句话有什么样的看法？作为一名军人，我是不是应该冲锋在前，还是说，怎么总是我们冲锋在前呢？

罗　梁：自古以来，当兵的就是要在灾难面前冲锋在前，不能说到了我们这一代就把这个（优秀传统）废了，是吧？

张利民：所以就觉得是理所当然的？

罗　梁：是，理所当然的！没有其他过多的想法，我不冲锋在前，谁冲锋在前？！我穿上这身衣服，我必须要做好，况且地方的一些救灾群体，都是很积极的，很主动的，我们当兵的不能动作比地方上还慢啊。我是这个专业，军人这种职业，不能比地方救灾不靠谱吧！是吧？我就是干这个的，我不干谁干啊！

张利民：我就是干这个的，我不干谁干！

罗　梁：对啊。

张利民：为什么要选择这样一个职业呢？您是不是从小就向往这种职业，把这种职业作为一种理想去追求呢？

罗　梁：我前面不是说嘛，我外公以前是当兵的，参加过抗美援朝的；我舅舅也是当兵的，他参加过对越自卫反击战的。

张利民：哦，光荣世家！

罗　梁：我舅舅，我二舅，参加对越自卫反击战嘛，还立过战功的。到我这儿，我也想试一下，不能断的。

张利民：明明知道这是非常艰苦的，非常具有奉献精神的职业，但是我很向往，我就想当兵？

罗　梁：嗯，就想当兵。体验一下我外公啊、我舅舅啊他们，是怎么一种生活状态。

张利民：那您当了兵一直到现在，从来没后悔过？

罗　梁：这有什么后悔啊？！自己选的路嘛！

张利民：每天这么高强度的训练，还有很多急难险重的任务让我们冲锋在前，您从来不觉得累和苦，就愿意，是吧？

罗　梁：心里面有时候还是有那么一点点想法，但是自己慢慢调节一下，哎，也没什么啊，本来就应该这么做，自己调整得很快，把心态调节过来。

张利民：那您觉得这里的生活枯燥吗？

罗　梁：年复一年，日复一日，还是比较枯燥。

张利民：但是那么多年轻的、朝气蓬勃的这样一些年轻人聚在一起，还是有很多乐趣吧？

罗　梁：就是，每个民族，中国各个地方（的人）都可能会到这个地方，就是觉得挺好的，挺好的。

张利民：你们的业余生活丰富吗？

罗　梁：挺好的。我们连队现在比前几年好，零几年的时候，相对来说比较单调，但是后面连队里就开始丰富了，像什么卡拉 OK、乒乓球、羽毛球等娱乐设施基本都配全了，在自己训练工作完成之后，任务完成的情况下，自己想怎么玩都可以。

不满意的，就是感觉救的人太少了

张利民：作为军人，您对自己在抗震救灾和灾后重建的过程中，自己所做的工作满意吗？

罗　梁：这个……

张利民：应该还是很满意的，立了这么大的功，做了这么大的贡献，对吧？

罗　梁：对自己来说也不是满意不满意，就是觉得自己做了该做的，心里面还是有一点满足感。不满意的就是感觉救的人太少了，就是这样吧，就是感觉自己还没尽全力一样，感觉自己还有力气没用上去。

张利民：哦！像您这种境界，我觉得除了军人，一般人还没有这么高的境界。

罗　梁：没有没有。那个时候看地方上的救援，也是挺辛苦的、挺累的。

张利民：是吗？地方的就是消防官兵吗？

罗　梁：消防官兵也是部队系统的，还有地方人员啊……

张利民：老百姓吗？他们也在做，也不是说部队的人去了之后，他们在那儿站着看着？

罗　梁：对对。他们也是要去救灾啊，其实他们的所作所为自己也看在眼里嘛。

张利民：哦，这样的，他们也在救灾。

罗　梁：对对。

张利民：您说的地方，是指地方政府的一些组织管理，还有领导吗？

罗　梁：有些是当地政府的组织，还有一些是老百姓自发的。

张利民：他们自发的，一般是救自家人啊，还是相互施救？

罗　梁：都救啊。那些自发的组织、团体，还有志愿者。

张利民：都在施救，相互的感染。

罗　梁：对对对。

张利民：在那种情况下大家都不分彼此。

罗　梁：反正哪个地方需要人，就有人去。

张利民：不管当兵的还是……

罗　梁：还是不当兵的。

张利民：哦，所以看着那些场景还是很有感触的。

罗　梁：感触还是很深的，大灾面前嘛，反正都是一样的，都是心往一处使。

张利民：怪不得有这么多英雄！真的是怪不得有这么多英雄，因为在那种情境下他就是一种带动、感染、鼓舞。您觉得经历5·12地震之后，经历这样的抗震救灾，自己最大的变化是什么呀？

罗　梁：第一个就是，前面不是说过嘛，第一个就是自己对军人的职业有新的看法和认识；第二就是对生命的态度，这个是改变最大的，因为在5·12之前没感觉……当兵之前很单纯，但是经历了5·12，感觉，哦，是这样当兵！心里面还是挺好的、挺自豪的！

张利民：有任务了，有事干。

罗　梁：挺好的。对生命也感觉，在大自然面前个人真的是太渺小了，活着真好。

张利民：嗯，珍爱生命，尊重生命！我发现您对自己的职业认同度还是很高的。您真的是一名非常优秀的士兵。

罗　梁：还行吧！

张利民：看来您还是很适合这个职业的。我觉得您还那么年轻，还是很有发展前途的。你们现在是属于班呢？还是属于……

罗　梁：一个班。

张利民：您现在属于班长吗？

罗　梁：嗯。

张利民：怪不得，有这么高的觉悟！

罗　梁：要带下面的人嘛。

张利民：那么优秀，现在应该属于领头羊了。那再上一步是什么？

罗　梁：四级军士吧。

张利民：那您现在是几级啊？

罗　梁：上士，三级。

张利民：再往上升是四级，再往上呢？

罗　梁：五级。一直可以升到七级，不过我估计七级升不上去。

张利民：那不见得。

罗　梁：不好说。越到后面越难嘛，因为七级的人数很少。

张利民：这是属于士官吗？

罗　梁：嗯。

张利民：现在是士官三级，这次抗震救灾您是立了功的，基于这个事情给您升个几级或者连跳几级，有没有？

罗　梁：没有，这个肯定不会的。转士官是后面的事，跟那个抗震救灾其实没什么太大关系，转士官更看中的是带兵能力、综合素质。抗震救灾我们那批都去了，全部都去了，你不能特殊化啊。

张利民：但是您是一个有故事的人，立了大功的哈。

罗　梁：只能说是一个有故事的人。

知恩感恩与亲情

张利民：您身上所具有的军人气质、风度，包括您的个人品质，这次抗震救灾的经历，对您这个品质的提升还是有很大影响的，对吧。但是我觉得可能还不完全是基于这样的事件练就了您这样的能力和素质，肯定和小时候的教育和引导以及家庭环境的影响也有关系。

罗　梁：我外公和我舅舅对我教育方面比较厉害。

张利民：那父母呢？

罗　梁：父母也很好。他们俩是当兵的，所以对我的要求也比较严，虽说不是亲生的，没事就过来调教一下。

张利民：是吗？从小就打造您男子汉气质，但是您良好的品质，善良、忠厚、向上、激情这些品质我觉得父母的影响可能比较大一些？

罗　梁：对，父母啊、亲人啊、后面的朋友、战友这些，都对自己的提升有帮助。

张利民：离不开他们的教育和引导。

罗　梁：对对对。父母是领路人，借鉴吸收每一个人的优点和长处。

张利民：那说明您是一个有心人，对吧？善于学习每个人的优点。

罗　梁：没有。（笑）

张利民：我们谈得很好，谈得差不多了，还有没有您在整个过程中让您感触很深的难以忘怀的场景也可以谈一下，整个过程，不说哪个阶段吧。

罗　梁：印象最深的就是救人的那段吧，其他的……其实我们当兵的，也就是按照部队的命令行事。

张利民：那您爱人对您还是很支持？

罗　梁：支持，很好的。

张利民：你们一个月见几次面？

罗　梁：两次。

张利民：两次面？有没有觉得自己这种职业、这样的身份和角色，对妻子会有亏欠？

罗　梁：都在自己脑中吧，有时候觉得有点亏欠，其他的两口子在一起，我们没办法，最好的情况就是每个月见两次面。

张利民：那她会有时间过来吗？

罗　梁：以前偶尔过来，今年还是没有过来。

张利民：过来住的话，还是方便，是吧？

罗　梁：我们这儿有空地儿的嘛。

张利民：要交费吗？

罗　梁：要交保养费，五块钱一天。

张利民：哦，一天五块钱。那您当兵有工资收入吗？

罗　梁：有啊。

张利民：这个收入怎么样？

罗　梁：还行吧。

张利民：和地方的一般工作人员（相比较）？这么多年，从您入伍到现在已经十来年了，对吧？

罗　梁：对。

张利民：十来年，和您同龄的、在地方工作的人相比，您觉得您的收入是？

罗　梁：应该差不多吧，一般。

张利民：养家糊口没问题吧？

罗　梁：差不多。

张利民：因为不用买穿的，不用买吃的。

罗　梁：对，也就家里面老婆啊、父母啊，这些。

张利民：现在还没买房？

罗　梁：下半年考虑一下。

张利民：可以现在看看哈。

罗　梁：现在好了，部队公积金可以用。

张利民：哦，部队也有公积金？

罗　梁：对啊，以前不能用，去年开始就可以用了。

张利民：那您入伍的时候就有公积金，现在十来年了，是吧？

罗　梁：嗯，差不多吧。

张利民：那您现在一个月大概自己交多少公积金？

罗　梁：不知道，它是扣。

张利民：哦，扣？

罗　梁：直接扣。

张利民：扣几百啊？

罗　梁：扣几百不知道，反正就是扣了，公积金是可以用了，比以前好多了。

张利民：对，您可以申请公积金贷款，挺好的，不错，前途一片光明！好好干，然后从班长，班上边是连，再当个连长。

罗　梁：当不上连长，还是班长。（笑）

张利民：当上连长，连上边是团吗？

罗　梁：是营，营上面是团。

张利民：那这是一个团？这么大片区是一个团？

罗　梁：我们这里是个团，那边也是个团，中间还有个旅，我们这是三个单位。

张利民：刚才的丁团长就是你们最高的头了。

罗　梁：对对对。

张利民：你们这儿还有个习惯就是，士兵见了领导都会敬礼，一般都是见了什么样级别的领导会敬礼？

罗　梁：见了干部都要敬礼的啊，它是相互的。

张利民：就像您手下的人员见了您？

罗　梁：我们不用。我是士兵，士兵和士兵是不用的。下级对上级要。

张利民：那什么样的算上级？

罗　梁：我们连首长啊、干部啊，这些。

张利民：刚才政治处的主任，就是干部啦？

罗　梁：对对。看军衔。

张利民：非常好。谢谢您！

大爱无疆篇

灾难无情,人间有爱。"5·12"汶川特大地震让无疆大爱升腾成为中华大地上的最强音。"一方有难,八方支援""只要有一线希望,就要尽百倍努力""我们与你们在一起""哪家的娃娃都要救"……大爱无疆,大爱永恒。这是血脉亲情,不离不弃;是执着坚守,无私无畏;是守望相助,血脉同搏;是患难与共,与民同心……大爱托起生命之舟,绽放精神之花。正是全国上下同心同德,各族人民和衷共济,灾区人民友爱互助,点亮了生命之光,铸就了精神的丰碑;大爱抚平创伤,振作坚强奋进的意志。党和政府想人民之所想,急人民之所急,与人民同呼吸共命运,广大基层干部以身作则,身先士卒,无私无畏,全国各地、社会各界、海外侨胞、国际友人无私支持帮助,这些爱的暖流温暖了灾区人民的心,鼓舞了他们坚强不屈、战胜困难的勇气和意志,激发出他们重建家园、重新生活的信心和内生动力;大爱凝聚成兴邦励党、民族复兴的伟大力量。多难兴邦,多难励党,巨大的地震灾难,使山河破碎,人民遭受苦难,也淬炼了中华民族的精神之魂,考验党的先进性和执政为民的坚定信念,凝聚了民族复兴的伟大力量,灾难让我们汲取信心、凝聚力量、自信自强,将痛苦转化为民族复兴、社会和谐和更美好生活的力量之源。

无论是坚守十年，用爱打造温馨残联的原北川县残联副主席彭长诗，还是冒着生命危险为学生打开生命通道的北川中学付秀银老师，还是以学生、工作为心理支撑消解失去妻子、孩子痛苦的王福春老师，抑或是经历生死救援，不离不弃，相互扶持的任佳凌父子……他们是普通而平凡的个体，却是无疆大爱之缩影，他们的讲述朴实无华，却是那一段涤荡灵魂的历史的最真实写照。

· 大爱无疆篇 ·

十年守望相助，打造温馨残联
——访原北川县残联副主席、理事长彭长诗[①]

题记：如果说生命有了残缺，那我能做的就是将这断臂残身拧碎了，重新变成砖瓦，浇筑北川。

在他的眼里，生命是等价的，即使自己的儿女面临着生命危险，他也选择以工作为重，尽力援救其他被埋人员。"当时也没有吃的，医院当时谁拿了一坨米花糖，另外一个卖水果的，可能是那天卖剩下的，给我抓了一把枇杷，因为那时候确实都没有吃饭，就吃了点，然后我说把这个米花糖带回去，万一娃儿救出来给娃儿吃，我就把它揣着……然后我就跑去看一下娃儿那个位置，喊不答应了，我就坐在那儿用一床被子披在身上（发呆）。"也许好人有好报，他的一双儿女都在别人的帮助下逃离了危险，他也更加全身心地投入到抢险救灾、灾后重建之中。闻惯了尸臭，他再也没有胃神经官能症，习惯了熬夜，他可以倒床就睡。大灾之中有大爱，接受了社会的关爱，他也把这份爱传递给所有北川残疾人士。灾后紧急上报灾情、白天黑夜管理救灾物资、建立最大康复中心、帮助残疾学生圆梦、建设残疾事业……

2017年8月15日早晨，我们联系受访者时，他正在下乡，表示会抽出时间接受我们的访谈。于是8月16日早上，我来到他现任职的单位民生办，他非常热情地接待我。虽然一开始他说地震过去很多年，没什么好说的，但访谈开始后，他从应急救援讲到灾后重建，还介绍了现在县残联的情况。特别是，在这期间，他给我们展示了他在抗震救灾中以及各级残联和社会各界来援助北川县残联的照片，最后还赠予我们北川县残联编著的《县残联抗震救灾志》。在采访过程中，受访者始终将北川县残疾人视为自己的家人，对自己的工作表示高度认同。

[①] 彭长诗，男，羌族，四川北川人，生于1967年1月，在职大学学历，中共党员。1988年3月参加工作。2006年12月，任县残联副主席、理事长。2008年"5·12"汶川地震，他始终坚持亲临一线。2009年1月，彭长诗被中国残联授予"全国残联系统抗震救灾先进个人"称号。

采访时间：2017 年 8 月 16 日
采访地点：北川县
受 访 人：彭长诗
采 访 人：曹 燕
整 理 人：曹 燕

逃 命

曹　燕：其实只要您经历过地震，毕竟是一件很大的重大突发性事件，可能该记住的还是能回忆起来的，对吧？而且我也看过您相关的简历，就是介绍您的那些事迹，非常丰富，所以希望您再详细谈一下。您在地震之前是残联的副主席是吧？

彭长诗：对，残联副主席、理事长。

曹　燕：那时候工作上主要负责哪些事情？

彭长诗：主要就是负责残疾人的康复、教育就业、维权，就是这些工作。

曹　燕：残疾人全方位的这些？

彭长诗：对，全方位的。

曹　燕：地震的时候您在哪里呢？

彭长诗：地震的时候在办公室，当时我们残联的办公室在老县城的一个毛坝新区那边，一个新的办公楼，在二楼，当时正准备到财政局去办事就地震了，我当时正和财政局的一个同志联系业务，第一个观念就是想钻到桌子底下去，但是看到房子摇得很厉害就开始跑，刚跑出去我们办公室的铁门就封到了，一下子就整关着了。我当时的想法就是说如果这个铁门拉不开肯定就跑不出去了，结果去拉又拉开了，刚好跑出来在巷道上，就摇得更厉害了，就把我甩出去，甩到比二楼矮一点有一个停车场的坝子，就甩到那儿去了，甩过去后我人还准备爬起来，停车场有棚子，有杆，我就抱到那个杆子，人根本就站不稳了，正在准备往起来爬的时候楼房就塌了。当时我跑的时候听到很多楼上的声音，因为我们是二楼，一楼是门面，二楼是一个房产公司的办公楼，四、五楼都是建设局的办公楼，我当时听到很多人跑到二到三楼之间的楼梯上或者三四楼之间的楼梯就倒塌了，有些人就埋到里面了,当时就这样一个情况。我跑出来滚到那儿的还有我们单位的另外一个刚好进办公室的,还有一个我办公室的另外半头,也是同时跟着我跑出来的,还有建设局的两个驾驶员,我们就滚到一起的。楼在垮的时候我们起来之后我就喊那几个人,我说我们去抱中间那棵树子,因为看到这边的楼都垮了,我们旁边还有两栋楼,也离坝子很近,我们怕这两栋楼又倒下来,所以当中有一根这么大的香樟树,人站不稳。我说我们跑去把树抱到,抱到的时候又摇了好久,其中靠东边这栋楼看到要倒了,地震就停了,西边这栋楼刚好塌了一层地震就停了,当时就这样的情况。之后当时的坝子里头就有一些人,也跑出来一些人嘛,我这儿的也没有人,就我一个人是负责人,我就喊他们集中到中间来,我说肯定还有余震。因为1976年经历过地震(1976年唐山大地震),知道还有余震,当时就喊他们集中到一堆来,当时所有跑出来的人都集中跑到树子周围。

救　人

彭长诗:然后等了一会儿,看到还有一些人在里面喊救人,就是我们东边这栋楼里面,那个楼没有倒下来,有些人在里面喊救命,我就跟我们单位两个人和那两个驾驶员,起初我们是5个人在那儿救人,去撬单元门,那两栋楼都是住宿楼,然后撬不开,找棒棒也找不到,到处去找了一些木棒,有些撬不开,又从上面去翻、去接,就把周围的十来个人弄出来了。之后慢慢有些楼上的人又跑出来了,可能总的协助他们救出来有20来个人,最后把这些救了之后,包括我们单位有一个职工,她是走到办公室之后钥匙忘拿了,她又回去,她就住到我们那里面的北边那栋楼,反正那个院子是四栋楼,办公楼是在北边,她住在南边,那边那个坝子要远一点。刚好走到她那一栋楼的时候就地震了,所以她也在上面喊救命。因为她在五楼,门、楼梯都断了,最后就叫她在屋头找绳子、毯子、被套,一个一个的接,接起来然后绑到上面从上面掉下来,我们就给她拉着,最后把她救下来了,当时那里面还是有很多人,救了之后当时就告一段落,好像就没有听到有人在喊救命了,我就把大家集中到坝子里面。恰恰我们的车里面(单位的车)放了一件水。出来之后大家全部只有眼珠在转,包括鼻头的灰都是掉的很长,大家都说口渴,我就把那一件水拿出来交给他们,我说你们都喝一点，反正现在没有水，喝了一会儿。因为我也住在那个小区里面的，我的房子在西边这一栋楼，也就是往下沉了一层没有倒的。结果我老婆还吊在窗子上喊救命，跑去看门也震斜了开不了，然后我们就去卸窗子、护栏。当时我们在一楼，一楼是升高了的，相当于二楼那么高，往下沉了一节就还有半层那么高，然后到处去找棒棒，防护栏还是卸不掉，因为螺丝不动，然后原来下过一颗螺丝，那一颗要松一点，就非要把那一颗撬开然后把防护栏撬开用棒棒支撑着，她才从里面跑出来的。最后等了多久之后，余震基本上稳定了，大门在我们办公楼底下，旁边是一个茶楼都是在南。然后我给大家说等一下，因为有的出来还没有鞋子，又给他们找鞋子穿，包括我的阳台上还有一些鞋子全部拿给没有鞋子穿的。然后我说我去探一下路，如果这儿翻得出去我们就从前面的废墟上翻出去，因为茶楼那个房子要垮得严重一点，办公楼这边还看得到四五层，然后我们就从茶楼那儿慢慢翻出去，出去了之后我们几个人一路，因为那个废墟上面全部是乱的，我就给大家说能够出去，大家可以慢慢地翻出去，老年人就扶着出来。出来在茶楼底下看到很多人，听到很多人被压到底下喊救命，但是没有办法。我们几个人就往县政府走，走到半路又看到几个人压到下面的，还看得到人的，又去救、又去刨，刨了一会儿就把手指头都弄烂了，还是又刨了两个人出来，把他抬到路当中，然后就过去走到县政府门口。

全力以赴救学生

彭长诗： 然后我们就听到当时的宣传部有一个人事局局长，他们在那儿，我们问了一下，我女儿也在那个小学，在县政府旁边的那个小学。在那儿和他们商量一下，他们说我们先去救学生。当时单位上负责的就只有这么几个人，我们三个人先去看了一圈了，能够刨出来的刨出来，其余的都被压着的，又救不出来，然后我们又顺着那边那条街道，有广播电视局、保险公司、政务中心，曲山镇还有一栋宿舍，还有计生局，反正能够刨得出来的基本上都弄出来了，我们就全力以赴去救学生。当时包括我的娃儿也没有注意去看，最后我都叫我老婆先去看一下找不找得到，最后她说找不到，看到其他的娃儿都被压着的，喊救命又救不出来。我跑去找，也找不到，也钻不进去，就只有在那儿等。然后韩部长（宣传部部长）带领人来，我们就救其他的人，走上面开始救，从垮掉的废墟往上爬，因为楼梯都断了。一直救到最后，确实看到能够救的都救了，其余的没有办法了，我又转回来把所有的人集中到县政府那个大坝子里。当时在小学里面救的时候，那个公安局局长从屋头爬出来了，他只是受了点擦伤，也和我们一起在小学组织救命，最后看到没有办法救了，就把人组织出来集中到县政府那个坝子里。韩部长就在给大家讲，喊大家不要惊慌。就用当时警车上面一个喊话的（喇叭），就说我们现在组织有序的转移，就往任家坪、北川中学这边转移。当时也不知道情况，那时候人已经很多了，要求凡是单位副科级以上的，一人负责一段，学生走在最前面。结果前头的刚刚走到大酒店，就是小河湾那儿，那个山上震垮了之后路基本上是完全阻断了，同时上面一直不停地在往下塌方，走到那儿看到实在危险又倒回来，我负责那一段刚好走了一节，走到林业局那个转盘前面就走不动了，前头说不走，去不到了，然后就地坐着，叫大家休息。前头有一个超市，应该是一个老板，他说超市里面有东西喊大家去抱出来，肯定现在没有吃的，水、东西拿出来喊大家就在那儿吃，然后就原地休息，那时候已经都快天黑了，5月份还是黑的比较晚，然后就在那儿停了说原地休息。医生这些出来之后都说药拿不出来还是没有办法，有些（受伤的）用衣服捆一下。当时那个场景很惨，包括我们救出来的、抬出来的那些人一会儿死一个一会儿死一个，活出来和受伤的人都抬出来放到那个坝子里，因为只有那么大的一个坝子，当时在了解其他情况，包括老城区这边，有的出来也走到毛坝这边来了，有的是翻上任家坪了，有的找人，有的找单位。包括我出来之后还去找了我们单位的一个人，没有找到，最后走到县政府坝子里，出来的时候在那儿救了两个人嘛，抬到坝头后我就过去找我们单位的副理事长，跑到他住宿的楼下喊了一下没有反应我就走了，走了之后就是后来的这些情况。最后在问北川中学的情况，开始问说北川中学没有问题，最后天已经开始黑了，又下来一个人，说北川中学垮完了。我又还有一个娃儿在北川中学读书，当时已经说晚上没有办法开展救援了，就叫大家就地休息。

（补充说明孩子的情况）就在救人途中的时候，我小的那个孩子，她班上的家长去救的时候把她救出来了，还不是我们救出来的。我老婆还坐在那儿哭，她和宣传部部长说还是要组织人去救。我说："你在闹什么闹，就是在救，我们先救看得到的。"因为我的女儿在一楼，一楼已经陷下去了，她就在那儿哭，哭得不得了。结果等了可能4点过的时候，那个家长是从上面，因为房子垮了，原来的房子都是预制板，他是一层一层钻下去把他的孩子救出来，然后把我的女儿也救出来。我的女儿也没有受伤，埋在底下的，他们说那个人救了几个人出来。

深夜赶至北川中学

彭长诗：当时他们两个（妻子和女儿）就在县政府那个坝子里，我说："今天晚上肯定只有住在这儿了，我还是走北川中学去看一下。"我走的时候，最后副理事长也出来了，他也没有受伤，他在屋里躲到厕所的，我说："我去找一下娃儿，另外我上去看一下。"我说下面有什么安排你们就按照安排，然后把我们单位的人找到，明早上肯定一起要转移出来。我说不可能住在这儿，肯定要往外转移，你们就把他们带上。结果当时那天下午就听到我们单位有两个职工已经遇难了，问了之后就说眼看着砸死了。所以当时就只有和我一路跑出来的驾驶员，然后就是从楼上掉下来那个副理事长，他当时是办公室的，因为我们单位上当时只有这么几个人，一共就是6个人，两个遇难已经明确。我说："你就把他们带着，然后县上有什么安排你就跟他们接触，如果能够转来我就下来，但是不一定。"结果跑去在小河湾上面余震还在垮，一会儿爬到上面，一会儿又走石头缝里面钻出去，里面都看得到压的有人又救不出来。我走的时候有一个亲戚，他的娃娃已经确认遇难了，他也想走北川中学去看一下其他的人，我一个人又不敢上去，老婆说你一个人那么危险就算了，然后正好他说他和我一路。然后走到小河湾的时候，又有几个人他们要去找亲戚、找娃儿，当时我们就七八个人一起，一直爬，反正都是山上垮下来的石头，走起来很困难，爬上任家坪去已经都看不到人了，要走近才看得到。我们爬得快，那会儿爬上去就是三四十分钟，然后走上去刚好就碰到市上的常务副市长和政府的秘书长。①他们已经走到那儿了，跟我一路那个是交通局的，我两个以为是县上领导知道，但是不知道县上领导在哪里，他们也不知道县上领导在哪里，

---

① 2008年5月12日19点30分，市委常委、副市长左代富和中共绵阳市委常委等一行人到达北川县城指挥救灾。（资料来源：北川羌族自治县人民政府. 汶川特大地震抗震救灾志[M]. 北京：方志出版社，2016：8.）

也没有联系上。然后那个秘书长他认识我,他问我如何。我说:"惨得很,基本上下面的人看得到的可能只有几百千把人了。基本上房子垮完了,遇难的很多。"他们两个当时说下来看看,我说下来很恼火,不好走。最后我就说我想去北川中学看一下我的孩子,不知道出来没有,然后我给交通局那个说我们已经爬上这个坎了,他有几个亲戚我也认识,因为我们本身也沾点亲。我说:"我顺便去打听,你带一下他们两个领导下去。"因为走上来的大概知道哪个地方好走一点,然后我给秘书长说:"副市长我认识,但是他不认识我。"我说:"我去找一下娃娃,请他带你们下去一下,如果这边有什么情况我再下来。"因为我起初还想得好点,结果走到北川中学一看惨烈得不得了,我的娃儿也没有出来,就到处找。当时进去之后碰到县上几个领导,窦县长、宋书记,他说是开会时走到擂鼓,地震了之后就没有走成。他转来到北川中学,他也不知道市上的领导走到哪里了。因为电话已经不通了,他在那儿组织人员在北川中学救学生,有些也受伤了。我原来在曲山镇工作过,他就说:"你对这儿的情况熟悉,你跟北川中学的人熟,你就跟北川中学的领导一起。"后来我上去看了一下,跟着学校的老师、负责人说叫他们救,就是组织该怎么救,也没有说怎么组织,反正哪里能够救的就跑去刨。

尸体堆得像柴一样

彭长诗:当时还是有点机械(工具)了,当地的农民弄了点机械来,但是一会儿又没有油了,一会儿又不敢挖,因为怕把压在底下的人挖到了,然后弄了一个吊车,吊些废墟。包括北川中学的有些领导都在现场,没有受伤的都在那儿。又到处去找附近的老百姓拿些钢钎、锄头来撬。这里给他们说了以后,我上去又去找娃儿,对那些老师也熟悉,到处找不到。我听到他在说话,就跑去喊他,那个时候已经都看不到了,我说你是不是黄老师。他说就是,然后我就走过去,他也认识我,我说我的孩子还没有出来,然后我看到教室房子都还在,因为他的教室在二楼,看到房子好像是立起来的,晚上看到是一坨黑色的立起的,他说哪里是,你看到这个是三楼,一、二楼都在土底下去了。我心也凉了半截,我说你带我去看一下在哪个位置,他心里有点虚,因为房子是倾斜的,他说就在这儿,我说能不能带我去那边看看,他说走嘛走嘛,然后走到头头上。他确实有点心虚,因为同时是地震废墟出来的,他说就在那里。我因为想找娃儿心切还是不怕嘛,就跑过去,喊就喊答应了,但是他(儿子)钻不出来。我问他埋了多少人,他说可能有七八个人,埋在一堆的,然后救不出来。我在那儿喊的时候又来了几个家长,也是来找娃儿的,是附近擂鼓的,然后我们就想办法说还是要救吧,然后旁边的老百姓拿了一个钢钎,又太粗了,有点长,一个老百姓拿了一个氧悍,不晓得是哪里的老百姓,切割的氧悍。他们说用钢钎来割长短因为长了就顺不开,到处都是废墟,然后就在那儿刨,钢钎也不行,最后就在那儿找的烂钢筋去割断用来掏,掏了一会儿就掏一个学生出来,然后里面就有梁塌下去了,就掏不动了,那个娃儿又埋得后面一点,他说没有办法掏不出来,我们问他,他说里面可能还是有七八个,弄不出来也没有办法。因为开始书记给安排了的叫我去弄其他的,我就给那些人说怎么想办法、怎么掏。我说这样,我们把钢钎递进去让里面的人掏,他们从里面往外面掏,两头都掏,因为那个房子是这样的,余震来了又怕把我们救的人打了,后面的人反正都在里面,就从两头掏,因为梁压了就必须往底下掏,又都是废墟不好掏。然后我又说底下还有事情,因为书记安排了还是要跑下去看一下,然后下去之后跟着他们几个书记说上面的人就在学校这儿救援,他已经听到消息了说常务副市长和市政府秘书长都来了,他就下去了。然后就是上面的人和一些市上救援的人,凡是救得出来的救,救不出来的就掏,然后尸体就抬到这边有一个乒乓台前头,一会儿就堆了多高,当时市民政局的局长杨学辉也在现场,我们也认识,因为他在这儿当过书记,开始说把这些学生抽血、取样,保留着,到后来根本就搞不过来了,已经堆了很高了,像堆柴一样堆起,然后就说要想办法拉走,就想办法找车。当时还是很多人包括政协的秘书长,我,有些我都记不得了,反正就在那儿组织,救的救、掏的掏、抬尸体、转移,救护车到了又组织把伤员往救护车上面弄,包括长虹公司的货车都用来拉伤员了。

外出转移伤员

彭长诗:然后,市卫生局的也到了,我们救了之后,组织部部长当时是纪委书记也在北川中学救人。他对我说:"你情况熟悉,你这样,今天卫生局的已经把情况了解了,这么多伤员,北川没有办法救,他们要出去安排医院,你就陪他们一路,沿路有什么事情你情况熟悉可以协调一下。"大概那个时候已经是晚上12点过到1点了。我就跟着他们,他们开了个越野车,给我安排了之后,我说:"你们等我一下,我去还有一个事情。"然后我又跑到我那个娃儿埋的地方,给那些人说我有事情,能够救的你们一定帮我,我说我的娃儿在那个地方。然后当时有一个擂鼓的人也在救娃儿,他问车子还能够坐吗?我说可能只有挤一下。他就在任家坪下来那个煤厂住,他说回去再拿点工具,这么救确实不是办法,然后下来之后就跟着卫生局的,人抱人嘛。他个子比我还大一点,然后他搭了一截就下车,我就跟着出来到现在的安昌,当时那个医院已经没有人了,所有的人都搬到学校的坝子了,在那儿救治伤员。先开始电话也打不通,在安昌的时候电话也能够打通了,当时是说他们安排了要回去,要回到上面,我就说跟着他们的车回去,然后把外头的安排了之后他们说没有办法了,这个任务还有点重,我们不回去,说还要到绵阳去亲自落实医院,包括盐亭、梓潼,周边这些县,跟省上、成都联系、通电话,这些伤员肯定还要转移,看怎么弄,最后他们说那你只有自己想办法进县城去。我就在那个坝子,来一个车也没有办法进去,来一个车他们说不回去了,有其他的车,转移伤员的车出来一个他们也说不回去了。所以我当时是来一个车转移伤员就帮着抬,基本上是货车,后来才有几辆救护车,然后就帮着协助抬伤员,伤员没有了之后,反正就在那儿一起救援。当时也没有吃的,医院那些当时谁拿了一坨米花糖。另外一个卖水果的,可能是那天卖剩下的,给我抓了一把枇杷,因为那时候确实都没有吃饭,就吃了点,然后我说把这个米花糖带回去,万一娃儿救出来给娃儿吃,我就把它揣着。大概等到(凌晨)4点过了,我们1点左右从上面出来,因为路烂可能花了1个小时左右,出来之后,他们走了之后我在那儿几趟车都不进去,到最后有一趟车要进去我就搭他们的车,那时候可能应该是4点过,走到北川中学天已经开始亮了。

凌晨回到北川中学

彭长诗:我看到其他救援的也没有什么,反正该救援的都在救援,包括那天晚上拉尸体的货车,我也在指挥倒车、上车。然后我就跑去看一下娃儿那个位置,就喊不答应了,我就坐在那儿用一床被子披在身上(发呆)。他们的班主任老师就跑来了,他可能也是看到天亮了过来找一下学生。他问我坐到这儿干什么,我说娃儿喊不答应了。因为那天晚上我走了之后又有一次比较大的余震,可能有4点多级,摇得有点厉害。他说出来了,我说真的假的?他说真的,我说那受伤没有。他说:"没有,他出来我还喊他走了几步。"然后我的心就落下来了。我说在哪里,他说在操场。然后我跑过去一看,他确实在那里。然后我就把米花糖给他,因为当时想都想得到一会儿肯定要安排转移。我对他说:"你呢就跟着学校走,反正你听老师的安排就对了。"我说:"我肯定走不脱,你妹妹、婆婆他们都还在老县城,听说都没有问题。"当时我哥哥的女儿还没找到。"都还不知道消息,你跟着他们走,我还要在这儿救援。"

负责物资分发

彭长诗:然后下去之后,县上的领导组织就安排学校的往外转移。①其他的没有受伤的、能够走的都往下走。我们还是在这儿继续救援,该掏的掏,该组织转移的转移,那时候基本上还是有序化了,救护车就按照谁伤重就先上救护车(的原则转移),(转移这些人员)有些头天晚上还没有转移完的,有些老县城又抬上来的,周边的老百姓受伤的。物资都有到了的,然后该下物资的下物资、该搭帐篷就搭帐篷,就在学校坝子里搭帐篷。当时物资到了的时候,都还转移了一车伤员到擂鼓,轻伤嘛。第一车物资到了,就叫我在那儿负责,领导让我跟着民政局的局长负责物资。下午那时候都很疲惫又没有吃的,就这么传,当时还是有志愿者,我传东西的时候一扭就把腰杆扭进气了,当时我以为是头天晚上受伤了,因为走那儿跑出来之后也没有注意到,肯定没有断,但是这么扭一下可能扭断了,站着还好一点,蹲不下,蹲下去了就站不起来了。最后第一车物资传完了之后他们说你腰受伤了就不传物资,你就专门去搭帐篷然后分发物资,不用使力气嘛,帐篷到了就组织到学校坝子里搭。那时已经基本上是有序的在开展

---

① 2008年5月13日9时开始,县抗震救灾指挥部组织近万名受灾群众、中小学生陆续向绵阳方向转移。(资料来源:北川羌族自治县人民政府.汶川特大地震抗震救灾志[M].北京:方志出版社,2016:9.)

工作了，当时就说肯定要到三倒拐那底下去搭一个，人住到那儿，往县城走救援、去指挥，就说那儿作为一个临时指挥部，然后北川中学这儿也要搭一个指挥部，还要搭受灾群众的住宿。当时到的帐篷很少，到多少就搭多少，物资到了，凡是需要水的，开始是几个人发一瓶水，几个人发一袋方便面，因为当时到的东西少，就大家分着吃。大家都是从头天中午（5月12号中午）吃了饭，到第二天九十点，然后就分发物资。所以后来我就一直在物资的点上，主要就是负责物资的分发，部队多了之后主要就是当兵的在搭帐篷，我后来主要就在负责物资。救援那时候已经有序的利用机械了，部队到了之后嘛，有的还是只有铁锹，也是没有多少工具，主要就是靠吊车，弄一块板，然后吊，部队也是这样做的。所以当时除了有时候协调一下领导安排，主要就负责发物资，其他协助做的就是一些杂事情。后来就搬到擂鼓，往擂鼓搬过来的时候我又负责安置，负责了几天，就是把人安置到每个安置点，那时候都很有序了，都十几天了，因为任家坪那个地方很窄没有办法搭，就安排到这边来，分了很多个区，哪些地方的人来了往哪里搬，我当时就负责把这些人安置到点。开始两天我就负责了一个安置点，漩平的，曲山镇周边的、农村的，擂鼓周边的，比较杂的就到我那个安置点，还包括老县城出来的，然后有村、组一类似的比较明确的，像擂鼓周边的就集中安置。

刚好基本这个安置点住满之后又把我调到物资组去了，主要又在发放物资，然后单位又没有人，每天单位就要收集信息，因为我们残联主要就是收集受伤情况、致残情况，当时哪里知道到底能不能治疗得好，但是上面又要喊每天报进度。所以每天白天就是发物资，晚上就收集情况，那时候通信通了，但是乡镇很多地方还不通，就没有办法，有些时候就派联络员，大概加估计。最后才慢慢有序了，我们出来之后，副理事长他原来是民政局调过来的，他就被抽到民政局去，当时是分的组，分组后就把他分到那边去了。所以我们单位这边当时就我一个人，那一个办公室的出来之后在接收物资，我们那个驾驶员因为他的妈受伤了，转院转到重庆了，他就跟着去重庆了，就只剩我一个人了，单位就我一个人。过了几天之后又把残协专职委员调过来，他没有受伤，他就每天收集情况，最后就一直在物资组，我在物资组一直工作到6月，日子都记不清楚了，我们搬下来是，

6月19日下来开会，20号通知，好像21号就从擂鼓搬到安昌来，就是当时临时成立的党工委管委会①，就把所有的单位打乱，不以单位开展工作，就以工作组（开展工作），我当时就被安排到社会事务组。当时宣传部部长是组长，政协有一个副主席王主席是副组长，就负责社会事务这一块，主要是负责物资的协调。那时候我已经没有直接参与了，因为开始在擂鼓的时候是我发放物资，所有的物资就是我审批，哪个地方哪个安置点要物资，那个时候都是按照安置点来发放物资，报来我先审，审了之后我签字就交给人大一个蔡主任。他审了之后开始就交给常委副县长王久华他审，最后因为王久华他的事比较多就交给人大副主任审了就行了，最后蔡主任的事情也比较多，基本上就全权委托我，反正出了事情我负责。就我审，所以那一段时间忙得不得了，因为那时候人相当多，必须要批了之后，然后仓库的发物资，仓库要凭我的单子才能发物资，领多少。那时候需求量特别大，特别是头几天，因为才安到那儿，吃的、穿的、用的、喝的都要领，各个安置点包括当时这儿底下都有安置点，搭的帐篷。后来帐篷搭了之后又开始搭板房，板房的安置点都要领物资。最后成立了事务组之后，我就主要负责伤员的接收、安置和转移。那时候已经6月份了，有的伤员转移，有的轻伤的又回来了，回来了就要负责安置，就要到绵阳专门去接。因为当时社会事务组有民政的、我、卫生（局）抽的人，来了之后要康复的就要安到社会康复点，该继续住院治疗的就要安到绵阳的医院，出了院的就要安到帐篷或者板房里面去，需要康复的就要落实在哪个地方康复训练，就主要是做这个事。

多个单位援建北川残联

彭长诗：我们单位的主要就是跟着山东，当时山东已经来对接上了，那时候还没有说山东援建我们，在任家坪的时候已经联系上，他们已经拉的有物资、带了钱过来慰问，然后跟着市上、省上对接之后，最后正式确定山东援建的时候，他们也就给我们捐了4套康复器材，8月份拉过来的。

---

① 北川重建工作党工委、管委会成立，后于2009年6月2日撤销。（资料来源：北川羌族自治县人民政府. 汶川特大地震抗震救灾志[M]. 北京：方志出版社，2016：14.）

然后我们又在板房里建康复站，就在北川中学安置点建了一个，就是长虹培训中心，北川中学出来的学生都安置在那儿，然后在永兴安置点建了一个，陈家坝建了一个康复训练地，还有一个就是在擂鼓，也是最大安置点，建了四个应急康复站。当时已经有志愿者，上面派了有医生，市上合作的医院的医生，该康复训练的就训练，该在医院继续治疗的就治疗，当时板房建的有医院，当时转上正规的就是这样的。然后就是组织轮椅、拐杖这一类的（用品），后来就是报灾后重建的项目，报康复中心建设，然后就是参与县上安排的临时的应急，受灾群众的安置、维稳。

接收伤员到一定时候，我们残联有一个主要的工作就是维稳，再一个就是伤残鉴定。伤残鉴定重点（对象）是学生，鉴定了之后办证，按照国家的政策该享受的（就办证明）。维稳是因为伤残学生家长上访，因为在有很多政策还没有明朗的时候他们总觉得不放心。就说现在政策没有明确，你们放心，然后包括制定政策，比如建立一对一帮扶开会，当时我们残联积极主张建立一对一帮扶，这个理念应该是我们残联最先提的，对遇难学生家长和伤残学生实行一对一帮扶。因为开会的时候我们提出来，我们说你落实一个实行干部人盯人的政策，既体现了关爱也起到了维稳的作用，所以迅速地就把干部安了，包括市级部门都有，当时还是起了很大作用的。当时严格按照标准鉴定下来又有些不符，最后开会研究，领导提一个原则，就是说就高不就低，从宽不从严，地震是特殊情况，稍微给他们放宽一点，级别高一点，都知道级别高一点肯定后面会有一些补助嘛。第三个主要就是争取政策，比如说给上面写报告，争取资金、争取项目、争取伤残学生的救助政策，包括他们的困难生活补贴，这些都是极力去争取，最后政策还是给我们落实了。有一个叫护理费，省上三个基金会给学生解决的护理费，一级是1200一个月，二级是800，三级是600，四级是200，四个等级。我们就跑省上，然后写材料、报，报了之后鉴定告一段落。维稳一直持续了两年，还是有压力，因为解决了有些还是不满意，就争取这些政策，给大家争取到位之后就是家长的养老保险了。他们说我们养一个娃娃现在又残了，我们养老就没有办法解决，农村都是养儿防老。最后又研究，又争取政策，省上最后还是出了政策，就是对遇难学生家长，国家把养老保险买了，给伤残家长也还是买了，所以还是解决得非常好。

所以当时主要的就是做了这么一些工作，一直到最后我们康复中心立项，开始说的山东援建已经确定了，定了之后县上说北川需要建的多，山东已经都同意了，山东省那边报的方案已经有我们，报了之后县上研究让我们争取另外的援建。我们又去找，恰恰当时香港要援建，我正好和省上对接，就争取上了。因为当时北川援建确实需要比较多，给山东的压力也大，就说尽量能够争取到其他的援建就多争取其他的援建，这头就把山东的钱安排更紧要的，所以我们就把香港（援助）争取来了。当时争取康复中心也费了很多周折，香港援建康复中心有规定，以人口算，就是30万人口以下的只能建2000个平方（米），30万~80万的建3000平方（米），80万以上的建5000平方（米），是有规定的，康复中心建设有标准的。所以我们当时也争取，开始报的3000平方（米）不行，最后回来给领导汇报，领导说那我们就想办法把人口增加点，就说我们增加了人口。报了之后安县就不同意，因为当时我们这边划了人（安县人口）过来，如果我们这边人多了，安县人就少了，安县马上就反应说不行。最后我们又去找省发改委，省发改委说北川到底是怎么的，我们说我们想建3000平方（米）的康复中心，2000平方（米）窄了，我们那么多受伤的人员，没有办法开展训练。发改委说那你就说这个理由嘛，北川地震致残人员多，你现在就以这个理由，我们和香港衔接就是了。然后马上又改论证报告，改了之后又是一堆资料，最后北川就定的3000平方（米）。最后选址，香港来看，选址、论证、初设最后就定下来了，就修了康复中心，就在往安昌走气象局对面，有一个很大的牌子，这边是敬老院，前面就是康复中心。所以灾后重建要说也没有很多，就是做的这些事情。

当时我的情况一个是地震，当时在县上做这些事，再加上中残联也开了对口援建会，我作为重灾区的代表在北京援建会议上关于北川的受灾情况做了一个汇报发言，他们包括中残联的领导，中残联的领导当时除了一把手没有来，其他的副理事长、班子成员基本上都来了，2009年张海迪当选了主席之后，她都来了，来了当时进不到老县城，就看了几个安置点的伤残学生。中残联给北川还是给了几笔钱，包括康复上的、救白内障、就业培训创业补贴、扶贫，他们根据北川的情况都给了的。

（回忆地震紧急情况下给上级汇报北川地震情况）还有当时地震后，我们出来可能是第三天的时候我就跟着副理事长，他老丈人受伤了，他把他丈人送出去之后，第二天应急电话能够打通之后我就给他说你还是上来，县上安排看有什么事做。结果一上来他就被抽走了，当时我和他商量，我说我要给上面写一个汇报情况，当时就给中残联的邓主席写了一封信。写了之后，他（副理事长）说不礼貌，因为当时是纸写的，也没有办法交信，我喊他走绵阳去交。最后他走到市残联，当时市残联在坝头办公。他说这个写起不礼貌，我说这个才真实，也没有办法，他还是觉得不礼貌，他走到那儿又用打印机打出来签了个字，然后用北川残联名义给中残联主席邓朴方寄去，邓朴方主席很快就批复了，要求就是：中残联对北川这个情况要长期、中期、短期都进行……我把这个都收拾着的，他的批复里头都有这个东西，包括山东当时来的慰问信，反正我都收拾起来的，只是找一下才行。中残联主席当时有一个批示，批示原件没有，但是他登到中残联的杂志上面我照下来了，那个照片我都还收拾着的。所以看到北川那么惨烈，当时我们还是想了很多办法，怎么做事、怎么灾后重建、灾后自救、灾后怎么发展，当时还是想了很多办法。全市、全省第一个以县人民政府出台关心残疾人、残疾人事业怎么发展（的文件），就是北川县人民政府出的文件。出了以后他们都觉得很震惊，就说北川灾后，第一有这个反应、有一个意识，第二这么快就拿出了文件，都知道地震肯定要致残很多人，我们的康复应急站是上了中央电视台的，发挥了很多作用。因为当时每天应急康复站的人是满的，医生简直不够用，我们每天都着急到处去协调医生。因为需要指导他们康复训练，因为很多人当时都想恢复，出了很多骨伤，都需要训练才能恢复。有的出来挂双拐很多，现在你看他走路都看不出来原来受伤的，康复需要很长一段时间训练。所以地震之后主要就是这样的，现在回忆起来有些确实都记不清楚了，有的想起来就想起了，一时来回忆确实还是回忆不完。

曹　燕： 您当时手写的那封信……

彭长诗： 找不到了，写了之后他又打印了一遍，找不到了。我记得做了一本相册，不知道有没有这封信。

（介绍地震后拍摄的相关照片）

看吧，这上面是住建局的，我们原来是在二楼，全部陷下去了。你们走老县城去过了吧？这背后就是我们的办公楼。

这就是地震后的照片，图片里石头都是清理后的。我说的小河湾就是这里，当时这里不断在往下垮石头，前面就走不通了。当时在这个三倒拐就搭了帐篷，便于领导指挥，后来背后就挖了一条路，从这边下去。

当时我在安置点那里负责物资，温家宝来那天我就在这里。[①]县长跑来说温家宝来了，是第一次到北川中学。在下面看了援救学生情况后就要在这里来看安置灾民情况。这个安置点最近，也没有准备。金县长赶忙跑上来，他也认识我嘛，他说："温总理要来这里看灾民，你组织一下。"我

---

① 2008年5月22日下午，中共中央政治局常委、国务院总理、国务院抗震救灾总指挥部总指挥温家宝和其他成员来到北川中学临时学校，看望幸存师生。（资料来源：北川羌族自治县人民政府.汶川特大地震抗震救灾志[M].北京：方志出版社，2016：11.）

马上就跟着车喊,朝着办公区喊嘛,我说:"你们快出来,温总理要来看望大家。"刚好喊了二十多个人在外面,温总理就上来了。操场上因为地震后又下雨就很滑,工作人员就把他带着的,基本上弯着背就爬上来了。我还是跟着喊:"温总理来看大家了,大家搞快。"温总理也很激动,上来后看了我一眼,就到工作帐篷里面去了,说了两句,又出来了,就在现场讲。

这个就是当时的常务副理事长,是我看到的最早进北川县的人。

这就是当时的重大批示。

这个是中残联的进来采访,但是他们也没到县城。这天飞机在撒药,所以都戴了口罩。

这个是中残联第一时间来查看灾情的,正在往老县城(灾情最严重的地方)走。第一个是中残联副理事长申知飞,第二个是省残联的纪检书记,第三个是山东枣庄残联的志愿者,后面是我。这两个领导为北川解决了很多难题。

·大爱无疆篇·

　　这个是我们2009年去中残联汇报工作。省残联副理事长张建生对北川帮助特别大，他是专门联系北川的。我们北川搬到安昌来后，这些桌椅全部是他给我们解决的。最艰难的时候，在他管理的办公经费里面，他给我们解决了三万块钱，就是六月二十几号的时候，除了山东给我们拿了三万块，就是他了。山东当时是秘书长李兴南（音译）对我们贡献很大。其次就是这个张建生，包括陈凯到四川那一站没有到北川的行程。张建生去汇报了北川的情况后，陈凯又专门走广元转过来到了北川。他说原来听到我们写信的情况，就一定要来看望一下我们。张建生为我们解决了很多困难，包括我们搬到安昌需要电热毯，他是找了他的私人朋友给我们买的电热毯。八月十五那天，他找朋友给我们买了月饼，跑到安昌来跟我们过中秋节。这个理事长相当务实，做得非常好。

抗震救灾 精神口述史
——汶川特大地震十周年纪念专辑

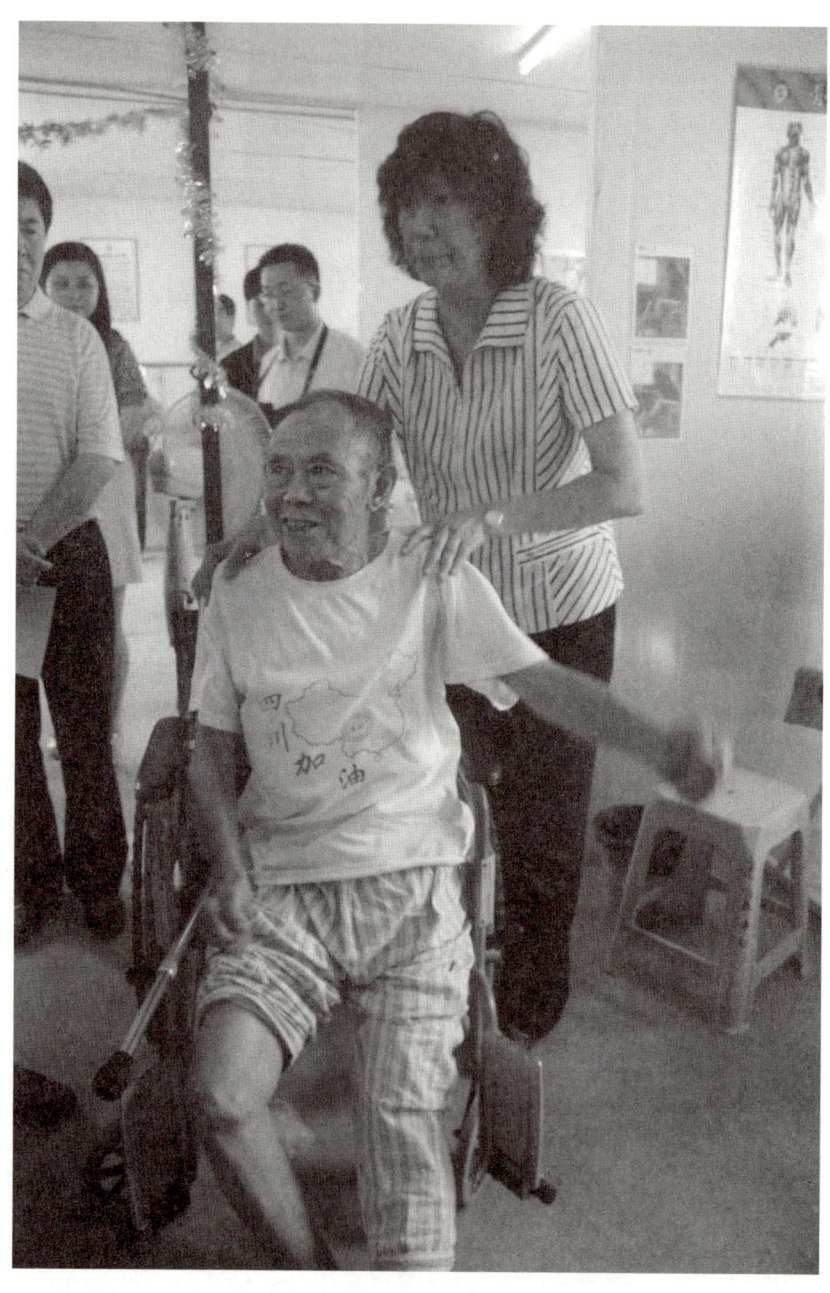

这是在康复中心，中残联基金会也来慰问过我们。姜尚洲（音译）是改革开放后第一批海归派，来了后给我个人也给我们单位捐了钱。

这是山东省残联理事长给我们送的东西，有一辆汽车、四套康复器材。（山东省残联山东省福利基金会为北川残联捐赠办公用品、汽车、康复器材）

这是一个志愿者，胡霞私人给我们捐赠了三千块钱，这是我们接受的第一笔，第二笔是山东省基金会给我们捐赠的。她个人给我捐了五千块钱，基金会又给我们捐了三万块现金，还给我们每人买了两套衣服、一部手机。

灾后重建中北川人都很努力

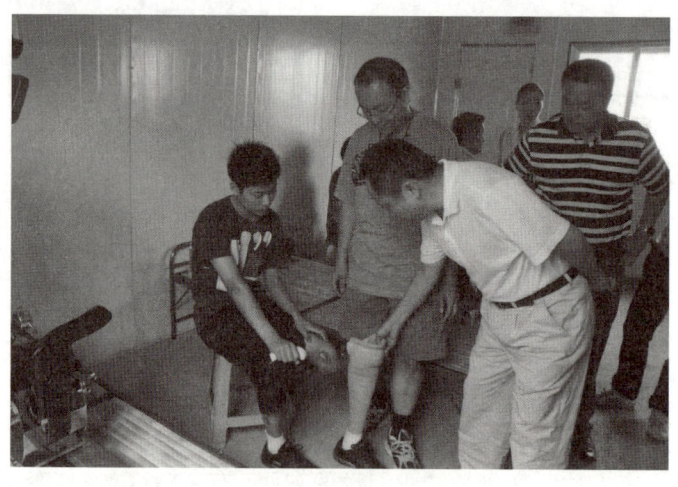

这个是地震后我们给截肢人员安假肢，这个假肢首先是要用石膏取膜，然后回去做，之后才能戴。

·大爱无疆篇·

这是羌绣,是地震后我们北川专门发展的特色产业。

这是我们北川残联扶植的养殖业。

这是我们残疾人的轮椅皮鼓舞,在全省首届残疾人艺术节上表演了的。虽然没有挣到前面的名次,但是我们这个很有特色,全部都是残疾人。

这个就是残疾人李月,在残奥会开幕式表演了芭蕾。这个女孩和我的女儿是一个班的,当时中残联让我去找她。我说怎么找到的呢,现在登记信息混乱,很多人没有汇集。晚上我回帐篷的时候,我说每天事情很忙,现在让我找一个芭蕾女孩李月,我女儿说"我们班就有一个李月",我问是

不是跳芭蕾的。她说不知道会不会跳芭蕾,但是她一直想跳而且喜欢跳芭蕾。就是这个女孩,现在她在北京读书,很厉害的。

这个是康复中心建起来以后的效果图。

彭长诗:北川人都很努力,灾后重建时,基本上是半夜倒在床上就睡着了,早上四五点就起来了,又没有星期节假日。

曹　燕:你们那时候那么高强度工作,身体方面有影响吗?

彭长诗:有,很多人都有问题,我的身体都有问题。

(由于发送邮件,谈话中断)

地震确实是很惨,当时我们看到情况,特别是那天下午,有的看到一只手,有的看到一个脑壳,有的只看到一个身体,特别是在政府坝子里,我们在那儿修整的时候,一会儿(死)一个一会儿(死)一个,然后很臭,有些屎尿也失禁了,有的是屎尿砸出来了,受外伤的地方流着血……那天晚上特别是我们那些学生,像你们这些小女娃娃看了根本就受不了,学生娃儿的尸体一会儿就堆到堆不上去了,抬出来就是硬的了。然后有一个货车,我现在都记忆犹新,当时那个货车本来是拉救援,拉其他东西的,一个长货车,就是说把这些尸体拉到往火葬场转,那个车半天倒不过来,我现在都记得很清楚,我和政府的秘书长指挥,需要两边看到,晚上没有灯光,漆黑一片的,除了吊车有一点点灯以外,我们两边要看到他才倒得过来,那么大一个、多长一个货车拉尸体,一会儿就码多高了,我就这么站在当面，就像码水泥袋子一样，一会儿弄一个出来检查一下没有气了，一会儿就码很高。开始说抽血，把DNA保存起来才知道是谁，到后来忙不过来了，难得抽了，后来第二天的时候火葬场烧不过来了就说就地埋，我们单位的副理事长和其他几个安排了，我说你们快去做工作，找一个坑老百姓不让埋，找一个老百姓又不让埋，埋那么多人在那儿都有点害怕。最后还是强行在北川中学上坡那儿挖了一个坑埋了，没有办法了，烧不过来了，包括民政局长亲自在场，火葬场也是他管，没有办法，火葬场也烧不过来了，他亲自在那儿和老百姓一起。有时候把板一撬开睡一片人，包括就是图片上面有一个娃儿输液吊起，我都在现场，我都看到，当时半天弄不出来，就说给他输点液体。地震之后我都在现场，没有离开过，都过了好多天了晚上给王县长请个假。我记得是哪天呢，就是温家宝第二次来到堰塞湖去看，我说我这个衣服已经没有办法穿了，我要去买一套衣服换，然后我去有几个人叫我帮忙带，结果跑到绵阳去哪里买到了嘛。那时候已经在传闻堰塞湖了，店铺关门，那天晚上吃了饭之后走了好久，包括我们屋里的亲人转移出去我也没有去看过就想顺便看一下，主要是去买衣服，没有穿的。走走走，走了很远看到一个店铺开门，然后跑去他说只有这么几个了，结果买回来都不能穿，帮人家带的也穿不了，只有那么小的了。都好多天了，就出去了那一次，当时领导还说我不能走，我说总要去买一套衣服，家里人呢，反正这几天电话通了都联系了，他们都安置好了。

我们安置中单位还是相互帮助，我们家里这些人出去之后全部是游仙残联的人帮着搭的帐篷、买吃的、买床上用品，（开始）什么都没有，就是他们去弄的，然后那个李市长给我个人拿了钱，给单位也拿了，因为我们出来之后受灾是最严重的嘛，拿钱叫我们买衣服，江油残联也买了一套衣服送给我们。平武（残联）遭灾重，当时就没有买，但是他（李市长）家里没有怎么遭灾，再加上她在绵阳有家，她就给我拿钱叫我买衣服。我说算了，你平武遭灾也大。她说我家里损失没有你们大，我说算了算了不好。然后梓潼、盐亭县都来看我们，给我们拿了钱的，除了给我，给每个从老县城出来的都拿了现金的。确实，哪里有时间去照顾家里人，在绵阳他们出去之后我们都不知道是怎么样的情况。当时在九洲，那个帐篷住不了，板房还没有搭起的时候，就是自己投亲靠友，我老婆从窗子出来受了点擦伤。最后她跑到成都去，因为当时出来不知道往哪里跑嘛，在九洲住了一晚上，第二天没有办法，一个远房亲戚他们一起跑到成都那个医院才把脚包了。除了擦伤，她的脚一下落下来之后脚腕踩到弄烂的一个三角形的砖上面，弄了一个洞，包都不得给她包，要救那些伤员，忙不过来。人家说："你这个轻伤自己处理，这个根本就没有办法。"然后到成都去才给她包了。第二天她又回来，娃儿就留到成都。她听到说哪里又陷下去了，小道消息，那时候谣言多得很，她说我还在任家坪，又着急，忙着又跑回来。跑回来，我说："哪里在陷嘛，你不要听那些，你把娃儿带着，就在下面。"在绵阳又没有办法，在私人企业搭个帐篷，最后（其他残联单位）在游仙找到他们了，到处去找，到处去问。问我在哪里，我说我也不知道我在哪里，最后把电话发给他们，他们去找（自己的家人），找到之后买的帐篷就搭起，床、床上用品、吃的买齐。

曹　燕：照顾非常到位啊。

彭长诗：所以现在的中国，受灾之后的（接受的）援助真的还是很大，不然不靠这些根本没有办法去顾及，像我们领导就说了你不能走，本身我们的职责也不能走，我当时又没有受伤，只是这儿擦伤一点点，然后上东西把腰裂了。结果最后医疗队来了之后有车（可以）照片，我去照片，当时头天车没有到的时候那个医生就弄了点儿药说弄的膏药贴一下，贴了也不行，我一直怀疑是不是肋骨受伤了。然后车上可以照片了我就跑去照，照了之后医生说骨头没有问题，憋气了，相当恼火就是往下蹲，蹲不下去，必须要这么硬着蹲下去，然后起来又必须要拉，就那么恼火。所以当时的那个堰塞湖县上领导安排我带武警总队的去，县上派的是我，因为我在那个地方当过镇长熟悉路线，最后通知叫我去，问我有没有受伤，我说就是腰痛，最后还换了一个人。因为我确实没有办法，如果腰不痛都可以，大家都知道。因为那天晚上是13号，我们住在一个帐篷里面，包括我现在的领导都知道我当时站不起来，坐也坐不下去，大家都知道，所以我一直在组织部。如果腰没有问题，那天可能就到堰塞湖带队了，带武警部队，因为只有我知道那个位置大概在哪里，其他人弄不清楚。

曹　燕：我看您地震之前也是工作过很多岗位。

彭长诗：我原来在乡镇，2006年到残联，我原来在很多个乡镇工作过，在乡镇乡长、书记、镇长都当过，然后又到残联。所以地震之后到了残联更要干，因为北川增加了那么多残疾人，所以去年才调整的，在残联干了十年。

曹　燕：干了这么多年，真的是一直高强度。

彭长诗：地震之后那几年是恼火，残联很恼火，首先是维稳这个方面的工作，虽然是这么说，但是做了工作之后最显明的效果是我们伤残学生或者家长写信，包括后来信访都没用，开始他们不明白政策。当时因为我们忙于查灾、救灾、安置受灾群众，还是有点忙不过来，意识到这个问题，意识到可能这些人有意见，但是也忙不过来，所以他们一旦有反映马上我们就做工作。

（有人送书过来）

这是我们当时写的一本书，这个你可以看一下有些情况。

曹　燕：残联编的是吧。

彭长诗：我们自述的，请了一个人整理，这个就相当于做一个纪念。

曹　燕：这上面照片基本上都有。

彭长诗：对，这个就是宣明会，现场会，重点事件都有，这是我们每个人的自述，地震的经历。（简单介绍书）

地震还是很刻骨铭心的

彭长诗：可以看一下，了解一下，因为要喊说的时候又没有想起，过了之后又想起了，像你说的地震还是很刻骨铭心的，很多事情应该在脑海中。只是很多时候回想不起来，有很多细节，包括救人的细节，说的时候又忘了，说到后面一个人的时候突然一下又想起来了，怎么救人的、怎么刨的、怎么感受的、怎么想的，然后出来怎么去找人。当时的心情，比如说找到一个亲人你的心情怎样，我找娃儿我知道。当时地震我想的第一件事只剩我一个人，因为我老婆应该上班去了，恰巧她那天睡过头了，她还没有走，我也没有想到她还在屋头，她从窗子跳出来的，最后她出来，然后又想到娃儿，跑去一看心凉了半截了。你看到那个场面你都吃不下饭，但是老婆问你你还要嘴硬说没有问题，她说被砸下面了肯定没有救了，我还要说没有问题，我说女儿命大有福分。我还在安慰她，原话真的就是这样说的，她没找出来就坐到地上哭，我说没有问题，最后4点过突然出来了那个心情一下……跑来喊我，那个家长出来我就把她带着去看她妈，然后她妈把她拉起，给我说出来了，我一看她还在坝子里哭，心头一下就落下来了。然后晚上的时候开始说北川中学没有问题,就想娃儿可能没有问题,一会儿下来说北川中学垮完了,一下心情又紧张了,然后跑上来一看,娃儿就压到底下的,还是活的,他只受了点点轻伤,你说心情着不着急,又弄不出来,然后又不知道老母亲是怎么的、兄弟姊妹是怎么的。然后那天下午我们去找熟人朋友,开始找单位的,那两个听到说遇难了,心头就想遭了,然后又问哪些是熟人,哦,谁遇难了,心情又紧张,然后听到谁活着心里又高兴点。就这样的心情,一会儿上一会儿下,你看到那个场景……我原来有胃神经,就是地震之后就没有胃神经了,原来一看到什么、闻到什么就要发干呕,地震之后天天都是闻的那个味道,那个尸臭,原来不知道什么是尸臭,地震之后就知道什么是尸臭了。然后救援又要想怎么去救,对于尸体就说要把尸体消毒才埋,找不到石灰,到处找。还有很多细节,比如说去协调,和部队协调,物资来了发物资的时候很多矛盾,我都没有给你说。比如说他要领罐头,一件罐头,这一车来了又只有这一件,恰恰领的人又多,那你把这一件罐头是发给这个单位还是发给那个安置点,如果单位要来领怎么办,开始定了一个死规定,比如说单位的一律不发,最后说不对,干部也是人,单位的干部也没有吃的,一样的也没有吃的。当时工资也没有办法发,包括我也是,当时我身上只有两百多块钱,我的舅子没有钱,我还拿了一百给他,一百多块钱就是我那天晚上出来买衣服,加了一百块钱的油,就只剩几十块钱。所有的家当都没有拿出来,然后都是好久了之后才回去拿了一趟衣服,终于把放在衣柜里面的3000多块钱拿出来。当时拿出来我都没有交给老婆,衣服也没有回去拿,人家都是回去拿了的,因为我们那个门整斜了进不去,必须要把防护栏撬了,又撬不动。最后都是那些偷东西的人把防护栏撬了之后没有找到这些现金,我才去把衣服拿出来。开始那些是人家回去拿得到的拿了一些出来,我要了一件红色的衣服,照相那件就是人家拿出来之后给我选了一件,我穿上正合适。那个衣服我现在都收拾起来的,当时那个衣服的领子上面的灰多厚,然后汗水一出,又淋雨水,就结了多厚一层壳,最后我把衣服洗了,当时没有照相机,有照相机我都要照起来,最后洗了我还是收拾起来的。

还有发物资这些事情,人又不够,然后每天有一个,我在任家坪那儿发物资,最恼火的事情,收集不起来需求,就是给各乡镇。那时候不只是给安置点发,还要给各乡镇发,各乡镇要空投物资或者是走另外转运也要喊这儿统计,就是我们物资组,然后又收集不起来情况,每天下午4点过就要,然后第二天组织就要送。经常被批评,说怎么搞的,这个数据硬是统计不出来,那没有办法,我当时在那个点的时候,最后那个民政局局长走了,去巡回演讲去了,就是我在负责。我就给领导说搞不过来,最后又把那个峨家坪上的人抽回来,就是我们两个人,因为领导只是大的把关,具体的是我们底下的人,执行的必须要有人做才行,一直做,然后就搬到擂鼓。擂鼓弄顺了之后又要好一点,刚开始刚刚把安置点安顺,那个政协主席当时他不放我,他在负责安置,王久华负责物资,王久华非要我。因为看到我做事情很实在,因为刚开始我在安置,当时我实行的是所有安置进去的人,床安了之后必须把人统计成名册,当时的人都是来了就看有没有位置,有位置就安置下来,就没有做这个工作,我是来一个人安置之后把名册统计了的:哪里的人、住在哪一个帐篷、哪个床,我们每天都要给那个政协主席汇报情况,他说你这个办法好,那马上你们各个安置点的帐篷都要学这个方法,刚好我理顺。王久华又不放,王久华说那没有办法,我这儿物资要人,他说我这儿也需要人,虽然说开玩笑,然后就又把我要到物资组去。物资组矛盾好多嘛,特别是单位上的,像我刚才说的单位上来领当时说的不给,我只有严格执行。特别是单位上的熟人,都有意见,他们打些条子来领,但是人家研究说的不能给单位上的。有一次发帐篷,小帐篷,很多人都需要,确实也实用,就是旅行现在用的那种小帐篷,最后逼得没有办法,我说蔡主任你拿主意怎么办,又只有那么多,蔡主任说干脆交给哪个人,一个人发了就算了,免得放到那儿天天都有人来找我们。领导决策我们就发,发给哪个乡镇就喊他们快拉走,发了就没有人要了嘛,因为干部和守仓库的人都是连贯的,他知道来了些什么东西,大家快打条子去领,你敢不敢领、你敢不敢发、你敢不敢签字,出了问题就找你,所以最后凡是东西来了之后,我和蔡主任定了个方案,主动发,我们放到那儿,就是避免来了之后下到这儿,大家打条子需要什么来领,就避免什么,干脆什么来了,恰恰不好发的就先给他发了,就主动把方案弄了。该发给哪个乡镇喊他们快去领了,比如说罐头来了,就把罐头先发了,哪个点恼火一些先研究一下,就不要他们找我们,把我们逼着,我们先就给他发了。我们原来有时候吹牛还在说,有个我很熟悉的人,他受了内伤,他老婆也认识我，和她还有点亲戚关系，那时候都是伤员，那个纪委书记就是那天晚上派我到安置点来那个。我也为难，我说救护车有限，都想先拉走，你先抬哪个呢，然后他找到我，想让我先把她老公带走进行医治。王书记比我敬业，他说谁先上医生说了算，我们只负责组织，医生说抬这个我们就喊人抬，医生说先抬哪个我们就抬哪个。我突然感觉领导是要高明一点呢，如果是我们去说伤员都要有意见，你为什么要他们先上，不让我上。医生说哪个重哪个先上，最后我一直在找这个人。地震之后我一直在问这个人救活没有，最后说活了，然后我心头一下就轻松了。因为人家是熟人，人家老婆又是我们的亲戚，人家找到我帮忙，因为我在组织转移伤员，人家喊我把这个人抬上去，我又没有帮忙。如果这个人真的死了是不是人家一直怨恨我，结果最后这个人救活了。所以很多细节你想起这样又想起那样，这个人活了我心头舒服些，如果这个人死了肯定我就会一直内疚这个事情，所以救灾很多没有经验的你根本搞不清楚，还有很多。比如发帐篷我闹了一个笑话，13号开始发帐篷，当时确实没有考虑到我们自身和领导，搭帐篷也忙不过来。安了之后晚上领导找我说"我们今天晚上住哪里"，我一下就蒙了。我说这个事情确实是失误。结果我们那天晚上也没有地方住，那天晚上又下雨，最后在一个帐篷挤着坐了一晚上。当时还是想的先安置灾民，有这个理念，先把他们安置好，对自己就考虑少了，包括自己在哪里住都没有想，就是哪个来了就安置，就没有想到说给领导留一顶帐篷。

所以九寨沟这次地震①我们一晚上都在看，看哪些该怎么解决，包括地震之后大概的震级我们都能够感觉到。地震震了之后我说有灾，至少6级以上，都有这个感觉。后来短信来了之后说6.5，我说6.5又是震深20公里，要好点。又来一个短信说7.0级，我说那遭了，绝对有灾，7.0级绝对是有灾了，芦山地震也是7.0嘛，但是芦山地震是10公里哇。这个是24公里的震源深度，震源深一点破坏力就要小一点，但是波及面就要宽一点，浅点的破坏力要大些，庐山是10公里，九寨沟是20多，如果九寨沟是10公里那灾肯定比较重。

---

① 2017年8月8日21时19分，四川阿坝藏族羌族自治州九寨沟县（北纬33.20度，东经103.82度）发生7.0级地震，震源深度20公里。（资料来源：四川九寨沟县发生7.0级地震[EB/OL]. 新华网，http://www.xinhuanet.com/politics/szzsyzt/ scjzgdz170808/ index.htm.）

还有现在的地震救援比原来有序得多，5·12 地震的时候还没有专业的地震应急救援队，再加上组织各方面都没有现在有序，比如说当时车进不来、出不去，老百姓有铲车的还是在铲，但是铲了之后车都堵死了。我们那天出来在擂鼓等了多久，错不过车，我都又下来吆喝，帮着指挥，当时已经有些公安上的人在指挥，但是哪里得行嘛，人根本不够，外头的警力又还没有派过来，最后终于把我们的那个车错过了。包括部队，开始的时候不是到北川救援的，他是听说这儿有一个路要走汶川绕，当时不知道北川受灾很严重，然后走到了之后我把他拦截下来让他在这儿救援。有的部队请示说是就地救援，就是这样的。现在好有序嘛，现在有组织，社会车辆不准进入，马上实行交通管制，只有救援车辆、物资才能进，里面该放哪些车辆出来是有序的，救援拉伤员的车辆才能出来，一下就控制了交通，免得路上堵车堵死了。还有工具，那时候救援根本就没有专业的工具，当时最需要的就是切割机，钢筋倒了之后是连着的，弄不断。这些可以用锤子敲，但是钢筋没有办法，当时我们说找钳子，小的钢筋钳子可以夹断，大的钢筋 120 以上的钳子根本没有办法，然后需要千斤顶，顶整体的水泥块，要打一个空隙才能把人救出来，不然救援反倒容易造成二次伤害，所以没有专业的工具根本就没有办法。那时就靠手刨，手哪里得行，拿一把铁锹根本就铲不动废墟，现在"5·12"之后我觉得中国还是很快地建立了一些专业的救援部队，然后工具、应急组织有序多了，就不是都去救援路上就堵死了，这个还是很好，现在好多了。你看包括志愿者，原来都是志愿者一窝蜂都去了，志愿者多了也是麻烦，没有志愿者也不行，但是去多了，做什么，又没有人安排。现在很有序，志愿者做什么、组织多少人、哪个地方安排志愿者人家都是心里有数的，不像以前都是乱的。

曹　燕：现在是吸取了经验。彭主任说得太好了，非常感谢彭主任的讲述，谢谢！

· 大爱无疆篇 ·

冒着生命危险，为学生打开一条生命通道
——访原北川中学[①]付秀银老师[②]

题记："幼吾幼，以及人之幼。"师者以育人为己任，善者以每一个生命为责任。

对付老师的采访是在北川宾馆进行的，采访是从 2017 年 8 月 16 号下午 2 点正式开始的，全程差不多聊了 130 分钟，主要是付老师说我听。一开始付老师是不愿意和我聊跟地震相关的事情，他说那是一段不愿去回忆的岁月，这些年他已经刻意去把当年的一些情形忘掉，心中的伤痛在慢慢平复，所以不想轻易再去把那段揪心的回忆掀开。当时我特别能理解付老师的心情，同时也带着些许愧疚，别人好不容易恢复的伤疤，感觉又被自己给揭开了。但是北川中学当年有太多感人的故事，如果本课题没有采访

[①] 北川中学是县内唯一一所高（完）中，学校由本部和新区两部分构成。本部在任家坪安北公路左侧，占地 6.25 万平方米，校舍建筑面积 3.69 万平方米；新区即原曲山镇初级中学，位于北川县城茅坝新区的景家山脚，建筑面积 3000 余平方米，2003 年 8 月与北川中学合并。地震前，全校有 47 个教学班（其中高中班 29 个，初中班 18 个），学生 2426 人，教职工 161 人；新区 6 个教学班，有学生 267 人，教职工 36 人。地震发生大约 10 多秒后，北川中学本部 1997 年投入使用的 5 层教学办公楼开始垮塌，不到 20 秒全部坍塌，成为一堆废墟。20 秒左右，1978 年建成的 3 层旧教学楼屋顶坍塌，屋内的间隔墙大部分倒塌。40 秒左右，2002 年投入使用的 5 层新教学楼 1、2 楼坍塌，只剩上面严重破坏的 3、4、5 楼。巨震停止，有近 8000 平方米的教学楼全部坍塌、损毁；3000 多平方米的学生食堂和近千平方米的教工食堂严重损坏；学校所有教学实施、设备埋于废墟；6 幢近万平方米的教职工宿舍严重损坏；在坍塌的教学楼里，千余名师生被埋；后经各方援救，数百人从废墟中被营救出来，632 名学生，25 名教职工（其中退休教职工 3 名）在地震中遇难。（资料来源：北川羌族自治县人民政府. 汶川特大地震北川抗震救灾志[M]. 北京：方志出版社，2016：117，118.）

[②] 付秀银，男，羌族，四川北川人，出生于 1969 年 12 月，大学毕业，中学高级教师。1990 年 7 月参加工作。2003 年 8 月，在北川中学任教。（资料来源：北川羌族自治县人民政府. 汶川特大地震抗震北川救灾志[M]. 北京：方志出版社，2016：782.）

到当年北川中学的老师或者学生，将是极大的遗憾。

于是我又努力劝说付老师给我聊聊当年的一些事情，在我说明了我们的目的和意图之后，付老师还是很乐意地和我聊起来了。整个过程付老师讲得很平静，他在地震发生的当天，顾不上逃命和寻找自己的家人，第一时间想着救学生。付老师冒着余震的危险在垮塌的几栋教学楼之间来回奔波、搜救，哪里需要他，他就到哪里去。整个一下午，付老师都在忙着救人。第二天，他又临时挑起班主任的重担，组织高三五班和八班的学生转移，组织好五班的学生坐上了大巴车。他没忙着走，又留下来去组织八班的学生，然而等他把八班的学生组织好时，大巴车已经走完了。于是付老师和另外一个老师就毅然决然地带着两三百学生冒着大雨和不断的余震一路走到永安，最终在永安遇到一辆公交车把他们带到了绵阳九洲体育馆。

访谈过程中，我被付老师的大爱深深感动，可以看出付老师是一位非常有责任感、非常有担当、非常爱学生的老师。地震给付老师带来了巨大的创伤，但同时正如付老师所言："其实灾难有时候也是一所学校，很多东西只有经历过你才会明白，你才能成长。"地震虽然使付老师失去了很多东西，但是也让付老师成长了，收获了很多。

采访时间：2017年8月16日
采访地点：北川宾馆
受 访 人：付秀银
采 访 人：王　雪
整 理 人：王　雪

哪里需要我就到哪里去

王　雪：看您比较愿意谈哪部分呢？就从地震当天开始谈嘛。
付秀银：地震那年我正好是在教高三，地震的时候是下午第一节课。
王　雪：下午两点多。
付秀银：嗯，第一节课上课不久吧，好像是2：20上课的，所以说刚刚上课不久。我是在教学楼的顶楼，五楼上听另外一个老师，张国友老师上课。我就坐到后面听嘛，后来地震发生了，当时没有反应过来，因为那时学校在搞修建，修那个运动场，有些时候就有这样那样的声音嘛，平时那些小灾，偶尔也有，我也就没有当回事。因为地震的时候，我是挨着后面那个门坐，我还没在意，还没反应过来是地震了呢。等到反应过来的时候，地震就很厉害了，就看到教室那个天花板，一下扭过来扭过去的，跟揉面一样，都没感觉到钢筋混凝土的房子是硬的了，感觉就是软的一样，一下过来，一下过去。然后就开始往下掉，那些上的涂料啊，粉刷啊，就开始往下掉。然后教室里的那个桌椅就在教室里一下过来一下过去，学生就开始尖叫起来了。上课那个张老师，就喊大家趴着，趴着。他看大家叫的比较凶嘛，他就在讲台上趴着，然后大家也就趴着，当时确实有点不知所措。因为之前对这块可能做得也不够嘛，提前也没有预案，所以一旦发生了也不知道怎么办，那个时候晃动的幅度太大了，就是自己想跑，也没法跑，一直到中途的时候，它就减弱了。教室门一出来就是办公室，我就把椅子拉到办公室去放好，然后那个剧烈的摇晃就又开始了，我本来说走出去看下学生，走到那个办公室门面前，又开始非常剧烈的摇晃了。然后那边的学生嘛，也就在教室里头叫，反正我们那个楼层，我看到都没有学生跑，那时候也没法跑，因为站也站不稳。在中途的时候呢，我就觉得那个房子往下滑了一截的感觉，又过了一会儿，我就看到教学楼前面的那个树木，就像被很猛烈的风吹过的样子，都朝一方倒。过了一下，那个地震基本上就停了，然后我跑到教室后门那个位置去，张老师在前头，他就喊大家快往下跑，大家就都开始往下跑，整个教室就只有几个同学把手和脚碰伤了，没有很严重的情况。等学生跑完了，我们就跟下去，然后发现，我们才跑了一层楼，他们都在往下跳。于是就喊，不要跳，因为心里面想到还是五楼，结果走下去一看，三楼都变成一楼了。地震过后呢，因为下去那个楼梯通道堵上了，所以就从那个护栏那里翻过去，我下去的时候翻过去一看啊，就发现很惨，就是那个教学楼的三楼，塌下去的教学楼里头，有好几个学生，就有半个身体被压到房子底下了的，还有半头就露在外面，有的已经死掉了。然后那个水管子就断了，那个水管里的水就往外冒，记忆最深刻的是，水管面前就有个学生被压到了半截嘛，然后那个水管里的水就冲到他脸上，好像叫了一会儿都没声音了，还有好多压到了半截的，好多都没死，都在那里头叫，那时就跑去拉，拉哪里拉得动呢。然后那个教学楼旁边，是那种两层楼的老式的房子，好多老师就住在那里边。两层楼嘛，上面那层都没有了，底下那层呢，有的就还在，有的也垮了，然后我一看，我们的那栋教学楼呢，那是才修没两年的新教学楼，好像是（20）03年才投入使用的，还有一栋旧教学楼，旧教学楼就是那种预制板楼板，也是五层楼，我一看那栋房子都变成一个坪坪了，那个灰飞得很高。我在想我的女儿还在那栋楼的一楼嘛，她在里边上初中，我一看就吓了一跳，我跑下去看什么都没有了。然后学校那个校主任也走到那里了，因为我有个摩托车嘛，他说你快骑你的摩托车去跟县委县长报个信。这样我走过去一看，我那个摩托车呢，倒在了地上，那个离合已经断了，根本就没办法发动了，所以就没办法。

  刚发生地震的时候就感觉很怪，以为只有自己这里地震，没想到其他地方也是一样，县委县政府在老县城，那个情况比我们学校这个情况都还要严重呢，只是没有去看嘛，还不知道是什么情况，我一看车子也没办法骑，我就跑回来。跑回来呢，我就看到我的女儿了，她在哭，她说："爸爸你快去救下我们的张老师嘛。"我就说："你快走操场上去，我们马上就去救他。"这样她就去了。我跑到她们教室那个位置去看就是一个光坪坪，然后呢，看到有个学生，她就有一条腿被压到里面了，她在哭，她也是我们一个老师的子女嘛。我就跑去拉她，拉不动，一看有条腿压着的嘛，然后就去搬，那个水泥板那么重，搬不动。我就说："你别着急，我们马上来救你。"我就跑回去，看到我们的那个教学楼呢，灰还飞得很高，看不清楚，跑过去了点，已经看到有的男学生的尸体了，又跑到新教学楼那边，围着房子转了一圈，看了下，当时新教学楼靠下边，它是一个保坎，那个保坎还没垮，转了一下，就感觉还有人在里面哭，在里面喊。然后我又转了一下，我就看到最下方的那个位置，房子那个墙是比较破碎的，声音就是从那里面传出来的，于是我就拿手去刨嘛，刨又刨不动。然后在旁边找了下就找到了一根水管，大概有一米多两米的样子，我就拿那个水管在比较破碎的墙里面拗，拗了一阵子，就有个洞了，明显地听到，有人在哭在喊，这个时候余震又来了嘛，我就跑了。觉得没得事了呢，就又过去，跑了几次，我记不得到底跑了几次了，然后呢在那里弄了一个洞，有人看到了光，都爬到洞口来了嘛。那个位置原来是多媒体教室，他们好像是上的美术课，恰好是美术欣赏课嘛，那个时候比起现在教学设施都要落后很多，全校就那么一个多媒体教室，他们上那个美术欣赏课要放一些图片，但是多媒体教室又是那个铁门，关得严，门后头也打不开了，所以都没有出来一个人，都在里面。他们说也奇怪，除了有的腿脚碰伤了以外，几乎没重伤的。刨个洞以后，他们都自己往外爬嘛，一个个的，我看他们有的爬出来过后，有的往外爬，有的往外拉嘛。所以说我就又走了，没在那个地方了。那个地方出来的人好像就是那个班的学生和那个老师，叫唐坤，现在在文化馆，他们都从里面爬出来了，所以那个洞，最终出来了好像是五十几个人，我忘记了。①然后我过来就碰到北川县委书记宋明，他穿了一件迷彩服，其实那时候我不认识他，他就站在那旁边，我还以为他是个武警。那个教室旁边弄开都出来那么多人，所以我就想那些上头的教室里边应该也有人在里边，我当时就说你能不能想个办法在这些上面的教室哪里整个洞呢，他又没说话，然后我再问，他还是没说话，站在那里一直在望。然后我就跑到旧教学楼那边去，于是我看到有些人就在开始救唐宝山了，有老师有学生，最老的那个都有六十多了，拿起那个杉树棒子，拗那个水泥板板，我也去帮忙，一会儿我就把那个唐宝山拉出来了，比较幸运的是他的脚也就卡在那里面，没有受到一个很大的损伤，也没有落下残疾，脚弄出来过后，他在旁边坐了下，好像就可以到处跑了。把唐宝山弄出来以后，我那时候教的学生就跑过来给我说："付老师那边还有个老师埋在下边的。"那个学生叫雷乔兰，是个女学生。然后我跟她跑过去看，那个老师就是我们学校张书记的妻子李硕老师，她就埋在里边，只有个脑壳在外边。她所在的那个楼呢，还剩两层，头上还有一层，有好多预制板，要掉不掉的，看着很吓人。然后我就跑过去，那些东西堆在她的颈子上的，她没办法说话，我跑过去，就去刨嘛，拿手去捡，捡了一阵子，大概她的手、身都亮出来了，后来又陆续来了两个老师，一个黄林，另一个陈安军，然后我们几个人都在刨她。再到后面她的一个侄儿叫李东也过来了，李东过来的时候，她的腿还是埋着的，然后就喊她，李东个子比较大嘛，就说我把你抱出来，我

---

① 地震发生时，付秀银正在北川中学新教学楼高三九班教室听张国友老师上课。他立即与张国友守在四楼的楼道口维持秩序疏散学生。当学生全部离开后，三楼已经变成一楼。付秀银站在坍塌的教学楼旁边，听见已垮塌的二楼多媒体教室里隐隐传出哭喊声。他冒着接连发生的余震，走上多媒体教室废墟，围着转了一圈，终于找到一处可以下手的地方。他徒手去刨、去搬，清除砖头水泥块，后来又找来一节钢管去撬开。经过大约半小时的努力，付秀银终于打开一个可供一人钻出的通道。被困在里面的师生一个接一个爬了出来，共获救 50 人。(资料来源：北川羌族自治县人民政府.汶川特大地震北川抗震救灾志[M]. 北京：方志出版社，2016：782.)

们开始没有呢，就是想到其他的废墟还很多。结果他来了呢，就把李老师抱出来了，她也很幸运，都没有伤到骨头。把这个老师刨出来过后，又过来一个老师叫王毅，他就把李硕老师背到操场上去了。然后，旁边有我前面说到的一个老师的宿舍，一个旧房子，好像八几年修的还是七几年修的，我也搞不清楚，那个房子靠下边呢，也是比较老旧的房子，原来那个地方呢是初三的学生，也是个两层楼，这样就又有学生给我说那个楼上还有几个学生被压在里面的，出不来了，然后我就跟着我教的几个学生，跑到那楼上去看，有三个学生压在里面的，也是搬不出来，也是被预制板压着的。我就说你们去拿一些杉树棒子来，然后呢，我们就把那个压在他们身上的东西撬开，撬开就把这三个人撬出来嘛。然后把他们慢慢抬到操场上去，那时候基本上都是这种类似的情况嘛，反正就是哪里喊就到哪里去。当初印象深的呢就是那个张书记张利文，他后来就拿了一个扩音器，在那里指挥大家，反正是他声音都吼哑了，说不出来话了。然后有两个学生弄出来过后，他就背那两个学生，学生身上还在流血，他穿了件衣服，他那件衣服基本上被血染红完了，那件衣服一直穿到了第二天。然后，印象比较深的就是解少奇老师和安老师，他们都是我们学校的老师嘛，他们的女儿还在读高一，被压在下面了，他们在上面喊嘛，下面在答应。然后大家都往下刨嘛，刨下去是六点过了，然后我们看到的是那个学生睡在三层。他那个女儿叫解玉嘛，是在第三层上。挖开过后上面都有十几个学生躺在上面，只有三个是活的，其余的都死了。那个解玉挖开过后都死掉了，她妈在那里一直哭。开始在上面喊嘛，底下在答应，也听不清楚嘛，她是被埋在第三层下面的，我估计她早都死掉了。

外援进入　绝望中看到了希望

付秀银：救援呢，好像最先来的是擂鼓镇一个村的村民，那个村的书记乔大爷来得比较早，一会儿他就来了，把他们村在家的村民都叫来一起帮忙。那个时候主要是没有工具，完全靠手，除了手以外就之前我说的，拿树干撬。乔大爷呢在他们那里找了几根钢棍，就这么多东西。另外擂鼓煤矿的工人也来得比较早，那儿离我们北川中学只有8公里，不远。有好多工人他有子女在这里读书嘛，所以擂鼓镇煤矿的工人来得比较早，天还没黑的时候就来了。他们来的时候就带了一些切割机以及其他的一些比较轻便的工具,来了过后像钢筋这些,一切割就可以救些人出来了,他们来还是起了比较大的作用。然后不知道几点钟,我就觉得半夜了,可能有十一二点了,才有外面的救援的力量赶到这个地方。①还有就是下边那个老县城,那些逃出来了的人基本上都涌到我们学校的那个坪坪上来了。那个外头的救援,我感觉好像是半夜的时候就来了,当时也没注意他是民兵么还是部队的,好像他们是部队的,后来才听说那些人是往汶川那边走的,好像走不动了,上头就叫他们就地展开救援。

王　雪：因为当时播报的是汶川地震嘛,可能当时以为汶川受灾最严重,所以都是先赶往汶川,其实北川受灾更严重哈。

付秀银：嗯,去汶川从北川进去有条路嘛,可能他们就准备走到汶川去,走到这里,咋个走得动啊,走到我们上头的那段山路根本就走不动了嘛,他们走到半夜才到,可能也是因为交通的原因。他们来了过后,好像开始还排了个队,领头的好像还说了两句什么,然后就开始到那个废墟上去展开救援。反正他们没来之前,完全靠我们本地的力量,那时候就觉得很绝望,也不知道哭一样,看到这里死一个人,那里死一个人,有的手和脚都不在一堆,我记得来了一个铲车,修路的那种,在那里铲废墟,在那里打了一个洞,听到有人在里头喊,里面哭,就打个洞把里面的人弄出来,边上有几具尸体,所以要把尸体拉开,好铲。所以我也去拉,我看到一只手,我去拉就只是一只手,都不知道那只手是哪一具尸体上的,就是这样一个惨状。反正把死的拉出来就放边上没管,活的大部分都是学生,就用门板当作担架把学生抬到那个操场边上,就没管,又忙着去救其他人。

老婆幸免于难有点喜出望外

付秀银：我老婆是在新区,就是你们看到的房子垮来没有了,就留了

---

① 地震后,成都军区驻渝某集团红军师于2008年5月12日19时30分,师长王凯与师参谋长胡中强、装备部部长刘红兵率师部分直属队官兵,装甲团团长唐保东带领3个边213名先遣官兵,于13日凌晨零时30分到达北川。40分钟后,政委时天聃带领大部队抵达北川,装甲团1460名官兵,83台车全部进点到位,成为第一支从省外进入北川进入灾区救援的部队。(资料来源：北川羌族自治县人民政府. 汶川特大地震抗震救灾志[M]. 北京：方志出版社, 2016: 119: 195-196.)

根旗杆的那里，那里只有七个初中班在那里。①她都在学校里，我以为她也没有了，结果我也没看时间是好久，看到她走到坝坝头来了，我还觉得是一个奇迹呢。恰好本来是县上有个五四运动纪念活动，一直没有举行，所以就推到了5月12号那天，恰好就举行那个会，所以叫她们把学生带到县礼堂去。那天她呢，就带学生过去，在礼堂里面，金县长他们都在礼堂里面开会，所以就幸免于难，躲过一劫。礼堂塌了一半，恰好她们的半块没有塌，所以就躲过了。她们班上有五十多个学生，所以就把学生带到操场上来了。上来以后，她就喊我，我正在废墟上面，我看她在那里，就给她招了下手。

王　雪：当时内心应该很激动吧？

付秀银：就是很激动，本来开始还有个老师，说我们一起去看一下，结果看到底下那个学校都不见了，然后说哪里还有人啊，学校都看不见影子了，所以就没有去，以为就没人了，哪想到她后来呢又上来了，所以有点喜出望外的感觉。

齐心协力救李校长女儿

付秀银：晚间，反正就一直忙着，走一下这里走一下那里的，不知不觉一晚上就过去了。很快就到了第二天早上，第二天早上印象最深的就是现代职业中学的那个校长，他的女儿当时也是被一个大梁把腿给压住了，然后当时已经有部队在那里了嘛，来救她的时候，开始他们用的是千斤顶，用三个千斤顶把那个大梁顶起来，把腿取出来，结果三个千斤顶都烂了都取不出来，可见那个东西特别重，拿树干也拗不动。这样呢，底下挖空了呢，那个学生就悬着的，我们轮流去抱她，那个时候也已经来医生了嘛，跟她挂着液体，一个人把液体瓶举着，当时也比较冷嘛。那个时候，我和我老婆就住在学校的教师公寓，当时房子都裂了很多口嘛，没塌，她跑回

---

① 在新区，地震发生约十几秒后，景家山突然大面积崩塌，整个校区被垮塌的山体完全掩埋，仅剩下操场上的旗杆和一个篮球架。地震时，2010级5、6班的114名学生在老师带领下在县委礼堂参加"全县五四青年创业表彰大会"，另有部分2008级学生到县职业中学上课，幸免于难。在学校的师生，除正在操场上上体育课的20多个人幸存外，其余101名学生、23名教职工（其中退休教职工5人）遇难。（资料来源：北川羌族自治县人民政府. 汶川特大地震北川抗震救灾志[M]. 北京：方志出版社，2016：117，118.）

去就拿了些衣服过来。然后呢，我就把她拿给我的衣服垫到李校长的女儿身体下边，就抱着，我们几个人换着抱。我记得当时我把手抱软了嘛，就换另外一个老师来抱，我就慢慢走下来，当时呢也没注意就把她输液的管子挂烂了，当时她妈妈也在旁边，就说你要把我女儿害死吗。当然我也非常理解她的心情，我也非常内疚。当时也有人给李校长说弄也弄不出来，干脆把她的腿砍断，看看能不能保住她的命。因为头一天也是有一个学生腿被压在底下的，那个学生说："你给我找个东西嘛，我把它砍了出来。"结果就有个同学给他找了把菜刀，他自己拿起菜刀就把腿砍了，就从小腿这个地方，他把自己的腿砍断。他后来就重新截肢，所以说就缺了一条腿嘛。李校长就说那样多可怜啊，自己也不忍心，所以说就没砍，结果到了十点过就死掉了，也没把她救出来，所以印象比较深。

组织学生转移到绵阳

付秀银：第二天早间大概是九点过，说要转移学生，所以就喊去组织转移学生嘛，然后就去组织学生了。原来我教的两个班，高三五班的那个班主任遇难了，所以就没有人带。当时那个张书记就说你把这个班带走，我说好。我就把他们组织起来，然后就来了一些大巴车，成都来的旅游公司那种大巴车，然后就把学生组织好，让他们上车。①我也没有走，我想到我还教了一个高三八班，他们那个班主任，就是之前说的那个学生唐宝山的爸爸，他呢是地震的时候摔倒了，把腰扭伤了，走路都成问题，我想到八班没有走，我就等五班走了回去看八班，这样就把八班带过去，结果呢就没有大巴车了，大巴都走完了。那时候雨又下得很大，当时想又没有车子来，这样他们就说走路，当时还是有两三百人没得车子来转移，所以就往外面走。一路走遇到还有些小学生找不到爹妈和老师的，也是跟着我们一路，从擂鼓走下来。走到半路还有一个女老师，那个女老师走不动了，那个脚上只穿了一只拖鞋，看到也惨兮兮的。然后我就喊两个学生把女老

---

① 2008年13日上午，市、县抗震救灾指挥部决定，县城的受灾群众全部向绵阳转移。学校幸存学生在班主任和部分科任老师的带领下，排成长龙至任家坪加油站，等待转运车辆的到来。绵阳市民兵连驾着25辆大巴车先后到达任家坪加油站。{资料来源：中共北川羌族自治县委党史研究室，北川羌族自治县地方志办公室. 北川"5·12"大地震抗震救灾纪实（下）[M]. 北京：方志出版社，2009：473.}

师扶着一路走,后来把那个女老师扶到哪里去了都不知道,不知道他们走到前面还是后面去了。然后走到那个永安外面呢就搭了个蓬子,就叫我们去那个蓬子里面去躲雨,那个篷子里面的稀泥巴很深,走进去都淹到脚踝了。走到里面去,因为头一天没有睡觉嘛,里面又不能坐,外面呢有几堆砖,就有几个学生堆了几堆整齐的,就说付老师你过来坐一下。我就说好,就坐那儿,结果我坐了一下就睡着了。不一会儿就有学生摇我就醒了,说送了一批那个衣服来,因为身上的都是湿的嘛,喊换了。不知道是哪里送来的,是那种运动衣,但好像是穿过的那种,然后就把身上的那个湿衣服换了,这个时候送食物的也来了,送馒头过来了,就说吃点东西,就吃了几个馒头。当时北川那个县委副书记叫王久华,我走过去,他说:"外面也没办法安置了,可能你们只有暂时在这里。"就待在那里嘛,可能一路到头走下来有一两百人,主要还是我们学校的学生,还有一些小学生都在这里。吃了馒头,又坐在砖上面,一会儿又睡着了,等到下午,我和唐高平老师,只有我们两个老师,其余都是学生,就在商量说怎么办,我们学校的其他人转移到其他地方去了,没办法联系。这样就喊学生到外面的路上看看有没有车子,有车的话看看能不能坐车去找我们学校其他的大部队,走了看了一阵子过后回来,有一个学生说看到一个大公交车,非常长的那种,就是中间有门,前面有门,后面还有门的那种。公交车来了,我就和唐高平老师过去看,说我们这里有一两百个学生,把我们拉出去,司机说他没接到命令说拉我们,这样恰好有一个人说他是交警支队的,就跑过去跟公交车司机说了一下情况,说把我们拉走。于是我们就上他的公交车,把我们拉到体育馆,就转移到那个地方,我们的学生基本都在那里。然后就喊我们进里面去,进去了一半,我也进去了,后面就还有几十个学生还没有进去,说是管制,我就走出去看是怎么没有进去。好像是温家宝总理来了,在这个体育馆这里,我也听不清楚他讲些什么,反正就感觉很疲倦。[①]原来五班的学生就在这个地方,就来把我拉过去,喊我坐,我就坐在那里。

---

① 2008年5月13日下午16时左右,大部分北川中学的师生转移到了绵阳九洲体育馆。这时,国务院总理温家宝风尘仆仆赶到体育馆看望灾民,看望北川中学师生,温总理的一句"政府要管你们的生活,你们要好好活着"。让北川中学师生看到了希望。{资料来源:中共北川羌族自治县委党史研究室,北川羌族自治县地方志办公室.北川"5·12"大地震抗震救灾纪实(下)[M].北京:方志出版社,2009:474.}

后来温总理来了，好多学生都拥过去嘛，好像讲些什么，我也记不清楚了，大概意思就是说党和政府会管你们的。等他走了，就把后面的学生放进来了，在体育馆待到第二天下午，长虹公司的说把我们接收了，就到他的厂里去安置。长虹来了一些车子，就把我们拉到那里去。①然后呢，在那天晚上去了过后，我记得每个人都吃了碗稀饭还有一个鸡蛋，反正就是两天来第一次开始吃上热东西了，当时觉得大家都很好，觉得很感动。就这样安置到长虹厂里面，待了几天，反正中途呢我记得我出去理了个发，然后家里是什么情况也不清楚，我也联系不了，反正就守着一堆学生嘛。

王　雪：您的妻子和女儿没有一起出来吗？

付秀银：出来了，她们是坐转移车出来的，我老婆也是个班主任，她带她那个班走的时候就带上我女儿一起就走了嘛。我是当时没有和车子一起走嘛，后来是走路出去的，找不到她们，所以一家人都没有会合到一起，屋头的父母啊兄弟姐妹这些也都不太清楚。过了两天呢，我有个堂姐呢就到这里来找她的孩子了，她一对双胞胎嘛，读高一。当初读高中的时候，因为我们老家离江油近，本来想弄他们到那里读，但是又怕他们打游戏，而且离北川也近，所以就在北川读，我帮她管着嘛。当初问我，在哪里读书好呢，我说读书哪里读都一样，都要靠自己努力认真才能行。我就说弄到江油去读呢，要是他们自觉性不好，还不如弄到我这里读，我还可以帮你管下，所以两个都在北川读的。结果两个娃娃都遇难了，尸体都没有找到。现在在虹苑嘛，她都找到这里来了，我听到外面有点闹说是有人在外面晕倒了，我走出去看，发现是我堂姐，我二爸的女儿。她在哭，然后就把她送到那边医院去，我也跟着去，去了过后给她输液。那个时候她的娃娃都不晓得转移到哪里去了，成都重庆的医院都有，不晓得她的两个是不是活着的，也不知道在哪里，反正是抱是活着的希望，找来找去呢也没有消息，后来去重庆嘛，也没有消息。就说明这两个都遇难了，那么多人遇难了，那个尸体是怎么处理的，我们都不太清楚。

王　雪：你们都出去了，所以不知道？

---

① 2008年5月14日，长虹公司接纳北川中学全体师生，在绵阳市虹苑剧场妥善安置好转移来的师生生活。{资料来源：中共北川羌族自治县委党史研究室，北川羌族自治县地方志办公室. 北川"5·12"大地震抗震救灾纪实（下）[M]. 北京：方志出版社，2009：474.}

付秀银：嗯，所以说不知道，那些尸体好多都面目全非了，也不可能等亲人去认，所以没找到。

北川中学师生在长虹培训中心复课

付秀银：在虹苑剧场一直待到5月19号，然后就在长虹培训中心去复课，就在那儿待到2010年才回来，待了两年。[①]

王　雪：一直在绵阳上课上了两年？

付秀银：那会儿书也没得，用的资料就是绵阳实验高中的资料，他们印好给我们送过来，反正过两天他又给我们印点送过来。因为那时候绵阳实验高中有两个副校长以前是北川中学的老师，他们出去了。我记得好像是地震第三天在绵阳九洲体育馆，我和我们一个老师一路跑到老县城去找我们老丈母，跑去找了一转，没找到。复课了开始就在长虹培训中心那个教室里面，晓得是第二天还是第三天，现在也记不清了，余震有点大，有个学生就从二楼跳下去了，结果跳下去把腿摔断了，这下子觉得在那个房子里面上课也不安全，又开始搭帐篷嘛，我记得那天晚上在外头搭帐篷搭到晚上两点过，就搭在他们长虹培训中心外头那块空地上，然后把住在房子里面的人全部迁出去住在帐篷里面。一个军用帐篷密密麻麻都睡的是人，一个班基本上是男生一个帐篷，女生一个帐篷。遇到晚上下雨呢，挨着帐篷边边上的都要打湿。好像感觉那年太阳也特别晒，大概是因为从来没在外面那么晒过，觉得特别晒。特别是中午下午啊，里面温度四五十度，简直待不住。所以复课过后开始也就象征性的复课，在上面长虹公司就组织大家搭简易教室，简易教室专门用防震的板板搭起的。所以后头就搬到了简易教室上课，细节那些都不太清楚了，反正觉得就那么一天天过了，吃饭嘛就是长虹公司在解决。他们有个伙食团，就是用搭简易教室的材料搭的。后头开始就有伙食团了，吃饭的时候大家都排好队去舀嘛，后头嘛情况越来越好转嘛，就回来了。

[①] 2008年5月19日，长虹公司董事长赵勇亲自取回北川中学的校牌，在长虹培训中心重新挂起来。公司拿出全部帐篷并连夜帮助搭建，高三师生率先在帐篷里复课，确保了高三师生顺利参加高考。5月27日，北川中学各年级师生在长虹培训中心帐篷里全面复课。8月20日，北川中学师生在长虹培训中心板房复课。{资料来源：中共北川羌族自治县委党史研究室，北川羌族自治县地方志办公室. 北川"5·12"大地震抗震救灾纪实（下）[M]. 北京：方志出版社，2009：474.}

好多学生都惊魂未定哪里还有考试的心情嘛

王　雪：当时你们教高三哈,他们是不是推迟了高考啊?

付秀银：那年就是推迟了高考,震区这边地震过后高考推迟了一个月,反正我们的感觉就是推迟了一个月比不推迟更糟糕。①这一个月从5月12号到19号,我们没上课,其余时间好像也在上课,但是书都没得,中途我们回了趟老学校去捡书,捡了几十本回去,但是光是那几十本书也起不到好大作用,主要还是依靠绵阳实验高中给我们送的资料。虽然当时外面捐了好多书进来,但是说实在的,好多都是用不上的,比如捐了些字典啊,这样那样的读物啊,基本上都用不上。所以那年的高考我们也考的不那么好。

王　雪：那当时因为灾情有没有对学生有些特殊的照顾呢,比如填志愿选学校这些?

付秀银：填学校那些都是一样的,北川的和绵阳的还不是一样的,那时候我没听说有啥优惠政策,因为灾区他是推迟了考试的嘛,非灾区没推迟考试,好像就四川分了两批考试,我估计你们那边就没推迟。②

王　雪：我们那边没推迟,还是6月7、8号。

付秀银：成都的推迟考试了,绵阳的也推迟考试了,但绵阳的受灾情况和我们北川的大不相同。

王　雪：绵阳整个市都推迟了考试嘛?

付秀银：不光是绵阳哦,整个成都市好像都推迟了考试,具体我也不是很清楚,反正整个绵阳、德阳都是推迟了的。③

---

① 为保证灾区群众的参考子女能够弥补地震灾害给高考复习带来的损失,国家有关部门决定,四川地震重灾区的高考日期向后推迟约一个月。(资料来源:刘裕国. 四川地震重灾区高考日期推迟约1个月[N]. 人民日报,2008-06-05.)

② 教育部日前下发正式文件,要求各有关高校面向四川省的招生计划,在原招生计划的基础上增加2%。广东一些高校在招生录取过程中,对四川延考区(受灾区)与非延考区(非受灾区)的考生必须按照1:4的比例进行招生。此外,不少高校已对即将入学的灾区籍考生出台了一系列照顾政策。(资料来源:刘裕国. 四川地震重灾区高考日期推迟约1个月[N]. 人民日报,2008-06-05.)

③ 四川省延迟2008年高考的地区名单:都江堰市、彭州市、崇州市、旌阳区、广汉市、什邡市、绵竹市、中江县、罗江县、江油市、三台县、安县、梓潼县、盐亭县、平武县、北川县、涪城区、游仙区、青川县、雨城区、名山县、荥经县、汉源县、石棉县、天全县、芦山县、宝兴县、马尔康县、金川县、小金县、阿坝县、若尔盖县、红原县、壤塘县、汶川县、理县、茂县、松潘县、九寨沟县、黑水县。(资料来源:刘裕国. 四川地震重灾区高考日期推迟约1个月[N]. 人民日报,2008-06-05.)

王　雪：就和你们灾区同到考的？

付秀银：啊，都是一起考的，所以那一年那些学校都觉得他们又创辉煌了，我们只是非常黯然。

王　雪：学生些肯定因为这个事情情绪受到了影响嘛。

付秀银：是嘛，还有好多学生都惊魂未定，哪里还有考试的心情嘛。学生如此，其实好多老师也是一样，虽然还在撑起，但是像我这样的家庭已经算是非常幸运的家庭了，好多家庭都有亲人受伤或者遇难的情况，所以那年高考我记得上本科线只有100多人。

王　雪：可能和你们之前的成绩差距还比较大。

付秀银：哦，比地震的前一年都差多长一截。

北川中学伤亡惨重

王　雪：当时您教的两个班有没有学生在地震当时就离开了呢？

付秀银：我教的两个班的学生都在，受伤的都只是一点轻伤，因为他们高三的都在新教学楼，而且都恰好在三楼以上，因为那个教室是新修的，全是那个预制板，可能应该算是修的质量比较好的了，底下的两层垮下去了，上面三层还在，那年整个高三的都在上面三层，所以当时整个高三的一个都没少。我们那个学校伤亡最重的在高一嘛，因为高一全都在那个旧的预制板教学楼里面，所以说高一的是最惨的。高二有一部分在新教学楼里面，有一部分在老教学楼里面，所以说那年只有高三的全在，都只有点轻伤，完好无损。

王　雪：当时学校死亡的学生有多少呢？

付秀银：我们那个时候学校总共有2000多学生嘛，还有初中部，那时候高中基本上是一个年级十个班，一个班基本上是50人以内，可能就50人。那个时候初中没分出去，2010年回来的时候初中才分出去了，就是现在的永昌中学。

王　雪：当时你们的初中高中都在一个校区？

付秀银：初中部有一个北川中学新区呢，那个全是初中的嘛，但是因为那个学校没好宽，在一个山边边上，原来他是另外一个学校，后面合并了，交给北川中学一起管理。原本计划那个学校后面也要拆了，一起修上来，结果还没拆就地震了。底下有六个班，一个班就大概50人的样子，当时有两个班去县委开会去了，还有四个班，下面几个班都是成绩比较差的初中班，那时候初中要分流，所以初三的一部分人已经被分到职业中学里面去了，所以一个班当时好像只有二三十个人那样子。在底下的多半都遇难了，除了去开会的两个班，底下逃出去的老师和学生加起来共20多个人，其他都埋在下面砸死完了。①

王　雪：你们那个校区在上面嘛，上面伤亡的就少些哈？

付秀银：虽然按比例少一些，但是按绝对人数还是比下面的多，因为上面总人数要多点。上面高中都大概有1500人那样子，再加上几个初中，所以后头统计了个数，开始初步估计遇难的可能有1000多人，后头统计下来好像没得那么多，具体好多我现在都忘了，总之遇难的还是多。②

王　雪：老师遇难的还是多哈？

付秀银：老师有40多个吧，我记得好像是49个吧。

王　雪：两个校区加起来？

付秀银：嗯嗯，就是。光是底下都有20多个，那天在底下的好像只逃出来两三个，你根本来不及跑，十多二十秒的时候山都垮了的，跑出来的都是在操场上体育课的。

---

① 在新区，地震发生约十几秒后，景家山突然大面积崩塌，整个校区被垮塌的山体完全掩埋，仅剩下操场上的旗杆和一个篮球架。地震时，2010级5、6班的114名学生在老师带领下在县委礼堂参加"全县五四青年创业表彰大会"，另有部分2008级学生到县职业中学上课，幸免于难。在学校的师生，除正在操场上上体育课的20多个人幸存外，其余101名学生、23名教职工（其中退休教职工5人）遇难。（资料来源：北川羌族自治县人民政府. 汶川特大地震北川抗震救灾志[M]. 北京：方志出版社，2016：118.）

② 地震发生大约10多秒后，北川中学本部1997年投入使用的5层教学办公楼开始垮塌，不到20秒全部坍塌，成为一堆废墟。20秒左右，1978年建成的3层旧教学楼屋顶坍塌，屋内的间隔墙大部分倒塌。40秒左右，2002年投入使用的5层新教学楼1、2楼坍塌，只剩上面严重破坏的3、4、5楼。巨震停止，有近8000平方米的教学楼全部坍塌、损毁；3000多平方米的学生食堂和近千平方米的教工食堂严重损坏；学校所有教学实施、设备埋于废墟；6幢近万平方米的教职工宿舍严重损坏；在坍塌的教学楼里，千余名师生被埋；后经各方援救，数百人从废墟中被营救出来，632名学生、25名教职工（其中退休教职工3名）在地震中遇难。（资料来源：北川羌族自治县人民政府. 汶川特大地震北川抗震救灾志[M]. 北京：方志出版社，2016：117.）

重建后北川发生了翻天覆地的变化

付秀银：灾后重建呢，说实在的我作为一个普通老师呢，具体情况都不是很了解。只是觉得灾后变化很大。地震前，我们也确实很落后，学校那么多个班，包括初中的高中的都只有一个电脑室。而且那个时候的电脑室用的还是那种比较旧的电脑，好像总共20多台电脑，那时候就是那么一个办学水平。地震过后我们回来，新学校面积也大了，设施也全了，每个教室也都有了多媒体了，反正感觉有了翻天覆地的变化了，所以不晓得地震是祸还是福。从长远发展来看，好像还是福一样，但是也牺牲了很多人，也是个祸，还是个很大的祸。然后这个县城也变好了，原来那个老县城就在那个山沟沟里面，都没得空间可以发展。

王　雪：原来那个地方确实很危险。

付秀银：那会儿边边角角能修房子的都修的是房子，我记得那个时候正在研究县城擂鼓一体化，那个县城都找不到地方可以发展了。一点点能修房子的地都修了，没得地方可以发展，就提出县城擂鼓一体化，想往擂鼓发展，结果呢还是个构想就地震了。原来那个县城也小嘛，但也缺乏规划。

王　雪：确实地形所限，也没办法规划。

付秀银：就不像我们现在所看到的这个新县城规划得很好。

王　雪：现在这个新县城应该是集全国最优秀的设计师来规划的，比很多城市都规划的好。

付秀银：好像是中科院牵头设计的，像我们学校灾后重建都有好多个单位一起参与，像清华大学、同济大学、美国的麻省理工等。①

王　雪：嗯嗯，像清华、同济这些学校的建筑、土木工程都是全国领先的。

---

① 2008年10月27日，由中国侨联、北京怡海集团组织的"怡海援建北川中学计划"在北京八中怡海分校启动。新北川中学由来自哈佛大学、麻省理工学院、香港大学、清华大学和同济大学等5所名校建筑系的教授，组成设计团队共同担当设计。10月28日，5所高校专家代表奔赴北川进行前期考察和选址工作，具体重建地址待新北川县城地址确定后确定，设计方案计划于2009年上半年完成。{资料来源：中共北川羌族自治县委党史研究室，北川羌族自治县地方志办公室. 北川"5·12"大地震抗震救灾纪实（下）[M]. 北京：方志出版社，2009：440.}

付秀银：好像说他们在规划设计的过程中这些都参与了，组成了一个规划设计团队，还研究修改了十几次，最后才修了这么一个新学校出来。反正当时我觉得地震刚过后，确实有点绝望，当时派人去找县上的，结果走到底下看到房子都没有了，去找哪个呢。据说当时还派有人去绵阳市报信，不晓得派的人报的如何，具体情况我也不是很清楚。好像说有个体育老师叫罗涛，走到绵阳来了，结果来了过后好像也没找到人，很乱的感觉，好像他当晚又回来了。那个时候一时之间也不晓得咋个办，反正觉得能多挖出来一个就尽力挖，我觉得好像老师们都这样想的，反正很惨，那些女老师都在哭，我看了很伤心，但哭归哭，该干的还是要干。学生也是，开始感觉很惊慌失措的，过了没多久，大多数学生也都投入到救人的工作中来了。像我们刘校长，我们第二天都转移走了，他一直留在学校到第三天上面的救援已经基本上结束了，也就是把废墟基本上都翻了个遍，确定没活人了，他才走，实际上他的妻子和儿子都遇难了。

王　雪：嗯嗯，所以昨天我们老师联系他的时候他在电话里就开始哽咽了，我们也很能理解他那种心情。

付秀银：他儿子也很优秀，也就是那年读高一的，本来说要弄到绵阳去读，然后因为他在当校长嘛，想到上面招点优生也难，所以呢最终他也没把儿子送到绵阳去读，也是为了起一个带头示范作用，都把自己儿子留在北川中学。哪个晓得会发生这种事情呢。就我之前说的我那两个侄儿子一样，那个晓得会发生这样的事儿呢。所以好多时候我在想要是当时我不说那两句话弄到江油去读，还没得这回事儿。

王　雪：但是这个事情也不能怪你，因为这个天灾是不能预料的。

付秀银：但是事后难免这样想嘛。

王　雪：你那个堂姐应该也不会怪你吧。

付秀银：她倒是从来没有怪我，但是我一看到她我就想到这个事情，我都总觉得好像很内疚一样。

王　雪：确实这个事情也不能怪你，当初你其实也是为了她好嘛。

付秀银：然后我们那些老师当中也有些很英勇的，媒体上也有些报道，我想他们的事情都用不到我在这个地方重复了。

王　雪：嗯嗯，北川中学当时有很多老师都是受表彰的英雄模范人物嘛。

付秀银：然后我想说的是我那个女儿能够幸免于难都是全靠他们上课的老师。那个老师叫张家春，他就是在遇难前的一瞬间，拉到我女儿的衣服把她丢出来了，所以说我一直很感谢他。

王　雪：嗯嗯，我们这上面也有他，当时他就走了哈。

付秀银：对对，就是他。

王　雪：他当时就是你们女儿的班主任？

付秀银：不是班主任，是物理老师。

震后北川中学教学质量有了质的飞跃

付秀银：灾后呢，从我们学校来看，我觉得发展还是很快的。灾后我们刘校长制定的3年恢复，6年发展，9年跨越的计划，每个阶段都提前完成任务了。现在学校学生也比原来招得多了，现在一个年级都是20多个班，地震之前一个年级就4个班，然后高考上线的人也多了，现在重本都可以上线200多个了。我记得那时候在老学校，我们重本一般就上10来个人。

王　雪：嗯，现在就翻了20多倍。

付秀银：然后本科上线的，那时候还有3本嘛，本科上线大约100多人。那么到现在，本科上线像去年都是880多了吧。

王　雪：这是质的飞越。

付秀银：参加考试的今年又比去年多了些，接近1100～1200的高三学生，能考上本科线的将近900人了，所以这样比起来，现在这个质量有大幅度提高。应该说在同类学校按这个招生人口成绩来算，现在这个成绩应该是一流了，应该算是不错了。当然我们学校地震过后，像校训这些也结合了地震精神有了变化，比如添加了爱国、感恩、朴实、勤奋等，这个爱国感恩主要就是从地震文化中得来的。虽然现在办学条件好了，但是总体来讲，教师的条件并不好，学生的教学条件好了，但是生活条件也并不好。比如我们现在的各个办公室都只吊了个电扇。空调都没得，不管是校长办公室还是一般办公室，还是教室这些都是。现在全部都只有吊扇，热天，你看热到三十几度，还是一样的空调都没得。冬天冷得要命，那个办公室又大，条件还是不好。

王　雪：那些设施都还是地震之后的吧，后来没怎么改变了吧？

付秀银：地震之后主要是教学质量在一年一年的改变，你要说那个办学设施就基本那个样子。像空调为啥子不安呢，其实主要就是为了节约钱。

王　雪：是学校没有钱，还是别的原因呢？

付秀银：学校本身也没钱，像我们本来就处在少数民族地区，老百姓也不富，收费也低。像原来还允许收费，一个学生所有费算完只交1000多，大概1200，一个学校运转起来，那个费用也是很高，觉得这个费用承担不起。当初那个长虹公司还给我们送了那么多空调，结果空调都没安，没用。

王　雪：没用啊？

付秀银：啊。

王　雪：那现在这些空调怎么处置呢？

付秀银：长虹公司送的空调先送到保管室放了两年，后头好像都变成钱了嘛，成了学校经费了嘛。

王　雪：噢，相当于就卖出去了？

付秀银：噢，就是说安空调运行起来电费遭不住。

王　雪：嗯嗯，灾后地方政府或者中央会给你们一些补助吧？

付秀银：学校建起过后补助基本没得，这个经费上补助实际上是县上补贴的，每年我记得原来啊，好像会补助几十万吧。其他的像国家啊还有省市啊，你要说是资金上的支持是没啥的。他主要是对学生进行资助，资助到学生人头上的。那些和这个学校办公啊、办学啊这些没得关系。都是学生人头经费那种，比如资助张三，一学期资助好多，就是这种情况，还有一些企业的资助都是这种情况。

王　雪：嗯，单独援助学生本人。

付秀银：嗯，基本就是这个情况，反正我能够说的也就是这些吧。

王　雪：嗯嗯，说得挺好的，很感谢您。还想了解下地震前的老师留在你们学校的还多吗？

付秀银：地震前的老师，在学校里面的都是很少一部分，现在主要都是新进的。我们学校现在是年轻化，好像说平均年龄还不到30岁。

王　雪：那以前那些地震没有受伤没有死亡的老师都没有在学校了吗？

付秀银：不，基本上都还在。但是现在只占一小部分了嘛，一是学校规模扩大了，还有因为初中部分出去了嘛。

王　雪：你们地震后期有没有对学生开展一些心理辅导啊，地震演练这方面的活动呢？

付秀银：有有，像这个演练每学期都会去做，也有公安消防的专门来办讲座啊，进行演练这些，都做得很认真。现在那个房子啊，也都不像地震前的房子，现在据说都能抗8级地震了。反正不管新来的还是原来就在这个学校的老师呢，有了这么一个地震以后，感觉大家都非常尽心尽力，所以说你看才会年年都有提高。像我们刘校长啊，其他领导这些也是经常没日没夜的在干的感觉。我们校长就是一个工作狂，而且也请了很多专家来给我们进行支援、支持。我们每学期开学前都会把老师集中起来进行专门的培训。像这学期的培训，就是从18号开始，45岁以下的老师都要参加，还有长期住在我们学校里面的那个北京的专家啊、本土的专家啊、特级老师啊，手把手地教我们。

王　雪：嗯，你们学校有北京来的专家，是地震后来的吗？

付秀银：地震过后，我们刘校长好像在北京开会，和北京西城区达成的协议嘛。好像是从2009年开始，他们西城区每年派一拨老师过来支援我们，大概一批是十几二十个人过来。还有个怡海教育集团，是个民办学校嘛，他们和西城区一起派人来支援我们。

王　雪：每年都会？

付秀银：一直支援了三年，然后还有北京特级教师乔荣凝老师，他一直都在我们这里指导我们开展工作。

王　雪：长期都在这边？

付秀银：嗯，长期都在这边。不是每天都在这里嘛，但一学期至少有一个月他就在这里听课、指导老师、办些讲座这些嘛。

王　雪：那您觉得他对你们帮助大不大呢？

付秀银：应该还是很大的吧，我们搞那个学时课堂教改，就是他引进来的，应该效果还是不错。然后像中国好课堂那个冯恩洪，好像是上学期引进来的，也在支持我们。然后还请了一个退休的专家李宪熙，他是绵阳教育界著名的特级教师，他原来是东辰的教育主任，现在每周至少两三天在我们学校待着。所以说学校还是想了各种办法，找了各种渠道来提升教学水平。好像还和一些香港的学校，结成那种姊妹学校的，每学期都会派一些老师主要是英语老师去培训，这边会有一些学生去香港交流，香港那个学校也会有人来交流。所以说灾后各方面的这些支持还是很到位了。

灾难有时候确实也是一所学校

王　雪：那您个人觉得经历了这个地震之后最大的变化或者收获是什么呢？

付秀银：最大的变化，首先是对人生的认识上，以前嘛就说这个人生无常，这句话说得多，见得少。没有好多实际的体验，通过这个地震，人生无常这个感受特别强烈了。像地震那天，我去上班的时候，我上楼遇到我们教务主任戴维中，他到教务处去给别人办转学证，我都碰到他了。等到地震了，我去刨李硕老师的身体，就是刨了两下，一个头出来了，往下刨就是戴维中老师，结果他们就是挨着的。他就死在里面了，你看这个事就比较人生无常。他往下走，我往上走。我们还说了两句话呢，我问他去干吗，他说他去给别人办个转学证，他是和我一起搭班，就因为给别人办个转学证就死了。假如他不去办转学证，就应该和我一样活得好好的。

王　雪：嗯，有时候就是很偶然。

付秀银：本身他就是单身的人，他有一个女儿是读小学三年级，他爸爸走了过后，他娃娃真的成了孤儿。她妈妈是车祸遇难了，地震那个时候，他姐姐还在帮他带娃娃，他姐姐是射洪的，他老家是射洪县的。然后地震过后就把他女儿接过去了，一直到现在我都没见过，这个就是人生无常。然后呢另外一个感受就是灾难也是一所学校吧，经历了这么一场灾难，其实我们可以看到，好多人以前看不开的现在都看得开了。经过这场灾难以后，我发现人与人之间是相互支撑的，就跟人这个字一撇一捺一样是相互支撑的。还有以前对国家这个概念，虽然说得多，但是很虚空。说一个不那么正能量的例子嘛，地震了，我们有一个老师他的娃娃埋在了地下，然后地震了好几个小时了，好像外面也没有那个进来救一下。就有人说，晓得外面到底有没有人来救噢，然后那个老师就说你不要去指望哪个来救你，国家不会来救你的。当时就这样说的，但是事实证明后来很快就来了，而且后面的救援是铺天盖地的，你都没有想到有那么大的规模，所以说后来还是非常感动的，后来他还是改变了这个观念。还是觉得关键时候还是要靠国家，说是有国才有家，这个时候这个体会就非常深刻。那么同样的对学生也是一样，以前虽然说啥子人文关怀，说得多一些，做的时候未必能够做到。通过地震，好像对这几个字理解的就更深刻一些了。所以说尤其是经历过地震的人，管理这个学生，不管是优生还是差生，至少我本人啊，真正的能够做到不再歧视差生了，就觉得活着本来就不容易。而且我们也看到，地震后本来一些学习上的差生在救援当中表现得非常好。所以才真正地意识到，成绩不好，也许是因为基础的原因，也许是智力的原因，反正是多方面的原因，确实不能因为他学习成绩不够好就认为他一无是处。所以地震过后对人有新的认识，对人生也有一个新的认识，对国家、对社会也有一个新的认识。经历了确实就不一样，所以说灾难有时候确实也是一所学校，确实是书本上也学不到，经历后你才能明白。然后地震了后都快十年了，还是觉得各个方面发展非常快，所以对未来还是很有信心的。

王 雪： 嗯。现在发现经历过地震的人，大部分人都还是比较乐观的。

付秀银： 嗯，当初地震后觉得啥都没得，以后该怎么办，以后怎么生活呢。结果到现在回过头一看，那个时候的担忧都是多余的，现在大家也都还是过得很好，应该说比地震前还过得好，并且好得多了。住的这个安置房虽然也给点钱嘛，但是给的不是很多。这些问题都解决了，我觉得这个国家对我们还是非常好，社会上各层人士对我们都很好。所以我们学校校训上有"感恩"二字，每年每学期开学都进行感恩教育。这不是假的，这确确实实也是真的。一句老话说，还是好人多。从这个事情上体现了还是好人多。

王 雪： 您现在是教哪个科目？

付秀银： 我是教语文。

王 雪： 噢，教语文的，那现在应该对感恩啊、爱国这些教育的比较深入。

付秀银： 以前学生感觉提爱国、感恩这些是在唱高调，现在觉得很多事你不是唱高调，你说得是真心话。

王 雪： 就是地震这个事例本身也可以作为感恩、爱国的题材在课上讲出来。

付秀银： 前面几届的学生他们都经历过地震，像后面的学生不一定经历过，印象不那么深刻。

王 雪： 好的，讲得非常好，谢谢您！

·大爱无疆篇·

"心理上的支撑"
——访原汶川县漩口中学王福春老师①

题记：大爱无疆！对学生、对家庭、对社会，是奉献，是责任，是担当。铸就大爱，这正是灾区人民最可爱的地方。

2017年7月18日下午，天气阴沉，我和曹元梅同学一起去汶川县教育局联系采访，在教育局楼下的工作人员介绍栏中偶然发现，曾获教育部表彰的漩口中学王福春老师现已在汶川县教育局人事股工作，我便打算联系采访王福春老师。教育局办公室工作人员热情接待了我们，并亲自带我到了王福春老师的办公室。他给我的第一印象是沉稳、干练、热情。明白来意后，随即答应接受我的采访。访谈开始后，随着王福春老师的娓娓道来，我的情感和心脏承受着越来越大的冲击，王福春老师和古雪岷烈士的故事令我深感震撼！采访完成后，很多天心情也不能平息！纵使几个月后的今天，再次回忆起王福春老师心怀大爱的故事，我还是感到情不能自已。

地震无情，人间大爱。正是这大爱，又重新筑就了人生的希望！

采访时间：2017年7月18日
采访地点：汶川县教育局
受 访 人：王福春
采 访 人：胡子祥
整 理 人：胡月波、胡子祥

胡子祥：非常感谢王老师接受我们的采访！请问您是漩口人吗？
王福春：我不是，我老家是阿坝州金川。

---

① 王福春，原汶川县漩口中学体育教师，教育部授予其教育系统抗震救灾先进个人奖。{资料来源：阿坝州地方志办公室. 汶川特大地震阿坝州抗震救灾志[M]. 北京：方志出版社，2013：1075.}

胡子祥：（您）是什么时候来到这个地方工作的？

王福春：我是 1997 年从绵阳师范大学毕业的时候，就分（配）到漩口中学的，然后就一直在这里上班。2006 年的时候，我们原来的漩口中学已经在水库中了，已经在淹没区了，（所以）当时就和映秀中学合并，（是）2006 年合并的。当时整个漩口中学更名为现在的七一映秀中学①。

胡子祥：在地震发生之前就已经更名了吗？

王福春：没有。我们漩口中学是乡村完中。因为当时高中更名必须得（在）教育部备案，当时地震的时候没有更名，地震的时候就是漩口中学。因为我们老的漩口中学是党费援建的嘛，就地震之后重新更的名，更名为七一映秀中学。

胡子祥：那现在是不是等于（老的漩口中学）就在映秀那个地方？

王福春：对，就在映秀那个地方。就在那个震源有一个叫牛什么沟②的（地方），震源正对着那个位置，和原来的校址有一点点变化。

学生需要我们照顾，就有一个心理上的支撑

胡子祥：当时地震的时候您就在学校吗？

王福春：当时地震的时候就在映秀，就在学校里面。

胡子祥：当时情况是怎样的呢？

王福春：当时，我记得马上要进行半期考试。因为我当时是教务上的教务员，要制定和安排每个老师的监考表。因为要做这个工作，所以中午我一直在办公室加班。然后两点过一点儿，刚好上课嘛，我们是两点过一点儿上课。刚好把老师的监考表安排出来，然后就想，终于做完啦，伸了个懒腰，刚好站起来，然后就地震了。就看见我们同事就在（跑），当时还觉得可能还没什么事嘛，自己还比较冷静，就觉得没什么，肯定一下就过去了。然后过了一会儿，时间还比较长，晃动也比较大，我们的办公室在

---

① 汶川县七一映秀中学（原漩口中学）由共产党员"特殊党费"4654 万元全额援建；为铭感党恩，校名更为"汶川县七一映秀中学"。新学校由清华大学建筑院和建筑设计院联合设计，两院院士吴良镛担任设计顾问。新学校占地 44 200 平方米，建筑面积 18 134.50 平方米，可容纳学生 1200 人。学校生源主要来自汶川全县的藏、羌、回、汉各民族学生。

② 牛什么沟是指牛眠沟。

办公楼的二楼,然后(我)就跑到那个操场上。因为我本来是体育老师,(但是)当时在操场上我根本就站不住,就感觉在左右、上下(晃动),然后你根本就(站不稳)。应该说,我是体育老师,我的协调性还是比较好的,(但是)你根本就站不住。本来心里觉得这个大地是最安全的、最踏实的,那个时候,一下这个安全感就没有啦。因为我们那个操场和教学楼的教室是正对着的,教室稍微在左前方一点,就看着那个教学楼左右晃动,然后一下就向前方倾斜倒下来。当时是五层楼,就是相当于是那个多米诺骨牌那样,一层一层压过来。当时我教的是高三的学生,他们高三是在最高的那一层,直接就把他们甩到下面的绿化带上。当时挺吓人的,现在回想也挺吓人的。

胡子祥: 当时正是上课的时间吗?

王福春: 嗯,当时刚好上课,刚好上课几分钟。

胡子祥: 老师和学生的伤亡可能还是比较大的吧?

王福春: 我们学校的话,伤亡还不是很大。老漩口中学在我们老的漩口镇,因为那个水库搬迁,我们(学校)是新修的,当时我们那个左前方是教学楼,右后方就是实验室,然后两边就是链接的过道,那么就相当于一个四合院的形式,是一个整体。当时修房的时候它就是一个整体,它摇晃的话,就这样摇晃。如果说那个教学楼是独栋的话,它可能就往中间倒了,往中间倒的话伤亡就肯定比较大。一个整体的话就相当于对它有一个牵引的效果,它的影响就要小一点。当时我们学校的伤亡,应该说运气还是比较好,伤亡不大。

胡子祥: 那学生马上就疏散出来了吗?

王福春: 我们学校的那个正前门外面有一个很大的空地,有一个填起来的一个很大的平地。当时,因为要比较开阔的地带嘛,学生就全部转移到校门外。当时我记得我们校长,就让党员先集中,集中后就是让他们安排各个班,然后以班为单位集中清点人。因为地震,当时的能见度很低,漫天都是灰尘,然后到处都是(灰尘)。整个教学楼倒下来后,因为当时大多数学生都在教室里面,后面就陆陆续续地从过道里面出来。学生受了惊吓之后那个氛围就是(紧张),到处都是求救声,反正那个情况挺紧张的。因为当时余震不断,没有余震了后,老师就又跑进去救(人),高年级的学生也在参加自救。我们的操场在左前方，然后我们的右边就是实验楼，还有教师宿舍也在那边。当时有的学生就很紧张，能见度很低，就是往哪里跑，整个人都是晕头转向的。因为我们体育老师随身带了口哨，就吹一下，疏散一下。那个情景，虽然说时间都过去差不多快十年了，但是回想起来印象（还是）挺深刻的。

胡子祥：后面的学生是怎么样来安置的呢？或者说是怎么样跟他们家长联系呢？

王福春：我们学校不是挨着岷江嘛，因为地震，当时就害怕形成堰塞湖。（所以）当时校长就组织，以班为单位全部转移到学校后面的渔子溪①，就是现在的公墓那个地方。当时是老百姓的农田，我们就是在农田那里集中，以班为单位。因为地震当天晚上通宵都在下雨，然后就组织老师到街上，到杂货店去找一点那个彩条布什么的，搭一个简易的雨棚。

胡子祥：老师和学生在一起吗？

王福春：对，以班为单位在一起，就是（分成）一块一块的，因为当时也在下雨，就搭一个简易的遮雨棚。然后老师和高年级的男生，就（在）老师统一组织（下）一起到街上去，统一找一些小白布、吃的（食物）之类的。因为当时（驻扎）在地里面，地里面有土豆，然后就生了火，弄点土豆之类的来吃。因为我们学校高中住校生比较多，很多学生根本就联系不到家长。

胡子祥：对，通信也中断了。

王福春：对，通信也中断了，电话都打不出去。

胡子祥：他们也不可能离开学校回去。

王福春：对，反正跟着学校是最安全的，老师、同学相互之间也有个照应。

胡子祥：这样的生活过了多长时间才会有比较正式的帐篷呢？

王福春：地震是在12号，我记得好像是14号才有帐篷的。我具体记得不是很清楚了，是14号或者15号。我们学校前面有很大的空地，当时就有部队的直升机过来。我们看到那个直升机，当时的感觉就是（很激动）。

胡子祥：他们跳伞下来的吗？

---

① 地名。

王福春：不是，他们是降落下来的。因为前两天的能见度真的很差。

胡子祥：前两天（能见度）都很差吗？

王福春：一直都很差。虽然说下雨，但还是很差。我还记得当时有一个我的学生出来的时候，当时我看见他的那个头皮就掉着，我给他扶着。还有一个女生（她很冷），我就把我的外套给她。另外一个女老师又看见我只穿了一个短袖，她又捡了一件保安的衣服给我穿上。因为我是教务员，很多老师同学都认识我，但外面的很多人还以为我就是保安。当时好像是15号，具体时间我记得不是很清楚，当时好像主要是对学生的情绪进行安抚、鼓励。那个时候看见受伤的学生，你在他肩膀上给他握一下，给他一种力量的提示，反正那个时候情绪上的关爱是非常重要的。我们老师自己的话，因为有学生需要我们照顾，就有一个心理上的支撑，这样大家都感觉好点儿。我现在都还记得当时我们教务主任，那个教务主任李老师，他比我长几岁，我也把他当哥哥看待。我记得当时有不知道是哪个老师照的一张照片，就是当飞机来的时候，他（教务主任）和老师都站在那里，还有很多学生站在那里。就在渔子溪上面，从下面向上面望，就是看到那个直升机时，大家的眼神就是感觉真的看到希望一样。虽然说只来了一架直升机，但是心理上就感觉（很温暖）。前两天相当于是孤儿，反正就像在荒漠里面，当我们看见直升机时，就相当于看见希望，心里就有很大的鼓舞。

找寻妻女

胡子祥：当时您有没有想到家人呢？

王福春：当时我爱人在映秀小学（工作）；我的小孩在映秀幼儿园（就读），在读小班；我母亲刚好是地震前一天来的，在我家里。地震的时候，第一时间也想到了她们。当时我自己心里想的是，我爱人我不担心；我老母亲她在家里面，当时我疏散学生的时候看见我们教师宿舍没有倒塌，所以心里面也就踏实了；也想过我的小孩儿。因为我的孩子是女儿，她特别黏我，特别黏我，我也特别爱她，就是我的小心肝儿嘛，当时我就想去找我女儿。但是当时你看见那些受伤学生陆续不断被抬出来，心里面想去找女儿，但是马上眼前的事情就把你这个想法抹去了，你就没有精力再去细想。大概是过了两个多小时,学生大部分都已经疏散了,各个班的学生都已经集中,而且统计了大概的人数。然后我就和我们班的另外一个老师,他的爱人也在小学,他的小孩也在读幼儿园,他的小孩儿在读大班,我们两个又过去找自己的小孩。

胡子祥:后来是怎么样的情况呢?

王福春:我过去的时候,那个幼儿园已经全部垮塌了,幼儿园出来的学生就很少,很少。我就找,反正就在那儿找、就在那儿刨,当时刨了很久。我们同事有一个小孩和我女儿是一个班的,他的女儿埋在下面那个废墟下面,有一点空间,就在下面呼叫。他的小孩跟我的女儿一样大,我就问她看见我的女儿没有。我们把这个小女孩救起来之后,我就在那里一直刨、刨、刨,最后刨了三个多小时都没有找到。当时没有到小区去,因为我想我爱人肯定和我一样,她也是老师,她肯定没有什么事情,即使有事情学校也会照顾。好像是刨到六点过,我就把那个空间刨开,我的女儿就睡在那里,挨着旁边的墙壁过道,那个墙壁就压在她身上。我就把墙壁搬开,把她抱起来,当时她的脸上都很干净,我把她面上的灰擦了,然后就把她抱起来。抱起来后我就往学校这边走,当时抱着大概过了一个小桥,抱到那个桥的时候就感觉有点儿沉,她都没有流血什么的,我就把她竖着抱放到我的肩膀上。然后搭在我肩膀上的时候,她的那个血就顺着我的背心掉下来,给我的那种感觉真的是太难受啦。当时我就把她抱到那个渔子溪山上,那里有我们救出来的几个学生,然后还有一个老师。当时救出来时还没有过世,过了几个小时后,我们那个老师又去世了,然后那几个学生也去世了。我们就搭了一个简易的雨棚,虽然知道已经去世了,但是就觉得还是要把雨给他们遮住。当时天就黑了,我就把我女儿放在那里。因为当时老母亲地震的时候,额头就撞在门上了,也受伤了。但我老母亲就一直把我守着,因为她就怕我做傻事,就一直把我守着。第二天,我又到映秀小学去看我爱人,我就去找,当时就碰到她们幸存的同事,然后她们告诉我她也遇难了。后来解放军也到了嘛,因为学校那边基本都比较有序了。我知道她遇难了,当时我就有一个念头、一个想法,唯一有个想法就是想把她找出来,然后把她们两母女埋在一块,当时我始终就有这么一个信念,我就一直在小学那边找她。因为小学的教学楼比我们中学的要老得多,当时她们的教学楼和住宿楼基本上全部垮塌完了,那个伤亡也是比较严重的。

胡子祥：您爱人当时是教的几年级呢？

王福春：当时我爱人好像是教四年级一班，还是三年级一班，她们班上当时有四十多个学生，出来了一半。地震了之后，我们漩口中学带（着）学生，到山西去过渡，我们那个老校长就怕我做傻事，他就让我跟他去打前站。他就说，我不是要你做什么事，我就是待在你身边，看着你我就踏实，反正就是你必须在我身边。当时我后面几天一直在小学这边，又下了雨，学校就组织把遇难的学生和老师就安埋在那个渔子溪的半坡上。当时我有一个师兄，他跟我一个学校，他就跟我说："师弟，我帮你把女儿安埋了。"我说："没事，师兄，我谢谢你。"因为他是我的师兄，我们现在很多时候在一起时我就说："师兄，这个是我欠他的一辈子的情。"然后我就在我爱人小学那边，当时我听她的学生反映说，地震的时候，因为她离教室门肯定是最近的，当时门就摇晃得比较厉害，然后她就用身体把门给顶住，就让学生快跑。好像是在三楼还是几楼，她们班上的学生四十多个就逃出来一半。我到山西过渡之前，就把女儿安埋在一个地方。打前站是在7月份，要那边去准备一段时间，然后去之前我就给她们娘儿俩分别立了一个碑，一个碑上面就是我爱人古雪岷①老师，另一个上面就是我女儿。然后好像是教师节的前夕，她的6个学生就自发的组织到她的墓前去祭拜老师，去祭拜的时候，好像是哪个电视台的还是报社的，就采访了这6个学生。就是通过这些学生的讲述，我爱人在第二批评选烈士时被评上了。后来通过学生，我才知道，她当时本来可以自己逃出来（但是她选择了先让学生离开）。因为我的老丈人和老丈母都是老师，她受到的这种教育，肯定让她（做）那样选择的。其实，如果说我当时还有一个（生存的）信念，那就是还有我老母亲。如果说我老母亲没有在那儿的话，当时我有可能坚持不住，不会坚持下来。从映秀转移出去的时候，就坐部队那个板船，当时就是说

---

① 古雪岷（1978—2008），女，苗族，合江县人。1997年8月参加工作，生前系映秀小学音乐教师，工作兢兢业业，任劳任怨，深受社会各界好评。地震时，正在上课的古雪岷全力组织学生逃生，该班大部分孩子幸存下来，最后她被倒塌的房屋掩埋，献出了宝贵的生命。当救援人员挖开废墟时，发现古雪岷身边有一名遇难的孩子，她僵硬的双手还伸向那个孩子，让在场的救援人员潸然泪下。古雪岷四岁多的女儿同时也在灾难中遇难。2011年5月被四川省人民政府追认为革命烈士。（资料来源：汶川县史志编纂委员会办公室."5·12"汶川特大地震汶川县抗震救灾志[M]. 北京：中国文史出版社，2013：498.）

女人和学生先坐,我就让她先走,但是我老母亲就怕我做傻事,就不走。当时学校老师和家属都是整体,在一块的。我本来的打算是让学校老师把她一块儿送走,我就想把老母亲安全地送出去之后,我去把我的爱人找出来,因为当时我心里面有一个(愿望),就是把女儿和爱人埋在一块。但是我老母亲她非常担心我,她就让我一块走,同事也担心,然后就一块把我弄出去了。因为我老丈母和老丈人都在都江堰,当时我出去的时候就去看了一下,我就到他们那个安置点,就在住房的附近。因为他们家里面不敢住,就在外面的街道上,他们一个小区的都在那里。我看到他们两个老人家没有事,当时也不敢跟他们说(我爱人去世的事情)。我就跟他们两人说,爱人和小孩都受伤了,直升机把她们都送出去了。因为当时只有他们两个老人在那里,我不敢给他们说实话。我老丈人和老丈母过了很长时间(才原谅我没有把他们女儿找出来就走了),他们当时对我还是有一点点误解,但是也可以理解。误解就是,我怎么样都应该把我爱人找到才能出来。但是,又过了一段时间他们也就理解了。当时不敢给他们两个老人说,我爱人她还有两个姐姐,最后把二老送回老家,有两个姐姐在身边的时候,才敢给他们说的。

远赴山西,临时安置学生

胡子祥:然后到了山西那边,主要是先选地点吗?

王福春:对,我们好像是6月(就去的山西)。最先出来的时候,我们学校(的安置点)就在成都。分了两个点,有一个安置点是西南财大,那里主要是以初中部的老师和学生为主,因为我们人比较多。高中部主要就是在成都中医药大学,当时就在那里有一个过渡。然后我们校长带着我们五个老师,总共是六个人(到山西去打前站)。当时是山西潞宝集团[①]的老总,在长治县城有个慈善学校,那个学校的校址是原来的五七干校。我们刚进去,因为那个五七干校荒废了很多年,芦苇就是一人高,原来的教室有的屋顶也垮塌了。当时过去的时候,第一印象就是,天阴沉沉的,又在吹风,又是芦苇,又看到倒塌的房子。唉!我当时记得很清楚,我们校长

---

① 山西潞宝集团建于1994年4月,是一家以煤焦化工为主导,横跨新材料、能源、物流、旅游、有机农业、生物工程等领域的大型中外合资企业。

的爱人姓吴,我们都叫他吴嬢嬢,他跟我们一起去的,当时我们那个吴嬢嬢就忍不住眼泪都流出来了。(当时我们)有一种感觉,就感觉我们是从一个(凄凉的)地方又到了一个荒凉的地方。当时因为我们的学生必须得学习,而潞宝集团长治的那个慈善学校没有用了,又相对集中一点,这样就好管理一些,所以我们就过去了。我们先过去主要就是跟那边潞宝集团的一起修建之类的,就是把原来的教室修建好嘛,然后就是买什么床上用品、打扫卫生、弄水电之类的,就是要把基础的设备弄好。

胡子祥:弄好这些,用了多长的时间?用了几个月吗?

王福春:当时没有花那么多的时间,我们打前站具体是什么时间过去的,我都记得不是很清楚了,好像是一个多月吧。一个多月潞宝集团那边也专门派了一个杨书记,杨书记就专门在负责这个长治慈善学校修建的所有管理。我们学生分了两批过去的,学生过去之前,潞宝集团他们那些工人为了弄好那些基础设施,就是通宵、通宵的加班。

胡子祥:最后整完了,那个学校还是很好的吧?

王福春:我们在那儿渡过了一年多。像我们刚过去的时候,我们几个打前站的,就是住那个高低床。因为它在不断地修建,就有可能今天住这里,明天又换一个房间。我们刚过去的时候,因为那个房间也比较少,学生分男生寝室、女生寝室;老师也全是分男的、女的寝室,七八个或者是十个男老师住一间,那个宿舍就是原来的教室改成的。因为我们学校的双职工比较多,双职工也带的有小孩,后面那里逐步改善了,然后潞宝集团又修了一些房子(后面有些家庭就住一间了)。这个条件在逐步改善,最开始的时候是男老师、女老师一块住嘛,后面扩建了之后,有些家庭就住一间。像我们单身老师的话,就是五六个男老师(住一起),反正住在一块也不影响。

胡子祥:你们大概在那儿待了一年吗?

王福春:嗯,待了一年。我们是2009年的7月回来的。

胡子祥:那时这边的学校就修好了?

王福春:当时(这边修好)预计的好像是四年还是三年?记得不是太清楚,然后我们2009年就回来了。

胡子祥:是2009年的几月,是开学吗?

王福春：2009年7月我们放假，放假的时候回来的。好像是7月17或者18号考完试就回来了。

胡子祥：在那边待的时候，像学生的饮食、老师们日常教学的教具、教材等，这些都是他们援助的吗？

王福春：教材这块的话，具体的我还不是很清楚。潞宝集团韩总[①]还是非常有爱心的，比如说我们学生过去的时候，是从成都到山西长治，当时因为搭那个火车必须得跟铁道部的打报告，必须得备案，当时过去的时候潞宝集团给我们弄的全部是专列。然后回来的时候，基本上保证了我们学生都有座位，虽然也有少量旅客，但也相当于是专列了。当时首先保证的是我们学生，然后才是少量的旅客。

胡子祥：一共去了多少学生呢，老师和学生一共有多少？

王福春：当时我们老师好像有一百多人，这边留了几个工会主席。因为我们这边汶川还要重建学校，然后还有很多的后续（事情）需要处理，所以我们的工会主席跟几个老师留下来了。其他（从事）教学的老师，还有除了特殊情况的，比如生小孩之类的，剩余的老师都到山西去了。学生的话，因为我们的学校全部都在外面过渡，基本上学生全都过去了，留下来的还是很少。

胡子祥：那（么）人数可能有几百人吧？

王福春：2008年我教的是高三，2008年8月过去后高三就毕业了，我就在教高一。高一是两个班，高二和高三各四个班，然后初一是两个班，初二、初三各四个班，大概是二十个班。

---

① 韩长安，潞宝集团董事长，民营企业家。1994年创办潞宝集团，从一个不到100人的小焦化厂起家，现已横跨能源、电力、运输、旅游、农业产业及高新科技等诸多领域。韩长安曾获中华慈善突出贡献奖、全国道德模范提名奖、首届全国最具社会责任感企业家、全国抗震救灾模范、"感动山西"十大人物、中国百名好人榜等称号。汶川特大地震发生后，他第一时间深入灾区，把汶川县映秀镇漩口中学1260名师生，用专列全部接到他创建的长安慈善学校过渡复学，并负担其后三年衣食住行的全部费用。2010年玉树大地震发生后，他又成建制接收了玉树县第一民族中学1100多名藏族师生，到长安慈善学校过渡复学。为给孩子们创造良好的学习生活条件，他尊重藏民风俗习惯，聘请藏族厨师，还从青海购回牦牛肉、青稞面。仅这两次义举，韩长安就累计投入2亿多元，被两地孩子称为"山西爸爸"。（资料来源：山西潞宝集团董事长韩长安：用大爱书写时代大义[N]. 山西日报, 2012-03-31. 转引自"中国文明网", http://www.wenming.cn/sbhr_pd/hrhs/201203/t20120331_591162.shtml.）

胡子祥：那有一千多人吗？

王福春：嗯，差不多是接近一千人，可能一千还多一点。

胡子祥：全部在那边待了一年吗？

王福春：嗯，全部在那边待了一年。在那边待的时候，因为山西那边的饮食习惯和四川还是有一定的差别。我们住的那个地方在山西长治的富村，当地的水质比较硬，这样我们的老师、学生就很容易会饿，饿了就必须得吃，所以我们老师和学生经常感觉肚子饿。我们教务员教的是高中的体育，我教的是高一，当时我的学生里有一个女生，如果我们12点过吃的饭，下午两点过上第一节课她就已经饿了。还有就是那边不怎么吃辣椒，我们的学生就带点辣椒面，把那个辣椒面撒在碗底，然后把饭打在上面。刚开始的时候我们学生就很不适应，这个也不是说潞宝集团怎么样，人家潞宝集团的韩总也非常大方的，这只是一个饮食习惯的问题，我们学生就觉得很不适应。然后我们的校长就给政府打了报告，后面每个月（政府）就专门给我们5万块钱的伙食补贴。当时伙食补贴下来，我们一周就吃三次回锅肉，但是开始的时候这样的伙食感觉不是很适应。我记得第一次吃回锅肉的时候，特别是初中部的学生，因为长时间没有吃那种家乡味，一下就吃这么油重的东西，我们很多学生都拉肚子，因为他那个肠胃久了没吃油荤，（一下吃油荤很重的东西）就突然不适应，就打滑①。然后我们每个星期是吃三次，每次吃三百多斤肉，（三百多斤肉）就专门用来做回锅肉。我住的寝室住了四个人，另外三个都是我们学校的厨师，一个中级、一个高级、一个初级厨师。山西那边和我们这边饮食有差异，他们就不会做（回锅肉）。因为他们三个都是厨师，所以就要到食堂去帮忙。因为我们四个住在一起，他们三个对我也挺照顾的，我们四个不管做什么事，洗澡、吃饭、出去干什么都在一起。我经常就跟他们一起到食堂去，他们三个就教那边伙食堂的员工怎么炒回锅肉之类的，我也跟着一起。校园里安了两个IC卡电话，然后我们学校第一次吃那个回锅肉的时候，我们四个一块在外面，就听到那些学生跟家长打电话，说："爸爸，我们今天吃回锅肉了。"哎！我们听着心里真的挺不是滋味的。

胡子祥：对。

---

① 打滑指拉肚子。

王福春： 我们在想，如果说是我的小孩的话，在给我打电话（我们心里是怎样的感受）。在自己家里面吃回锅肉是很容易的，根本就不是个事儿，然后这边第一次吃个回锅肉都打个电话。我们就在说：哎，那边的家长肯定心里可难受啦。当时在那边老师、同学都还是都比较团结的。然后（在）管理方面，当时学生生活上主要就是吃饭，吃饭是直接去打，也全是免费的，一天三顿都是免费的，生活上就没有很大的问题。对学生的话，主要就是这种心理上的疏导，他们远离家乡，突然到一个陌生的环境嘛。当时特别是初一的学生，因为他们比较小嘛，还有女生，他们就特别地不适应。当时我们的老师就是想尽一切办法，对学生进行心理疏导、通过组织活动等来分散学生的注意力。当时主要就是对学生心理上的疏导，这个任务比较重大。我们学校也有几个老师都失去了亲人，从我们老校长那个层面（到下面所有的人），那个时候大家都是很关心这部分老师。因为老师其实在面对学生的时候，有一个责任心在里面，通过自己的教学，就相当于是让自己转移一下注意力。但是大概有大半年的时间，我晚上三四点钟之前基本上没有睡过觉。其实白天的话，跟着（室友）一起到食堂，因为我之前不会做菜、切菜，他们就教我做菜什么的，我就觉得有事做还好。白天也要上课，我教了两个班，一百多个学生，学生有问题就要找老师，我就尽量地帮，所以白天的时候就都还好过一点儿。到晚上，就特别难受。晚上的时候，也不可能一个人开着台灯看书，因为别人在休息，他们白天还要炒菜什么的，不能影响别人，所以我晚上都是等他们睡了，大概两点过的时候就出来到操场上去。当时学校的操场在学校外面，校园里面是没有操场的，所以在学校里面什么地方坐一下、走一下，这个圈子也就比较小，每个地方都住的人，不是老师住的就是学生住的，也不能影响他们嘛。就那段时间非常难熬，当时心里面有一个想法，就是要回去给老丈人一个交代。因为这边爱人跟小孩的事儿还没有处理完嘛，老丈人那边也还没有给他们说。所以我就想着要回四川，跟老丈人他们一个交代，这样一个阶段一个阶段的，都有一个心理的支撑。

开始新生

胡子祥： 您回来之后多久就调到教育局了？

王福春：因为我 1997 年参加工作后就一直在漩口中学，一直都只在这一个学校待过，我们漩口中学老师的关系都很融洽，（从）1997 年到 2008 年自己的青春就基本上都奉献给这个学校了。当时因为我们的同事，有好几个小孩跟我的小孩差不多，当时就想换一个环境，以免触景生情。当时从山西回来的时候，好像是 7 月，我们是 7 月 18 号左右回来的，这边教育局的办公室就差人。因为我在 2009 年春节的时候，就向组织提出了（申请），就是如果可能的话，我就想换一个环境。然后（从）山西回来的时候，是 7 月 18 号左右，当时因为地震重建，所以事情也特别多，办公室差人，就打电话叫我过来，我是 20 还是 21 号就到教育局这边来上班了。

胡子祥：在后来的重建过程中，您主要是做哪些方面的事情呢？

王福春：因为我原来在学校教务上工作，教务员对电脑要相对比较熟悉，所以到这边办公室后，主要就是做一些文件，他们把文字做好了，我就套一些正式的文件之类的。也就是收发文件、做一些文件之类的，做文件的话我就按照规定的格式把它给套出来。2009 年的时候，当时办公室事情挺多的。当时板房过渡，我们的教育局在雁门的板房里，然后上班在板房，住也住在板房。当时在板房时，我们同事基本上都是一个人住在这边的，板房里面就只有一张床，那里也没有什么游玩的地方，所以我们就经常加班。那里弄了一个简易的食堂，白天就是上班、吃饭，中午的话休息一下，晚上的话，基本上在板房住的同事晚上也接着上班、加班做事儿什么的。因为当时重建的时候，吃住都在那里，主要就是做一些自己手上的日常工作。

胡子祥：你们的工作后来什么时候才走上了正轨，什么时候才搬到了这边呢？

王福春：当时从雁门搬过来，应该是 2010 年。

胡子祥：两年多才重建好吗？

王福春：好像是 2010 年的时候，我们就从雁门那边搬过来，搬到原来那个威师①附小，（现在）这个地方是去年国庆节才搬到这里的。地震之后，我们在原来的威师附小（办公），就是我们现在汶川二小的老校址那个地方。

---

① 威师指四川省威州民族师范学校系国家级重点中职学校，学校创办于 1938 年，为体现当时倡导的"乡村教育救国论"而命名为四川省立威州乡村师范学校；1950 年更名为川西师范学校，1953 年又随省建制的改变而再更名为四川省威州师范学校，1993 年启用现校名，地址在汶川县威州镇。

因为它挨着那个山，然后对边坡进行了治理加固，它的教室没有受损，全部都是好的，所以我们就搬到当时那个办公区的地方。先在办公区这边上班，原来的教室又在改装，改装成教育宾馆的形式。我们就先在办公区这边，等（教育宾馆）这边装好，又搬到教育宾馆这边上了一年多的班，这边办公室装完了又搬回来。两个都是原来的老教室，在那里上到去年的国庆节（才搬到这里的）。国庆节后，因为我们县上那个教育资源整合，整合就是要统一部署，所以我们去年国庆节的时候就搬到现在这里了。

胡子祥：现在您主要是负责哪一块呢？

王福春：现在的话，我是2009年到的教育局办公室，在办公室干了两年。干到2011年的时候，我们原来那个人事部的老部长他比较信任我，他对我的工作也比较认可，然后就把我调到了人事部，从2011年一直到2017年一直就在人事部工作。我的工作主要就是工资政策、调资、绩效工资的测算，然后还有办教师资格证，就是阿师院[①]的和威师校[②]的教师资格证的办理，主要是这个板块的工作。

胡子祥：十年了，现在应该从过去走出来很多了吧？

王福春：嗯，十年啦，现在（生活）基本上也步入正轨了。我现在也成家了，又重新带[③]了小孩。就是带了小孩之后，事情就更多一些了。又有一个家了嘛，有家有小孩，精神上也就有寄托了。但是肯定（偶尔还是会思念我之前的爱人），因为我和我之前的爱人，我们两个从谈恋爱到结婚，然后到地震，一起生活了十多年了。反正现在偶尔的时候，特别是夜深人静的时候，还有一个人的时候，就会思念她们。特别是一个人情绪不高的时候，或者是过节的时候，反正我的情绪有的时候就会有波动的。我想这应该是正常的。

胡子祥：这是自己人生的一部分。

王福春：对。

胡子祥：谢谢王老师！我也是觉得有点抱歉（让您想起这段悲伤的往事）。

[①] 阿坝师范学院位于汶川县水磨镇，1978年经国务院批准成立阿坝师范专科学校，2015年4月28日经教育部批准升格为阿坝师范学院，属四川省省属普通本科院校。

[②] 四川省威州民族师范学校。

[③] 此处的"带"在四川话中意为"养"，下同。

·大爱无疆篇·

中国版的"地震中的父与子"
——访原曲山小学①学生任佳凌

题记：父子深情，血浓于水，生死相依，不离不弃。一些沉重总会化作生命的力量，一些坎坷总会铺就人生的坦途。

在我看来，任佳凌和父亲在地震中的经历更像是中国版"地震中的父与子"。有机会倾听到这个中国版"地震中的父与子"，实属偶然。一次访谈结束，在路上偶遇了任佳凌同学，因为在这个小镇上，很难见到年轻人，当然不能放弃采访的机会。于是上前简单了解了一下，这个正在上大学的小伙子正是北川老县城的人，现在住在新县城，这次是暑假回家，来到这个小镇上给这里的学生做辅导的。他说他是被父亲从地底下挖出来的，当时他才10岁。听到这里，我立马感到他一定是一个有故事的人，于是跟他约了时间做了深入的访谈。他告诉我，地震前不久，他们刚刚学了一篇小学课文叫《地震中的父与子》。震后他被埋在废墟里，他就想到课文里面的情形。后来父亲呼喊着他的名字，想尽各种办法挖开掩埋他的重物，同时也救出了一同被埋的同学。他当时年仅10岁，被埋地底下，冷静呼吸，等待救援，乐观坚毅，他想着自己"一定要活着出去"，甚至想象着地震之后如果成了残疾人，要拿残奥会冠军；当时药物紧缺，不打麻药清洗伤口、缝针，伤口感染，差点被截肢，输液被打了18针仍然找不到血管；失去了妈妈，仍然坚强懂事，体谅并接受了父亲重组家庭……在向我讲述这些时，他始终那么平静淡然，却不知道自己所经历的这些让眼前的我多么震撼。我知道这些沉重的故事早已化作他生命的力量。

---

① 原北川县城曲山小学共占地面积9338平方米，在校师生1024人，教职工67人，地震造成曲山小学学生遇难399人，伤残28人；教师（含退休教师）21人。震后，曲山小学迁至北川新县城，更名为永昌小学。永昌小学位于北川新县城中心位置，由山东淄博市援建，占地面积30015平方米，投资5265.42万元，2009年12月开工，2010年7月21日竣工。（资料来源：北川羌族自治县人民政府. 汶川特大地震抗震救灾志[M]. 北京：方志出版社，2016：119，685.）

近十年过去了，当年 10 岁的少年，和我谈起了他作为男人的责任。父亲深深影响着他的人生观、价值观。他说，小的时候可能会想以后能做很大的事情，但到了现在，自己将来能够学有所成，能够担起自己作为男人的责任，有一个美满的家庭，能够陪家人，平淡真实，就是一种成功。经历生死，可能才会如此坦然地面对人生，如此淡然地面对成败吧。

采访时间：2017 年 7 月 31 日
采访地点：北川县擂鼓镇
受 访 人：任佳凌
采 访 人：雷　芳
整 理 人：雷　芳

我被埋在几米深的地下，爸爸来救我了

雷　芳：请你就大概从地震时，仔细回忆一下当时从地震开始一直到你被救出来后的每一天，你的生活和一些经历。

任佳凌：嗯。

雷　芳：当时地震的时候你在做什么呢？

任佳凌：当时我们在上课，四年级，我们在二楼，我们那个教学楼一共有四层，我们在二楼。四年级，我是四年级四班。当时，每个学校都有电视嘛，就是自己的电视，相当于学校的广播那种，每天中午，我们就坐到那儿看电视，然后看到一半的时候嘛，地震来了……当时我坐在第四排，我们刚开始前两三秒的时候不知道地震来了，因为从来没经历过。我们老师他不晓得这是地震，开始还不晓得嘛，老师也愣了两三秒之后，然后我们就看到窗子外面的树啊、窗子、护栏那些都摇得比较凶了。老师就说"地震了"，我们就跑。我坐在第四排，我就往讲台跑。我刚好跑到讲台的时候，就陷下来了，我就被埋在底下，然后什么都看不到，全身被埋到，特别是腿杆，就小腿儿那一部分，被预制板压到的，特别重。那一块儿很多人都压到底下的嘛，就是那一块就很重。我爸爸的话，他本来不晓得我在哪里的，然后五一节的时候开家长会才来过。地震后，他就找了几个同事，我们那边还有个超市就没垮嘛，里头就是有很多那种应急的东西，然

后他们同事就拿了很多那种东西把预制板撑起来,一直到晚上10点钟,我出来的时候天都黑了。当时在下小雨,然后把我们弄到县政府的坝坝,就是一个很大的广场。

雷　芳：嗯。

任佳凌：因为当时天黑了又下雨路又断了,我们就没法出去,全部都躺在那里。第二天的时候部队才来,第一天晚上部队到任家坪,就是那儿那个地方,天太黑了,就没下来,然后第二天早上就下来了。①第二天早上下来的时候啊,那个路垮塌得太严重了,我当时没法走,就只有躺到,到处在流血。因为没法走,他们就帮我爸找了个东西,就板板那种把我抬起来,四个人就把我抬起,抬到任家坪路好点的地方,当兵的就把我接走了,用那个货车拉到绵阳的404医院里去了。然后呢,404医院承受不了那么多,就转到重庆医院去了,重庆有个地方叫綦江,就转到綦江医院去了。

雷　芳：嗯。

任佳凌：我在那儿,养了大概一个多月,6月份接近7月份我就回来了,回来就在家里休息了几个月。北川没法住了嘛,当时我们就在绵阳南山那边租了一个房子,就在那边住下来了。住下来后等我们原来那个学校（复校）,绵阳有个军区把他们军区拿来给我们学校当（安置点）,就板房啊,然后我们学校就在那儿复校了。我就跑那儿读书,读了两年小学就毕业了,然后就在安昌的一个中学学习,安昌就是挨着北川的一个镇。

雷　芳：嗯。

任佳凌：在那儿读了初中,又在北川读了个高中,然后就是现在。

雷　芳：嗯,当时你被埋在下头的时候,还有意识吗?

任佳凌：还有啊。

---

① 地震后,成都军区驻渝某集团红军师于2008年5月12日19时30分,师长王凯与师参谋长胡中强、装备部部长刘幻兵率师部分直属队官兵,装甲团团长唐保东带领3个边213名先遣官兵,于13日凌晨零时30分到达北川。40分钟后,政委时天聊带领大部队抵达北川,装甲团1460名官兵,83台车全部进点到位,成为第一支从省外进入北川进入灾区救援的部队。随即,红军师在曲山镇任家坪设立指挥部;装甲团在任家坪收费站设立指挥所,5月13日凌晨5时,红军师装甲团赶赴北川县城开展营救,7时许,装甲团赶到曲山小学东校区救援。（资料来源：北川羌族自治县人民政府. 汶川特大地震抗震救灾志[M]. 北京：方志出版社,2016：119,195-196.）

雷　芳：人完全都是清醒的？

任佳凌：嗯。但是我出来的时候，脸全部都肿完了，眼睛什么都看不到，因为底下太重了。我也什么都看不到，眼睛也肿了，就是脸，啥子都肿了的。

雷　芳：你爸来的时候，你是听到他喊你了吗？

任佳凌：嗯，因为我有个同学，我爸爸认得到，他的上半身是在上面，然后我爸爸看到就先把他救了，然后他给我爸爸说我在下面。我爸爸就一直挖挖挖挖的……后来我爸爸就给我说，他当时就喊我的名字，我在下面答应啊，他只听得到不明显，就是你被绑架了，被绑在一个麻袋里那种，那种呜咽的声音，其实就不晓得那儿是我。

雷　芳：就是声音不清晰？

任佳凌：嗯。

雷　芳：他在上面喊你，你答应他的？

任佳凌：嗯。我听到了，当时我们周边的同学都说任佳凌爸爸来救他来了，我爸爸一起把他们都救了，救了三四个、五六个起来。

雷　芳：哦。当时你们在二楼？

任佳凌：嗯，一下子一楼就塌陷了，一楼已经没有了，我们上面三楼也塌陷下来了，四楼就相当于是一个阳台一个平台，这个倒没有多重，但全部都塌到一楼，一楼是拱起来的，相当于没有一楼，然后我们被掏起来的时候还要走那种（斜坡）滑下来。

雷　芳：地震的时候，把你们二楼抛出来了？

任佳凌：直接陷到下面，一楼是被拱起来了嘛，一楼是被拱起来就形成了一个斜坡那种，二楼全部下去了。

雷　芳：哦，所以说其实你当时还在表层上面？

任佳凌：但是三楼已经下来了嘛。

雷　芳：哦，那你完全被埋在下面？

任佳凌：嗯，完全，至少有几米深嘛。不然不会掏那么久，掏了几个小时，掏到天都黑了，打起电筒在掏，掏了很久。

雷　芳：那现在觉得太幸运了，真的是。

我告诉自己要慢慢呼吸，周围的同学一个一个全都不叫了

任佳凌：嗯，我周围五个同学，开始一直在叫，叫我的名字，然后喊、喊，后来他们全都不叫了，一个一个的都不叫了。

雷　芳：他们全都在喊你名字？

任佳凌：嗯，我周围几个同学。

雷　芳：嗯。

任佳凌：不止喊我名字，我们都在底下说话，当时都在底下说话，就说什么，哪个还活着的啊，然后到后来，只有我一个在说话了，就是到10点钟的时候。

雷　芳：就从你当时被一瞬间埋到下面了开始，你们在下面都有交流？

任佳凌：嗯。

雷　芳：你们都说些什么呢？

任佳凌：我们一直都在喊救命，然后就喊同学的名字，说哪个还活着的。其实当时，当时地下过得特别的漫长，但是我都不晓得人可以坚持那么久嘛，有些人他就是，急急急急急急，等后来被掏出来的时候，脸都乌完了，完全窒息而死那种嘛。他鼻子呼吸不到，他就一直在底下叫，叫着叫着他就窒息了。

雷　芳：力气就用完了？

任佳凌：嗯，直接就呼吸不过来，因为底下没有空间，我下面当时是我们那种桌子，就是那种比较尖的桌子，一个三角形的直接横到我胸口上，一直梗在我胸口上。我就出不到气，就一直呼吸，一直呼吸呼吸，慢慢地呼吸，呼吸，呼吸，我如果像他们那种大叫的话，早就没有了。

雷　芳：你下意识地就慢慢呼吸？

任佳凌：嗯，我下意识地慢慢呼吸。因为我当时胸口一直被压到的，一个三角形的东西，我现在这儿都有一个印记，就是当时被压的那种印记。当时我被塌下来的时候，其实感觉不到多疼痛，只是感觉脑袋像脑震荡一样，全部一下就塌下来，塌到你脑袋后面，我都一直不晓得我脑后有个洞，去到重庆医病的时候我才看到。而且我打麻药打太多，当时都害怕医病了，我就不让医生看到，假装把那儿摸到，后来它自己都长好了。

雷　芳：嗯，没有流血吗，当时？

任佳凌：当时流血的话就是这儿，这儿，现在这儿还有印记。这儿在流血，然后腿杆上就说流脓那种，很多肉嘛，表层的肉都坏死了。当时在绵阳的时候医药太紧缺了，都说要截肢了，后来到重庆去才医好的。在绵阳的时候就是，医生说根本没法了这个，说肉全部都坏死了，就是要全部把小腿截了，后头说要转院了，去重庆那边才慢慢地修复好，植皮这种，才好了的。

雷　芳：你们当时就下面那些小伙伴，你们一起在下面经历了从两点过一直到晚上十点过，接近 8 个小时的时间，你详细回忆下当时你自己听到的、想到的，然后自己怎么做的，这个过程呢？

任佳凌：当时我就听到我们一个同学，他现在还活着的，而且还跟我要得比较好。他姓周，名字我就叫他小周就行了嘛。

雷　芳：嗯。

任佳凌：然后小周他就在底下说，他说，当时我爸爸好像是四点过才来的，就是接近四五点的样子了嘛，两点二十多地震的，前面几个小时的时间，两点到三点这段时间，三点到四点这段时间，我们一直在地下就是特别着急嘛。我那个教室后半部分，有一块是没垮的，坐在后面的同学，他往后面走的话，后门就没垮，不是说一楼拱起来一个斜坡，然后他就从一楼那个斜坡滑下去了，那些人就获救了。当时我们班有 54 个，然后走后头跑了的有 10 个，10 个左右吧，就是走后面没死的有 10 个，然后剩下的人呢，就全部被埋在那下面，但是被救出来也是只有 10 个左右。然后我们当时在底下，有些人脸是露出来的，我们有个校长，那个教体育的老师，我们班上有个女同学是他的二女儿。他当时就来找，顺便救了几个，就是很容易救出来的那种。到我们，到我们就是比较深那种，我们就一直在底下喊，就是喊救命啊那种。

我当时想的是，我年纪轻轻的，这么快就结束了生命，我们才学了一个《地震中的父与子》①，就是一篇小学课文，然后就地震了，所以我就想到那个里面是怎么做的，但是我现在记不起了。不知道是怎么的，我就

---

① 《地震中的父与子》是一篇虚构的短篇小说，作者是马克·汉林。文章讲述的是在美国的一次地震中，一位父亲不顾劝阻，冒着生命危险，怀着坚定信念，经过 38 小时的挖掘与种种艰辛，终于在废墟中救出儿子和 13 位同学的故事，赞扬了父爱的伟大与崇高。

在底下想到如果我被救出去的话,我会不会被截肢啊,会不会被怎样啊,我就想到很多残疾人,想到以后的生活,我想了很多,我也在想以后爸爸妈妈要怎样啊,为什么会有这个地震,我也在那儿想。当时想的时候,我也没怎么说话,然后我就呼吸,就慢慢地呼吸,呼吸,但是压到胸口那个钢板,弄得是比较痛的,然后我就一直慢慢地呼吸。其他的人就说,有的人就说,我们就在底下问,"还有哪个活到的",我就答应。他们说还有任佳凌。然后我们坚持了一会儿,有几个人就没说话了呢,我们当时就根本没想死亡这个问题,我们就没想我们这些同学死了我们好伤心,我们当时根本想不到这些。我就一个念头,当时我背上感觉是可以蠕动的,压得不是很凶(严重),我想把背挣起来,但是我一挣,前面就痛得不行,我就没法,我就说"哪个快出去喊人救我们"。

等了一会儿我爸爸就来了,我爸爸就喊"任佳凌",我当时真的心头好开心哟,我就想就算我没被救出来,我爸爸活着,我心里也是非常开心的。我爸爸就来喊任佳凌,然后他们就说任佳凌的爸爸来了。我爸爸就开始喊了几个同事开始救人了。其实我是最难救的,因为腿杆那个地方压着,然后他们就刨刨刨,就把头刨出来之后,当时还没有天黑嘛,当时七点过,把头刨出来是七点过。六七点过,当时天还没黑。我眼睛肿成一条缝了,然后我就看我们老师的一个手包,就是他的一个包包放在那儿的。然后还有一个同学的身体,他是半截身体,有一截身体就是已经相当于断了那种,但是我没有仔细去看,我也不敢太看了。当时我真的没想到害怕,我就想到要活着出去。然后我问我爸爸,我妈妈呢,我爸爸就让我不要问这些了。后来我才知道,我妈妈去世了。我妈妈和我爸爸是一个公司的,那天我妈相当于就是替我爸爸值班的那种呢,然后就去世了,遇难了。我爸爸就看到我妈妈那个房子呢垮下来的,整个一大块,他就想到太困难了,没法救我妈妈,就只能一下来找我了。从他的公司到我们学校这段路全部都是那种大石块,还有余震,他就走得特别慢,然后他就去拿千斤顶,压预制板那种工具,他就过来了,过来的话我就问他很多事情。爷爷奶奶在老家,在北川的区乡里面,他们没有住在县城里面。然后我就问,不知道里面什么情况,我就问我爸爸,他就说现在先不要想这些。就是先把我头掏出来,我就看到很多残手啊,半截的身体呀,我当时根本没想到害怕,根本没想到害怕,根本没想到死。当时还在余震,然后当时我们这个墙还没垮,随时就往底下掉一块砖呀，落一点东西。就后面这个预制板实在是太重了，一直就没弄起来，到后来慢慢弄的话才好了的，才把它弄出来。

我们看到任家坪很多红光——救援的人来了

雷　芳：你整个人出来时意识还清醒不呢？

任佳凌：意识清醒，当时天下雨，我看到对面的山，对面的山就跟到垮的呀，就是山崩那种，就只剩点点东西了。北川当时有三个广场，三个大的广场，北川大酒店有一个，政府有一个，那边的财政局有一个。我出来后我们就被安置到政府那边，那边有个比较大的广场，然后很多人就在底下。跑那儿去的时候，这边就是悬崖，我就躺着，这边就是坎，那种很陡的坎，然后就一直躺在那里，我就特别害怕，也不是特别害怕，当时又在下雨。我爸爸又想到不能喝水嘛，我又特别想喝水，然后他就一口一口地给我喂。到后来那些大人，就是有见识点嘛，他们就在讨论，他们就在说比唐山大地震还凶，比唐山大地震还厉害，他们当时就在说里面的情况。当时信号也没有，都联系不上。只看到任家坪在山坡上，我们相当于在河谷地带的。

然后我们就看到任家坪有很多红光，我们才晓得应该是那些救援的人。但是天真的太暗了，我们就一直在那里躺着，一直躺在那儿。我爸爸就一个人把我们弄在那里，我还有个跟我一样大的弟弟，我的弟弟也是我爸爸救出来的，他也躺在我旁边，他的伤比我严重一点。他就一直躺着，我爸爸他就照顾两个儿子呢。他喊了些他的同事，第二天一早就把我们抬起，那个同事原来当过兵，比较有劲嘛，抬到山那儿，你现在去看北川老县城道路还是可以，但是当时就是石头那些，全部是大石头，你根本就莫法走的那种，而且还抬个人，就只有把我抱起，抱起来我全身就特别痛，就痛到不行了。当时把我扛到肩膀上，我就感觉，特别是梗到这儿的时候，我就感觉心脏都要炸裂了那种，太疼了。后来到了那种路上好走一点的地方，那边有很多官兵，有个当兵的就把我背起。

锥了18针也没有找到血管

雷　芳：他把你背出来就上车了吗？他把你带出来后有车没有呢？

任佳凌：就货车。还要等一个小时，天下雨，风吹多么大。等了一个多小时,全部都是那种重伤员。我腿受伤,没法站也没法坐需要人照顾,我爸爸就跟到我走。刚刚跟你说的另一个孩子,就放在一个货车上。他是那种军用货车,后面有货箱,就全部摆到那里面去,送到医院去,运到安昌的医院的时候。安昌医院就说,没法接收这种重伤员,然后就运到绵阳404医院。绵阳404医院当时没有药了,给我清理伤口的时候,就直接从我手上……你看我手指现在都伸不直,我全部都是这种伤口。就直接用消毒水洗、刷,当时就很痛。然后当时给我缝针的时候也没有打麻药,直接就缝了。真的,当时我又肿得不行了,就是手指那些,不是要输那种消炎的液,就一共锥了18针,18针也没找到血管,没办法了就把头发剃完,在头上这儿找了一个血管输进去。后来在那里住了几天,我们老家的有些人就看到政府公布的信息,说哪些人在哪里,他们就下来了。他们就来看我,就说我爷爷奶奶没事,我爷爷奶奶上面还可以,上面不是很严重。爷爷奶奶没事,身体也还可以,他们就是担心我。见面的时候,我眼睛这里是肿的,还没有消到肿,几天都没上过厕所。志愿者在旁边,然后就说说说。后来,我大概是12号出来的,13号到医院,大概是18号19号的样子,就说严重的伤员要转到重庆去,就到重庆的那个綦江去,然后就去了。

雷　芳:转到重庆去就是你身上的那些伤口都回原了吗?

任佳凌:当时去的时候没法走路,但是说不用截肢。只是表层坏死,然后重庆那边就该剪的剪,该植皮的植皮,才慢慢变好了的,腿现在还有一些伤疤那种。

雷　芳:我看呢,还明显吗?小腿是不是?

任佳凌:不明显,就是这边。然后就是有一些疤痕这种。

雷　芳:不是很明显了。

任佳凌:嗯,当时有一些明显,我都不敢穿短裤。

第一次看到爸爸哭

任佳凌:后来的话,就是到6月,6月接近7月了,我爸爸当时就担心爷爷奶奶,然后我们就回来。回来的时候,爷爷奶奶这么多天没有见我们了,我们就看着我爸爸哭,我们也是第一次看我爸爸哭。我妈妈去世嘛，家庭变故太大了。其实到那种时候，才知道地震带来的伤害。当你被压着的时候，你只知道去求生，你根本不会考虑身边人的离去，或者是你当时心里有点触动，但想不到这些，当时就只有求生，当时我爸爸在救我的时候心头就想着把我救出来，他也没想到自己的老婆也死了。

雷　芳：伤心来不及了。

雷　芳：你说你跟到你爷爷奶奶见面是什么时候呢？

任佳凌：7月。

雷　芳：就你从那边回来之后？

任佳凌：从重庆回来之后，我要读书的时候。我爷爷奶奶很担心就都哭了，我感受到地震给人带来的那种创伤。

雷　芳：你在重庆就差不多有一个多月的时间。在那边你整个生活呀，包括病情的护理呀，是怎样的？

任佳凌：当时就是，对待我们这种病人呢，就是特别好嘛，医疗方面特别好，对于心理方面呢，也有那种实习的护士，就是卫校的护士来当志愿者，来给你讲，帮你恢复。还有特别多的志愿者每天都送东西。

雷　芳：你病情稍微缓解的时候是哪个时候呢？

任佳凌：就是六月几号的样子。因为当时已经做了植皮手术了。

雷　芳：只要消炎了应该就要好一些。

任佳凌：嗯。

任佳凌：前面就是太严重了，药物紧缺，消炎的这种需要重大手术的才会用。

雷　芳：其他的一般都不用。

任佳凌：其他的一般都不用，就是太紧缺了。

雷　芳：在重庆你接受了心理的疏导那些没有呢？

任佳凌：有一些，当时在那边生活得也比较好，我也没有太想，只有看电视看到那些比较感触的时候才会有。其实当时我病房的旁边是一个绵阳来的嘛，他腿杆受伤也比较严重，他们一家子都来了，那一家子就比较喜欢开玩笑，然后我也比较开朗一点。和他们也处得比较好，没想那么多。回来的时候看到这边，我外爷爷在老家，他在那边修路，他看我第一眼就哭了，然后一把把我抱着。这个时候就特别的感触，我也哭了。就是我妈妈，他女儿，活生生的一个大活人就死了。他养了 30 多年了，他也特别感触。所以说他现在对我也很好，我外爷他当时是我们乡里面的校长。

雷　芳：哦。

任佳凌：现在他也跟我们一个小区住，反正也没在老家了。

雷　芳：就跟你们在一起住？

任佳凌：没有，没有在一起住。

雷　芳：搬出来了嘛。

任佳凌：嗯，搬出来了。

雷　芳：你回来之后看到我们这边是什么样的状况呢？

任佳凌：当时很多人就劝我不要跟我爸爸回去。我爸爸太担心我爷爷奶奶，他才想回来的，那边的医生、护士、院长都劝我再养一下，再等一下再回去，说那边条件也艰苦。我回去那边什么也没有，路也不通，特别艰难，有时候电都不通，而且我特别害怕余震，我特别特别害怕，山里面的余震是那种轰轰隆隆的，声音特别大，我就特别害怕，我不想住老家那里面。当时回来的时候就特别害怕，越来越害怕。在重庆那边的话就还要好一点，余震不强烈，也感觉不到这种，回来的话条件也不好，余震也多，就特别害怕。

我肯定要跟我爸爸在一起

雷　芳：当时你爸还是执意说让你回来看看爷爷奶奶？

任佳凌：他当时是喊我跟我同病房的那个回来的时候再一起回来，但当时我就说我肯定要跟我爸爸一起。但是回来，这边条件特别艰苦。走路也走得特别艰苦，老家的路很多都是靠走，就很多路都断了，山里面很多路都断了，很多路修也修不到那么快。慢慢地路才通了的。

雷　芳：你们在重庆那边什么时候才跟家里联系上的呢？

任佳凌：我们是不能跟这边直接联系的，爷爷奶奶就必须要到一个地方去，才能打得通电话。

雷　芳：哦，就是那边没有手机？

任佳凌：有，但就是打不通，必须要到另外一个地方去，那边有一个酿酒厂，信号是最好的。而且建了一个救助站，就是在那里打电话。我们是到了重庆之后，接近六月，就是五月二十多号的时候，才跟爷爷奶奶打了个电话。

雷　芳：你们当时是打了电话之后才知道他们安全的吗？

任佳凌：哦，不，就是有一些人从我们老家下来的时候。

雷　芳：对，就是你之前说过。

任佳凌：嗯，他们还是比较好。

雷　芳：回来之后一直在你爷爷奶奶家养伤？

任佳凌：嗯，还去了很多亲戚家里，就是借宿那种，留宿几晚上，然后再到我爷爷奶奶那里。

雷　芳：当时你爷爷奶奶家的房子没有倒吗？

任佳凌：没有。当时我们在北川是新买了套房子，然后没有搬进去，就地震了。我们原来住的房子就完全被山淹没了的，山掩下来，就完全找不到了，新买那一套马上就要交付使用了，结果就地震。

8月爸爸开始为我准备开学

雷　芳：嗯，回来之后你们在爷爷奶奶家住了多久呢？

任佳凌：有十多二十天，但是我爸爸去联系他工作单位这些。因为他请了那么多天假，然后就联系，也要处理一下我妈妈的后事，他就走了。我一个人在爷爷奶奶家待了大概有一个月吧，8月份开学的时候我就下来了。我们是四年级，相当于四年级下学期就没怎么读，8月份的时候，直接读的五年级。我们在绵阳那边就租了一个房子，爸爸到绵阳那边去处理事情，就是去联系，我那天给你说的，他救出来一个跟我一样大的。然后我们两家人相当于是共同租的房子。在绵阳南山那边，然后在那边一直住。

雷　芳：你什么时候开始上学的呢？

任佳凌：五年级。

雷　芳：五年级什么时候开始呢？

任佳凌：8月底，但是它是军校[①]，八月十来号还要做一些心理辅导啊，包括体质训练这种。教官是军人那种，他们给你心理辅导或者……

雷　芳：军训一样的。

[①] 2008年5月21日，为尽快复课，按照市教育局要求，曲山小学师生转移到绵阳高新区普明某部队教导队驻地"总装备部·绵阳八一帐篷学校"。

任佳凌：嗯，军训一样的。

雷　芳：上课的话，你当时感觉自己能不能专心上课？

任佳凌：就是开始的时候很刻意地回避这些问题，我们学校有一个心理辅导师，也是我的班主任老师。我们原来的班主任因为她儿子死了，她丈夫也自杀了，她也没当老师了，没当我们班主任了，就自己走了，然后我们就换了一个班主任。

雷　芳：换了一个老师来带你们。

任佳凌：原来这个老师开始是教语文的，她的丈夫是个写书的，是北川一个比较有名的作家，他儿子死了，他承受不了这种打击，就自杀了。然后她就换工作，她就没有当老师。

雷　芳：后来就给你们换了一个老师，给你们进行心理辅导吗？

任佳凌：当时的话慢慢这些问题就很淡了，到六年级的时候，也是很淡了，只要不提及死去的亲人，其实心里也可以接受，可以接受环境这些，生活方式这些。也没有怎么变过。

雷　芳：你自己从伤心到恢复过来这个过程，你觉得是怎么样的呢？

任佳凌：那时候在重庆看到电视里面讲地震的时候，很感动，就想到自己妈妈这样的（去世了），就自己哭。我爸爸也很难过，有一次我爸爸回到爷爷奶奶那里，当时我就一天都不开心，一天就很闷闷不乐。我爸说再给我找个新妈妈怎么样，我当时就哭出来了，当时特别恼火。提及这种，我当时对家庭的房子啊、钱啊这些没得了，根本没有什么概念，我只知道自己的妈妈没有了，就特别伤心。但是我根本就没有做什么心理辅导，就是后面慢慢地，时间（去化解）。去上学的时候没有想这些了，还一起上课啊，跟同学一起耍啊这些，也没有想到这些。

爸爸也需要关爱，我接受了爸爸重组家庭这个事

雷　芳：后来你也接受你爸爸重组家庭这个事了吗？

任佳凌：嗯。

雷　芳：你爸爸什么时候结的婚呢？

任佳凌：初中之后了，但是在一起的话就是2009年吧，2009年过年的时候。

雷　芳：你当时是怎么说服自己接受了你爸爸这种相当于给你找了一个新妈妈的？

任佳凌：我爸爸给我讲了，他也觉得我不愿意，他也没有想这些。后来我们一直住在南山，就跟别人租一套房子，我也觉得不好，觉得就太多那种（不方便），然后我爸爸告诉我，我们就是可以重新组个家庭，重新去生活这种，就慢慢地接受了。

雷　芳：现在家里面都还好吗？

任佳凌：都还好，我后妈的儿子跟我差不多大，在重庆读大学。开始还是心头有点梗，但后头都还好。

雷　芳：应该你们有共同的经历，更能够理解。

任佳凌：嗯。

雷　芳：假期他也回来了？

任佳凌：嗯，他在家里。

雷　芳：你觉得重新组建家庭，会不会让你觉得生活更好一些？

任佳凌：如果让我选择的话，我还是选择我的亲生妈妈。

雷　芳：肯定的嘛。

任佳凌：然后现在就相当于是形势所迫的样子，就是不得不这样做。爸爸也还年轻，我也还年轻，我也需要母爱，爸爸也需要就是这种关爱。我也觉得合理，只是重组家庭总会有它的矛盾，不管你是因为地震重组还是因为离婚重组，其实都是有矛盾的，然后我就觉得，等我慢慢长大了之后，这些都不算问题，自己也要成家立业。而且时间过了这么久也没有什么问题了。当时，我看那些电视剧，就是觉得后妈都特别狠毒，然后我就觉得不愿意，但是我这个后妈对我还是很好，也不存在很偏心的那种情况。

雷　芳：总会有各种各样的问题吧，对吧，也没有完美的。

任佳凌：嗯，父母离婚之后重组家庭就是比因为地震失去了配偶这种重组家庭矛盾更大一点。有时候我也在想，地震到底给我带来了什么伤害？我在想如果没有地震的话，我就在北川我们一家人，我就是读完初中读完高中，然后我现在也是一样，上大学。现在呢，只是中间发生了一个大的变故，其实人生轨迹还是差不多的，不能因为地震改变了我什么，或者因为地震性情大变，或者因为家里的损失，亲人的离去，财产的损失，亲情的丧失这种，会改变你很多，其实是改变，但是你人生的轨迹还是这样，以后的成就还是取决于你的努力。

到北京人民大会堂做了"信心与勇气比金子更璀璨"的演讲

雷　芳：像你刚才说的，地震并没有完全改变你的人生轨迹，你觉得是哪些方面的因素让这个地震这么大的事情并没有改变到你？

任佳凌：任何事情有它的双面性嘛。如果没有地震我不可能去绵阳这个学校，绵阳这个学校给我提供了很多资源，可能让我代表地震灾区去北京人民大会堂演讲；我也不可能是享受这么好的条件，没有地震的话就是在我们那个地方的北川中学读书，(绵阳的那个学校)每年都会有心理辅导，以及乐器那些，包括多媒体这些，我们是根本享受不到的。以前北川是比较贫穷的，我也不是说很贫穷，就是相对于外面的，这些我们也根本享受不到很多。地震虽然说带给我们很多伤害，但是也有很多好处。像北川发展得也更好，人们生活也过得更好，观念也有转变，也跟得上潮流。如果一直在北川的话，大家就是读书，从初中读完到高中，可能如果到大学的话，你就是一个没有见过世面的这种，可是现在感觉自己是跟得上这个时代的。

雷　芳：很丰富。

任佳凌：嗯，就是很丰富。

雷　芳：你当时还去北京演讲了的？

任佳凌：嗯，就是六年级的时候。

雷　芳：是什么活动呢，你参加的？

任佳凌：国际和平周的一个活动。我现在还记得那篇演讲稿的名字"信心与勇气比金子更璀璨"。(笑)

雷　芳：就讲的是你地震中的故事？

任佳凌：不是，是一篇演讲稿，但讲的也是一些有关的事情。

雷　芳：当时你是怎样得到这个机会去北京？

任佳凌：因为当时我们六年级有四个班，我们是一班，一班是比较好的班级，就说在一班中选一个。然后当时就要我们班上普通话说得比较好的男生，就只有那么三个，然后有两个不想去，有一个他声音哑了，还有一个也不想去。我根本就不用竞争，然后就去了。

雷　芳：你去见到了很多世面？

任佳凌：嗯。

雷　芳：就像你说的，当时你见到了很多世面，让你看到了各种人，你觉得这些事物对你有没有影响呢？

任佳凌：有啊，比如说以前我都不太爱去观察，但是现在走到路上我都比较爱去观察。一些地震之后的厂房，我就特别爱关注这种变化，然后了解更多的这种事情。以前在北川的时候一天都在玩耍。因为当时压力也不大嘛。当时在老北川的时候，天天玩，只要把作业做完了之后就可以了，后来到绵阳之后才更好地丰富自己，提升自己。

雷　芳：你会下意识地去关注这些变化，你觉得你看到了什么变化呢？

任佳凌：相比以前的老北川，擂鼓镇都当不上，以前的老北川，跟现在这个镇是差不多的。现在的北川又是 5A 级景区，这些人文宣传，旅游也做得特别好。原来北川的话，我知道一些比较大的企业，就是这个镇（擂鼓镇）的水泥厂，现在的话像很多工业园区，厂房、制造业也特别多。以前那些在老北川住的人现在在新北川住，感觉生活习惯都有所改变。人们活得更闲适一点了，特别是娱乐也多了一点，风景那些也比较漂亮，很多人吃了饭之后就出来转一转，走一走。

雷　芳：就大家过得更闲适一点点？

任佳凌：嗯。

爸爸说：一个男人能够负起你的责任就够了

雷　芳：你现在选专业这些是你自己决定吗？

任佳凌：选专业是我自己决定。

雷　芳：填志愿都是你自己填吗？

任佳凌：我爸爸只是给我参考一下，他让我不要选心理学，不要选社会学，然后再有其他的就……当老师这个我是不排斥，也不反对，我觉得能当老师也可以，不能当就算了吧。然后报一个师范的汉语言文学，毕业的话，应该就是能够成为语文老师。小的时候想的就是以后能做很大的事情，其实到了现在，我觉得能够当一个语文老师，能够有一个美满的家庭，也是一种成功。作为男的我有一个责任心，可以带自己的家人，自己的父母，自己的爷爷奶奶，包括以后成家立业之后能够带他们一起玩耍，特别好，就是一种平淡。

雷　芳：将来你会回到北川这边来吗？

任佳凌：看嘛，将来我是想在离北川又不近又不远的地方。比如说德阳，成都或者是绵阳。如果说能在北川也可以在北川。

雷　芳：这次地震对你来说帮助最大的是哪个呢，或者说哪一类人？

任佳凌：帮助最大的，我觉得帮助最大的其实就是亲人，亲人其实是最大的，包括身边的同学。外面的心理辅导这些，包括志愿者，他们都是好心的，真的起到的作用其实并不太大。

雷　芳：还是要靠自己。

任佳凌：嗯，对，还是要靠自己。

雷　芳：还有亲人的支持。

任佳凌：我爸爸有时候爱开玩笑，但他是一个严肃的人，我觉得他对我的影响比较大。以前我从来没有看到我爸爸哭，直到那天他见到我爷爷奶奶的时候，自己的父母的时候，就是一下跪下，流下泪水，然后就特别震惊。

雷　芳：平时你爸爸对你的要求，或者是教育是怎样的？

任佳凌：他对我学习上，平时没有太多的要求，生活上的话，他也没有特别惯事（娇惯）我，没有特别宠爱溺爱我，但是我如果要什么东西的话，他也会给我，但是他懂得适量。

雷　芳：像你在地震的时候，在地底下那样一种冷静的状态，是平时你爸爸教过你冷静吗？是在哪个地方学的呢还是你自己？

任佳凌：我当时想到的是自己一定要活下来，我根本就没有想其他的，怎么才能在底下活得更久，我就想慢慢地呼吸，不要急，我听到他们一直在叫，我就告诉自己不能睡着，底下也睡不着，因为梗得特别痛，我就想慢慢地坚持下来。

雷　芳：你这种意识在四年级的小朋友来说也很难得。你当时还小嘛，对吧？

任佳凌：嗯，10岁。

雷　芳：当时才10岁，我觉得大人也不一定能做得到这么冷静。

任佳凌：当时压到一个东西就特别痛，本来呼吸已经特别不好呼吸了。如果还大叫的话，我想肯定坚持不了很久。当时他们叫的时候，我脑子里在想其他的一些事情，我没有想到那些。我想的是地震之后我如果成了残疾人，我想的是拿残奥会冠军。

雷　芳：你这些都想到了？

任佳凌：我想到了很多事情，我想了很多。当时也没有想到转移注意力，但是我后来想了一下，这应该就是在转移注意力，把注意力转移，就慢慢地呼吸，呼吸，才坚持到爸爸来。

雷　芳：现在在学校的学习那些怎么样呢？

任佳凌：在学校反正没怎么挂科吧。没有挂过科，然后就是英语不太好，其他的都还好。对于专业课来说还好，数学就不得行。我就不喜欢数学，英语，没有怎么认真学过英语，别的专业课比较认真。

雷　芳：谈女朋友没有呢？

任佳凌：原来高中的时候想谈一个，后来大学还没想好。

雷　芳：大学里面可能还是很有可能会谈女朋友。（笑）

任佳凌：嗯。

雷　芳：你对将来的想法还是很简单，很幸福的那种？

任佳凌：嗯，我有时候也问爸爸，高考填志愿的时候。我们很多同学填的志愿，在我看来比较高大上的那种专业，比如会展设计，以后他们跟我的差距会不会越来越大，他们也会很有钱，或者当官很有权，我跟他们差距越来越大，我就是当老师。我爸爸就说："作为一个男人如果能够负起你的责任，能够养活你的家人，或者是你有闲钱能够带你的父母，你的爷爷奶奶，带你的家人，一起出去玩，出去自驾游，你也有假期，我也不要求你太多，我也不要求你给我养老，你自己能管好你的一家，你是一个有责任心的人，你不要去赶他们①。"他就给我说这些。我就觉得这些话对我的影响都比较大，而且我就不去关注他们以后能够达到什么样的高度，我就关注我自己。

雷　芳：不去跟别人比较。

任佳凌：嗯，特别是我有些同学考得特别好。比如说在北京外国语大学学习。然后现在跟他聊天就感觉都不在一个层次，如果我们不在一个圈子，现在也就算了。就算高中要得比较好，不在一个圈子，也不要跟别人去比这种。我主要是能够负起我的责任就可以了，我就想的是这样。

---

① 意思是不要去跟别人比。

雷　芳：高中时候你去绵阳上学以后有没有对你影响很大的老师啊那些？

任佳凌：影响很大的老师？

雷　芳：嗯，你可以从你一直读书以来嘛。

任佳凌：地震后，原来的班主任的老公上吊死了之后，后来来带我们的那个数学老师对我影响很大，他就是比较歪（严厉）、比较幽默的那种老师。教书比较幽默，但是当班主任也比较歪，是个数学老师，对我影响也特别大。做错一件事，他很严厉，但是平常就很幽默，对你开玩笑，我们同学平时喜欢他，人特别好。他现在也住在新县城的，就随时都见得到面，随时跟他打招呼，他也随时在关注以前他教过学生的现状。

雷　芳：这是对你影响最大的一个老师哈？

任佳凌：嗯。高中的话我都是靠自己，老师的话也不太……一个政治老师对我影响还是比较大，他的父母也是在地震中死去了，他现在也才30出头，然后他的手本来残疾，他生下来这个手就是残疾的，他的左手是残疾的，就是靠自己，相当于只有一只手，特别努力，平时也喜欢运动，虽然他比较胖。他也比较乐观，也爱跟你开玩笑。我在乐山读书的时候他来找我玩来的，然后我们还一起去看大佛，他虽然只教过我高三，但是也对我影响比较大。

雷　芳：像这些老师他们主要是哪方面的品行对你的影响比较大？

任佳凌：如果是数学老师的话，他身上那种既严肃，又幽默的态度我就特别欣赏。像我现在，如果是教学生的话，我就刻意去模仿。也较幽默，有时候也比较严。如果是那个政治老师的话他灌输给我的思想就是乐观，因为他本来就是残疾，但是他一天都笑嘻嘻的，也比较喜欢运动，就是对我的影响也比较大，也比较阳光，现在他还是单身，他也是比较深情的那种。

雷　芳：专一。

任佳凌：然后我也比较敬佩他这一点，就是这两个老师。

雷　芳：你现在教学生，你会不会给他们讲你的这些经历？

任佳凌：有时候会提一下，但是不会像现在讲得这么仔细。因为现在这些小朋友你跟他讲那些他也不会理解。到了年纪比较大的时候，你跟他讲他又会满不在意的样子。不愿意讲，有时候会提一下。

雷　芳：像你们学校的话，会不会有专门纪念地震，或者说，相应的活动，或者说课程？

任佳凌：大学的话没有，大学的话只有应急疏散演练吧。"5·12"那天只有一个应急疏散演练，就相当于是地震的应急疏散演练嘛，也铭记一下这个地震。高中的话就有，高中初中这些都有。

雷　芳：主要是哪些方面的呢？

任佳凌：就是做一些，比如说"5·12"时候做一些默哀啊这些，应急演练这种比较多，高中初中比较多，比如说国旗下的演讲呀这些都要讲到。

雷　芳：每个星期一国旗下的演讲？

任佳凌：以前小学的时候讲的地震中如何克服恐惧这些，都比较多。

雷　芳：我感觉像你现在教的这些小朋友还是应该有一些传承，慢慢让他们知道这些事情，不然像他们这一代可能现在都不太了解。

任佳凌：他们很多都是地震之后才出生的，有些地震的时候，他们都才两三岁，然后有时候跟他们说的话他们都还不懂。可以给初中生或者高中生，因为高中生也有经历嘛，我有时候会提。

雷　芳：最后问一个问题哈，站在大学生的角度比较理性的，你觉得怎么评价我们当时的整个救灾过程呢？

雷　芳：如果比较理性的评价呢，嗯，就是快，快速，但是也存在一些漏洞。比如说一个现象就是，当时北川有很多金店就没有人去管，当时地震了之后就很多人去抢。我觉得这些就很不应该了，因为我就觉得这些是别人的财产。还有一些非政府的、非军队的人打着抗震救灾的幌子在发国难财，包括我认识的人在自己的私家车前面挂一个抗震救灾的红布，就不用给过路费。一些人抱着这种发国难财占小便宜的心态。

我也觉得总体来说就是快速，让我感觉到国家的强大，我明显感觉到了。因为第二天早上就全是这种（救援部队），就特别震撼那种，包括在电视上看到了，地震后有一个阅兵呢，特别的壮大，我的感觉是自己也特别自豪的这种。

雷　芳：嗯，特别有感触。就像刚刚昨天八一大阅兵一样。

感恩奋进篇

汶川特大地震发生后,地震灾区各级党委、政府带领广大干部群众迅速开展自救、互救工作,用自己的行动为抗震救灾赢得了宝贵时间。震后仅1个小时,中共中央总书记胡锦涛就作出了"尽快抢救伤员、确保灾区人民群众生命安全"的重要指示,并随后多次亲临地震灾区指挥抗震救灾和灾后恢复重建工作。国务院总理温家宝和其他中共中央政治局常委亦悉数多次赶赴灾区指挥抗震救灾工作,慰问群众。这在中华人民共和国历史上实属罕见,体现党中央对灾区人民的深切关怀和对抗震救灾工作的高度重视。

在党中央的领导下,各级党委和政府组织开展了"超凡的"(时任联合国秘书长潘基文评价语)抗震救灾斗争,全国人民迅速行动起来,人民解放军、武警官兵、民兵预备役、公安干警、卫生防疫人员、志愿者等各种救援力量紧急驰援,从而最大限度地挽救了受灾群众生命和降低了灾害造成的损失。地震后的灾区没有发生疫情,没有饥荒,没有社会动荡,创造了世界救灾史上一个又一个奇迹。在抗震救灾斗争取得决定性胜利后,地震灾区又面临着进行灾后重建的艰巨任务。在党中央、国务院的正确领导下,在全国人民和社会各界的积极支援下,灾区各级党委、政府和广大人民通过艰辛努力,美好家园在废墟上拔地而起,旧貌换了新颜,灾后重建取得伟大胜利。

对党中央、各级政府和全国人民的深切关爱和积极支援，灾区人民感激于心。在接受我们采访时，北川县擂鼓镇擂鼓八一中学党支部书记桂正云这样说："我们的政府真的太给力了。"在灾后重建的擂鼓八一中学，学校环境、教学设施和条件已发生了翻天覆地的变化，这在"以前是没法想象的"。北川县擂鼓镇苏宝三队村民在俞太会接受采访过程中，情绪激动，特别是谈到国家帮助自己治好伤时，热泪盈眶。担任北川县擂鼓镇擂鼓社区副书记的李代富比较了地震前后的擂鼓镇，感叹道："没有共产党，就没有今天。"都江堰市向峨乡东林村村民李贵兴在访谈中，对比了现在的生活和震前的生活，表达了对自己生活状况的满足，对家乡的发展前景也满怀信心。

历经深重灾难的灾区人民，把对党中央、各级政府以及全国人民的感激之情在灾后重建的过程中升华为一种感恩奋进的精神。在北川县擂鼓镇擂鼓八一中学，通过教学管理改革、教学改革和学生德育体系建设，"把教学质量、管理拉起来"，培养出了更多更优秀的学生，以回报党、国家和社会。"乡村能人"李代富在自己的生意做得红红火火的同时，在社区担任基层干部，他在灾后重建的过程中尽力做好自己的本职工作，希望能够帮助大家一起富起来。他对擂鼓镇的未来充满信心。俞太会、李贵兴则在灾后重建的过程中，通过自己的艰苦创业，重建美好家园，现在过上了幸福满意的生活。

·感恩奋进篇·

没有共产党,就没有今天
——访擂鼓社区副书记李代富

题记:他的故事看似平淡,实则精彩;他的付出看似微不足道,实则必不可少。正是因为有无数像他一样默默付出的基层干部,灾区的重建工作才能顺利完成,灾区群众的生活才能越过越红火。

印象中我一共见过李书记三次。第一次是2016年暑假去擂鼓镇调研,访谈的第一个人就是李书记,在镇政府的一个空闲办公室进行访谈,当时我没有一点访谈的经验,提问的时候紧张得结结巴巴。李书记为人谦和,碰到我听不懂的方言愿意多重复几次,甚至在纸上写写画画跟我解释,让我原本紧张的心情一下子放松下来。第二次见到李书记是2016年的寒假,第二次对李书记进行访谈,是想把一些遗留问题问清楚,在他的办公室他一边忙手头的工作,一边接受我的访谈。第三次见面是2017年的暑假,我跟队友需要在擂鼓镇集中住宿一周时间,入住在李书记在镇里开的宾馆。去之前李书记跟我详细说明了宾馆的具体地址,到达之后还热情地接待了我们。虽然接触的次数有限,但是他的经历却给我留下了深刻的印象。李书记属于典型的"乡村能人",不仅在社区担任干部,而且生意也是做得红红火火,地震中不仅参与到救援的过程中,还捐出自己农资店里的帐篷给受灾群众,灾后重建中不仅希望自己的生活好起来,更希望大家能够一起富起来,对待擂鼓镇今后的发展也有自己独到的想法。在访谈过程中李书记不断地感慨,擂鼓镇如今能有翻天覆地的变化,离不开共产党,离不开我们强盛的国力。尽管基层干部不好做,生意不好做,可是国家给我们提供那么好的条件,相信在自己的努力下生活总是会越过越好。

采访时间:2016年7月20日下午
采访地点:北川县擂鼓镇镇政府
受 访 人:李代富
采 访 人:张　纯
整 理 人:张　纯

李代富

我的生活经历

张　　纯：李书记，地震前您在这里居住吗？

李代富：是的，震前我在擂鼓镇①的街道居住。

张　　纯：那现在呢？

李代富：现在也居住在这里。

张　　纯：那您能不能给我讲一下您从小到大的成长生活？

---

① 擂鼓镇位于绵阳市西北、北川羌族自治县西南，地处新老县城之间；东部、东北、北部、西北分别接通口镇、禹里乡、白什乡，东南、西南分别与永安镇、千佛镇接壤，幅员147.4平方公里。全镇辖30个村、1个社区、145个社，共18 060人，全镇共有党员基层党组织44个，党员961名，耕地12 160亩，林地141 463亩。2015年，全镇实现镇域生产总值8.03亿元，其中工业生产总值5.74亿元，农业生产总值1.24亿元，第三产业实现收入1.05亿元。擂鼓城镇面积2.1平方公里，集镇常住人口达到8000余人，城镇化率达到45%。移动、电信、联通等移动通信全面开通，城镇及周边村实现网络连通。有农行、邮局、信用社等金融机构。有一个日供水1.5万吨的自来水厂，安装有日供气2.5万立方米的天然气管道。2015年种养殖合作社共有36个；猫儿石村大鲵养殖基地年产娃娃鱼3000余尾；白山羊存栏量1000余头；茶坊村冬桃年产约2万斤、冬梨1.8万斤（1斤=0.5千克）；2015年发展天麻、川芎、金银花等高附加值药材900余亩。人工中药材10余种，5万余亩，以玄参、黄莲、四木药材为主，还有野生药材数十种；茶叶2000余亩，且产茶历史悠久，加工技术高。（资料来源：擂鼓镇政府内部资料，截至2016年，为目前最新版本擂鼓镇简介。）

李代富：成长史吗？也就相当于一个简历是吗？

张 纯：是的，大致上的经历。

李代富：我 1987 年毕业于北川职业高中，1987 年的六七月就毕业了，当时就没考上学校，在擂鼓镇有个擂鼓机械厂上班，就在机械厂里面炼钢，炼钢练了半年零十天，1988 年的 3 月就进入擂鼓供销社，从事生产资料保管和日杂保管工作。从此过后，一直到 1997 年供销社改制，1998 年就是全盘解体就下岗。在供销社期间，我是担任农业生产资料保管员兼农资店经理，后面改制解体过后，1998 年就开始经商，步入个体户，也是和老百姓打私交（交道），开了个店就是卖农资产品，也就是老百姓需要的化肥农药和种子这一块。一直到地震，2008 年都还在经营，包括现在都还在经营，只不过现在是我们家属在经营。当时地震之前的经营模式还是比较好，那时候一个乡镇的农资市场潜力还是比较可以的，当时擂鼓的农资市场是分三大块，一个是供销社，二一个农机站，三一个是农经站，分这么三大块，就是看哪个有实力。就这么个经营模式，一直经营到现在，也还是这种经营模式。因为当时没有什么人际关系（人脉），就没有办法贷款，我的资金来源一是靠信贷，二是靠姊妹们这些亲戚朋友们去借，一直到 2006 年，地震前两年才稍微有一点本钱。一直到 2008 年 "5·12" 那天，擂鼓是逢场，老百姓逢场了大家都去赶集，那个时候突然就地震了。地震我这一家还是比较好，没有什么大的伤亡，只有我们大姐走了，但是女方那边的家属，整个家庭都是完整的，这个跟其他家庭相比感觉还是比较好的。所以地震以后要继续把农资产品做下去，那是不现实的。因为地震以后，好多耕地都毁掉了，但是老百姓肯定是要居住的，居住又是需要宅基地的，宅基地肯定要用这些土地，灾后重建要修房子，一旦房屋修好耕地面积就要缩小，直接影响你的农资产品销量。我就让我家属经营农资产品，我就做点其他项目，我文化素质比较低，要想搞个别的也不咋懂，我就开了宾馆，底下是茶楼还有餐饮。所以我就把一部分钱做生意，一部分钱灾后重建修房子。

我们成立了业委会，负责施工的监管和资金的发放①

李代富： 说到灾后重建，在擂鼓街上建房屋，城房这一块，不包括农村的安置点，整个城房加城中村这两部分修建房子的户数是588户，建筑面积是19万多平方米。那么政府当时为老百姓着想，要实行统规联建，因为不能像地震期间修房子那样，我们搭个篷也行，修个板房也行，要保证你长期居住，在断裂带上也能够实现老百姓安居乐业，那必须就得统建。统建就是政府统一指导，联建就是大家联合起来，请一家正规的公司来修房子。政府引导几家公司过来介绍，进行竞争性谈判，最后选择了葛洲坝六建公司。你现在看到的房子就是葛洲坝六建公司集团承建的，他承建的单价这样的，如果使用政府设计的房屋的图纸，就是800块钱一平方（米）的清水房，如果你是自行设计的图纸，那么每平方（米）还必须多30块，自己设计，毕竟有些地方要改造，肯定成本会增加。在修房期间，从当地政府乃至县上都对这个重建十分重视，强调是一个大计。当时重建的规划是要把擂鼓打造成北川的副中心，擂鼓在地震之前也是第一大乡镇，那么现在重建后也是这么规划的。

在修房期间，从县上到镇上的领导对我们都很支持，从各个办公室抽调一个人帮助我们，作为一个监管的力度。我们这些老百姓其实也就是建房户，大概500多个建房户分了六个地块，这些建房户分别采取无记名投票选取几个代表出来，组成业委会。一个是便于施工的监管，还有是监督施工方资金的发放这一块。虽然说是一个简单的业委会，但是他行使的权利相当于一个正规的业委会，不管是施工进度的监管，还是工程质量，都

---

① 擂鼓镇党委、政府根据灾后重建总体规划，广泛征求各方意见，制定了《擂鼓城镇居民住宅用地划分方案》和《擂鼓镇城镇居民住房建设实施方案》。按照"统一规划设计、统一质量监管、统一设施配套、统一风貌塑造"的总体要求和"政府引导、业主管理、群众主体、部门配合"的工作思路，分6个地块实行统规联建，成立了6个业主委员会；考虑建房群众的实际困难，基础超深、附属配套和风貌塑造等部分资金由政府承担，并积极动员施工单位葛洲坝第六建筑公司让利于民，终以800元/平方米的价格签订了建房合同。

为使群众早日入住新居，分地块制定了城房建设责任表，落实了县、镇两级责任人，实行"领导包块、干部包栋"，并加大安全、质量、进度等监管力度；加强协调，强力推行业主、业主委员会、县镇联系干部、设计、监理、施工等几方联动；加强资金、人员、建材等施工要素保障。（资料来源：擂鼓镇政府2011年工作报告，属内部资料.）

由它来负责。业委会现在都还存在,虽然人没有那么多了,还有两个人,但是行使的权力和过去是一样的。

那么这个资金的操作是这样的,如果今天修了房子,就有一个工程进度表,业委会先审,业委会审完监理审,审过以后分管领导还要审,分管领导签字以后,还有镇长签字,如果镇长没在就叫书记签字。通过这一系列层层节制的签字权,就保证资金安全。一个地块的资金不会断而且也取不出来钱,只是账归账,从来不取一分钱押金。这个过程房子安安全全的,也没哪块地方的资金出现什么问题,每个地方收起来的钱是上千万,你算算580多户,19万多平方(米),这个资金量还是比较大的,相当于一个到两个亿的资金。但是这中间从修房子开始到后面修建完成,从来没有出现过资金问题,监管还是比较好的。

(李书记电话铃声响起,接电话。)

张　纯:您好,您大概跟我讲了一下您的生活史,我现在再问一下细节,那您的户籍是农村还是城镇啊?

李代富:我的户籍是城镇,家属的户籍是农村。

张　纯:您就出生在这里吗?

李代富:从出生一直没有离开过,土生土长的擂鼓人。

张　纯:能谈一下您家庭的基本情况吗?包括您的孩子、爱人、父母的情况等。

李代富:我家里是4个人,加起老妈和老爸是6个人,我的老爸是地震以后2013年走了的,还有老妈,老妈今年76岁。我是农半截,就是一对夫妻一个是农村户口,一个是城镇户口,我们当地的土语就喊你"农半截"。我有两个孩子,政策要求也可以带两个,如果纯粹是城镇户口就没办法带两个,她还是羌族,当时的政策也可以带两个。大的是男孩,小的是个女孩,年龄悬殊比较大,相差14岁。为什么年龄悬殊那么大呢?因为当时我在供销社上班,她在水泥厂上班,那时候没钱,当时在供销社工资只有两百多块钱,要想带两个孩子是相当困难的。后来慢慢做肥料赚了点钱,有经济条件,才生的第二胎,大的在西藏都上了两年班了,小的才11岁在擂鼓小学读五年级,今年相当于六年级,整个情况就是这样子。

张　纯:那您大概上学上到什么时候?

李代富:我就上到高中,后面又读的农校,所以就只有中专。

张　纯：那您小时候家里的收入是？

李代富：全是靠父母。

张　纯：那他们是种地吗？

李代富：种地，还有我老汉（父亲）在供销社，有一部分工资，就这么多的经济来源。

张　纯：您是什么时候来政府部门工作的？

李代富：2014年，今年是第三年。

张　纯：您之前就是在做生意？

李代富：就是在街道做生意。

张　纯：那您2014年为什么要来政府工作呀？

李代富：因为地震之前我就是居委会的人，但是当时没太多的精力。地震以后，生意比较淡而且有家属守那边，我的时间和精力就绰绰有余了，社区有点啥事就可以帮帮忙跑跑腿。不是说收入有多少，我就愿意在里头工作，在社区这点工资也没多少嘛。

张　纯：那您有没有兄弟姐妹？他们现在的情况是什么样？

李代富：有，我大姐地震走了，还有两个妹妹，我有个妹妹在太原打工，幺妹妹（小妹妹）在新北川，也是个体户。

张　纯：那您现在和兄弟姐妹、父母、孩子关系怎么样？

李代富：好，非常好。

张　纯：那您对擂鼓镇的总体感觉如何？风土人情啊经济状况啊，生活环境啊？

李代富：擂鼓总的还是宜居，但是污染比较大。一个是板板厂，就是生产那个压木板的厂，因为它是把木头打碎，打成粉膏然后压成木板，后来压的这个粘胶是药醛，等于是药塑胶加甲醛两样混起来，是药醛胶才有办法压成木板，这个对人的鼻子刺激很大。再一个是水泥厂，要说没污染肯定是不可能的。如果擂鼓没有这两大块，擂鼓是个居家的好地方，但最大的弱项一个是污染；另一个是水源没有贯穿这个乡的镇中，只有山没得水，要有山有水这个小镇才可以发展，才可以持续发展。

张　纯：那您与邻里之间的关系怎么样？

李代富：还是融洽的。

张　纯：那这边的经济状况呢？

李代富： 经济状况呢，说句老实话就是吃得起稀饭，要想吃一碗好饭还得鼓起劲努力，必须付出努力，不然这碗饭你是吃不饱的，也吃不好。

张　纯： 那现在这边的老百姓的主要收入是？

李代富： 主要靠外出务工，外出务工是主要经济来源。

张　纯： 那也会有很多留守儿童吗？

李代富： 这边的情况是这样的，假如我没什么事情，就出去打工，假如我的老婆子（妻子）没事也出去打工，自己的孩子基本上都是爸妈在带，爸妈的收入基本上是靠因灾失地或者因征失地这一部分的补助。当时国家有政策，因灾失地或因征失地的人，拿1万到2万块钱买养老保险，到指定年纪后就靠养老保险来维持自己的生活。所以现在最主要的经济来源还是外出务工。

张　纯： 那地震之前就有很多人外出务工吗？

李代富： 之前要好一些，现在外出务工还比较明显，地震之前也有。

张　纯： 就是和地震之前相比，现在比原来更多了？

李代富： 对，更多了。

张　纯： 那您觉得这个和地震有关系吗？

李代富： 有关系。地震之前房屋没有毁掉，耕地没有毁掉，他有些只出去一个务工，还可以留一个在屋里头做一些菜篮子工程什么的。地震以后，好多人就没有地了，就是有地，也只剩下一点了，他肯定要出去打工，才可以持续生活。

张　纯： 您觉得未来几年您的生活会不会过得更好？

李代富： 总体比原来好，的确从设施和整个前景来看比地震前要进步二三十年，这是不可否认的，但是局部还是倒退了。服务设施、交通和规划等这一些，以及住房都提升了几十年，但是极个别的收入就要倒退。

张　纯： 比如说呢？

李代富： 比如说你自己家庭地震之前还能犁地，现在没有地了，就靠国家给你的补贴，只有坐吃山空，自己不愿意去找事情做，去挣钱，就越过越穷。

张　纯： 那您现在对于地震之后国家的一些政策满意吗？

李代富： 满意。因为都是一视同仁的，不管他有没有权力，全是按灾后政策实施，比如说无息贷款五万三年归还，老百姓没给息只把本钱归还，每个人受益都是同等的。五年的无息贷款该给你贷就给你贷，你该享受的政策就享受，不管有权力没权力都是一视同仁，所以就很满意。

张　纯：那您地震之后的经济来源和地震之前的经济来源有什么不同吗？

李代富：地震之前主要是靠卖农资产品作为主要经济来源，地震以后，主要是农资产品和宾馆茶楼的收入。那么两者具体评价，地震之后收入要少点，地震之前要强一点，地震之前我一年销化肥，大小化肥要销五六千吨，地震以后化肥销量缩小了90%，所以要靠宾馆茶楼和餐饮这一部分来弥补一部分空缺。

地震那天太阳也像今天这么好，没有预兆

张　纯：那地震发生的时候您在哪里？

李代富：我在街上做生意，那天逢场，生意还相当好。

张　纯：那地震那一瞬间您当时的内心想法是什么？

李代富：当时只是觉得天花板晃了一下，地震之前擂鼓是一条独街，就听到街上有人喊地震了，我还在想这哪是地震了，没等我反应过来，就看有人往外头跑，整个地面就开始颠簸起来了，颠簸起来之后全是白乎乎的烟，一瞬间就轰轰隆隆的。那个时候没啥预兆，没有一点震前的预兆，那天太阳也像今天这么好，没任何预兆。

张　纯：那当时晃了一下后，周围是什么情况呢？

李代富：不清楚，我一跑出去，就颠簸起来，大家都抱成一团了。

张　纯：那您周围是什么情况？

李代富：哎呀，一直听到轰轰隆隆的声音，到处都是烟雾。

张　纯：是房子倒塌的烟冒起来了？

李代富：是呀，白乎乎的烟到处都是，看都不敢看，什么样都看不到。

张　纯：那当时您家人的情况怎么样？

李代富：地震期间只有我大姐一个人走了，因为大姐是在老北川，老北川是没法跑出来的，反而在擂鼓的家人都没啥事，整个都没什么问题。

张　纯：相对这边，那边的是不是更严重一点？

李代富：说起地震，就是有一句俗语，这也是真实的写照，震中在汶

川，震的最凶在北川，这是一点都不假的，也是事实。北川的人口最少，死亡的人最多，房屋毁掉的最严重，绝对比汶川严重，这个是事实，所以当时震中在汶川，震痛在北川。

张　纯：在地震之后，乡镇政府有没有第一时间对大家进行援助？

李代富：当时是的呀。

张　纯：那他们大概多久的时候开始进行援助的？

李代富：当时街上是哭喊连天（指哭喊声到处都是），房子倒了政府也很着急，马上就出来维持秩序，能够生还的人当时都出来，就开始往平坦的地方转移人员，都自发的愿意救人，不管是政府人员还是普通人，都是自发的救人。

张　纯：就是大家很团结。

李代富：那个时候都是自发的救人，真的就体现了团结的精神，特别是刚地震的那几天时间，体现最深的就是大家团结一致。有一杯水，肯定大家喝，如果我们两个是大人，肯定让小孩喝，这是真实的写照。

张　纯：那大家都团结一致，乡镇的干部党员有没有起到什么突出的作用？

李代富：那是当然了，因为虽然大家都在做事情，但是干部他们更有经验。

张　纯：起到一个领导的作用？

李代富：起到领导的作用，领起头的作用，领导着大家进行救援。

张　纯：那像那些帐篷啊食品啊，这些东西是什么时候到位的？

李代富：5月13号下午。

张　纯：隔了一天？

李代富：5月12号当时是没食品的，但是当时有超市，政府在控制着超市，怕出现哄抢的情况。超市垮了就开始发放一些食品，就可以维持一下。到5月13号，基本上救援的物资就陆陆续续来了。5月12那一整天是没有物资的，只是靠当地的物资来供求，而且余震也不断。5月12号下午到5月13号一直都是余震不断，有好多人根本没法进来。

张　纯：那余震就是你们还是感觉到晃吗？还是？

李代富：一直在晃，晃得没法。

张　纯：当时有没有什么领导干部或者是群众，就自发地去废墟底下救人呢？

李代富：就是很自然的，大家都去救人了，各找各的人，也不需要哪个教你，不管认不认识都要救人。

张　纯：那当时在那么恶劣的情况下，是什么支撑着您在自己内心也很痛苦的情况下去救人？

李代富：应该是人的本能吧！人跟动物还是不一样的。

张　纯：那在灾后的救援过程中，有没有分工啊什么的？

李代富：5月12号下午地震了的，到了5月12号晚上天黑之前基本上由政府管，那个时候陆陆续续大小官员都出来了，开始分工，你是哪个社区的你就去看看情况。因为当时我们也在居委会，就我管辖哪一部分人有什么情况我就去管，他就开始分工了嘛。

张　纯：那乡镇里面谁在具体管这些分工的事情？

李代富：是当时乡镇的一把手代学好，他就要分分，总体分分。

张　纯：就交给底下的各个部分？

李代富：对，街道社区还是一个比较大的群体，跟村上不一样，人相当集中，有学校有单位这些，还有很多娃娃，就统一安排。当时晚上只有临时帐篷，那时候也没办法把人往外运，到5月13号早上才开始陆陆续续往外走，从绵阳这一带就出去了。

我把汪强救活了，现在还能见到

张　纯：那您能不能说一说您当时具体是做什么工作的？

李代富：当时主要就负责供帐篷，因为我是卖农资的，有大棚嘛，这个是我自己的，要捐献出来。而且我还救活了一个人是汪强，他现在还在，但是腿被轧断了，可惜的是只把他救活了他老婆没有救活，当时我把他背出来，背到医院里。

张　纯：那您觉得在救援过程当中碰到的最大问题是什么？什么特别不好解决？

李代富：医药用品，当时供不应求。

张　纯：那您能不能谈一下在救援过程中让你印象最深刻的事情？

李代富：就是把汪强救活了，现在还能见到。

张　　纯：他现在在干嘛？

李代富：现在是在开车，把他救活了，可惜他老婆没有救活。

张　　纯：那他一定非常感谢您。

李代富：现在关系非常好，还能见到。

（李书记电话铃声响起，接电话。）

张　　纯：那您能不能具体谈一下您当初救汪强的这个事情？

李代富：当时"5·12"地震过后，我至少看看爸妈，还有小孩当时才两岁多，他们有没有啥事，跑过去看看我自己家的人，最起码这是人的本性。他们没什么问题我就没管了，我就上街，因为你既然是社区的人，你肯定要到街上到处看看。那天还有几个人我们一块，当时听到机械厂对面有个房子里有人喊救命救命。我们就顺着声音去找人，慢慢把压着的杆杆推开，推开是压了两个人，一个女的，一个男的，就把他拖出来。他就吆喝着，一直说腿很痛，腿很痛，又在流血。当时把他放在地下也没法放，就把尿素拖一包出来把他腿放在袋子上，下半身还是一直在流血，当时没有什么绷带，我就把裤子撕了，将就一下就把它拴一下。拴一下我就去开车想送他去底下有个医疗点，恰好走到派出所后头，有个电杆也倒了，我开的车就被挡到了，我就把汪强从街上背到小学里的坝子（操场）。

张　　纯：大概有多远？

李代富：有六百多米，一直背到那，当时如果再缓一个小时，不给他输液，他就完了。那个时候恰恰有一瓶液体，就这瓶液体把他救活了，当时没有什么多余的液体嘛，就只有生理盐水了。那没办法，就这么把他给救活了，机缘巧合。

张　　纯：之前认识他吗？

李代富：之前是一个街上的。那天也是恰巧碰到，碰不到估计也就死了，我也不晓得他是哪一个。

张　　纯：您那时候是社区的干部吗？

李代富：那时候是社区里的一个委员。

张　　纯：在救援过程中，群众对您的态度有没有什么变化？

李代富：这些群众当时就觉得，在某些方面跟群众比起来，党员是好，现在等于说有什么事情还是党员跑在前面。当然也有优秀的群众，而且还有些党员不如群众。大范围的来说确实党员在先，这是无可非议的事实。

而且他知道灾后应该搞什么，人心也比较容易聚到一起，他就有个依托是嘛。你是党员，也是县上的代表，也该做这些事情，群众选你，你有什么会要去开，有什么事也要往上反映，这个时候你不可能说去哪边玩下，你根本也不敢玩。你是党员，是乡上的代表，你更应该去做这些事。所以要有担当，还要付出更多一些，比如说当时如果没有结婚，那就一个人了，就没好大担当，就一个人饱全家饱。如果一旦有一个家庭，你得为家庭负责，一旦你生了孩子，你还要为孩子负责，你既然把他带到世界上，你肯定是要往好的方面发展，你就有个责任担当。一个人就无所谓，我只要吃好就算了嘛，你只要有一个家庭，你就在外面整天想着屋里头的人，到底吃得饱吗，穿得暖吗，你至少就有担当了。所以说人一旦上了一个层次，他的担当责任就更大了，如果说是普普通通的群众他就不一定有好大的担当。

拆迁工作非常难呀！比以后修房子还造孽，还恼火！

张　纯：灾后重建中乡镇里面的规划，乡镇领导有没有参与？

李代富：规划这一块我不很清楚，但是我相信规划应该不是本地政府规划的，他们只能建议。据说这个规划是中科院规划的，规划得相当漂亮，他整个规划是三羊（阳）开泰。

张　纯：三羊（阳）开泰怎么说呢？

李代富：在中联水泥厂山上看擂鼓的规划，那是相当漂亮，我们站的位置这是领头羊，三羊（阳）开泰，大羊脑袋套小羊脑袋套尾羊脑袋，政府这一块儿是领头羊，你看政府规划是这样的。它是形成四纵五横，那边那条路是六号路，就是山东大道，这还有一条路是五号路，那边一条路是四号路，这是四纵五横，底下加油站过来九号路，中间有八号路，这是二号路，这边是一号路，加上北环路就形成四纵五横。就把整个擂鼓场镇打造成九大地块，两边这六块相当于六块地，就有老百姓的城中村，中间还有三块，他为了便于以后开发。你要是去史料馆，整个规划它有图纸，相当漂亮，大致规划很超前。现在一看擂鼓虽然有大块地，但是房子这一块人气很分散，地震之前擂鼓只有 0.3 平方公里，地震以后，擂鼓规划是 3 平方公里，扩大了 10 倍。人口也没有多大的增长，相当于人气都分散了，地震之前只有一条独街，地震以后有好多街，地震之前只有一条独路，地震以后十条路，所以说对经济有很大的拉动，政府投入的力度也相当大，总的说规划是漂亮的。

张　　纯：那在灾后恢复的过程中，作为社区的干部，您有做一些什么事？

李代富：跟着政府的领导拆迁，首先是拆迁，擂鼓街上有的房子垮塌了，有的房子还没有垮塌，你没有拆迁就没好的房子，拆迁周期相当长，这个社区必须要参与，要给群众做工作，而且你自己也要带头，要把房子拆了以后才有新建的房子。

张　　纯：当时的房子毁坏的严重吗？

李代富：擂鼓的房子有一半毁坏，一半没毁坏。

张　　纯：那些没有毁坏的房子也是把它推倒重建吗？

李代富：也是推了重建，全推了重建，所以说好房子和破房子都一样推了，那就得解释啊，你的房子垮了以后按照什么政策，应该按照一步一步一户一户逐步到位。人家就是说没在当地，当时地震房子塌了，去投靠亲戚，你得把他通知回来，把政策跟人家说，看人家愿不愿意，一直要给他做通工作。你搞拆迁，人家给你签字，你才敢去挖人家坪坪（地盘），那是人家财产。这个拆迁工作是非常难呀！比以后修房子还造孽，还恼火。

张　　纯：很多群众是不愿意吗？难题是什么呢？

李代富：说你赔这么点钱，修不起房子，这个钱修房子不够，还要拿钱还要添钱才修得起房子。把这个房子推了按政策只赔那么多钱，五六百块钱一个平方（米），你修房子的话一平方（米）要800，还不说装修的费用。他就说他修不起这个房子，那你就必须给他做工作。

张　　纯：那这种问题是怎么解决的？

李代富：做工作啊，只有做思想工作啊！

张　　纯：那您是怎么说通他们的？

李代富：首先自己带头买，第二就跟唐山地震比较。唐山地震那时候，房子倒了，没法给你赔你也过了，现在国家还每个月给你补贴一点，又给你3年免息的五万块钱贷款，你修房子灾后重建按户还要给你补助。那要是国家没这个钱不给你补助你不住房子了吗？不生活了？只能慢慢说呀，你这个房子早点修起，你早点住新家，你还可以早点去找点事情做，一直是这个烂房子，你也没法住，你不是更加穷，只有慢慢说嘛。这也是事实，这必须是事实，唐山大地震，当时国力不是很强盛，现在国力强盛了过后政策这么好，但是你总不可能等靠要，国家给你一分钱你才修房子，国家不给你你就不住吗？只要把大多数人拉通了，少部分人就好做了，以点带面。

张　纯：您有没有碰到特别难说话的？

李代富：还是有的，还有一户现在还在。

张　纯：那些特别难说话的怎么解决的？

李代富：也没法拆，在就在吧。还有一户人家，只有一户人家。

张　纯：就没拆是吗？

李代富：他现在后悔了，后悔了，你看他房子现在好恼火啊！新房子再有一个"5·12"都不怕，你这个房子毕竟经历地震，摇了以后再好的房子都有点损伤是吧，你住那里面担惊受怕。

张　纯：那像他这种当初没有同意拆，现在又后悔了，是怎么解决的？

李代富：找政府啊，资金都发了也没法了，也没办法处理，政府不可能为这一两户拆迁花很大力气，灾后重建还有这么多事情对吧！政府要给你处理，要等到一段时间给你处理，他不是说不给你处理。还有新领导来，老领导又走了，好多人也不太清楚，那就慢慢处理，我估计会比较漫长。

张　纯：那您当初是一户一户人家去做工作告诉他们要拆迁吗？

李代富：都是，全部是，必须一户一户做。

张　纯：那大概是做了多少户啊？

李代富：我们拆迁做了大概一年多一点的时间，一年多就为了要搞拆迁。

张　纯：就是每天都去吗？

李代富：每天去必须去，因为是下任务的，一处几户一处几户，反正就是要去做，搞承包制。你说你嘴巴不行不会说话，那你可以去做安抚，如果说有亲戚，有熟人，那就好说一些。工作中有时候加点人情味，他也不好意思为难你的。但是有些人他不把你当回事儿，有的老年人他不怕你，他说我今天就坐这里，你还敢把我房子挖了。

张　纯：那您能不能说一下当初拆迁时，在住房方面国家具体的政策是什么呀？

李代富：当初鉴定了房子的，等于没怎么受损的房子，砖混结构赔付是600（元）一平方（米），砖结构还有轻微损伤的赔付的是500（元）一平方（米），还有一个木结构晓得赔付是400（元）一平方（米），还有300（元）一平方（米）的，最低有200（元）一平方（米）的。

张　纯：那你们当初怎么鉴定这个房子是重度损伤还是轻度损伤？

李代富：当时请的有鉴定的机构，有鉴定书。

张　纯：就是专门请的有鉴定的，他们一户一户鉴定之后跟你们说？

李代富：这样的话大家就没多大意见。你说你是好房子还是坏房子，最起码有一个依据，当时就是靠这个解决赔付的。

张　纯：建这些房子你们是在重新规划好的地方建吗？

李代富：房子不是都拆毁了，土地面积没给你赔付，只赔付的是建筑面积。原来土地面积也有一个依据，有的人有证，有的人没有办证，假如没办证的你是在城中村的，你左邻右舍好歹知道你有多宽面积，你说你有100个平方（米），左邻右舍证明你有30个平方（米），你就只有30个平方（米）。我们搞拆迁的都是在当地居住的，也不会乱说，你总不可能说你有100个平方（米），这么多干部说你只有50个平方（米）。这样就把面积给确认了。

张　纯：那是在哪些地方建房子呢？

李代富：在擂鼓镇街道，我刚刚说的那六大块建房子。

张　纯：您参与到这里头是有具体的方案吗？方案具体是由谁负责的？

李代富：张镇长，现在调到司法上，乡里面的干部，一个副镇长。

张　纯：有没有一些技术人员参与啊？

李代富：划分宅基地不需要技术人员参与，看这个政策大家同意不同意。同意过后，又喊县上人来组织抓阄。抓阄就是你抓住哪个地方，那个地方就是你新房子的位置，这样就没什么意见了。

张　纯：那有没有那种抓到的地方不好，要求重新抓的？

李代富：也有，但是还是要做工作，大家都是通情达理的。这个也有政策，他们档案室也查得到，从前的方案现在整理一下都有。

张　纯：建住房的过程中有没有什么问题啊？一户人家怎么安排那个住房的面积？

李代富：我们的住房面积是一间房40.28平方（米），三米八乘以十米六，这是一间房子宅基地的面积。地震之前如果你只有50平方（米），那就只有一间门面，你的土地没大于50平方（米），你就只能有一间。你地震之前有60平方（米）的土地，每间房子我们就说是40平方（米），你就可以向政府申购20平方（米）就可以变成两间宅基地，你就拿钱买。政府的土地当时核定是690（元）一平方（米），你就拿690（元）过来买20平方（米）可以变两间门面。你的土地占101平方（米），你就可以向政府申购20平方（米），就可以变成三间门面，三间门面以上的，不管你的宅基地面积有多大，只保证你的实际使用门面。如果修门面，就只能修三间屋基的门面。那如果土地有几百平方（米），那就放弃门面，进入小区，就按你的总面积除以40.28，你能修多少间就修多少间，就这么个政策。

张　纯：您刚刚说的是门面，那他们住房的面积是怎么分配的？

李代富：街上的门面就是当时的住房面积，都是拉通了的，都是一样的，不是按人口，街道这块修房子不是按人口，分街道的城镇居民和城中村，城中村就是原来老百姓他在街上买的房子。就这两块，一开始你问的时候，灾后重建城房建设整个面积是19万多平方（米），户数大概是588户，也不准确，超不过600户，最开始建房的时候是583户，又新增加几户。因为当时修他不同意，后来看到政策才又在修，应该是588户，至少悬殊（差距）不大，至少有90%多的准确度，我脑壳（脑子）基本上记得到。

张　纯：那当时同意拆迁的所有群众的住房都是由政府统一规划？

李代富：统一规划。

张　纯：我之前看到说，如果你同意政府给你规划，你就让政府给你规划，如果你不同意政府规划，政府就给你补钱，咱这里没有这种政策吗？

李代富：这没有，必须统一规划。

张　纯：那是不是住房的问题在当时是很难解决的问题？

李代富：最主要是拆迁，后头大家都比较积极了。因为总不可能一直住板房，自己的房子修好，该做生意啊，该安居乐业呀，该搞啥你就弄啥呗！他就摆正心态了。

张　纯：那在这些房子建好之前，大家是在哪里居住？

李代富：居住板房，建新一区二区，全部是板房。

张　纯：那现在这些板房拆了吗？

李代富：拆了的，全拆了。

张　纯：那当初在板房居住时的一些基础设施，吃饭啦用水啦，怎么解决的？

李代富：都是各搞各的，国家也发了好多东西，什么东西都有。2008年那一年有多半年是在帐篷吃，然后在板房休息，在板房里各做各的。

张　纯：在板房居住了多久？

李代富：在板房居住了两年多，这个尾期拖得比较长，拆迁以后修房子这条线拉得比较长。

张　纯：当时拆迁建房是把它全部拆了才开始建，还是拆一部分建一部分？

李代富：全部拆完才建的，不能说拆几户建几户，那怎么规划呀？总得把它全部拆毁，才能有一个总体规划。你规划再好，再漂亮，只是效果图，没有落到实处是吧？

张　纯：那老百姓住进新房子之后，对新房子还满意吗？

李代富：满意满意，非常满意。

张　纯：那对房子的居住条件有没有不满意的地方？

李代富：不满意都是那些我刚刚说的，要靠"等靠要"这三个字的人。因为房子拆迁了，要靠自己自立自强，总不可能指望像地震的时候一样给你发点钱，这是不可能的事情，你不可能指望再来个"5·12"，该做啥你就做啥事吧，情况大概就是这样。

最大的变化就是公路的畅通，基础设施起码提升了十个档次

张　纯：那您能谈一下灾后重建过程中我们这里农业方面的建设？之前的农业模式是什么呀？

李代富：地震之前由经济作物和辅作物这两大块。经济作物地震之前像茶叶是一部分，还有老百姓种的药材，黄连，玄参等；大田作物就是玉米这些作为一些辅料。像这一方面都是以胜利村为主，胜利村基本上以菜

篮子工程为主,就是种些蔬菜来卖,就是菜篮子工程,还有就是根据资源我说种啥药材就种啥药材,这个收入也比较可观。

张　纯:那现在呢?

李代富:现在就打破了,好多地方经济作物就毁掉了,但是还是有一部分的,也还有养殖业,养猪、北山羊、菜牛。

张　纯:那这些养殖业怎么样?

李代富:养殖业等于是规模化了,建立合作社,形成系统了,收入还是挺可观的。

张　纯:那跟之前的那些农业生产模式比呢?

李代富:规模又提升了一个档次,包括经济作物和养殖业都提升了一个档次。

张　纯:那就是说农业方面比之前更好了?

李代富:对,提升了一个档次。

张　纯:那咱这个地方的基础设施呢?

李代富:基础设施还是比较好的。

张　纯:能不能具体地谈一下?

李代富:首先是公路嘛,主要是公路,最明显的是公路。

张　纯:我们来的时候看到这个公路修得特别漂亮,特别顺畅。

李代富:没有地震就没有这条路,地震之前是二级路,主干道是二级路,村道好多都不通。地震之前,村与村之间的连接都是土路,根本不通车。地震以后,现在都是水泥路,也通车了,这个区分就相当大了。要得富先修路,这句话真的一点都不假。地震以后,最大的变化就是公路的畅通。

张　纯:那当初是先修的公路吗?

李代富:地震以后是灾后重建,随后修公路,你不可能是一步到位,现在还在修着村道呢!村道都还在修,还在扩散,还在延伸,现在不是有一个精准扶贫吗?抓住这个契机还可以修很多,没通的村道还可以修。

张　纯:那咱这个地方的医院、小学这些地方怎么样?

李代富:就比以前建设得更漂亮了,基础设施起码提升了十个档次。

张　纯:那他们大概是什么时候恢复的?

李代富:2009年恢复的,最先恢复的是医院和学校,就在这个政府背后，最开始是初级中学，称之为擂鼓初中，现在改名为擂鼓八一中学①，是由济南军区援建的，占地108亩，投资好多钱，他的门面相当于一个大学的气派。你看，医疗、教学、卫生是最先行动的。

张　纯：等于说是在基础设施方面做得还是相当到位的。

李代富：八一中学一年就修好了的，好快的。

张　纯：那在这些里面，当干部的有没有起到一些领导的作用？

李代富：要监管、要指导，这个事他必须要亲力亲为。

张　纯：能不能说一下具体怎么去亲力亲为的？

李代富：因为修八一中学是24小时不停运作，没间断过，所以才修那么快。进度那么快，不能说晚间也休息，晚间也有人做工，有人做工肯定就有安全问题，有质量问题，安全和质量得有人管，都得监督，光靠施工队不行。

张　纯：那您当初是怎么监管的？

李代富：我们没监管学校，我们主要是城房这一块和街道这一块，那一块具体监管政府有派人去，肯定要有人监管的。

张　纯：那些监管的人是乡镇里面的干部吗？

李代富：乡镇里面抽调一部分人去，每个房子修建的地方，还有监理等。

张　纯：那在就业问题上，咱这里除了外出打工的，还有其他就业渠道吗？

李代富：除了做生意，都是打工务农，别的就没了。

张　纯：那像医院里面的医生护士，学校里面的老师，是外面来的吗？

李代富：当地的，都是原来的老师，中学把漩平初中合并下来了，漩平初中也合并到这里，老师也合并到这里。还有这几年陆陆续续毕业的毕业生，注入很多新鲜血液了，大学生毕业也还有一部分。

张　纯：那居民的一些基本的社会保障方面您知道吗？

李代富：老百姓失了地，没有耕地了，就吃不起饭，那么政府又出台

---

① 擂鼓八一中学，原名擂鼓中学。擂鼓八一中学在原址的基础上向下扩展重建，由济南军区援建，占地面积72 036平方米，建筑面积3.8万平方米，设计规模为2000人，投资8220万元。所有建筑均按8度抗震等级设计、按9度抗震进行构造设计。（资料来源：擂鼓八一中学官方网站，http: //lg81zx.30edu.com.cn.）

个政策，就是因灾失地和因征失地这一部分农民就可以参加养老保险，只交1万多2万多就可以买了，剩下的由政府补贴。按政策规定，就是女同志到50岁男同志到60岁，就可以领养老金，这部分补助还比较大。你看女同志大多数都满了50岁了，都在领养老金了，就靠这一部分可以维持生活，就可以解决一部分的生计问题，这个覆盖面积还比较大。

张　纯：是所有人都可以买吗？

李代富：就主要是因灾失地这一部分的农民。[①]

张　纯：嗯，如果他没有失地，那么他就不能享受这个？

李代富：对，有地才能享受这个政策，但地震之前只有居民才可以买，农民是买不到的。所以这个政策出现以后，就把这一部分像女同志满50岁的、男同志满60岁的生活保障问题就给解决了，这个就增加了一部分收入。

张　纯：那挺好的，那在地震中致残的残疾人可以买这个保险吗？

李代富：残疾人的话，致残了有残疾证，国家还是有一定的补助，要评残，有几级残就几级残，一个月多少有点钱。

张　纯：那对那些孤儿啊，孤寡老人呢？

李代富：孤儿，孤寡老人，这一部分也有政策，每个月也有钱，孤儿这一部分就可以进入低保户，还有弟兄无依无靠这一部分。比如说像我们社区，老弱病残，没有养老保险的这一部分，的确吃不起饭就有低保，低保起码有个保障，起码吃米的钱有了。

张　纯：那等于说上面的政策还是挺全面的。

李代富：基本上就是该享受啥政策，你就享受啥政策，你不是那种人，你就享受不到那种政策。

张　纯：那当初发生地震生态也遭受了一定的破坏，是怎么解决的呢？

李代富：现在基本上地震已经8年多了，也恢复得差不多了。

张　纯：那生态环境遭受破坏之后，有没有做一些恢复的工作？

李代富：有啊，泥石流治理，有专项投资，地震灾害泥石流治理。

---

① 失地农民分为老失地农民与新失地农民。老失地农民认定标准为自1986年《土地法》颁布实施以来至2009年12月31日止，因征地拆迁导致失去全部或大部分土地，在征地时享有农村集体土地承包权的在册农业人口，并于2009年12月31日前年满16周岁及办理了农转非手续的人员；新失地农民认定标准为2010年1月1日（含）以后，因征地拆迁导致失去全部或大部分土地，且在征地时享有农村集体土地承包权的在册农业人口。(资料来源：擂鼓镇政府内部资料.)

张　纯：那是怎么治理呢？

李代富：开始用网网拦，原来地震的时候垮的泥石流，现在长的绿油油的，果子都挂得相当好了，那个治理不简单，有专项资金专项治理。

张　纯：那这些专项资金具体去执行的时候，还是由乡镇上的人去执行吗？

李代富：是由乡镇上的人牵头。

张　纯：那像您刚刚说的，那个厂的环境污染问题，乡镇政府有没有人去管一下？

李代富：管，是要管，老百姓天天叫唤（嚷嚷）。

张　纯：老百姓有很多的意见是吗？

李代富：我估计领导也在往上提，但是解决下来也是需要时间的。如果老百姓反映的是事实，就要站在老百姓的角度，因为这个事情也不是那么简单，要有一个过程。政府实际上是在做，只是有一个过程而已。

张　纯：那您刚刚说的除了住房、养老、贷款还有没有别的政策？

李代富：还有我刚刚说的养殖，养殖还扶持大户，这也是政府的政策。

张　纯：那养殖的政策是怎么落实的您知道吗？

李代富：养殖首先你要有一定的规模，而且你要建立合作社，不是说你养一头猪也补助。

张　纯：您刚刚说我们这个地方是济南对口援建的，那您能说一说他们当初具体做了哪些工作？①

李代富：道路嘛，首先医疗、卫生这一块。

张　纯：他们拨的款、派的人，然后还有一些技术人员？

李代富：人都是他的，机械都是他的，全部都是他们的，但是他不够的人员可以用当地的劳动力。

张　纯：哦，那等于是，道路、学校、医疗都是济南做的。

李代富：对。

张　纯：那咱们干部在协调援建方面的工作中做的事情还是挺多的？

---

① 2008年6月8日，温家宝签署第526号国务院令，公布《汶川地震灾后恢复重建条例》，灾后重建依法科学进行，6月11日，国务院办公厅印发《汶川地震灾后恢复重建对口支援方案》，举全国之力，加快灾区恢复重建，其中山东省对口援建北川县，济南市对口援建擂鼓镇。在这样的政策、法规、机制保障下，灾区群众才能获得满意的居住条件，过上幸福知足的美好生活。

李代富： 那你该做事啊！你是干部，你就该做事啊！如果政府没事，那就不叫政府了。当地政府是第一级政府，肯定任何事都是要找你，协调好多工作，你不可能让老百姓协调。因为老百姓没有那个权威，有好多政策也不了解，好多文件看不懂，只有政府才清楚，才便于给老百姓解释，有个依据。老百姓有的时候就直接说有政策，但具体有什么政策他也搞不清楚，你就需要慢慢给他解释。

张　纯： 那您觉得他们这种对口援建的方式有没有帮助咱们这边恢复重建？

李代富： 帮助还是比较大的，因为当地的技术力量和人力物力是非常有限的，只能靠外来的加起当地的劳动力一起做。当地老百姓反正是在耍（玩），所以一定要做事情，你这儿出了事你也更应该做事，而且应该比人家做得好。

张　纯： 那这里恢复重建过程中的资金是怎么获得的您知道吗？

李代富： 资金都是专项资金，济南对这边全都是专项的，我估计不仅有专项资金，而且政府这边应该也有资金，这个专项资金就是说你修路的资金就是修路，不管资金来源于山东，还是当地财政。当初还有捐赠的那一部分钱，地方财政还有一部分钱，山东人援建还有一部分钱，肯定都是打通了放在一起的。

张　纯： 修路就修路这部分资金，盖房子就是盖房子这一部分资金。

李代富： 我估计是这样，但是钱全部都是来源于国家的。北川整个重建大概用了200多个亿，擂鼓连赔付和修建的钱大概用了20多个亿，所以说为啥我们擂鼓是第一大乡镇，重建就相当于用掉了北川接近1/10的资金。

张　纯： 那咱这个社区的设计理念就是您刚刚说的三羊（阳）开泰？

李代富： 对，设计理念是三羊（阳）开泰。三羊（阳）开泰的寓意是鼎盛，政府是领头羊，社区是中间羊，群众又是后续羊。政府是领头羊就拉着后头羊，是这个寓意，也肯定有一个鼎盛兴旺的寓意。

张　纯： 那配套设施呢？比如说修房子里面的水电之类的齐全吗？

李代富： 修房子里面包含了的，水电通，肯定要通的。

张　纯： 那社区呢？您所在的社区整个规划里面也都有吗？

李代富： 整个都是装好的，既然让葛洲坝修房子，修的清水房，水电肯定是通了的。外风貌、绿化和辅助设施都是政府投入的，老百姓当初修房子，等于是只给了800块钱清水房。道路绿化和外风貌老百姓没出钱，这一部分全是政府投入的，这部分投入还是比较大的。

张　　纯：那咱这个社区当初建的时候，您刚才说是有几个公司过来竞争，那具体选择哪一个公司怎么决定？

李代富：第一个实力比较强，技术能力比较强，而且价格要最便宜，这就够了，是采取竞争性谈判，没投标。

张　　纯：那像这些公司提出来的一些条件，底下的居民知道吗？

李代富：那个修房子建了一个业委会有群众代表的，群众代表知道。

张　　纯：这边有没有移民移过来的，移民是怎么安置的？

李代富：移民少，主要是当地的。外面几乎没有过来人，之前住的地方毁掉了，没地方住了，迁到这个地方，政府还修的有二期安置房，买了也可以居住。

如果没有一个奋斗目标，那整天都是碌碌无为的

张　　纯：那您刚刚谈到了我们这儿的社会经济，没有之前好……

李代富：基本上修完房子口袋是空的，甚至大多数是贷款修的，所以我说经济没以前好。地震之前不用修房子，毕竟还是有一点积蓄，现在一修房子积蓄几乎是花完了，我是指这一点。

张　　纯：这么多年来还是没有恢复吗？

李代富：8年重建恢复的有60%，我都只恢复到60%，我都算比较会挣钱的人。

张　　纯：那您怎么理解"三年重建，两年完成"这句话呢？

李代富：这个只是大范围，要是什么都弄得那么好，根本不可能，也不现实。总的也是两年完成了，房子修起来了，基础设施也解决了，老百姓该搞什么还是在搞什么。但是要想纯粹地说，所有的重建全部完成，也不太可能，总有个过渡，有一些遗留。实事求是来看，任何事情都是采取辩证的说法，不可能说完成百分之八九十就不算完成，那百分之几没有完成也很正常，我们也尽力了是吧！但是这个口号也是对的，它能给你一个目标，一个奋斗的方向。如果没有一个奋斗的目标，那整天都是碌碌无为的。

张　　纯：那对于当初在地震中那些内心受到很大创伤的人，有没有做一些工作去进行安抚？

李代富：都是"一对一"①帮扶。当时政府这边有牵头做安抚的，有外面过来的心理医生，还有一些像我们社区好多人去串门什么的，慢慢就不想那些东西了，往好的方面想了，整体改善他们的心理，肯定这个邻里之间聊天比心理医生管用。给你串门啊，聊其他的事啊，慢慢就想开了，不可能一直就沉浸在悲痛之中。邻里之间互相去安慰，方式是多种多样的。但是国家还是配的有心理医生，也是免费的，邻里之间的那些互相安慰也起到一部分作用，光是吃药也不行。

张　纯：那像您刚刚说的那些孤儿、孤寡老人他们是在哪里住？

李代富：有廉租房，政府修的廉租房，有配套设施。孤儿虽只剩一个人，但是他还有家属，每个月还有低保，这个政策也是给他到位的，住房也给解决了，政府修的廉租房，你该享受就享受，免费让你入住，水电啥都是通的，所以说国家想得很周到。

张　纯：那些廉租房和这些房子的区别是什么？

李代富：廉租房它主要解决的就是没能力修房子的，单亲孤寡这一部分人。

张　纯：那价格呢？

李代富：你住就是了，不给钱的，就是去免费住，政府都给你提供了的，你住到亡故就算了，政府又收回。

张　纯：那廉租房的面积大概是多少？

李代富：50平方（米）之内，2室1厅。廉租房只针对符合政策的人，符合这些政策的人都比较少，一般都只是几个，不符合政策住不到廉租房的。

张　纯：那当初有没有一些群众对工作不满意去上访的？

李代富：有的，这很正常，比如说遇难学生家长有一块上访的。

张　纯：那是为什么？

李代富：这个"5·12"大地震，从客观上来讲，不是因为房子修的坏就容易倒塌，房子修得再好有震波通过，房子还是要倒塌。所以是一分为

---

① 绵阳市委、市政府从市级部门抽调68名副科级以上干部，赴极重灾区开展为期两年的"一对一"干部群众关爱工作，与灾区干部群众同吃、同住、同劳动，引导重点群体尽快走出地震阴影。（资料来源：《关于加强地震灾区精神家园建设的意见》绵委发〔2009〕13号.）

二来看待的，房子修的坏，震波没在那个地方，有可能这个房子也不会倒塌，并不代表你这个房子结构就好。房子修得再好，震波通过房子还是要倒塌。好多人就不能理解，说我孩子在学校遇难了是因为学校的房子修得坏，就以这个为借口上访，就说你这个学校建筑材料作假了，修的烂尾楼，我娃娃在里面读书房子容易倒，人家房子都没有倒，但是你想当时房子修得再好震波要是通过了房子也会倒，你说是吧。

张　纯：那这个问题最后怎么解决？

李代富：给你劝回来当地解决，就是给你说政策，比前比后劝你。

张　纯：那就只是劝，有没有别的什么物质上的帮助？

李代富：遇难学生本来就有物质帮助，学生每个人都给他们赔付了的，也按国家的政策该给你赔多少钱也给你到位了的。

张　纯：您刚刚说您是搞拆迁工作的，那有没有因为对拆迁的补偿不满意而去上访的？

李代富：没有，自己看看这个政策，比前比后，大家享受的政策都是一样的，补偿也是一样的，没有什么异议，也没有不公平的事情。

张　纯：那除了济南对口援建，我们这里还有没有其他的一些社会组织来帮忙？

李代富：还有志愿者，志愿者都是全国各地过来的，有一部分是有组织的，有一部分是没有组织的。

张　纯：那他们具体是做什么事情？

李代富：过来帮农户修一下房子啊，等等，他都是不要钱的，他不要你工钱，你不知道他的名字，也不晓得他是哪方人。

张　纯：那您觉得到目前为止能实现当初那个口号"学有所教、劳有所得、病有所医，老有所养，住有所居"吗？

李代富：这个是真实的体现，这个是实实在在的，这个是真实的。

一个人富不算富，要大家富才算富

张　纯：那对于咱这个社区这个街道的未来有没有什么发展规划？

李代富：我们社区的规划原来跟我们书记也是商量过的，利用现在的散闲门面，可不可以把这些房子连成一片，打造出来像成都重庆江苏那边避暑的地方，发展旅游业，做成小单元。每个月1000到2000块钱居住，也可以带动一部分经济，多少也有一定的收入。有人气就有消费，有消费大家就有收入，包括我就是开宾馆的，就一个道理。因为在小地方只有那么多流动人口，好多人作为一个过路客，停留一下马上就走。如果这些人他来一回，他还想着来第二回第三回就好了。

张　纯：那其实可以搞成农家乐旅游基地什么的。

李代富：农家乐旅游基地这附近都有，只不过是没有形成规模，也在打造特色，但是要有一个过程。比如说现在正在打造竹海，你们上来那儿有一个竹海，叫羌王竹海，还有九皇山，九黄山风景区它分石椅子一块、猿王洞一块和药王谷一块，这三大块统称为九黄山，以这些大型旅游景点来带动部分小型的农家乐。

张　纯：那咱社区未来的规划就是要往旅游业发展？

李代富：只能发展旅游，只有旅游才能带来人气，而且你投资是一次性投资，但是是终生受益。

张　纯：那您总结一下，这么多年来，在重建过程中，您最大的收获是什么？

李代富：最大的收获是自身的觉悟提高了。

张　纯：那怎么个提高法？是什么觉悟？

李代富：过去就想着自己的小家庭，现在就心系大家，过去就是我搞好就行了，现在这个想法就不行了。现在就你一个人搞好是一根独桩桩（木头），要大家搞好要连成一片才行，这是我最大的收获。包括做生意也是这样，以前就是觉得做生意大家都卖，只有我是卖得最好的，那么现在想的不一样，要大家都卖得好，这边茶叶我们大家都卖，就可以形成一种大的集团。外面的人过来买，他就有一个选择的余地，一旦选择了就可以聚集一部分人气，带动经济发展。现在虽然价钱卖的低了，但是可以多卖十几倍，比以往的收入还多些，我是这么想的。我就指的是这种提高，过去我想自己家做好就行了，现在那种模式只有淘汰。大家都做要把这一片搞活，否则永远是一潭死水，人多了，一个好汉三个帮，独木难成林，这是一句俗语的真实体现。

张　纯：那您觉得您作为社区的干部在灾后重建过程中的提高有哪些？

李代富：我觉得一个人富不算富，要大家富才算富，才能使你这个乡镇都富起来，一个人再凶（厉害）那都是没法的，一户只代表一个人，老百姓他整个富足指数你是拉不上来的，要大家共同努力，指数才可以上来，才可以奔小康，否则你是没法实现的。

张　　纯：那您自我觉得，在整个过程中，您对您自己做的工作还满意吗？

李代富：基本上也是满意的，因为自己也尽了力了。

张　　纯：那您刚刚也说了，也会有一些不足的地方，这些不足的地方是什么？

李代富：有时候会有一点小情绪，有时候推动不了工作。比如说就像我刚刚提到了这个污染，老百姓给你反映，政府也尽了力了，我们的确是最基层的，也只能说上传下达，建议一部分，要说真正地落到实处，要靠好多硬性的政策调控你才有办法。意见归意见，在实施的过程中，要转换这个面貌，进度太漫长。比如说现在景区这个想法实施起来也漫长，擂鼓的整体发展当时说的是几年要马上恢复，现在虽然恢复了，但是人气商机都非常薄弱。

没有共产党就没有今天

张　　纯：那您以后的工作重点是什么？

李代富：主要是抓住旅游这个契机，带动经济。等于说这个地方的经济发展只能靠旅游。

张　　纯：那您能不能谈一下在重建过程中，干部和群众的关系有没有什么变化？

李代富：地震之前的干群关系和地震之后的干群关系基本上没有好多变化。因为地震之前的干群关系也融洽，地震之后从拆迁和重建这两块，跟老百姓基本上打成一片的，他还是像地震之前对待你那样。

张　　纯：那有没有说在地震之后，老百姓对政府的工作人员更信任了？

李代富：应该都差不多，虽然你在拆迁、修房过程中有些小矛盾，但是房子修起了，他慢慢想通了，还是会关切你的好的。当初给他做工作的时候，他肯定不安逸，这么好的房子你给推了，还要天天修，中间有个过程是吧。老百姓有他的局限性，想一时有好大的过渡是不可能的，一下子你让他来小区里面居住，他的生活习惯都要慢慢来改变。他就舍不得他的瓶瓶罐罐，那修小区不可能保留那些东西，要改正一些习惯，你要慢慢和他讲道理。

张　纯：那中央出台这么多政策，群众对这些政策都是拥护的吗？

李代富：都是拥护的，这个政策都是给他们宣传到位的，该受益什么该享受什么政策就比着什么政策走。

张　纯：那您对今后的工作包括生活是不是也非常有信心？

李代富：有信心。我自己作为一个社区的干部，我自己尽力了，我问心无愧。即便是今后不在岗上，哪怕我再成了一个普通的老百姓，我还是要做事情，在与没在都是一样的。就比如说你是一个社区的副书记，你就比人家高，那没有这个道理。下班以后我该做我的小生意还是要做我的小生意，这是我自己应得的报酬，凭劳动获得的，我工作上做了，我就该拿正常的报酬。

张　纯：那您以一个基层干部的身份评价一下，我们基层政府在灾后重建过程中，哪一方面做得不是很到位？

李代富：全都比较到位。

张　纯：有没有相对来说不那么到位的？

李代富：只是说像上面政策下来以后，它中间有一个停滞阶段，不可能一步就到位，就有这种现象，老百姓就会说上面政策下来了，为什么现在没有实施？这个有点脱环（衔接不好）的情况出现，有个时间段的考察，才有办法变通。

张　纯：就是上面的政策下来以后也要根据本地的情况再去做一些微调整。

李代富：就是做一个参照，大体肯定不可能违规，必须要有一个规章制度。大城市的政策在乡镇执行肯定是不现实的，要有一定的变化。但是我觉得作为乡间最基层的这一级政府是最辛苦的，上面的政策下来以后，就由底下基层的干部去实施，而且实施不好的话，老百姓也骂，上级政府也会说没有做好，夹在中间比较为难。

张　纯：那这个脱环的情况大概会造成哪一些不好的情况出现呢？

李代富：就是老百姓心里有点小情绪，最主要是有小情绪，其他的没什么事。

张　纯：那国家的政策下达以后，你们去实施的过程中，老百姓有没有质疑？

李代富：有的，那要给他解释。不是有两个大月7月8月嘛，补助是每个月一天发10块钱吗，有个7月8月一个月是31天，一个人多一二十块钱补助都是给他们补了的，补助钱发放我也在场。①

张　纯：那就是说如果老百姓提出了一些意见，而这些意见也属实的话，还是会给他们解决的？

李代富：对，肯定会解决的。

张　纯：那做的还是挺到位的。

李代富：我就举这个例子，这个也是真实的例子，你可以下去问老百姓他到底拿好多钱，证明我说的话也不是假话。

张　纯：那跟以前相比，现在更拥护我们的政府，包括乡镇政府，中央政府吗？

李代富：是的，没有共产党就没有今天，如果跟西方社会一样，就还是恼火。毕竟我们国家有什么事就容易救人，一方有难，八方支援。现在国力又强盛了，共产党处处为老百姓着想，老百姓的生活是越过越好。真的是没有共产党就没有擂鼓镇的今天，没有地震灾区的今天。

张　纯：您说的特别对也特别好，基本上就是这些问题，非常感谢您接受我的采访。

---

① 临时生活救助包括补助金和救济粮。救助对象为因灾无房可住、无生产资料和收入来源的困难群众。补助标准为每人每天10元补助金和1斤成品粮，补助期限三个月。因灾造成的"三孤"（孤儿、孤老、孤残）人员补助标准为每人每月600元，受灾的原"三孤"人员补足到每人每月600元，补助期限三个月。[资料来源：民政部、财政部、国家粮食局.关于对汶川地震灾区困难群众实施临时生活救助有关问题的通知（民发〔2008〕66号.〕]

"不要惊慌,肯定国家要来救援"
——访北川县擂鼓八一中学①党支部书记桂正云

题记: 地震发生时,他没有惊慌,因为他坚信,国家肯定要来救援。党和政府也未辜负他的信任。在他眼中,"我们的政府真的太给力了"。震后重建的擂鼓八一中学迎来了蝶变新生,全校师生秉持着阳光和感恩的心态,满怀信心和希望,努力"把自己该做的事做好",以回报党、政府和社会各界的关爱。

桂正云,男,51岁,汉族,本科学历,中共党员。桂正云从1985年开始从教,从1989年至今始终在擂鼓八一中学工作。汶川地震发生时,他担任擂鼓中学的党支部书记。2017年1月接受我采访时,他仍然担任着擂鼓八一中学的党支部书记,所以这是一个老资格的党支部书记。访谈是在擂鼓八一中学的"教工之家"进行的。虽然汶川地震已经过去将近十年时间了,但这位亲历了擂鼓中学震后自救、组织学生异地复学、震后学校重建全过程的党支部书记对诸多细节仍记忆犹新。在整个采访中,我只是稍做提问,将近2个小时的采访绝大部分时间都是他在回忆,内容连贯、条理清晰。他在地震发生后对党和国家的坚定信任、巨大信心让我看到一位老党员的党性。在整个访谈中,他自始至终流露出的是一种阳光和感恩的积极心态,满怀信心和希望。这种充满正能量的心态深深地打动了我。

---

① 擂鼓八一中学原名"擂鼓镇初级中学",始建于1969年。擂鼓镇初级中学在汶川特大地震中严重受损,亟需重建。根据党中央、国务院统筹兼顾,中央军委统一部署,经与绵阳市及北川羌族自治县协商,决定由济南军区出资援建擂鼓中学,学校重建后更名为"擂鼓八一中学"。"擂鼓八一中学"在原址的基础上向下扩展重建,占地72036平方米,建筑面积3.8万平方米,现有办公楼1幢、教学楼1幢(分A、B、C、D四个区)、学生宿舍4幢、学生食堂1幢、教师周转房2幢、阶梯教室1幢,建筑总投资8220万元,2008年10月27日开工,2009年7月22日竣工。(资料来源:北川羌族自治县人民政府.汶川特大地震抗震救灾志[M].北京:方志出版社2016:679,683.)

采访时间：2017 年 1 月 3 日
采访地点：擂鼓八一中学
受 访 人：桂正云
采 访 人：钟勇华
整 理 人：钟勇华

北川县擂鼓八一中学党支部书记桂正云（拍摄于 2017 年 1 月 3 日）

震后自救：没有一位学生受重伤，没有一位老师遇难

钟勇华：首先了解一下您的这个基本情况。您是从小生活在这里吗，桂书记？

桂正云：我是曲山人，是 1989 年调过来的，1989 年 3 月 6 日准时到这里来报到的，原来在上面的白什（乡）、青片（乡）①教了几年，1985 年参加工作的。

---

① 白什乡和青片乡是北川县的两个乡，其中白什乡位于北川县境西部，东连小坝乡，南接马槽乡，西与茂县为邻，北与青片乡接壤；青片乡也位于北川县境西部，西南与茂县为邻，北与松潘接壤，南与白什乡相连，东接小坝乡，是北川建立最早、羌族聚居最集中、最边远的民族乡。[资料来源：北川羌族自治县地方志办公室. 北川羌族自治县年鉴（2009）. 2011：396，397.]

钟勇华：当时您是怎么会想到从事教师这个行业呢？

桂正云：其实我们那时候，读初中的时候还不晓得读了初中还可以考师范，只知道读了初中读高中，读了高中考大学，都是农村娃哪晓得这些嘛。后来毕业了，突然有一天通知我面试，才晓得原来还可以当老师。

钟勇华：您家庭的基本情况？

桂正云：家庭呢，就是我爱人嘛，我女儿嘛。我爱人在这里的街上开广告店，开了十几年了，我女儿在绵阳的一个网络公司搞设计。我父亲现在在新县城我姐姐那里住着。

钟勇华：地震发生的时候您在哪里，正在做什么？

桂正云：地震发生的时候，我正在上课，我们学校（当时）在校门口有一栋教学楼，那个房子只用了50万，修了一栋二楼一底的教学楼。当时我正在二楼挨着校门口这个位置（的教室里）上课，突然房子噌的一声，我没想到是地震，因为我们学校那时没有厨房，学校要了一些资金正在修学生的厨房。有个小伙子嘛在开挖挖机，小伙子嘛平时有点调皮，（所以）我第一反应是不是这个小伙子的挖挖机把教学楼给撞着了。我感到很气愤的样子跑出来一看，啥都没得，我想：糟了，肯定是地震了。我就赶快跑进去，刚一跑进去，房子就晃悠晃悠摇起来了。我在讲台上喊学生，我说马上（出去）。因为我们（北川）在地震带上，之前我们学校每年都有这种宣传，我们原来也给学生搞过这些演练。我看房子咯吱咯吱在摇，架子晃晃晃，我说："赶快把书拿起来，放在头上，蹲在桌子下面。"我这话刚说完，架子落下来了，落在哪了呢？落我脑壳上，因为我（拿书）给学生演示了一下，所以就把那个书砸了个洞，要是我不演示，（就要把）我脑壳砸个洞了。当时我就被甩到这边的讲台下面来了，（当时）这里泼了点水，我一屁股就坐到水里面去了。我站起来一看，桌子也倒了，学生也倒了，我说，"赶快跑"。这儿一跑，我站在楼梯那里，楼梯边上，老师、学生都在，都在喊快跑、快跑。就这样，学生还是很快就撤离了。撤离以后，因为我们有两栋教学楼，我们这栋教学楼人还不多，主要都还在上面的一栋教学楼，叫汉龙教学楼。那时候学生撤离了以后，我下去就先去二楼、三楼看下有没有老师，有没有学生，看完了以后，那我才下去，因为那时我也是党支部书记。我去看一楼，根本就来不及看，我们其他老师反正在屋檐后面也看不到哪个是哪个，因为那个围墙一倒，房子一垮之后，整个校园里面尘雾弥漫，根本就没法（看清）哪里在哪里，往哪里跑搞啥子。我们这些老师下去以后，每个班都清点完了，我们的学生差不多都下来了。我下去以后就问，学生够了吗？因为我们前面都演练过了，都晓得这些情况，每个班自然而然把这个人数清点了。后来我们了解到，没得学生（留在教室里）。我们一看，有没有学生受伤，有没有学生遭（殃），（后来知道）也没有学生（遭殃）。只有几个学生身上有些擦皮伤，有几个娃儿要稍微重点，但也算不上啥子，只是吓恼火了，打出血了，我们学校（的学生）一个重伤都没得。后来我就听说，上面的老师都是让学生先走的，没有哪一个是自己先跑了的，没得一个。

我跟你举个例子，王军老师他是怎样呢？我听学生娃儿说的，(有学生)在楼上看到楼梯快要垮了，（那个学生）边哭边说："王老师，怎么办哦？"王军说："有我在，怕啥，不要哭！"学生就慢慢疏散下来了。包括于鹏这些（老师）自己受伤了，还是尽力疏散学生。我们这些老师都是把学生一一送到下面操坝里面来，再去看有没有人被埋、受重伤啊。我听到没有人遭（殃）的时候，就朝上跑，（空气中）全是灰尘，一跑一出气，简直没法忍受。

我跑上去一看，从操坝上的梯梯，各个沟沟上的梯梯，就是我们的花园，花园侧面有个沟，沟这面有个实验楼，那个实验楼是怎样呢，因为有两个多媒体教室，平时是我们最抢手的地方，每个班都想去上多媒体教室。恰恰那天没有哪个班在上课，如果那天（有学生）在那上课的话，我们的学生可能会遇难一些。恰恰那天地震的时候，只有袁校长（那时候还是主任），还有陈校长在里头办公。当时我想，糟了，老陈今天要遭（殃）了，为啥子啊？因为他在二楼，他头顶上（的三楼）搁的是图书柜，全部是图书，很多图书，那个图书落下来，把二楼都砸垮了，（所以）我想老陈可能要遭（殃）了。（后来）有人说，陈校长到工地上去了，去录像去了。当时我们不是在建学生厨房嘛，所以想留点证据嘛，地下、基础是怎么弄的，照点照，录点像。所以陈校长当时恰恰不在二楼，所以他就没有遭（殃）。袁校长（那时是袁主任）看到地震发生了，他马上就跑，他也跑得快，也没遭（殃）。后来我看陈校长走在后面跑上来了，我就放心了。然后我说，"赶快清点老师"。那时候，我们恰恰是午休结束，第一节课才上一会儿。马上我们就清点老师，看差哪几个。

我们当时总共有三栋教师宿舍，一栋教师宿舍是红砖的，二栋教师宿舍就是后面稍微好点的楼房，第三栋教师宿舍就是称为低级危房的房子，那个房子就是以前擂鼓中学的前身——农校的办公室和教室，当时作为老师和学生的寝室。我们刚走到教师宿舍那里，就听到有人在二楼高处喊，我们看到，第三栋教师宿舍楼多数都塌完了，地下也垮得差不多了。因为我晓得哪里有梯子，我就跑过去，老师们都在你忙你的我忙我的，都在忙着找人，都在喊，都在找，然后清点学生、安慰学生，有一些人在找老师。然后我赶快就跑到我们最好的那栋教师宿舍背后去找梯子，那架梯子好重哦，平时都是两个人抬，我跑过去了。那天我本来是穿的西装打的领带，整得笔挺的，那时候管他啥子，不顾一切了，弄起来，老师都在那等到起，有些直接从废墟上扒，扒上去，我把梯子弄起来，跟大家一起朝上扒，那个时候地下还在动哦，我们先扒上去，好多人都喊，"莫慌着，莫慌着"。

你想，关键是人还埋在那里面，你再莫慌着怎么办呢？那个时候谁都没有心思去多想，只有拼命扒开废墟，一心想把里面埋的老师救出来，在大家的努力下，救出了宋佳，她脊柱受伤了，里面还埋了一个老师叫马玲，她还好，没受一点伤，但受到的惊吓不小。接下来，我们又在废墟中搜寻，听见陈厚源老师在二楼废墟下求救，大家又齐心协力地把压在废墟上面的沉重的人字木搬开，扒开废墟，从里面把他救出来。我们把救出来的老师先放在草坪中，睡在那里，然后和镇上联系。后来，由沈强——我们现在的沈副校长他们安排送到镇上医院，再统一安排。剩下只有一个人没找到，就是王永蓉老师，王永蓉老师，她30岁，平时跳羌族舞跳得非常好。他们有人问（她）是不是出去了，她那天是值日老师，她怎么会出去呢？一直没找到，问这个问那个一直没找到，后来说可能进寝室了。到下午大概是4点过了，我们又爬到里面去找，还是没找到。后来我就不相信了，我就走一楼，有个洞洞，窗子垮了，我就走一楼钻过去了，我看到高楼多半都垮了，我就从废墟上扒啊扒，扒上去，我刚扒到二楼把脑壳伸到二楼，看到一个人被压着了，我想肯定是的，就是王永蓉被压在那里了。我估计他是跑了以后，跑到这里，突然楼板断了，没法跑了，人字木压下来了。我摸了一下，人还是热的。我马上喊他们上来，他们马上跑上来，都去搬人字木，你想人字木好重哦，甩的甩，搬的搬，把人救下来。（所以）就是王永蓉一个老师遇难了。我们当天晚上怎样呢，把她安排到草坪里面，给她弄了个东西躺在那里，然后给她弄个东西盖起，等着看政府怎么处理，因为从来没有遇到过这种情况。我们说要是埋了呢，她家属又没在，恰恰她又刚刚离婚了，所以那个事情特别复杂。我们跑到镇上嘛，镇上当时有个领导，他家里面好像一家人也遇难了，心情也不好，我们只得了这么一句话：这个时候你还考虑啥子火葬不火葬呢，这个时候还考虑这些吗？我估计（他的意思）是不是说，这个时候应该考虑救援、救灾，而不是安埋，紧急的事情应该是救援，如何处置活人。

晚上我们把学生全部集中在操场里面，给学生在板板厂找了些布搭了棚棚，还找了些其他东西，比如说我们家里面做广告嘛，那天恰恰给山东的一个老板做了多大的一个广告，也拿起来了，搭了些棚棚，学生和老师就在那里住嘛。那天晚上我们第一个想到的是吃饭的问题，因为那个时候怎样呢，我们的厨房已经埋掉了，然后就把厨房里面的东西掏了一些出来，但是很难掏，因为我们厨房那边的房子也垮了，这是其中的一部分，但是非常少。这个时候想到的办法就是马上到街上去，但街上到处是废墟，很难看到有几栋房子是立起的。比如说我们原来朝下走，有一个厂我们喊板板厂，那个厂围墙把路都挡了，垮起了，危险得很。但是那天，我们还是组织了一些老师和学生到街上去，因为我们学校有个主任叫陈勇，他的弟弟叫陈伟，在街上有个超市，我们想到超市去弄点东西。

跑到街上去（一看），整个街上一片狼藉，只能用一个字（形容），乱，人乱，物乱，一切都乱，到了哪种程度呢？街上那些东西，有些老百姓就在抢，我们跑到那里去，陈伟就把那些吃的、喝的饮料，没得啥子说，都给学生，保证学生（的吃喝）。我们学生和老师都往车上搬，后来发现路被堵了，没法用车把东西拉到学校来，后来就让学生拿了大量东西，因为要提供晚上喝的和吃的面包。我爱人那时也卖水，卖矿泉水，也喊学生去，全部拿起来。那天晚上，喝矿泉水反正就是几个人一瓶，面包拿起，你一个，你一个，或者是我们发到（手里）是啥子东西就吃啥子东西，不可能每一个人都是一样的，因为每一个人都是一样的东西没法保证。有那么一点吃的东西都是了不起、不得了的事情了，你还想人人都有好吃的，那是不可能的事情。我们想的是，必须要保证那天晚上有吃的。后面有些就近的老百姓就把自己娃儿领起走了，全校大部分学生就慢慢领起走了。因为我们这里没有遇难学生，所以当时整个救援可以说在老百姓（把学生）领起走了后就结束了，把王永蓉老师救出来之后，这个救援工作就告一段落了。

我们没有重伤一个学生，没有死一个学生，第一是我们的教学楼没有垮。我们的汉龙教学楼，那是投资了100多万修的，政府和汉龙集团各投资了一部分，2003年修的，我这个不是给汉龙集团打广告，汉龙集团在这里还真是做了好事。如果没有这栋教学楼，我们学校师生估计会伤亡很大。因为我们汉龙教学楼前面那栋教学楼，是我们第一任校长雷校长组织老师和学生勤工俭学、半工半读，踩瓦泥自己修起来的，这个房子是黑砖房子啊，那个房子几乎没有钢筋，一旦遇到地震，那栋楼的学生又最多，（如果是这样的话）遇难人数不可估量。这是一个。第二个，如果是晚上地震，我们的学生可能要遇难2/3以上。为啥子？因为我们的学生大部分集中在王永蓉老师遇难的那栋房子里面，而那栋房子里面的学生寝室都压得变形了的，你说还能活得了几个学生。而另外一个地方，就是我说的陈校长办公的那栋楼，那栋楼上面砸下来之后，下面就是寝室，那边（学生）也很多。所以我们说，之所以没有出现大的遇难，关键在于我们大部分人所处的地方结构没有变，框框没有倒，墙可能倒了，但是框架是没有倒的，这个提供了生存的有力保障。所以说，不管你啥子房子，比如我们前面说的花50万修的房子居然都没有垮，说明那个质量是没得问题的，所以我们说，在学校的这个房子质量上，不能够有半点的虚假，是不是嘛。而且我们王老师遇难的那个房子是低级危房，如果说在已经诊断是低级危房后就把它排除了，也就对了，也不会出现这个遇难。（那样的话）那也可以说，我们学校一个老师都没得受伤，我们有两个重伤老师，一个遇难，那么这三个人的事情就不可能存在。当然，关键是那个时候没得钱，没得钱那栋房子就没法排除，然后你又没得地方住，就只有（这样）。

不能让一个学生私自跑回家

桂正云：当天晚上还是第二天晚上，我确实记不清楚了，那个成都军区还是哪个军区，部队就开过来了，开过来了怎样呢，其中就有部队跑到我们学校里面联系了，说这里有个学校，然后了解我们学校情况怎么样，一听说这里的学生还安全，还可以，也就安心了。但我们说我们有一些急

needs解决的困难,我们这里最缺的就是吃的,就是这个问题。好像就是当天晚上吧,应该是(当天晚上),当时那个首长,确实也不晓得那个首长贵姓,马上就派人来给我们送吃的。车子开到板板厂前头,开不过来,(因为)墙倒了,我们就派人去把吃的弄上来,(这样就)提供了一批保障,为我们学生后面的吃提供了保障。①

当然,(地震后)第二天家长就陆陆续续来了,大部分的学生就被接走了,还剩了一些没法回家的学生,家长也没法来的,我们就巴巴在这里看,让学生守在学校。当时我们怎样呢,第一,我们的原则是,不能让一个学生私自跑回家,因为这个时候你一旦回家的话,很可能遇到余震,学生会受到伤害。所以当时学校行政在梧桐树底下开了一个紧急会议。开紧急会议怎样呢,(讨论)应对措施怎么样,哪些人负责哪些学生,包干到人,每个班主任你必须保证你的学生是家长亲自领起走的,而不是自己跑了的,这个是很重要的一点。我们当时也没有本本,就捡个纸,(家长)来了的就写在那里,签一个字,谁带谁走,签一个字你才能带起走,就这样的。后面学生就慢慢地(越来越少了)。后来不是说,要把这里的群众疏散到绵阳去嘛,那个时候我们学校里面其他老师我们都疏散了,疏散到下面去,把学生带起走,因为我们有学生没回家,就要把学生带起走,带到绵阳去。②

---

① 2008年5月12日地震后,在绵阳市抗震救灾指挥部的统一部署下,驻绵阳部队于12日下午成立由30人和6辆卡车组成的应急救援分队,赶赴北川县擂鼓镇解救被困人员。震后半小时,部队组织抢险小分队,冒着余震、滚石等危险赶赴擂鼓镇,现场救治伤员近100人,向绵阳方向转运危重伤员70余人,成为第一支进入北川抗震救灾的部队。2008年5月13日下午3时左右,天下起了雨,擂鼓中学组织老师寻找材料搭建雨棚让学生避雨,到晚上,还有200多名学生留在学校,雨下个不停,又没有任何食物,剩下的20多名老师坚持保护学校财产和学生。成都军区某救援部队得知情况后,将自己的干粮送给学校,师生留守学校的决心更加坚定了。(资料来源:北川羌族自治县人民政府. 汶川特大地震抗震救灾志[M]. 北京:方志出版社,2016:195,299.)

② 2008年5月14日10时左右,擂鼓中学42名未被家长接走的学生在曾光强等6名老师的带领下,安全转移到绵阳水电学校。此后,被家长接走的部分学生陆续来到九洲体育馆受灾群众安置点,学校迅速安排人员在九洲体育馆招集学生预备复课。转移到绵阳水电学校的学生先后被家长接走一部分,5月23日,剩下的14名学生转移到绵阳南山双语学校。之后,他们和县内其他学校在南山双语学校的学生被统一安排在绵阳市高新区普М部队驻地的"总装备部·绵阳八一帐篷学校"复课。至6月4日,在九洲体育馆的200多名学生除少数被家长接走外,全部在绵阳八一帐篷学校复课。[资料来源:北川羌族自治县地方志办公室. 北川羌族自治县年鉴(2009). 2011:56-57.]

学生疏散后坚守学校，参与镇上抗震救灾工作

桂正云：但我那时候怎样呢，我们就不能走，我们说再怎样都要把学校守到起，我们不能走，那时学校我们最舍不得的是啥子？我们那个多媒体教室里面崭新的电脑，我们还有那么多桌子，学生的被盖，那么多设施设备。我们一旦走了，可以说就是完了。我们就没有走，留了些老师在这里，自己搭了个棚棚，把废墟里头的东西挖出来，因为寝室里面的东西不是原来还有嘛，要什么东西就到寝室里面去拿些东西下来嘛。那阵各家各户就像一家人一样的，我的张家的李家的王家的，不管（那么多），是这里学校的也好，不是学校的也好，只要是人在这里等吃的，大家都吃，没有啥子分个你我、分个彼此之类的。

我们把学校守到起后，干啥子呢？镇上不是安排了些协助拆迁、协助给老百姓做工作这些（事情），比如哪些房子要推，就帮他做工作嘛。他们想老师做工作肯定要好点,（如果）恰恰遇到老师是这个房主的孩子的老师，工作还好做一点嘛，政府去做好像带着一点强迫性质嘛。我觉得他们很聪明，所以我们老师就协助政府做工作。我在干啥子事情呢，不晓得第二天还是第三天，我跑到那边去，不是有一个生命大通道，有些从龙头山下来的灾民，我就跑去帮他们发水。那时候太阳多大哦，我就在这路上发水，发水的时候遇到找不到路的就给他带路，一天下来脚都打起泡了，没一点夸张，脚打起泡，人晒得黢黑。我看了人家恼火啊，背起受伤人员恼火啊，你看嘛，有个男的背了个女的，弄了背架子背，他是怎么背的啊，他是仰起背的，那个女的仰起在，为啥子呀，因为那个她脚受伤了,（那个男的就）给她的脚弄个绳子吊起，甩啊甩啊甩，一直从上面背下来，类似这种情况还多。我就协助人家一下，帮人家朝车上弄嘛。刚才说的那个女的一听人家说医院到了，她看下是啥子医院，哪是医院到了，那是部队的那个红十字棚棚，临时查下子伤啊，临时用来处置的那么一个地方。开始（我看到她被）背在身上的时候好像还有点精神，结果一听说医院到了，一下就晕过去了。我看到很明显的动作啊，医院到了（她）一下就晕过去了,（因为）她看到有救了，觉得自己不用那么去坚持了。我一直把他们送到车子上去，那阵的车子啊，你不知道那个车子之珍贵，有些是好人也在抢车子，伤员

更需要车子,当然有些时候就需要说点重话,像我们这些人在这里工作几十年了,老百姓都认得我,我们说啥子嘛,人家真的还是要买点账,并且好多遇到的人不是熟人就是学生的家长。所以我最大的优势就是这个,对这些方面人家还是要买点账。应该是第三天晚上,我们这里老师都走了,学生也疏散了。当时有谣言,说擂鼓这个地方还要发生大地震,这个地皮子要下陷100米,那阵已把谣言传成了真实的故事了。底下那些出租车司机全部是免费跑起来,三更半夜跑起来喊,"老师们,赶快起来了,我们来接你们来了"。我们很感动,真的很感动,说实话。但是呢,我们还是没有走,我们谢谢他们了,他们后来就到另外的地方去了。

还有一个,在地震那时候,为什么我们没有惊诧呢?我们想到肯定国家要来救援,是不是呀,肯定国家要来救援。我们讲,其他地方遇到这种事情都有这种情况。所以我们跟学生说,不要惊慌,学生就怎样呢,就平静下来,学生就稳定了。如果学生工作没做好,那就麻烦得很哦。当然,那时我们也不知道有好宽的地方(发生地震了),我们都以为只是擂鼓这个(地方)遭了(地震)。

坚守岗位,无法顾家,母亲不幸遇难

桂正云:我老家是唐家山堰塞湖那边的,我老家那片山全部垮下来了,然后把河道堵塞了。我们(老家)那里叫大水湾,上面叫唐家山,我们听说唐家山堰塞湖,就想哪里是唐家山堰塞湖啊,我不晓得,后来才晓得。(当时)我想我们家里应该是还可以,(因为)我们屋里是木头架架房子,那个房子还是抗震的,我估计没得好大问题。并且我们那四周都是竹林,所以我还是很放心屋里。后来才听到说啥子,我们那里的山全部垮下来了,从我们上面垮下来了,这下子我才晓得,后来我听到我们村有人说的,我妈那可能都没法。但是(学校)这边我又没法走,因为我肯定没法走嘛,这边的事情很重要,那边又没法去。后来嘛最终结果是什么,我老汉[①]不晓得他怎么运气那么好,几十年没人请他去山上做活路,那天恰恰有人请他在那个段口那里做活路,他们几个人恰恰坐在那个段口那里,山

[①] 老汉,四川话,意即"父亲"。

就从那边塌下来了,但都没有把他们埋到起。他们几个那天晚上然后就往这边扒,扒上来扒到上面,跑到一户人家,那户人家已经有很多灾民在那里了,后来(他们)才慢慢转移的。当时我不晓得家里的情况,我母亲那天因为在屋里面,所以就遇难了。那个时候,地震发生以后,学校首先要灾后重建,要安置学生,要协助政府这边做各种事情,根本就走不脱①。后来我知道我父亲在离这不远的安置点,我都只看了他一次,那一次是我快要去山东的时候,才去看他的。当时我们家里面的一些情况是,我姐姐(家里)房子垮了,脚被压了;我妹夫他是警察,脚趾都被打断了,还是和其他警察一起参与救援,后来才被送去医治。(学校)这边怎样呢,一方面是要把学校里面的东西保护好;另一方面就是学生以后读书怎么办,这个事情肯定要考虑。后来到了6月份的时候,当时前面陆陆续续地在这里整个帐篷,那里整个帐篷,零零星星地安置了一些学生娃儿,(到这时学生)都基本回家了。我们学校上面有个石碑,你们可以照张相,上面记录了学校各个阶段干啥子,关于灾后重建的,那可以说是非常详细,就是济南军区援建八一中学大事记。

去山东异地复学:"每天都有感动""处处有温暖"

桂正云:6月份,山东济南市教育局、章丘市②教育局还有山东省的一些领导就过来了,过来联系我们关于学生复课复学的事情,异地复学就是到山东的章丘市第三职业中专学校,在那儿复学。这个事情落实得非常快。头两天说了这个事情,好像第三天我们学校就开了几次筹备会议,也征求了一些家长的意见,然后把我们原来学校的学生接到山东那边去上课,叫异地复学。

钟勇华:大概总共有多少学生?

桂正云:总共 600 多学生③。其实我原来有一些资料,现在不知道在

---

① 走不脱,四川话,意即"脱不开身"。
② 章丘市原为济南市下辖的一个县级市,经国务院、山东省政府批复,2016年12月22日,章丘市撤市改区,成为济南市的第七个区。
③ 此处数据有误,根据《汶川特大地震抗震救灾志》的记载,应是581名学生,另有老师 26 名。(资料来源:北川羌族自治县人民政府. 汶川特大地震抗震救灾志[M]. 北京:方志出版社,2016:299.)

哪里了。有些可能找得到，你们可以留个 QQ 号，以后找到了可以给你们发过去。

钟勇华：您还记得是 6 月份的哪一天去的山东吗？

桂正云：应该是 6 月 17 号，在这儿是 42 天吧。①我们坐的专列②，从绵阳出发，一路吃的这些东西都照顾得非常好。

钟勇华：我插一句，你们是怎么到绵阳的？

桂正云：我们是坐的客车到绵阳去的。我们这儿在地震发生后，政府就组织人员疏通道路，包括街道，所以很快第二天就疏通了，因为要保证救援物资能够进来。我们都是搭车到绵阳的，到了绵阳之后坐的专列。到了山东以后，山东省委、省政府、济南市教育局的领导非常重视，亲自来接车。到那以后，包括在路上的时候，一路照顾得非常好。我们到了郑州，在郑州火车站的时候，就遇到了一个人，应该是个老板，火车在那专门停了一下，专门停下干啥子呢，给学生捐献吃的，还在这儿专门停下车子，可能还是很重视，（因为）一般情况下，哪个还会专门停下车子。反正在专列上照顾得非常周到，安全、吃喝拉撒全部考虑得很周到。到那以后，18 辆大巴车浩浩荡荡地开向章丘第三职业中专学校③。那一路，我跟你说啊，你如果看到的话肯定很感动，每到一处，反正晓得（这个事情）的群众都在路边上，跟你招手，然后路上的这些路政（人员），比如走到收费站，那些人员全部给你行礼致敬，那简直非常感人。到那以后，当天就举行非常隆重的仪式。章丘第三职业中专学校是一个职中，（学校）比较宽，它有一个基地，就是全市学生社会实践活动基地，所以它房子多。我们去了以后，他们已经把学生住的房子全部腾出来，床都是新的。我跟你说哈，一切都

---

① 此处日期有误，根据《汶川特大地震抗震救灾志》的记载，时间应为 2008 年 6 月 5 日。（资料来源：北川羌族自治县人民政府. 汶川特大地震抗震救灾志[M]. 北京：方志出版社，2016：299.）

② 2008 年 6 月 5 日，擂鼓中学 581 名学生和 26 名随队老师在济南市教育局副局长张克民、章丘市第三职业中专副校长李银亭等人带领下，乘坐山东省方面提供的专列赶往山东复学。[资料来源：北川羌族自治县地方志办公室. 北川羌族自治县年鉴（2009）. 2011：57.]

③ 2008 年 6 月 7 日，专列到达济南，经过简短的欢迎仪式后，师生们在济南市委副书记、常务副市长殷鲁谦和章丘市领导的陪同下，分坐大巴赶往章丘市第三职业中专学校复课。[资料来源：北川羌族自治县地方志办公室. 北川羌族自治县年鉴（2009）. 2011：57.]

是新的，然后被盖，整整套套都是新的，(给)每个学生准备的衣服、鞋子，吃穿啥子，漱口的，一切都准备得齐齐全全的。房子也都重新粉刷了一遍，你看人家这个重视程度。去的时候，每个人的位置都安排好了，你直接按名字入住就行了。

学校里面平时24小时他们的领导轮流值班，他们的生活老师全天不会离人，然后（上课的）老师都是从全市每个学校抽调的最好的老师，语数外各个方面的，每个学科都是配套了的。而且这些老师非常认真，非常敬业，（所以）去了之后每天都有感动，说实话。对学生的伙食，考虑到我们这个地方学生的口味来进行配餐，那里面的粮食，米、面、油这些，都是选当地最好的。因为我是总领队，所以学生的食材都让我亲自去看，让我放心。然后我跟曾主任，有个叫曾光强的主任，负责这批师生在山东复学的管理工作，对学生在那边复学的事情负主要责任。我们把学生带走了以后，就可以让家长腾出手来，这边就安心地搞重建。过去以后，那边给每个老师、每个学生都提供电话费，学生也提供电话卡，老师也提供电话卡，保证你和家里的联系。

每周周末都要组织一些非常有意义的活动①，让学生在灾后能得到一种安抚，而不是一天（到晚）沉浸在灾难当中。因为我们学生中间最需要安抚的就是那些家庭里面有亲人遇难了的学生，并且在那边也确实体现出了这个问题。如果学生家里有亲人遇难了，我们都跟这边的家长说，就先不要跟学生说这个事情。像有一个娃娃听说他外婆遇难了，弄得他心里难受得很。那天突然我们找不到人了，这下子把人整恼火了，跑遍整个学校去找，找了半天怎样呢，他在一个角落里蹲着，正伤心呢。平时医务人员随时都在那坐诊，有学生哪里有不好的，随时都提供医疗，如果学生恼火的，有专门的车子马上送走。

他们的校长王校长和学校的行政班子对我们很重视，王校长把他的车子交给一位姓蔡的司机并跟他说，这个车子就由桂书记支配啦，他需要到哪里去，你就随时送他去，他需要送学生，你就随时送学生，并且（这）确实是保证了的，所以非常好。在那儿的时候，我们的这些学生跟当地的

---

① 为了缓解同学们的思乡之情，在紧张的学习之余，学校每周日安排师生到校外的场镇赶集，参观景点，感受山东的风土人情。[资料来源：北川羌族自治县地方志办公室. 北川羌族自治县年鉴（2009）. 2011：57.]

学生建立了非常好的感情。你想一下,一般来说,职业中学的学生是不是很调皮啊?开始我们也担心这些。结果没想到,那边的娃儿要不到两天就跟我们这些娃儿混熟了,并且什么都让着我们这些娃娃。我们跟我们这些娃儿说,你们出来以后,要把你们的这种优良品质拿出来,让我们四川这些学生不在别人面前丢脸。我们这些学生都还是很听话,说实话,这是我们最大的安慰。所以啊,在这里的这段时间,(我们的学生)没有跟这边的学生发生任何摩擦,并且很多学生之间建立了非常深厚的友谊。那些学生关心我们的娃儿像关心自己的弟弟妹妹一样,照顾得周周到到的,感觉到一种温暖,处处是温暖。他们还举行了一次"爱玛·先声夺人"的专题节目[1],就是山东电视台给我们学生专门录制的节目,整个场子都是我们学生的专场,并且那个节目收视率还比较高,因为(山东当地的百姓)晓得这些是灾区来的娃娃,想看看这些娃娃怎么样。我们在那边照样跳起,跳锅庄舞[2],跳羌舞,唱羌歌,那边的老师跟我们的学生学羌舞,学羌歌,很融洽的。

我们在山东的时候,我一天的工作就是对外的时候要多一点,曾主任的工作对内的时候多一点。后来我们分了个工,因为那阵的接待太多了,比如好多爱心人士来给学生搞捐赠,来慰问学生,比如那边的移动公司,粮油这方面的,后勤这方面的给学生搞捐赠,都是选好的来捐赠。然后,有些心理咨询的人员,各个方面的人,很多很多,都有。所以,(那时)重点是对内要稳定,学生要正常上课,对外也能够把党和政府、社会团体、组织如何关心灾区学生的这种信息让人家晓得。不然的话,人家做些啥子事情你也不晓得,我们叫弘扬正能量。

---

[1] 这次活动是山东卫视专门到学校为擂鼓中学的师生特别举办的联欢活动,名称为"山东电视台(爱玛·先声夺人)走进济南——北川擂鼓阳光学校",并现场为擂鼓中学捐资10000元。[资料来源:北川羌族自治县地方志办公室. 北川羌族自治县年鉴(2009). 2011:57.]

[2] 锅庄舞,又称为"果卓舞""歌庄舞"等,藏语意为圆圈歌舞,是藏族三大民间舞蹈之一。锅庄舞分布于西藏昌都、那曲,四川阿坝、甘孜,云南迪庆及青海、甘肃的藏族聚居区。舞蹈时,一般男女各排半圆拉手成圈,有一人领头,分男女一问一答,反复对唱,无乐器伴奏。整个舞蹈由先慢后快的两段舞组成,基本动作有"悠颤跨腿""趋步辗转""跨腿踏步蹲"等,舞者手臂以撩、甩、晃为主变换舞姿,队形按顺时针行进,圆圈有大有小,偶尔变换"龙摆尾"图案。2006年5月20日,锅庄舞经中华人民共和国国务院批准列入第一批国家级非物质文化遗产名录。

抗震救灾 精神口述史
——汶川特大地震十周年纪念专辑

我们在山东章丘这段时间，（学校）这边在建板房学校，板房学校建好之后，我们就准备回来了。毕竟家里面还是有很多事情要处理一下。板房学校建起后，我们就把学生带回来了。①

我们的政府真的太给力了

桂正云：回来之后，我们都找不到门，找不到地方了，整个擂鼓镇啥方向都找不到了，因为废墟都拆完了，变化简直太大了。我们下车以后，看到这个状况，简直是一片翻天覆地的变化，废墟已经清理完了。我们学校建立起来了，上面写着"擂鼓八一中学"几个字，学生宿舍也安排在板房区里面，跟居民一样，划了几栋房子给我们学生。整个来说，政府在这方面考虑得非常好的。我觉得，我们的政府真的太给力了。如果没得政府，我估计可能很恼火。首先是老百姓吃、住这些问题都保证了的，开始从帐篷到板房的过渡，全县的灾民全部集中在擂鼓这个集中安置点，人员又集中，也复杂，但是（政府）很短的时间内把老百姓安置得很好，没有啥子大的群体性事件。但是呢，这里面也看得出，地震之后人心很乱，很乱的原因估计是怕自己今后没着落，叫作心里没有数。像我们就不怕，不是因为我们有工资（所以）不怕，而是我们了解党的政策，是不是嘛，觉得政府会对老百姓有个很好的安置，并且前期已经一步步地逐渐在落实，是不是嘛。

包括那次胡总书记来我们这里②，我那天正在这给灾民发水，（胡总书记）来了以后，老百姓说实话都是抱着莫大的期望。他下了（车）以后，心情很沉重，到帐篷里面去了解了一些灾民的生活情况，进行慰问。胡总书记下来就进到帐篷，隔着帐篷，里面说话我都能听清楚，然后，（胡总书记）出来以后又跟老百姓讲几句话，安慰老百姓。

---

① 在济南市大力援建下，擂鼓板房学校按期完工，2008年7月23日，607名师生乘坐火车返回擂鼓板房学校复课。[资料来源：北川羌族自治县地方志办公室. 北川羌族自治县年鉴（2009）.2011：57.]

② 2008年5月16日下午，时任中共中央总书记、国家主席、中央军委主席的胡锦涛来到灾情最严重的擂鼓镇胜胜村，在倒塌损毁的房屋前仔细查看，向村、镇干部询问群众伤亡和安置情况。他走进帐篷，坐在临时搭起的床铺上，拉着受灾群众的手，同他们亲切交谈，关切地询问家里受灾的情况、生活有什么困难。胡锦涛的亲切关怀给予了灾区群众莫大的安慰。（资料来源：北川羌族自治县人民政府. 汶川特大地震抗震救灾志[M]. 北京：方志出版社，2016：153-154.）

我说实话，这个领导人来了以后，哪怕你不干啥子，你给了老百姓一个信心：上面温总理来了，胡总书记来了！老百姓看到这些国家领导人，那可以说是莫大的安慰。所以我想，这个地震灾难来了以后，不管是哪一级领导，我觉得哪怕你没法怎么样，（只要）你去现场看一看，老百姓的一些情绪问题、啥子问题也好，好多事情可以于无言之中解决，就这样的。

济南军区援建擂鼓中学："这辈子学到了啥子叫认真"

桂正云： 刚才说到板房学校了，到板房学校建好后呢，我们的整个教学基本上就按照安排走入了正轨，这边的建设也在继续进行。现在这个学校是在地震之后由济南军区投资了一个多亿修建的。在修建之前，（济南军区）还向我们这些老师、学生都征求意见，所以不是说，我给你修啥子就是啥子哈，你莫挑这挑那的，不是这样的。学校在修建之前，由清华大学建筑设计院搞的设计，一共搞了三套方案。三套方案出来以后，听取了学生、学校老师、学生家长、社会各界、教育部门、其他部门（的意见），很多人参与的，大家对设计方案进行投票，就是说跟群众见面，让群众选择，让群众提出（意见），让老师提出你们需要怎么怎么样，让学校能够在灾后重建中更加完善。所以，后面整个学校可以说是按照现代化的标准，比如说50年不落后，高规格、高质量这样一个标准来设计的。你要想，全县有这么大一个学校，不容易，是不是！济南军区在学校选址方面，可以说是精心考虑了的。在几个地方选择，它看这个地方最安全，是后面没有来石，你看嘛，虽然有个小山包包，但如果从那个上面看的话，这个山它就不叫山了，它只是一个小山包，就相当于搁到平坝上的一个馒头。它不会有垮方的现象，也没有水淹的可能性，很安全，并且它处的地理位置也很好，（是个）安全的场所。地震后重建首先（应该）是考虑娃儿家的安全问题，因为这个娃儿家的安全涉及千家万户，是不是。所以说，（就）这个选址上来说，被占用土地的老百姓绝大部分是没有什么意见的，很快就得到落实。你说有没得矛盾，有，少，基本上（只有）一两户他有疑问。整体重建肯定有问题，有矛盾，但是，政府通过各种渠道把这个事情就解决了，很快就投入到灾后重建的过程中去了。

开始建设的时候，首先开始建设食堂、学生宿舍。我们这里有六栋宿舍，下面四栋是学生的，上面两栋是老师的。餐厅是最先修的，以便解决学生生活问题。在这个解决以后，我们就边修边拆这边的板房，修一部分拆一部分，边修就边用。当时济南军区在修房子的时候，可以说，我这辈子学到了啥子叫认真，什么叫认真就在济南军区修建（学校）这方面体会得最深。军区有个谷（兴利）部长，就是援建学校的指挥长，还有一个处长叫张进。他们这一批军区援建干部，特别是张进对工程质量要求非常严格，哪些方面没有到位的，不合格的，他觉得有一点点不对头的，不行，重来。平时，他们要举行开放仪式，就是工程建设到一定程度的时候，请老百姓过来看一下，看修得怎么样了，叫"工地开放日"。他们说，我们这些建筑，如果可能的话，你只能整体把这栋房子吊起走，不会让这栋房子垮。可以说，没有哪个老百姓会说这个房子有安全隐患，它的质量应该是很有保障的。因此，在修下面这个教学楼的过程中，（战士们）可以说是连夜奋战，没有休息时间，不管是下雨还是晴天（都在建），不做这样可以做那样。并且（济南军区）对几个建筑公司进行质量评比，凡是质量好的、工期快的，那就要给你发奖金，直接发现金，（当然）在讲速度的基础上你还要保证质量，你不能光是速度（快）。像有一次建筑公司拉回来的砖，我们都觉得那个砖没得啥子问题啊，军区的专家就觉得那个砖不对头，（要求）拉走，必须拉走。所以，（新建学校）从质量来看，非常好，从结构上来看，没得一点点问题，很放心的。我们这个学校修起来后，很多地方跑来看，来这了解、考察。学校的建筑风格也引领了擂鼓镇灾后重建房子修建的风格。你们可以看一下，擂鼓（八一）中学这个房子和外面的安置房是不是风格差不多，它的色调上、风格上都有类似的。它是以现代建筑艺术与羌族传统文化有机结合这么一种理念，既有现代建筑的风格，（讲究）实用性，又有羌民族的文化元素。所以说，在这方面，他们的理念还是多好的。

新学校发生翻天覆地变化，在以前是没法想象的

钟勇华：那您感觉这个学校的基本情况，比如说基本设施、条件，包括同事之间的人际关系，总体感觉怎么样？

桂正云：这个学校现在修起后，从学生的住宿来看，从我们的教学设施来看，生活、运动、教学的这些设施设备都非常好。我们就说生活条件

啊，我们的寝室住7个学生，有8个床位，有1个床位下面就是写字台，同时可以容纳4个娃儿看书、做作业，还有一个洗漱间，还可以洗热水澡，天天都可以洗热水澡，这个在以前根本是没法想象的。以前这个学校它洗澡是怎样呢，是有一个洗澡房，有许多小格子，大家排起队洗澡。现在这些娃儿，说实话比你老师还洗得勤。

我们的这些电子教学设施，每个教室里面的电子白板、多功能展示台、音响啊，都是配齐了的，可以和网络连通的，每个教室里面还有一个50英寸的等离子电视，还有一个投影设备，都是比较先进的。还有就是，我们现在的网络教室可以和其他地方的兄弟学校，同时上课，然后共享，别人上课我们可以通过网络教室共享，我们上课他们也可以看、共享，（这些）以前是没法想象的。我们的教学楼有四栋房子，我们称A、B、C、D这几个区，共同形成了两个天井。你可以发现，每栋教学楼的二楼一侧，都有一个疏散平台，遇到了紧急情况，人可以在那里等一下，天上不会掉东西。然后它的楼梯比较宽、比较缓，并且有多处楼梯，两个侧面和中间都有疏散的楼梯，从安全角度来考虑，这都是很人性化的（设计）。你看，既然是个天井设计，几个房子连在一起，它有一种相互的拉扯，这个可能是地震的时候大家都会受到的启发，这个单单独独的房子它容易倾倒，但有些时候连在一起可能就不容易出现这个问题。例如，我们地震之前有栋房子，它就是两栋连在一起，它就形成这么一个（相互拉扯），（有一间）学生宿舍和教室挨得比较近，就没有倒塌。所以这个（设计）很好。现在我们还有球场，原来哪有啥子环形跑道，能够把你球场给打平了就算好的了，你还环形跑道。（所以）那时候下雨的时候没法上体育课，一下雨那个操场地下就是泥巴，踩了都是泥巴。

感恩党、国家和社会："要把教学质量、管理拉起来"

桂正云：学校建好后，我们想的是，既然党和国家这么支持，花了这么大心血，还有很多的爱心人士、组织对我们这么呵护、关爱，这么好的学校给了你，你该干啥子，应该明白，对不对。我们的第一要务就是，要把教学质量、管理拉起来。而地震之后，我觉得（在教学和管理上）最大的一个特点就是，教学理念和地震之前那种教学理念都是不同的。因为地震之后，（我们的老师）接触了很多教育教学这方面的专家，也接受了很多这方面的培训，也出去看了那么多，就觉得现在的教学不应该是像前头那种按部就班（的方式进行），有些东西可能还是应该有些新的起色，在教法上、育人这方面都应该不同。所以，在地震之后我们首先是加强学校的管理，首先就是我们改变了学校原来的那种从校长到老师到学生的这种纵向的管理，除了这个（纵向管理）之外，（现在）还有横向的一种管理。比如我们学校三个年级，初一、初二、初三，也就是七、八、九年级，每一个年级有个分管的行政，还有个年级主任，相当于这个年级由这两个人组成一个小学校，你去聘老师、聘班主任，你觉得哪些班主任你是信得过的，他能够做好工作，能够实现你的初心的，你就聘。班主任觉得，哪些老师跟我搭梁，我们合得拍的，能够把我这个班搞好的，他就聘。我们就（这样）实行聘任制。每个年级你把自己的事管好。几个年级仍然是按学校原来那种纵向的管理方式进行管理，年级内它自己也有一个小纵向的管理，这样的话，管理起来反而还好一些。所以，我们打造的是科学的管理。

第二个，德育（方面），建立起德育体系，出台了对学生行为习惯考核、评价的制度和机制。比如说，学生的行为习惯、道德品质怎么样，是要在每学期给学生打分的，学生的行为习惯包括学习习惯、生活习惯，各个方面的习惯。我们把这个东西录成了视频，什么该怎么做，什么该怎么做，包括拖地该怎么拖，拖地的拖把该怎么用，桌子该怎么坐，学习方面，上黑板讲的时候该怎么讲，怎么占位子，小到这种程度，都告诉学生，都给学生训练。每一学期开学，特别是新的学生入学的时候，必须要进行为期一周的强化训练，就让你形成一种条件反射。在这里面，我们采取啥子办法呢？比如，我们的每周一歌，即每周的一、三、五上午第三节课课间操的时候，全体学生站在走廊上同唱一首歌，（让人）感到很震撼的。

钟勇华： 现在还在继续进行吗？

桂正云： 现在一直在（进行）。我们的学生吃饭是排着整齐的队伍，背着诗歌到食堂的，不再像以前学生一下课，就"咚咚咚咚"敲起碗你追我赶，现在很有秩序的。我们食堂里面就餐的管理是，学生进去以后，按顺序依次进去，然后学生每一个人他有自己的位置，我张三吃饭这个位置就只是我张三的，没有人来跟我抢。吃饭去舀饭的时候，都是一个班的学生在一个窗口，也不担心插队，你看多好，是吧。原来那种乱哄哄的，（学生）像饿死鬼一样的那种状态变得很有序。晚上（学生）就寝也是排着队进寝室。

钟勇华：学生的这种行为的改变是不是在地震中发生的？

桂正云：对，这都是强化的。地震以后，像我们去山东一些学校参观，我们看到人家好的东西，我们就学习，还根据我们自己的东西提炼一些方式，进行培训，我们的培训都是自己弄的。以前哪有啥子行为习惯训练哦，听都没听说过。还有就是进行课改。新的教育理念的一个宗旨就是把课堂还给学生，让学生成为课堂的主人，而不能让老师一天在教室里就讲完了，学生在下面给你拽脑壳。这样，通过课改，我们的教学质量自然就发生了变化。像我们曾经还获得过"绵阳市农村学校十大名校"的称号，我只说这一句话，你们就晓得效果怎么样。在教学改革的理念上，我们不管你怎么说，不管你怎么教，学生才是学的主体，就像吃饭的人，这个饭是我吃，不是你吃。所以说，我们改变教育理念，还聘请了许多专家，正儿八经称得起"家"的人，到这里来跟我们做讲座，给我们老师进行培训。即使你这个老师再不接受新观念，就像我说的话一样，那个油筢子是沾不上水的，但是你在水里面动一下，再怎么样也有几个水珠珠，是不是，你总得沾几个水珠珠起来，你的观念再顽固不接受（新观念），你还是要有点渗透，是不是。所以说，我们老师现在的理念还是跟得上形势的。

我有一个感觉，我说我现在才晓得教研该这么搞，以前搞个教研，就是"张老师，你这节课有教研，你上你的课哈"。下来以后，大家都说"张老师这节课上得好，哪里上得好，哪里上得好"，全部都说上得好，讲完了就结束了。这叫搞啥子，有啥意思，这叫作无效的教研，是不是嘛。而我们现在的教研是怎样呢，首先要研究你这个课堂上你的目标是啥子，目标达成度是啥子，你让学生做了啥子，得到了啥子，你老师做了啥子，你该不该这么做，学生有啥子收获，课堂上你给学生的发展提供了多少东西，是这样的，我们现在这样来评你的课了。如果你不懂现在这些理念的话，你连评课也评不了，你连话还不敢讲哩。

所以说，现在在教学方面，大家都是（新理念），（不懂）你要慢慢地学嘛，不会就学嘛。再比如集体备课制度，原来的备课，你备你的，你就上你的课，我备我的，我就上我的课，搞不好有这种情况，我们两个教语文的，我把我的藏着，你莫想看我的。而现在，我们备课是集体备课，大家集体备课的时候，这个问题你怎么处理的，你那种处理（方式）是对的，就按你那种处理方式，就是一种用集体智慧进行共享，就不是那种各搞各的（方式）。所以，我觉得这种变化很好，大家的团体意识增强了，就不再是各搞各的、单干的方式了。这是教学方面，只能简单说一下。

  第四点，军乐队、二胡、笛子、唢呐、剪纸、美术、书法、主持、科技等二十多样的第二课堂，这个课堂是挖掘我们老师自身的资源来开设。比如我们学校有老师会笛子，我们就开一个笛子班，有会二胡的老师，就请他承担二胡教学这个工作。我们的初一初二年级，每一周的星期二、星期四给了两节课时间，全体学生每一个人都必须要选一样，到那个时候他就要到自己选择的那个教室里面去上课。比如我那个班，我是教唢呐的，到时候各个班学唢呐的学生都朝我这里走。我们操场上就是篮球、足球、排球、羽毛球，啥子球都有嘛。这样能够让学生得到很好的一种兴趣的培养和发展。像我们的军乐队，我觉得搞得还是可以哦。当然，国家对我们的支持确实也挺大的。上面其实是你搞得越好，他越愿意给你投资，是不是嘛。那一次，我们（教育体育局）邓局长①来了，（当时）我桌上搁了一把唢呐，我原来剪纸、二胡都搞过，我就想整个唢呐班。他说，你吹唢呐啊？我说，将就吹了。我说，如果哪个给我50把唢呐，我还他一个唢呐班。他说，是不是这样的哦，你要好多钱啊？我算了下，很保守地说，可能要一万多块钱。后来怎样呢？人家局长就不是考虑你这个唢呐的问题了，局长考虑的是整个学校这方面要好多（钱）了，就给我们拨了30万。我们的唢呐、二胡、笛子、军乐队就都搞起来了。所以，我们的教学能得到充分的保障。当然，我也实现了我的诺言哈，我还了（他）一个唢呐班。我们的军乐队的学生，只要你吹得好，北川中学可以适当地降分录取，一年就

---

① 邓勇，汶川地震发生时担任县委办副主任，地震当天他被埋在废墟里两个多小时，获救后，他拣了一只拖鞋穿上，和其他领导干部一起奔赴曲山小学，参与组织搜救，安全疏散了数百师生及受灾群众。按照北川县干部选拔任用条例，像邓勇这样的年轻干部，至少需要在副科级职位上工作2年才够提拔条件。地震发生后，由于大量干部不幸遇难，经北川县委组织部推荐并经绵阳市委组织部批准，2008年5月25日，邓勇获得破格提拔，被任命为目标督查办主任。（资料来源：挺过最艰难的日子——北川健全和完善受损基层组织纪实[N]. 四川日报，2008-07-24.）因在抗震救灾中表现突出，邓勇被中共绵阳市委、绵阳市人民政府授予"抗震救灾先进个人"称号。邓勇曾担任北川县教育体育局局长，现任中共北川县委办主任。

是十几二十个。我们各个方面的学生（都可以被）降分录取，有些学生人家本身考得起的嘛，这些不算数。实际上是（有些学生成绩）踩在这个分数线上的，它给你降分，降100分，你想一想，降100分、50分，是啥效果，那对你一个考高中的娃儿来说，简直是给你开大门了。所以，北川中学的军乐队的学生基本上是擂鼓八一中学（毕业）的。

所以说，这方面我们还是觉得很值得骄傲。并且，我们搞了这些活动以后，还有个最大的效果，（北川县）职业中学和北川中学平时搞活动，很多都是我们学校（毕业）的学生在唱主角。这个话不是我说的，是我们去招生的时候外片区的学生跟我们反映的，你们擂鼓八一中学（毕业）的学生把我们学校的班干部当得差不多了。并且，我们有时候要定期把这些娃娃请回来，了解他们的发展情况，也让他们来给我们这些娃儿来讲一讲，我们现在学的这些东西是不是多余的，是不是没用的。所以，我们现在在第二课堂方面，应该说是搞得比较起劲。但是呢，说实话，（由于老师）都不是专业人员，要想整到专业水平还是很难，这一点也确实是（事实）。但是这个理念我们觉得还是可以。

整个这个灾后跟灾前比，我们学校原来灾前连山地算在内才30多亩，学校才20多亩地。所以说，这个环境（现在）非常好。你们看一下，像公园一样，如果你们春天来的话，学校里面的樱花很漂亮。我们这里还有四季桂、月月桂、金桂、云桂好几种桂花，所以我们学校经常可以闻到桂花飘香。我的家就在这里，我是1989年3月6日到这里来的，我就一直没被调走过，一直在这儿，可以说我对这个学校的感情是真实的感情，真的是非常喜欢，感觉到校荣我荣，感觉到现在我们有这么好的学校，有一种自豪感，还有心里也感到舒适。平时，哪怕星期天没事出去转一下，到处都看到很舒服，就像在公园里面走一样的感觉。你下了课以后，出去走一下，这个就不是在原来那种环境下走，那种感觉不同了，很舒服的。

你要说办公，办公条件也好，你看嘛，电脑、笔记本电脑给你配起，网络给你安起，查啥子资料也方便。你教室里面上课的时候，要想用电视有电视，要想用电脑有电脑，要投影有投影。这都是援建的济南军区把房子修好，把设施设备配好了，你（只要）拎包入住。桌子给你安得好好的，擦得干干净净的，寝室里面的杯子都给你摆得好好的，牙膏牙刷也给摆好，你个人去端一套，就这样的，（细致）达到这个程度。那个帕子都给你叠好了，都给你叠到那里，而且要求我们学生，我们怎么放，你们就怎么放。本来地震之前，我们学生的内务就是全县的榜样，（现在）我们学生的内务更是（榜样）。所以，有些领导来了之后，就说我们参观哪里？我们参观男生寝室哦！说男娃儿不会收拾，我们就告诉他们，你就看嘛，随便你参观哪个寝室，男娃儿一样的会收拾。我们的行为习惯要求是到了位的，天天都要检查的，他已经成为习惯了。所以，我跟他们说的是，你到了我们学校，只要有学生的地方去，你就说几楼几号，你就说我要看张三那个同学的床，你去看嘛，看那娃是不是给你折得好好的，肯定不是你想象的那种乱七八糟的样子，还是看得。在入住（新宿舍）之前，关于学生内务这些方面，（济南）军区那些领导、首长专门和我们学校的老师、分管的这些行政（人员）一起制定寝室公约。他们亲自参与制定寝室公约，你说这个跟他们有啥子关系，管理是我们管理，人家都给你考虑到这么细了，都要扶你一把上来，还要把公约弄好。我们的学生本身不需要过多培训，原来就会，就是那么做的。所以，军区看到这种情况，也非常满意。部队首长对我们这边一直很关心，后来还给我们拨了100万，以基金的形式设立奖学金，奖励先进的学生。有一次他们还根据我们擂鼓八一中学的具体情况，专门为我们学校老师在山东量身定制了一个专题培训，我们有十几个老师在那边专门接受培训，并且在那边得到了很好的照顾。你看，军区对这个重视得很。可以说，在没有撤军区之前①，（济南）军区随时在关注这边，管理怎么样，质量怎么样，学生怎么样，让人感觉到很亲切。所以，现在对于我们学校的发展，应该还是感觉到很有希望的。

在教师和学生心理方面，我们觉得怎样呢，我觉得，现在我们老师们还是很阳光的，学生也还是很阳光的，没人还长久地沉浸在地震的悲哀之中，那是不会的，一切都要向前看，是不是，事情过去了，也就成历史了。我们现在肯定要把自己该做的事做好，毕竟我们这个地方学校的硬件档次必须要和软件档次配套，才能够得到社会的认可，才能对得起济南军区、

---

① 为全面实施改革强军战略，经中共中央、中央军委研究决定，重新调整划设战区，组建战区联合作战指挥机构，这是为实现中国梦强军梦作出的战略决策。2016年2月1日中国人民解放军战区成立大会在京召开，中共中央总书记、国家主席、中央军委主席习近平向各战区授予军旗并发布训令，原北京、沈阳、济南、南京、成都、兰州、广州七大军区番号撤销，正式成为历史，取而代之的，是东部、南部、西部、北部、中部五大战区。

对得起党和政府,是不是嘛。如果社会不认可,再好的东西,你老师教学上不去,你想一下,他为什么要到你这里来读书。所以,现在我们对整个学校应该说是抱着很大的希望,我们也很有信心。

地震之后有些问题也值得我们思考

桂正云:地震之后有些问题也值得我们思考。比如说,地震之后的人心,我说的整个灾区,真的是需要安抚,需要快速地安抚。第二个,治安上,就需要大力投入才行,你看其实好多东西,刚才不是说(地震后)我们在学校守东西,结果后来我们从山东回来之后,我们学校那些东西都被偷得差不多了,基本上是荡然无存。你想嘛,那阵又乱,很多人想的是捡点吃点,为了生存(就会做这些事)。当时我们很多东西没地方搁,我们去花钱租别人的房子,把桌子、椅子这些值钱的东西一直保管在那里,没法保管的东西就没法了,就被弄完了。所以,在这里面确实很多值得思考的。像我们那个时候啊,也遇到很多家长不理解。我跟你举个例子,我前头不是跟你讲的给学生分面包、分水嘛,我们都没有吃啊,说老实话,有些人可能吃了,但我说实话,我没有吃。我爱人从街上拿的(吃的东西)回来,弄了那么多面包回来,我都是交给学生了,全部发给学生了。

有一天晚上,应该是(地震发生后)第二天晚上吧,下雨了,雨很大,我们组织人搭了棚棚,我们几个搭棚棚的自己都没住到,因为有学生嘛,我们肯定要让学生住里面,我们怎么能跟学生抢呢。我们就在(棚棚)边边上躺着,我虽然屁股在棚棚里头,脚全部在外头,然后淋得浇湿①,很不舒服。我就起来了,不是有啤酒嘛,我就想喝瓶啤酒。我刚站起来,两步还没走完,脚一下子就软了,我才体会到啥叫没劲的感觉,那阵又疲劳又饿,我硬是没得劲了,我是慢慢挪到那个石板凳上坐下来,然后就弄了瓶啤酒,大口喝下去,嘿,我才晓得啥叫饿、啥叫渴。后来我想起个事情,就是一定要问这些学生娃儿一下是不是都吃了,我们要保证发下的东西每个人都能吃到,然后我们就去问是不是发下的东西每个学生都吃到了。

但是,还是感动的事情多。有些家长把自己孩子领起走,(看到)娃儿没有受到一点点伤,简直是谢天谢地啊,硬是感谢你得很,高兴得不得了,

---

① 浇湿,四川话,意即很湿。

跟娃儿抱到一起哭啊。看到这些,我们感觉到很安慰。如果是学生出了点事情的话,我们心里那么想呢,是吧,我们可能比你家长还恼火呢!因为我们这个责任就没有尽到,是不是嘛。

当然,我这里还有一个感受就是,我们在地震之前的前两周,我们就进行了一次关于地震发生后如何进行自救的全校学生强化培训,我觉得,地震发生之后我们的学生能疏散得那么快,学生全部跑出来,(这个)还是有作用的。说实话,我们做得最不好的,就是宣传工作。我们没去想要把这个啥子事情宣传出去,直到去了山东以后,才晓得要这样采访那样采访,才去组织材料,但是我们主动地要去宣传学校的这些(情况),还没有做好。当然,我们不希望有灾难,是吧,假设后面遇到这种情况,学校的第一信息要及时地反馈给社会上,学校需要什么样的救助,需要什么样的支持,要及时地通过不同的渠道发布出去,这样可能对学校后期的一些工作才有好处,麻烦也要少一些。

另外,我想到如果能够在灾难情况下充分发挥学校这种聚集学生的功能,可以给家长、给社会减少很多麻烦,我觉得这个应该是一个比较好的办法。所以,集中安置学生对整个灾区来说,使很多家庭可以安心,是不是嘛。

还有我们学校的这种应急、避险的功能也很重要,我记得在"9·24"洪灾的时候①,我们板房学校就全部腾出来,让受灾的老百姓进入板房学校里面来住。我觉得,学校(作为)这个应急疏散场所的功能,也还是很重要的。还有些东西我看能不能找到我原来写的那个东西。

钟勇华:桂书记,这是我的邮箱。谢谢!

---

① 2008年9月23凌晨到25日13时,四川省绵阳市北川县遭遇特大暴雨袭击,期间全县平均降雨量达300毫米,曲山、擂鼓、陈家坝等乡镇更是遭遇了50年一遇的特大暴雨袭击,累计降雨量超过500毫米,导致大面积山洪爆发、泥石流泛滥,这是汶川特大地震后又一次特大自然灾害,给抗震救灾工作带来极大困难。[资料来源:北川羌族自治县地方志办公室.北川羌族自治县年鉴(2009).2011:9.]

感恩社会治家园
——访擂鼓镇村民俞太会[①]

题记：时间治愈伤痛，震后众志成城，心怀大爱，铭记恩情，互助传承温暖，痛苦镌刻慈悲。因为有爱，所以温暖，因为感恩，所以会爱。感恩，让我们懂得了生命的真谛。

十年前就是在这片土地上，她因保护嫂子、弟媳而严重受伤，可是她没有紧张害怕，善良而坚强的她终于在村民的帮助下等到了国家医疗队的救援，并得到救治。从此感恩社会、自立自强，即使后来再次遭遇了"9·24"洪水，没有任何直接的资金援助，她仍然不妥协不放弃，始终保持着积极向上的心态。在这个平凡的故事中，我更加体会感恩的力量和伟大。

2017年7月25日，我们又一次来到擂鼓镇廉租房的休闲广场，很多老百姓在这里闲聊、打牌。受访者俞太会是一个普普通通的农村妇女，初次见到她时，就对她有一种精炼能干的印象。在听了我们的来意后，她随即就带我到了她的家里。小小的客厅摆放了两架上下铺的床，门口堆放着她闲时收捡的回收垃圾。等我坐在沙发上，她又张罗着端水、洗水果，让我感受到她的热情。在接受采访过程中，俞奶奶几次情绪激动，特别是谈到国家帮助自己治疗好伤时，她早已热泪盈眶。其间她还拿出自己的相册，给我一一介绍她在广西南宁医院的经历以及帮助过她的医生、志愿者。她告诉我，为了报答国家、领导人、社会各界的关爱，伤治好后，她又立即回到震后的家乡，艰苦创业，重建家园，如今已经喜获孙子孙女，生活幸福美满。

采访时间：2017年7月25日
采访地点：北川县擂鼓镇村民家中
受 访 人：俞太会
采 访 人：曹　燕
整 理 人：曹　燕

[①] 俞太会，女，汉族，1959年生，北川县擂鼓镇苏宝三队村民。

受伤后被救

曹　燕：俞阿姨，您好，感谢您接受我的采访！您读书读到什么时候呢？

俞太会：我是文盲大老粗。

曹　燕：现在也没工作吗？

俞太会：没有，买了养老保险。说老实话，我给你讲：地震时，我在我们老家。那天我赶了场（上街）回去，把饭弄来吃了，我刚好说（要）倒在沙发上睡觉。我们上面那个桂嫂嫂就走我那儿来了，她说："我走老俞那儿去，老俞的话有点多嘛，就免得打瞌睡。"还没地震那时，我们买了公放音响，啥都有，那时我们屋里确实房子也装修的漂亮，都好。这下桂嫂来了，我们兄弟媳妇也来了。那天我买了一个手机，我兄弟媳妇说："你今天买了一个手机呀，你没有时间，拿来我给你设一个时间。"我说要得，刚好拿在她手里，我就来开电视，还没打开，就摇起来了。轰隆轰隆地，我说："你们快出去，还在干啥，搞快点出去。"我都不知道怎么把她们赶出去，我就这样一下（环抱着），我都不晓得怎么出去，一下子趴在她们身上，我们院坝头，我们房子啥都垮下来，都塌在我背上，我当时就被塌了，她们就从我下面一个个地拱出来了。

曹　燕：地震之后出来的吗？

俞太会：嗯，摇过了以后就这么爬、拱出来了，到处溜光了，一个大院子都溜光了。他们一个个地爬出来，这下子喊我站起来，我都站不起来了。没法了，这下她们才把我身上的砖头、椅子棒棒呀，那些啥都捡了，越捡越往下垮。没法了，她们说怎么你还在往下面塌，我说我肯定哪里被打断了。她们把那些捡了，把我掺出来，掺出来后我脚也不知道动，反正身上都不知道动。这下我们兄弟就把我掺到大桥头上，我们院子里的娃儿、邻居的娃儿说："我俞婆怎么坐在这儿嘛，万一桥垮了，滚到河坝里去了。俞婆怎么了嘛？"我说我晓不得，我也走不得。这下他说："我等我幺婆和我三婆，把你弄到那田里面吧。"我说对嘛。这下他又去找他妈，他妈上街在打牌，他也急的很，他说："不晓得我妈怎么样了。"这下他的幺婆还有他的三婆回来了，两个人都把我掺着，这边（左边）是桥头，这边（右边）是田坝，就把我掺到田里面，倒下地上。他们邻居都说："老俞这个人好，我要给她拿一床被子。"这下人家给了我一床被子,给我铺在下面,我就睡着。这下河那边村主任的娃在当书记,那个娃和罗坝娃跑过来,许强娃(书记)就说:"俞娘,你怎么了嘛,哪里受伤了,我把你背到河那边,那边要宽点,这边万一上面山垮下来,不得了。"就把我一下子背起。这下他说:"俞娘,现在摇得很厉害,我们过这个桥,过去了我们俩就幸运,过不去的话我们俩死在一起。"他还是一个十几岁的小伙子,说话有这么坚强,我心里想我一个多半岁的人了,那时我已经正好满50(岁)了。这下把我背过来,罗坝娃就背我老妈,背过去我们老妈就死了。地震把(老妈)脑袋打烂了,腿打断了,脑袋打了这么大一个洞。

(以下是回忆地震前的情景)她的阶岩和我们的是连起的,我修了四间房子,给他们分了两间。我不晓得地震时她怎么跑到我这边来了,她还是走我大门上,落下来的梁把她打到的,我们两个大门是门挨门的,我修了四间房子,她那边有个大门,我这边有个大门。我在那边睡觉,她靠着我们那边的墙上。

但是我从来也没得罪过人,所以那边徐强娃把我背过来的。都在救人嘛,那么多人都受伤了,人家问我:"老俞,你怎么了?"我就说:"我不能动,腰撑不起来,脚不能动。"这样他就给我拿了药,输了一瓶液。

这三天我们屋里一家人都在外面,我们二娃去阿拉伯国家打工了,老大爷(老公)在江苏打工,大娃在浙江打工,都没在家。第三天过后,他们说我们苏宝沟要沉海,沉就沉,我们没办法。我们队上的人都各家找各家的娃娃、孙孙,都翻山跑了。我们这些,说来说去还是有救星,他们来了十六个人,来了三个人背我,许仕华就说:"老俞还在这里,你怎么不走呢?"周围还是给我拿这样那样果子,(周围人说)"你没死,就一天吃一个这种果子,把命掉着嘛,如果水来了,你也享受一下嘛。我们也没法救你"。这下许仕华来了,他说:"老俞这个人对,也好,我们还是要把她救到。"人家给了我一床被子,将就着卷成一卷,弄一个尼龙绳把我背出来。你晓得,那时二八月天气,背得人家肩膀上勒出多深的一道,我心里还是难过,但是把我背出来,弄到杏家村去绵阳的车上,绵阳的医疗车就来了。①那

---

① 2008年5月15日,援救北川的6支解放军部队1200人进村入户,开展搜救工作,至22日,医疗救护伤员3324人。(资料来源:北川羌族自治县人民政府.汶川特大地震抗震救灾志[M].北京:方志出版社,2016:10.)

时都在救人嘛,碰到受伤的就救嘛,就把我救出来了。一去三医院照片,我肋骨断了三根,腰第三椎断了,盆骨胀破了,大脚趾和食指断了,现在都还歪着的,在广西南宁医好了的。

国家主席好

俞太会：现在政策还是好,你看我们现在老年人有吃有喝,再也不像往年那样愁。我那时养了两个娃,都笑我"那个老婆子,这下就是残疾人了,这辈子就蔫了"。还是国家好,把我弄到广西南宁给我医好了,医好后回来就喊我治家园,这下家园治好了,两个媳妇也有了,孙娃孙女都有了,你说我这样是不是就幸福了。

（"9·24"洪水以后）这下我们没有钱,喊我买养老保险,我三间平房也被冲了,啥都没有了。①这下说的是要从我们平房那里修河堤,就给我的占了,我们就没有地了。就说要买养老保险,我才修了房子,又娶了媳妇,哪里有啥钱嘛,没有钱。他们都说:"俞姐,你买了好,以后你好过,以后你想找哪个儿子要钱,没那么容易,国家这个钱是稳当的。"这下我又千方百计去买（养老保险）,就卖了一块林,卖了八千,才给我拿了七千,这下我东拼西凑,我自己也有点钱,把我的保险就买了。第二年又买了总的,书记说的"实在没有了,我们帮你贷款也好,我们帮你做"。我说我还有四万八千块钱的贷款,我不贷款。我贷了四万八千块钱修房子,现在房子也修起了,总要找钱来还。所以我把房子也修起了,我的养老保险也买了,我们老大爷的也是买了的。还是我们党的政策好,没有党的这个政策,我们现在可能啥都没有,我这个病肯定是医不好的。

曹　燕：您这个养老保险是地震后买的？

俞太会：地震后嘛,就是洪水把我的房子（冲了）。我上面有三间小青瓦房子,底下修了两间平房,喂猪码柴,地震后垮了,后来水又冲走了,没有了,一无所有了。所以喊我们买养老保险嘛,买呢又没有钱,村上书记就说:"你实在没有钱,我们帮你想办法。"所以说,人不要去得罪人,

---

① 2008年9月23日早上开始,全县各乡普降大到暴雨,造成擂鼓镇、桂溪乡、陈家坝乡等地出现多处山体滑坡和泥石流,形成一处堰塞湖。（资料来源:北川羌族自治县人民政府. 汶川特大地震抗震救灾志[M]. 北京:方志出版社,2016:22.）

得罪了人，没有谁给你搭手、没有谁帮助你、没有谁救你，所以我这个人从来不得罪人，没有谁跟我记仇，都说老俞那个人好呢，要把她救了。（地震受伤后）就是杨大爷（记不得名字），六十多岁一个老大爷，把我救出来的，翻山越岭，那时路上裂这么宽的口子，把我背起，走这儿走那儿，后面跟着两个人。人，不要泯灭自己的良心，哪个把你救出来的就说哪个救出来的，不要说我一个人怎么怎么爬出来的，喊你去爬，从河脚爬到山顶，又爬到下面。那时地震垮得到处都没有一点路了，到处都是乱石，这是我亲眼见到的。那时我腰也不能动，盆骨也裂了，脚都不知道怎么迈开，不知道怎么走，能做什么嘛。所以我说，还是国家好，通过全世界（帮助）。

所以我现在还是享福。最后我好了，有孙子孙女，我照顾孙女，我在北京到处去走了。我娃包车，我想逛的，北京各处我都去了。虽然我没见到本人，但是我很感谢胡主席，不是胡主席，不是国家这么好，我们有很多人都活不出来。人，你要摸着你的心窝子想，上半夜想人家，下半夜想自己，看你有没有那个本事活得出来一个人。如果不是国家的医疗好（就治不好了），你想那时，都把我背到大巴车上了，人家说弄到哪个外省去医，医院的院长跑出来说："她，背不得，动不得，一旦动了，这辈子就残了。"又接着喊了担架把我抬下来，第三天、第四天，就喊了绵阳的军用救护车，如果有人有什么病就可以去救治，把我就是排在第一个，前面交警车开路，三十多个车就把我排在第一个。本来我的伤就要重一些，排在第一个，就没有谁敢超车了，到了成都就搭飞机，我跟前有两个医生，说的是哪里有什么情况，马上就跟他们说，我们老大爷就坐在我这边。说来说去，我这辈子做梦都是觉得这个国家好，领导好。好像一个家里面样，家里领导好，不会五扯六奔（不和谐、闹矛盾）的，才有这么好的家产，有这个好的领导，就没有五扯六奔的人，就没有很多的争斗。这世界上（人人）都平等，我们老年人才好过，世界不平等，我们老年人不好过，年轻人更不好过，你们读书也不能清静。我从来不识字，我连我的名字都写不起，你要让我说名字，我就翻我的户口簿，我就是这样的。人家说我看起来肯定是识字的，我没读过书，但是人家教我什么，我还是学的来。我现在好了，有孙子孙女，我一个娃生了孙女，一个娃生了孙子。我大娃蒋勇和我大媳妇在北京工作了几年，每年都要接我过去耍，去年都过去了的，去年过去也坐了飞机，回来也坐了飞机，我媳妇给我买的。

我说这个都是现实的，虽然我们没有亲自见到胡主席，但是我娃包了一个小车，那时在北京，给了五百块钱，围绕房子跑了两圈。

曹　燕： 什么时候呢？

俞太会： 上前年。我说的我们北京这么宽，主席住在哪里的？我们不说看主席，我们就看一下他住的周围嘛。我就在北京转了一圈，还照了相，现在还有，去耍的照片、万里长城那到处都照了的。

（去拿了相册，并介绍照片）

自助者天助之，爱人者人恒爱之

曹　燕： 儿子老伴都常年不在家吗？

俞太会： 对，很多时候都是我一个人在家里，他们都在外面打工。

曹　燕： 地震那时您也是一个人在家啊？

俞太会： 嗯，也是我一个人在家里。

曹　燕： 那时怎么想的呢？

俞太会： 我没怎么想。哎呀，说来说去，人只要自己不做亏心事，不管怎样都有人救你，你没整人害人，都有人帮助你，都要这么想。你不要总想别人的东西，你永远是往外头拿的，假设受人骗，都是人家拿一点点东西骗你的，你要拿多半东西出去的。我大儿媳妇昨天才和我孙儿下去，昨天晚上我做了晚饭，吃了后，叫了车，车费我给了，才下去的。不管对外人，对自己屋里，都不要想其他的。虽然我现在一个月领1200多点，我一个月的生活，我孙儿和孙女也跟着我在这上面读书，都喊我在照顾。我自己周转得过来我就自己来，我也不用老大爷的钱。老大爷虽然有点点钱，屋里要做什么事（就用他的钱），我开得了我就开，开不了我才拿他的钱，其他时候根本不乱动。为啥我会把这个家撑起来？以前我还有一个兄弟当兵，没有说媳妇，我修了四间房子，我一个人在那个河坝里背沙石，背上背出来这么厚一个茧，真是累得很，那时我还有五六个人的土地，十几二十亩，我还要去做。

曹　燕： 您一个人吗？

俞太会： 对，我们老大爷要出去找零花钱，那时才几块钱一天嘛，两块钱一天。晚上有大月亮的时候，我一个人去背沙子，背两三方沙子就回来眯一下，又起来煮饭。

曹　燕： 刚刚我听您说，地震时，您把兄弟媳妇和桂嫂扑在地上。

俞太会： 嗯，当时不晓得怎么回事，我把她们扑在地上，把她们救了，她们没有受一点点伤。

曹　燕： 当时怎么不是想到自己跑出去呢？

俞太会： 我把他们推出去，我都不晓得怎么出去的，就趴在他们身上，当时地震时，我一下大声地说还不搞快，就把他们往外面拱。他们现在都还在，我们兄弟媳妇死了，前年死的。

人家说十个忠臣一个好处，十个奸臣没有一个好处，我就爱看这些电视，对于国家来说，奸臣是不会长久的，忠臣是长久的，人要这么想，忠臣帮着这个国家做好事，人人都要夸，他就会活得长久，他如果这样那样整国家，别人不拥护，就要整他，他活得长久吗？群众眼睛是雪亮的，天上在看，地下也在看，到处都在看，不管什么，都要好好做事。即使当一个庶民百姓，都不要整别人，也不要去害别人。

曹　燕： 他们出去了，您还在里面，那他们什么时候把您救出去的呢？

俞太会： 他们出去了，我兄弟媳妇就说"二家子还在这里"，这样才救出来，就把我拖到桥头上了。她喊我走路，我说我没法走了，这下就倒得像乱河坝样，我就喊我兄弟媳妇说："你把老妈的袄子找出来给她铺在下面让她睡。"

曹　燕： 当时您在桥头上，下半身都没法动了，您不担心吗？

俞太会： 我不担心。

曹　燕： 就不害怕吗？

俞太会： 我害怕啥？人家说，天有一人，必有一路，天在绝你，该死就死，该活就活，没法挽救，你要这样想。

曹　燕： 那时我估计您都没怎么感觉疼吧？

俞太会： 不知道怎么疼，只是下午感觉到了，你即使疼一阵，又不能进来车，又不能出去，没法。

曹　燕： 周围有其他人吗？

俞太会： 没有，只是我们那儿的赤脚医生徐正怀，给我拿点止痛药，输了一瓶止痛液体。

曹　燕：就您一个人在那里吗？

俞太会：都在那里嘛，都在那里躲，那里要宽点，都在说："老俞你整到了，你老公去哪里了，怎么办呀。"但是我每天，都是在外面挖锅窑煮饭，没有多少水，也没有多少粮，这家给我挖一点，那家给我挖一点，有的话就给我一点点，水呀这些，然后给我舀一坨饭，这个给我一坨那个给我一坨，还是就多了。我手是好的，给我舀来我就自己吃嘛。所以都说："老俞这个人好，她现在怎么办？"这下山上六队的人下来，一个不知道叫许成什么的，昏迷不醒，人家帮着救下来，说的是要死了，就说埋在河坝边上，砍了几节树就把他埋了。这下徐仕华去喊他，他（答应了）。许仕华说这个人不会死，心里有数，只是嘴巴说不出来。就把我一起，来了几个人来背我。

曹　燕：那是什么时候的事了呢？

俞太会：就是地震后第三天。

曹　燕：那当时地震那天晚上和第二天晚上你们都是怎么过的？

俞太会：我们在那个公社有一个坪，陈公校包的一个厂矿要拿来做什么的。在那里，都躲在那里的，搭胶纸，这里镶点那里镶点，都躲在那里的。人家都说我受伤了没法动，就把我弄在当中的，没淋到雨，也没饿到。人家都说老俞怎么办，没有吃的，人家就给我拿一个碗，这个给舀我一坨那个给我舀一坨。我脚上鞋子都没有，光着脚，就给我一样一只，穿不稳，就拿一根绳子绑在脚上穿。

曹　燕：在那种情形下，您心情是怎么样的呢？

俞太会：生死都又只有一条路，就不要去想其他的了，死是这一回，活也是这一回，我就是这样想的，反正不活就死，不死就活，如果有人救更好，没人救就赖在这里死了算了。第三天如果不被背出来的话，第四天、第五天可能解放军就坐飞机来救了。解放军后来第四五天来了，哪些角落里死了人都帮着埋了的，每家每户都去清人去看了的，肯定还是有人救。说来说去，还是百姓好，人家来救，还是缘分嘛，我们是三队，人家是五队，人家来把我们救了，也就更好嘛。

那时我二娃三点过在阿拉伯国家上网，看到地震了，给他爸和哥打电话，他们都不相信，等到四点了，他们都相信了。我们娃哭得不得了，说我妈一个人在家里不晓得怎么回事了，电话也打不通。我娃跟单位报告，单位马上看了，晓得我们这边地震有点严重嘛，就马上喊飞机坐过来，坐飞机都要坐一天一夜。我们老大爷和大娃都是坐大巴车，那时火车都慢得很，都抢大巴车坐。三爷子都回来了，就到医院来找。那时高音喇叭就在广播哪个病人在哪里，都要通知，那时志愿者都要贴通知。哪个病人在哪个房间，姓啥名啥，他们就去看了，直接就找到我了。我们老大爷找到我，啥都没说，问我屋里怎么样了，我说不晓得。我一个小包里，装着存折之类的，我们家里的都是我在管。这下他就回家去翻，就翻到了，接着就给我拿下来。

曹　燕：屋里不是垮了吗？

俞太会：就在废墟里找嘛，你估计你睡房在哪里嘛，我的东西在哪里嘛，他就在废墟里找嘛，他翻（山）了两天才翻回去，找到了以后又接着翻。他说他的脚板都走起泡了。

曹　燕：他怎么会起泡呢？

俞太会：翻山越岭呀。

曹　燕：我以为他是坐车的。

俞太会：回去翻废墟的时候哪里有路嘛，路都断完了，全部转老山林，没有一点路。翻回去把东西找到了以后又接着翻（山），走到擂鼓才能搭车嘛。搭车回来，他说两天吃了一顿饭。回去没法煮，也没有锅灶。

天天晚上做噩梦

曹　燕：路上没有人帮他吗？

俞太会：人家都在落难，都没法了，哪个来帮你？都是说，你也在走，我也是回去找东西。所以，哎呀，想起那些我还是哭了好几个月。

曹　燕：您还哭了吗？

俞太会：嗯，我哭了好几个月，我在广西南宁，天天晚上做噩梦。

曹　燕：您之前不是不害怕吗？

俞太会：我只是当时不害怕嘛，那时都吓傻了，只想到活还是死，最后才慢慢想起地震时怎么样的情形，是怎么样的，屋里成了一个什么样子，这辈子要怎样才翻的起来了。

曹　燕：什么时候想到的呢？

俞太会：就在广西南宁。（梦中情景）忽然又地震了，摇得不得了，吓到我，我说地震了，搞快搞快，就像我在屋里喊她们一样，晚上全是做那些噩梦了。还有那些志愿者、心理医生又来给我（治疗）。反正白天还好，晚上只要眼睛一眯着，山也垮下来了，房子也塌下来，全部往身上垮，手抓麻了，脚也抖。那一个月医生连液体都不敢给我输，只给我吃药。

  曹 燕：那您醒了之后是什么样呢？

  俞太会：醒了之后就有点傻样了，就像我说的一样，地震后啥都没有了，晓不得啥了，眼睛一闭着，就是那样了。吓了一个多月。

  曹 燕：老伴和儿子当时在吗？

  俞太会：我在广西南宁，我们老大爷还是陪伴着，守着我也没办法，叫医生来看也没办法，医生说"等她这阵子过去（就好）"。

  曹 燕：志愿者和心理医生给您做辅导也没用吗？

  俞太会：慢慢地就有用了，就解释嘛，那一个月连电视都不准我看，看到了我就哭。当时地震你还哭的出来吗？脑袋里面就没有想过什么了，就是死、活这两条路，最后慢慢地反应了，眼睛一闭，山也垮下来了，房子也塌下来，全部往身上垮，人家说就和那种活埋人一样。我们生产队何翠华死了，何美娃死了，都是在北川中学死了的，我们生产队张大娃也死了，都是小孩子读书。想起这些就伤心。

  曹 燕：您是什么时候知道这些的呢？

  俞太会：我还没走到（广西）就晓得了，我还没走，人家都是去救娃娃去了嘛，好多人都去找娃娃。所以人一经验，我往年也不想哪个的啥，也不想得到哪个的啥东西。自己双手创造出来的啥都有，你想别人的东西，今天想了明天还有吗，明天想了后头还有吗，自己做、劳动得出来的，啥都好。这辈子我看了好多好多。以前没地震，我在我们院子里，我还是永安的人，嫁到了苏宝沟，我这几十年没得罪过谁，小媳妇、老婆婆都不得罪。我爸妈说："人一辈子不要去整人害人，不要去想别人家的东西，要自己勤快节约。不勤快，出去一盘散沙，今天有了，明天就没饭吃。"所以我爸妈从来都这样跟我们说，我妈也是很善良很好的一个人。

  曹 燕：我在想您那一个月是怎么过去的呀？

  （介绍在广西南宁医院拍的照片）

  曹 燕：您是不是这样一个月就好了呢？

  俞太会：刚好可以起床，腰能撑起来，我就说要回来。我娃他们还在这里住一下那里住一下，人家都有帐篷，他们没有帐篷，我急得不得了。

曹　燕：那时您不做噩梦了吗？

俞太会：那时不怎么做噩梦了，他们说要回来一批人，我就说我要回去，我要回去看我儿子。这下回来看到自己的儿子了，慢慢就好些了。

回报社会治家园

曹　燕：回来之后是怎么过的呢？

俞太会：回来之后我娃就照顾我，我们在板板厂桥头上，搭了一个帐篷，在他同学家要了一张床，我就这样睡着，就是那样过着的。

曹　燕：他们那时候没有出去打工了吗？

俞太会：地震了就没有出去了，就在近处找点钱，就在照顾我嘛。慢慢地我好了后，就要去挣点。说来说去，还是好，说要修中学，我说我想去找活干，我不能干重活，可以做手上的活。我捡那些方方块块，能捡多少捡多少，能抱多少是多少，我慢慢做，锻炼身体，也是想挣钱。那个中学修的时候，老白喊我去给他拉卷尺，我就去给他拉。我身上只要没有哪里痛，我就慢慢地做，哪怕只能捡两三块，能抱起我就抱。

曹　燕：工资一天怎么样？

俞太会：那时七八十嘛，我想挣点是一点，那时我两个媳妇还没有。9月24号发洪水，又给我们冲了嘛（帐篷、房子和土地）。我娃娃怕把我给怎么了，就把我掺着，第二天书记和他的娃，又把我搀着翻山，有的推腰，有的搂着我，我娃和我老大爷跟着，就说我哪里不好了，就背我。又出来，就慢慢住在外面，住在那个建兴社，最后就慢慢地住板房了，住在板房里，就那样起步了。找点钱、回去修房子呀、治家园呀、说媳妇（娶媳妇）呀，这些了嘛。

曹　燕：这段时间有外面的人提供帮助吗？

俞太会：都是和你们这些一样，来问一下我，了解一下情况。有的人说得很可怜，我这个人是怎样就怎样，说好惨（是不会的），我说有国家帮助，说那么惨干什么嘛。

曹　燕：您觉得国家帮助是哪方面帮助了？

俞太会：就是我看病花了那么多钱，就帮助我了，我就想到这个。假设说报恩，还是报国家的恩嘛。你说我谈起心里恼不恼火，现在眼泪都流干了，往年摆起我就哭得很大声。

曹　燕：我们也是想的经历过十年了，你们心情应该慢慢平复了。如果我们早点来的话，你们心里也难过，我们也不好深入。

俞太会：嗯，但是我们一家人都还平平安安的，这点就好。

曹　燕：对，这就算大幸了。

俞太会：嗯，我就这样想的，不想别人的东西，我受伤了，国家把我医好，都是很幸福的了，我就是这样想的。不像人家拿别人的钱，我说你用了消受得起吗？那时地震，照的那些照片，脑髓都砸了，人家在外面的人照的。我们拿回来，没有哪个看，脑髓砸得稀烂。

曹　燕：当时太惨了。您什么时候想到要报他们的恩呢？

俞太会：我医好后，主治医生说："你这个还是国家和党的政策好。"我说也是啊，没有国家，我们就医不好。那时我两个娃回来，老大爷照顾我，这边说人家帐篷在搭了，没有我们娃的。他们给我打电话摆起说很恼火，我越想越哭，我大娃在苏宝沟里面搭一个帐篷，守屋里的，推渣滓，推屋基。我二娃就在外面，在当时生产队拿的方便面呀之类的回去给他哥哥，就守这点点，其他啥都没有，翻山给哥哥拿回去，又一个人翻山出来，到处看。你看那个电脑里面关于地震后的，啥都有，他就在外面，没事了就看、拍。所以我说想到还是恼火。

曹　燕：自从发生地震后，您这种心情是什么时候得到恢复的呢？

俞太会：还是花了一两年时间。

曹　燕：那么久啊？

俞太会：对啊，你想嘛，忽然发生那种，哪个受得了嘛，一两年才恢复的了。所以说每过一两个月，人家（广西南宁的医生）还是要给我打个电话，问我："你家园建起来没有？身体康复好没有？"那些医生还是要问我，我还有他的名片，还有卡，但是都留在老家的。不是照顾娃娃，我不会上来。我老家的房子还是修得好好的，只是没有装修。

曹　燕：住板房后您还是在修您的老家？

俞太会：嗯，板房住后，我回去修我的老家，老家修好了。也是为了照顾娃娃，才出来，这都是租的别人的房子，如果不照顾孙子，我还是在苏宝沟嘛。

曹　燕：您在这一两年的时间里主要做哪些事情呢？

俞太会：修房子嘛，搞建筑嘛，弄这些嘛，给我娃说媳妇嘛。

曹　燕：您最终得到彻底恢复是什么时候呢？

俞太会：最终就是第二年、第三年结了媳妇，心里就高兴了。

曹　燕：幸好您两个娃都懂事孝顺，娶媳妇也顺利。

俞太会：嗯，我两个媳妇都对我好。

曹　燕：您大娃现在是在北京，二娃呢？

俞太会：在绵阳。两个娃我都是让他们上门（上门女婿），花荄（镇）一个、黄土（镇）一个（注：两地现均属安州区），都把他们的娃娃弄在上面来，等于说让我开心，就是这样的。我一个人在家里，就爱乱想，把娃娃让我带，我天天就不想那些事情，每天就围着娃娃转了。

曹　燕：现在您两个孙娃多大了呢？

俞太会：1个7岁，1个8岁。

曹　燕：还小，在读小学了吗？

俞太会：嗯，就在擂鼓小学。

曹　燕：这段时间放暑假了就不在家里吧？

俞太会：嗯。

曹　燕：您还养鸡养猪吗？

俞太会：没有，这上面养什么猪啊，养了几只鸡在楼顶（为了给媳妇调养身体），楼上的房子没有谁住，又漏雨。你来上面看嘛。

（带我看她养鸡的地方，正式访谈结束）

抗震救灾 精神口述史
——汶川特大地震十周年纪念专辑

信任·满意·感恩·幸福
——访都江堰向峨乡①村民李贵兴

题记：乡土文化滋养的不仅是一方水土，更是一番人情，这正是孕育抗震救灾精神最深厚的土壤。

与李哥是在小区路上偶遇的，他热心、真诚，在我说明来意后，他先是给我推荐了自己很有故事的嫂嫂一家，并带我前去采访。采访结束后又和他约了下午的时间对他进行单独采访，采访地点就在他家。他家的房子是灾后重建后分到的近120平方米的住房，家里宽敞明亮，布置简洁。在采访的过程中，他和他的父亲非常热情，还到小区里采了蓝莓给我品尝。在访谈中，他对比了现在的生活和震前生活，他对自己家的集中安置房非常满意，对家乡目前经济、旅游等发展充满希望，一家人的生活知足安乐。他说现在住房条件改善了，修了旅游环线，路很宽，以后旅游业起来了，家家户户会越来越好。他谈到了这里淳朴的民风和互助团结的精神，在这个祖祖辈辈生活的地方，"亲戚、朋友、邻居都可能是随喊随到"，每年种猕猴桃时授粉、除草、施肥、摘果，以及各家的红白喜事都相互帮忙，不求回报。这种互帮互助的风土人情，让他在地震发生后更深刻地体会到了"一方有难，八方支援"的民族情感，他说全国各地，甚至国外的好心人都伸出援手了，"我们自己本身更应该团结"。

这种信任、知足、感恩的社会心态，是个人幸福和社会和谐的基础；这种朴实的乡土文化正是铸就伟大的抗震救灾精神的土壤。

---

① 地震中，都江堰市全市死亡3091人，失踪484人，受伤10560人，从废墟中救出4325人。所辖乡镇中向峨乡是受灾最重的乡镇之一，向峨中学教学楼垮塌，从废墟中救出75名学生，挖出学生遗体340具、教职工遗体17具。（资料来源：汶川特大地震抗震救灾志·地震灾害志[M]. 北京：方志出版社，2015：260.）

向峨乡位于都江堰市东北部龙门山川西旅游环线，距成都市主城区70公里、都江堰市区15公里。全乡幅员面积59.1平方公里，辖12个农村社区和1个场镇社区，108个村民小组，总人口1.49万人，城乡居民集中居住率达98%。近年来，向峨乡先后被评为国家级、省级生态乡镇，全国楹联文化之乡、四川省生态文明建设示范乡镇、四川省乡村旅游示范乡镇、成都市统筹城乡综合改革示范镇、成都市低碳示范乡镇。（资料来源：成都市基层公开综合服务监管平台：都江堰向峨乡.）

·感恩奋进篇·

采访时间：2017 年 6 月 25 日
采访地点：都江堰市向峨乡村民家中
受 访 人：李贵兴
采 访 人：雷　芳
整 理 人：雷　芳

地震后重返家乡

雷　芳：您是地震后多少天以后回来的呢？

李贵兴：10 天，6 月 2 号的时候回来。

雷　芳：6 月 2 号的时候回来，"5·12"到 6 月 2 号是 20 天。

李贵兴：哦，20 天。

雷　芳：20 天回来，当时你们在那边的时候听到消息是怎么听到的呢？

李贵兴：电视上看到的。

雷　芳：你们不知道怎么回事？

李贵兴：当时不晓得。当时我以为我们这儿受灾不会很严重，当时电视上看到报道的是 7.8 级地震，后头报道的是 8.2 级。听到报道过后，反正那种心情，当时不晓得（都江堰）地震究竟有好多级，后头看到都江堰是重灾区嘛，也就一个红的圆点，在那个圆点里头，然后心情就不一样了，就有那种迫切，很迫切地想要回家的感觉，然后因为当时也在工作上班嘛，而且离家比较远，在青岛。

雷　芳：哦，您当时在青岛啊？

李贵兴：嗯，青岛。老板对我们也是很关心，相当的关心嘛，工作到可能 6 月 2 号回来。当时回来还是坐飞机回来的，你当时想五月几号那几天回来根本回来不到，飞机根本通不到嘛，所以说就过了一段时间回来的。然后回来看到其他的房子嘛，包括自己住的房子，也就我们今天看到的，那算是我们这儿剩下的最好的房子。现在为止，整个向峨乡就那儿有三户人，其他没得啥子房子，基本上全部拆完了，也是那种破败不堪的了，肯定是相当危险的房子了。然后，修了这个房子过后拆的哇，好像是，没有边修就边拆啊？

（李贵兴父：修好了，修好了才拆的，用挖挖机来拆的，人不敢去。）

- 473 -

李贵兴：那是相当的厉害。然后，你要说那些房子的好坏，我们现在所住的房子肯定要比我们原来的房子要好一些。有些是搬家就搬得比较远，像你看到的山上的那些房子，离这个地方很远，有些搬家可能搬了几公里，十几公里，当然现在肯定也有很多庄稼，比如我们这个地方产的猕猴桃，都住在山上的，种庄稼是远了些，不方便。但你看现在这次泥石流的话，山里头那么凶，山上也有那种危险，但是不是那么明显的，有危险是肯定的，晓得不嘛。所以说呢，现在生活条件、居住条件、环境肯定比以前好很多。总体来说哈，现在我们这个地方相当可以。

雷　芳：以前你们的老房子，就是今天上午我们去的那个地方，拆了没有呢？

李贵兴：拆了拆了，整个向峨乡，私人住宅就只有我们嫂嫂，还有我们二爸，我们二娘他们，一共三四家人，其他的地方你看不到了。

雷　芳：哦，都拆了。把你们的老房子推了过后，你们就直接搬到这边来的？

李贵兴：嗯。

雷　芳：来的时候这边是什么样子的？

李贵兴：来的时候就清水房，就现在这个样子的。

雷　芳：哦，这墙是自己刷过的，地板也是自己铺的。

李贵兴：对对对对。

雷　芳：然后家具是自己买嘛。

李贵兴：现在修这些房子，无论是基脚，还是结构，你看嘛钢筋，比原来好得多，它是经得住地震那种，一般状况下不会有很大的影响。

雷　芳：你们从青岛回来过后，住哪儿呢，你们以前的房子能住不呢？

李贵兴：以前的房子可以将就住一下嘛，临时住一下，但是还是那种很烂了，还是危房。

雷　芳：你们还是住了嘛，那时候？

李贵兴：还是住了，当时他们好多人住的还是棚棚。

雷　芳：好多人说住的那种大棚棚嘛，自己房子都没住，20天后你们回来还是住了自己的房子。

李贵兴：我住了，起码90%的人都住的棚棚，因为我们那片地基要好一些。

雷　芳：哦，地基要好一些。

李贵兴：它是一大片的那种连起，房子没有垮完，地震波没有波到那儿去，他当时那有波动的时候是整体都在晃，它不是乱的，所以说房子要稍微保留得好一些。就今天上午，就我送你去吃饭那儿，就那儿那一片，地震波及的地方，全部垮完。然后，房子质量又差，那时候，有可能是几十年代的房子了，有新修的都八十年代的了，六七十年代的房子也有，根本禁不住大地震。我估计来一个五级的地震他那个房子可能就要倒，质量根本不过关，因为都是自己修的。现在是国家修，管的比较严了，质量要求比较高，所以说国家还是（好），尤其是那种援建公司，上海援建我们这儿，花了好多钱，好多都是修得相当好。

雷　芳：你们这一片都是上海援建的？

李贵兴：都江堰，整个都江堰都是上海援建的。①

李贵兴：上海援建公司，反正还是花了不少心血，我们这种房子就跟商品房一样，好像整个向峨，可能就这儿三四个小区和东林村修的是这种商品房，其他地方修的是那种跃层式的，那种楼房，客厅、卧室那些，修来就跟小别墅一样，虽然不是很宽，开间不是很大，但是很抗震。钢筋混凝土结构比较好，我们现在这个开间都还是最大的。

雷　芳：那你们现在的房子是半产权那种还是商品房那种？

李贵兴：造型、户型是商品房那种。

雷　芳：就跟卖的那种房子一样，那产权呢？

李贵兴：产权应该也算是集体的，然后私人的房产，土地使用证是整个连在一起的，也不是说土地使用证没有划分，只是这个房子，那个时候拿房产证去贷款的话是没得办法贷款的，因为你没得那个土地使用证，但是有房产证，房产证是私人的，只有土地使用证是整体连在一起的。

雷　芳：你把你们从青岛回来过后，看到的、听到的、自己参加了的事情，你们怎样建房子，整个过程，比较细致地描述一下呢。

---

① 2008年6月8日，温家宝签署第526号国务院令，公布《汶川地震灾后恢复重建条例》，灾后重建依法科学进行，6月11日，国务院办公厅印发《汶川地震灾后恢复重建对口支援方案》，举全国之力，加快灾区恢复重建，其中上海市对口援建都江堰市。在这样的政策、法规、机制保障下，灾区群众才能获得满意的居住条件，过上幸福知足的美好生活。

李贵兴：当时我们回来的时候，可能援建都还没开始，然后逐步地规划房子，你们要住哪儿，你要建在哪儿，是通过大家的选举，选的那个地址出来，并不是我愿不愿意来这地方，反正是其他的人，你可以选择，你要自己的房子修在哪儿。然后你选择好了过后，宅基地总共的位置给你安排在这地方了，然后就慢慢的有建筑队，有建筑公司进工地。当时就我们停车的那个地方，那儿那个伙食堂就供这些工人吃饭嘛，我们就在那儿弄起的，相当于是开个小卖部嘛，然后亲眼看着这些房子修起来。而且附近的人，像我们爸这些，或者是年轻点的，有很多人也参与了这个建设的工作，所以说对它的质量要求，挖地基这些的要求，相当于是亲自给自己修房，参与了，毫不怀疑这个房子的质量。修好了过后，那个房子，水电气、光纤、宽带现在全部都可以通，跟城里头的没得任何区别。路就不用说了，也相当的方便，以前如果是独家独户，像我说的，就是山上的那种，很偏僻的地方，路相当不方便。有些走路读书，早晨天不亮就要开始走，我们同学天不亮的就要走，早晨一起来打电筒去读书，下午放学了还要回家，相当辛苦。现在就不一样了，现在就好多了。我们房子修好了，分钥匙这些，都是先把那种残疾人、老年人，优先地安排在底楼，然后我们年轻的，屋头没有太大的负担的这种，就凭自己抓阄，自己去抓你自己的房子，比如说你是三个人，你就抓三套一的，你两个人你去抓就两套一，四个人你就抓四套一，六个人你就分成两户，或者你要个二套一的、四套一的，或者你要两个三套一的，而且搬进来住，这个房子没得任何费用，就只交了3300块钱的光纤费、天然气费啊。

雷　芳：哦，安装天然气的那个费用？

李贵兴：嗯，安装费。也不是说房子费用，只交了那个。

雷　芳：是，天然气户头都有那个费。

李贵兴：就只交了那个，房子没喊交过任何钱，所以说真的还是相当好。

雷　芳：对你们还有其他的补助没得呢？

李贵兴：其他的补助比如说就地震的时候，就你上午谈到的那些分东西，有赞助的啥子衣裳、裤子啊，或者是吃的，大米啊，统一方便面啊，矿泉水啊，猪肉啊这些都有。还有那个特殊党费，国家补助的生活费，那个是一个人10块一天，一个月300，一个人300，一家人就900多块钱，完全够生活那种。反正，国家好像就是有那个党费和生活费，党费好像是

3000 块钱一样，特殊党费，就领 3000 块钱，生活费也是国家给嘛，但是他是三个月的。其他的就没得啥子了。

（李贵兴父：其他的那种啥子大米都有。）

李贵兴：领大米还拿生活费。

（李贵兴父：就是拿生活费嘛，一个月 300 块钱。）

雷　芳：那这些是哪个帮你们安排的呢，像这些你刚才说的这些？

李贵兴：这些啊，政府（安排）。

雷　芳：是县政府还是村里？

李贵兴：肯定是县政府安排然后一步一步发下来的，安排到乡上，乡上安排到村上，村上就安排队长，一步一步地，逐步逐步地。

雷　芳：还是比较有序。

李贵兴：嗯。

雷　芳：你从在青岛的时候听到这边地震的消息，到你回来期间，你跟屋头联系没有呢？

李贵兴：联系了，那天我运气比较好，电话都打不通，就只有我的电话打回来打通了，当时打的那个是 153 的，专门针对忙线的那个电话，打的我哥的嘛。

雷　芳：嗯，你哥的。

李贵兴：嗯，运气好，一下就打通了，其他的都打不通，当时地震那天就打通了。

（李贵兴父：十分钟就打不通，地震过后十分钟就全部打不通了。）

雷　芳：十分钟就完全打不通了？

（李贵兴父：全部不通。）

雷　芳：哦，你们就先打通了，然后问了屋头的情况了？

李贵兴：嗯，所以我也不是很着急，因为我爸当时在南京，我在青岛，然后我妈一个人在屋头，我也问过我妈，说安全。屋头没得啥子事，所以说就还是没有好担心的。

雷　芳：那后头你们好久晓得你们侄娃子（侄儿）已经不在的呢？

李贵兴：我是回来过后才晓得，我们爸应该是过了几天就晓得了。

（李贵兴父：我过了一个星期。）

李贵兴：像你说这些，一般好多家长你去说他就回绝了，不愿意提到当年的，中年丧子。

雷　芳：我觉得你们嫂子他们还是多坚强的。

李贵兴：嗯，等于说你看他们屋头有两个娃娃嘛，还有一个还在，现在很好。你想当年那种大小差距不大的，一下两个娃娃打死完了，相当的痛苦。上有老下有小，到了一定的年龄阶段不能再生了，所以说就中年丧子是相当的痛苦。就这儿楼下的那家也是，他们就大的那个一起打死的，他们就一个独儿打死了，然后现在就抱了一个小娃儿养起。

雷　芳：抱养的那种？

李贵兴：抱养的，但是你看现在还是很疼那个小娃儿，照顾得相当好，没办法。你想到了那个四五十岁不能再生了，膝下无子，对不对嘛，所以现在带得好得很，也乖。

雷　芳：你们这边还是很多这种家庭？

李贵兴：就这种抱养的娃儿不多，有些就底下纯粹没得了，政府把保险给他们买了嘛，然后补助几万块钱，也没抱养到娃儿。抱养到娃儿也不是容易的事，不说是你屋头有没得经济条件，首先人家愿不愿意抱养给你，这是一个很大的问题。所以说，唉，当时我们家受的损失不是很大（很幸运）。就学校里死了的这些娃儿，那种伤痛一般的人承受不到，当时不是还有心理辅导医生到镇上去宣讲啊，组织去北京旅游，说开解下心情。

雷　芳：他们都去过的？

李贵兴：遇难家属都去了。那个医院还可以，当时我们这儿医生是北京来的，他们说的是，你比如有啥子不舒服到医院里头去一般都不收费，免费为你看病，而且医术也不用说。那些医生住的条件比较艰苦，就是帐篷，在帐篷头给你看病，而且那两天又热，就在太阳坝坝下，帐篷里闷起的，更厉害。

公平公开参与监督增加信任

雷　芳：你回来过后就做了哪些呢？你6月份回来，就到这边做啥子呢，就修房子吗？

李贵兴：修房子嘛，做点儿工啊这些嘛。

雷　芳：哦，在这边做工。

李贵兴：我们这边房子将就也能够住人，但是就比较危险，地震来了的时候要反应快点，跑快点，房子的确很危险，如果稍微遇到有点儿强的（地震）这房子肯定就垮定了。如果垮了的话，人受伤难免的，我们当时胆子还是大，我们当时没有被那种强震给摇到过，不是很怕。

雷　芳：你们还确实哈。

李贵兴：自己年轻，跑得快，稍微有点儿反应，地震比较强烈，就爬起来跑了，就不像那种老年人。我们那侄儿子，就学校救回来的那个，他们屋头是楼房，可能有一两年，没进自己的楼房住过，十多岁了，十三岁了还跟到大人住在一起的，都住在外面棚棚里的，都住了半年，心头怕。

雷　芳：他是被吓到了的。

李贵兴：嗯，太吓人了。

雷　芳：那你们这边房子是好久修起来的呢？

李贵兴：2009年吧。

雷　芳：哦，2009年修的。

李贵兴：修房子的速度相当的快，几天修一层，机器、人都多。

雷　芳：你们什么时候搬进来的呢？

李贵兴：修起差不多就搬进来了。

（李贵兴父：我们是2010年搬进来的，都是2010年开始搬的。）

雷　芳：就是后面安的地板。

（李贵兴父：就是后面过来几年了才安的地板。）

李贵兴：有些修好了把房子装修得相当漂亮，不比城里的差。

雷　芳：就你们这房子外形啊这些都很好。

李贵兴：我们这儿我觉得适合居住，比成都要松一点儿，空调啊那些安起根本没得啥子用。

雷　芳：我觉得环境很好。分房时候的事你们还记得到不？就描述一下当时的那个场景。

李贵兴：当时分房的时候，所有的人都在。

雷　芳：在哪个地方？

李贵兴：就在这儿，在小区里头嘛，有队长、村主任、政府人员都在，弄了一个大的纸箱，把所有住户的门牌号、栋数全部装在一起，然后你先拿了自己的号码，免得作弊塞，你先抓阄嘛，抓到多少号就该你上去抓你房子的钥匙，抓你房子的，喊到你好多号了，然后你自己凭你自己的手气去抓。也不是说你想要哪儿的房子你就要哪儿的房子，这种很公平，你能抓到啥子就看你运气，抓到顶楼就顶楼，而且抓到四楼的话，五楼顶上都还有房子。

当时分房子啊那些也没得啥子矛盾，反正还是组织的有条有理的，很有秩序，也不是说乱来的那种，没得那种，所以我说有些人说先把残疾人、老年人安排好了，然后年轻人就看个人运气，凭自己抓，抓得好就好。

（李贵兴父：还算是公平，这分房子公平，凭你自己的运气，你要三楼哇，那不可能，凭你运气抓到三楼才三楼，像我运气差的，抓到五楼还是五楼，我没得任何意见和争吵，所以这叫公平。）

雷　芳：当时没得人吵哈？

（李贵兴父：没得人吵，大家都和平的，因为你自己要去抓到的那儿。）

李贵兴：你如果抓到那种相对条件稍微不好点的，你没的办法，你只有认了，对不对，你自己的手自己抓的，你怪哪个。

（李贵兴父：我说我们两爷子还是，我说如果是抓到五楼的话，就喊他自己挣钱把它买下来，买在二楼来。我们去抓就刚好抓在二楼。）

雷　芳：哦，你们想住二楼？

李贵兴：二楼比较干燥，楼层又不高，一楼比较潮湿。我们这个小区住的其他地方的人也有，比如其他队上，其他大队山上的，买的那种还是买在这儿的。

雷　芳：他们是买房子买在这儿，不是这个样子分下来的？

李贵兴：他是按他自己的宅基地，不该分在这儿，他就买过来。

雷　芳：哦，他想到这儿来。

李贵兴：你又不是我们队上的人我们凭啥子拿土地给你呢，不现实，你不可能把你那个屋头的宅基地留到，我们这边还倒贴给你，不现实。对不对，所以说，还是很公平。

雷　芳：那他们到这边来，你们这边有多的房子给他们买吗？

李贵兴：没有啊，在修之前你就要说，对不对，其他地方在修之前就好计划你的。

雷　芳：哦，他提前说好他要买。

李贵兴：就把钱交了。

雷　芳：那他们买是好多钱一个平方米呢，这边的房子。

李贵兴：不是买好多钱一个平方米，他是用的宅基地的户数。

雷　芳：哦，他们那边的宅基地？

李贵兴：你们屋头三个人你就买三个人的房子，你不用像那种商品房那个样子买，不能那个样子，好像一个人是三万啊。

雷　芳：哦，一个人三十多平方米，是相当于交三万块钱，就是一千多一个平方米。

李贵兴：嗯，像是一千多，你必须要拿宅基地（换）。这个房子成本价一千多不够。

雷　芳：哦，相当于全部还是补贴下来的。你们当时开伙食团啊？

李贵兴：嗯。

（李贵兴父：他是厨师的嘛，给人家煮饭、炒菜。）

雷　芳：哦哦，你就相当于煮饭、炒菜，在这边。

李贵兴：就停车那儿。

雷　芳：哦，就给他们煮。

（李贵兴父：他煮饭嘛，我就去帮到那些打工嘛，帮着修房子嘛。）

李贵兴：我觉得当时那些当兵的，像我们嫂说的，还比较造孽，又年轻，屋头（家里）又没怎么吃过苦，来全部做恼火的事。

雷　芳：他们，你看到他们什么样的呢？

李贵兴：我看到的时候，我回来的时候都差不多，人都晒得黢黑的，你看那两天太阳又毒辣，天天要那么辛苦地做，家里又没吃过苦，你现在一下做好多，还是累，相当辛苦。

雷　芳：那当兵的有帮到修房子吗？

李贵兴：没有，那时候没有，要维护治安啊那些，也要帮到救援，啥子事情都做，但是修房子的时候好像已经慢慢地撤了，部队慢慢撤了。

雷　芳：修房子的时候你们是自己参与，自己打工，建房的公司给你们钱？

李贵兴：对对，自己要参与，然后有些方面你还可以监督下它的质量，如果你不满意到时候分房子的时候你要闹的嘛，这房子是修给我们住的，如果你在中间做手脚，肯定不行。

雷　芳：你不晓得你自己分到哪儿。（笑）

李贵兴：你如果是哪一块偷工减料啊那些，这些人都不是傻的。比如像这些砖啊那些，有几次有几车砖质量不合格，全部挡下来，不用。

雷　芳：是哪个把它挡下来的呢？

李贵兴：队长嘛，当地的村民嘛，你那砖火候没烧够，不得用，他们给你挡下来。哪怕你是随便修哪一栋房子，我有可能就分到那栋房子，对不对，你那质量不过关说不好。

雷　芳：运来的这些材料啊那些，队长他们也要看吗？

李贵兴：房地产（公司）运过来的，肯定要看，我们要看，你那房子是修来卖给我们的，我们肯定要监督你的材料。

雷　芳：然后他们就重新给你们拿新的材料来？

李贵兴：肯定必须要。

团结互助淳朴民风

雷　芳：还是比较团结，总的来说。

李贵兴：相当团结，任何地方。

雷　芳：以前你觉得大家有这种团结没有？

李贵兴：以前啊，以前没出现这种重大事故的时候不觉得啊，都是很平常的那种，没觉得团不团结，也没觉得哪么哪么样，一出现这些问题了，像我哥说的那样，比如说他去救他那个娃娃时，哪个的娃娃他都在救，并不是只救自己的。当时埋到那么多人，去掏人，你走到了你喊你自己娃儿的名字，地下埋到的都在答应。他并不是你喊到哪个娃，哪个娃就答应，而且那被埋到的娃都聪明，你喊自己的儿，其他的全部都回答你。团结得很，这些人。

雷　芳：你晓得这种这么团结的情况以前有没有，你们以前是属于村上是不是？

李贵兴：嗯。

雷　芳：以前你们什么时候比如说可能会出现这种还比较团结的时候呢，就大家一起帮忙的那种情况？

李贵兴：都是人家屋头有事啊那种，肯定就比较团结，比如说你做酒席啊，或者是你请人来帮忙的时候，我觉得我们这个地方任何时候都团结。

（李贵兴父：不管你是搞农忙，种庄稼，都有人帮忙。你要修房子，你家里有什么事都有人帮忙。）

李贵兴：任何时候都那么团结。

（李贵兴父：也不要你给钱，也不用你来请，只要你屋头有事就来帮你的忙。）

雷　芳：不用你给钱，也不用请？

李贵兴：你生在这个地方，生长那么几十年，祖祖辈辈都在这个地方，你的亲戚、朋友、邻居都可能是随喊随到，随传随到的这种。无论是你经济上有困难还是生活上有困难，他们都会愿意救助你的。你想嘛，他们说一方有难八方支援，你想那个北京上海的这些都来了，先不是说上海的援助，北京的医疗队，还有红十字，这些都是，等于说算是国内国外的嘛，都伸出援手了，更不用说我们自己，我们自己本身更应该团结。

雷　芳：像你们屋头有没有大家来帮忙的那种情况？

李贵兴：我们屋头现在是没得。

雷　芳：以前哈。

李贵兴父：以前有。

雷　芳：以前比如说啥子事情呢？

（李贵兴父：以前，比如说修房嘛，种庄稼嘛，你收庄稼的时候，抢时间，抢天气，只要一说就有几桌人、几十个人，有时候大半天就收完了。）

李贵兴：就现在那个做得更隆重，比如说是胡家坝，就棋盘村那边，种猕猴桃的时候，授花粉、除草、施肥，有几个人帮到一家人做，然后收猕猴桃的时候，更加，我跟你说，全部是这种乡里乡亲的帮忙，帮了忙收回来过后卖钱，卖了钱过后，要办一场酒席，几十桌。

（李贵兴父：也是团结的嘛，今天就你这家搞，就你办酒席，我们来，不要你一分钱，帮到你劳动，该我了，你又来。）

李贵兴：然后今天把你们家的收完了，明天另外一家，然后这些人又帮另外一家，不需要给工钱，相当团结。

雷　芳：人家屋头弄，你没去你会觉得怎么样呢？

李贵兴：那种，人家本身也很团结，你自己收猕猴桃的时候需要很多人来帮你采摘，然后别人家，相当于还工嘛，都是互相的，除非是独家独户的那种，心眼儿不好的那种，晓得不嘛。很少，那种，就那么一两户人还是有的。

雷　芳：感觉民风比较好。

李贵兴：那是肯定的嘛，比如做喜宴啊那些，一般都几十桌，相当团结，感情在这，没办法。不像城里头那种，就你还是近亲啊那几家，很少，就那么几十桌，一般是起码二十几桌三十桌，比如说像村主任啊这些，七八十桌，上百桌。因为村主任那些，队长那些关系也好，他对待每一个村民都好，到时候他屋头有事，比如说他哪个结婚，也不是说你需要赶好多份子钱，至少你人要去。

（李贵兴父：也不是说你钱多少，有钱没钱，人家都有人来，像我们屋头，我们家庭情况是那种很平凡那种，有啥子事情，都要来。）

李贵兴：所以说团结，团结得很。

雷　芳：你们家现在在种猕猴桃啊？

李贵兴：有啊，我们这儿是那个猕猴桃的产地。

雷　芳：那你们种了好多猕猴桃？

李贵兴：我们家种的少，可能几亩地。

雷　芳：你们现在主要是种粮食还是种猕猴桃呢？

李贵兴：粮食没怎么种了，种猕猴桃的多。我们这儿的特产就算是猕猴桃了，修房子都修的那种带旅游的，我们这个地方主要就是想把旅游产业搞起来。[①]

雷　芳：你们这边我晓得好像还有几个景区。

李贵兴：莲花湖嘛，现在修的那个安缇缦。

雷　芳：安缇缦？

李贵兴：才开始营业，试营业那种，还是修得漂亮。

雷　芳：它就是一个湖吗，还是山哦？

---

① 近年来，都江堰向峨乡紧紧围绕都江堰市建设成都旅游休闲度假卫星城、打造国际旅游城市的战略目标，深度谋划向峨的未来发展，充分利用向峨坚实的基础条件、优越的生态环境、良好的产业形态，全力争取成都市、都江堰市的倾力支持，明确了打造"中国·向峨猕猴桃小镇"的定位。目前，正努力探索向峨"产村相融、产镇一体、一三互动、农旅融合"的发展模式，全力以赴打造"湖光山色辉映、新村田园相融、农旅融合互动、社会和谐幸福""四态合一"（生态、形态、业态、文态）的国际猕猴桃风情小镇。（资料来源：成都市基层公开综合服务监管平台：都江堰向峨乡.）

李贵兴：一个湖。都还在修，因为我们这地方不会有太大的灾害，除了地震，水淹不到，太晒也晒不到，比如这次泥石流，我们这儿不会发生这种。所以以后旅游的话（会比较好）。

雷　芳：对，你们这儿比较平哈。

李贵兴：丘陵地带，再往上也有山，绿化效果也好。

雷　芳：就你们现在对这些绿化都还是很满意。

李贵兴：我们这些地方肯定嘛。

雷　芳：我们走进来都觉得你们小区的绿化真的都搞得好。

李贵兴：小区头不要绿化，就我们周围山上的绿化就好了，这儿空气质量你就不用说了，水源也可以。它没有那种很大的湖泊嘛，但是小溪那些到处都有的……现在正在慢慢地、逐步逐步地开发旅游，以后旅游起来了的话（就更好了），现在安缇缦的都开始收门票了。

雷　芳：那你以后要不要考虑回来这边做生意？

李贵兴：这个如果有那种机会的话肯定会回来。

雷　芳：哦，还是觉得这边好一些。

李贵兴：这边不热嘛。

雷　芳：这边要凉快些，确实。

李贵兴：再往那边走，有白水河，彭州银彭沟这些，然后那边虹口，虹口就有泥石流，我们这儿就没得，虹口的水要比我们这儿好，而且我们这个地方有些也在种蓝莓。

雷　芳：哦，有种蓝莓的。

李贵兴：嗯嗯，就这儿都有。

雷　芳：结了呀。

李贵兴：结果了嘛。

雷　芳：就你们楼下。你们自己栽在这儿的呀，还是？

李贵兴：我哥他们栽的嘛。

雷　芳：哦哦，你们这边还可以。那这附近的邻居你们都认得到不呢？

李贵兴：认得到啊，肯定都认得到，基本上这附近的都认得到，一个队上的嘛，不是亲戚就是邻居，都认得到。

雷　芳：基本上这一个小区都是你们一个大队的，还是很多个大队的？

李贵兴：很多个大队的。

雷　芳：很多个大队的。

李贵兴：主要是我们三队、四队的。

雷　芳：哦。

李贵兴：我们东林村人最多，三个小区，然后棋盘村那边小区最大，修得多好的。

雷　芳：你在这边煮饭的话煮了好久呢，就修这个房子的时候？

李贵兴：煮到房子完工嘛，从一开始就修到完工。

雷　芳：就是2010年到你们搬进来。

李贵兴：嗯。

雷　芳：你们搬家的时候是怎么搬进来的，是自己？

李贵兴：搬家的时候，自己用车子拉的东西过来，也没有好多东西搬过来，好多都报废了，这边如果稍微装修的话。装修了过后以前那些老家具根本看不上，该丢的就丢了，买新的了。这沙发那些都准备全部给他换新的了，如果我要准备结婚在屋头的话，肯定这个房子还要再装一下，一般如果要装的话肯定是要弄得很漂亮。

雷　芳：肯定嘛，现在。

雷　芳：那你们搬家的时候有没得请客啊那些呢？

李贵兴：没有没有，请客没有，因为搬过来房子又没装，就清水房，所以说也没请客。如果你要请客的话，全部都搬过来了，你看，每家人，800多户，吃两年都吃不完，这个小区800户人，你每家人全部都搬过来，对不对，每家人你都要去赶一个礼，然后每家人都要去吃一次酒席，对不对，800户你要吃800天对不，两三年，好吓人哦。

雷　芳：那你们自己，就你们屋头哈有没有庆祝一下、高兴一下那种？

李贵兴：没有没有，那时候经济不是很宽裕，就是很宽裕那种他也把钱投来装修房子，所以有些房子装修得相当漂亮。

雷　芳：当时搬过来还是高兴的嘛，心情怎么样？

李贵兴：当时搬过来也不是很高兴的那种，反正就还是可以，感觉现在住的房子比原来住的房子好噻，这儿户型、质量那些都可以，而且大家住在一起的嘛，不像一家人，独家独户的。

雷　芳：哦，这边人多。

李贵兴：哦，交通也便利了，水电气、光纤，如果没搬过来的话，以前那种，你要想水电气、光纤都通，那种可能性不大，现在就很轻而易举了，家家都一样，你看以前那种烧柴灶，煮个饭乌烟瘴气的。

雷　芳：烧柴嘛就是。

李贵兴：相当的那种，恼火嘛，现在过来就气或者电，相当方便。

雷　芳：这个我觉得还是值得高兴的，气也给你通了。

李贵兴：如果没地震的话，自己要想住进这样的房子……相当于说我们自己住进这种房子起码提前了二十年。

雷　芳：哦哦。你以前就是楼房吗，还是平房？

李贵兴：平房。

（李贵兴父亲从楼下摘来蓝莓给我们品尝）

日子越来越好

李贵兴：你要去看我们那一片的猕猴桃，那才真的是。

雷　芳：很大吗，就是从刚才我们上去的坡坡上去吗？

李贵兴：嗯，就那儿。

雷　芳：下半年就可以收了？

（李贵兴父：等不到了，红心啊，最多再两个月。）

雷　芳：你们从什么时候开始种猕猴桃呢？

李贵兴：我们种的比较迟，就前几年吧，他们以前的是2008年就种的。

（李贵兴父：种猕猴桃啊，我们是2010年到2013年，2013年才开始，成熟了我就不出门了，就在这儿附近。）

李贵兴：像其他分队的人，卖猕猴桃的，有些一家人好几万十来万，十几万的农户。种的也多，几亩几十亩，多得很。我们这地方主要就猕猴桃，然后药材，山上有黄连，药材也种的比较多，然后旅游。

雷　芳：嗯，就一些经济作物。

雷　芳：那比如地震过后这边有没得什么经济作物啊，农业扶助的政策啊那些呢，就是扶助你们农业方面的政策呢？

李贵兴：有啊，我哥才清楚，啥子像那些农业贷款啊那些，小户型贷款，一家人能贷五万的那种。

雷　芳：哦哦。

李贵兴：还有那个养殖业，养鸡场啊那些，都有。

（李贵兴父：像我说的这种草莓啊这些，种上一定面积国家就有补助。）

雷　芳：你们家里有没得那些，有没得补助呢？

李贵兴：我们没有，我们种的少。

雷　芳：猕猴桃卖的时候你们这些卖好多钱一斤呢，有点贵，我觉得红心还是有点贵。

李贵兴：有十块的嘛，然后黄心、绿心就差不多。

李贵兴：如果我们这个地方一旦形成那种旅游业的话，再往后头，日子、生活就比较好，条件就改善了，越来越好。

雷　芳：这几年都好些了嘛？

李贵兴：好些了，好多了，就住房条件改善了，好多人出去打工，这些各方面好得多。然后你再往以后走的话，旅游业也上来了，你家家户户收入就会增加，条件就越来越好，旅游环线，路又修得宽。

雷　芳：旅游环线在哪儿呢？

李贵兴：后头边，就沙西线嘛。旅游环线那边要通青城山。

雷　芳：哦，就相当于这一片就全都包括了，景区、景点都有。

李贵兴：嗯。

雷　芳：那平时你们的猕猴桃啊那些，平时就您一个人在家里种吗？

李贵兴父：很少时间，我都在外面打工，就是说按季节回来的。

雷　芳：哦，季节到了就回来。

李贵兴：年轻人像外出务工的，多得很，像我都是很少在屋头的。

雷　芳：那其实你们现在这边生活条件还可以，有经济作物。

（李贵兴父：嗯，这些条件还可以。）

雷　芳：也可以不用自己做了吧。

（李贵兴父：你现在还年轻，你不出去，那不行的嘛，耍的心头还是有点发慌。）

雷　芳：耍还有点发慌。

（李贵兴父：像我们两爷子，不打牌，不喝酒，除非下雨出去喝茶，天晴在屋头耍到心头发慌。）

李贵兴：屋头不好耍的，晓得不嘛。

雷　芳：相当于你们这边，其实亲戚朋友啊邻居啊也多，出去也都认得到。

李贵兴：肯定，都一个队。

雷　芳：像这边地震过后你们家里头遇到过最困难的时候大概是什么时候呢，你觉得，有没有比较困难的时候？

李贵兴：我觉得没得啥子最困难，吃的住的，应有尽有。

雷　芳：这些还是都有哈。

李贵兴父：地震拿的衣服些，我们都没有要。

雷　芳：啥子东西呢？

李贵兴：衣服，还是波司登的羽绒服，还是好哦。

雷　芳：还是比较好。

（**李贵兴父**：我说拿给他们，我们其实又没有受灾，也没的啥子大的问题。）

李贵兴：人也没得啥子，我们屋头三个人都在，就没有什么伤痛。

李贵兴：当时有那种说法，说地震的那些地方的水没法喝，然后就喝那些矿泉水。水就是必备的嘛，吃的那些，米啊那些当晚下雨全部打湿了，就地震当天就下大雨，房子上瓦那些也摇梭了（滑动了），屋头很湿。而且当时地震过后，我听到我们妈还有我们同学那些，地震了过后，有好多又救娃儿去了，就根本没有顾上自己屋头的啥子财产那些问题，就根本没顾及，只想到人安全就可以了，又跑去救灾去了，又好些人是摇懵了那种，没回过神来。当时我们同学说的是，摇了过后，人安全没得事就坐在这儿发呆，要有余震，抖一下就一点紧张，就没想过今天晚上我们要吃啥子，今天晚上我们要住哪儿，根本没考虑过这些问题。到天黑了过后，然后才想起我的米还在屋头，去把米掏出来吃，然后饭吃了才想起今天晚上我们要住哪儿，然后才想搭棚棚。那时候又没得帐篷，当时没得帐篷，然后米啊、面啊那些很湿，晚上又没得地方睡，又没搭棚棚，一个个淋在外头，想起他们真的是笑人，没考虑过。

雷　芳：这边志愿者当时有没有来这边呢？

李贵兴：志愿者啊，有哦，多哦。

雷　芳：你们回来的时候可能只有一些了？

李贵兴：当时我看，明星些有哪个来过呢，刘德华。

雷　芳：明星也来过？

李贵兴：嗯，容祖儿，还有古天乐啊，好像都到这儿来过。

雷　芳：哦哦。

李贵兴：还有其他的志愿者，多哦，经常就看到，多。

雷　芳：你们现在都在外头打工，这边屋头还是有点儿经济作物啊，生活都还挺好的哈。

李贵兴：嗯。

因善向善感恩幸福

雷　芳：总的来说，灾后重建这些你觉得怎么评价呢？

李贵兴：肯定是相当满意，相当好。地震，国家不管的话，房子你自己来修，必须的，要花好多钱，而且宅基地、路你必须要整通。像我经常说的，上面那些荒山住的，很远的地方，你回自己宅基地去修建的话，走路都要走几个小时，读书，好恼火嘛，好辛苦。现在就不用了，统一住在一起，路通了，水电气，房子住起也安全，所以说相当满意。

雷　芳：我觉得你们对自己的生活那些还是比较满意的。

李贵兴：至少你不用再去修房，你也不用再去买房子，如果有那种条件，你可以存钱买房子啊，你也可以在城头买房子，买房子你也可以拿来避暑。

雷　芳：周末回来住。

李贵兴：嗯，这房子又不差，你城里头住的我都有。

雷　芳：另外一个方面的问题，我想你们每个人后面他对事情的看法、感受这些肯定会受到你们从小到大经历的一些影响，我就想问一下你，你小的时候经历的对你影响比较大的人或者是事。

李贵兴：我觉得哈，这种应该是，对我影响比较大的是我们老师，因为对我来说哈，在读书的时候，老师就说我们这儿是"山路十八弯"。你想一下当年的那种条件，和现在相比，农村上的素质、文化水平不够高，说话这些很大的差距，然后你那个住的条件和经济状况都相当差啊，所以说才是啥子山路十八弯，对不对嘛。后来我们长大了出来了晓得外面的条件有多好，现在我们的条件也不差，也很好。

你要说影响比较大，肯定地震对我们影响比较大，要不然我们就要自己努力挣钱修房子，要不然就努力挣钱在城里买房子。还有看到那种当兵的娃儿些，那么辛苦的救援，而且也比我们要小点，好辛苦。社会上的好些人对我们相当好，支援物资，思想上沟通，还帮忙找工作，所以好心人相当多。这些对我们来说，影响也好大。你如果是做违法乱纪的事情，你要想到社会上有好多好心人对我们那么好，你怎么对得起这些人，肯定对不起。

雷　芳：你们读小学在哪儿读的呢？

李贵兴：就这街上垮了的那个学校，就现在那个农贸市场，就先我送你下去的那儿，不到两百米，就那地方。

李贵兴：中学，中学那个地方再往底下走点儿就是小学，现在就只有小学，中学都没得了。

雷　芳：就是像你刚刚说的老师，这样说的话就是……

李贵兴：他说你这条件差，山路十八弯，房子稀，人的素质不够高，文化水平不够高，他这样子说的目的，就是让你努力学习，走出大山。他教授你们知识，让你以后，读上好的高中，考上好的大学，也不会背叛社会。

雷　芳：那是你们语文老师还是啥子老师给你们说的？

李贵兴：班主任老师嘛。

雷　芳：班主任老师给你们说的。

李贵兴：现在是校长，小学的时候是，不，说这个的时候已经是我初中的老师了。小学的老师也好，我们读书的时候不是很专心，我们小学的老师对我们相当严厉，头脑里装的东西，是灌进去的，也不是说教进去的。社会对我们的影响也大，如果没得那么多好心人的话，像我们这种年纪，比我们小点的，逼得他走投无路的时候，肯定会乱来。全靠这些好心人，啥子心理辅导师啊那些，把你一步一步地引向正路。地震的时候，我二十多点，不是那么成熟，没得那些好心人引导的话，可能就会走偏了，很有可能走偏了。但有了这些人的引导，不会，他已经向你伸出援助之手了，你只需要跟到往上爬就行了，不说有好大的发展，多么哪样（有成就）嘛，你至少说不会走偏了。

雷　芳：嗯，那你爸妈这些对你影响大不呢？

李贵兴：我爸妈，他们影响不是很大，因为都是老实本分的人，嘴巴里说不出个啥子名堂（道理），最大的希望就是自己的娃儿健健康康的，然后不走偏路，不做那些违法乱纪的事情他们就心满意足了。他们就没啥子，根本没想过你要怎么怎么样，所以说影响不是很大，主要影响大的还是社会，就是好心人。

雷　芳：那你现在记得到小时候的事吗，你能回想起来的事，你会想那一件事情？

李贵兴：我觉得没得啥子，我觉得很顺利的那种。（笑）

雷　芳：哦，还比较顺利。

（李贵兴父：因为他从小没走过邪路，我就是从来不走邪路的人，就要走正常路，有钱无钱都要走正路。）

……

雷　芳：你读了小学，中学也是在你们这个乡上读的？

李贵兴：嗯。

雷　芳：读高中没有呢？

李贵兴：没有。小学中学垮完了，我现在都还想得起我们学校的样子，想起我们老师的样子。

雷　芳：你们老师？

李贵兴：我们两三个班主任老师都在，真的好。

雷　芳：他们对你挺好的吗？

李贵兴：好，就我们读书不用心嘛，然后头脑里所有装的东西都是老师灌进去的。现在长大懂事了，就晓得这些老师对我们相当好，以前要是老师稍微不负责任点儿，把你丢这儿，不管你，现在头脑里啥都没有。

雷　芳：教的那些知识啊。

李贵兴：所以说，真的好，而且现在老师健在，想到那些被打死的老师些，像有个老师带起娃娃几个月打死在这儿，那个老师，我的语文老师，我一面都没见过。回来我只见过我小学的班主任老师，见过两次，初中的班主任老师好像还在那儿教书，都没见过，好些时候就说把老师喊起（聚会）。

雷　芳：哦，还没有办过同学会。

李贵兴：办过同学会，没找到老师。

雷　芳：哦哦。

李贵兴：他现在看到把我们教成这个样子，还是高兴哈。我们同学里头，卖车的，像我还好嘛，当兵的，都想到不是说是怎么样（成功），反正没给社会上增加太大的负担，可以这个样子说。像那天我就说我们那个侄儿子，我就说你读书不专心，你以后要用啥子的时候你才觉得书到用时方恨少。他初一的时候这学校就垮了，在家里一待就待了半学期没去，然后突然就读初二了嘛，根本就学不进去，所以说后头就……

雷　芳：后头就没读了。

李贵兴：读了嘛，混出来了，把初三混了，混了又在家里耍两年，然后又去当兵，毕竟你还是要有一定的知识你才有自己的本事。他现在应该都才23岁吧，都还没有达到能用知识的那种状况。但你以后自己想要办个什么事，你才晓得书读少了。

雷　芳：你什么时候开始出去打工的呢？

李贵兴：17岁就出去了。我17岁最开始在都江堰待了几天半个月，然后去双流待了半年，又在成都去做了两三年，然后就到处跑嘛，青岛、南京、九寨沟，去康定待了有半年。最好耍的还是青岛，吃海鲜比较方便。

雷　芳：哦哦。

（接了个电话）

李贵兴：同学。

雷　芳：找不到地方哈。

李贵兴：近得很，他们屋头就，地震把他们妹儿打死了。我们要大点，因为大小就那么几岁，我占大嘛，又是老辈子，然后就把几个小的拖起，好耍得很，也不是说好耍得很，要带到。然后等地震回来的时候，打死了，那种感觉，那种难受……平时喊亲人，嘴巴喊惯了，嘴巴一下就把名字喊出来了。你想我哥我嫂子好心痛嘛，你晓得他们大的打死了，你还喊名字，等你喊都喊出来了，你才晓得这儿喊错了，人家心头好难受嘛。

因为我们相差没几岁，从小又耍到大，带起的，搞的人家难受，自己也觉得过不去。所以那时候尽量在他们面前，说话啊各方面就把这些问题给避开。

雷　芳：那你将来怎么一个规划呢，未来的事情？

李贵兴：我底下生意做起的嘛，如果挣到钱就在都江堰买房子，不会选择在成都。成都日子太难过了，而且你看在成都待了那么多年，成都如果是像这天气没得空调的话，坐都坐不住。你看我这屋头，风扇放的灰都起了都没用过。

雷　芳：凉快。

雷　芳：你就相当于在那边开店是不是，你自己就是老板了。

李贵兴：差不多嘛。

雷　芳：还可以，就不用管，然后就那边他们自己经营起走就行了。

李贵兴：对，要不自己再找个工作，上一下班。

雷　芳：把店开起，你自己想干什么就干什么。

李贵兴：哦，上班，工作嘛，反正要确实是无聊，我都不想要的。说实话，我们这个地方民风还可以。

雷　芳：嗯，那你们这边平时的话都是自己过自己的生活，会不会跟政府啊村上那些（交往）……

李贵兴：找麻烦？

雷　芳：不是说找麻烦，就是说打交道啊这些。

李贵兴：我们很少，怎么说呢，因为都自己做自己的，只是说你在外面需要做啥子生意，你需要办个证，打官司，政府，就我们队上就配有律师，就乡村律师啊，每个队都有。

雷　芳：现在每个队都配的有？

李贵兴：其他的，比如你要起草什么文件，你就可以找文书，你要办什么证，你也可以找他，比如你需要签什么合同，干什么项目，找文书，他可以看你的合同有没的啥子问题啊那些，如果你外头务工工资没拿到，你要打官司，也可以找他。

雷　芳：他帮你们看，都相当于是帮忙的那种。

李贵兴：应该算是吧。

雷　芳：总的来说，你们这边基层的这种队长啊、村主任啊、书记啊都还是很好的。

李贵兴：嗯。但地震过后，还是有一些那种小贪，也有大贪那种。这儿底下有一片猕猴桃，等于说就为了国家的那些项目钱，然后贪了，腐败嘛，就被抓了。

雷　芳：就你们这边？

李贵兴：（其他地方的）我们这儿的村干部没有贪。

雷　芳：这种的话下面的感受又不一样哈。

李贵兴：其他的队还是有。

雷　芳：对将来的生活你觉得你们还是有自己的想法哈，做点生意。

李贵兴：肯定要一步一步地往上走。

后　记

　　本书是四川省社会科学重大项目"抗震救灾精神口述史料挖掘、整理和应用研究"（SC16ZD09）的主要成果之一。在即将付梓之际，简要回顾本研究的历程和体悟，一则感恩于助我者，二则共勉于同行。

　　在汶川特大地震即将十周年之际，2016年西南交通大学在前期研究的基础上组建"抗震救灾精神研究团队"。之所以组建这一研究团队，这与西南交通大学的历史不无关系。可以说，西南交通大学是国内唯一经历过两次特大地震（唐山大地震和汶川特大地震）的高等学府，因此，西南交大人对抗震救灾精神有着与其他高校不一样的理解和感受。我们团队内既有德高望重的何云庵教授和杨先农研究员，也有一批中青年学者、年轻博士和博士硕士研究生。团队组建后，从申报四川省社会科学重大项目选题、到课题设计论证，再到项目获批立项，团队协作攻关迈出可喜的第一步。

　　课题组的口述访谈工作是从北川县擂鼓镇开始的。截至目前，我们已经访谈过的极重灾区有北川县、汶川县和都江堰市。亲临灾区，第一印象往往是耳目一新，街道干净整洁，房子崭新漂亮。在访谈工作中，我们得到了当地政府部门以及群众的热情帮助和鼎力支持，因此总体上口述访谈都非常顺利。现阶段我们共口述访谈了207人次，40085分钟，整理访谈稿297.94万字。访谈人群中，既有获得中共中央、国务院和中央军委表彰的全国抗震救灾英雄模范人物以及受各级政府或部门表彰的抗震救灾先进人物，也有扎根灾区基层默默无闻、无私奉献的普通党员干部、教师、医生、志愿者以及勤劳勇敢、自强不息的普通群众，还有那些勇往直前、不畏艰险的"最可爱的人"——中国人民解放军指战员。

　　十年前，灾区土地上这些战斗着的英雄，他们在特殊的危急时刻演绎出了自己极不平凡的人生。这里有着太多的感人故事。这些"平凡"的英雄们回首往事，言及伤痛之处，无不情不自已，泪洒衣襟。但是更重要的是，这些故事当中所体现出的伟大中国精神、中国价值和中国力量却又那么令人震撼，令人敬佩，令人自豪！

抗震救灾 精神口述史
——汶川特大地震十周年纪念专辑

众所周知，汶川特大地震所及地域之大，所涉人群之广，所蕴故事之多，抗震救灾精神内涵之丰富，根源之绵长，本质之深刻，都给我们的研究工作带来了不小的挑战。我们本打算尺璧寸阴、细细润磨，推出完整系列成果。但是，值汶川特大地震十周年、改革开放四十周年之际，讲述中国故事，弘扬中国精神，构筑中国价值，凝聚中国力量，意义非常重大。因此，我们还是从已经整理出的两百多个感人口述资料当中，选出22个有代表性的故事，以"不忘初心、无私奉献、顽强拼搏、大爱无疆、感恩奋进"为主题汇成五编口述史，首奉读者。实际上，这些故事不仅仅包含所示主题内容，还具有极为丰富的内涵和特色，其中饱含着远大的理想信念，高尚的道德情操、坚忍的意志品质和感天动地的人间大爱，非常值得读者反思、品味和鉴赏。

本书之所以能够完成，首先感谢中共汶川县委宣传部、中共北川县委宣传部以及有关部门领导和当地群众，在课题调研过程中，无论是对当地党政机关和事业单位参与抗震救灾的各级各类英雄模范和先进人物的采访，抑或是深入极重灾区基层一线开展专题调研，他们都给予了大力的支持，使本课题的口述史资料采集工作得以顺利开展。

课题组在开题和写作过程中，还得到了中共四川省委党史研究室副主任江红英同志、四川省社会科学院党委副书记陈井安同志和电子科技大学马克思主义学院邓淑华教授的指导和帮助，在此一并表示感谢！

另外，感谢西南交通大学文科建设处给予的大力资助与支持！感谢西南交通大学马克思主义学院，从"抗震救灾精神研究团队"的成立到运作，从课题的申请到项目实施，无论是在经费、政策，还是人才等方面都给予了鼎力支持！感谢西南交通大学出版社社长阳晓同志和编辑罗爱林同志，本书得以付梓，他们也付出了大量的辛劳！

参加本书编写工作的人员有（排名以姓名拼音为序）：曹燕、曹元梅、郭海龙、何云庵、胡月波、胡子祥、康厚德、雷芳、田永秀、王雪、杨楠、杨先农、张纯、张利民、赵淋、钟勇华。最后，由何云庵、胡子祥、张利民和钟勇华等同志统稿。

因学术水平有限，不足之处在所难免，恳请同行专家批评指正。

西南交通大学抗震救灾精神研究团队

2017年12月